CoinWorld

Guide to U.S. Coins, Prices & Value Trends

By William T. Gibbs
and
Coin Values Market Analyst
Mark Ferguson, contributor

Twenty-first Edition
2009

A SIGNET BOOK

SIGNET
Published by New American Library, a division of
Penguin Group (USA) Inc., 375 Hudson Street,
New York, New York 10014, U.S.A.
Penguin Group (Canada), 90 Eglinton Avenue East, Suite 700, Toronto,
Ontario M4P 2Y3, Canada (a division of Pearson Penguin Canada Inc.)
Penguin Books Ltd., 80 Strand, London WC2R 0RL, England
Penguin Ireland, 25 St. Stephen's Green, Dublin 2,
Ireland (a division of Penguin Books Ltd.)
Penguin Group (Australia), 250 Camberwell Road, Camberwell, Victoria 3124,
Australia (a division of Pearson Australia Group Pty. Ltd.)
Penguin Books India Pvt. Ltd., 11 Community Centre, Panchsheel Park,
New Delhi - 110 017, India
Penguin Group (NZ), 67 Apollo Drive, Rosedale, North Shore 0632,
New Zealand (a division of Pearson New Zealand Ltd.)
Penguin Books (South Africa) (Pty.) Ltd., 24 Sturdee Avenue,
Rosebank, Johannesburg 2196, South Africa

Penguin Books Ltd., Registered Offices:
80 Strand, London WC2R 0RL, England

Published by Signet, an imprint of New American Library,
a division of Penguin Group (USA) Inc.

First Signet Printing, November 2008
10 9 8 7 6 5 4 3 2 1

Foreword

The information included in the *2009 Coin World Guide to U.S. Coins, Prices & Value Trends* has been compiled and edited by William T. Gibbs, *Coin World* news editor, with assistance from Fern Loomis, editorial assistant, and Paul Gilkes, senior staff writer. Price guide values have been researched by Mark Ferguson, Al Doyle and P. Scott Rubin, *Coin World* Values analysts. Ferguson also wrote Chapter 4. Graphic designer Jeff Brunswick designed the cover and Angie Stricker designed the book.

For more than 48 years, since 1960, *Coin World* has reported on people, laws, new issues, auctions, pricing trends and other elements that affect the hobby and business of collecting coins and related items.

In the *Coin World Price Guide*, the *Coin World* editors present in an easy-to-use format a wealth of information and insights. The retail value guide included in the *Coin World Price Guide* is from *Coin World's Coin Values*, a monthly price guide magazine available by subscription and on the newsstand. The value of the information included in this section has been proven over time.

To contact the editors of *Coin World* or request subscription information, write to *Coin World*, P.O. Box 150, Dept. 02, Sidney, Ohio 45365-0150. Visit Coin World Online at **www.CoinWorld.com**. Get the latest information on the State quarter dollars program at **www.StateQuarters.com**. Check out the latest coin values at **www.CoinValuesOnline.com**.

Contents

Introducing the guide

Welcome to the world of coins. *Coin World's 2009 Guide to U.S. Coins, Prices and Value Trends* is designed for the collector, whether neophyte or advanced. However, it should also be useful to the noncollector who has inherited some old coins or who has just become interested in coins, and to the history buff interested in facets of American history virtually ignored in most history textbooks.

This year's feature, "The Lincoln Cent: 100 Years of Greatness," focuses on the 100th anniversary of the Lincoln cent in 2009; the year also marks the bicentennial of the birth of Abraham Lincoln. To commemorate the bicentennial, Congress authorized the U.S. Mint to strike four different reverse designs, each reflecting a particular period in Lincoln's life.

Another chapter deals with all of the circulating commemorative coin programs, from the Bicentennial coins of 1975 and 1976 to the 2009 Sacagawea-Native American dollar coins.

Our comprehensive analysis of the rare coin market during the period from August 2007 to August 2008, written by *Coin Values* Analyst Mark Ferguson, follows the annual feature and circulating commemorative chapters, and then we get right into what you buy this book for—the retail price guide of U.S. coins. Within the valuing section, we also present the technical specifications for each series, such as size, weight and composition.

Following the valuing section are chapters devoted to mintages, Proof and Uncirculated Mint sets and commemorative coins. Then you'll find a chapter about the art and science of grading (determining a coin's level of preservation and ultimately its value), a background history of U.S. coins, and a look at Mint marks and why they are important.

We then discuss the history and latest techniques of coin manufacturing, followed by an illustrated guide to error and die variety coins. You'll also find a glossary of often-encountered terms and an index for quick and easy reference.

Why do people collect coins?

People collect coins for many different reasons.

You may want to collect coins because of their historical significance. Coins reveal much about a nation. For example, the word LIBERTY, appearing on most United States coins, says volumes about Americans' love of freedom. The motto E PLURIBUS UNUM, Latin for "out of many, one," defines the nation's character, forged from 50 states and the many peoples who make up such a diverse country. The motto IN GOD WE TRUST was introduced during the Civil War and, while at first optional, became mandatory after Theodore Roosevelt, facing strong public criticism, backed down on his insistence the motto *not* be used on new gold coins introduced in 1907 (he thought the motto's use sacrilegious). Even today, the use of the motto—or its disappearance from a coin—elicits strong emotions on the part of some.

You may collect coins for their artistic beauty. The country's greatest sculptor at the beginning of the 20th century, Augustus Saint-Gaudens, sculptured classical designs for gold $10 and $20 coins. Many other U.S. coins are amazing examples of the coiner's art. (Others, sadly, are unattractive at best.)

You may, like some people, collect for financial reward. This book is not an investment advisory; *Coin World* has always promoted coin collecting, not coin investing. Many authors are willing to give you their personal recommendations. However, we would be remiss if we did not point out that many individuals have profited from collecting U.S. coins. As is true for any investment, investing in rare coins is a calculated risk. The collector should know exactly what he is buying and understand the risks. The risks may be great, but so may be the rewards.

You may collect simply for the love of collecting. A true collector can't explain to the uninitiated the inner joy that comes from owning a 160-year-old half cent that costs less than $40, or a unique misstruck coin pulled from circulation at face value, or an 1861 Seated Liberty half dollar that may have been struck by the Confederate States of America after it took control of the three U.S. Mints located south of the Mason-Dixon Line.

Regardless of your vantage point, we hope you will find this book useful, educational and entertaining.

Tips for new collectors

Beginning collectors soon learn that there are no "wrong" ways or "right" ways to collect coins and related numismatic items. No one way or method of collecting is objectively better than another.

However, there are right and wrong ways to do many things collectors routinely do.

Here are some useful tips any collector, beginning or experienced, can benefit from:

• Never hold a coin by placing your fingers on the coin's surfaces. Instead, hold the coin by its edge. The human skin contains oil and contaminants that can damage a coin's surfaces.

• Never speak or sneeze while bending over a coin. While this advice may sound silly, it's practical. Saliva and mucus can damage a coin's surfaces if contact is made.

• Avoid the impulse to clean your coins. Experienced hobbyists use chemicals to safely remove undesirable toning from a coin, and dirt and other substances can be removed without harming the coin; however, these techniques are best left to the expert. Cleaning coins with abrasive cleaners like scouring powder or pencil erasers will damage them; never use an abrasive cleaning method. As for the impulse to clean naturally toned coins, they usually should be left alone. A patina—the film that builds up on the surfaces of the coin—forms on copper and silver coins as a natural result of the chemical reaction of the coinage metal to the environment. This film may actually help protect the metal from further reactions. In

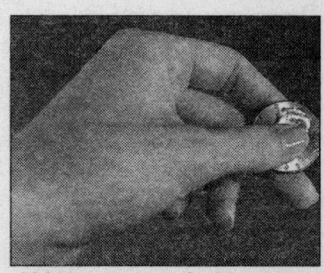

Wrong way to hold a coin.

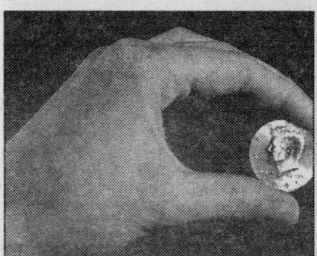

Right way to hold a coin.

addition, many collectors and dealers find natural toning attractive, and will even pay a premium for pleasingly toned coins.

• Store your coins properly. Hobbyists have found that certain types of plastic used in coin holders and flips (plastic holders creased in the middle, with the coin housed on one side) actually damage the coins placed in them. Avoid storage materials made of polyvinyl chloride (PVC); ask your dealer what is safe. In addition, some forms of paper envelopes and albums contain high amounts of sulfur, a substance that will cause copper and silver coins to tone. Do not leave your coins exposed to sunlight, high heat or high humidity for very long; all can damage a coin.

• Learn about grading. **Chapter 7** discusses grading in more detail. Even a basic knowledge of what grading represents is important if you begin to buy coins from others. That's because the higher the grade or condition a coin is in, the more it is worth. However, if a collector does not know whether a coin's grade is represented accurately, he might pay more than a coin is worth, if the coin grades lower than its seller indicates.

Getting started

Collecting can be fun for the individual and for the entire family. It can be as easy as getting a couple of rolls of coins from a bank and placing the coins into folder-style albums (one of *Coin World's* most popular columns is "Found in Rolls," written by a collector who searches through many rolls every week), or a family trip to a local coin show (coin shows are held every weekend in some part of the United States; there's probably one in your area within the next few months).

Presidential dollars, State quarter dollars and Jefferson 5-cent coins are good places to start since their designs have changed, offering multiple designs. It takes little effort to go to the bank, buy several rolls of the coins and put individual dates and Mint marks into the holes of an inexpensive album or holder. Most coin stores carry some sort of album or holder for the coins. After going through the rolls and saving the coins needed, take the unwanted coins back to the bank and get some more, or just spend them. If you have duplicates of some coins, trade them with other collectors for the dates you need.

Sorting pocket change and searching new rolls from the bank brings enjoyment to many beginners. It's inexpensive and doesn't take a lot of time or effort. You may want to substitute Roosevelt dimes for the quarter dollars or 5-cent coins, or maybe the Lincoln cent, but the goal is still the same—collecting an example of each date and Mint mark for any given series.

Coin collecting opens many doors: economics, history, art and technology, both old and new. Welcome to the world of collecting and U.S. coins!

The Lincoln Cent: 100 Years of Greatness

When Theodore Roosevelt commissioned sculptor Augustus Saint-Gaudens in 1905 to provide new designs for the nation's gold coinage and to replace the current designs on the Indian Head cent, no thought was giving to portraying Abraham Lincoln on the 1-cent coin.

Instead, Saint-Gaudens, largely recognized as America's greatest living sculptor, and the president settled on new renditions of an old theme: an Indian Head Liberty on the obverse, and a wreath encircling the denomination ONE CENT on the reverse. Saint-Gaudens' personal situation, however, prevented the designs from being used on the cent.

Throughout the design process, Saint-Gaudens had been terminally ill and under treatment; by early May 1907 it was clear he would likely not live long enough to complete the task of redesigning the four gold coins and the cent. In May 1907, Roosevelt decided that the eagle and double eagle should receive all of the attention, and the redesign of the cent was abandoned. Saint-Gaudens died in August 1907.

In 1908, Roosevelt returned to the idea of redesigning the cent, but by this time he had started thinking about a Lincoln-portrait design, to be introduced in 1909 on the centennial of Lincoln's birth, notes Roger Burdette in his *Renaissance of American Coinage 1909-1915*. Using a presidential portrait on a circulating U.S. coin had not been done to that point. When Congress authorized the first U.S. coins in April 1792, it had debated what design themes to use, and many members of Congress favored a portrait of the sitting president. George Washington objected, and Congress instead turned to a portrait of Liberty. By the early 20th century, officials saw the informal prohibition as outdated.

To redesign the cent for 1909, the Mint turned to sculptor Victor David Brenner. Brenner had already developed a Lincoln portrait for use on a desk medal, also produced in 1908. The portrait from the medal was adapted for use on the cent's obverse. For the reverse, Brenner produced several design ideas, including a sketch of a standing figure of Columbia. In the end, however, Brenner developed a design showing two heads of wheat flanking the denomination and UNITED STATES OF AMERICA, with E PLURIBUS UNUM at the top.

Brenner initially had wished to "sign" the obverse design with his last name, but agreed with Mint officials that it would be intrusive on that side, Burdette notes. Brenner suggested, rather, that BRENNER appear at the bottom of the reverse in small letters, Burdette writes. Mint officials decided instead that the initials V.D.B., separated by periods, should appear on the reverse, and prepared models and dies in that form.

The first 1909 Lincoln cents entered circulation on Monday, Aug. 2, 1909, to great excitement; people stood in line to obtain the new cents. Before the end of the day, however, the first signs of trouble surfaced. Burdette writes that newspapers

1909-S Lincoln, V.D.B. cent

began questioning the prominence of Brenner's initials on the reverse.

The use of designer's initials on U.S. coins was commonplace and had been since the mid-19th century. Most of the coins in production in 1909 had an artist's initials or monogram. However, overly sensitive Treasury officials reacted by terminating cent production on Aug. 5. Within two days, Treasury officials ordered the initials be effaced. New dies lacking the V.D.B. were created and production resumed.

Four different Lincoln cents were produced in 1909: the 1909 and 1909-S With V.D.B. cents, and the 1909 and 1909-S cents lacking the initials. The mintages of the With V.D.B. cents were much lower than the mintages for the later versions.

The introduction of the Lincoln cent in 1909 ushered in the longest-running U.S. coinage design of all time. More Lincoln cents have been struck than any other coin anywhere in the world. To tell the full 100-year history of the coin would take a book.

Instead, we will examine one representative coin or issue from each 10-year period of Lincoln cent production.

1910 to 1919: 1914-D cent

The 1914-D Lincoln cent is one of the key dates for the series, scarce in all grades and a $250 purchase in Good 4.

According to *A Guide Book of Lincoln Cents* by Q. David Bowers, notice of the coin became widespread in the 1930s with the introduction of coin boards and albums. Collectors began pulling Lincoln cents from circulation to fill the holes in their coin boards and the 1914-D cent, while it could be located in circulation, was a tough find, according to Bowers. Most of the pieces encountered in circulation were well worn, he writes, ranging in grade from Fine to Very Fine.

David W. Lange writes in *The Complete Guide to Lincoln Cents* that prices for the coin soared in the 1950s and 1960s. It was during this period that the coin also became a favorite of counterfeiters, he warns.

The typical fake 1914-D Lincoln cents from that period may represent either of two different types of altered coins: Philadelphia Mint 1914 cents with an added D Mint mark taken from another Lincoln cent, and 1944-D cents from which the left part of the first 4 in the date was carved away. Both alterations are easy to spot when one knows what to look for.

1914-D Lincoln cent

The D Mint mark used on the Lincoln cent was of a style used on the denomination from 1911 to 1917, so a D Mint mark taken from a later coin would not match the style and size of the correct Mint mark, Lange notes. As for fake 1914-D Lincoln cents made from a 1944-D cent, Lange notes three easy diagnostic points: the initials v.d.b., found at the truncation of Lincoln's bust, were not added to the coin at that location until 1918; the D Mint mark on 1944-D Lincoln cents is larger than the one used in 1914; and a too-wide gap exists between the 9 and the fake 1 carved from the first 4 in the date. Die-struck counterfeit examples also exist, so it is a good idea to buy only those 1914-D Lincoln cents certified as genuine by a major third-party grading service.

1920 to 1929: 1922-D No D cent

Despite the lack of any cent production at the Philadelphia facility in 1922, collectors began finding examples of 1922 Lincoln cents with no traces of any Mint mark at all (no Mint marks appear on Lincoln cents struck at the Philadelphia Mint), as well as examples with weak D Mint marks. Researchers today identify three die pairs, two with a weak D Mint mark and one with no traces of a Mint mark. Coins from all three die pairs carry a premium over regular 1922-D cents.

The 1922-D Lincoln cents bearing a partial D Mint mark were struck from severely worn dies on which the Mint mark was also partially filled by debris (Die Pairs 1 and 3). The lack or weakness of the D on these coins is mostly the result of the filled die, which was a temporary condition (the Mint mark is missing entirely on some coins from each of these two die pairs, but strengthened as the debris was lifted out of the cavity in the die that formed the Mint mark, notes Lange). The obverse and reverse dies in both die pairs show considerable wear and weakness.

The 1922-D Lincoln, No D, Strong Reverse cent, struck from Die Pair 2, carries the highest premiums of any of the coins from the three die pairs. The Mint mark is missing entirely on all known examples, having been polished from the die during removal of clash marks (see **Chapter**

1922-D Lincoln, No D, Strong Reverse cent

13 for an explanation of clash marks). While the clashed obverse die was left in service once it had been polished, a new reverse die was installed in the press with the old obverse die. The strong reverse found on the Die Pair 2 coins helps distinguish them from the less valuable cents from Die Pairs 1 and 3.

Collectors should beware of altered coins from which a D Mint mark was removed by buffing. Collectors should also beware of paying Die Pair 2 premiums for coins from the other two die pairs.

1930 to 1939: 1931-S cent

The 1931-S Lincoln cent is, on the basis of its mintage, the second-rarest regular Lincoln cent issued for circulation. When the low mintage was published in early 1932, the 1931-S Lincoln cent quickly became the target of speculators, according to Lange. Quantities of the cent were saved in bags and rolls, making it readily available today in Mint State but rare in low grades, Bowers remarks.

As a scarce date, the coin is a target of counterfeiters. Lange writes that the most common fakes are 1936-S or 1937-S Lincoln cents with the final numeral in the date carved to resemble a 1. Those altered coins

1931-S Lincoln cent

should be easy to spot, according to Lange, because all 1931 Lincoln cents have a distinctive date style, with the 3 having a longer lower stroke, Lange writes, different than the 3s found on all other 1930s Lincoln cents.

While other 1931 Lincoln cents with added S Mint marks are encountered, Lange writes that they are not common.

1940 to 1949: 1943 steel, copper cents

The United States went to war during the 1940s, and so did the cent and 5-cent coin, both of which underwent changes in composition so metals like copper and nickel could be diverted to wartime uses.

For the cent, in January 1942 Congress ordered that tin (about 1 percent of the alloy) be removed from the alloy; when the transition to the tinless alloy actually occurred is uncertain from Mint records. In December 1942, Congress gave the Treasury secretary authority to make more drastic changes to the composition of the cent; a zinc-coated steel composition was announced Dec. 23, with the selection of the composition based on testing that the Mint had already made.

The selection of zinc-coated steel for the 1943 Lincoln cent proved a mistake. When new, the silver-colored cents were mistaken for dimes, to the public's displeasure. Mechanical devices rejected the cents for their magnetic properties, Lange writes. The cent's edge, which was not plated with the rust-inhibiting zinc, rusted, and the coins soon became ugly in their general appearance.

**1943
Lincoln cent**

The most desirable 1943 Lincoln cents are those pieces struck on the copper-alloy planchets intended for use in 1942. Small numbers of leftover 95 percent copper blanks became mixed in with the zinc-coated steel planchets. The first confirmed report of a 1943 Lincoln copper cent being discovered in change was in 1947. Wrong planchet errors, while certainly desirable, were fairly routine occurrences in 1943. However, the 1943 Lincoln copper cents have long held the public's attention. When sold today, pieces routinely bring five-figure prices. Ten copper examples are confirmed from the Philadelphia Mint, seven from the San Francisco Mint and just one piece from the Denver Mint.

Beware: Private firms made thousands of novelty pieces by copper plating normal 1943 zinc-coated steel cents. These copper-plated pieces are attracted to a magnet as are the normal steel cents, but copper alloy cents are not. Altered date pieces made from 1948 cents are known, but the unaltered 1943 has a distinctive long-tailed 3, which should make any altered date piece easy to detect. Die-struck counterfeits require professional examination by authentication experts.

1950 to 1959: 1955 Doubled Die cent

Sometime in the late summer of 1955, during a midnight to 8 a.m. shift on the production floor of the Philadelphia Mint, the assistant to the chief coiner examined some 1955 Lincoln cents and discovered pieces with widely doubled inscriptions and date on the obverse, according to Lange (Bowers writes that the coins were discovered in the late afternoon). No matter when the coins were discovered, the coins pulled from the production line were shown to the chief coiner. By this time, some 40,000 cents had been made with the doubled obverse, and 20,000 to 24,000 of them were already mixed in with 10 million or so other cents awaiting loading onto trucks. Mint officials faced a difficult decision: destroy all 10 millions cents (thus losing an entire shift's production) in order to eliminate the 24,000 or so coins with the doubling, or load the coins on the trucks and ship them out. Lange writes that cents were in strong demand because of the recent imposition of a 1-cent sales tax on cigarettes in Pennsylvania and for other reasons. Officials decided to destroy only the doubled cents that had not been mixed in with coins from other presses, and to release the remainder of the shift's production. Thus the 1955 Lincoln, Doubled Die cent entered circulation.

1955 Lincoln, Doubled Die Obverse cent

The doubled die obverse should never have passed inspection (and seven Mint employees were entrusted with examining each die made); the doubling is some of the most extreme on any U.S. coin, and quite visible to the naked eye. Nonetheless, the die was used.

The coins began surfacing in circulation in Massachusetts late in 1955, and Lange notes that the 1955 Lincoln, Doubled Die Obverse cent was the first die variety of its kind to be generally recognized by hobbyists. It is one of the most popular of doubled dies with collectors; because of demand, even the most worn examples bring $1,000. Bowers estimates that 4,000 to 5,000 survive today.

Die-struck counterfeits exist, so authentication is recommended. Also, several lesser doubled die obverses exist for the 1955 Lincoln cents, but they bring much lower prices than the most famous Lincoln cent doubled die.

1960 to 1969: 1960 Small Date and Large Date cents

Not long after the Mint started striking 1960 and 1960-D Lincoln cents, Lange writes, Mint officials became aware that the space inside the 0 in the date was prone to breakage, resulting in the formation of die chips. Die chips had been a problem on Lincoln cents for some years; many mid- to late 1950s cents show chips inside the digits of the date and the letters of LIBERTY. The problem in 1960, however, was severe

1960 Lincoln, Small Date and Large Date cents

enough to prompt Mint officials to do something they had never done in mid-year with the Lincoln cent: create a new master die.

Lange writes that the original master die was abandoned and a new one produced from the master hub. The digits 196 were already on the master hub and thus the master die. A new, larger, rounder 0 was engraved into the master die, with a lengthier 6 engraved as well. The 9, already a part of the design, was also lengthened to provide balance with the new 6 and 0. Working dies pulled from the second master die (via new working hubs) were placed into operation.

Collectors quickly noticed the change to the date. When queried, at first Mint officials said that all cents were stamped from dies from the same master hub (technically true, if misleading) and that no change had been made (untrue), Lange writes. However, faced with overwhelming evidence in circulation, Mint officials finally admitted that two different master dies had been created.

The first coins are known as the 1960 and 1960-D Lincoln, Small Date cents; the second versions are the Large Date cents. The mintages for the Small Date cents are small compared to mintages of the Large Date cents: an estimated 2,075,000 versus an estimated 586,405,000 for the Philadelphia Mint cents, with the Small Date mintage of the 1960-D Lincoln cent representing about 30 percent of the total mintage, according to Bowers.

Both versions were also struck as Proof coins, with just 10 percent of the 1,691,602 Proof 1960 Lincoln cents struck in total being of the Small Date subtype, according to Bowers.

The discovery of the relatively scarce Small Date cents helped launch a wave of publicity nationwide. Media across the country reported the discovery of the Small Date cents, Bowers writes.

Today, both Small Date and Large Date 1960 and 1960-D Lincoln cents are readily available and affordable. The Small Date coins carry a premium over the Large Date coins. Of special significance is the 1960-D/D Lincoln, Small Date Over Large Date cent. This coin was struck from an obverse die that was hubbed with both a Small Date Hub and a Large Date hub, during the transition from the old date type to the new. The coin also has a repunched D Mint mark. Proof doubled die examples include both Small Date Over Large Date and Large Date Over Small Date varieties. These doubled die obverse cents all bring significant premiums above normal cents of either date size.

1970 to 1979: 1972 Doubled Die cent

During the July 5, 1972, meeting of a local coin club, Philadelphia coin dealer Harry Forman exhibited several 1972 Lincoln cents with a strongly doubled obverse die. During a four-year period, the Mint had produced several major doubled dies with wide separation of the doubled images, including in 1969, 1970 and now in 1972.

Die variety specialist John Wexler believes that in 1969, when a new master hub was created for the obverse of the Lincoln cent, the Mint stopped using fitting keys on the hubs and dies. The fitting keys assisted die makers in getting perfect (or nearly so) registration between a hub and partially completed die, thus making difficult the formation of doubled dies. The wide separation of images on the 1969, 1970 and 1972 Lincoln cents with doubled die obverses appears to confirm the abandonment of the fitting keys.

1972 Lincoln, Doubled Die Obverse cent

The discovery of a new major doubled die on the Lincoln cent in 1972 generated immediate and widespread news coverage, Lange writes. The 1972 Lincoln, Doubled Die Obverse cent quickly became a very desirable coin. Later in the year, numerous, lesser doubled dies were found on the 1972 Lincoln cents, further reinforcing the theory that the fitting keys had been removed from dies. According to Charles D. Daughtrey in *Looking Through Lincoln Cents: Chronology of a Series*, nine different doubled die have been identified on Philadelphia Mint 1972 Lincoln cents, six on Denver Mint cents and several on 1972-S Lincoln cents. The lesser doubled dies carry lower premiums than the most prominent 1972 Lincoln, Doubled Die Obverse cent.

1980 to 1989

Mint officials from the mid-1970s to early 1980s faced a worsening problem: rising copper prices. In 1973 and 1974, the problem was so great that Mint officials tested various alternative compositions for the cent. The Mint even struck (mostly in 1973) tens of thousands of experimental 1974-dated Lincoln cents in aluminum (which Mint officials acknowledged had been produced) and in bronze-clad steel (which Mint officials kept secret, even to the point of lying in the Treasury Department's official report on the testing). Copper prices dropped, however, stopping any switch in production.

By the late 1970s, however, copper prices were on the rise again, and not showing any signs of falling. Mint officials again began experimenting with new compositions. By this time, the Treasury Department had authority to alter the percentages of copper and zinc in the cent's composition without additional congressional approval. As in 1973 and 1974, the Mint tested various alternative compositions. Unlike in 1974, the Mint approved one and introduced it as a replacement for the brass composition in use. The approved alloy, nearly pure zinc (the core contains a little copper), was coated with pure copper. The chosen composition retains the appearance of the old alloy, though the newer cents are a little lighter in weight.

The switch was made in 1982, when cents were struck in both compositions.

The Mint made another change in 1982, introducing a new obverse hub in mid-year. Lange writes that the new hub had lower relief and more sharply incised details. The date was also smaller on the new hub than it was on the old hub.

In all, the Mint made seven different 1982 Lincoln cents for circulation: in the old alloy, the Philadelphia Mint struck both Large Date and Small Date coins, while at the Denver Mint, only Large Date cents were struck; and in the new composition, the Philadelphia and Denver Mints each struck both Large Date and Small Date versions. No 1982-D Lincoln, Small Date cents made of the old alloy have been confirmed.

1990 to 1999

On Feb. 19, 1995, Connecticut collector Felix Dausilio bought two rolls of cents to search through, a weekly practice. One of the rolls contained almost all 1995 Lincoln cents, and the first piece he pulled from one of the rolls was struck from a doubled die obverse.

Dausilio mailed his coin to *Coin World* where it arrived the morning of Feb. 23 and immediately was identified as a doubled die, specifically as exhibiting Class V, Pivoted Hub Doubling. In this class, the degree of doubling is not even across the entire surface of the coin. On this variety, the doubling is strongest on the left side, on the letters of LIBERTY and the first letters of the motto IN GOD WE TRUST. The doubling on the last letters in the motto and on the digits in the date is much fainter.

A Mint spokesman said the die could have been used for an entire press run, which averages 600,000 strikes.

As news of the discovery spread, retail prices for the first examples to enter the market topped $200 to $300. However, as the coin started showing up in large quantities, prices began dropping. Today, the coin costs less than $20 in Mint State 63, and less than $100 in grades as high as MS-67 red. Specialists believe that at least 600,000 pieces were struck, and maybe as many as a million pieces. Since publicity about the coin was widespread, huge numbers of the coins were found.

The 1995 Lincoln, Doubled Die Obverse cent was the last of the strongly doubled, doubled dies to be produced.

2000 to 2009

Since 2000, very few exciting Lincoln cents have been produced.

While doubled dies have been reported, all are very minor, with very faint doubling. None of these doubled dies has been deemed significant enough to warrant listing in standard price guides.

Standard guide books do list those 2000 Lincoln cents struck for circulation from a reverse die with the slightly modified design intended for Proof cents. On the standard reverse used for circulation coins after 1993, the letters AM in AMERICA nearly touch; those same letters are spaced more widely on reverse dies used for Proof cents.

Four different 2009 circulating commemorative Lincoln cents will be released into circulation to commemorate the bicentennial of Lincoln's birth. Reverse designs will reflect four major periods in Lincoln's life: his birth and early childhood in Kentucky, his formative years in Indiana, his professional life in Illinois and his presidency in Washington, D.C. The obverse will depict the same portrait of Lincoln used since 1909, but restored to its original version as created by designer Victor David Brenner a century ago. When this chapter was written, the Mint had not released final images of the designs selected for the 2009 cents.

In 2010, a new reverse will be introduced that is "emblematic of President Abraham Lincoln's preservation of the United States of America as a single and united country," as described in the authorizing act. Thus the 2008 Lincoln cent will likely be the last to feature the Lincoln Memorial reverse.

For 100 years, the Lincoln cent has offered collectors limitless collecting enjoyment with rare dates, interesting die varieties, mid-year hub changes and compositional changes. With a new era starting in 2010, who knows what the future will bring for the Lincoln cent.

Circulating commems

The Roosevelt dime has one trait it shares with no other current circulating U.S. coin denomination: It has never been redesigned as a circulating commemorative coin or ordered redesigned. Every other current circulating U.S. coin from the Lincoln cent to the dollar either has circulated with commemorative designs, is currently circulating with commemorative designs or will be before the end of this decade.

Consider this list, by date:

1975 to 1976: quarter dollar, half dollar and dollar, with designs commemorating the Bicentennial of the Declaration of Independence

1999 to 2008: quarter dollar, with designs commemorating each of the 50 states

2004 to 2005: 5-cent coin, with designs commemorating the bicentennials of the Louisiana Purchase and the Lewis and Clark Expedition

2007 to 2016 (or later): golden dollar, with designs commemorating most or all deceased U.S. presidents, four issues annually

2009: cent, with designs commemorating the bicentennial of the birth of Abraham Lincoln, with four commemorative reverses

2009: quarter dollar, six coins commemorating the District of Columbia and five U.S. territories

2009 to 2016 (or later): dollar, one Sacagawea dollar each year with a commemorative reverse honoring an American Indian theme

Upon reading this list, two things should quickly become apparent: (1) U.S. circulating commemorative coins are a largely 21st century phenomenon; and (2) such programs will continue for many years.

Bicentennial coinage

Collectors some 30 years ago could would never have imagined the prevalence of circulating commemorating coin programs today. In fact, had Treasury Department officials had their way, the Mint would not have issued any Bicentennial coinage for the 1976 celebration.

Treasury's response to collectors lobbying for circulating and noncirculating commemorative coins for the Bicentennial was (1) production of such coins conflicted with the Mint's main purpose, i.e., to provide coinage for commerce; and (2) circulating commemoratives also would trigger coinage shortages, by encouraging hoarding of new designs.

Until the Bicentennial, the Mint never issued a true circulating commemorative coinage. Circulating coins honoring Abraham Lincoln and George Washington were introduced on significant birthdays of the men depicted on the coins (100 years for Lincoln in 1909, 200 years for Washington in 1932), but these coins were intended as permanent replacements for the old designs and are not considered true circulating commemoratives. The coins bear no commemorative inscriptions. When the Washington quarter dollar was authorized, officials noted that the coin was not to be considered a "special coin"—a Mint phrase used to describe commemorative coins—in any way.

Treasury opposition did not keep collectors from lobbying for "special coins," especially as the nation's 200th birthday got closer. Collectors had been lobbying for a Bicentennial coinage since the mid-1960s. By the early 1970s, collectors' wish lists grew: Bicentennial designs on all circulating coins, plus noncirculating commemoratives, including a gold coin. Treasury officials opposed all such recognition of the Bicentennial. However, by November 1972, as collectors' lobbying efforts grew, Treasury officials agreed to add the date 1776 to all 1976 coins—a con

Bicentennial coins

cession that fell below the collector community's proposals.

The legislative branch of government, however, listened to the collector electorate and rejected Treasury's do-nothing attitude. Members of Congress in January 1973 began introducing legislation proposing Bicentennial coinage. As the number of Bicentennial coin bills grew, Treasury officials, realizing that Congress was likely to authorize some sort of coinage over their objections, decided to support a modest plan: changing the reverses of the half dollar and dollar. Collectors, however, complained that the Treasury's do-little proposal fell short of what they believed the nation should do in recognition of the Bicentennial (neither denomination circulated widely). Treasury officials relented a little more in July 1973, agreeing to support legislation that would include the quarter dollar in the redesign effort. Finally, in October 1973, the modest, three-coin Bicentennial coinage bill became law.

Production of the Bicentennial coins began in 1975 with the 1776-1976 date used for both the 1975 and 1976 production.

Despite Mint worries about the hoarding of the new designs, no coinage shortages developed. The Bicentennial quarter dollars can still be found in circulation occasionally, and the two higher denominations can be found in bank rolls at some banks.

After the Bicentennial coin program ended, coinage redesign and circulating commemorative coins again became a nonissue. As far as Treasury officials were concerned, it wasn't going to happen again.

Mint officials in Canada, however, embraced a circulating commemorative coin program to celebrate that nation's 125th anniversary of confederation in 1992. It placed a commemorative design on the circulating dollar coin and issued 12 commemorative 25-cent coins, each bearing a design commemorating a Canadian province or territory.

State quarter dollars

Collectors in the United States awaited each new Canada 125 25-cent coin as eagerly as collectors did in Canada. American collectors also began calling for a similar program in the United States—50 circulating commemorative coins, one for each state. In July 1995, they found a powerful ally in the House of Representatives who could make their dream come true: Rep. Michael Castle, R-Del.

Castle was chairman of the House subcommittee in charge of coinage legislation in the mid-1990s. At the time, many collectors, dealers and hobby leaders were becoming concerned with *too many* noncirculating commemorative coinage programs, a concern Castle shared. He convened a hearing on the issue and invited hobby leaders to testify. During the meeting, Castle asked one speaker—veteran New York City coin dealer Harvey Stack—whether he had anything else to discuss while testifying before Congress. Stack immediately advocated a circulating commemorative quarter dollar honoring all 50 states. While Stack may not have been the first to suggest the idea publicly, he was the first to do so publicly to someone in government who would act on the proposal.

One of 12 Canada 125 25¢ coins

Castle embraced the idea, and introduced legislation calling for such a program. It became law in 1996, though the Treasury Department, still generally opposing the new law, forced Congress to pass the legislation a second time, in 1997, before implementing the program.

Under the program, five State quarter dollars were issued annually. The program opened in 1999 with the release of the Delaware quarter dollar, and closed in 2008 with the issuance of the Hawaii coin.

New profits, and a change in philosophy

The popularity, and profit, of the State quarter dollars program birthed a changed philosophy at the United States Mint: Coinage redesign is good, especially for the bottom line. As many as 140 million individuals, many of whom had previously shown little interest in collecting coins, collected the new quarter dollars, eagerly awaiting each newest release. Collectors all over grew used to the refrain from others: "Do you have the new quarter yet?" Mint officials, who earlier had worried that coin shortages might result from the widespread hoarding or collecting that any new designs might encourage, found that no such shortages arose, despite hundreds of millions of State quarter dollars being pulled from circulation and held in collections. Mint officials also appreciated the profits they derived from the program, and not only from sales of collector versions of the coins.

The Mint derives revenue from sales of circulating coins to the Federal Reserve Bank. In Fiscal Year 1998, the last year for the old-style Washington quarter dollar, the Mint's revenues from sales of quarter dollars to the Federal Reserve totaled $419.3 million. In FY2000, quarter dollar revenues totaled more than $1.5 billion. While revenue has dropped since then, every quarter dollar pulled from circulation represents profit to the Mint.

In less than a decade, the official Mint position of opposing design change was replaced by a position of expanding coinage redesign through circulating commemoratives. In April 2002, the Mint director told collectors at a forum in Ohio that the Mint was considering changing the designs of the Jefferson 5-cent coin in 2003 to reflect the bicentennial of the Louisiana Purchase and the Lewis and Clark Expedition. The comments were met with strong collector support, and Mint officials seemed poised to change the designs of the 5-cent coin in 2003. In a reversal of positions as compared to the 1970s and 1990s, opposition arose in Congress in June 2002 from the Virginia delegation when it heard of the Mint's plans. (Jefferson was a native Virginian, and Monticello, depicted on the 5-cent coin, is located within the state.) Virginian legislators introduced legislation in 2002 that would permit the redesign of the 5-cent coin from 2003 through 2005 to commemorate the two bicentennials, but would require that Jefferson and Monticello appear on the coin from 2006 onward. The bill did not become law in that Congress, but a new version did pass in the next Congress. It became law in April 2003.

Because of the lateness in the bill's passage, Mint officials did not have enough time to change the designs of the 5-cent coin in 2003.

In 2004, Mint officials introduced two new reverses on the coin:

2004 reverses

2004 obverse

2005 reverses

2005 obverse

The first celebrates the bicentennial of the Louisiana Purchase with a design based on the Jefferson Indian peace medal Lewis and Clark distributed to native leaders; and the second depicts the larger boat the expedition used along the Missouri River for a portion of the journey. Both coins retain the existing obverse portrait of Jefferson.

The Mint introduced a new Jefferson portrait in 2005 and two more commemorative reverses. The new portrait shows an off-center, right-facing portrait of Jefferson, with the portrait abutting the slightly higher rim at the left side of the obverse. The first of the year's special reverses depicts a plains bison, one of the many animal species Lewis and Clark Expedition members saw during their journeys. The second reverse depicts a scene of the Pacific Ocean coastline to represent the end of the westward journey of Lewis and Clark.

The Mint marketed the series as the Westward Journey Nickel program. All four 2004 and 2005 circulating commemorative Jefferson 5-cent coins proved popular. As with the State quarter dollars, many Americans awaited the release into circulation of each new commemorative Westward Journey, Jefferson 5-cent coin.

In 2006, the Mint introduced another new Jefferson portrait. The new portrait depicts Jefferson facing the viewer. For the reverse, Mint officials considered a number of new renditions of Monticello, but in the end reverted to the original design introduced in 1938. However, a Mint engraver did restore to the design all of the detail that the Mint engraving staff had removed from the coin over the decades, resulting in a sharper, crisper design than had been used in years.

With coinage redesign and circulating commemoratives now embraced by collectors, Treasury and Mint officials, and members of Congress, two other denominations were singled out for change: the cent and the dollar. The same 2005 act approved changes to both coins.

With the State quarter dollars program nearing its December 2008 end, its creator, Rep. Castle, began looking for a similar coin program—one that would pump multiple new coin designs into circulation every year, and both promote coin collecting and continue a concept that the State quarter dollars have represented: coinage as history lessons. Castle conceived of depicting every U.S. president on a circulating dollar coin, struck on the same manganese-brass clad planchets used for the Sacagawea dollars. He predicted that not only would the program be embraced by collectors, it would encourage wider circulation of a dollar coin. Historically, dollar coins have never circulated widely in the United States.

Others in Congress, looking to the 200th anniversary of the birth of

braham Lincoln in 2009, started promoting new designs for a circulat-
g Lincoln cent. Both measures became part of the Presidential $1 Coin
ct of 2005, which became law in December 2005.

Beginning with the release of the George
Vashington Presidential dollar Feb. 19,
007 (the official federal holiday celebrating
Vashington's Birthday), four Presidential dol-
rs will be issued every year, through 2016 at
ast, and possibly beyond. Sitting presidents
nd living former presidents are ineligible to
e depicted. Any former president must be
eceased at least two years before becoming
igible for depiction on one of the coins.

**First Presidential
dollar**

By mid-2008, it had become clear that the Presidential dollar pro-
am had not resulted in the wide circulation of the coin in commerce.
lany collectors in letters to *Coin World* and in comments made online
iggested that few if any had ever received one of the coins in change,
though many of the same collectors had made efforts to spend the
oins. The failure of the coin to circulate had the same affect on mint-
ges as it did for the earlier Anthony and Sacagawea programs: The mint-
ges for the Presidential dollars have fallen steadily since the production
the Washington coin (productions for the Anthony and Sacagawea
ollars similarly peaked the first year and then declined precipitously).

In 2009, the Mint will produce four circulating commemora-
ve programs: Presidential dollars, Native American dollars, Lincoln
centennial cents and District of Columbia-Territorial quarter dollars.

As in 2007 and 2008, four Presidential dollars are scheduled to be
ruck for circulation in 2009.

Four different 2009 circulating commemorative Lincoln cents will
e released into circulation, one each representing four major periods in
incoln's life: his birth and early childhood in Kentucky, his formative
ears in Indiana, his professional life in Illinois and his presidency in
Vashington, D.C. The obverse will depict the same portrait of Lincoln
sed since 1909, but restored to its original version as created by
esigner Victor David Brenner a century ago. In 2010, a new reverse
ill be introduced "emblematic of President Abraham Lincoln's preser-
ation of the United States of America as a single and united country,"
described in the authorizing act.

Six quarter dollars will be issued in 2009 in a one-year program
mmemorating the District of Columbia and the U.S. territories of the

Commonwealth of Puerto Rico, Guam, American Samoa, the United States Virgin Islands and the Commonwealth of the Northern Mariana Islands. While the program follows the State quarter dollars program, it is not officially an extension of the program.

Supporters of the District of Columbia-territories quarter dollar program had long sought the same level of coinage recognition as given to the states. The member of the U.S. House of Representatives representing the District of Columbia introduced legislation seeking such coin five times before one of the measures became law. The program will follow the blueprint of the State quarter dollars program: The governmental leader of each entity will select a design (with the consultation and approval of the Treasury secretary).

The Sacagawea dollar will be reimagined as a circulating commemorative coin platform beginning in 2009. Under the Native American $1 Coin Act, passed in 2007, the Mint annually will issue a Sacagawea dollar with a new reverse design emblematic of an important American Indian or tribal contribution. Reverse designs cannot depict a portrait, so as to avoid creating the appearance of a two-headed coin, according to the legislation. The traditional Sacagawea reverse will disappear.

The 2009 Lincoln cent commemoratives, the District of Columbia-U.S. territories quarter dollars and the Sacagawea, Native American dollars will continue an amazing period of regular coinage redesign. The stagnant designs of the Roosevelt dime, which have not been changed since their introduction in 1946, and the Kennedy half dollar, redesigned just once for the Bicentennial more than 30 years ago, have become the oddities rather than the norm. The embracement of circulating commemorative coins and other coin redesign has been an incredible reversal of government policy, especially since it has all occurred in a 11-year period from January 1999 to January 2010.

Frequent design change has fulfilled the desire of coin collectors nationwide. It is clear to many longtime observers that the coinage redesign has helped the hobby of coin collecting to grow by bringing in fresh, new collectors, some of whom have begun collecting older coinage. However, is it becoming too much of a good thing?

Some collectors online and in letters to collector publications have voiced a little weariness at all of the coins entering circulation. Still, few among us would likely desire a return to the old days, when Mint officials considered new designs anathema, and the coins in circulation looked identical.

Change has been good.

Coin market analysis

4

The U.S. coin market was strong throughout the year (August 2007 to August 2008) as it added a fifth year to the bull market, one of the longest-running cycles in modern times.

In a weakening U.S. economy that saw bank failures, housing foreclosures, record high oil and gasoline prices, rising food prices and a weak U.S. dollar, attention turned to the precious metals market and the coin market as refuges for investment dollars. Normally with heightened inflation, more buyers move their capital into the coin market, thereby increasing demand and prices.

Precious metal gains

Some of the strength in the coin market was the result of increases in the precious metals market. Silver, gold and platinum—the primary precious metals that participants in the coin market and related areas consider as hedges against inflation and as investments—leapt in price in 2008. Platinum and gold prices reached record levels, with silver reaching its highest level since 1980.

Platinum peaked at $2,273 an ounce March 4, 2008, with gold peaking at $1,011.25 an ounce March 17, 2008. Silver rose to its highest point during the period under review, to $20.92, also on March 17 (all prices are London p.m. fixes).

The three metals were at their lowest points during the past year when this market analysis period began—in mid-August 2007, after the ANA World's Fair of Money in Milwaukee. Silver then was at about $12 per ounce, gold was hovering around $675 per ounce while platinum had temporarily touched about $1,250 or a little less.

From those levels all three metals climbed considerably higher, though each then dropped after peaking in March 2008. On Aug. 15, 2008, silver closed at $12.82 an ounce on the London market, gold at $786.50 and platinum at $1,400.

Legal tender American Eagle bullion coins are the most popular forms in which Americans purchase silver, gold and platinum. They are manufactured by the U.S. Mint for the purpose of allowing Americans and others to conveniently invest in these precious metals. All three

American Eagle bullion coins are available in 1-ounce denominations with the gold and platinum series also available in half-, quarter- an tenth-ounce sizes.

Precious metals are also available in other forms such as 1- or 10C ounce silver bars, 1-ounce silver rounds, foreign gold coins and bar made of platinum.

Bull run widespread, auctions preferred

From common, inexpensive, circulated collector coins, right u through the ranks to the ultra-expensive, high-quality rarities, man series continued to steadily climb in value during the year unde review.

Some coin market segments outshined others. Among them ar all United States coins—copper, silver and gold—minted from 179: through the 1830s, which experienced very strong demand. Many o the silver coins increased in value substantially, some nearly doubling.

Scarce and rare gold coin issues continued to be hot during th review period, as they have been for most of the long bull market (th market for these kinds of coins underwent one small correction one t two years ago). The substantial rises in the price of gold bullion du ing part of the past year helped pump demand for the rare issues eve higher.

During this period, as for many years, collectors and dealer showed little to no interest in early commemorative coins (those struc from 1892 to 1954) in average grades. For coins in the highest grades though, a whole different set of dynamics applies, including difference between the early commemorative coins and the modern commemora tives (struck since 1982).

In the early commemorative coin market, the highest grades no mally encountered are Mint State 66 and 67. A few MS-68 example brought enormous prices when sold. The driving force in the market fo these coins is demand for colorful and attractive toning.

In the modern commemorative segment, many Mint State an Proof 69 and 70 coins are graded by the third-party grading services. Th Mint exercises much higher care in striking the modern commemorativ coins than it did the early coins, and the modern pieces have been bette packaged and protected by the Mint before distribution. The availabilit of high-grade, certified coins has led to registry set collecting, sponsore by Professional Coin Grading Service and Numismatic Guaranty Corp two of the leading commercial grading services, in which collector ompete by score for the highest graded collections, usually specialized. egistry set collecting is the driving force for collectors of modern commemorative coins.

The huge impact registry set programs have on the way people collect and their contribution to extremely high market prices for the finest graded coins was evidenced by prices realized at many 2008 auctions.

Another trend that persisted during the year in review was rising prices for most circulated coins. Some of the increases were driven by rising bullion prices, but this trend was mostly driven by collector demand.

Not all circulated coins rose in value, however; circulated key coins of many series stayed steady in their values during the year. Circulated key dates did not rise because collectors believe they had already risen too far too fast during previous years. This slowdown could be temporary, however.

An external factor could also affect values for circulated coins. Buyers in this segment of the market are primarily people of average income and means. This means they were hit by substantially higher living costs during the period under review. Gasoline prices that reached more than $4 per gallon, higher food prices, rising insurance premiums and other costs of living greatly affected this segment of the population. As a result, many dealers experienced a slowdown in business from these customers.

Nonetheless, people of average income and means include enough dual-income families, older collectors whose children are grown and independent, and retired baby boomers with their houses and cars paid off, that this group continued very active in the market. Many people resumed the coin collections started when they were younger, and many of them could finally afford to buy more expensive coins than when they had young families. However, many of these same people were hit with seriously falling stock prices that affected their retirement plans and thus their discretionary funds used for coin purchases.

In contrast, dealers who routinely deal in coins selling for five- and six-figure prices and even the occasional million-dollar-plus coins, state that buyers with budgets large enough for such purchases continued to buy nonstop during the year under review. It's apparent that spending several million dollars on a rare coin collection barely put a dent in the finances of some of those millionaire and billionaire collectors.

In fact, demand continued to outpace the available supply of outstanding coins these well-to-do collectors seek. As a result, auction records continued to be broken when difficult-to-find coins became available in the marketplace.

During the period from August 2007 to August 2008, auction continued to be the preferred venue for placing highly demanded coin onto the market. Great collections were seldom privately sold at coin shows, compared to just seven or eight years ago when sellers were cautious about consigning them to auctions for fear of receiving low prices in what was a much slower market.

That caution disappeared as activity and prices continued to increase during the past five years. Sellers quickly realized that the best prices received are usually from major auctions. Most of the better-than-average coins sold during recent years have appeared via consignment to major auctions. Even some dealers regularly consign some of their prized pieces to major auctions.

Another trend has emerged during the past year or two. An increasing number of individual circulated coins are appearing in big auctions along with high-grade Mint State and Proof coins. Circulated coins are also being submitted to the major grading services more frequently. It seems that both buyers and sellers want assurance that their key coins are indeed genuine and graded fairly, as well as their semi-key and high end circulated coins.

Grading trends

A new grading verification service began operating during the fall of 2007. Certified Acceptance Corp., known as "CAC," reviews the grades of coins graded by Professional Coin Grading Service and Numismatic Guaranty Corp. If CAC believes the grades of already certified and holdered coins meet its standards, then green tamper-resistant stickers are affixed to the holders.

CAC was created to enable several professionals in the business to offer a check and balance system over the grading services, which the founders of CAC believe have become too liberal in their grading standards over the years. Reaction to CAC has been mixed: Many people like this service while others find it to be a gimmick. The approval is such, however, that CAC-stickered coins have been bringing about 5 to 10 percent more than coins graded the same without the stickers.

Another grading anomaly strengthened during the year under review: the use of commercial grading by specialist early copper collectors for half cent and large cents, coined from 1793 through 1857. Several important collections of early copper coins have been graded and slabbed and then sold at auction during the past few years.

The use of commercial grading for early copper coinage reverses past practices.

Traditionally, specialists in half cents and large cents grade their coins much more conservatively than the market grades larger denomination coins. One reason is that copper is more susceptible to corrosion, pitting, spotting and other problems than are coins made of other metals. Early copper specialists take surface condition, color and eye appeal more into consideration than primarily wear, which is the major, but not the only factor in grading other types of coins. Eye appeal also figures into this equation.

However, some seasoned collectors of early coppers are using commercial grading because of money. The early coppers market segment has been in a valuing transition as grading standards are evolving.

2008 World's Fair of Money

During the July 30 to Aug. 3, 2008, American Numismatic Association World's Fair of Money in Baltimore, market strength was very much in evidence. Attendance was strong as Baltimore is conveniently accessible to the large population of the East Coast. However, this was a worldwide event and the location was an easy trip for those who live in Europe.

The aisles on the show's bourse floor were so crowded at times that it was difficult to get to dealer tables to see what they were offering for sale and to speak with the dealers.

The U.S. Mint displayed the new fractional American Buffalo gold coins, just released for sale the previous week, as well as examples of the Saint-Gaudens, Ultra High Relief gold $20 double eagle that will be released in early 2009. One high-profile seasoned collector remarked, "Everyone will want one of those!"

Competitive exhibits displayed various themes, and a few noncompetitive exhibits were also on display. One exhibit that attracted noticeable attention was Stewart Blay's collection of Mint State red copper half cents and cents displayed in conjunction with PCGS.

Blay's collection of the highest obtainable grades of Mint State red Lincoln cents from 1909 to date is the finest collection of its type ever assembled. Numerous doubled die Lincoln cent issues made for an impressive sight to see them all in one place.

Most dealers had an excellent show businesswise. But those with coins that were similar to what other dealers offered for sale experienced just "OK" business on the ANA convention bourse floor.

The public auctions in Baltimore really show where the action wa before and during the 2008 convention. Three pre-convention auction were conducted by Superior Galleries, Bowers and Merena Auctions and Stack's. Along with the official 2008 ANA auction conducted b Heritage Auction Galleries, the sales total for all four sales was about 4: percent higher than for the ANA-week auctions conducted by the sam firms in 2007.

About $67 million worth of rare coins, currency and related numis matic items were auctioned at the convention and during the days jus prior to the opening of the official ANA event. The Heritage sale brough in at least $41 million, while the prices realized at the Stack's sale wer more than $20 million. Bowers and Merena posted $4.4 million, whil the Superior auction totaled $1.25 million.

Coin market outlook

As a barometer of the market, the 2008 ANA convention showe that the coin market is still extremely strong, and may even be strength ening. At least one or two more banks were taken over by the FDIC du ing the convention. The housing and credit crisis continued to worsen and upset investors were looking for alternatives to their traditiona investments that were big losers in 2008.

Precious metals and rare coins have been one of the best hedge over the years that have served to protect capital from its erosion i value from inflation.

As the Federal Reserve issued statements that it expected the rat of inflation to accelerate, greater attention focused on the coin and pre cious metals markets.

It is important to note the coin market reflects support of ded cated collectors who are holding on to their coins for the long-term Substantial growth in the numbers of collectors during recent years ha built market strength and a solid foundation for continued growth. Thi is a large contrast to the coin market that operated during the 1970s an 1980s, when high inflation brought a large number of fickle investor into the coin market who turned out to be quick sellers when othe opportunities arose.

Values of U.S. coins

Rare coin prices rise and fall based upon the interest of collectors, investors and dealers, the overall economy, changes in precious metals prices and a host of other factors.

We make no predictions in these pages about what the future may bring for rare coins. We provide the reader with information. The *Coin Values* listings that follow give a guide as to retail value. However, users of this book should note that the price information included here was compiled in the summer of 2008, and while many of the values given will not change substantially, some may. Users seeking the latest pricing information should consult the information published in *Coin World's Coin Values*, a glossy monthly magazine available by subscription and from newsstands nationwide, or the weekly updates at Coin Values Online (**www.CoinValuesOnline.com**), which is accessible free to subscribers.

We will note that, historically, the rare coin market appears to move in cycles. Q. David Bowers, a longtime and well-respected dealer, was one of the first in the hobby to write about price cycles. The overall market moves in cycles, with peaks and slumps. (See **Chapter 4** for *Coin World* Values Analyst Mark Ferguson's examination of the market from August 2007 to August 2008.)

Individual series also experience cyclical movements, with gold coins popular in some years, Proof sets and rolls in other years, and high-grade "modern" U.S. coins at yet other times.

How coins become rare

The first factor that makes a coin rare is its mintage. The term mintage is the number of examples struck for any given date at a specific Mint. However, mintage figures are often deceptive. For example, the United States Mint struck 312,500 1933 Indian Head gold $10 eagles. However, price records indicate that the coin is much rarer than the mintage would indicate; perhaps as few as 30 to 40 pieces exist.

What happened? The coins were struck shortly before President Franklin D. Roosevelt signed an executive order forbidding Americans to own certain gold coins. The only gold coins not banned from private ownership were those with numismatic value held by collectors and dealers. Only a few of the 1933 Indian Head eagles struck were released into circulation; the rest were melted.

Another case of how mintage figures can be misleading is raised by the two 1883 Liberty Head 5-cent coin subtypes. Two distinct subtypes were struck that year. The first bears the denomination on the reverse in the form of the Roman numeral V; the word CENTS does not appear. After larcenous individuals began gold-plating the Liberty Head, No CENTS 5-cent coin and passing it off as the similarly sized gold $5 half eagle, a new subtype was struck. The second subtype bears the word CENTS in addition to the Roman numeral V.

Approximately three times as many of the second, With CENTS subtype were struck (mintage: 16 million) as the first, No CENTS version (mintage: 5.5 million). However, prices for the more "common" subtype are much higher than for the lower mintage piece. Why?

The sudden replacement of the 1883 Liberty, No CENTS 5-cent coin led to the quick withdrawal of the coin by the public, certain they had a rarity. The much more common subtype entered circulation and stayed there, with many more pieces eventually consigned to the melting pot as they became too worn and were withdrawn by banks. Thus, since collectors saved many more examples of the first version than the second, higher mintage, version, the second is the rarer.

As coins circulate, they become worn, scratched and damaged. Eventually, they are returned to the Mint for melting. Gold and silver coins have been melted in large quantities by the government and by private individuals. When gold surpassed $800 an ounce and silver reached $50 an ounce in January 1980, millions of common-date gold and silver coins were melted for their precious metal content. A worn 1964 quarter dollar, for example, worth a dollar or less to a collector in 1978, had a bullion value of $9.04 when silver hit $50 an ounce! Coins considered common are probably much scarcer than thought because of the widespread melting.

During 2008, when platinum and gold prices hit new records, and silver reached a level not seen since in 1980, untold thousands of precious metal coins were melted, including new 2007 First Spouse gold $10 coins.

Researchers study survival rates by degree of preservation. One author studied nearly 340 auction catalogs from 1921 to 1979 and listed, by grade, date, Mint mark and major die variety, every gold coin offered in those sales. At least three grading services publish population eports of the coins they grade, another indicator of the survival rate for particular coin in a particular condition. These population reports can be misleading, however, in that a single coin may be submitted to a grading service (or services) many times by an owner hoping to get a higher grade for the piece at some point. A coin submitted a half dozen times may be listed in the firm's population report a half dozen times, thus artificially inflating the number of coins that have been graded.

Unexpected supplies of coins turning up on the market can also have an impact on the rare coin market. A 1903-O Morgan silver dollar in Uncirculated condition was listed in a popular price guide published in 1962 as being valued at $1,500, and a 1904-O Morgan dollar, also in Uncirculated condition, was priced at $350. A year later, in the next edition of the same price guide, the 1903-O Morgan dollar was priced at $30 in the same grade, a loss of more than $1,400, and the 1904-O dollar was worth just $3.50, 1 percent of its value a year earlier!

What happened? The Treasury Department emptied some of its vaults as citizens exchanged ever-increasing numbers of silver certificates for silver dollars. Numerous bags of the 1903-O and 1904-O Morgan dollars, in storage for nearly 60 years, were suddenly released at face value. Market prices plummeted.

It is unlikely that such extreme examples will occur again. The Treasury Department sold the last of its silver dollar holdings beginning in 1972 in a series of seven sales, through the General Services Administration. Some private hoards of certain coins may still exist.

Demand and dealer promotion can also affect a coin's price.

Another form of promotion affecting values in recent years is felt most strongly among the "modern" coins—roughly those coins struck since 1934 (or 1965, according to some), including all of the series currently still in production. The interest in ultra high-grade examples of these coins has resulted in some incredible prices being paid for "common" coins in "uncommon" high grades.

Much of this increased interest is being driven by collectors building "registry sets." Professional Coin Grading Service and Numismatic Guaranty Corp., two major grading services, maintain databases at their Web sites where collectors can register the coins in their collections. Points are awarded for every coin, with higher-grade coins awarded more points. The competition to own the highest-graded set of a particular series of coins has helped drive prices for even common coins to incredible levels.

While many collectors are paying high prices for high-grade but

otherwise common coins, other, more traditional collectors believe th
market for such coins will eventually collapse and the values of thes
coins will drop. Time will tell who is right about this modern coin
market.

About the coin values

The values in this price guide were compiled by Mark Ferguson
Al Doyle and P. Scott Rubin for *Coin World.* Many different sources ar
used in determining the values, including dealer price lists (both buy an
sell), prices quoted on several dealer trading networks, Internet transac
tions, public auction prices, realistic (and confirmed) private transaction
and any additional information acquired by the staff.

Values are for properly graded, problem-free, original coins witl
attractive color. Values given here are generally for sight-seen coin
(coins that dealers demand to see before bidding on them), as oppose
to sight-unseen coins (which dealers offer to buy without looking at first
although at considerably lower bids than sight-seen coins). A sight-seer
coin is generally acknowledged to be of higher value than a sight-unseer
coin, even if the two coins bear the same grade.

Coin World neither buys nor sells coins. This valuing section i
published as a reader service and may or may not be the same as ai
individual's or a firm's buy or sell prices.

About grading

Among the most important factors affecting a coin's value is it
grade or level of preservation. The concept of grading is discussed ii
Chapter 7. All new collectors are strongly urged to read that chapte
before attempting to determine the values of their coins.

In the valuing section that follows, grades are designated by letter
number abbreviations (for example, F-12 or MS-65) in the black bar tha
stretches across the values columns for each coin series. The grades read
from left to right, from the lowest grades to the highest. You will note
that generally, for any given coin, values will increase as the grades ge
higher. For example, a coin grading F-12 (Fine 12, meaning it has con
siderable circulation wear, but still retains some design details) might be
worth 50 cents, while the same coin grading AU-50 (AU means Abou
Uncirculated, which means the coin has only a touch of circulation wea
at the highest points of the design) might be $50. Coins with no circu
lation wear are designated as Uncirculated or Mint State (abbreviated
MS, in an 11-point range from MS-60 to MS-70, the latter representing

coin rated by the grader as perfect). The same coin worth 50 cents in -12 grade and $50 in AU-50 might be worth $100 in MS-63, $250 in MS-65 and $1,000 in MS-67.

The price gaps for some coins in Mint State can be staggering. An increase of a single point in grade, say from MS-64 to MS-65, might in some examples translate to a difference in value of thousands of dollars or even tens of thousands of dollars.

Unless otherwise noted, condition (grade) designations given here are for the lowest possible level of each grade range.

Some of the grades used in the values section bear an additional letter representing a further refinement. These are defined at the beginning of each design type (for example, turn to the listing of values for Winged Liberty Head dimes, where the "B" that is found as part of some Mint State grades is defined as "full split bands," a reference to well-struck examples with the bands around the fasces on the reverse being fully formed or "split"). These refinements affect the value of the coins.

Users should also be aware that coins that have been graded by some third-party grading services may not meet market standards for the assigned grades, and thus would bring lower prices than coins graded by another grading service. Coins assigned the "same" grade but by a lower-tier "grading standard" may be worth less money, either because they grade below market standards or because the upper tier services have more "name recognition" among buyers. A coin graded MS-70 by one firm might sell for $35,000, while one of the same type, date and Mint and graded MS-70 but by another firm might sell for $1,000. The values that follow are for coins accurately graded to market grading standards (although no universially accepted standard is recognized).

Buyers are advised to consult with experienced and knowledgeable collectors and dealers for advice on a coin's grade and whether a particular grading service is judged to meet market standards.

Reading a value's listing

It is not possible to configure each line of values to the market peculiarities of each date and variety of every series of U.S. coin. Therefore, gaps may appear in the listing.

A dash listed among the values usually indicates a coin for which accurate market information is not available due to rarity or lack of activity in the marketplace. An asterisk indicates no coins issued.

Liberty Cap, Left half cent

Date of authorization: April 2, 1792
Dates of issue: 1793
Designer/Engraver: Adam Eckfeldt
Diameter: 23.50 mm/0.93 inch
Weight: 6.74 grams/0.22 ounce
Metallic content: 100% copper
Edge: Lettered (TWO HUNDRED FOR A DOLLAR)
Mint mark: None

	AG-3	G-4	VG-8	F-12	VF-20	VF-30	EF-40	EF-45	AU-50	AU-55	MS-60B
1793	1500.	3500.	5000.	7500.	12000.	17000.	25000.	30000.	35000.	40000.	50000.

Liberty Cap, Right half cent

Date of authorization: April 2, 1792
Dates of issue: 1794-1797
Designers: (Large Head): Robert Scot
(Small Head): Scot-John Gardner
Engraver: Robert Scot
Diameter: 23.50 mm/0.93 inch
Weight: 1794-1795: 6.74 grams/0.22 ounce
1795-1797: 5.44 grams/0.18 ounce
Metallic content: 100% copper
Edge: 1794-1795: Lettered (TWO HUNDRED FOR A DOLLAR)
1795 (Type of 1796): Plain
1796: Plain
1797: Most Plain, Some Lettered, Some Gripped
Mint mark: None

	AG-3	G-4	VG-8	F-12	VF-20	VF-30	EF-40	EF-45	AU-50	AU-55	MS-60B
794	350.	600.	1000.	1800.	2500.	3000.	4000.	6000.	7000.	14000.	20000.
795 Lettered Edge, Pole	400.	800.	1500.	2000.	3000.	3500.	4500.	6500.	10000.	20000.	30000.
795 Plain Edge, Pole, Punctuated Date	350.	700.	1500.	2000.	2500.	3500.	6000.	10000.	—	—	—
795 Plain Edge, No Pole	300.	600.	1000.	1500.	2000.	3000.	4000.	5000.	7000.	9000.	15000.
795 Lettered Edge, Pole, Punctuated Date	350.	700.	1500.	2000.	3000.	5000.	6500.	8000.	10000.	12000.	—
796 With Pole	10000.	20000.	25000.	35000.	45000.	55000.	65000.	75000.	85000.	—	—
796 No Pole	12000.	25000.	35000.	50000.	75000.	—	—	—	—	—	—
797 Plain Edge	350.	700.	1200.	1800.	3000.	4000.	6000.	8500.	—	—	—
797 Plain Edge, Low Head	—	—	—	—	—	—	—	—	—	—	—
797 Plain Edge, 1 above 1	300.	600.	1000.	1500.	2000.	3500.	5000.	6000.	7500.	12000.	20000.
797 Lettered Edge	750.	2000.	3500.	7500.	15000.	—	—	—	—	—	—
797 Gripped Edge	9000.	25000.	—	—	—	—	—	—	—	—	—

—— = Insufficient pricing data

Draped Bust half cent

Date of authorization: April 2, 1792
Dates of issue: 1800-1808
Designers: Obverse: Gilbert Stuart-Robert Scot
Reverse: Scot-John Gardner
Engraver: Robert Scot
Diameter: 23.50 mm/0.93 inch
Weight: 5.44 grams/0.18 ounce
Metallic content: 100% copper
Edge: Plain
Mint mark: None

	AG-3	G-4	VG-8	F-12	VF-20	VF-30	EF-40	AU-50	AU-55	MS-60B	MS-62RB	MS-63RB
1800	—	55.	80.	150.	350.	500.	1000.	1500.	2500.	3500.	5000.	10000.
1802/0 Reverse of 1800												
	—	20000.	30000.	40000.	50000.	60000.	80000.	—	—	—	—	—
1802/0 Reverse of 1802												
	—	1000.	2000.	3500.	9000.	12000.	—	—	—	—	—	—
1803	—	55.	80.	150.	300.	500.	1000.	1500.	2500.	7000.	10000.	12000.
1803 Widely Spaced 3												
	—	—	—	—	—	—	—	—	—	—	—	—
1804 Plain 4, Stemless												
	—	55.	80.	110.	150.	300.	500.	700.	1000.	1800.	3000.	4500.
1804 Plain 4, Stems												
	—	60.	100.	200.	300.	600.	1300.	2500.	5000.	—	—	—
1804 Crosslet 4, Stemless												
	—	55.	80.	110.	150.	300.	450.	650.	900.	1500.	2500.	4000.
1804 Crosslet 4, Stems												
	—	55.	80.	110.	150.	300.	500.	700.	1200.	2000.	3000.	6000.
1804 Spiked Chin												
	—	55.	80.	110.	200.	300.	500.	900.	1500.	2000.	3000.	4500.
1805 Medium 5, Stemless												
	—	55.	80.	110.	150.	250.	400.	700.	1000.	1500.	2500.	3500.
1805 Large 5, Stems												
	—	55.	80.	110.	200.	300.	500.	1000.	1500.	2000.	3000.	4000.
1805 Small 5, Stemless												
	—	—	—	—	—	—	—	—	—	—	—	—
1805 Small 5, Stems												
	—	1500.	2500.	3500.	6000.	—	—	—	—	—	—	—
1806 Small 6, Stemless												
	—	55.	80.	110.	150.	250.	350.	800.	900.	1000.	2000.	3000.
1806 Small 6, Stems												
	—	250.	450.	800.	1500.	2000.	3000.	4000.	5500.	—	—	—
1806 Large 6, Stems												
	—	55.	80.	110.	150.	250.	400.	850.	1000.	1200.	2500.	4000.
1807	—	55.	80.	110.	150.	300.	700.	900.	1200.	2500.	6500.	—
1808	—	55.	80.	110.	175.	400.	500.	1500.	2000.	4000.	7500.	15000.
1808/7	—	200.	350.	600.	1800.	2500.	6000.	10000.	15000.	—	—	—

——— = Insufficient pricing data

Classic Head half cent

Date of authorization: April 2, 1792
Dates of issue: 1809-1835
Designer/Engraver: John Reich
Diameter: 23.50 mm/0.93 inch
Weight: 5.44 grams/0.18 ounce
Metallic content: 100% copper
Edge: Plain
Mint mark: None

	AG-3	G-4	VG-8	F-12	VF-20	VF-30	EF-40	AU-50	AU-58	MS-60B	MS-63RB	MS-64RB	MS-65R
1809	—	40.	60.	65.	80.	110.	200.	350.	500.	900.	2000.	4000.	—
1809 Circle in 0													
	—	40.	60.	75.	110.	200.	500.	1000.	1800.	2500.	—	—	—
1809 9 Over Inverted 9													
	—	40.	90.	100.	125.	175.	300.	600.	1000.	2000.	4000.	—	—
1810	—	40.	75.	125.	250.	400.	800.	1500.	2000.	2500.	10000.	18000.	—
1811 Wide Date													
1811 Close Date													
	—	275.	700.	1600.	2000.	3000.	4500.	7500.	9000.	12000.	35000.	60000.	—
1825	—	40.	60.	65.	80.	110.	175.	400.	600.	1000.	2500.	3500.	—
1826	—	40.	60.	65.	80.	90.	125.	225.	350.	750.	1500.	2500.	—
1828 13 Stars													
	—	40.	60.	65.	80.	90.	125.	200.	250.	350.	1500.	2000.	10000.
1828 12 Stars													
	—	40.	60.	65.	100.	125.	225.	450.	700.	1200.	2500.	3500.	—
1829	—	40.	60.	65.	80.	110.	135.	200.	250.	350.	1500.	2500.	—
1831 Original										*	*	*	*
1831 Restrike, Reverse of 1836										*	*	*	*
1831 Restrike, Reverse of 1840										*	*	*	*
1832	—	40.	60.	65.	80.	85.	110.	200.	250.	300.	800.	2000.	10000.
1833	—	40.	60.	65.	80.	85.	110.	200.	250.	300.	800.	2000.	10000.
1834	—	40.	60.	65.	80.	85.	110.	200.	250.	300.	700.	2000.	10000.
1835	—	40.	60.	65.	80.	85.	110.	200.	250.	300.	600.	1500.	8500.

	PF-60B	PF-63B	PF63-RB	PF-64B	PF-64RB	PF-65RB
1836 Original	—	—	—	—	—	—
1836 Restrike	—	—	—	—	—	—

—— = Insufficient pricing data   * = None issued

Coronet half cent

Date of authorization: April 2, 1792
Dates of issue: 1849-1857
Designers: Obverse: Robert Scot-Christian
Gobrecht
Reverse: John Reich-Gobrecht
Engraver: Christian Gobrecht
Diameter: 23.50 mm/0.93 inch
Weight: 5.44 grams/0.18 ounce
Metallic content: 100% copper
Edge: Plain
Mint mark: None

Note: For copper-alloy coins, the letter B following a numerical grade (as in MS-63B) is shorthand for brown, RB represents red and brown, and R stands for red. It is common practice for grading services to qualify copper coins. In addition to a Mint State grade, a copper coin is assigned as brown, red and brown, or red. Generally, full red coins are valued higher than red and brown coins, which in turn are valued higher than brown coins, all else being equal.

	PF-60B	PF-63B	PF-63RB	PF-64B	PF-64RB	PF-65RB
1840 Original	—	20000.	—	—	—	—
1840 Restrike	—	—	—	—	—	—
1841 Original	—	7000.	—	9000.	—	—
1841 Restrike	—	—	—	—	—	—
1842 Original	—	—	—	—	—	—
1842 Restrike	—	—	—	—	—	—
1843 Original	—	—	—	—	—	—
1843 Restrike	—	—	—	—	—	13000.
1844 Original	—	—	—	—	—	18000.
1844 Restrike	—	—	—	—	—	—
1845 Original	—	—	—	—	—	—
1845 Restrike	—	—	—	—	16000.	—
1846 Original	—	—	—	—	—	—
1846 Restrike	—	—	—	—	—	—
1847 Original	—	—	—	—	—	—
1847 Restrike	3500.	—	—	—	10000.	—
1848 Original	—	—	—	—	—	—
1848 Restrike	—	7000.	—	9000.	—	—
1849 Original	—	—	—	—	—	—
1849 Restrike	—	—	—	—	—	—

CORONET HALF CENT (CONTINUED)

	G-4	VG-8	F-12	VF-20	VF-30	EF-40	AU-50	AU-58	MS-63RB	MS-65R
1849 Large Date	50.	70.	90.	100.	110.	135.	200.	250.	1000.	2500.
1850	45.	65.	90.	100.	110.	135.	225.	300.	1600.	—
1851	45.	65.	75.	85.	100.	120.	175.	225.	500.	—
1852 Original	—	—	—	—	—	—	—	—	*	*
1852 Restrike	—	—	—	—	—	—	—	—	*	*
1853	55.	75.	80.	100.	110.	120.	150.	225.	400.	—
1854	55.	75.	80.	100.	110.	120.	150.	225.	450.	7000.
1855	55.	75.	80.	100.	110.	120.	150.	225.	400.	5000.
1856	55.	75.	100.	110.	115.	125.	175.	250.	450.	—
1857	60.	85.	125.	140.	135.	160.	225.	300.	600.	6000.

—— = Insufficient pricing data   * = None issued

Flowing Hair, Chain cent

Date of authorization: April 2, 1792
Dates of issue: 1793
Designer/Engraver: Henry Voigt
Diameter: 28.50 mm/1.13 inches
Weight: 13.48 grams/0.43 ounce
Metallic content: 100% copper
Edge: Vine and bars, or lettered
(ONE HUNDRED FOR A DOLLAR)
Mint mark: None

	AG-3	G-4	VG-8	F-12	VF-20	VF-30	EF-40	AU-50
1793 AMERI.	7500.	12000.	18000.	30000.	45000.	55000.	75000.	110000.
1793 AMERICA, No Periods	5500.	9000.	12000.	20000.	35000.	45000.	60000.	100000.
1793 AMERICA, Periods	6000.	10000.	13000.	25000.	40000.	50000.	60000.	100000.

Flowing Hair, Wreath cent

Date of authorization: April 2, 1792
Dates of issue: 1793
Designers: Obverse: Henry Voigt-Adam Eckfeldt
Reverse: Eckfeldt
Engraver: Adam Eckfeldt
Diameter: 28.50 mm/1.13 inches
Weight: 13.48 grams/0.43 ounce
Metallic content: 100% copper
Edge: Vine and bars, lettered
(ONE HUNDRED FOR A DOLLAR)
Mint mark: None

	AG-3	G-4	VG-8	F-12	VF-20	VF-30	EF-40	AU-50
1793 Vine and Bars Edge	1700.	3000.	4500.	6500.	9000.	10000.	14000.	25000.
1793 Lettered Edge	2000.	3500.	5000.	7000.	10000.	13000.	17000.	35000.
1793 Strawberry Leaf	200000.	300000.	500000.	600000.	—	—	—	—

—— = Insufficient pricing data   * = None issued

Liberty Cap cent

Date of authorization: April 2, 1792
Dates of issue: 1793-1796
Designers: (1793-1794): Joseph Wright
(1794-1796): Wright-John Gardner
Engravers: (1793-1794): Joseph Wright
(1794-1796): Robert Scot
Diameter: 28.50 mm/1.13 inches
Weight: 1793-1795: 13.48 grams/0.43 ounce
1795-1796: 10.89 grams/0.35 ounce
Metallic content: 100% copper
Edge: Plain, or lettered (ONE HUNDRED FOR A DOLLAR)
Mint mark: None

	AG-3	G-4	VG-8	F-12	VF-20	VF-30	EF-40	EF-45	AU-50	AU-55	MS-60B
1793	6000.	10000.	15000.	25000.	50000.	60000.	75000.	85000.	100000.	125000.	—
1794 Head of 1793											
	1500.	2500.	4000.	10000.	15000.	20000.	30000.	40000.	50000.	60000.	—
1794 Head of 1794											
	700.	1200.	1400.	1700.	2500.	3500.	5000.	6500.	7500.	10000.	15000.
1794 Exact Head of 1795											
	400.	600.	800.	1200.	2500.	3000.	4000.	4500.	6000.	8000.	12000.
1794 Starred Reverse											
	12000.	20000.	30000.	45000.	70000.	85000.	125000.	—	—	—	—
1794 No Fraction Bar											
	1500.	2000.	2500.	3500.	5000.	6000.	7000.	8000.	10000.	—	—
1795 Plain Edge											
	300.	500.	750.	1200.	1800.	2500.	3500.	4000.	5000.	6000.	10000.
1795 Lettered Edge											
	600.	1000.	1500.	2500.	4000.	4500.	4500.	6000.	8500.	10000.	—
1795 Jefferson Head, Plain Edge											
	8500.	15000.	25000.	35000.	50000.	75000.	—	—	—	—	—
1796	300.	500.	800.	1500.	2700.	4000.	6000.	8500.	15000.	20000.	25000.

Draped Bust cent

Date of authorization: April 2, 1792
Dates of issue: 1796-1807
Designers: Obverse: Gilbert Stuart-Robert Scot
Reverse: Joseph Wright-Scot
Engraver: Robert Scot
Diameter: 28.50 mm/1.13 inches
Weight: 10.89 grams/0.35 ounce
Metallic content: 100% copper
Edge: Plain, lettered (ONE HUNDRED FOR A DOLLAR), gripped
Mint mark: None

	AG-3	G-4	VG-8	F-12	VF-20	VF-30	EF-40	EF-45	AU-50	AU-55	MS-60B
1796 Reverse of 1794											
	400.	1000.	2500.	3500.	4000.	5000.	10000.	15000.	25000.	30000.	—
1796 Reverse of 1796											
	350.	800.	2000.	3000.	3500.	4000.	6500.	9000.	12000.	18000.	—
1796 Reverse of 1797											
	400.	800.	1500.	2000.	2500.	3000.	4000.	5000.	7000.	8000.	10000.
1796 LIHERTY	700.	1500.	3000.	5000.	10000.	15000.	20000.	30000.	35000.	—	—
1797 Reverse of 1795, Gripped Edge											
	125.	200.	300.	600.	1500.	2500.	5000.	7000.	8000.	17000.	—
1797 Reverse of 1795, Plain Edge											
	175.	250.	450.	900.	1800.	2500.	4000.	5500.	7500.	12000.	18000.
1797 Reverse of 1797, Stems											
	400.	600.	800.	1000.	1500.	2000.	3000.	3500.	4000.	5000.	7500.
1797 Reverse of 1797, Stemless											
	450.	700.	1000.	2500.	3000.	4500.	7000.	8000.	20000.	25000.	35000.
1798 Reverse of 1795											
	125.	200.	400.	1000.	2000.	3000.	6500.	8000.	12000.	20000.	35000.
1798/7 1st Hair Style											
	125.	200.	400.	800.	2000.	3000.	4500.	8000.	30000.	35000.	45000.
1798 1st Hair Style											
	75.	125.	200.	400.	800.	1800.	3000.	5000.	7000.	8000.	10000.
1798 2nd Hair Style											
	70.	110.	150.	250.	800.	1500.	2000.	2500.	3000.	5000.	8000.
1799	1800.	3500.	8000.	15000.	25000.	50000.	75000.	—	—	—	—
1799/8	2000.	4000.	7500.	20000.	30000.	40000.	—	—	—	—	—
1800 Normal Date											
	75.	125.	200.	400.	1000.	1500.	2000.	2500.	4000.	6000.	8000.

——— = Insufficient pricing data

DRAPED BUST CENT (CONTINUED)

	AG-3	G-4	VG-8	F-12	VF-20	VF-30	EF-40	EF-45	AU-50	AU-55	MS-60B
1800/1798 1st Hair Style											
	100.	125.	300.	700.	1800.	3000.	4000.	6000.	9000.	—	—
1800/79 2nd Hair Style											
	65.	100.	200.	400.	1500.	2500.	3500.	4000.	5000.	8000.	20000.
1801	50.	75.	125.	300.	700.	1200.	2000.	2500.	3000.	8000.	15000.
1801 3 Errors Reverse											
	125.	250.	700.	1500.	3000.	5000.	7000.	9000.	15000.	—	—
1801 1/000	75.	125.	175.	400.	700.	1500.	3000.	4000.	5000.	6000.	9000.
1801 100/000	100.	150.	225.	450.	1000.	2000.	4000.	5000.	7500.	12000.	25000.
1802	40.	65.	100.	200.	500.	1000.	1800.	2500.	4500.	6000.	8000.
1802 Stemless	50.	75.	125.	225.	400.	600.	1000.	1500.	2500.	3500.	9000.
1802 1/000	60.	100.	150.	300.	600.	1200.	1800.	2500.	3500.	5000.	—
1803 Small Date, Small Fraction											
	—	—	—	—	800.	1000.	1200.	1300.	2400.	3000.	4000.
1803 Small Date, Large Fraction											
	—	—	—	—	—	—	—	—	—	—	—
1803 Large Date, Small Fraction											
	3000.	6000.	11000.	18000.	40000.	80000.	—	—	—	—	—
1803 Large Date, Large Fraction											
	100.	150.	300.	750.	1500.	2500.	5000.	6000.	7500.	—	—
1803 Stemless	55.	75.	150.	300.	500.	1000.	2000.	3000.	5000.	6500.	8500.
1803 100/000	65.	100.	150.	300.	500.	1000.	2000.	3000.	6500.	9000.	12000.
1804	700.	1500.	2000.	3000.	7500.	8500.	10000.	14000.	20000.	—	—
1804 Restrike, struck circa 1860											
	—	—	—	500.	600.	700.	800.	900.	1000.	1200.	1500.
1805 Pointed 1	50.	75.	125.	250.	500.	1000.	2000.	2500.	4000.	6000.	10000.
1805 Blunt 1	50.	75.	125.	250.	500.	1000.	2000.	2500.	4000.	6000.	10000.
1806	65.	100.	175.	300.	500.	700.	2000.	2500.	3000.	3500.	10000.
1807 Large Fraction											
	50.	75.	125.	225.	400.	700.	1500.	2000.	2500.	3000.	8000.
1807 Small Fraction											
	60.	100.	175.	350.	700.	1500.	3500.	5000.	—	—	—
1807 Small Fraction, Comet											
	60.	100.	150.	350.	750.	1500.	3000.	4000.	5000.	6000.	—
1807/6 Large 7	50.	75.	125.	225.	400.	700.	1500.	2000.	2500.	3500.	6500.
1807/6 Small 7											
	2500.	4000.	6000.	10000.	18000.	30000.	—	—	—	—	—

—— = Insufficient pricing data

Classic Head cent

Date of authorization: April 2, 1792
Dates of issue: 1808-1814
Designer/Engraver: John Reich
Diameter: 28.50 mm/1.13 inches
Weight: 10.89 grams/0.36 ounce
Metallic content: 100% copper
Edge: Plain
Mint mark: None

Note: For copper-alloy coins, the letter B following a numerical grade (as in MS-63B) is shorthand for brown, RB represents red and brown, and R stands for red. It is common practice for grading services to qualify copper coins. In addition to a Mint State grade, a copper coin is assigned as brown, red and brown, or red. Generally, full red coins are valued higher than red and brown coins, which in turn are valued higher than brown coins, all else being equal.

	AG-3	G-4	VG-8	F-12	VF-20	VF-30	EF-40	EF-45	AU-50	AU-55	MS-60B	MS-62RB	MS-63RB
1808	50.	75.	175.	300.	750.	1300.	2500.	3000.	3500.	4000.	6000.	7000.	15000.
1809	125.	200.	300.	500.	1500.	2500.	4000.	4500.	5000.	6000.	10000.	12000.	15000.
1810	45.	65.	125.	250.	600.	1000.	2000.	2500.	3000.	4000.	7000.	10000.	14000.
1810 10/09	45.	75.	125.	300.	700.	1800.	2500.	3000.	5000.	6500.	10000.	15000.	25000.
1811	85.	150.	250.	400.	1000.	1500.	3000.	3500.	4000.	5000.	10000.	15000.	15000.
1811/0	125.	200.	300.	600.	1500.	2500.	5500.	6500.	8000.	10000.	15000.	17000.	20000.
1812 Small Date	45.	75.	125.	250.	600.	1100.	2000.	2500.	3000.	6000.	7500.	8500.	15000.
1812 Large Date	—				—		—			—	—	—	—
1813	60.	85.	150.	300.	700.	1100.	2500.	3000.	3500.	4000.	6000.	9000.	15000.
1814 Plain 4	45.	65.	125.	250.	600.	1100.	1700.	2500.	3000.	3500.	5000.	7000.	15000.
1814 Crosslet 4	45.	65.	125.	250.	600.	1100.	1700.	2500.	3000.	3500.	5000.	10000.	15000.

—— = Insufficient pricing data

Coronet cent

Date of authorization: April 2, 1792
Dates of issue: 1816-1857
Designers: (1816-1835)
Obverse: Robert Scot
Reverse: John Reich
(1835-1839)
Obverse: Scot-Christian Gobrecht
Reverse: Reich
(1839-1857)
Obverse: Scot-Gobrecht
Reverse: Reich-Gobrecht
Engravers: (1816-1835) Obverse: Scot
Reverse: Reich
(1835-1839) Obverse: Gobrecht
Reverse: Reich
(1839-1857) Obverse: Gobrecht
Reverse: Gobrecht
Diameter: 28.50 mm/1.13 inches
Weight: 10.89 grams/0.35 ounce
Metallic content: 100% copper
Edge: Plain
Mint mark: None

	AG-3	G-4	VG-8	F-12	VF-20	VF-30	EF-40	EF-45	AU-50	AU-55	MS-60B	MS-62RB	MS-63RB
1816	—	35.	45.	75.	125.	—	225.	—	400.	600.	800.	1000.	1200.
1817 13 Stars													
	—	30.	40.	50.	100.	—	175.	—	400.	800.	1500.	2000.	2500.
1817 15 Stars													
	—	40.	50.	75.	200.	—	850.	—	1500.	2000.	3000.	—	—
1818	—	30.	40.	50.	100.	—	175.	—	350.	700.	1500.	2000.	2500.
1819/8	—	35.	45.	65.	150.	—	325.	—	500.	700.	1000.	1200.	1500.
1819 Large Date													
	—	30.	40.	50.	100.	—	200.	—	400.	600.	800.	1100.	1500.
1819 Small Date													
	—	—	—	—	—	—	—	—	—	—	—	—	—
1820	—	30.	40.	55.	110.	—	200.	—	400.	800.	1000.	1200.	1500.
1820/19	—	35.	45.	70.	165.	—	400.	—	800.	1000.	1500.	2000.	2500.
1820 Large Date, Curl Top 2													
	—	50.	75.	125.	300.	—	1800.	—	2500.	—	—	—	—

—— = Insufficient pricing data

	AG-3	G-4	VG-8	F-12	VF-20	VF-30	EF-40	EF-45	AU-50	AU-55	MS-60B	MS-62RB	MS-63RB
1820 Large Date, Plain Top 2													
	—	30.	40.	55.	110.	—	200.	—	400.	800.	1000.	1200.	1500.
1820 Small Date, Curl Top 2													
	—	30.	40.	65.	125.	—	300.	—	600.	1000.	1500.	2500.	3000.
1821	—	50.	100.	200.	500.	—	1500.	—	2500.	3000.	6500.	12000.	25000.
1822	—	30.	40.	65.	175.	—	375.	—	800.	1100.	1500.	2000.	3500.
1823	—	125.	250.	600.	1200.	—	4000.	—	10000.	12000.	15000.	—	—
1823/2	—	100.	200.	500.	1000.	—	2500.	—	5000.	10000.	14000.	—	—
1823 Restrike													
	—	—	—	—	—	—	600.	—	700.	800.	1000.	1500.	2000.
1824	—	35.	50.	100.	300.	—	700.	—	1000.	2000.	2500.	3000.	4000.
1824/2	—	50.	80.	150.	400.	—	1500.	—	2000.	2500.	4500.	10000.	20000.
1825	—	30.	45.	75.	200.	—	600.	—	1500.	2000.	2500.	3000.	3500.
1826	—	30.	40.	65.	175.	—	350.	—	600.	800.	1000.	1500.	2000.
1826/5	—	50.	100.	200.	400.	—	1000.	—	1800.	2500.	3000.	5000.	6000.
1827	—	30.	35.	50.	130.	—	350.	—	600.	800.	1000.	1500.	2000.
1828 Large Narrow Date													
	—	25.	35.	50.	125.	—	300.	—	400.	1000.	1500.	2000.	3500.
1828 Small Wide Date													
	—	30.	50.	80.	175.	—	450.	—	1200.	1500.	2000.	2500.	4000.
1829 Large Letters													
	—	25.	35.	50.	150.	—	350.	—	600.	1000.	1500.	2000.	2500.
1829 Medium Letters													
	—	60.	125.	250.	600.	—	2500.	—	4000.	5000.	6000.	—	—
1830 Large Letters													
	—	25.	35.	50.	110.	—	250.	—	350.	1000.	1500.	2000.	2500.
1830 Medium Letters													
	—	85.	150.	300.	700.	—	3000.	—	4500.	6500.	10000.	18000.	—
1831 Large Letters													
	—	25.	35.	50.	100.	—	225.	—	350.	600.	1000.	1800.	3000.
1831 Medium Letters													
	—	—	—	—	—	—	—	—	—	—	—	—	—
1832 Large Letters													
	—	25.	35.	50.	125.	—	275.	—	350.	600.	1000.	1800.	3000.
1832 Medium Letters													
	—	—	—	—	—	—	—	—	—	—	—	—	—
1833	—	25.	35.	50.	85.	—	175.	—	350.	600.	1000.	1800.	3000.
1834 Small 8, Large Stars, Medium Letters													
	—	25.	35.	50.	85.	—	185.	—	350.	600.	1000.	1800.	2500.
1834 Large 8, Small Stars, Medium Letters													
	—	25.	35.	50.	100.	—	200.	—	350.	600.	1000.	1800.	2500.
1834 Large 8, Large Stars, Medium Letters													
	—	300.	500.	800.	1200.	—	3500.	—	4500.	5000.	6500.	—	—
1834 Large 8, Large Stars, Large Letters													
	—	—	—	—	—	—	—	—	—	—	—	—	—
1835	—	25.	35.	50.	100.	—	225.	—	350.	600.	1000.	1800.	2500.
1835 Small 8, Small Stars													
	—	25.	35.	50.	110.	—	225.	—	350.	600.	1000.	1800.	2500.
1835 Large 8, Large Stars													
	—	25.	35.	50.	135.	—	325.	—	700.	900.	1500.	2000.	2500.
1835 Head of 1836													
	—	25.	35.	50.	100.	—	175.	—	350.	600.	1000.	1800.	2500.
1836	—	25.	35.	50.	80.	—	150.	—	350.	600.	1000.	1800.	2500.
1837 Plain Cord, Medium Letters													
	—	25.	35.	50.	75.	—	125.	—	350.	600.	1000.	1800.	2500.
1837 Plain Cord, Small Letters													
	—	25.	35.	50.	100.	—	200.	—	500.	1000.	1200.	1800.	2500.

—— = Insufficient pricing data

	AG-3	G-4	VG-8	F-12	VF-20	VF-30	EF-40	EF-45	AU-50	AU-55	MS-60B	MS-62RB	MS-63RB
1837 Head of 1838	—	25.	35.	50.	75.	—	125.	—	350.	600.	1000.	1800.	2500.
1838	—	25.	35.	50.	75.	—	110.	—	350.	600.	1000.	1800.	2500.
1839 Head of 1838	—	25.	35.	50.	75.	—	150.	—	350.	600.	1000.	1800.	2500.
1839/6	—	300.	650.	1500.	2500.	—	5000.	—	12000.	—	—	—	—
1839 Silly Head	—	30.	40.	50.	100.	—	225.	—	350.	1000.	1500.	2000.	4000.
1839 Booby Head	—	25.	40.	50.	100.	—	200.	—	350.	900.	1200.	1500.	3000.

Modified Portrait

Mature Head

MODIFIED PORTRAIT

	AG-3	G-4	VG-8	F-12	VF-20	VF-30	EF-40	EF-45	AU-50	AU-55	MS-60B	MS-62RB	MS-63RB
1839 Petite Head, Type of 1840	—	25.	35.	40.	75.	—	175.	—	350.	550.	800.	900.	1000.
1840 Large Date	—	25.	35.	40.	60.	—	60.	—	300.	350.	700.	1100.	1500.
1840 Small Date	—	25.	35.	40.	60.	—	60.	—	300.	350.	700.	1000.	1500.
1840 Small Date, Large 18	—	25.	30.	40.	65.	—	300.	—	450.	500.	700.	1000.	2000.
1841	—	20.	27.	32.	40.	—	60.	—	150.	200.	300.	500.	800.
1842 Large Date	—	20.	27.	32.	40.	—	60.	—	150.	200.	300.	500.	800.
1842 Small Date	—	—	—	—	—	—	—	—	—	—	—	—	—
1843 Petite Head, Small Letters	—	20.	27.	32.	40.	—	100.	—	250.	350.	700.	1000.	1500.
1843 Petite Head, Large Letters	—	20.	30.	40.	50.	—	100.	—	300.	500.	1000.	1500.	2000.
1843 Mature Head, Large Letters	—	20.	27.	32.	40.	—	100.	—	250.	350.	700.	1000.	1500.
1844	—	20.	27.	32.	40.	—	60.	—	150.	200.	300.	500.	800.
1844/81	—	35.	50.	75.	175.	—	350.	—	600.	750.	1000.	1800.	3000.
1845	—	20.	27.	32.	40.	—	60.	—	150.	200.	300.	500.	800.
1846 Small Date	—	20.	27.	32.	40.	—	60.	—	150.	200.	300.	500.	800.
1846 Medium Date	—	25.	30.	40.	50.	—	100.	—	250.	400.	800.	1200.	1800.
1846 Tall Date	—	20.	27.	32.	40.	—	60.	—	150.	200.	300.	—	—
1847	—	20.	27.	32.	40.	—	60.	—	150.	200.	300.	500.	800.
1847 7/Small 7	—	30.	50.	75.	125.	—	250.	—	400.	500.	1000.	—	—

—— = Insufficient pricing data

	AG-3	G-4	VG-8	F-12	VF-20	VF-30	EF-40	EF-45	AU-50	AU-55	MS-60B	MS-62RB	MS-63RB
1848	—	20.	27.	32.	40.	—	60.	—	150.	200.	300.	500.	800.
1849	—	20.	27.	32.	40.	—	60.	—	150.	200.	300.	500.	800.
1850	—	20.	27.	32.	40.	—	60.	—	150.	200.	300.	500.	800.
1851	—	20.	27.	32.	40.	—	60.	—	150.	200.	300.	500.	800.
1851/81	—	35.	45.	60.	80.	—	175.	—	250.	300.	500.	700.	1100.
1852	—	20.	27.	32.	40.	—	60.	—	150.	200.	300.	500.	800.
1853	—	20.	27.	32.	40.	—	60.	—	150.	200.	300.	500.	800.
1854	—	20.	27.	32.	40.	—	60.	—	150.	200.	300.	500.	800.
1855 Upright 5s	—	20.	27.	32.	40.	—	60.	—	150.	200.	300.	500.	800.
1855 Slanted 5s	—	—	—	—	—	—	—	—	—	—	—	—	—
1855 Slanted 5s, Knob on Ear	—	30.	35.	45.	75.	—	125.	—	200.	300.	600.	800.	1000.
1856 Upright 5	—	20.	27.	32.	40.	—	60.	—	150.	200.	300.	500.	800.
1856 Slanted 5	—	—	—	—	—	—	—	—	—	—	—	—	—
1857 Large Date	—	110.	150.	200.	250.	—	300.	—	400.	500.	900.	1200.	2000.
1857 Small Date	—	75.	100.	150.	200.	—	250.	—	350.	400.	700.	1000.	1500.

—— = Insufficient pricing data

Flying Eagle cent

Date of authorization: Feb. 21, 1857
Dates of issue: 1856-1858
Designers: Obverse: Christian Gobrecht-James B. Longacre
Reverse: Longacre
Engraver: James B. Longacre
Diameter: 19.30 mm/0.76 inches
Weight: 4.67 grams/0.15 ounce
Metallic content: 88% copper, 12% nickel
Edge: Plain
Mint mark: None

Note: Mint State 65 and Proof 65 copper values are for coins with full red original color; lower Mint State and Proof grades reflect examples that are red and brown.

FLYING EAGLE CENT (CONTINUED)

	G-4	VG-8	F-12	VF-20	EF-40	AU-50	MS-60	MS-63	MS-64	MS-65	MS-66	PF-63	PF-64	PF-65	PF-66
1856	6500.	7500.	10000.	12000.	14000.	16000.	20000.	25000.	35000.	65000.	175000.	20000.	25000.	35000.	55000.
1857	35.	45.	50.	60.	160.	250.	350.	1000.	1650.	4000.	7500.	9000.	16000.	35000.	—
1858 Large Letters, AM Joined	35.	45.	50.	60.	160.	250.	350.	1000.	1650.	4000.	6000.	9000.	15000.	25000.	—
1858/7 Large Letters, early die state	75.	100.	200.	400.	800.	1600.	3500.	10000.	25000.	50000.	—	*	*	*	*
1858 Small Letters, AM separated	35.	45.	50.	60.	160.	250.	350.	1000.	1650.	4000.	10000.	9000.	18000.	35000.	90000.

—— = Insufficient pricing data   * = None issued

Indian Head cent

Shield Added

Date of authorization: Feb. 21, 1857
Dates of issue: 1859-1909
Designer/Engraver: James B. Longacre
Diameter: 1859-1864: 19.30 mm/0.76 inch
1864-1909: 19.05 mm/0.75 inch
Weight: 1859-1864: 4.67 grams/0.15 ounce
1864-1909: 3.11 grams/0.10 ounce
Metallic content: 1859-1864: 88% copper, 12% nickel
1864-1909: 95% copper, 5% tin and zinc
Edge: Plain
Mint mark: 1908-1909, reverse under wreath

Note: For copper-alloy coins, the letter B following a numerical grade (as in MS-63B) is shorthand for brown, RB represents red and brown, and R stands for red. It is common practice for grading services to qualify copper coins. In addition to a Mint State grade, a copper coin is assigned as brown, red and brown, or red. Generally, full red coins are valued higher than red and brown coins, which in turn are valued higher than brown coins, all else being equal.

INDIAN HEAD CENT (CONTINUED)

	G-4	VG-8	F-12	VF-20	EF-40	AU-50	AU-58	MS-60	MS-62	MS-63	MS-64	MS-65	MS-66	PF-63	PF-64	PF-65	PF-66
COPPER-NICKEL																	
1859	16.	20.	30.	60.	135.	225.	275.	300.	400.	500.	1500.	3500.	6000.	1600.	3000.	5000.	7500.
SHIELD ADDED																	
1860 Pointed Bust	17.	25.	35.	65.	125.	175.	225.	275.	350.	500.	1500.	11000.	—	*	*	*	*
1860 Broad Bust	13.	17.	27.	50.	85.	125.	150.	175.	200.	250.	600.	1000.	5000.	1000.	2100.	4000.	8500.
1861	25.	35.	50.	75.	150.	200.	225.	250.	275.	300.	400.	1500.	2500.	800.	4500.	8500.	32000.
1862	12.	13.	15.	20.	35.	65.	85.	100.	125.	175.	350.	1100.	2500.	750.	1300.	2500.	4000.
1863	12.	13.	15.	20.	35.	65.	85.	100.	125.	175.	350.	1100.	2500.	800.	1500.	3500.	8500.
1864	20.	35.	40.	70.	125.	175.	200.	225.	260.	300.	400.	1400.	11500.	800.	1500.	3500.	7500.

	G-4	VG-8	F-12	VF-20	EF-40	AU-50	AU-58	MS-60B	MS-62RB	MS-63RB	MS-64RB	MS-64R	MS-65RB	MS-66R	PF-63RB	PF-64RB	PF-65RB	PF-66R
BRONZE																		
1864 L on Ribbon	60.	80.	140.	225.	325.	400.	500.	600.	750.	2200.	1500.	3750.	3750.	30000.	—	53000.	70000.	—
1864	10.	20.	27.	50.	75.	90.	125.	150.	200.	450.	350.	1000.	1000.	3000.	1500.	3000.	14500.	—
1865 Plain 5	10.	15.	25.	30.	45.	65.	125.	125.	250.	600.	1000.	600.	1600.	21000.	550.	1200.	7500.	—
1865 Fancy 5	10.	15.	22.	27.	40.	60.	110.	110.	225.	500.	860.	500.	1600.	—	*	*	*	*
1866	50.	70.	100.	135.	225.	275.	350.	400.	800.	3200.	1300.	3200.	9500.	—	500.	800.	5000.	—
1867	60.	75.	110.	135.	210.	250.	325.	350.	700.	2500.	2500.	2500.	10000.	—	525.	800.	4750.	—
1867/7	110.	175.	250.	350.	500.	800.	1000.	1200.	2500.	1750.	—	—	—	—	*	*	*	*
1868	45.	50.	80.	135.	200.	275.	350.	400.	800.	1750.	1000.	1750.	6000.	7500.	675.	875.	5800.	—
1869	100.	135.	275.	400.	500.	600.	700.	750.	1200.	2200.	1500.	2200.	6000.	20000.	385.	900.	2700.	—
1869/9	150.	225.	450.	600.	800.	900.	1100.	1200.	1500.	—	1800.	—	5000.	—	*	*	*	*
1870	70.	125.	275.	350.	450.	550.	650.	700.	1000.	2000.	1500.	2000.	5000.	18500.	375.	875.	2500.	—
1871	100.	135.	325.	375.	500.	600.	700.	800.	1300.	5000.	3500.	5000.	12500.	—	375.	850.	2100.	—
1872	110.	200.	450.	550.	700.	850.	950.	1100.	1600.	12500.	4000.	12500.	2500.	75000.	450.	1000.	4000.	—
1873 Closed 3	50.	75.	120.	175.	250.	325.	450.	550.	1200.	3750.	3250.	3750.	1200.	17000.	300.	465.	3000.	9000.
1873 Doubled LIBERTY Die 1 bold	300.	750.	1200.	2000.	3500.	7500.	10000.	12000.	35000.	—	—	—	—	—	—	—	—	—

—— = Insufficient pricing data   * = None issued

INDIAN HEAD CENT (CONTINUED)

	G-4	VG-8	F-12	VF-20	EF-40	AU-50	MS-60B	MS-62RB	MS-63RB	MS-64RB	MS-64R	MS-65RB	MS-65R	MS-66RB	MS-66R	PF-63RB	PF-64RB	PF-64R	PF-65R	PF-66R
1873 Open 3	25.	35.	70.	100.	175.	225.	300.	325.	350.	550.	2500.	1400.	10000.	—	—	—	310.	2300.	—	—
1874	20.	25.	50.	70.	125.	175.	250.	275.	300.	400.	2000.	750.	5000.	7500.	—	200.	310.	700.	2300.	4000.
1875	20.	35.	60.	80.	125.	175.	250.	300.	350.	500.	1600.	900.	3750.	—	—	300.	700.	1060.	2300.	4000.
1876	35.	45.	80.	150.	250.	300.	375.	400.	500.	750.	1600.	1200.	4500.	10000.	—	260.	600.	1060.	2800.	2800.
1877	1100.	1400.	2000.	2500.	3000.	3500.	5000.	5200.	5500.	6500.	9000.	10000.	20000.	78000.	—	4000.	5000.	10000.	10000.	12200.
1878	35.	45.	75.	150.	275.	300.	450.	500.	550.	660.	1200.	1000.	5000.	10000.	—	180.	500.	1060.	1200.	1200.
1879	9.00	14.	20.	40.	80.	100.	150.	160.	175.	225.	400.	400.	1400.	2500.	—	180.	250.	500.	1060.	2100.
1880	5.00	6.00	7.00	12.	30.	50.	75.	85.	125.	200.	375.	425.	1000.	3250.	—	180.	240.	1000.	1600.	1600.
1881	5.00	6.00	7.00	9.00	22.	35.	60.	75.	150.	200.	350.	425.	1000.	1750.	—	170.	230.	1000.	1000.	1650.
1882	5.00	6.00	7.00	12.	22.	35.	60.	75.	125.	175.	350.	375.	1200.	2000.	—	170.	230.	1600.	1600.	1600.
1883	5.00	6.00	7.00	10.	20.	35.	60.	75.	125.	175.	400.	375.	1400.	2000.	—	170.	230.	2000.	2000.	2000.
1884	5.00	6.00	9.00	14.	35.	50.	75.	85.	125.	225.	500.	500.	2200.	—	—	170.	230.	1100.	1100.	1100.
1885	8.00	14.	14.	35.	75.	90.	125.	150.	200.	350.	750.	750.	2000.	—	—	160.	245.	1700.	1700.	1700.
1886 Feather between I and C	7.00	9.00	22.	70.	165.	200.	250.	275.	300.	425.	1300.	1500.	3100.	7500.	—	—	—	—	—	—
1886 Feather between C and A	14.	20.	35.	75.	175.	200.	300.	400.	525.	1250.	6000.	2750.	15000.	50000.	—	266.	350.	2250.	2250.	4000.
1887	3.00	4.00	6.00	8.00	35.	40.	65.	75.	150.	300.	400.	400.	1000.	5000.	—	—	—	6000.	6000.	32000.
1887/6	2000.	3000.	5000.	9000.	14000.	20000.	40000.	50000.	75000.	100000.	—	—	—	—	—	200.*	400.*	6000.*	*	*
1888	3.00	5.00	7.00	10.	35.	40.	65.	75.	100.	350.	1000.	900.	3600.	8500.	—	225.	325.	6000.	6000.	12200.
1889	3.00	4.00	6.00	10.	25.	25.	65.	60.	65.	225.	700.	500.	3125.	17500.	—	165.	200.	1700.	1700.	2400.
1890	2.00	3.00	4.00	5.00	12.	25.	35.	45.	65.	225.	450.	375.	1650.	5500.	—	180.	240.	2000.	2000.	2000.
1891	2.00	3.00	4.00	5.00	15.	25.	35.	45.	65.	225.	450.	375.	1100.	—	—	165.	400.	3400.	3400.	3700.
1892	2.00	3.00	4.00	5.00	15.	25.	35.	45.	65.	225.	425.	500.	1200.	3600.	—	150.	190.	1050.	1050.	1050.
1893	2.00	3.00	4.00	5.00	12.	25.	35.	45.	65.	225.	400.	500.	1400.	2000.	—	150.	200.	1125.	1125.	1125.
1894	5.00	7.00	14.	22.	55.	75.	100.	125.	150.	225.	400.	375.	900.	2250.	—	150.	215.	1550.	1550.	1550.
1894/1894	35.	50.	100.	175.	300.	500.	800.	1000.	1700.	2500.	6600.	7500.	10000.	—	—	*	*	*	*	*
1895	2.00	3.00	4.00	5.00	13.	25.	35.	40.	50.	150.	200.	200.	1100.	2000.	—	150.	275.	1125.	1125.	1125.
1896	2.00	3.00	4.00	5.00	12.	27.	40.	45.	50.	150.	225.	225.	900.	2500.	—	220.	385.	2000.	2000.	2000.

——— = Insufficient pricing data   * = None issued

INDIAN HEAD CENT (CONTINUED)

	G-4	VG-8	F-12	VF-20	EF-40	AU-50	MS-60B	MS-62RB	MS-63RB	MS-64RB	MS-64R	MS-65RB	MS-65R	MS-66R	PF-63RB	PF-64RB	PF-65R	PF-66R
1897	2.00	3.00	4.00	5.00	12.	25.	35.	40.	50.	150.	200.	250.	900.	3000.	150.	200.	1500.	1800.
1898	2.00	3.00	4.00	5.00	12.	25.	35.	40.	45.	100.	350.	250.	600.	3000.	150.	200.	1000.	—
1899	2.00	3.00	4.00	5.00	12.	25.	35.	40.	45.	90.	150.	200.	600.	1500.	185.	225.	1000.	1500.
1900	2.00	3.00	4.00	5.00	14.	25.	35.	35.	40.	90.	225.	250.	900.	3300.	135.	205.	1000.	1850.
1901	2.00	3.00	4.00	5.00	8.00	20.	30.	35.	40.	90.	150.	175.	500.	1060.	135.	200.	1000.	2650.
1902	2.00	3.00	4.00	5.00	8.00	20.	30.	35.	40.	90.	125.	175.	500.	1060.	135.	200.	1000.	1850.
1903	2.00	3.00	4.00	5.00	8.00	20.	30.	35.	40.	90.	125.	175.	600.	1060.	185.	400.	1400.	3000.
1904	2.00	3.00	4.00	5.00	8.00	20.	30.	35.	40.	90.	125.	175.	500.	1250.	185.	250.	1400.	3000.
1905	2.00	3.00	4.00	5.00	8.00	20.	30.	35.	40.	90.	125.	175.	500.	1060.	175.	225.	1000.	2500.
1906	2.00	3.00	4.00	5.00	8.00	20.	30.	35.	40.	90.	125.	175.	500.	1150.	170.	200.	1000.	2300.
1907	2.00	3.00	4.00	5.00	8.00	20.	30.	35.	40.	90.	125.	175.	750.	1250.	175.	300.	1450.	3700.
1908	2.00	3.00	4.00	5.00	8.00	20.	30.	35.	40.	90.	125.	175.	700.	2000.	135.	200.	1100.	—
1908-S	75.	85.	100.	125.	175.	225.	275.	325.	400.	600.	1000.	750.	3000.	4000.	*	*	*	*
1909	16.	18.	20.	22.	27.	35.	40.	50.	65.	85.	150.	175.	600.	1500.	190.	285.	1600.	*
1909-S	650.	700.	750.	850.	900.	950.	1100.	1150.	1200.	1400.	2000.	1800.	5000.	8500.	*	*	*	*

—— = Insufficient pricing data   * = None issued

Lincoln, Wheat cent

Date of authorization: Feb. 21, 1857
Dates of issue: 1909-1958
Designer: Victor D. Brenner
Engraver: Charles Barber
Diameter: 19.05 mm/0.75 inch
Weight: 1909-1942, 1944-1958:
3.11 grams/0.10 ounce
1943: 2.69 grams/0.09 ounce;
2.75 grams/0.09 ounce
Metallic content: 1909-1942: 95% copper, 5% zinc and tin
1942: 95% copper, 5% zinc
1943: zinc-coated steel
1944-1946: 95% copper, 5% zinc
1947-1958: 95% copper, 5% zinc and tin
Edge: Plain
Mint mark: Obverse under date

Note: For copper-alloy coins, the letter B following a numerical grade (as in MS-63B) is shorthand for brown, RB represents red and brown, and R stands for red. It is common practice for grading services to qualify copper coins. In addition to a Mint State grade, a copper coin is assigned as brown, red and brown, or red. Generally, full red coins are valued higher than red and brown coins, which in turn are valued higher than brown coins, all else being equal.

Also, the letter C following a numerical grade for a Proof coin stands for "cameo," while the letters DC stand for "deep cameo." Cameo coins have contrasting surface finishes: mirror fields and frosted devices (raised areas). Deep cameo coins are the ultimate level of cameo, with deeply frosted devices. Cameo and deep cameo coins bring premiums.

LINCOLN, WHEAT CENT (CONTINUED)

	PF-66R	PF-65R	PF-64RB	PF-63RB	MS-67R	MS-66R	MS-65R	MS-65RB	MS-64R	MS-64RB	MS-63RB	MS-62RB	MS-62B	MS-60B	AU-58	AU-55	AU-50	EF-40	VF-20	F-12	VG-8	G-4
BRONZE ALLOY																						
1909 VDB	—	12000.	6000.	5000.	2000.	1500.	150.	75.	100.	50.	35.	—	—	25.	24.	—	22.	20.	18.	17.	16.	15.
1909-S VDB	*	*	*	*	100000.	20000.	8500.	5000.	5500.	3500.	2200.	—	—	2000.	1800.	—	1600.	1500.	1400.	1200.	1100.	900.
1909	3500.	2500.	700.	500.	4500.	1500.	125.	50.	50.	30.	25.	—	—	20.	16.	—	14.	7.00	6.00	5.00	4.50	4.00
1909-S	*	*	*	*	14000.	3500.	2000.	1000.	850.	600.	425.	—	—	375.	325.	—	300.	275.	200.	150.	135.	125.
1909-S/Horizontal S	*	*	*	*	11000.	3500.	2000.	1000.	900.	660.	500.	—	—	450.	400.	—	350.	300.	250.	175.	150.	135.
1910	3000.	3000.	500.	400.	65000.	1500.	300.	100.	110.	30.	25.	—	—	20.	15.	—	11.	8.00	3.00	1.00	0.75	0.50
1910-S	*	*	*	*	25000.	5000.	1500.	850.	350.	350.	135.	—	—	110.	100.	—	85.	60.	40.	30.	25.	22.
1911	8000.	2500.	500.	400.	—	2500.	500.	350.	350.	110.	50.	—	—	22.	17.	—	14.	8.00	3.00	2.00	1.00	0.50
1911-D	*	*	*	*	45000.	2000.	2000.	1000.	1200.	550.	125.	—	—	100.	90.	—	80.	60.	18.	12.	7.00	6.00
1911-S	*	*	*	*	27000.	25000.	4500.	1800.	1500.	750.	300.	—	—	200.	150.	—	125.	85.	60.	55.	50.	45.
1912	3000.	7500.	500.	400.	—	3000.	3000.	800.	350.	100.	60.	—	—	35.	35.	—	27.	15.	6.00	3.00	2.00	1.50
1912-D	*	*	*	*	—	1800.	3000.	1500.	1800.	800.	275.	—	—	175.	140.	—	125.	80.	45.	15.	12.	8.00
1912-S	*	*	*	*	45000.	15000.	6000.	2000.	1500.	500.	275.	—	—	200.	150.	—	125.	90.	45.	35.	30.	28.
1913	3000.	2000.	500.	400.	—	3000.	750.	300.	250.	125.	60.	—	—	40.	35.	—	30.	22.	5.00	2.00	1.50	1.00
1913-D	*	*	*	*	—	20000.	4500.	2500.	1000.	500.	200.	—	—	100.	85.	—	75.	55.	12.	6.00	5.00	4.00
1913-S	*	*	*	*	75000.	85000.	8500.	2500.	3000.	500.	300.	—	—	225.	150.	—	110.	60.	35.	25.	20.	16.
1914	5000.	2500.	800.	400.	—	45000.	1000.	250.	400.	125.	75.	—	—	55.	50.	—	45.	23.	7.00	3.00	2.00	1.00
1914-D	*	*	*	*	—	110000.	20000.	4000.	10000.	6000.	4000.	—	—	2500.	1800.	—	1600.	1100.	550.	450.	300.	250.
1914-S	*	*	*	*	30000.	4000.	1500.	500.	2500.	1500.	1000.	—	—	350.	275.	—	200.	110.	50.	40.	35.	30.
1915	3500.	3500.	500.	400.	30000.	10000.	2500.	700.	400.	200.	125.	—	—	100.	90.	—	110.	70.	20.	5.00	3.50	2.00
1915-D	*	*	*	*	—	—	600.	600.	2500.	500.	150.	—	—	80.	60.	—	50.	30.	8.00	5.00	3.00	2.50
1915-S	*	*	*	*	—	—	5000.	1800.	2500.	500.	275.	—	—	225.	175.	—	110.	110.	40.	35.	28.	23.
1916	20000.	9000.	600.	500.	5000.	1300.	600.	150.	250.	65.	35.	—	—	20.	17.	—	15.	10.	3.00	1.50	1.00	0.50
1916-D	*	*	*	*	—	50000.	5000.	1500.	700.	250.	150.	—	—	80.	50.	—	40.	18.	8.00	3.50	2.00	1.50
1916-S	*	*	*	*	—	35000.	20000.	2500.	4500.	700.	200.	—	—	100.	65.	—	45.	30.	9.00	5.00	4.00	2.50

—— = Insufficient pricing data   * = None issued

LINCOLN, WHEAT CENT (CONTINUED)

	G-4	VG-8	F-12	VF-20	EF-40	AU-50	AU-55	AU-58	MS-60B	MS-62B	MS-62RB	MS-63RB	MS-64RB	MS-64R	MS-65RB	MS-65R	MS-66R	MS-67R	PF-63RB	PF-64RB	PF-65R	PF-66R
1917	0.50	1.00	1.50	2.50	5.00	16.	—	18.	20.	—	—	30.	50.	300.	150.	2000.	2500.	—	*	*	*	*
1917 Doubled Die Obverse	200.	250.	300.	500.	1500.	2000.	—	3000.	3000.	—	—	5000.	9000.	25000.	15000.	40000.	50000.	—	*	*	*	*
1917-D	0.50	1.50	3.00	5.50	25.	40.	—	50.	65.	—	—	140.	250.	2000.	1200.	5000.	30000.	—	*	*	*	*
1917-S	0.50	1.00	1.50	2.50	12.	27.	—	40.	70.	—	—	175.	400.	3000.	2500.	45000.	65000.	—	*	*	*	*
1918	0.50	2.00	3.00	5.50	17.	35.	—	50.	75.	—	—	40.	100.	300.	200.	1000.	4000.	25000.	*	*	*	*
1918-D	0.50	1.00	1.50	5.50	12.	35.	—	50.	75.	—	—	175.	300.	1000.	1000.	6000.	40000.	—	*	*	*	*
1918-S	0.50	1.00	1.50	4.00	12.	35.	—	50.	75.	—	—	200.	700.	3500.	2500.	40000.	65000.	—	*	*	*	*
1919	0.50	1.50	2.00	5.00	2.50	6.00	—	7.00	9.00	—	—	25.	50.	150.	125.	250.	1000.	4000.	*	*	*	*
1919-D	1.00	2.00	2.00	5.00	12.	35.	—	45.	60.	—	—	135.	175.	1500.	600.	3500.	12000.	—	*	*	*	*
1919-S	0.50	1.00	2.00	3.00	5.00	20.	—	30.	50.	—	—	175.	500.	1500.	1500.	35000.	60000.	—	*	*	*	*
1920	0.50	1.50	2.00	3.00	5.00	8.00	—	11.	15.	—	—	25.	35.	150.	100.	750.	2000.	20000.	*	*	*	*
1920-D	1.00	1.50	3.00	5.50	17.	35.	—	50.	75.	—	—	125.	250.	1000.	500.	4000.	40000.	—	*	*	*	*
1920-S	0.50	1.00	1.50	3.00	20.	35.	—	60.	100.	—	—	250.	500.	3000.	2500.	50000.	—	—	*	*	*	*
1921	0.50	1.00	1.50	3.00	11.	22.	—	30.	45.	—	—	75.	100.	350.	200.	2500.	3500.	—	*	*	*	*
1921-S	2.00	2.50	3.00	6.00	27.	75.	—	90.	125.	—	—	225.	500.	3500.	1500.	20000.	20000.	—	*	*	*	*
1922 Missing D, Strong Reverse	850.	1000.	1500.	1800.	3500.	7000.	—	8000.	—	—	—	35000.	40000.	60000.	75000.	175000.	—	—	*	*	*	*
1922 Missing D, Weak Reverse	—	—	1000.	1400.	1700.	2000.	2500.	3500.	—	—	—	5000.	7500.	15000.	—	—	—	—	*	*	*	*
1922 Weak D	—	—	—	—	—	—	—	—	—	—	—	1000.	—	—	—	—	—	—	*	*	*	*
1922-D	22.	25.	28.	35.	45.	80.	100.	160.	—	—	—	200.	250.	1500.	1000.	4000.	25000.	—	*	*	*	*
1923	0.50	1.00	1.50	2.50	7.00	14.	15.	17.	—	—	—	30.	75.	200.	75.	175.	1700.	15000.	*	*	*	*
1923-S	3.00	4.00	5.00	10.	50.	100.	140.	225.	—	—	—	400.	1000.	1500.	2500.	7000.	35000.	—	*	*	*	*
1924	0.50	1.50	1.50	2.50	7.00	14.	17.	23.	—	—	—	50.	75.	150.	125.	1000.	4500.	40000.	*	*	*	*
1924-D	50.	60.	70.	80.	135.	200.	225.	275.	—	—	—	400.	700.	2000.	2000.	20000.	35000.	—	*	*	*	*
1924-S	2.00	2.50	4.00	7.00	50.	80.	100.	125.	—	—	—	300.	1000.	5000.	2500.	50000.	—	—	*	*	*	*

—— = Insufficient pricing data   * = None issued

LINCOLN, WHEAT CENT (CONTINUED)

Date	PF-66R	PF-65R	PF-64RB	PF-63RB	MS-67R	MS-66R	MS-65R	MS-65RB	MS-64R	MS-64RB	MS-63RB	MS-62RB	MS-62B	MS-60B	AU-58	AU-55	AU-50	EF-40	VF-20	F-12	VG-8	G-4
1925	*	*	*	*	4000.	800.	200.	50.	100.	35.	22.	—	—	11.	9.00	—	8.00	4.00	2.00	1.50	1.00	0.50
1925-D	*	*	*	*	—	20000.	6000.	3500.	1000.	700.	135.	—	—	70.	40.	—	35.	17.	7.00	3.00	2.00	1.50
1925-S	*	*	*	*	3000.	—	20000.	20000.	8000.	700.	300.	—	—	100.	60.	—	40.	14.	4.00	2.50	1.50	1.00
1926	*	*	*	*	—	750.	150.	35.	40.	25.	17.	—	—	9.00	8.00	—	7.00	2.50	2.00	1.50	1.00	0.50
1926-D	*	*	*	*	—	—	175000.	1000.	25000.	2500.	200.	—	—	100.	60.	—	40.	15.	5.00	3.00	1.00	0.50
1926-S	*	*	*	*	3800.	1000.	250.	50.	75.	30.	350.	—	—	150.	110.	—	85.	40.	20.	15.	14.	12.
1927	*	*	*	*	—	—	250.	50.	75.	30.	18.	—	—	9.00	7.00	—	6.00	2.50	2.00	1.50	1.00	1.50
1927-D	*	*	*	*	—	—	3500.	500.	1000.	350.	110.	—	—	70.	65.	—	28.	8.00	4.00	2.50	3.00	2.00
1927-S	*	*	*	*	3000.	2000.	35000.	1700.	2000.	175.	175.	—	—	75.	65.	—	45.	17.	6.00	4.00	1.00	0.50
1928	*	*	*	*	—	10000.	250.	50.	75.	30.	18.	—	—	9.00	7.00	—	5.00	2.50	2.00	1.50	1.00	1.00
1928-D	*	*	*	*	4000.	45000.	3000.	350.	1000.	250.	75.	—	—	40.	25.	—	18.	10.	4.00	2.50	2.00	1.50
1928-S	*	*	*	*	—	2500.	5000.	800.	1000.	35.	125.	—	—	85.	25.	—	35.	7.00	4.00	3.00	1.00	0.50
1929	*	*	*	*	1200.	5000.	300.	100.	250.	100.	14.	—	—	10.	8.00	—	7.00	4.00	2.00	2.00	1.50	1.00
1929-D	*	*	*	*	11000.	6500.	1200.	200.	200.	125.	50.	—	—	25.	18.	—	14.	7.00	3.00	2.00	1.50	0.50
1929-S	*	*	*	*	30000.	250.	1000.	110.	200.	18.	75.	—	—	25.	20.	—	17.	8.00	3.00	2.00	1.00	0.50
1930	*	*	*	*	12000.	1100.	100.	60.	50.	50.	8.00	—	—	6.00	5.00	—	4.00	2.50	2.00	1.50	1.00	0.50
1930-D	*	*	*	*	—	1000.	150.	75.	75.	25.	30.	—	—	14.	9.00	—	7.00	3.00	2.00	1.50	1.00	0.50
1930-S	*	*	*	*	—	1400.	250.	110.	100.	60.	15.	—	—	12.	15.	—	8.00	5.00	2.50	2.00	1.00	0.50
1931	*	*	*	*	—	5000.	1200.	300.	250.	125.	35.	—	—	25.	50.	—	40.	10.	10.	9.00	8.00	7.00
1931-D	*	*	*	*	—	3000.	1000.	500.	300.	300.	90.	—	—	65.	215.	—	210.	175.	175.	160.	150.	140.
1931-S	*	*	*	*	—	800.	1000.	500.	1200.	500.	250.	—	—	225.	20.	—	17.	7.50	5.00	4.00	3.00	2.50
1932	*	*	*	*	6000.	1000.	250.	75.	125.	50.	30.	—	—	25.	20.	—	17.	7.50	5.00	4.00	3.00	3.00
1932-D	*	*	*	*	5000.	750.	250.	100.	100.	50.	35.	—	—	20.	17.	—	14.	6.00	4.00	3.00	2.50	1.50
1933	*	*	*	*	5000.	3000.	250.	100.	100.	50.	30.	—	—	20.	22.	—	15.	8.00	4.00	3.00	2.50	1.50
1933-D	*	*	*	*	7500.	—	250.	250.	100.	50.	35.	—	—	28.	22.	—	20.	20.	8.00	6.00	5.00	4.00

——— = Insufficient pricing data   * = None issued

Date	G-4	VG-8	F-12	VF-20	EF-40	AU-50	AU-58	MS-60B	MS-63RB	MS-64RB	MS-64R	MS-65RB	MS-65R	MS-66R	MS-67R	MS-68R	PF-63RB	PF-64RB	PF-65RB	PF-65R	PF-66	PF-66DC	PF-66R	PF-67R
1934	0.05	0.10	0.25	0.40	1.25	4.00	—	11.	15.	20.	20.	25.	35.	66.	220.	7500.	*	*	*	*	*	*	*	*
1934-D	0.10	0.10	0.35	0.55	5.00	8.75	—	35.	40.	45.	50.	55.	65.	150.	850.	—	*	*	*	*	*	*	*	*
1935	0.05	0.10	0.25	0.40	0.75	1.00	—	22.	30.	35.	40.	40.	50.	50.	150.	10000.	*	*	*	*	*	*	*	*
1935-D	0.05	0.10	0.40	0.45	0.85	1.00	—	11.	15.	15.	25.	25.	30.	50.	135.	—	*	*	*	*	*	*	*	*
1935-S	0.05	0.10	0.65	1.50	2.50	4.25	—	35.	40.	45.	50.	50.	60.	150.	8000.	—	*	*	*	*	*	*	*	*
1936	0.05	0.10	0.25	0.40	0.70	0.90	—	3.50	5.00	8.00	12.	15.	20.	45.	100.	—	*	*	*	*	*	*	*	*
1936 Doubled Die Obverse	—	*	—	—	175.	—	—	2000.	*	*	*	*	*	*	*	*	*	*	*	*	*	*	*	*
1936 Satin Finish	*	*	*	*	*	*	*	*	*	*	*	—	3500.	—	—	—	300.	600.	2000.	*	*	*	3500.	*
1936 Brilliant Finish	*	*	*	*	*	*	*	*	*	*	*	—	7500.	*	—	—	450.	700.	2500.	*	*	*	6000.	10000.
1936-D	0.05	0.10	0.30	0.40	0.85	1.00	—	5.50	8.00	10.	12.	12.	15.	40.	150.	—	*	*	*	*	*	*	*	*
1936-S	0.05	0.10	0.35	0.50	1.50	2.00	—	8.50	11.	15.	20.	20.	25.	70.	250.	—	*	*	*	*	*	*	*	*
1937	0.05	0.10	0.20	0.30	1.00	1.50	—	3.50	5.00	7.00	12.	15.	20.	50.	110.	—	75.	200.	300.	*	*	*	1500.	3500.
1937-D	0.05	0.10	0.25	0.40	6.00	6.00	—	4.00	9.00	6.00	15.	18.	25.	45.	100.	—	*	*	*	*	*	*	*	*
1937-S	0.05	0.10	0.25	0.65	1.00	1.00	—	3.00	5.00	8.00	15.	20.	28.	45.	125.	—	*	*	*	*	*	*	*	*
1938	0.05	0.10	0.20	0.30	0.60	1.00	—	8.00	11.	14.	20.	20.	25.	60.	150.	—	50.	150.	250.	*	*	*	800.	2500.
1938-D	0.05	0.10	0.40	0.75	1.00	1.00	—	11.	11.	15.	18.	20.	25.	50.	135.	4500.	*	*	*	*	*	*	*	*
1938-S	0.05	0.10	0.35	0.55	0.80	1.00	—	8.00	8.00	11.	15.	18.	23.	50.	100.	—	*	*	*	*	*	*	*	*
1939	0.05	0.10	0.15	0.25	0.30	0.40	—	6.00	3.50	5.00	10.	11.	15.	40.	130.	—	50.	150.	500.	*	*	*	1800.	4000.
1939-D	0.05	0.10	0.40	0.75	1.30	1.00	—	2.50	4.00	11.	18.	15.	25.	45.	100.	10000.	*	*	*	*	*	*	*	*
1939-S	0.10	0.10	0.25	0.40	1.00	1.00	—	5.50	4.00	12.	12.	20.	20.	50.	100.	7000.	*	*	*	*	*	*	*	*
1940	0.05	0.10	0.20	0.40	0.45	0.45	—	3.00	4.00	6.00	12.	14.	18.	40.	175.	—	40.	150.	250.	*	*	*	500.	*
1940-D	0.05	0.10	0.30	0.50	0.70	0.70	—	3.50	7.00	7.00	10.	11.	15.	30.	125.	13000.	*	*	*	*	*	*	*	*
1940-S	0.05	0.10	0.30	0.50	0.60	0.90	—	5.50	10.	8.00	12.	12.	15.	35.	160.	—	*	*	*	*	*	*	*	*
1941	0.05	0.10	0.25	0.40	0.55	0.55	—	2.50	3.50	5.00	10.	14.	20.	30.	150.	—	40.	150.	250.	*	*	*	500.	2000.

—— = Insufficient pricing data   * = None issued

LINCOLN, WHEAT CENT (CONTINUED)

Date	PF-67R	PF-66R	PF-66DC	PF-66	PF-65R	PF-65RB	PF-64RB	PF-63RB	MS-68R	MS-67R	MS-66R	MS-65R	MS-65RB	MS-64R	MS-64RB	MS-63RB	MS-60B	AU-58	AU-50	EF-40	VF-20	F-12	VG-8	G-4
1941-D	*	*	*	*	*	*	*	*	—	150.	35.	18.	13.	12	7.00	5.50	4.00	—	1.45	0.90	0.60	0.40	0.10	0.05
1941-S	*	*	*	*	*	*	*	*	—	125.	45.	27.	17.	15.	10.	7.50	5.50	—	1.00	0.80	0.70	0.50	0.10	0.10
1942	—	600.	—	—	250.	—	125.	40.	—	100.	40.	18.	10.	8.00	4.00	2.50	1.50	—	0.45	0.40	0.30	0.20	0.10	0.05
1942-D	*	*	*	*	*	*	*	*	13000.	100.	40.	15.	10.	8.00	3.00	2.00	1.00	—	0.45	0.40	0.35	0.25	0.10	0.05
1942-S	*	*	*	*	*	*	*	*	14000.	100.	40.	30.	25.	25.	18.	15.	12	—	1.50	1.00	0.75	0.55	0.10	0.05
ZINC-COATED STEEL																								
1943	*	*	*	*	*	*	*	*	—	80.	30.	18.	12.	10.	5.00	3.00	2.00	—	0.65	0.40	0.30	0.20	0.15	0.10
1943-D	*	*	*	*	*	*	*	*	3000.	80.	30.	13.	9.00	8.00	5.00	4.00	3.00	—	0.75	0.60	0.45	0.25	0.20	0.15
1943-D/D	*	*	*	*	*	*	*	*	1200.	10000.	2000.	1200.	—	700.	—	—	—	—	—	—	—	—	—	—
1943-S	*	*	*	*	*	*	*	*	2500.	100.	40.	25.	20.	20.	15.	12	8.50	—	1.00	0.75	0.55	0.35	0.25	0.15
SHELL-CASE BRASS																								
1944	*	*	*	*	*	*	*	*	—	100.	21.	11.	8.00	6.00	2.50	1.50	0.75	—	0.35	0.20	0.15	0.10	0.05	0.05
1944-D	*	*	*	*	*	*	*	*	—	100.	30.	15.	8.00	8.00	2.50	1.50	0.75	—	0.35	0.30	0.25	0.20	0.10	0.05
1944-D/S	*	*	*	*	*	*	*	*	—	80.	7500.	4500.	2000.	1000.	750.	500.	400.	350.	300.	250.	175.	100.	75.	50.
1944-S	*	*	*	*	*	*	*	*	—	125.	25.	10.	8.00	8.00	2.50	1.50	0.75	—	0.35	0.25	0.20	0.15	0.10	0.05
1945	*	*	*	*	*	*	*	*	—	125.	35.	12	8.00	8.00	1.50	1.50	2.50	—	0.40	0.25	0.15	0.10	0.10	0.05
1945-D	*	*	*	*	*	*	*	*	—	100.	30.	10.	8.00	8.00	1.50	1.50	2.50	—	0.40	0.25	0.20	0.15	0.10	0.05
1945-S	*	*	*	*	*	*	*	*	—	90.	30.	10.	8.00	8.00	2.50	1.50	0.75	—	0.30	0.25	0.15	0.15	0.10	0.05
1946	*	*	*	*	*	*	*	*	—	100.	30.	10.	8.00	8.00	1.50	1.00	0.50	—	0.25	0.25	0.15	0.15	0.10	0.05
1946-D	*	*	*	*	*	*	*	*	—	100.	25.	10.	8.00	8.00	1.50	1.00	0.50	—	0.25	0.20	0.18	0.15	0.10	0.05
1946-S	*	*	*	*	*	*	*	*	—	150.	30.	15.	8.00	8.00	2.50	1.50	0.75	—	0.35	0.30	0.25	0.20	0.10	0.05
1946-S/D	*	*	*	*	*	*	*	*	—	—	750.	600.	—	—	400.	300.	175.	—	100.	—	—	—	—	—

———— = Insufficient pricing data   * = None issued

LINCOLN, WHEAT CENT (CONTINUED)

BRONZE ALLOY

	G-4	VG-8	F-12	VF-20	EF-40	AU-50	AU-58	MS-60B	MS-63RB	MS-64RB	MS-64R	MS-65RB	MS-65R	MS-66R	MS-67R	PF-63RB	PF-64RB	PF-65R	PF-66DC	PF-66R	PF-67R
1947	0.05	0.05	0.05	0.05	0.05	0.10	—	3.00	4.00	5.50	7.50	7.50	10.	50.	135.	*	*	*	*	*	*
1947-D	0.05	0.05	0.05	0.05	0.05	0.10	—	0.50	1.00	1.50	3.00	4.00	9.00	30.	40.	*	*	*	*	*	*
1947-S	0.05	0.05	0.05	0.05	0.05	0.10	—	1.00	1.50	2.50	4.00	5.00	11.	30.	125.	*	*	*	*	*	*
1948	0.05	0.05	0.05	0.05	0.05	0.10	—	1.00	1.50	2.50	4.00	6.00	10.	100.	250.	*	*	*	*	*	*
1948-D	0.05	0.05	0.05	0.05	0.05	0.10	—	1.00	1.50	2.50	6.00	4.00	7.00	38.	400.	*	*	*	*	*	*
1948-S	0.05	0.05	0.05	0.05	0.05	0.10	—	2.25	3.00	4.00	6.00	4.00	9.00	30.	125.	*	*	*	*	*	*
1949	0.05	0.05	0.05	0.05	0.05	0.10	—	2.25	3.00	4.00	7.00	4.00	15.	150.	250.	*	*	*	*	*	*
1949-D	0.05	0.05	0.05	0.05	0.05	0.10	—	1.50	2.00	3.00	6.00	5.00	17.	40.	40.	*	*	*	*	*	*
1949-S	0.05	0.05	0.05	0.05	0.05	0.10	—	3.00	3.00	5.00	7.00	5.00	12.	40.	60.	*	*	*	*	*	*
1950	0.05	0.05	0.05	0.05	0.05	0.10	—	1.00	1.50	2.00	4.00	4.00	15.	80.	500.	35.	50.	60.	2500.	120.	720.
1950-D	0.05	0.05	0.05	0.05	0.05	0.10	—	1.25	1.50	2.50	5.00	5.00	8.00	40.	250.	*	*	*	*	*	*
1950-S	0.05	0.05	0.05	0.05	0.05	0.10	—	1.50	1.75	3.00	5.00	5.00	10.	35.	45.	*	*	*	*	*	*
1951	0.05	0.05	0.05	0.05	0.05	0.10	—	1.50	2.00	3.00	5.00	5.00	15.	75.	95.	25.	50.	60.	—	145.	270.
1951-D	0.05	0.05	0.05	0.05	0.05	0.10	—	0.50	1.00	2.00	6.00	5.00	15.	30.	95.	*	*	*	*	*	*
1951-S	0.05	0.05	0.05	0.05	0.05	0.10	—	1.25	2.00	3.00	10.	6.00	12.	35.	75.	*	*	*	*	*	*
1952	0.05	0.05	0.05	0.05	0.05	0.10	—	2.25	3.50	5.00	3.00	10.	18.	30.	50.	13.	35.	50.	—	90.	210.
1952-D	0.05	0.05	0.05	0.05	0.05	0.10	—	0.35	0.75	1.50	7.00	3.00	11.	25.	50.	*	*	*	*	*	*
1952-S	0.05	0.05	0.05	0.05	0.05	0.10	—	3.00	4.00	5.00	4.00	7.00	14.	70.	90.	*	*	*	*	*	*
1953	0.05	0.05	0.05	0.05	0.05	0.10	—	0.50	1.00	2.00	4.00	4.00	16.	25.	35.	10.	30.	35.	—	40.	155.
1953-D	0.05	0.05	0.05	0.05	0.05	0.10	—	0.50	1.00	2.00	4.00	4.00	11.	25.	125.	*	*	*	*	*	*
1953-S	0.05	0.05	0.05	0.05	0.05	0.10	—	1.00	1.50	2.50	4.00	5.00	12.	35.	100.	*	*	*	*	*	*
1954	0.05	0.05	0.05	0.05	0.05	0.10	—	0.35	0.75	1.50	4.00	4.00	15.	25.	40.	5.00	12.	18.	—	40.	90.
1954-D	0.05	0.05	0.05	0.05	0.05	0.10	—	0.35	0.75	1.50	4.00	4.00	12.	22.	85.	*	*	*	*	*	*
1954-S	0.05	0.05	0.05	0.05	0.05	0.10	—	0.35	0.75	1.50	4.00	4.00	14.	22.	55.	*	*	*	*	*	*
1955	0.05	0.05	0.05	0.05	0.05	0.10	—	0.35	0.75	1.50	5.00	5.00	18.	45.	55.	5.00	13.	18.	230.	20.	55.

—— = Insufficient pricing data   * = None issued

LINCOLN, WHEAT CENT (CONTINUED)

	G-4	VG-8	F-12	VF-20	EF-40	AU-50	AU-58	MS-60B	MS-63RB	MS-64RB	MS-64R	MS-65RB	MS-65R	MS-66R	MS-67R	PF-63RB	PF-64RB	PF-65R	PF-66DC	PF-66R	PF-67R
1955 Doubled Die Obverse	1100.	1300.	1500.	1600.	1800.	2000.	2200.	2500.	4000.	6500.	13000.	20000.	40000.	—	—	*	*	*	*	*	*
1955-D	0.05	0.05	0.05	0.05	0.05	0.10	—	0.35	0.75	1.50	4.00	5.00	15.	40.	100.	*	*	*	*	*	*
1955-S	0.05	0.05	0.05	0.05	0.05	0.10	—	0.60	1.25	2.00	5.00	5.00	15.	30.	175.	*	*	*	*	*	*
1956	0.05	0.05	0.05	0.05	0.05	0.10	—	0.35	0.75	1.50	2.50	2.50	11.	125.	175.	2.00	3.00	5.00	—	25.	60.
1956-D	0.05	0.05	0.05	0.05	0.05	0.10	—	0.35	0.75	1.50	2.50	2.50	10.	25.	55.	*	*	*	*	*	*
1956-D/D	—	—	—	—	—	—	—	—	—	—	75.	—	100.	—	—	*	*	*	*	*	*
1957	0.05	0.05	0.05	0.05	0.05	0.10	—	0.35	0.75	1.50	2.50	2.50	11.	90.	125.	2.00	3.00	5.00	—	20.	30.
1957-D	0.05	0.05	0.05	0.05	0.05	0.10	—	0.35	0.75	1.50	2.50	2.50	10.	35.	75.	*	*	*	*	*	*
1958	0.05	0.05	0.05	0.05	0.05	0.10	—	0.35	0.75	1.50	2.50	2.50	12.	30.	40.	2.50	4.00	6.00	—	20.	30.
1958 Doubled Die Obverse	—	—	—	—	—	—	—	—	—	—	—	—	—	—	—	*	*	*	*	*	*
1958-D	0.05	0.05	0.05	0.05	0.05	0.10	0.15	0.35	0.90	1.60	2.50	2.50	11.	20.	75.	*	*	*	*	*	*

— = Insufficient pricing data   * = None issued

Lincoln, Memorial cent

Date of authorization: Feb. 21, 1857
Dates of issue: 1959-present
Designers: Obverse: Victor D. Brenner
Reverse: Frank Gasparro
Engravers: Obverse: Charles Barber
Reverse: Gilroy Roberts
Diameter: 19.05 mm/0.75 inch
Weight: 1959-1982: 3.11 grams/0.10 ounce
1982-present: 2.50 grams/0.08 ounce
Metallic content: 1959-1962: 95% copper, 5% zinc and tin
1962-1982: 95% copper, 5% zinc
1982-present: 97.5% zinc, 2.5% copper
(99.2% zinc, 0.8% copper planchet
plated with pure copper)
Edge: Plain
Mint mark: Obverse under date

Note: For copper-alloy coins, the letter B following a numerical grade (as in MS-63B) is shorthand for brown, RB represents red and brown, and R stands for red. It is common practice for grading services to qualify copper coins. In addition to a Mint State grade, a copper coin is assigned as brown, red and brown, or red. Generally, full red coins are valued higher than red and brown coins, which in turn are valued higher than brown coins, all else being equal.

Also, the letter C following a numerical grade for a Proof coin stands for "cameo," while the letters DC stand for "deep cameo." Cameo coins have contrasting surface finishes: mirror fields and frosted devices (raised areas). Deep cameo coins are the ultimate level of cameo, with deeply frosted devices. Cameo and deep cameo coins bring premiums.

LINCOLN, MEMORIAL CENT (CONTINUED)

MEMORIAL REVERSE

Date	G-4	VG-8	F-12	VF-20	EF-40	AU-50	AU-58	MS-60B	MS-63RB	MS-64RB	MS-64R	MS-65RB	MS-65R	MS-66R	MS-67R	MS-68R	PF-63RB	PF-64RB	PF-65R	PF-66DC	PF-66R	PF-67DC	PF-67R	PF-68DC	PF-69DC
1959	0.05	0.05	0.05	0.05	0.05	0.10	0.15	0.20	0.30	0.40	10.	1.00	20.	40.	175.	—	*	1.00	12.	60.	25.	375.	40.	—	—
1959-D	0.05	0.05	0.05	0.05	0.05	0.10	0.15	0.20	0.30	0.40	8.00	1.00	16.	40.	150.	—	*	*	*	*	*	*	*	*	*
1960 Large Date	0.05	0.05	0.05	0.05	0.05	0.10	0.15	0.20	0.30	0.40	5.00	1.00	10.	20.	175.	—	1.00	1.00	12.	—	14.	—	19.	—	—
1960 Small Date	0.25	0.25	0.25	0.50	1.00	2.00	2.50	4.50	6.50	7.50	10.	10.	17.	40.	200.	—	14.	14.	20.	—	30.	—	70.	130.	—
1960-D Large Date	0.05	0.05	0.05	0.05	0.05	0.10	0.15	0.20	0.30	0.40	5.00	1.00	10.	21.	50.	—	*	*	*	*	*	*	*	*	*
1960-D Small Date	0.05	0.05	0.05	0.05	0.05	0.10	0.15	0.20	0.30	0.40	5.00	1.00	10.	25.	75.	—	*	*	*	*	*	*	*	*	*
1961	0.05	0.05	0.05	0.05	0.05	0.10	0.15	0.20	0.30	0.40	6.00	1.00	12.	100.	125.	—	0.60	0.60	10.	40.	14.	170.	40.	200.	*
1961-D	0.05	0.05	0.05	0.05	0.05	0.10	0.15	0.20	0.30	0.40	5.00	1.00	10.	100.	125.	—	*	*	*	*	*	*	*	*	*

BRASS ALLOY

Date	G-4	VG-8	F-12	VF-20	EF-40	AU-50	AU-58	MS-60B	MS-63RB	MS-64RB	MS-64R	MS-65RB	MS-65R	MS-66R	MS-67R	MS-68R	PF-63RB	PF-64RB	PF-65R	PF-66DC	PF-66R	PF-67DC	PF-67R	PF-68DC	PF-69DC
1962	0.05	0.05	0.05	0.05	0.05	0.10	0.15	0.20	0.30	0.40	5.00	1.00	10.	40.	100.	—	0.60	0.60	10.	30.	14.	50.	40.	65.	*
1962-D	0.05	0.05	0.05	0.05	0.05	0.10	0.15	0.20	0.30	0.40	10.	1.00	20.	110.	140.	—	*	*	*	*	*	*	*	*	*
1963	0.05	0.05	0.05	0.05	0.05	0.10	0.15	0.20	0.30	0.40	7.00	1.00	15.	150.	225.	—	0.60	0.60	10.	40.	14.	—	70.	*	*
1963-D	0.05	0.05	0.05	0.05	0.05	0.10	0.15	0.20	0.30	0.40	7.00	1.00	15.	130.	225.	—	*	*	*	*	*	*	*	*	*
1964	0.05	0.05	0.05	0.05	0.05	0.10	0.15	0.20	0.30	0.40	5.00	1.00	10.	35.	75.	—	1.00	2.00	10.	30.	14.	50.	40.	*	*
1964-D	0.05	0.05	0.05	0.05	0.05	0.10	0.15	0.20	0.30	0.40	5.00	1.00	12.	40.	100.	—	*	*	*	*	*	*	*	*	*
1965	0.05	0.05	0.05	0.05	0.05	0.10	0.10	0.15	0.25	0.35	5.00	1.00	10.	15.	35.	—	*	*	*	*	*	*	*	*	*
1966	0.05	0.05	0.05	0.05	0.05	0.10	0.10	0.15	0.25	0.25	5.00	1.00	10.	15.	25.	—	*	*	*	*	*	*	*	*	*
1967	0.05	0.05	0.05	0.05	0.05	0.10	0.10	0.15	0.15	0.25	5.00	1.00	10.	20.	25.	—	*	*	*	*	*	*	*	*	*
1968	0.05	0.05	0.05	0.05	0.05	0.10	0.10	0.15	0.15	0.25	6.00	0.75	12.	30.	50.	—	*	*	*	*	*	*	*	*	*
1968-D	0.05	0.05	0.05	0.05	0.05	0.10	0.10	0.10	0.15	0.25	6.00	0.75	30.	50.	75.	—	*	*	*	*	*	*	*	*	*
1968-S	0.05	0.05	0.05	0.05	0.05	0.10	0.10	0.10	0.25	0.35	7.00	0.75	14.	25.	250.	—	1.00	2.00	6.00	25.	7.00	45.	8.00	*	*
1969	0.05	0.05	0.05	0.05	0.05	0.10	0.10	0.15	0.15	0.25	7.00	1.00	7.50	250.	4000.	—	*	*	*	*	*	*	*	*	*
1969-D	0.05	0.05	0.05	0.05	0.05	0.10	0.10	0.10	0.15	0.25	5.00	0.75	10.	100.	150.	—	*	*	*	*	*	*	*	*	*

——— = None issued   * = Insufficient pricing data

LINCOLN, MEMORIAL CENT (CONTINUED)

	G-4	VG-8	F-12	VF-20	EF-40	AU-50	AU-58	MS-60B	MS-63RB	MS-64RB	MS-64R	MS-65RB	MS-65R	MS-66R	MS-67R	MS-68R	PF-63RB	PF-64RB	PF-65R	PF-66DC	PF-66R	PF-67DC	PF-67R	PF-68DC	PF-69DC
1969-S	0.05	0.05	0.05	0.05	0.05	0.10	0.10	0.10	0.15	0.25	6.00	0.75	12.	25.	75.	—	1.00	2.00	6.00	20.	7.00	35.	8.00	—	—
1969-S Doubled Die Obverse	—	—	—	—	10000.	15000.	—	40000.	50000.	60000.	75000.	70000.	85000.	—	—	—	*	*	*	*	*	*	*	*	*
1970	0.05	0.05	0.05	0.05	0.05	0.10	0.10	0.10	0.15	0.25	5.00	0.75	6.00	35.	65.	—	*	*	*	*	*	*	*	*	*
1970-D	0.05	0.05	0.05	0.05	0.05	0.10	0.10	0.10	0.15	0.25	5.00	0.75	6.00	50.	75.	—	*	*	*	*	*	*	*	*	*
1970-S Low 7	0.05	0.05	0.05	0.05	0.05	—	—	—	—	—	9.00	—	19.	50.	—	—	0.75	—	6.00	18.	7.00	27.	8.00	—	—
1970-S Level 7	—	—	—	—	—	—	—	—	24.	—	30.	—	62.	80.	—	—	50.	—	55.	160.	90.	—	100.	—	—
1970-S Doubled Die Obverse	—	—	—	—	—	—	—	—	5000.	—	15.	1.00	20000.	—	—	—	—	—	—	—	—	—	—	—	—
1971	0.05	0.05	0.05	0.05	0.05	0.10	0.10	0.15	0.25	0.35	15.	1.00	30.	50.	75.	—	*	*	*	*	*	*	*	*	*
1971-D	0.05	0.05	0.05	0.05	0.05	0.10	0.10	0.15	0.25	0.35	5.00	0.85	7.00	60.	60.	—	*	*	*	*	*	*	*	*	*
1971-S	0.05	0.05	0.05	0.05	0.05	0.10	0.10	0.15	0.25	0.25	5.00	0.75	6.00	50.	75.	—	1.50	2.50	6.00	—	15.	700.	45.	—	—
1972	0.05	0.05	0.05	0.05	0.05	0.10	0.10	0.15	0.15	0.25	6.00	0.75	5.00	35.	65.	—	*	*	*	*	*	*	*	*	*
1972-D	0.05	0.05	0.05	0.05	0.05	0.10	0.10	0.15	0.15	0.25	6.00	0.75	13.	60.	60.	—	*	*	*	*	*	*	*	*	*
1972-S	0.05	0.05	0.05	0.05	0.05	0.10	0.10	0.15	0.25	0.35	15.	1.00	30.	125.	—	—	1.50	2.50	6.00	—	7.00	—	8.00	—	—
1972 Doubled Die Obverse	225.	250.	275.	300.	350.	400.	425.	450.	500.	600.	750.	750.	900.	1100.	—	—	*	*	*	*	*	*	*	*	*
1973	0.05	0.05	0.05	0.05	0.05	0.10	0.15	0.20	0.25	0.40	5.00	1.00	9.00	50.	—	—	*	*	*	*	*	*	*	*	*
1973-D	0.05	0.05	0.05	0.05	0.05	0.10	0.15	0.20	0.30	0.40	6.00	1.00	12.	40.	75.	—	*	*	*	*	*	*	*	*	*
1973-S	0.05	0.05	0.05	0.05	0.05	0.10	0.15	0.20	0.35	0.50	6.00	1.00	10.	100.	—	—	1.00	2.00	6.00	—	8.00	—	10.	—	—
1974	0.05	0.05	0.05	0.05	0.05	0.10	0.15	0.20	0.30	0.40	5.00	1.00	10.	20.	40.	—	*	*	*	*	*	*	*	*	*
1974-D	0.05	0.05	0.05	0.05	0.05	0.10	0.15	0.20	0.30	0.40	5.00	1.00	10.	40.	75.	—	*	*	*	*	*	*	*	*	*
1974-S	0.05	0.05	0.05	0.05	0.05	0.10	0.15	0.35	0.35	0.55	5.00	1.00	25.	45.	—	—	1.00	2.00	6.00	—	8.00	—	10.	130.	—
1975	0.05	0.05	0.05	0.05	0.05	0.10	0.15	0.20	0.30	0.40	5.00	1.00	10.	35.	—	—	*	*	*	*	*	*	*	*	*
1975-D	0.05	0.05	0.05	0.05	0.05	0.10	0.15	0.20	0.30	0.40	7.00	1.00	14.	60.	110.	—	*	*	*	*	*	*	*	*	*
1975-S	*	*	*	*	*	*	*	*	*	*	*	*	*	*	*	*	4.00	5.00	6.00	10.	7.00	21.	8.00	120.	—

——— = Insufficient pricing data   * = None issued

LINCOLN, MEMORIAL CENT (CONTINUED)

	PF-69DC	PF-68DC	PF-67R	PF-67DC	PF-66R	PF-66DC	PF-65R	PF-64RB	PF-63RB	MS-68R	MS-67R	MS-66R	MS-65R	MS-65RB	MS-64R	MS-64RB	MS-63RB	MS-60B	AU-58	AU-50	EF-40	VF-20	F-12	VG-8	G-4
1976	*	*	*	*	*	*	*	*	*	—	40.	30.	20.	1.00	10.	0.40	0.30	0.20	0.15	0.10	0.05	0.05	0.05	0.05	0.05
1976-D	*	*	*	*	*	*	*	*	*	—	60.	35.	20.	1.00	10.	0.40	0.30	0.20	0.15	0.10	0.05	0.05	0.05	0.05	0.05
1976-S	*	*	20.	—	15.	—	12.	4.00	3.00	*	*	*	*	*	*	*	*	*	*	*	*	*	*	*	*
1977	*	*	*	*	*	*	*	*	*	*	150.	35.	20.	1.00	10.	0.40	0.30	0.20	0.15	0.10	0.05	0.05	0.05	0.05	0.05
1977-D	*	*	*	*	*	*	*	*	*	*	125.	65.	20.	1.00	10.	0.40	0.30	0.20	0.15	0.10	0.05	0.05	0.05	0.05	0.05
1977-S	*	*	8.00	15.	7.00	10.	6.00	3.00	2.00	*	*	*	*	*	*	*	*	*	*	*	*	*	*	*	*
1978	*	*	*	*	*	*	*	*	*	*	100.	65.	20.	1.00	10.	0.40	0.30	0.20	0.15	0.10	0.05	0.05	0.05	0.05	0.05
1978-D	*	*	*	*	*	*	*	*	*	*	110.	70.	15.	1.00	7.00	0.40	0.30	0.20	0.15	0.10	0.05	0.05	0.05	0.05	0.05
1978-S	*	*	8.00	15.	7.00	10.	6.00	4.00	2.50	*	*	*	*	*	*	*	*	*	*	*	*	*	*	*	*
1979	*	*	*	*	*	*	*	*	*	*	100.	40.	15.	1.00	7.00	0.40	0.30	0.20	0.15	0.10	0.05	0.05	0.05	0.05	0.05
1979-D	*	*	*	*	*	*	*	*	*	*	125.	60.	10.	1.00	5.00	0.40	0.30	0.20	0.15	0.10	0.05	0.05	0.05	0.05	0.05
1979-S Filled S	*	*	30.	—	10.	—	7.00	4.00	3.00	*	*	*	*	*	*	*	*	*	*	*	*	*	*	*	*
1979-S Clear S	*	*	—	—	—	—	10.	4.00	3.00	*	*	*	*	*	*	*	*	*	*	*	*	*	*	*	*
1980	*	*	*	*	*	*	*	*	*	*	40.	15.	9.00	1.00	5.00	0.40	0.30	0.20	0.15	0.10	0.05	0.05	0.05	0.05	0.05
1980-D	*	*	*	*	*	*	*	*	*	*	200.	60.	13.	1.00	6.00	0.40	0.30	0.20	0.15	0.10	0.05	0.05	0.05	0.05	0.05
1980-S	*	*	8.00	14.	7.00	10.	6.00	2.50	1.50	*	*	*	*	*	*	*	*	*	*	*	*	*	*	*	*
1981	*	*	*	*	*	*	*	*	*	*	95.	40.	10.	1.00	5.00	0.40	0.30	0.20	0.15	0.10	0.05	0.05	0.05	0.05	0.05
1981-D	*	*	*	*	*	*	*	*	*	*	60.	50.	12.	1.00	6.00	0.40	0.30	0.20	0.15	0.10	0.05	0.05	0.05	0.05	0.05
1981-S	*	*	10.	22.	8.00	8.00	7.00	4.00	2.50	*	*	*	*	*	*	*	*	*	*	*	*	*	*	*	*
1982 Large Date	*	*	*	*	*	*	*	*	*	—	60.	*	*	*	*	0.45	0.30	0.20	0.15	0.10	0.05	0.05	0.05	0.05	0.05
1982 Small Date	*	*	*	*	*	*	*	*	*	—	70.	70.	*	*	*	0.60	0.40	0.20	0.15	0.10	0.05	0.05	0.05	0.05	0.05
1982-D Large Date	*	*	*	*	*	*	*	*	*	—	50.	20.	8.00	0.75	5.00	0.35	0.30	0.20	0.15	0.10	0.05	0.05	0.05	0.05	0.05
1982-S	20.	18.	—	14.	—	—	—	4.00	2.50	*	*	*	*	*	*	*	*	*	*	*	*	*	*	*	*

—— = Insufficient pricing data   * = None issued

COPPER-PLATED ZINC

	G-4	VG-8	F-12	VF-20	EF-40	AU-50	AU-58	MS-60B	MS-63RB	MS-64RB	MS-64R	MS-65RB	MS-65R	MS-66R	MS-67R	MS-68R	PF-63RB	PF-64RB	PF-65R	PF-66DC	PF-66R	PF-67DC	PF-67R	PF-68DC	PF-69DC
1982 Large Date	0.05	0.05	0.05	0.05	0.05	0.05	0.15	0.20	0.35	0.45	5.00	1.00	8.00	50.	70.	—	*	*	*	*	*	*	*	*	*
1982 Small Date	0.05	0.05	0.05	0.05	0.05	0.05	0.15	0.20	0.85	1.10	5.00	1.00	10.	50.	70.	—	*	*	*	*	*	*	*	*	*
1982-D Large Date	0.05	0.05	0.05	0.05	0.05	0.05	0.15	0.20	0.40	0.50	5.00	1.00	9.00	25.	50.	—	*	*	*	*	*	*	*	*	*
1982-D Small Date	0.05	0.05	0.05	0.05	0.05	0.05	0.15	0.20	0.35	0.45	5.00	1.00	7.00	20.	30.	130.	*	*	*	*	*	*	*	*	*
1983	0.05	0.05	0.05	0.05	0.05	0.10	0.15	0.15	0.25	0.35	5.00	0.85	8.00	20.	30.	660.	*	*	*	*	*	*	*	*	*
1983-D	0.05	0.05	0.05	0.05	0.05	0.10	0.15	0.15	0.25	0.35	5.00	0.85	7.00	30.	60.	700.	*	*	*	*	*	*	*	*	*
1983-S	*	*	*	*	*	*	*	*	*	*	*	*	*	*	*	*	2.50	4.00	—	—	—	14.	—	18.	20.
1983 Doubled Die Reverse									170.	—	—	—	300.	600.	725.	5000.	*	*	*	*	*	*	*	*	*
1984	0.05	0.05	0.05	0.05	0.05	0.05	0.15	0.15	0.25	0.35	5.00	0.85	7.00	25.	50.	250.	*	*	*	*	*	*	*	*	*
1984-D	0.05	0.05	0.05	0.05	0.05	0.05	0.15	0.15	0.25	0.35	5.00	0.85	7.00	10.	35.	—.	*	*	*	*	*	*	*	*	*
1984-S	*	*	*	*	*	*	*	*	*	*	*	*	*	*	*	*	4.00	5.00	—	—	—	15.	—	18.	20.
1984 Doubled Die Obverse									155.	—	—	—	200.	350.	360.	1000.	*	*	*	*	*	*	*	*	*
1985	0.05	0.05	0.05	0.05	0.05	0.05	0.15	0.15	0.25	0.35	5.00	0.85	6.00	10.	80.	—	*	*	*	*	*	*	*	*	*
1985-D	0.05	0.05	0.05	0.05	0.05	0.05	0.15	0.15	0.25	0.35	5.00	0.85	6.00	11.	25.	40.	*	*	*	*	*	*	*	*	*
1985-S	*	*	*	*	*	*	*	*	*	*	*	*	*	*	*	*	4.00	5.00	—	—	—	14.	—	18.	20.
1986	0.05	0.05	0.05	0.05	0.05	0.10	0.15	0.15	0.80	1.00	5.00	1.75	6.00	11.	25.	1200.	*	*	*	*	*	*	*	*	*
1986-D	0.05	0.05	0.05	0.05	0.05	0.10	0.15	0.15	0.30	0.40	5.00	0.85	9.00	20.	50.	125.	*	*	*	*	*	*	*	*	*
1986-S	*	*	*	*	*	*	*	*	*	*	*	*	*	*	*	*	6.00	8.00	—	—	—	15.	—	18.	20.
1987	0.05	0.05	0.05	0.05	0.05	0.10	0.15	0.15	0.60	0.75	5.00	1.25	6.00	12.	50.	350.	*	*	*	*	*	*	*	*	*
1987-D	0.05	0.05	0.05	0.05	0.05	0.10	0.15	0.15	0.25	0.40	5.00	0.85	6.00	12.	50.	750.	*	*	*	*	*	*	*	*	*
1987-S	*	*	*	*	*	*	*	*	*	*	*	*	*	*	*	*	3.00	4.00	—	—	—	15.	—	18.	20.
1988	0.05	0.05	0.05	0.05	0.05	0.10	0.15	0.15	0.25	0.40	5.00	0.85	6.00	22.	50.	200.	*	*	*	*	*	*	*	*	*

—— = Insufficient pricing data   * = None issued

LINCOLN, MEMORIAL CENT (CONTINUED)

	G-4	VG-8	F-12	VF-20	EF-40	AU-50	AU-58	MS-60B	MS-63RB	MS-64RB	MS-64R	MS-65RB	MS-65R	MS-66R	MS-67R	MS-68R	PF-63RB	PF-64RB	PF-65R	PF-66DC	PF-66R	PF-67DC	PF-67R	PF-68DC	PF-69DC
1988-D	0.05	0.05	0.05	0.05	0.05	0.10	0.15	0.15	0.25	0.40	5.00	0.85	6.00	10.	35.	130.	*	*	*	*	*	*	*	*	*
1988-S	*	*	*	*	*	*	*	*	*	*	*	*	*	*	*	*	9.00	12.	—	—	—	15.	—	18.	20.
1989	0.05	0.05	0.05	0.05	0.05	0.10	0.15	0.15	0.25	0.40	5.00	0.85	6.00	17.	60.	200.	*	*	*	*	*	*	*	*	*
1989-D	0.05	0.05	0.05	0.05	0.05	0.10	0.15	0.15	0.25	0.40	5.00	0.85	6.00	17.	35.	200.	*	*	*	*	*	*	*	*	*
1989-S	*	*	*	*	*	*	*	*	*	*	*	*	*	*	*	*	9.00	12.	—	—	—	14.	—	18.	20.
1990	0.05	0.05	0.05	0.05	0.05	0.10	0.15	0.15	0.25	0.40	5.00	0.85	7.00	15.	40.	375.	*	*	*	*	*	*	*	*	*
1990-D	0.05	0.05	0.05	0.05	0.05	0.10	0.15	0.15	0.25	0.40	5.00	0.85	6.00	10.	40.	125.	*	*	*	*	*	*	*	*	*
1990-S	*	*	*	*	*	*	*	*	*	*	*	*	*	*	*	*	4.50	6.00	—	—	—	15.	—	18.	20.
1990-S No S	*	*	*	*	*	*	*	*	*	*	*	*	*	*	*	*	3400.	3500.	4000.	—	—	—	—	5000.	—
1991	0.05	0.05	0.05	0.05	0.05	0.10	0.15	0.15	0.25	0.40	5.00	0.85	7.00	17.	35.	500.	*	*	*	*	*	*	*	*	*
1991-D	0.05	0.05	0.05	0.05	0.05	0.10	0.15	0.15	0.25	0.40	5.00	0.85	6.00	11.	45.	125.	*	*	*	*	*	*	*	*	*
1991-S	*	*	*	*	*	*	*	*	*	*	*	*	*	*	*	*	20.	25.	—	—	—	14.	—	18.	20.
1992	0.05	0.05	0.05	0.05	0.05	0.10	0.15	0.15	0.25	0.35	5.00	0.85	6.00	10.	35.	125.	*	*	*	*	*	*	*	*	*
1992 Close AM in AMERICA	—	—	—	—	—	—	—	—	—	—	—	—	—	—	—	—	*	*	*	*	*	*	*	*	*
1992-D	0.05	0.05	0.05	0.05	0.05	0.10	0.15	0.15	0.25	0.35	5.00	0.85	6.00	10.	35.	150.	*	*	*	*	*	*	*	*	*
1992-D Close AM in AMERICA	—	—	—	—	—	—	—	—	—	—	—	—	—	—	—	—	*	*	*	*	*	*	*	*	*
1992-S	*	*	*	*	*	*	*	*	*	*	*	*	*	*	*	*	3.00	4.00	—	—	—	14.	—	18.	20.
1993	0.05	0.05	0.05	0.05	0.05	0.10	0.15	0.15	0.25	0.35	5.00	0.85	6.00	20.	40.	100.	*	*	*	*	*	*	*	*	*
1993-D	0.05	0.05	0.05	0.05	0.05	0.10	0.15	0.15	0.25	0.35	5.00	0.85	6.00	9.00	35.	660.	*	*	*	*	*	*	*	*	*
1993-S	*	*	*	*	*	*	*	*	*	*	*	*	*	*	*	*	5.00	6.00	—	—	—	14.	—	18.	20.
1994	0.05	0.05	0.05	0.05	0.05	0.10	0.15	0.15	0.25	0.35	5.00	0.85	9.00	17.	20.	200.	*	*	*	*	*	*	*	*	*
1994-D	0.05	0.05	0.05	0.05	0.05	0.10	0.15	0.15	0.25	0.35	5.00	0.85	6.00	11.	60.	350.	*	*	*	*	*	*	*	*	*
1994-S	*	*	*	*	*	*	*	*	*	*	*	*	*	*	*	*	5.00	6.00	—	—	—	15.	—	18.	20.
1995	0.05	0.05	0.05	0.05	0.05	0.10	0.15	0.15	0.25	0.35	5.00	0.85	6.00	12.	50.	350.	*	*	*	*	*	*	*	*	*
1995 Doubled Die Obverse	—	—	—	—	—	—	—	—	14.	17.	25.	22.	55.	75.	100.	175.	*	*	*	*	*	*	*	*	*
1995-D	0.05	0.05	0.05	0.05	0.05	0.10	0.15	0.15	0.25	0.35	5.00	0.85	6.00	10.	55.	375.	*	*	*	*	*	*	*	*	*

——— = Insufficient pricing data   * = None issued

LINCOLN, MEMORIAL CENT (CONTINUED)

	G-4	VG-8	F-12	VF-20	EF-40	AU-50	AU-58	MS-60B	MS-63RB	MS-64RB	MS-64R	MS-65RB	MS-65R	MS-66R	MS-67R	MS-68R	PF-63RB	PF-64RB	PF-65R	PF-66DC	PF-66R	PF-67DC	PF-67R	PF-68DC	PF-69DC
1995-S	*	*	*	*	*	*	*	*	*	*	*	*	*	*	*	*	6.00	7.00	—	*	—	14.	—	18.	20.
1996	0.05	0.05	0.05	0.05	0.05	0.10	0.15	0.15	0.25	0.35	5.00	0.85	6.00	8.00	25.	200.	*	*	*	*	*	*	*	*	*
1996-D	0.05	0.05	0.05	0.05	0.05	0.10	0.15	0.15	0.25	0.35	5.00	0.85	6.00	14.	55.	175.	*	*	*	*	*	*	*	*	*
1996-S	*	*	*	*	*	*	*	*	*	*	*	*	*	*	*	*	3.00	4.00	—	*	—	15.	—	19.	40.
1997	0.05	0.05	0.05	0.05	0.05	0.10	0.15	0.15	0.25	0.35	2.00	0.75	3.50	7.00	50.	150.	*	*	*	*	*	*	*	*	*
1997-D	0.05	0.05	0.05	0.05	0.05	0.10	0.15	0.15	0.25	0.35	2.00	0.75	3.50	7.00	30.	525.	*	*	*	*	*	*	*	*	*
1997-S	*	*	*	*	*	*	*	*	*	*	*	*	*	*	*	*	3.00	4.00	—	*	—	12.	—	15.	20.
1998	0.05	0.05	0.05	0.05	0.05	0.10	0.15	0.15	0.25	0.35	2.00	0.75	3.00	8.00	30.	450.	*	*	*	*	*	*	*	*	*
1998 Wide AM in AMERICA	—	—	—	—	—	—	—	7.50	13.	18.	40.	70.	110.	195.	475.	—	*	*	*	*	*	*	*	*	*
1998-D	0.05	0.05	0.05	0.05	0.05	0.10	0.15	0.15	0.25	0.35	2.00	0.75	3.50	7.00	20.	60.	*	*	*	*	*	*	*	*	*
1998-S	*	*	*	*	*	*	*	*	*	*	*	*	*	*	*	*	3.00	4.00	—	*	—	12.	—	15.	20.
1998-S Close AM in AMERICA	*	*	*	*	*	*	*	*	*	*	*	*	*	*	*	*	—	—	—	—	—	—	—	—	—
1999	0.05	0.05	0.05	0.05	0.05	0.10	0.15	0.15	0.25	0.35	2.00	0.75	3.50	7.00	15.	100.	*	*	*	*	*	*	*	*	*
1999 Wide AM in AMERICA	—	—	—	—	—	—	—	—	—	—	—	—	—	—	—	—	*	*	*	*	*	*	*	*	*
1999-D	0.05	0.05	0.05	0.05	0.05	0.10	0.15	0.15	0.25	0.35	2.00	0.75	3.50	7.00	15.	90.	*	*	*	*	*	*	*	*	*
1999-S	*	*	*	*	*	*	*	*	*	*	*	*	*	*	*	*	3.00	4.00	—	*	—	12.	—	15.	25.
1999-S Close AM in AMERICA	*	*	*	*	*	*	*	*	*	*	*	*	*	*	*	*	—	—	—	—	—	—	—	—	—
2000	0.05	0.05	0.05	0.05	0.05	0.10	0.15	0.15	0.25	0.35	2.00	0.75	3.50	7.00	15.	90.	*	*	*	*	*	*	*	*	*
2000 Wide AM in AMERICA	—	—	—	—	—	—	—	—	—	—	—	—	—	—	—	—	*	*	*	*	*	*	*	*	*
2000-D	0.05	0.05	0.05	0.05	0.05	0.10	0.15	0.15	0.25	0.35	2.00	0.75	3.50	7.00	15.	90.	*	*	*	*	*	*	*	*	*
2000-S	*	*	*	*	*	*	*	*	*	*	*	*	*	*	*	*	3.00	4.00	—	*	—	12.	—	15.	25.
2001	0.05	0.05	0.05	0.05	0.05	0.10	0.15	0.15	0.25	0.35	2.00	0.75	3.50	7.00	15.	80.	*	*	*	*	*	*	*	*	*
2001-D	0.05	0.05	0.05	0.05	0.05	0.10	0.15	0.15	0.25	0.35	2.00	0.75	3.50	10.	25.	90.	*	*	*	*	*	*	*	*	*

—— = Insufficient pricing data   * = None issued

LINCOLN, MEMORIAL CENT (CONTINUED)

	G-4	VG-8	F-12	VF-20	EF-40	AU-50	AU-58	MS-60B	MS-63RB	MS-64RB	MS-64R	MS-65RB	MS-65R	MS-66R	MS-67R	MS-68R	PF-63RB	PF-64RB	PF-65R	PF-66DC	PF-66R	PF-67DC	PF-67R	PF-68DC	PF-69DC
2001-S	*	*	*	*	*	*	*	*	*	*	*	*	*	*	*	*	3.00	4.00	—	—	—	12.	—	15.	50.
2002	0.05	0.05	0.05	0.05	0.05	0.10	0.15	0.15	0.25	0.35	2.00	0.75	3.50	7.00	15.	80.	*	*	*	*	*	*	*	*	*
2002-D	0.05	0.05	0.05	0.05	0.05	0.10	0.15	0.15	0.25	0.35	2.00	0.75	3.50	7.00	15.	80.	*	*	*	*	*	*	*	*	*
2002-S	*	*	*	*	*	*	*	*	*	*	*	*	*	*	*	*	3.00	4.00	—	—	—	12.	—	15.	42.
2003	0.05	0.05	0.05	0.05	0.05	0.10	0.15	0.15	0.25	0.35	2.00	0.75	3.50	7.00	15.	80.	*	*	*	*	*	*	*	*	*
2003-D	0.05	0.05	0.05	0.05	0.05	0.10	0.15	0.15	0.25	0.35	2.00	0.75	3.50	7.00	15.	80.	*	*	*	*	*	*	*	*	*
2003-S	*	*	*	*	*	*	*	*	*	*	*	*	*	*	*	*	3.00	4.00	—	—	—	12.	—	15.	42.
2004	0.05	0.05	0.05	0.05	0.05	0.10	0.15	0.15	0.25	0.35	2.00	0.75	3.50	7.00	15.	125.	*	*	*	*	*	*	*	*	*
2004-D	0.05	0.05	0.05	0.05	0.05	0.10	0.15	0.15	0.25	0.35	2.00	0.75	3.50	7.00	15.	125.	*	*	*	*	*	*	*	*	*
2004-S	*	*	*	*	*	*	*	*	*	*	*	*	*	*	*	*	3.00	4.00	—	—	—	12.	—	15.	42.
2005	0.05	0.05	0.05	0.05	0.05	0.10	0.15	0.15	0.25	0.35	2.00	0.75	3.50	7.00	15.	75.	*	*	*	*	*	*	*	*	*
2005 Satin Finish	—	—	—	—	—	—	—	—	—	—	—	—	—	—	25.	—	*	*	*	*	*	*	*	*	*
2005-D	0.05	0.05	0.05	0.05	0.05	0.10	0.15	0.15	0.25	0.35	2.00	0.75	3.50	7.00	15.	75.	*	*	*	*	*	*	*	*	*
2005-D Satin Finish	—	—	—	—	—	—	—	—	—	—	—	—	—	—	15.	—	*	*	*	*	*	*	*	*	*
2005-S	*	*	*	*	*	*	*	*	*	*	*	*	*	*	*	*	3.00	4.00	—	—	—	12.	—	15.	40.
2006	0.05	0.05	0.05	0.05	0.05	0.10	0.15	0.15	0.25	0.35	2.00	0.75	3.50	7.00	15.	75.	*	*	*	*	*	*	*	*	*
2006 Satin Finish	—	—	—	—	—	—	—	—	—	—	—	—	—	—	15.	—	*	*	*	*	*	*	*	*	*
2006-D	0.05	0.05	0.05	0.05	0.05	0.10	0.15	0.15	0.25	0.35	2.00	0.75	3.50	7.00	15.	75.	*	*	*	*	*	*	*	*	*
2006-D Satin Finish	—	—	—	—	—	—	—	—	—	—	—	—	—	—	15.	—	*	*	*	*	*	*	*	*	*
2006-S	*	*	*	*	*	*	*	*	*	*	*	*	*	*	*	*	—	—	4.00	—	—	12.	—	15.	42.
2007	—	—	—	—	—	—	—	—	2.00	2.50	4.00	3.00	5.00	6.00	10.	22.	*	*	*	*	*	*	*	*	*
2007 Satin Finish	—	—	—	—	—	—	—	—	—	—	—	—	—	—	—	—	*	*	*	*	*	*	*	*	*

——— = Insufficient pricing data   * = None issued

LINCOLN, MEMORIAL CENT (CONTINUED)

	G-4	VG-8	F-12	VF-20	EF-40	AU-50	AU-58	MS-60B	MS-63RB	MS-64RB	MS-64R	MS-65RB	MS-65R	MS-66R	MS-67R	MS-68R	PF-63RB	PF-64RB	PF-65R	PF-66DC	PF-66R	PF-67DC	PF-67R	PF-68DC	PF-69DC
2007-D	—	—	0.05	0.05	0.05	0.10	0.15	0.15	0.25	0.35	2.00	0.75	3.50	7.00	15.	75.	*	*	*	*	*	*	*	*	*
2007-D Satin Finish	—	*	*	*	*	*	*	*	2.00	2.50	4.00	3.00	5.00	6.00	10.	22.	*	*	*	*	*	*	*	*	*
2007-S	*	*	*	*	*	*	*	*	*	*	*	*	*	*	*	*	—	—	4.00	6.00	5.00	9.00	6.00	15.	35.
2008	—	*	—	—	—	0.15	0.20	0.20	0.30	0.35	0.40	0.40	0.50	0.75	1.25	*	*	*	*	*	*	*	*	*	*
2008-P Satin Finish	*	*	—	—	—	—	—	—	—	—	—	—	—	—	—	7.00	*	*	*	*	*	*	*	*	*
2008-D	—	*	—	—	—	0.15	0.20	0.20	0.30	0.35	0.40	0.40	0.50	0.75	1.25	—	*	*	*	*	*	*	*	*	*
2008-D Satin Finish	*	*	—	—	—	—	—	—	—	—	—	—	—	—	—	7.00	*	*	*	*	*	*	*	*	*
2008-S	*	*	*	*	*	*	*	*	*	*	*	*	*	*	*	*	—	—	4.00	6.00	5.00	8.00	6.00	14.	22.

—— = Insufficient pricing data   * = None issued

2 cents

Date of authorization: April 22, 1864
Dates of issue: 1864-1872
Designer/Engraver: James B. Longacre
Diameter: 23.00 mm/0.91 inch
Weight: 6.22 grams/0.20 ounce
Metallic content: 95% copper, 5% zinc and tin
Edge: Plain
Mint mark: None

Note: For copper-alloy coins, the letter B following a numerical grade (as in MS-63B) is shorthand for brown, RB represents red and brown, and R stands for red. It is common practice for grading services to qualify copper coins. In addition to a Mint State grade, a copper coin is assigned as brown, red and brown, or red. Generally, full red coins are valued higher than red and brown coins, which in turn are valued higher than brown coins, all else being equal.

	F-12	VF-20	EF-40	AU-50	AU-58	MS-60B	MS-63RB	MS-64RB	MS-65R	PF-62RB	PF-63RB	PF-64RB	PF-65R
1864 Small Motto													
	300.	450.	675.	800.	1200.	1400.	1600.	2000.	6000.	15000.	18000.	27000.	75000.
1864 Large Motto													
	30.	35.	50.	85.	100.	110.	165.	275.	1500.	500.	650.	1250.	4000.
1865	30.	35.	50.	85.	100.	110.	165.	275.	1500.	350.	450.	600.	3000.
1866	30.	35.	50.	85.	100.	110.	165.	275.	2000.	350.	450.	600.	2100.
1867	50.	60.	75.	125.	135.	150.	175.	300.	2000.	350.	450.	600.	2600.
1867 Doubled Die Obverse													
	300.	500.	700.	1000.	1400.	2000.	3500.	4500.	—	*	*	*	*
1868	50.	60.	80.	135.	145.	160.	200.	300.	2500.	350.	450.	600.	2100.
1869	55.	65.	90.	150.	175.	200.	250.	400.	2000.	350.	450.	600.	2100.
1870	60.	85.	150.	200.	250.	275.	350.	600.	2500.	350.	450.	600.	2300.
1871	80.	125.	175.	225.	275.	300.	425.	800.	2500.	350.	475.	600.	2100.
1872	650.	800.	1000.	1200.	1400.	1800.	2500.	3500.	10000.	400.	550.	750.	2300.
1873 Closed 3, Proof Only													
	1700.	1800.	2000.	2300.	2500.	*	*	*	*	2500.	2800.	3000.	3500.
1873 Open 3, Restrike, Proof Only													
	1800.	2000.	2300.	2600.	2800.	*	*	*	*	2500.	3000.	3500.	6000.

—— = Insufficient pricing data   * = None issued

Copper-nickel 3 cents

Date of authorization: April 22, 1864
Dates of issue: 1865-1889
Designer/Engraver: James B. Longacre
Diameter: 17.90 mm/0.71 inch
Weight: 1.94 grams/0.06 ounce
Metallic content: 75% copper, 25% nickel
Edge: Plain
Mint mark: None

	F-12	VF-20	EF-40	AU-50	AU-58	MS-60	MS-63	MS-64	MS-65	MS-66	PF-64	PF-65	PF-66
1865	30.	35.	45.	75.	85.	100.	175.	300.	700.	1500.	3000.	6000.	10000.
1866	30.	35.	45.	75.	85.	100.	175.	300.	700.	—	1000.	1600.	3000.
1867	30.	35.	45.	75.	85.	100.	175.	300.	900.	—	1500.	2400.	3000.
1868	30.	35.	45.	75.	85.	100.	175.	300.	700.	1500.	1200.	2200.	3500.
1869	30.	35.	45.	75.	100.	125.	200.	300.	800.	1700.	1200.	2000.	2800.
1870	30.	35.	45.	75.	100.	125.	200.	300.	600.	2000.	1400.	2500.	3000.
1871	30.	35.	45.	80.	100.	125.	200.	300.	850.	1700.	1800.	2300.	2700.
1872	35.	40.	50.	85.	110.	125.	250.	350.	1200.	2000.	1100.	1800.	2500.
1873 Closed 3	30.	35.	50.	85.	125.	175.	275.	450.	2000.		1200.	1800.	2500.
1873 Open 3	30.	35.	50.	85.	150.	200.	350.	750.	3000.		—	—	—
1874	30.	35.	45.	110.	130.	150.	200.	400.	1400.	2500.	1200.	1800.	2500.
1875	35.	40.	60.	110.	135.	165.	250.	350.	900.	1700.	1200.	1800.	2500.
1876	35.	50.	70.	125.	150.	185.	300.	600.	2000.	3000.	1200.	2500.	3000.
1877 Proof Only	1400.	1500.	1600.	1700.	1900.	*	*	*	*	*	4000.	5000.	6000.
1878 Proof Only	800.	850.	900.	1000.	1200.	*	*	*	*	*	1300.	1600.	2000.
1879	110.	125.	135.	200.	225.	250.	350.	500.	900.	1500.	800.	1200.	1800.
1880	150.	175.	210.	275.	300.	325.	400.	450.	900.	1500.	800.	1200.	1800.
1881	30.	35.	50.	80.	90.	100.	200.	300.	750.	1400.	800.	1200.	1800.
1882	225.	250.	300.	350.	375.	400.	450.	600.	1200.	2000.	800.	1200.	1800.
1883	325.	360.	425.	500.	575.	650.	1000.	2000.	5000.	8500.	700.	1000.	1500.
1884	700.	750.	800.	900.	1000.	1100.	1500.	2500.	6500.	—	800.	1200.	1800.
1885	750.	850.	900.	1000.	1100.	1150.	1200.	1500.	3000.	—	800.	1200.	1800.
1886 Proof Only	375.	400.	450.	500.	600.	*	*	*	*	*	800.	1200.	1800.
1887/6 Proof Only	400.	450.	500.	550.	650.	*	*	*	*	*	900.	1500.	2000.
1887	450.	500.	550.	650.	700.	750.	900.	1200.	1500.	2000.	800.	1500.	2500.
1888	85.	100.	125.	200.	250.	300.	400.	500.	900.	1200.	800.	1200.	1500.
1889	175.	225.	250.	300.	325.	350.	450.	600.	900.	1500.	800.	1200.	1500.

—— = Insufficient pricing data   * = None issued

Silver 3 cents

Date of authorization: March 3, 1851
Dates of issue: 1851–1873
Designer/Engraver: James B. Longacre
Diameter: 14.00 mm/0.55 inch
Weight: (1851–1853): 0.80 grams/0.03 ounce
(1854–1873): 0.75 grams/0.02 ounce
Metallic content: (1851–1853): 75% silver, 25% copper
(1854–1873): 90% silver, 10% copper
Weight of pure silver: (1851–1853): 0.60 grams/0.02 ounce
(1854–1873): 0.67 grams/0.02 ounce
Edge: Plain
Mint mark: 1851-O only, reverse right field

	VG-8	F-12	VF-20	EF-40	AU-50	MS-60	MS-63	MS-64	MS-65	MS-66	PF-63	PF-64	PF-65
1 OUTLINE OF STAR													
1851	55.	60.	70.	80.	175.	200.	300.	500.	1000.	2000.	—	—	—
1851-O	55.	70.	125.	200.	300.	400.	500.	1200.	2500.	8500.	*	*	*
1852	55.	60.	70.	80.	175.	200.	300.	500.	1000.	2000.	*	*	*
1853	55.	60.	70.	80.	175.	250.	350.	650.	1200.	2500.	*	*	*
3 OUTLINES OF STAR													
1854	55.	60.	70.	135.	250.	400.	800.	2000.	3500.	6000.	15000.	20000.	40000.
1855	75.	90.	150.	225.	350.	750.	1500.	3000.	11000.	—	6000.	10000.	18000.
1856	60.	65.	85.	150.	225.	350.	800.	1800.	3700.	9000.	5000.	7500.	18000.
1857	55.	65.	75.	150.	250.	375.	800.	1800.	3500.	—	4000.	6000.	15000.
1858	55.	60.	70.	135.	225.	350.	800.	1800.	3500.	7500.	3000.	5000.	8000.
2 OUTLINES OF STAR													
1859	55.	60.	100.	125.	175.	200.	325.	500.	1200.	2500.	600.	900.	2500.
1860	55.	60.	85.	100.	175.	200.	375.	500.	1200.	2500.	700.	1200.	4500.
1861	55.	60.	85.	100.	175.	200.	300.	500.	1000.	1800.	700.	800.	2100.
1862	60.	70.	85.	125.	200.	250.	300.	500.	1000.	1800.	600.	750.	2000.
1862/1	60.	65.	80.	110.	175.	250.	375.	800.	1000.	1800.	—	—	—
1863	400.	450.	500.	550.	650.	800.	1200.	1500.	2500.	3500.	500.	800.	1500.
1863/2 Proof Only	500.	600.	700.	900.	1000.	*	*	*	*	*	1200.	2500.	6000.
1864	400.	425.	450.	550.	700.	800.	1200.	1500.	2000.	3000.	500.	800.	1500.
1865	450.	550.	600.	650.	700.	800.	1200.	1500.	2000.	3500.	500.	800.	1500.
1866	400.	450.	500.	550.	650.	800.	1200.	1500.	2000.	3000.	500.	800.	1500.
1867	450.	500.	550.	600.	700.	800.	1400.	1800.	3000.	6500.	500.	800.	1500.
1868	450.	500.	600.	650.	700.	800.	1400.	2500.	6000.	8500.	500.	800.	1500.
1869	450.	500.	600.	650.	700.	800.	1200.	1600.	3000.	6000.	500.	800.	1500.
1869/8 Proof Only	—	—	—	—	—	*	*	*	*	*	2000.	3000.	6000.

—— = Insufficient pricing data   * = None issued

SILVER 3 CENTS (CONTINUED)

	VG-8	F-12	VF-20	EF-40	AU-50	MS-60	MS-63	MS-64	MS-65	MS-66	PF-63	PF-64	PF-65
1870	450.	500.	600.	650.	700.	900.	1200.	1500.	5000.	6500.	500.	800.	1500.
1871	450.	500.	600.	650.	700.	800.	1200.	1500.	2000.	3000.	600.	850.	1500.
1872	450.	500.	600.	650.	750.	1000.	1600.	2500.	6000.	11000.	800.	1000.	1800.
1873 Closed 3, Proof Only													
	750.	800.	850.	950.	1100.	*	*	*	*	*	2000.	2500.	3000.

Enlarged to show detail

One outline of star

Three outlines

Two outlines

—— = Insufficient pricing data   * = None issued

Shield 5 cents

Rays removed

Date of authorization:	May 16, 1866
Dates of issue:	1866-1883
Designer/Engraver:	James B. Longacre
Diameter:	20.50 mm/0.81 inch
Weight:	5.00 grams/0.16 ounce
Metallic content:	75% copper, 25% nickel
Edge:	Plain
Mint mark:	None

	G-4	VG-8	F-12	VF-20	EF-40	AU-50	AU-58	MS-60	MS-62	MS-63	MS-64	MS-65	MS-66	PF-63	PF-64	PF-65	PF-66
1866	35.	55.	75.	100.	200.	275.	300.	350.	400.	500.	900.	2500.	6000.	2500.	3500.	5000.	6500.
1866/1866 Repunched date	250.	300.	400.	700.	1000.	1500.	2000.	2500.	3500.	4500.	7500.	—	—	*	*	*	*
1867	50.	60.	85.	125.	250.	350.	400.	450.	500.	—	1100.	4000.	7500.	35000.	50000.	80000.	—

RAYS REMOVED FROM REVERSE

	G-4	VG-8	F-12	VF-20	EF-40	AU-50	AU-58	MS-60	MS-62	MS-63	MS-64	MS-65	MS-66	PF-63	PF-64	PF-65	PF-66
1867	25.	30.	35.	50.	85.	135.	150.	160.	175.	225.	350.	900.	2500.	700.	1800.	4000.	5000.
1868	25.	30.	35.	50.	85.	135.	150.	160.	175.	225.	350.	900.	2500.	400.	800.	1500.	2500.
1869	25.	30.	35.	50.	85.	135.	150.	160.	175.	225.	350.	900.	2500.	500.	700.	1500.	2500.
1870	35.	40.	70.	85.	125.	175.	200.	225.	250.	300.	500.	2000.	3000.	400.	700.	1500.	2500.
1871	85.	110.	150.	200.	300.	400.	450.	500.	600.	700.	900.	2500.	3500.	400.	700.	1500.	2000.
1872	45.	60.	85.	100.	135.	175.	200.	225.	275.	350.	700.	1500.	2500.	400.	700.	1200.	2000.
1873 Closed 3	40.	60.	80.	100.	135.	200.	250.	300.	400.	800.	1500.	3500.	4500.	400.	700.	1200.	1800.
1873 Open 3	35.	50.	65.	80.	100.	150.	175.	250.	250.	350.	500.	2500.	3500.	*	*	*	*
1874	40.	50.	100.	100.	125.	175.	200.	275.	300.	350.	550.	1700.	3000.	400.	750.	1500.	2000.
1875	50.	65.	100.	135.	175.	250.	300.	350.	375.	400.	600.	2500.	3500.	400.	900.	2000.	2500.
1876	50.	60.	85.	125.	175.	200.	225.	250.	275.	350.	500.	2000.	3000.	400.	700.	1200.	1800.
1877 Proof Only	1800.	2000.	2200.	2500.	2700.	3000.	3500.	—	—	—	—	—	—	3000.	3500.	4000.	5500.
1878 Proof Only	800.	1000.	1100.	1200.	1400.	1500.	2000.	—	—	—	—	—	—	1700.	2000.	2200.	2800.
1879	400.	550.	660.	750.	850.	1000.	1100.	1200.	1250.	1300.	1500.	2200.	3000.	500.	800.	1200.	1800.
1879/8 Proof Only	*	*	*	*	*	*	*	*	*	*	*	*	*	*	*	*	—
1880	550.	700.	850.	1000.	1500.	2000.	2500.	3500.	5000.	7500.	15000.	50000.	—	400.	500.	700.	1200.
1881	300.	400.	500.	600.	700.	850.	900.	1000.	1100.	1200.	1400.	2000.	2500.	400.	500.	700.	1200.
1882	22.	28.	35.	50.	80.	135.	160.	175.	200.	250.	350.	850.	2000.	400.	500.	700.	1200.
1883	22.	28.	35.	50.	80.	135.	160.	175.	200.	250.	350.	850.	2000.	400.	500.	700.	1200.
1883/2	225.	300.	500.	800.	1200.	1700.	2000.	2200.	2700.	3500.	6000.	15000.	25000.	*	*	*	*

— = Insufficient pricing data   * = None issued

Liberty Head 5 cents

No CENTS　　　　With CENTS

Date of authorization: May 16, 1866
Dates of issue: 1883-1912
Designer/Engraver: Charles Barber
Diameter: 21.21 mm/0.84 inch
Weight: 5.00 grams/0.16 ounce
Metallic content: 75% copper, 25% nickel
Edge: Plain
Mint mark: 1912 only, reverse left of CENTS

LIBERTY HEAD 5 CENTS (CONTINUED)

	VG-8	F-12	VF-20	EF-40	AU-50	AU-58	MS-60	MS-63	MS-64	MS-65	MS-66	PF-63	PF-64	PF-65	PF-66
1883 Without CENTS	10.	11.	12.	13.	15.	20.	30.	50.	75.	250.	750.	350.	600.	1200.	2000.
CENTS ADDED BELOW WREATH ON REVERSE															
1883	35.	50.	70.	100.	140.	160.	175.	225.	300.	700.	1200.	300.	400.	700.	1500.
1884	40.	50.	70.	110.	160.	180.	200.	250.	400.	2500.	4000.	250.	400.	700.	1500.
1885	800.	1100.	1300.	1600.	2000.	2200.	2300.	3000.	4500.	9000.	12000.	1000.	1500.	2000.	2500.
1886	400.	500.	600.	850.	1000.	1200.	1400.	2500.	3500.	9000.	12000.	500.	600.	800.	1800.
1887	27.	40.	60.	100.	130.	160.	175.	350.	350.	1200.	2500.	200.	400.	700.	1500.
1888	55.	80.	150.	225.	300.	350.	400.	500.	700.	2000.	5000.	200.	400.	700.	1500.
1889	20.	40.	70.	100.	140.	175.	200.	300.	400.	1000.	2500.	200.	400.	700.	1500.
1890	28.	35.	50.	85.	135.	175.	200.	325.	500.	2000.	3000.	200.	400.	700.	1500.
1891	15.	30.	50.	75.	140.	160.	175.	250.	350.	1400.	2000.	200.	400.	700.	1500.
1892	15.	30.	50.	80.	140.	160.	175.	250.	400.	1500.	2500.	200.	400.	700.	1500.
1893	15.	30.	50.	80.	135.	160.	175.	250.	350.	1400.	2500.	200.	400.	700.	1500.
1894	40.	125.	200.	275.	350.	400.	425.	550.	750.	1800.	2500.	200.	400.	700.	1500.
1895	10.	30.	55.	85.	135.	165.	175.	250.	550.	2800.	3500.	200.	400.	700.	1500.
1896	27.	50.	80.	125.	175.	200.	225.	350.	500.	2500.	3500.	200.	400.	700.	1500.
1897	7.00	14.	32.	55.	85.	110.	125.	175.	350.	1500.	2500.	200.	400.	700.	1500.
1898	7.00	14.	30.	50.	85.	115.	140.	200.	250.	1400.	2000.	200.	400.	700.	1500.
1899	6.00	12.	25.	40.	80.	100.	110.	150.	250.	750.	1500.	200.	400.	700.	1500.
1900	5.00	10.	25.	40.	80.	100.	110.	150.	250.	750.	1500.	200.	400.	700.	1500.
1901	5.00	9.00	17.	40.	70.	85.	125.	150.	250.	750.	1800.	200.	400.	700.	1500.
1902	4.00	6.00	17.	40.	70.	85.	100.	125.	250.	750.	1800.	200.	400.	700.	1500.
1903	4.00	6.00	17.	35.	70.	85.	100.	125.	250.	750.	1800.	200.	400.	700.	1500.
1904	4.00	6.00	14.	35.	70.	85.	100.	125.	250.	750.	1800.	200.	400.	700.	1500.
1905	4.00	6.00	14.	35.	70.	85.	100.	125.	250.	750.	1800.	200.	400.	700.	1500.
1906	4.00	6.00	14.	35.	70.	85.	100.	125.	250.	750.	2500.	200.	400.	700.	1500.
1907	4.00	6.00	14.	35.	70.	85.	100.	125.	300.	1000.	2500.	200.	400.	700.	1500.
1908	4.00	6.00	14.	35.	70.	85.	100.	125.	250.	1000.	2500.	200.	400.	700.	1500.

—— = Insufficient pricing data   * = None issued

LIBERTY HEAD 5 CENTS (CONTINUED)

	VG-8	F-12	VF-20	EF-40	AU-50	AU-58	MS-60	MS-63	MS-64	MS-65	MS-66	PF-63	PF-64	PF-65	PF-66
1909	4.00	6.00	14.	35.	75.	85.	100.	150.	300.	1000.	2000.	200.	400.	700.	1500.
1910	4.00	6.00	14.	35.	70.	85.	85.	125.	250.	800.	2500.	200.	400.	700.	1500.
1911	4.00	6.00	14.	35.	70.	85.	85.	125.	250.	750.	1800.	200.	400.	700.	1500.
1912	4.00	6.00	14.	35.	70.	85.	100.	125.	250.	750.	1800.	200.	400.	700.	1500.
1912-D	7.00	15.	55.	100.	200.	250.	300.	450.	600.	2700.	3500.	*	*	*	*
1912-S	275.	350.	600.	1000.	1400.	1600.	1700.	2000.	3500.	7500.	10000.	*	*	*	*
1913	*	*	*	*	*	*	*	*	*	*	*	—	—	—	5000000.

—— = Insufficient pricing data   * = None issued

Indian Head 5 cents

Bison on Mound   Bison on Plain

"Buffalo nickel"

Date of authorization: May 16, 1866
Dates of issue: 1913-1938
Designer: James Earle Fraser
Engraver: Charles Barber
Diameter: 21.21 mm/0.84 inch
Weight: 5.00 grams/0.16 ounce
Metallic content: 75% copper, 25% nickel
Edge: Plain
Mint mark: Reverse below FIVE CENTS

INDIAN HEAD 5 CENTS (CONTINUED)

	G-4	VG-8	F-12	VF-20	EF-40	AU-50	AU-58	MS-60	MS-63	MS-64	MS-65	MS-66	PF-63	PF-64	PF-65	PF-66
BISON STANDING ON MOUND																
1913	13.	15.	16.	18.	23.	30.	35.	40.	60.	85.	200.	350.	1200.	2500.	4000.	5000.
1913-D	20.	22.	25.	30.	40.	70.	80.	85.	100.	125.	350.	1000.	*	*	*	*
1913-S	50.	55.	60.	75.	90.	125.	135.	150.	250.	400.	1000.	2000.	*	*	*	*
BISON STANDING ON PLAIN																
1913	10.	12.	13.	15.	21.	30.	35.	45.	75.	100.	400.	1500.	1200.	2000.	3000.	4000.
1913-D	150.	185.	225.	235.	250.	300.	325.	350.	450.	800.	1800.	4500.	*	*	*	*
1913-S	400.	500.	550.	600.	700.	800.	850.	1100.	1400.	2000.	5000.	10000.	1200.	2000.	3000.	4000.
1914	20.	25.	27.	30.	35.	45.	60.	75.	110.	200.	550.	1500.	*	*	*	*
1914/3	250.	400.	600.	1000.	1200.	1500.	3000.	3500.	8000.	12000.	30000.		*	*	*	*
1914-D	125.	150.	185.	250.	350.	450.	500.	550.	750.	1200.	2500.	4000.	*	*	*	*
1914-S	35.	50.	55.	75.	125.	175.	200.	250.	500.	800.	3000.	6000.	1000.	2000.	2500.	3500.
1915	8.00	9.00	10.	14.	27.	45.	55.	60.	100.	140.	350.	750.	*	*	*	*
1915-D	27.	40.	50.	80.	135.	175.	200.	250.	350.	600.	3500.	8000.	*	*	*	*
1915-S	60.	85.	125.	225.	375.	600.	650.	750.	1000.	1600.	4000.	7500.	1500.	2500.	4000.	5500.
1916	7.00	8.00	9.00	10.	16.	27.	35.	50.	85.	125.	400.	1200.	*	*	*	*
1916 Doubled Die Obverse	4500.	7500.	10000.	17000.	20000.	35000.	60000.	100000.	200000.	325000.	400000.	—	*	*	*	*
1916-D	18.	32.	35.	50.	100.	130.	150.	175.	300.	600.	3500.	15000.	*	*	*	*
1916-S	14.	16.	25.	40.	90.	135.	160.	200.	300.	600.	3500.	6000.	*	*	*	*
1917	7.00	9.00	10.	12.	20.	40.	50.	60.	160.	250.	750.	1400.	*	*	*	*
1917-D	25.	40.	70.	100.	175.	300.	350.	450.	1000.	1500.	5000.	20000.	*	*	*	*
1917-S	30.	55.	90.	135.	225.	350.	400.	550.	1500.	2500.	7000.	15000.	*	*	*	*
1918	8.00	9.00	10.	18.	35.	60.	80.	125.	350.	600.	2000.	4000.	*	*	*	*
1918/7-D	1400.	2000.	3500.	6500.	11000.	15000.	30000.	35000.	70000.	150000.	400000.	—	*	*	*	*
1918-D	25.	45.	80.	150.	275.	400.	450.	650.	1500.	2500.	5500.	11000.	*	*	*	*
1918-S	16.	35.	60.	125.	200.	350.	400.	650.	3500.	8500.	35000.	50000.	*	*	*	*
1919	4.00	5.00	6.00	10.	17.	35.	45.	65.	135.	250.	750.	1800.	*	*	*	*
1919-D	20.	40.	80.	135.	300.	400.	500.	700.	1800.	3000.	8500.	14000.	*	*	*	*

—— = Insufficient pricing data   * = None issued

INDIAN HEAD 5 CENTS (CONTINUED)

	G-4	VG-8	F-12	VF-20	EF-40	AU-50	AU-58	MS-60	MS-63	MS-64	MS-65	MS-66	PF-63	PF-64	PF-65	PF-66
1919-S	10.	25.	60.	135.	300.	450.	500.	650.	2500.	5000.	28000.	40000.	*	*	*	*
1920	3.00	4.00	6.00	10.	20.	35.	45.	65.	175.	300.	1000.	3000.	*	*	*	*
1920-D	11.	22.	40.	150.	325.	400.	500.	650.	2000.	3500.	8500.	25000.	*	*	*	*
1920-S	6.00	15.	35.	125.	250.	400.	500.	600.	2500.	6000.	30000.	50000.	*	*	*	*
1921	5.00	8.00	11.	30.	60.	85.	125.	150.	350.	500.	1000.	2000.	*	*	*	*
1921-S	80.	135.	250.	600.	1000.	1400.	1600.	1800.	2500.	3500.	10000.	2000.	*	*	*	*
1923	3.00	5.00	6.00	9.00	16.	45.	55.	75.	160.	250.	750.	1400.	*	*	*	*
1923-S	10.	15.	30.	150.	300.	400.	550.	750.	1200.	3000.	15000.	45000.	*	*	*	*
1924	2.00	3.00	6.00	12.	25.	50.	70.	85.	200.	600.	1200.	3000.	*	*	*	*
1924-D	10.	15.	35.	100.	250.	400.	450.	500.	1300.	2000.	6000.	25000.	*	*	*	*
1924-S	20.	40.	125.	500.	1400.	2000.	2500.	3000.	4500.	6000.	15000.	40000.	*	*	*	*
1925	3.00	4.00	6.00	10.	20.	35.	45.	60.	125.	250.	750.	2500.	*	*	*	*
1925-D	12.	27.	45.	100.	200.	300.	400.	500.	800.	2000.	7500.	20000.	*	*	*	*
1925-S	6.00	12.	20.	100.	200.	300.	400.	500.	2500.	5000.	45000.	—	*	*	*	*
1926	2.00	3.00	4.00	7.00	15.	25.	30.	35.	75.	110.	225.	500.	*	*	*	*
1926-D	12.	16.	35.	125.	200.	325.	375.	400.	650.	2000.	6500.	12000.	*	*	*	*
1926-S	25.	45.	110.	500.	1200.	3000.	4000.	5500.	10000.	20000.	125000.	—	*	*	*	*
1927	2.00	3.00	4.00	6.00	15.	25.	35.	40.	85.	100.	300.	800.	*	*	*	*
1927-D	3.00	8.00	10.	40.	100.	135.	175.	200.	350.	1000.	10000.	—	*	*	*	*
1927-S	2.00	3.00	5.00	40.	100.	200.	350.	600.	3000.	7500.	22000.	—	*	*	*	*
1928	2.00	3.00	4.00	6.00	15.	25.	35.	40.	75.	150.	400.	1500.	*	*	*	*
1928-D	2.00	3.00	5.00	18.	45.	55.	65.	75.	125.	200.	1100.	6500.	*	*	*	*
1928-S	3.00	4.00	5.00	14.	35.	125.	175.	250.	700.	1500.	7000.	30000.	*	*	*	*
1929	2.00	3.00	4.00	6.00	15.	25.	35.	40.	80.	125.	400.	2000.	*	*	*	*
1929-D	2.00	3.00	4.00	9.00	40.	50.	60.	65.	135.	400.	2200.	4500.	*	*	*	*
1929-S	2.00	3.00	4.00	5.00	15.	30.	40.	55.	90.	200.	600.	2000.	*	*	*	*
1930	2.00	3.00	4.00	6.00	15.	25.	30.	35.	80.	100.	275.	600.	*	*	*	*
1930-S	2.00	3.00	4.00	6.00	17.	40.	50.	75.	125.	300.	800.	2500.	*	*	*	*
1931-S	18.	20.	22.	25.	40.	60.	70.	75.	100.	150.	400.	1800.	*	*	*	*
1934	2.00	3.00	4.00	6.00	12.	20.	30.	50.	75.	135.	400.	900.	*	*	*	*

—— = Insufficient pricing data   * = None issued

INDIAN HEAD 5 CENTS (CONTINUED)

	G-4	VG-8	F-12	VF-20	EF-40	AU-50	AU-58	MS-60	MS-63	MS-64	MS-65	MS-66	PF-63	PF-64	PF-65	PF-66
1934-D	3.00	4.00	6.00	12.	25.	50.	65.	85.	135.	300.	1200.	7000.	*	*	*	*
1935	2.00	2.50	3.00	3.50	4.00	12.	15.	25.	45.	65.	150.	300.	*	*	*	*
1935 Doubled Die Reverse	150.	200.	250.	500.	1000.	2000.	4000.	7000.	15000.	25000.	110000.	—	*	*	*	*
1935-D	2.00	3.00	4.00	10.	25.	50.	65.	80.	125.	200.	1000.	2500.	*	*	*	*
1935-S	2.00	2.50	3.00	4.00	5.00	18.	35.	55.	80.	100.	275.	700.	*	*	*	*
1936	1.50	2.00	2.50	3.00	4.00	9.00	15.	20.	50.	60.	110.	150.	*	*	—	—
1936 Satin Proof	*	*	*	*	*	*	*	*	*	*	*	*	1500.	2000.	2700.	3500.
1936 Brilliant Proof	*	*	*	*	*	*	*	*	*	*	*	*	1800.	2500.	3000.	4000.
1936-D	1.50	2.00	2.50	3.00	5.00	15.	25.	40.	50.	60.	135.	275.	*	*	*	*
1936-D 3 and One Half Legs	1000.	1500.	2000.	3500.	7000.	10000.	18000.	20000.	—	—	—	—	*	*	*	*
1936-S	1.50	2.00	2.50	3.00	5.00	12.	25.	40.	50.	60.	125.	250.	*	*	*	*
1937	1.50	2.00	2.50	3.00	5.00	9.00	15.	20.	40.	45.	60.	100.	*	*	*	*
1937-D	1.50	2.00	2.50	3.00	5.00	10.	20.	35.	45.	50.	70.	125.	*	*	*	*
1937-D 3 Legs	700.	800.	1100.	1300.	1500.	1700.	2500.	3000.	6000.	12000.	35000.	80000.	*	*	*	*
1937-S	1.50	2.00	2.50	3.00	5.00	10.	15.	30.	40.	50.	85.	175.	*	*	*	*
1938-D	5.00	6.00	7.00	8.00	9.00	10.	15.	22.	30.	40.	80.	110.	*	*	*	*
1938-D/D	7.00	9.00	14.	18.	25.	40.	60.	75.	150.	300.	500.	1500.	*	*	*	*
1938-D/S	6.00	8.00	12.	15.	20.	35.	45.	50.	80.	135.	200.	1000.	*	*	*	*

—— = Insufficient pricing data   * = None issued

Jefferson 5 cents

Date of authorization:	May 16, 1866; March 27, 1942; April 23, 2003
Dates of issue:	1938-present
Designer:	Felix Schlag
Engraver:	John R. Sinnock (original 1938 designs)
Diameter:	21.21 mm/0.84 inch
Weight:	5.00 grams/0.16 ounce
Metallic content:	(1938-1942): 75% copper, 25% nickel
	(1942-1945): 56% copper, 35% silver, 9% manganese
	(1946-present): 75% copper, 25% nickel
Weight of pure silver:	(1942-1945): 1.75 grams/0.06 ounce
Edge:	Plain
Mint mark:	(1938-1942, 1946-1964): Reverse right of building
	(1942-1945, silver): Reverse above dome
	(1968-2004): Obverse below Jefferson's ponytail

The letters FS following a numerical grade stand for Full Steps. They refer to fully formed, undamaged steps on Monticello on the reverse of 1938 to 2003 Jefferson 5-cent coins.

Also, the letter C following a numerical grade for a Proof coin stands for "cameo," while the letters DC stand for "deep cameo." Cameo coins have contrasting surface finishes: mirror fields and frosted devices (raised areas). Deep cameo coins are the ultimate level of cameo, with deeply frosted devices. Cameo and deep cameo coins bring premiums.

Westward Journey 5-cent coins

Peace Medal reverse

Keelboat reverse

2005 obverse

American Bison
reverse

Ocean in View
reverse

Designers: 2004 obverse: Felix Schlag
Peace Medal reverse: Norman E. Nemeth
Keelboat reverse: Al Maletsky
2005 obverse: Joe Fitzgerald
American Bison reverse: Jamie Franki
Ocean in View reverse: Joe Fitzgerald

Engravers: Original 1938 designs: John R. Sinnock
Peace Medal reverse: Norman E. Nemeth
Keelboat reverse: Al Maletsky
2005 obverse: Don Everhart II
American Bison reverse: Norman E. Nemeth
Ocean in View reverse: Donna Weaver

Mint mark: Below LIBERTY

New obverse, Restored Monticello

2006 obverse

Monticello reverse

Designers: 2006 obverse: Jamie Franki
2006 reverse: Felix Schlag

Engravers: 2006 obverse: Donna Weaver
2006 reverse: John Mercanti

Mint mark: Below date

	VF-20	EF-40	AU-50	AU-58	MS-60	MS-63	MS-64	MS-65	MS-65FS	MS-66	MS-66FS	MS-67	MS-67FS	MS-68	MS-69	MS-70	PF-63	PF-64	PF-65
COPPER-NICKEL																			
1938	1.00	1.50	2.00	3.25	7.00	10.	15.	30.	200.	65.	—	100.	9000.	—	—	—	60.	110.	125.
1938-D	1.50	2.00	3.00	4.00	7.00	9.00	12.	15.	15.	40.	300.	100.	2500.	9000.	—	—	*	*	*
1938-S	3.00	4.00	5.00	—	9.00	10.	12.	16.	250.	45.	1300.	850.	12000.	1500.	—	—	*	*	*
1939 Reverse of 1938	0.50	1.00	1.50	1.75	2.50	4.00	8.00	20.	40.	20.	1800.	1800.	2500.	—	—	—	45.	100.	125.
1939 Reverse of 1940	—	—	—	—	—	—	—	—	—	—	—	—	—	—	—	—	*	*	*
1939 Doubled Monticello	150.	200.	300.	325.	400.	700.	1000.	1500.	3000.	2500.	7500.	5000.	—	—	—	—	*	*	*
1939-D Reverse of 1938	10.	25.	50.	—	110.	125.	160.	200.	200.	225.	1600.	300.	—	—	—	—	*	*	*
1939-D Reverse of 1940	—	—	—	—	—	—	—	—	—	—	—	—	—	—	—	—	*	*	*
1939-S	2.00	5.00	12.	16.	30.	35.	40.	50.	335.	150.	8500.	—	2000.	—	—	—	*	*	*
1939-S Reverse of 1940	0.50	1.00	1.50	—	—	—	—	—	—	—	—	—	200.	—	—	—	*	*	*
1940	0.50	1.00	1.50	2.00	4.00	5.00	8.00	15.	90.	25.	200.	25.	—	—	—	—	45.	90.	115.
1940-D	0.50	1.00	2.00	1.85	3.00	4.00	7.00	40.	40.	27.	70.	—	4500.	—	—	—	*	*	*
1940-S	1.00	1.50	2.00	2.50	3.50	6.00	8.00	12.	60.	25.	275.	—	6000.	—	—	—	*	*	*
1941	0.50	1.00	1.50	2.00	5.00	5.00	8.00	12.	60.	20.	105.	25.	6000.	—	—	—	40.	75.	110.
1941-D	1.00	1.50	2.00	2.75	5.00	6.00	8.00	15.	40.	35.	80.	80.	200.	—	—	—	*	*	*
1941-S	1.00	1.50	2.00	2.75	5.00	6.00	9.00	15.	100.	25.	1500.	250.	10000.	—	—	—	*	*	*
1942	1.50	2.00	2.50	3.50	6.00	8.00	10.	30.	100.	50.	3000.	75.	—	—	—	—	45.	90.	115.
1942-D	3.00	5.00	10.	21.	50.	60.	75.	100.	200.	150.	350.	225.	900.	—	—	—	*	*	*
1942-D/Horizontal D	100.	300.	750.	1100.	2000.	4000.	10000.	12000.	50000.	—	—	—	—	—	—	—	*	*	*
SILVER																			
1942-P Wartime Silver Alloy	2.00	3.00	5.00	7.00	12.	14.	17.	20.	100.	25.	150.	40.	2500.	—	—	—	125.	175.	225.
1942-S	2.50	4.00	6.00	7.50	12.	15.	25.	35.	200.	50.	450.	65.	—	—	—	—	*	*	*
1943/2-P	75.	100.	200.	220.	275.	350.	700.	1200.	2000.	1800.	3000.	5000.	20000.	7000.	—	—	*	*	*
1943-P	1.50	2.00	3.00	7.00	7.00	9.00	12.	35.	35.	30.	125.	50.	1500.	4000.	—	—	*	*	*
1943-P Doubled Eye	30.	50.	100.	107.	125.	150.	250.	1000.	1600.	1500.	3000.	1800.	—	—	—	—	*	*	*
1943-D	1.50	2.00	3.00	4.00	7.00	9.00	12.	20.	60.	30.	85.	50.	125.	—	—	—	*	*	*
1943-S	2.00	2.50	3.50	5.00	9.00	12.	16.	50.	100.	30.	125.	50.	1500.	—	—	—	*	*	*
1944-P	2.00	3.00	4.00	5.00	16.	20.	25.	100.	60.	60.	—	75.	4500.	—	—	—	*	*	*
1944-D	2.00	3.00	4.00	6.00	13.	15.	18.	25.	40.	35.	—	60.	150.	—	—	—	*	*	*

—— = Insufficient pricing data   * = None issued

JEFFERSON 5 CENTS (CONTINUED)

	VF-20	EF-40	AU-50	AU-58	MS-60	MS-63	MS-64	MS-65	MS-65FS	MS-66	MS-66FS	MS-67	MS-67FS	MS-68	MS-69	MS-70	PF-63	PF-64	PF-65
1944-S	2.00	2.50	3.50	5.50	10.	12	15.	20.	75.	40.	—	60.	1700.	75.	—	—	*	*	*
1945-P	1.50	2.00	3.00	4.50	8.00	10.	14.	20.	125.	35.	380.	2000.	7500.	—	—	—	*	*	*
1945-P Doubled Die Reverse	20.	30.	50.	60.	75.	120.	200.	1000.		5000.							*	*	*
1945-D	1.50	2.00	3.00	4.00	7.00	9.00	12	20.	40.	30.	75.	125.	500.	3500.	—	—	*	*	*
1945-S	1.50	2.00	3.00	4.00	7.00	9.00	12	20.	150.	30.	1800.	2500.	6000.	6000.	—	—	*	*	*
COPPER-NICKEL																			
1946	0.50	1.00	2.00	2.25	3.00	5.00	7.00	10.	215.	20.	3000.	—	—	—	—	—	*	*	*
1946-D	0.50	1.00	1.50	1.85	2.50	0.80	7.00	14.	25.	35.	120.	850.	—	—	—	—	*	*	*
1946-D/Horizontal D	80.	140.	225.	245.	300.	450.	700.	1500.	4000.	3500.	13000.	—	—	—	—	—	*	*	*
1946-S	0.50	0.75	1.00	1.15	1.50	3.00	6.00	11.	3500.	20.	5000.	—	3000.	—	—	—	*	*	*
1947	0.50	0.75	1.00	1.15	2.00	3.00	6.00	10.	45.	15.	185.	50.	—	—	—	—	*	*	*
1947-D	0.50	1.00	1.50	1.65	2.00	4.00	8.00	10.	25.	25.	115.	40.	3000.	—	—	—	*	*	*
1947-S	0.50	1.00	1.50	1.65	2.00	4.00	10.	18.	100.	25.	1000.	—	—	—	—	—	*	*	*
1948	0.50	1.00	1.50	1.65	2.00	3.00	6.00	10.	20.	12.	3500.	—	—	—	—	—	*	*	*
1948-D	0.50	1.00	2.00	2.25	3.00	5.00	7.00	8.00	70.	13.	90.	—	—	—	—	—	*	*	*
1948-S	0.50	1.00	1.50	1.75	2.50	4.00	7.00	10.	25.	20.	175.	—	—	—	—	—	*	*	*
1949	0.50	1.00	1.50	2.50	5.00	6.00	8.00	10.	70.	20.	—	—	—	—	—	—	*	*	*
1949-D	0.50	1.00	2.00	2.50	4.00	6.00	8.00	11.	30.	23.	115.	1500.	—	—	—	—	*	*	*
1949-D/S	75.	100.	175.	195.	250.	300.	500.	1000.	2500.	1600.	—	—	—	—	—	—	*	*	*
1949-S	0.50	1.00	1.00	2.25	3.00	4.00	9.00	8.00	250.	15.	—	—	—	—	—	—	*	*	*
1950	0.50	1.00	2.00	2.25	3.00	4.00	9.00	8.00	250.	57.	2000.	—	8500.	—	—	—	35.	60.	70.
1950-D	9.00	12	14.	15.	16.	18.	20.	18.	55.	60.	150.	80.	3500.	—	—	—	*	*	*
1951	0.75	1.50	3.00	3.50	5.00	6.00	8.00	25.	475.	60.	3500.	—	—	—	—	—	25.	45.	50.
1951-D	1.00	2.00	4.00	5.50	8.50	10.	12	12.	35.	15.	250.	—	—	—	—	—	*	*	*
1951-S	0.75	1.50	3.00	3.50	5.00	6.00	8.00	10.	—	28.	2500.	—	—	—	—	—	*	*	*
1952	0.50	1.00	2.00	2.50	4.00	5.00	7.00	18.	—	35.	—	400.	—	—	—	—	13.	35.	40.
1952-D	0.75	1.50	3.00	3.75	6.00	7.00	10.	20.	750.	25.	1200.	1200.	—	—	—	—	*	*	*
1952-S	0.50	0.75	1.00	1.15	1.50	3.00	6.00	10.	9000.	40.	2500.	—	—	—	—	—	*	*	*
1953	0.50	0.75	1.00	1.15	1.50	2.00	5.00	10.	400.	42.	—	—	—	—	—	—	7.00	35.	40.
1953-D	0.50	0.75	1.00	1.15	1.50	2.00	5.00	23.	401.	42.	3000.	—	—	—	—	—	*	*	*

JEFFERSON 5 CENTS (CONTINUED)

	VF-20	EF-40	AU-50	AU-58	MS-60	MS-63	MS-64	MS-65	MS-65FS	MS-66	MS-66FS	MS-67	MS-67FS	MS-68	MS-69	MS-70	PF-63	PF-64	PF-65
1953-S	.50	.75	1.00	1.15	1.50	3.00	5.00	10.	—	42.	—	—	—	—	—	—	*	*	*
1954	.50	.75	1.00	1.15	1.50	3.00	5.00	8.00	400.	14.	—	—	—	—	—	—	4.00	20.	25.
1954-D	.50	.75	1.00	1.15	1.50	2.00	5.00	12.	2000.	—	—	—	—	—	—	—	*	*	*
1954-S	.50	1.00	1.50	1.15	2.50	4.00	7.00	15.	5000.	35.	—	—	—	—	—	—	*	*	*
1954 S/D	15.	20.	30.	36.	50.	75.	125.	500.	—	2500.	—	—	—	—	—	—	*	*	*
1955	.50	1.00	1.50	1.65	2.00	3.00	5.00	8.00	1500.	27.	—	—	—	—	—	—	3.00	12.	15.
1955-D	.50	.75	1.00	1.25	2.00	3.00	8.00	8.00	9000.	27.	—	—	—	—	—	—	*	*	*
1955 D/S	15.	20.	35.	40.	50.	75.	100.	125.	150.	—	—	—	—	—	—	—	*	*	*
1956	.25	.50	.75	.85	1.00	1.50	4.00	40.	60.	25.	7000.	—	—	—	—	—	1.00	2.00	4.00
1956-D	.25	.50	.75	.85	1.00	1.50	4.00	35.	1800.	80.	5000.	—	—	—	—	—	*	*	*
1957	.35	.75	1.00	1.15	1.50	2.00	8.00	15.	—	60.	4500.	—	—	—	—	—	1.00	1.50	2.50
1957-D	.25	.50	.75	.85	1.00	1.50	4.00	14.	400.	20.	4000.	—	—	—	—	—	*	*	*
1958	.25	.50	.75	.85	1.00	1.50	7.00	50.	3500.	25.	—	—	—	—	—	—	1.00	1.50	4.00
1958-D	.25	.50	.75	.85	1.00	1.50	7.00	15.	—	25.	55.	—	—	—	—	—	*	*	*
1959	.25	.50	.75	.85	1.00	1.50	4.00	10.	—	35.	2000.	—	—	—	—	—	1.00	1.50	2.50
1959-D	.25	.50	.75	.85	1.00	1.50	4.00	7.00	500.	50.	2500.	—	—	—	—	—	*	*	*
1960	.25	.50	.75	.85	1.00	1.50	4.00	7.00	2500.	12.	—	—	—	—	—	—	1.00	1.50	2.50
1960-D	.25	.50	.75	.85	1.00	1.50	7.50	40.	—	50.	—	—	—	—	—	—	*	*	*
1961	.25	.50	.75	.85	1.00	1.50	4.00	8.00	2500.	15.	—	—	—	—	—	—	1.00	1.50	2.50
1961-D	.25	.50	.75	.85	1.00	1.50	10.	45.	25000.	75.	2500.	—	—	—	—	—	*	*	*
1962	.25	.50	.75	.85	1.00	1.50	3.00	7.00	90.	15.	—	—	—	—	—	—	1.00	1.50	2.50
1962-D	.25	.50	.75	.85	1.00	1.50	3.50	55.	—	75.	—	—	—	—	—	—	*	*	*
1963	.25	.50	.75	.85	1.00	1.50	3.00	30.	250.	40.	—	—	—	—	—	—	1.00	1.50	2.50
1963-D	.25	.50	.75	.85	1.00	1.50	3.00	45.	10000.	65.	—	—	—	—	—	—	*	*	*
1964	.25	.50	.75	.85	1.00	1.50	3.00	35.	1000.	275.	5000.	—	—	—	—	—	1.00	1.50	2.50
1964-D	.25	.50	.75	.85	1.00	1.50	8.50	22.	1400.	100.	—	—	—	—	—	—	*	*	*
1965	.10	.15	.20	.25	.35	.50	3.00	10.	—	20.	—	—	—	—	—	—	*	*	*
1965 Special Mint Set	—	—	—	—	—	—	—	—	—	—	—	200.	—	—	—	—	*	*	*
1966	.10	.15	.20	.25	.35	.50	—	12.	—	25.	—	—	—	—	—	—	*	*	*
1966 Special Mint Set	—	—	—	—	—	—	—	—	—	200.	—	600.	—	—	—	—	*	*	*
1967	.10	.15	.20	.25	.35	.50	3.00	12.	—	25.	—	—	—	—	—	—	*	*	*
1967 Special Mint Set	—	—	—	—	—	—	—	—	—	—	—	175.	—	—	—	—	*	*	*

—— = Insufficient pricing data   * = None issued

JEFFERSON 5 CENTS (CONTINUED)

	VF-20	EF-40	AU-50	AU-58	MS-60	MS-63	MS-64	MS-65	MS-65FS	MS-66	MS-66FS	MS-67	MS-67FS	MS-68	MS-69	MS-70	PF-63	PF-64	PF-65	PF-65DC	PF-66DC	PF-67DC	PF-68DC	PF-69DC	PF-70DC
1968-D	0.10	0.15	0.20	0.25	0.35	0.50	3.00	5.00	—	16.	—	—	—	—	—	—	*	*	*	*	*	*	*	*	*
1968-S	0.10	0.15	0.20	0.25	0.35	0.50	8.00	12	—	20.	5500.	—	—	—	—	—	1.00	2.00	3.00	—	8.00	16.	35.	—	—
1969-D	0.10	0.15	0.20	0.25	0.35	0.50	3.00	6.00	—	11.	—	—	—	—	—	—	*	*	*	*	*	*	*	*	*
1969-S	0.10	0.15	0.20	0.25	0.50	1.00	8.00	15.	—	30.	—	—	—	—	—	—	1.00	2.00	3.00	—	13.	30.	65.	—	—
1970-D	0.10	0.15	0.20	0.25	0.40	0.65	4.00	12	—	25.	—	900.	—	—	—	—	*	*	*	*	*	*	*	*	*
1970-S	0.10	0.15	0.20	0.25	0.35	1.00	7.50	12	—	35.	—	—	1600.	—	—	—	1.00	2.00	3.00	—	12.	20.	40.	—	—
1971	0.10	0.15	0.20	0.25	0.35	1.00	3.00	5.00	—	25.	—	—	—	—	—	—	*	*	*	*	*	*	*	*	*
1971-D	0.10	0.15	0.20	0.25	0.35	0.50	3.00	10	60.	27.	125.	—	—	—	—	—	*	*	*	*	*	*	*	*	*
1971-S	*	*	*	*	*	*	*	*	*	*	*	*	*	*	*	*	2.50	3.50	5.00	—	15.	35.	75.	700.	—
1971-S No S	*	*	*	*	*	*	*	*	*	—	*	*	*	*	*	*	1300.	1400.	1500.	1600.	1800.	2000.	2500.	8500.	—
1972	0.10	0.15	0.20	0.25	0.35	0.50	3.00	8.00	—	25.	—	—	—	—	—	—	*	*	*	*	*	*	*	*	*
1972-D	0.10	0.15	0.20	0.25	0.35	0.50	3.00	10	28.	25.	—	—	—	—	—	—	*	*	*	*	*	*	*	*	*
1972-S	*	*	*	*	*	*	*	*	*	*	*	*	*	*	*	*	2.00	3.00	4.00	—	10.	15.	25.	—	—
1973	0.10	0.15	0.20	0.25	0.35	0.50	3.00	5.00	—	15.	—	—	—	—	—	—	*	*	*	*	*	*	*	*	*
1973-D	0.10	0.15	0.20	0.25	0.35	0.50	3.00	10	—	35.	—	—	—	—	—	—	*	*	*	*	*	*	*	*	*
1973-S	*	*	*	*	*	*	*	*	*	*	*	*	*	*	*	*	1.50	2.50	4.00	—	12.	20.	45.	100.	—
1974	0.10	0.15	0.20	0.25	0.35	0.50	3.00	5.00	—	15.	—	—	—	—	—	—	*	*	*	*	*	*	*	*	*
1974-D	0.10	0.15	0.20	0.25	0.35	0.55	3.00	10	20.	25.	1300.	—	—	—	—	—	*	*	*	*	*	*	*	*	*
1974-S	*	*	*	*	*	*	*	*	*	*	*	*	*	*	*	*	1.50	2.50	4.00	—	10.	15.	18.	—	—
1975	0.10	0.15	0.20	0.25	0.35	0.55	3.00	5.00	—	30.	—	—	—	—	—	—	*	*	*	*	*	*	*	*	*
1975-D	0.10	0.15	0.20	0.25	0.35	0.50	3.00	5.00	—	30.	—	—	—	—	—	—	*	*	*	*	*	*	*	*	*
1975-S	*	*	*	*	*	*	*	*	*	*	*	*	*	*	*	*	2.00	3.00	4.00	—	10.	14.	17.	20.	—
1976	0.10	0.15	0.20	0.25	0.35	0.55	3.00	10	—	25.	—	—	—	—	—	—	*	*	*	*	*	*	*	*	*
1976-D	0.10	0.15	0.20	0.25	0.35	0.55	3.00	5.00	20.	30.	1700.	—	—	—	—	—	*	*	*	*	*	*	*	*	*
1976-S	*	*	*	*	*	*	*	*	*	*	*	*	*	*	*	*	1.50	2.50	4.00	—	10.	15.	17.	—	—
1977	0.10	0.15	0.20	0.25	0.35	0.50	3.00	9.50	—	25.	—	—	—	—	—	—	*	*	*	*	*	*	*	*	*
1977-D	0.10	0.15	0.20	0.25	0.35	0.55	3.00	12	—	30.	—	—	—	—	—	—	*	*	*	*	*	*	*	*	*
1977-S	*	*	*	*	*	*	*	*	*	*	*	*	*	*	*	*	1.50	2.50	4.00	—	11.	15.	18.	20.	—

— Insufficient pricing data   * — None issued

JEFFERSON 5 CENTS (CONTINUED)

	VF-20	EF-40	AU-50	AU-58	MS-60	MS-63	MS-64	MS-65	MS-65FS	MS-66	MS-66FS	MS-67	MS-67FS	MS-68	MS-69	MS-70	PF-63	PF-64	PF-65	PF-65DC	PF-66DC	PF-67DC	PF-68DC	PF-69DC	PF-70DC
1978	0.10	0.15	0.20	0.25	0.35	0.50	3.00	10.	—	25.	—	—	—	—	—	—	*	*	*	—	*	*	*	*	*
1978-D	0.10	0.15	0.20	0.25	0.35	0.50	3.00	10.	95.	25.	—	—	—	—	—	—	*	*	*	—	*	*	*	*	*
1978-S	*	*	—	—	—	—	—	—	—	—	—	—	—	—	—	—	1.50	2.50	4.00	—	11.	14.	18.	20.	*
1979	0.10	0.15	0.20	0.25	0.35	0.50	3.00	10.	50.	30.	—	—	—	—	—	—	*	*	*	—	*	*	*	*	*
1979-D	0.10	0.15	0.20	0.25	0.35	0.50	3.00	10.	—	25.	—	—	—	—	—	—	*	*	*	—	*	*	*	*	*
1979-S Filled S *	*	*	—	—	—	—	—	—	—	—	—	—	—	—	—	—	1.00	2.00	3.00	—	10.	12.	14.	—	*
1979-S Clear S *	*	*	—	—	—	—	—	—	—	—	—	—	—	—	—	—	2.00	3.00	4.00	—	11.	13.	25.	—	*
1980-P	0.10	0.15	0.20	0.25	0.35	0.50	3.00	5.00	195.	15.	—	—	—	—	—	—	*	*	*	—	*	*	*	*	*
1980-D	0.10	0.15	0.20	0.25	0.35	0.50	3.00	5.00	—	25.	—	—	—	—	—	—	*	*	*	—	*	*	*	*	*
1980-S	*	*	—	—	—	—	—	—	—	—	—	—	—	—	—	—	1.00	2.00	3.00	—	12.	15.	18.	20.	*
1981-P	0.10	0.15	0.20	0.25	0.35	0.50	3.00	5.00	95.	20.	—	—	—	—	—	—	*	*	*	—	*	*	*	*	*
1981-D	0.10	0.15	0.20	0.25	0.35	0.50	3.00	10.	—	20.	—	—	—	—	—	—	*	*	*	—	*	*	*	*	*
1981-S Filled S *	*	*	—	—	—	—	—	—	—	—	—	—	—	—	—	—	1.50	2.50	4.00	—	10.	12.	14.	—	*
1981-S Clear S *	*	*	—	—	—	—	—	—	—	—	—	—	—	—	—	—	2.00	3.00	4.00	—	10.	12.	14.	—	*
1982-P	0.10	0.15	0.20	0.25	0.35	0.85	3.00	15.	—	25.	—	—	—	—	—	—	*	*	*	—	*	*	*	*	*
1982-D	0.10	0.15	0.20	0.25	0.35	1.25	3.00	15.	—	25.	—	—	—	—	—	—	*	*	*	—	*	*	*	*	*
1982-S	*	*	—	—	—	—	—	—	—	—	—	—	—	—	—	—	3.00	4.00	5.00	—	10.	14.	18.	20.	*
1983-P	0.10	0.15	0.20	0.25	0.35	1.00	3.00	5.00	—	20.	—	—	—	—	—	—	*	*	*	—	*	*	*	*	*
1983-D	0.10	0.15	0.20	0.25	0.35	1.00	3.00	5.00	—	20.	—	—	—	—	—	—	*	*	*	—	*	*	*	*	*
1983-S	*	*	—	—	—	—	—	—	—	—	—	—	—	—	—	—	3.00	4.00	5.00	—	10.	12.	18.	20.	*
1984-P	0.10	0.15	0.20	0.25	0.35	0.60	3.00	5.00	—	15.	—	—	—	—	—	—	*	*	*	—	*	*	*	*	*
1984-D	0.10	0.15	0.20	0.25	0.35	0.60	3.00	5.00	100.	15.	—	—	—	—	—	—	*	*	*	—	*	*	*	*	*
1984-S	*	*	—	—	—	—	—	—	—	—	—	—	—	—	—	—	5.00	6.00	7.00	—	10.	12.	14.	20.	*
1985-P	0.10	0.15	0.20	0.25	0.35	0.60	3.00	5.00	—	15.	—	—	—	—	—	—	*	*	*	—	*	*	*	*	*
1985-D	0.10	0.15	0.20	0.25	0.35	0.60	3.00	5.00	—	15.	—	—	—	—	—	—	*	*	*	—	*	*	*	*	*
1985-S	*	*	—	—	—	—	—	—	—	—	—	—	—	—	—	—	2.50	3.50	5.00	—	10.	12.	18.	20.	*
1986-P	0.10	0.15	0.20	0.25	0.35	0.60	3.00	5.00	—	15.	—	—	—	—	—	—	*	*	*	—	*	*	*	*	*
1986-D	0.10	0.15	0.20	0.25	0.35	1.00	3.00	5.00	—	15.	—	—	—	—	—	—	*	*	*	—	*	*	*	*	*

——— = None issued   * = Insufficient pricing data

JEFFERSON 5 CENTS (CONTINUED)

	VF-20	EF-40	AU-50	AU-58	MS-60	MS-63	MS-64	MS-65	MS-65FS	MS-66	MS-66FS	MS-67	MS-67FS	MS-68	MS-69	MS-70	PF-63	PF-64	PF-65	PF-65DC	PF-66DC	PF-67DC	PF-68DC	PF-69DC	PF-70DC
1986-S	*	*	*	*	*	*	*	*	*	*	*	*	*	*	*	*	8.00	9.00	10.	—	10.	12.	14.	20.	—
1987-P	0.10	0.15	0.20	0.25	0.35	0.50	3.00	5.00	20.	12.	30.	—	—	—	—	—	*	*	*	*	*	*	*	*	*
1987-D	0.10	0.15	0.20	0.25	0.35	0.50	3.00	5.00	20.	12.	—	—	—	—	—	—	*	*	*	*	*	*	*	*	*
1987-S	*	*	*	*	*	*	*	*	*	*	*	*	*	*	*	*	2.00	3.00	4.00	—	7.00	9.00	15.	20.	—
1988-P	0.10	0.15	0.20	0.25	0.35	0.50	3.00	5.00	15.	12.	—	—	—	—	—	—	*	*	*	*	*	*	*	*	*
1988-D	0.10	0.15	0.20	0.25	0.35	0.50	3.00	5.00	20.	12.	—	—	—	—	—	—	*	*	*	*	*	*	*	*	*
1988-S	*	*	*	*	*	*	*	*	*	*	*	*	*	*	*	*	5.00	6.00	7.00	—	7.00	9.00	15.	20.	—
1989-P	0.10	0.15	0.20	0.25	0.35	0.50	3.00	5.00	20.	12.	50.	—	—	—	—	—	*	*	*	*	*	*	*	*	*
1989-D	0.10	0.15	0.20	0.25	0.35	0.50	3.00	5.00	—	12.	—	—	—	—	—	—	*	*	*	*	*	*	*	*	*
1989-S	*	*	*	*	*	*	*	*	*	*	*	*	*	*	*	*	4.00	5.00	6.00	—	7.00	9.00	15.	20.	250.
1990-P	0.10	0.15	0.20	0.25	0.35	0.50	3.00	5.00	15.	10.	—	—	—	—	—	—	*	*	*	*	*	*	*	*	*
1990-D	0.10	0.15	0.20	0.25	0.35	0.50	3.00	5.00	—	10.	—	—	—	—	—	—	*	*	*	*	*	*	*	*	*
1990-S	*	*	*	*	*	*	*	*	*	*	*	*	*	*	*	*	4.00	5.00	6.00	—	7.00	9.00	18.	20.	—
1991-P	0.10	0.15	0.20	0.25	0.35	0.50	3.00	5.00	30.	10.	—	—	—	—	—	—	*	*	*	*	*	*	*	*	*
1991-D	0.10	0.15	0.20	0.25	0.35	0.50	3.00	5.00	45.	10.	—	—	—	—	—	—	*	*	*	*	*	*	*	*	*
1991-S	*	*	*	*	*	*	*	*	*	*	*	*	*	*	*	*	4.00	5.00	6.00	—	7.00	9.00	15.	20.	—
1992-P	0.10	0.20	0.20	0.25	0.35	0.60	3.00	5.00	10.	10.	—	—	—	—	—	—	*	*	*	*	*	*	*	*	*
1992-D	0.10	0.20	0.20	0.25	0.35	0.50	3.00	5.00	11.	10.	—	—	—	—	—	—	*	*	*	*	*	*	*	*	*
1992-S	*	*	*	*	*	*	*	*	*	*	*	*	*	*	*	*	2.00	3.00	4.00	—	7.00	9.00	15.	20.	175.
1993-P	0.10	0.15	0.20	0.25	0.35	0.50	3.00	5.00	15.	10.	10.	—	—	—	—	—	*	*	*	*	*	*	*	*	*
1993-D	0.10	0.15	0.20	0.25	0.35	0.50	3.00	5.00	—	10.	20.	—	—	—	—	—	*	*	*	*	*	*	*	*	*
1993-S	*	*	*	*	*	*	*	*	*	*	*	*	*	*	*	*	2.50	3.50	5.00	—	7.00	9.00	15.	20.	175.
1994-P	0.10	0.20	0.20	0.25	0.35	0.50	3.00	5.00	15.	10.	—	—	—	—	—	—	*	*	*	*	*	*	*	*	*
1994-P Matte Finish	—	—	—	—	—	65.	80.	100.	—	125.	—	175.	—	—	200.	—	*	*	*	*	*	*	*	*	*
1994-D	0.10	0.15	0.20	0.25	0.35	0.50	3.00	5.00	15.	10.	—	—	—	—	—	—	*	*	*	*	*	*	*	*	*
1994-S	*	*	*	*	*	*	*	*	*	*	*	*	*	*	*	*	2.50	3.50	5.00	—	7.00	9.00	15.	20.	—
1995-P	0.10	0.15	0.20	0.25	0.35	0.50	3.00	5.00	—	10.	—	—	—	—	—	—	*	*	*	*	*	*	*	*	*

—— = Insufficient pricing data   * = None issued

JEFFERSON 5 CENTS (CONTINUED)

	VF-20	EF-40	AU-50	AU-58	MS-60	MS-63	MS-64	MS-65	MS-65FS	MS-66	MS-66FS	MS-67	MS-67FS	MS-68	MS-69	MS-70	PF-63	PF-64	PF-65	PF-65DC	PF-66DC	PF-67DC	PF-68DC	PF-69DC	PF-70DC
1995-D	0.10	0.15	0.20	0.25	0.35	0.55	3.00	5.00	35.	12.	125.	*	*	*	*	—	*	*	*	*	*	*	*	*	*
1995-S	*	*	*	*	—	*	*	*	—	*	*	*	*	*	*	*	4.00	5.00	6.00	—	7.00	9.00	15.	20.	75.
1996-P	0.10	0.15	0.20	0.25	0.35	0.50	3.00	5.00	—	10.	20.	—	45.	*	*	*	*	*	*	*	*	*	*	*	*
1996-D	0.10	0.15	0.20	0.25	0.35	0.50	3.00	5.00	20.	10.	33.	—	230.	*	60.	*	*	*	*	*	*	*	*	*	*
1996-S	*	*	*	*	—	*	*	*	—	*	*	*	*	*	*	*	2.50	3.50	5.00	—	7.00	9.00	18.	20.	200.
1997-P	0.10	0.15	0.20	0.25	0.35	0.50	2.00	3.50	—	6.00	—	*	*	*	*	—	*	*	*	*	*	*	*	*	*
1997-P Matte Finish	—	—	—	—	—	200.	250.	260.	275.	280.	285.	290.	300.	325.	350.	700.	*	*	*	*	*	*	*	*	*
1997-D	0.10	0.15	0.20	0.25	0.35	0.50	2.00	3.50	—	6.00	10.	11.	—	*	*	—	*	*	*	*	*	*	*	*	*
1997-S	*	*	*	*	*	*	*	*	*	*	*	*	*	*	*	*	2.00	3.00	4.00	—	7.00	9.00	15.	20.	150.
1998-P	0.10	0.15	0.20	0.25	0.35	0.50	2.00	3.50	16.	6.00	65.	11.	—	*	*	—	*	*	*	*	*	*	*	*	*
1998-D	0.10	0.15	0.20	0.25	0.35	0.50	2.00	3.50	—	6.00	50.	11.	100.	*	*	—	*	*	*	*	*	*	*	*	*
1998-S	*	*	*	*	*	*	*	*	—	*	*	*	*	*	*	*	1.50	2.50	3.50	—	7.00	9.00	15.	20.	150.
1999-P	0.10	0.15	0.20	0.25	0.35	0.50	2.00	3.50	14.	6.00	50.	11.	—	*	*	—	*	*	*	*	*	*	*	*	*
1999-D	0.10	0.15	0.20	0.25	0.35	0.50	2.00	3.50	5.50	6.00	20.	11.	225.	*	*	—	*	*	*	*	*	*	*	*	*
1999-S	*	*	*	*	*	*	*	*	—	*	*	*	*	*	*	*	1.50	2.50	3.50	—	7.00	8.00	10.	20.	150.
2000-P	0.10	0.15	0.20	0.25	0.35	0.50	2.00	3.50	—	6.00	100.	11.	—	*	*	—	*	*	*	*	*	*	*	*	*
2000-D	0.10	0.15	0.20	0.25	0.35	0.50	2.00	3.50	15.	6.00	100.	11.	—	*	*	—	*	*	*	*	*	*	*	*	*
2000-S	*	*	*	*	*	*	*	*	—	*	*	*	*	*	*	*	1.50	2.50	3.50	—	7.00	8.00	10.	20.	100.
2001-P	0.10	0.15	0.20	0.25	0.35	0.50	2.00	3.50	—	6.00	—	11.	—	*	*	—	*	*	*	*	*	*	*	*	*
2001-D	0.10	0.15	0.20	0.25	0.35	0.50	2.00	3.50	15.	6.00	—	11.	125.	*	*	—	*	*	*	*	*	*	*	*	*
2001-S	*	*	*	*	*	*	*	*	*	*	*	*	*	*	*	*	1.50	2.50	3.50	—	7.00	9.00	15.	20.	75.
2002-P	0.10	0.15	0.20	0.25	0.35	0.50	2.00	3.50	—	6.00	45.	—	—	*	*	—	*	*	*	*	*	*	*	*	*
2002-D	0.10	0.15	0.20	0.25	0.35	0.50	2.00	3.50	—	6.00	175.	11.	—	*	*	—	*	*	*	*	*	*	*	*	*
2002-S	*	*	*	*	*	*	*	*	*	*	*	*	*	*	*	*	1.50	2.50	3.50	5.00	7.00	9.00	15.	20.	100.
2003-P	0.10	0.15	0.20	0.25	0.35	0.50	2.00	3.50	—	6.00	—	11.	—	*	*	—	*	*	*	*	*	*	*	*	*
2003-D	0.10	0.15	0.20	0.25	0.35	0.50	2.00	3.50	—	6.00	—	11.	—	*	*	—	*	*	*	*	*	*	*	*	*
2003-S	*	*	*	*	*	*	*	*	*	*	*	*	*	*	*	*	1.50	2.50	3.50	5.00	7.00	9.00	15.	20.	150.

—— = Insufficient pricing data   * = None issued

JEFFERSON 5 CENTS (CONTINUED)

	VF-20	EF-40	AU-50	AU-58	MS-60	MS-63	MS-64	MS-65	MS-66	MS-67	MS-68	MS-69	MS-70	PF-63	PF-64	PF-65	PF-65DC	PF-66DC	PF-67DC	PF-68DC	PF-69DC	PF-70DC
2004-P Peace Medal Reverse	0.10	0.15	0.20	0.25	0.35	0.50	2.00	3.00	4.00	11.	—	—	—	*	*	*	*	*	*	*	*	*
2004-D Peace Medal Reverse	0.10	0.15	0.20	0.25	0.35	0.50	2.00	3.00	4.00	11.	—	—	—	*	*	*	*	*	*	*	*	*
2004-S Peace Medal Reverse	*	*	*	*	*	*	*	*	*	*	—	—	—	9.00	10.	11.	12	16.	18.	20.	25.	200.
2004-P Keelboat Reverse	0.10	0.15	0.20	0.25	0.35	0.50	2.00	3.00	6.00	25.	—	—	—	*	*	*	*	*	*	*	*	*
2004-D Keelboat Reverse	0.10	0.15	0.20	0.25	0.35	0.50	2.00	3.00	4.00	11.	—	—	—	*	*	*	*	*	*	*	*	*
2004-S Keelboat Reverse	*	*	*	*	*	*	*	*	*	*	—	—	—	9.00	10.	11.	12	16.	18.	20.	25.	200.
2005-P American Bison Reverse	0.10	0.15	0.20	0.25	0.35	0.50	2.00	3.00	4.00	11.	—	50.	—	*	*	*	*	*	*	*	*	*
2005-P American Bison Reverse Satin Finish	—	—	—	—	—	—	—	15	—	11.	40.	50.	—	*	*	*	*	*	*	*	*	*
2005-D American Bison Reverse	0.10	0.15	0.20	0.25	0.35	0.50	2.00	3.00	4.00	11.	—	—	—	*	*	*	*	*	*	*	*	*
2005-D American Bison Reverse Satin Finish	—	—	—	—	—	—	—	15	20	40.	135.	—	—	*	*	*	*	*	*	*	*	*
2005-S American Bison Reverse	*	*	*	*	*	*	*	*	*	*	—	—	—	9.00	10.	11.	12	16.	18.	20.	35.	200.
2005-P Ocean in View Reverse	0.10	0.15	0.20	0.25	0.35	0.50	2.00	3.00	4.00	11.	—	—	—	*	*	*	*	*	*	*	*	*
2005-P Ocean in View Satin Finish	—	—	—	—	—	—	—	—	10.	15.	—	—	—	*	*	*	*	*	*	*	*	*
2005-D Ocean in View Reverse	0.10	0.15	0.20	0.25	0.35	0.50	2.00	3.00	4.00	11.	—	—	—	*	*	*	*	*	*	*	*	*

—— = Insufficient pricing data   * = None issued

JEFFERSON 5 CENTS (CONTINUED)

Issue	VF-20	EF-40	AU-50	AU-58	MS-60	MS-63	MS-64	MS-65	MS-66	MS-67	MS-68	MS-69	MS-70	PF-63	PF-64	PF-65	PF-65DC	PF-66DC	PF-67DC	PF-68DC	PF-69DC	PF-70DC
2005-D Ocean in View Satin Finish	—	*	*	*	*	*	*	*	10.	15.	50.	—	—	*	*	*	*	*	*	*	*	*
2005-S Ocean in View Satin Reverse	*	*	*	*	*	—	—	—	—	—	—	—	—	4.00	5.00	6.00	7.00	11.	14.	18.	27.	150.
2006-P	0.10	0.15	0.20	0.25	0.35	0.50	2.00	3.00	4.00	11.	—	—	—	*	*	*	*	*	*	*	*	*
2006-P Satin Finish	*	*	*	*	—	3.00	5.00	4.00	10.	15.	13.	—	—	*	*	*	*	*	*	*	*	*
2006-D	0.10	0.15	0.20	0.25	0.35	0.50	2.00	3.00	4.00	11.	—	—	—	*	*	*	*	*	*	*	*	*
2006-D Satin Finish	*	*	*	*	—	3.00	5.00	—	10.	15.	—	—	—	*	*	*	*	*	*	*	*	*
2006-S	*	*	*	*	*	—	—	—	—	—	—	—	—	4.00	5.00	6.00	7.00	11.	14.	18.	27.	350.
2007-P	0.10	0.15	0.20	0.25	0.35	0.50	2.00	3.00	4.00	11.	—	—	—	*	*	*	*	*	*	*	*	*
2007-P Satin Finish	*	*	*	*	—	3.00	5.00	6.00	7.00	9.00	13.	—	—	*	*	*	*	*	*	*	*	*
2007-D	0.10	0.15	0.20	0.25	0.35	0.50	2.00	3.00	4.00	11.	—	—	—	*	*	*	*	*	*	*	*	*
2007-D Satin Finish	*	*	*	*	—	3.00	5.00	6.00	7.00	9.00	13.	—	—	*	*	*	*	*	*	*	*	*
2007-S	*	*	*	*	*	—	—	—	—	—	—	—	—	5.00	6.00	7.00	8.00	9.00	11.	14.	20.	—
2008-P	—	—	0.20	*	0.25	0.40	0.55	1.00	3.00	8.00	—	—	—	*	*	*	*	*	*	*	*	*
2008-P Satin Finish	*	*	*	*	—	—	—	—	3.00	—	—	—	—	*	*	*	*	*	*	*	*	*
2008-D	—	—	0.20	*	0.25	0.40	0.55	1.00	3.00	8.00	—	—	—	*	*	*	*	*	*	*	*	*
2008-D Satin Finish	*	*	*	*	—	—	—	—	3.00	—	—	—	—	*	*	*	*	*	*	*	*	*
2008-S	*	*	*	*	*	—	—	—	—	—	—	—	—	*	2.50	3.00	4.00	5.00	6.50	8.00	12.	30.

——— = Insufficient pricing data   * = None issued

Flowing Hair half dime

Half disme pattern   Flowing Hair

Date of authorization: April 2, 1792
Dates of issue: 1792 (half disme); 1794-1795
Designer/Engraver: Robert Scot
Diameter: 16.50 mm/0.65 inch
Weight: 1.348 grams/0.04 ounce
Metallic content: 89.25% silver, 10.75% copper
Weight of pure silver: 1.20 grams/0.04 ounce
Edge: Reeded
Mint mark: None

HALF DISME PATTERN

	AG-3	G-4	VG-8	F-12	VF-20	EF-40	AU-50	MS-60	MS-63
1792	12000.	20000.	60000.	75000.	90000.	125000.	175000.	350000.	500000.

FLOWING HAIR HALF DIME

	AG-3	G-4	VG-8	F-12	VF-20	EF-40	AU-50	MS-60	MS-63
1794	1200.	2000.	2500.	3500.	5000.	8000.	12000.	20000.	40000.
1795	800.	1500.	2000.	2500.	4000.	6000.	10000.	14000.	25000.

Draped Bust half dime

Small Eagle   Heraldic Eagle

Date of authorization: April 2, 1792
Dates of issue: 1796-1805
Designer: Obverse: Gilbert Stuart-Robert Scot
Reverse:
(1796-1797): Robert Scot-John Eckstein
(1800-1805): Robert Scot
Engraver: Robert Scot
Diameter: 16.50 mm/0.65 inch
Weight: 1.35 grams/0.04 ounce
Metallic content: 89.25% silver, 10.75% copper
Weight of pure silver: 1.20 grams/0.04 ounce
Edge: Reeded
Mint mark: None

DRAPED BUST, SMALL EAGLE HALF DIME

	AG-3	G-4	VG-8	F-12	VF-20	EF-40	AU-50	MS-60	MS-63
1796/5	1200.	2000.	2500.	3500.	5000.	10000.	16000.	30000.	50000.
1796 LIBERTY	1000.	1700.	2000.	3500.	5000.	10000.	15000.	20000.	40000.
1796 LIKERTY	1000.	1700.	2000.	3500.	5000.	10000.	15000.	25000.	55000.
1797 15 Stars	1000.	1700.	2000.	3500.	5000.	10000.	15000.	20000.	30000.
1797 16 Stars	1000.	1700.	2000.	3500.	5000.	10000.	15000.	25000.	35000.
1797 13 Stars	1500.	3000.	4000.	5000.	10000.	17000.	28000.	40000.	60000.

DRAPED BUST, HERALDIC EAGLE HALF DIME

	AG-3	G-4	VG-8	F-12	VF-20	EF-40	AU-50	MS-60	MS-63
1800	800.	1200.	1500.	2500.	4500.	7500.	11000.	16000.	30000.
1800 LIBEKTY	1000.	1500.	2000.	3000.	5000.	10000.	15000.	20000.	35000.
1801	1200.	2000.	2500.	3500.	5500.	12000.	17000.	25000.	40000.
1802	20000.	30000.	40000.	75000.	150000.	300000.	450000.	—	—
1803 Large 8	900.	1400.	1700.	2500.	4500.	8000.	12000.	18000.	30000.
1803 Small 8	1500.	2500.	3000.	4000.	6000.	15000.	25000.	35000.	50000.
1805	800.	1400.	2000.	3000.	5000.	12000.	20000.	—	—

—— = Insufficient pricing data

Capped Bust half dime

Date of authorization: April 2, 1792
Dates of issue: 1829-1837
Designers: John Reich-William Kneass
Engraver: William Kneass
Diameter: 15.50 mm/0.61 inch
Weight: 1.35 grams/0.04 ounce
Metallic content: 89.25% silver, 10.75% copper
Weight of pure silver: 1.20 grams/0.04 ounce
Edge: Reeded
Mint mark: None

CAPPED BUST HALF DIME (CONTINUED)

	AG-3	G-4	VG-8	F-12	VF-20	EF-40	EF-45	AU-50	AU-55	MS-60	MS-62	MS-63	MS-64	MS-65	MS-66
1829	40.	60.	75.	100.	150.	200.	250.	350.	400.	900.	1100.	1400.	2000.	4000.	7000.
1830	35.	55.	65.	85.	125.	175.	225.	300.	350.	800.	1000.	1200.	2000.	4000.	7000.
1831	35.	55.	65.	85.	125.	175.	225.	300.	350.	800.	1000.	1200.	2000.	4000.	7000.
1832	35.	55.	65.	85.	125.	175.	225.	300.	350.	800.	1000.	1200.	2000.	4000.	7000.
1833	35.	55.	65.	85.	125.	175.	225.	300.	350.	800.	1000.	1200.	2000.	4000.	7000.
1834	35.	55.	65.	85.	125.	175.	225.	300.	350.	800.	1000.	1200.	2000.	4000.	10000.
1834 3 Over Inverted 3	65.	100.	150.	200.	250.	400.	500.	700.	1000.	1500.	2000.	2500.	3500.	6000.	7000.
1835 Large Date, Large 5c	35.	55.	66.	85.	125.	175.	225.	300.	350.	800.	1000.	1200.	2000.	4000.	9000.
1835 Large Date, Small 5c	50.	85.	100.	125.	175.	225.	300.	350.	450.	900.	1200.	1500.	2500.	5000.	9000.
1835 Small Date, Large 5c	50.	85.	100.	125.	175.	225.	300.	350.	450.	900.	1200.	1500.	2500.	5000.	7000.
1835 Small Date, Small 5c	35.	55.	65.	85.	125.	175.	225.	300.	350.	800.	1000.	1400.	2000.	4000.	7000.
1836 Large 5c	35.	55.	65.	85.	125.	175.	225.	300.	350.	800.	1000.	1200.	2000.	4000.	8000.
1836 Small 5c	45.	60.	75.	125.	175.	225.	300.	350.	450.	900.	1200.	1500.	2500.	5000.	8000.
1836 3 Over Inverted 3	55.	85.	110.	150.	250.	350.	450.	500.	600.	1000.	1500.	2000.	3000.	5000.	18000.
1837 Small 5c	45.	65.	85.	125.	225.	300.	400.	500.	800.	1200.	2000.	3000.	9000.	13000.	14000.
1837 Large 5c	40.	55.	70.	100.	175.	250.	300.	400.	500.	800.	1100.	1500.	7000.	10000.	

—— = Insufficient pricing data   * = None issued

Seated Liberty, half dime

Date of authorization: April 2, 1792
Dates of issue: 1837-1873
Designers: (1837-1840): Christian Gobrecht
(1840-1859):
   Obverse: Gobrecht-Robert B.
   Hughes
   Reverse: Christian Gobrecht
(1860-1873):
   Obverse: Christian Gobrecht-
   Robert B. Hughes-James B.
   Longacre
   Reverse: James B. Longacre
Engraver: (1837-1840): Christian Gobrecht
(1840-1859): Christian Gobrecht
(1860-1873): James B. Longacre
Diameter: 15.50 mm/0.61 inch
Weight: (1837-1853): 1.34 grams/0.04 ounce
(1853-1873): 1.24 grams/0.04 ounce
Metallic content: 90% silver, 10% copper
Weight of pure silver: (1837-1853): 1.20 grams/0.04 ounce
(1853-1873): 1.12 grams/0.04 ounce
Edge: Reeded
Mint mark: Reverse within or below wreath

	G-4	VG-8	F-12	VF-20	EF-40	AU-50	MS-60	MS-62	MS-63	MS-64	MS-65	PF-63	PF-65
NO STARS													
1837 Large Date													
	40.	50.	85.	150.	300.	500.	900.	1000.	1200.	1800.	3500.	12000.	40000.
1837 Small Date													
	50.	65.	110.	200.	400.	600.	1000.	1200.	1500.	2000.	4500.	*	*
1838-O	125.	200.	300.	500.	1000.	1500.	4000.	6500.	10000.	18000.	—	*	*
NO DRAPERY													
1838	20.	25.	30.	40.	100.	200.	400.	500.	600.	1000.	2500.	—	25000.
1838 Small Stars													
	30.	40.	50.	125.	250.	400.	700.	900.	1200.	2000.	5000.	*	*
1839	20.	25.	30.	40.	100.	200.	400.	500.	600.	1000.	2500.	*	*
1839-O	25.	35.	45.	65.	100.	200.	800.	1200.	2000.	3500.	4500.	*	*
1839-O Large O													
	325.	625.	1100.	1750.	3000.	4500.	—	—	—	—	—	*	*
1839-O Medium O													
	—	—	—	—	—	—	—	—	—	—	—	*	*

——— = Insufficient pricing data   * = None issued

SEATED LIBERTY, HALF DIME (CONTINUED)

	G-4	VG-8	F-12	VF-20	EF-40	AU-50	MS-60	MS-62	MS-63	MS-64	MS-65	PF-63	PF-65
1839-O Small O	—	—	—	—	—	—	—	—	—	—	—	*	*
1840	20.	30.	40.	50.	80.	150.	400.	500.	600.	1000.	2500.	—	26000.
1840-O	25.	35.	45.	65.	100.	300.	900.	1500.	2500.	5000.	8000.	*	*

DRAPERY

	G-4	VG-8	F-12	VF-20	EF-40	AU-50	MS-60	MS-62	MS-63	MS-64	MS-65	PF-63	PF-65
1840	25.	40.	80.	125.	250.	400.	600.	750.	1000.	1350.	4000.	*	*
1840-O	40.	65.	125.	200.	500.	1200.	3500.	5000.	9000.	—	—	*	*
1841	20.	25.	30.	40.	75.	150.	300.	400.	500.	800.	1500.	18000.	30000.
1841-O	20.	25.	30.	65.	150.	350.	800.	1000.	1500.	2500.	—	*	*
1842	20.	25.	30.	40.	75.	150.	300.	400.	500.	800.	2000.	*	*
1842-O	30.	50.	75.	250.	600.	1500.	3000.	3500.	5000.	8000.	15000.	*	*
1843	20.	25.	30.	40.	75.	150.	300.	400.	500.	800.	1500.	*	*
1844	20.	25.	30.	40.	75.	150.	300.	400.	500.	800.	1500.	14000.	30000.
1844-O Small O	60.	130.	250.	515.	850.	1700.	4900.	9000.	—	—	—	*	*
1844-O Large O	65.	110.	175.	350.	700.	—	4000.	—	—	—	26500.	*	*
1845	20.	25.	30.	40.	75.	150.	300.	400.	500.	800.	1500.	15000.	30000.
1846	300.	500.	700.	1000.	2500.	3500.	—	—	—	—	—	12000.	25000.
1847	25.	25.	30.	40.	75.	150.	300.	400.	500.	850.	1500.	12000.	26500.
1848 Medium Date	20.	25.	30.	40.	75.	150.	350.	500.	700.	1500.	3000.	14000.	30000.
1848 Large Date	25.	30.	50.	75.	200.	350.	700.	1200.	1800.	3000.	5000.	*	*
1848-O	20.	25.	35.	65.	150.	300.	500.	600.	800.	1500.	2000.	*	*
1849/6	20.	30.	40.	65.	125.	250.	600.	900.	1400.	1800.	3000.	*	*
1849/8	35.	50.	65.	80.	150.	300.	1000.	1400.	2000.	2500.	3000.	*	*
1849	20.	25.	30.	65.	100.	150.	300.	400.	600.	1200.	2000.	—	25000.
1849-O	30.	40.	100.	250.	500.	1200.	2500.	3500.	6000.	9000.	12000.	*	*
1850	20.	25.	35.	50.	75.	150.	300.	400.	500.	800.	1500.	*	*
1850-O	20.	30.	40.	75.	150.	350.	1000.	1200.	1800.	3000.	5000.	*	*
1851	20.	25.	30.	40.	75.	150.	300.	400.	500.	800.	1500.	12000.	25000.
1851-O	20.	25.	30.	50.	125.	250.	600.	700.	900.	1400.	4500.	*	*
1852	20.	25.	30.	40.	65.	150.	300.	400.	500.	800.	1500.	—	30000.
1852-O	35.	50.	75.	150.	300.	500.	1200.	1500.	2500.	3500.	—	*	*
1853	35.	50.	75.	150.	250.	400.	800.	1000.	1200.	1500.	2500.	*	*
1853-O	200.	300.	400.	700.	1500.	3000.	7000.	9000.	12000.	22500.	—	*	*

ARROWS

	G-4	VG-8	F-12	VF-20	EF-40	AU-50	MS-60	MS-62	MS-63	MS-64	MS-65	PF-63	PF-65
1853	20.	25.	30.	40.	75.	150.	250.	300.	400.	700.	2000.	*	*
1853-O	20.	25.	30.	40.	75.	200.	400.	700.	1200.	2000.	4500.	*	*
1854	20.	25.	30.	40.	65.	150.	300.	400.	500.	700.	2000.	9000.	18000.
1854-O	20.	25.	30.	40.	100.	200.	350.	600.	1000.	2500.	5000.	*	*
1855	20.	25.	30.	40.	65.	150.	250.	300.	400.	700.	2500.	7500.	20000.
1855-O	20.	25.	40.	75.	200.	300.	700.	1000.	1500.	2500.	5500.	*	*

NO ARROWS

	G-4	VG-8	F-12	VF-20	EF-40	AU-50	MS-60	MS-62	MS-63	MS-64	MS-65	PF-63	PF-65
1856	20.	25.	30.	40.	65.	150.	300.	350.	400.	800.	1600.	—	20000.
1856-O	20.	25.	30.	65.	125.	300.	400.	700.	1200.	1800.	3000.	*	*
1857	20.	25.	30.	40.	65.	150.	250.	300.	400.	800.	1500.	—	7500.
1857-O	20.	25.	30.	50.	75.	250.	400.	500.	600.	1000.	2000.	*	*
1858	20.	25.	30.	40.	65.	150.	250.	300.	400.	800.	1500.	—	4500.
1858/Inverted Date	28.	45.	55.	115.	200.	300.	475.	525.	750.	2000.	—	*	*
1858/1858	35.	50.	75.	155.	245.	325.	675.	775.	1300.	1975.	3000.	*	*
1858-O	20.	25.	30.	50.	100.	200.	300.	400.	500.	1000.	2000.	*	*

—— = Insufficient pricing data   * = None issued

	G-4	VG-8	F-12	VF-20	EF-40	AU-50	MS-60	MS-62	MS-63	MS-64	MS-65	PF-63	PF-65
1859	20.	25.	30.	50.	100.	150.	300.	350.	400.	1000.	1500.	1100.	4250.
1859-O	20.	25.	35.	50.	200.	300.	400.	450.	500.	1200.	2000.	*	*
1860 Transitional Pattern													
	—	—	—	—	—	1800.	2250.	3250.	4750.	8000.		*	*

LEGEND OBVERSE

	G-4	VG-8	F-12	VF-20	EF-40	AU-50	MS-60	MS-62	MS-63	MS-64	MS-65	PF-63	PF-65
1860	20.	25.	30.	35.	65.	100.	200.	250.	300.	500.	1200.	525.	2450.
1860-O	20.	25.	30.	35.	65.	125.	300.	350.	400.	600.	1500.	*	*
1861	20.	25.	30.	35.	65.	100.	200.	250.	300.	500.	1200.	500.	2450.
1861/0	30.	40.	75.	200.	400.	500.	800.	1000.	1200.	1800.	4000.	*	*
1862	25.	35.	50.	65.	80.	125.	250.	300.	400.	600.	1200.	450.	1650.
1863	200.	250.	300.	400.	600.	700.	1000.	1200.	1500.	1800.	2500.	450.	1400.
1863-S	30.	50.	65.	75.	200.	350.	800.	1000.	1200.	2000.	3000.	*	*
1864	400.	500.	600.	900.	1200.	1500.	2000.	2200.	2500.	3000.	3500.	450.	1675.
1864-S	65.	85.	125.	200.	300.	500.	800.	1000.	1500.	2500.	4500.	*	*
1865	400.	500.	600.	700.	800.	900.	1100.	1200.	1500.	1800.	2500.	525.	1725.
1865-S	35.	50.	65.	100.	200.	600.	1000.	1400.	2000.	5000.	—	*	*
1866	400.	500.	600.	700.	800.	900.	1100.	1200.	1500.	1800.	3000.	450.	1650.
1866-S	35.	50.	65.	100.	200.	400.	700.	800.	1000.	1800.	5000.	*	*
1867	600.	700.	800.	900.	1000.	1100.	1300.	1400.	1500.	1800.	2500.	450.	1700.
1867-S	35.	50.	65.	100.	200.	400.	800.	1000.	1200.	2000.	4000.	*	*
1868	65.	85.	125.	200.	500.	600.	800.	900.	1000.	1500.	2500.	450.	1450.
1868-S	20.	25.	35.	50.	65.	150.	400.	600.	800.	1500.	3500.	*	*
1869	20.	25.	35.	50.	65.	150.	400.	600.	800.	1000.	2500.	450.	1450.
1869-S	20.	25.	35.	50.	65.	150.	400.	600.	1000.	2000.	4500.	*	*
1870	20.	25.	35.	50.	65.	100.	250.	300.	400.	600.	1200.	450.	1450.
1870-S Unique													
	—	—	—	—	—	—	—	—	—	—	—	—	—
1871	20.	25.	35.	50.	65.	100.	250.	300.	400.	600.	1200.	450.	1400.
1871-S	20.	30.	50.	75.	100.	200.	400.	500.	700.	1000.	3000.	*	*
1872	20.	25.	35.	50.	65.	100.	250.	300.	400.	600.	1200.	465.	1700.
1872-S S Above Bow													
	20.	25.	35.	50.	65.	100.	250.	300.	400.	600.	1200.	*	*
1872-S S Below Bow													
	20.	25.	35.	50.	65.	100.	250.	300.	400.	600.	1200.	*	*
1873	20.	25.	35.	50.	65.	100.	250.	300.	400.	600.	1200.	400.	1400.
1873-S	20.	25.	35.	50.	65.	100.	250.	300.	400.	600.	1200.	*	*

—— = Insufficient pricing data   * = None issued

Draped Bust dime

Small Eagle   Heraldic Eagle

Date of authorization: April 2, 1792
Dates of issue: 1796-1807
Designer: Obverse: Gilbert Stuart-Robert Scot
Reverse:
(1796-1797): Robert Scot-John
Eckstein
(1800-1805): Robert Scot
Engraver: Robert Scot
Diameter: 18.80 mm/0.74 inch
Weight: 2.70 grams/0.09 ounce
Metallic content: 89.25% silver, 10.75% copper
Weight of pure silver: 1.20 grams/0.04 ounce
Edge: Reeded
Mint mark: None

	G-4	VG-8	F-12	VF-20	EF-40	AU-50	AU-55	MS-60	MS-62	MS-63
1796	3500.	5000.	6000.	7500.	12000.	20000.	25000.	30000.	35000.	50000.
1797 16 Stars	3500.	5000.	6000.	8000.	10000.	20000.	25000.	40000.	50000.	65000.
1797 13 Stars	3500.	5000.	6500.	9000.	15000.	22000.	30000.	75000.	85000.	100000.
1798/97 16 Stars Reverse										
	1500.	2000.	2500.	3000.	5000.	6000.	7500.	12000.	20000.	35000.
1798/97 13 Stars Reverse										
	3000.	5000.	8000.	12000.	20000.	35000.	60000.	100000.	125000.	175000.
1798 Large 8	1500.	2000.	2500.	3000.	4000.	6000.	8000.	12000.	25000.	50000.
1798 Small 8	2500.	3000.	4000.	6000.	15000.	25000.	35000.	65000.	75000.	85000.
1800	1200.	2000.	2500.	3500.	5000.	12000.	15000.	35000.	45000.	60000.
1801	1500.	2500.	3500.	4500.	6000.	14000.	17000.	20000.	25000.	35000.
1802	2500.	3000.	4000.	6000.	17000.	25000.	35000.	60000.	70000.	85000.
1803	1500.	2000.	3000.	4000.	6500.	20000.	30000.	60000.	—	—
1804 13 Stars Reverse										
	10000.	15000.	20000.	25000.	35000.	75000.	125000.	—	—	—
1804 14 Stars Reverse										
	15000.	20000.	25000.	35000.	75000.	125000.	175000.	—	—	—
1805 4 Berries	900.	1200.	1500.	2200.	3500.	5000.	6000.	8000.	12000.	15000.
1805 5 Berries	1200.	1500.	2000.	2500.	4000.	5500.	6500.	10000.	15000.	20000.
1807	800.	1000.	1400.	2000.	3000.	4500.	5500.	7500.	12000.	15000.

—— = Insufficient pricing data

Capped Bust dime

Date of authorization: April 2, 1792
Dates of issue: 1809-1837
Designer/Engraver: John Reich
Diameter: (1809-1828): 18.80 mm/0.74 inch
(1828-1837): 17.90 mm/0.71 inch
Weight: 2.70 grams/0.09 ounce
Metallic content: 89.25% silver, 10.75% copper
Weight of pure silver: 2.41 grams/0.08 ounce
Edge: Reeded
Mint mark: None

	G-4	VG-8	F-12	VF-20	EF-40	AU-50	AU-55	AU-58	MS-60	MS-62	MS-63	MS-64	MS-65
OPEN COLLAR STRIKE													
1809	200.	400.	800.	1500.	2000.	2500.	3000.	4000.	5000.	6000.	10000.	15000.	27000.
1811/09	150.	300.	700.	1200.	2000.	2500.	3000.	4000.	4000.	5000.	8000.	12000.	35000.
1814 Small Date													
	100.	125.	200.	400.	800.	1500.	2000.	2500.	3000.	4000.	6500.	9000.	20000.
1814 Large Date													
	50.	65.	100.	250.	600.	1200.	1500.	2000.	2500.	3000.	5000.	7500.	15000.
1814 STATESOFAMERICA													
	125.	200.	300.	600.	1000.	1500.	2000.	2500.	3000.	3500.	4500.	8000.	18000.
1820 Large O													
	50.	65.	100.	250.	600.	1000.	1200.	1500.	2000.	2500.	3000.	6000.	15000.
1820 Small O, Office Boy Reverse													
	75.	100.	150.	300.	800.	1200.	1500.	2000.	2500.	3000.	3500.	6000.	15000.
1820 STATESOFAMERICA													
	60.	85.	125.	200.	500.	900.	1200.	1500.	1800.	2500.	3500.	6000.	15000.
1821 Small Date													
	75.	110.	150.	250.	600.	1200.	1500.	1800.	2000.	2500.	3500.	10000.	16000.
1821 Large Date													
	60.	85.	125.	250.	600.	800.	1000.	1200.	1500.	2500.	4000.	6000.	15000.
1822	600.	1200.	2000.	3000.	4000.	8000.	12000.	15000.	20000.	25000.	35000.	50000.	100000.
1823/2 Large E Reverse													
	75.	110.	150.	300.	600.	1000.	1200.	1500.	2000.	2500.	3500.	6000.	15000.
1823/2 Small E Reverse													
	60.	85.	125.	250.	500.	800.	1000.	1500.	2000.	2500.	3500.	6000.	15000.
1824/2	65.	100.	200.	600.	1200.	1500.	1700.	2000.	2500.	3500.	6000.	10000.	20000.
1825	60.	85.	125.	250.	600.	1000.	1500.	2000.	2500.	3000.	3500.	5000.	15000.
1827	60.	85.	125.	250.	500.	800.	1000.	1200.	1500.	2500.	3000.	5000.	15000.
1828 Large Date, Curl Base 2													
	75.	100.	175.	300.	600.	1200.	1500.	2000.	2500.	4000.	8000.	15000.	25000.

—— = Insufficient pricing data

CAPPED BUST DIME (CONTINUED)

	G-4	VG-8	F-12	VF-20	EF-40	AU-50	AU-55	AU-58	MS-60	MS-62	MS-63	MS-64	MS-65
CLOSE COLLAR STRIKE													
1828 Small Date, Square Base 2													
	50.	75.	125.	250.	500.	800.	1000.	1200.	1500.	2000.	2500.	5000.	15000.
1829 Curl Base 2													
	7000.	15000.	20000.	30000.	—	—	—	—	—	—	—	—	—
1829 Small 10c													
	45.	60.	75.	150.	350.	500.	800.	1200.	1500.	2000.	2500.	5000.	9000.
1829 Medium 10c													
	60.	75.	100.	200.	400.	600.	1000.	1500.	2000.	2500.	3000.	6000.	10000.
1829 Large 10c													
	100.	125.	200.	350.	600.	1000.	1500.	2000.	2500.	3000.	4500.	9000.	15000.
1830/29	50.	75.	125.	250.	500.	1000.	1200.	1500.	2000.	2500.	4000.	6500.	12000.
1830 Medium 10c													
	45.	60.	75.	150.	350.	600.	1000.	1200.	1500.	1700.	2000.	4000.	9000.
1830 Small 10c													
	65.	85.	125.	250.	500.	1000.	1200.	1500.	2000.	2500.	3000.	6000.	12000.
1831	40.	50.	75.	150.	350.	500.	800.	1200.	1500.	2000.	2500.	5000.	8000.
1832	40.	50.	75.	150.	350.	500.	800.	1200.	1500.	2000.	2500.	5000.	8000.
1833	40.	50.	75.	150.	350.	500.	800.	1200.	1500.	2000.	2500.	5000.	8000.
1833 Last 3 High													
	60.	85.	125.	250.	500.	750.	1000.	1500.	2000.	3000.	4000.	7500.	12000.
1834 Small 4													
	40.	50.	75.	150.	350.	500.	800.	1200.	1500.	2000.	2500.	5000.	8000.
1834 Large 4													
	40.	50.	75.	150.	350.	500.	800.	1200.	1500.	2000.	2500.	5000.	8000.
1835	40.	50.	75.	150.	350.	500.	800.	1200.	1500.	2000.	2500.	5000.	8000.
1836	40.	50.	75.	150.	350.	500.	800.	1200.	1500.	2000.	2500.	5000.	8000.
1837	40.	50.	75.	150.	350.	500.	800.	1200.	1500.	2000.	2500.	5000.	9000.

Seated Liberty dime

Date of authorization: April 2, 1792
Dates of issue: 1837-1891
Designer: (1837-1840)
    Obverse: Thomas Sully-Christian Gobrecht
    Reverse: Christian Gobrecht
    (1840-1860)
    Obverse: John Hughes-Gobrecht-Sully
    Reverse: Christian Gobrecht
    (1860-1891)
    Obverse: James B. Longacre-Hughes-Gobrecht-Sully
    Reverse: James B. Longacre
Engraver: (1837-1840): Christian Gobrecht
    (1840-1860): Christian Gobrecht
    (1860-1891): James B. Longacre
Diameter: 17.90 mm/0.71 inch
Weight: (1837-1853): 2.67 grams/0.09 ounce
    (1853-1873): 2.49 grams/0.08 ounce
Metallic content: 90% silver, 10% copper
Weight of pure silver: (1837-1853): 2.41 grams/0.08 ounce
    (1853-1873): 2.24 grams/0.07 ounce
Edge: Reeded
Mint mark: Reverse within or below wreath

SEATED LIBERTY DIME (CONTINUED)

	AG-3	G-4	VG-8	F-12	VF-20	EF-40	AU-50	AU-55	AU-58	MS-60	MS-62	MS-63	MS-64	MS-65	PF-63	PF-64	PF-65
NO STARS																	
1837 Large Date	25.	40.	50.	100.	300.	500.	700.	800.	900.	1000.	1400.	2000.	4000.	—	*	*	*
1837	*	*	*	*	*	*	*	*	*	*	*	*	*	*	15000.	22500.	30000.
1837 Small Date	35.	50.	60.	125.	350.	550.	800.	900.	1000.	1100.	1500.	2000.	4500.	8500.	*	*	*
1838-O	30.	50.	85.	125.	400.	700.	1200.	1800.	2400.	3000.	4500.	7000.	9000.	—	*	*	*
NO DRAPERY																	
1838 Small Stars	15.	25.	40.	65.	100.	250.	500.	600.	700.	900.	1200.	1500.	2500.	5000.	*	*	*
1838 Large Stars	14.	20.	25.	30.	50.	125.	300.	400.	450.	500.	700.	1000.	1200.	3000.	*	*	*
1838 Partial Drapery	18.	30.	40.	65.	150.	200.	400.	500.	600.	700.	1200.	2000.	—	3500.			
1839	14.	20.	25.	30.	50.	125.	300.	400.	450.	500.	700.	1000.	1250.	3500.	16500.		
1839-O Reverse of 1838	65.	115.	200.	350.	475.	750.	—										
1839-O	14.	20.	25.	30.	50.	125.	300.	400.	500.	600.	900.	1350.	2250.	—	12000.	24000.	*
1840	14.	20.	25.	30.	50.	125.	300.	400.	450.	500.	700.	1000.	1400.	—	*	*	*
1840-O	14.	20.	25.	30.	60.	150.	350.	500.	700.	1000.	1500.	2500.	6500.	—			
DRAPERY																	
1840	25.	40.	60.	100.	200.	300.	600.	1000.	1300.	1800.	—	—	—	—	25000.	*	*
1841	14.	20.	25.	30.	35.	55.	150.	250.	300.	400.	600.	800.	1400.	3000.			
1841-O Open Bud Reverse	6.00	10.	12.	20.	38.	85.	215.	375.	500.	900.	1100.	1950.	3000.	—			
1842	14.	20.	25.	30.	35.	50.	150.	250.	300.	400.	600.	800.	1400.	3000.			
1842-O	14.	20.	25.	30.	75.	250.	1200.	1500.	2000.	2500.	3500.	5000.	1500.	—	*	15000.	*
1843	14.	20.	25.	30.	35.	50.	150.	200.	250.	300.	600.	1000.	1500.	3500.			
1843/1843	7.00	12.	18.	27.	60.	115.	185.	250.	300.	375.	600.	—	2800.	—			
1843-O	25.	40.	65.	130.	250.	800.	1200.	1800.	2400.	3000.	6500.	15000.	30000.	—			
1844	175.	250.	400.	600.	800.	1200.	2000.	3000.	3500.	4000.	6500.	15000.	—	—	*	*	105000.
1845	14.	20.	30.	35.	40.	150.	150.	200.	300.	400.	600.	1000.	1500.	5000.	*	*	25000.
1845/1845	7.00	12.	20.	37.	50.	150.	415.										

—— = Insufficient pricing data   * = None Issued

SEATED LIBERTY DIME (CONTINUED)

	AG-3	G-4	VG-8	F-12	VF-20	EF-40	AU-50	AU-55	AU-58	MS-60	MS-62	MS-63	MS-64	MS-65	PF-63	PF-64	PF-65
1845-O	20.	30.	40.	75.	250.	600.	1500.	2500.	3200.	4000.	6000.	—	—	—	—	—	*
1846	65.	100.	125.	200.	400.	1000.	2500.	4000.	—	—	—	—	—	—	12000.	15000.	25000.
1847	14.	20.	30.	50.	80.	150.	400.	600.	800.	1000.	1500.	2500.	—	—	—	—	30000.
1848	14.	20.	25.	30.	65.	100.	200.	300.	500.	700.	1000.	1500.	2500.	—	—	15000.	20000.
1849	14.	20.	25.	30.	50.	65.	150.	250.	300.	400.	700.	1200.	2000.	4000.	—	—	*
1849-O	14.	20.	30.	50.	150.	300.	800.	1500.	2500.	2500.	4000.	6000.	—	—	*	*	*
1850	14.	20.	30.	35.	40.	65.	150.	200.	250.	300.	500.	800.	1500.	4000.	*	*	*
1850-O	14.	20.	30.	40.	75.	175.	350.	600.	1000.	1500.	2000.	3000.	5000.	—	*	*	*
1851	14.	20.	30.	35.	40.	50.	150.	200.	300.	400.	700.	1000.	2500.	—	*	*	*
1851-O	14.	20.	25.	50.	75.	200.	500.	800.	1200.	2000.	2500.	3500.	—	—	*	*	*
1852	14.	20.	25.	30.	35.	50.	150.	200.	250.	300.	500.	800.	1200.	2500.	7500.	10000.	20000.
1852-O	14.	20.	30.	50.	150.	300.	500.	900.	1200.	1500.	2000.	3000.	4000.	3000.	*	*	*
1853	35.	55.	80.	125.	200.	300.	500.	700.	800.	1000.	1200.	1500.	2500.	3000.	10000.	*	*
ARROWS AT DATE																	
1853	14.	20.	25.	30.	35.	65.	200.	300.	350.	400.	600.	900.	1200.	3000.	3500.	—	—
1853-O	14.	20.	25.	30.	50.	100.	350.	500.	700.	1000.	1800.	3000.	6000.	—	*	—	*
1854	14.	20.	25.	30.	35.	65.	200.	300.	350.	400.	600.	900.	1500.	—	10000.	20000.	30000.
1854-O	14.	20.	25.	30.	35.	75.	250.	350.	400.	450.	700.	1200.	1800.	—	—	—	—
1855	14.	20.	25.	30.	35.	65.	200.	300.	400.	500.	800.	1200.	2000.	—	10000.	20000.	35000.
DRAPERY																	
1856 Small Date	14.	20.	25.	30.	35.	65.	200.	300.	350.	400.	600.	800.	1500.	—	4000.	7500.	12000.
1856 Large Date	14.	20.	25.	30.	40.	100.	400.	600.	700.	800.	1200.	1500.	2500.	—	*	*	*
1856-O	14.	20.	25.	30.	35.	75.	300.	500.	600.	800.	1200.	1800.	3500.	7000.	*	*	*
1856-S	75.	125.	200.	400.	600.	1200.	1800.	3000.	3500.	3500.	7000.	12000.	18000.	—	*	*	*
1857	14.	20.	25.	30.	35.	50.	200.	350.	350.	400.	600.	1200.	3000.	—	4000.	6000.	8500.
1857-O	14.	20.	25.	30.	35.	75.	250.	350.	400.	500.	700.	1000.	3000.	3000.	*	*	*
1858	14.	20.	25.	30.	35.	50.	200.	350.	250.	600.	800.	800.	1500.	3000.	2500.	3000.	5000.
1858-O	14.	20.	30.	50.	100.	125.	350.	450.	600.	800.	1100.	3500.	6000.	—	*	*	*

—— = Insufficient pricing data   * = None issued

SEATED LIBERTY DIME (CONTINUED)

	AG-3	G-4	VG-8	F-12	VF-20	EF-40	AU-50	AU-55	AU-58	MS-60	MS-62	MS-63	MS-64	MS-65	PF-63	PF-64	PF-65
1858-S	65.	100.	150.	250.	400.	900.	1500.	2000.	2500.	3000.	7000.	12000.	15000.	3000.	*	*	*
1859	14.	20.	25.	30.	40.	65.	150.	200.	300.	400.	600.	800.	1200.	3000.	1500.	2500.	4000.
1859 Transitional Pattern															*	*	*
1859-O	14.	20.	25.	30.	40.	100.	250.	350.	400.	500.	650.	800.	1400.	3000.	*	*	*
1859-S	65.	100.	150.	250.	600.	1000.	2000.	3000.	—	—	—	—	—	—	*	*	*
1860-S	18.	30.	40.	65.	150.	350.	700.	1000.	1500.	2500.	4000.	6000.	9000.	—	*	*	*
LEGEND OBVERSE																	
1860	14.	20.	25.	30.	40.	50.	100.	200.	250.	300.	350.	400.	800.	1500.	500.	700.	1500.
1860-O	250.	400.	500.	900.	1800.	3500.	6000.	8000.	9000.	11000.	20000.	30000.	40000.	—	—	—	—
1861	14.	20.	25.	30.	35.	40.	100.	150.	175.	200.	250.	350.	800.	1500.	600.	850.	1800.
1861-S	35.	55.	90.	150.	300.	500.	850.	1100.	1500.	2000.	3000.	5000.	8000.	—	*	*	*
1862	14.	20.	25.	30.	35.	40.	100.	150.	175.	200.	250.	350.	800.	—	600.	1000.	2000.
1862-S	35.	50.	60.	100.	200.	400.	700.	1000.	1300.	1600.	1700.	2000.	3000.	5000.	*	*	*
1863	250.	400.	500.	600.	700.	900.	1100.	1200.	1300.	1500.	2000.	3000.	7500.	—	600.	1000.	1800.
1863-S	35.	50.	60.	75.	125.	200.	550.	800.	1100.	1200.	1300.	1500.	2500.	3500.	*	*	*
1864	175.	250.	400.	500.	700.	900.	1000.	1100.	1150.	1000.	1400.	1800.	3000.	—	800.	1000.	1500.
1864-S	18.	30.	40.	60.	100.	200.	400.	600.	800.	1500.	1600.	1800.	2000.	4500.	*	*	*
1865	200.	300.	400.	600.	800.	1000.	1200.	1300.	1400.	1500.	1600.	1800.	2000.	—	1000.	1200.	2500.
1865-S	16.	30.	40.	60.	175.	300.	800.	1200.	1800.	2500.	4000.	7000.	—	—	*	*	*
1866	250.	400.	500.	700.	900.	1100.	1400.	1500.	1600.	1700.	1800.	2000.	2500.	4000.	700.	900.	1500.
1866-S	30.	50.	65.	100.	125.	250.	500.	800.	1300.	2000.	2500.	3000.	6000.	—	*	*	*
1867	350.	500.	700.	900.	1100.	1500.	1800.	2000.	2200.	2500.	2700.	3000.	3500.	—	600.	800.	1800.
1867-S	20.	35.	50.	75.	125.	250.	700.	1000.	1400.	2000.	3000.	4500.	—	4500.	*	*	*
1868	14.	20.	25.	35.	50.	75.	200.	300.	350.	400.	600.	1000.	1500.	—	600.	800.	1500.
1868-S	14.	20.	30.	40.	65.	125.	250.	350.	450.	600.	900.	1200.	2500.	—	*	*	*
1869	14.	20.	30.	50.	85.	100.	200.	300.	400.	600.	900.	1200.	2500.	—	600.	800.	1500.
1869-S	14.	20.	25.	30.	45.	85.	200.	300.	400.	500.	700.	1000.	1800.	4000.	*	*	*

—— = Insufficient pricing data   * = None issued

SEATED LIBERTY DIME (CONTINUED)

	AG-3	G-4	VG-8	F-12	VF-20	EF-40	AU-50	AU-55	AU-58	MS-60	MS-62	MS-63	MS-64	MS-65	PF-63	PF-64	PF-65
1870	14.	20.	25.	30.	35.	65.	125.	200.	250.	300.	400.	600.	1000.	2500.	600.	900.	1500.
1870-S	200.	300.	400.	500.	600.	800.	1000.	1400.	1700.	2000.	2500.	3000.	3500.	6000.	*	*	*
1871	14.	20.	25.	30.	35.	65.	200.	300.	350.	400.	500.	700.	1200.	2500.	600.	900.	1500.
1871-CC	1200.	2000.	2500.	7000.	10000.	15000.	25000.	35000.	40000.	50000.	100000.	125000.	175000.	250000.	*	*	*
1871-S	15.	25.	40.	65.	100.	175.	350.	500.	600.	700.	1000.	1500.	3000.	—	*	*	*
1872	14.	14.	25.	30.	35.	40.	100.	150.	175.	300.	400.	700.	800.	1500.	600.	800.	1600.
1872-CC	350.	500.	750.	1500.	3000.	6500.	12000.	20000.	25000.	35000.	45000.	—	—	—	*	*	*
1872-S	14.	20.	35.	100.	150.	250.	450.	700.	1000.	1400.	1800.	2500.	5000.	—	*	*	*
1873 Closed 3	14.	20.	25.	30.	35.	40.	100.	150.	175.	200.	300.	400.	900.	1500.	600.	800.	1500.
1873 Open 3	14.	20.	30.	65.	85.	125.	250.	350.	500.	700.	1000.	1500.	—	—	*	*	*
1873-CC Unique	—	—	—	—	—	—	—	—	—	—	—	—	—	—	—	—	—
ARROWS AT DATE																	
1873	14.	20.	25.	30.	75.	150.	300.	400.	500.	600.	800.	1000.	2000.	4000.	1200.	2500.	6000.
1873 Doubled Die Obverse	—	—	350.	500.	775.	1000.	—	—	—	—	—	—	—	—	*	*	*
1873-CC	700.	1000.	2000.	4000.	7000.	13000.	20000.	25000.	30000.	35000.	40000.	50000.	80000.	—	*	*	*
1873-S	14.	20.	25.	35.	75.	150.	400.	500.	700.	1000.	1500.	2500.	4000.	—	*	*	*
1874	14.	20.	25.	30.	50.	150.	400.	550.	700.	600.	800.	1000.	2000.	4000.	1200.	2500.	6000.
1874-CC	1800.	2500.	5000.	6500.	12000.	20000.	35000.	37000.	40000.	50000.	—	—	—	—	*	*	*
1874-S	15.	25.	50.	100.	150.	300.	500.	600.	800.	1000.	1500.	2500.	5000.	8000.	*	*	*

—— = Insufficient pricing data   * = None issued

SEATED LIBERTY DIME (CONTINUED)

Legend obverse

	AG-3	G-4	VG-8	F-12	VF-20	EF-40	AU-50	AU-55	AU-58	MS-60	MS-62	MS-63	MS-64	MS-65	PF-63	PF-64	PF-65
LEGEND OBVERSE																	
1875	14.	20.	25.	30.	35.	40.	100.	150.	175.	200.	300.	400.	600.	1000.	600.	800.	1500.
1875-CC CC Above Bow	14.	20.	25.	30.	45.	75.	125.	200.	250.	325.	600.	1000.	1600.	3000.	*	*	*
1875-CC CC Below Bow	14.	20.	25.	30.	45.	60.	100.	150.	200.	300.	500.	900.	1500.	2500.		*	*
1875-S S Above Bow	14.	20.	25.	30.	35.	40.	100.	150.	175.	200.	300.	400.	600.	1000.	*	*	*
1875-S S Below Bow	14.	20.	25.	30.	35.	40.	100.	150.	175.	200.	300.	400.	600.	1000.		800.	1500.
1876	14.	20.	25.	30.	35.	50.	100.	150.	200.	250.	350.	500.	600.	1500.	600.	—	300000.
1876-CC	14.	20.	25.	30.	35.	40.	100.	150.	200.	250.	350.	500.	600.	1000.	*	*	*
1876-CC Doubled Die Obverse	15.	25.	30.	50.	85.	225.	325.	400.	450.	500.	650.	1250.	—	—	*	*	*
1876-S	14.	20.	25.	30.	35.	40.	100.	150.	175.	200.	300.	400.	600.	1000.	*	*	*
1877	14.	20.	25.	30.	35.	40.	100.	150.	175.	200.	300.	400.	600.	1000.	600.	800.	1500.
1877-CC	14.	20.	25.	30.	40.	60.	100.	150.	200.	250.	350.	500.	600.	1500.	*	*	*
1877-S	14.	20.	25.	30.	35.	40.	100.	150.	175.	200.	300.	400.	600.	1000.	600.	800.	1500.
1878	14.	20.	25.	30.	35.	40.	100.	150.	175.	200.	300.	400.	—	—	600.	800.	1500.
1878-CC	35.	60.	100.	150.	225.	400.	600.	800.	1000.	1200.	1500.	1800.	1500.	1800.	*	*	*
1879	125.	200.	300.	400.	500.	600.	800.	900.	950.	1000.	1100.	1200.	1500.	1800.	600.	800.	1500.
1880	125.	200.	300.	400.	500.	600.	800.	900.	950.	1000.	1100.	1200.	1500.	1800.	600.	800.	1500.

—— = Insufficient pricing data   * = None issued

SEATED LIBERTY DIME (CONTINUED)

	AG-3	G-4	VG-8	F-12	VF-20	EF-40	AU-50	AU-55	AU-58	MS-60	MS-62	MS-63	MS-64	MS-65	PF-63	PF-64	PF-65
1881	125.	200.	300.	400.	500.	600.	800.	900.	950.	1000.	1100.	1200.	1500.	1800.	600.	800.	1500.
1882	14.	20.	25.	30.	35.	40.	100.	150.	175.	200.	300.	400.	600.	1000.	600.	800.	1500.
1883	14.	20.	25.	30.	35.	40.	100.	150.	175.	200.	300.	400.	600.	1000.	600.	800.	1500.
1884	14.	20.	25.	30.	35.	40.	100.	150.	175.	200.	300.	400.	600.	1000.	600.	800.	1500.
1884-S	14.	20.	30.	40.	65.	100.	350.	500.	700.	900.	1200.	1500.	2500.	—	*	*	*
1885	14.	20.	25.	30.	35.	40.	100.	150.	175.	200.	300.	400.	600.	1000.	600.	800.	1500.
1885-S	300.	500.	750.	1000.	1800.	2500.	3500.	4500.	5000.	6000.	7500.	9000.	15000.	—	*	*	*
1886	14.	20.	25.	30.	35.	40.	100.	150.	175.	200.	200.	400.	600.	1000.	600.	800.	1500.
1886-S	20.	35.	50.	65.	100.	150.	250.	350.	500.	700.	1000.	1500.	—	—	*	*	*
1887	14.	20.	25.	30.	35.	40.	100.	150.	175.	200.	300.	400.	600.	1000.	600.	800.	1500.
1887-S	14.	20.	25.	30.	35.	40.	100.	150.	175.	200.	300.	400.	600.	1000.	*	*	*
1888	14.	20.	25.	30.	35.	40.	100.	150.	175.	200.	300.	400.	600.	1000.	600.	800.	1500.
1888-S	14.	20.	25.	30.	35.	50.	125.	200.	250.	300.	500.	700.	1200.	3000.	*	*	*
1889	14.	20.	25.	30.	35.	40.	100.	150.	175.	200.	300.	400.	600.	1000.	600.	800.	1500.
1889-S	14.	20.	25.	35.	50.	85.	200.	300.	350.	400.	700.	1200.	2000.	5000.	*	*	*
1890	14.	20.	25.	30.	35.	40.	100.	150.	175.	200.	300.	400.	600.	1000.	600.	800.	1500.
1890-S	14.	20.	25.	35.	60.	100.	200.	300.	350.	400.	600.	800.	1200.	2500.	*	*	*
1891	14.	20.	25.	30.	35.	40.	100.	150.	175.	200.	300.	400.	600.	1000.	600.	800.	1500.
1891-O	14.	20.	25.	30.	35.	40.	100.	150.	—	200.	—	—	—	—	*	*	*
1891-O/Horizontal 0	35.	50.	80.	115.	165.	225.	425.	—	—	—	—	—	—	—	*	*	*
1891-S	14.	20.	25.	30.	35.	40.	100.	150.	175.	200.	300.	400.	600.	1000.	*	*	*

——— = Insufficient pricing data   * = None issued

Barber dime

Date of authorization: April 2, 1792
Dates of issue: 1892-1916
Designer: Obverse: Charles Barber
Reverse: James B. Longacre
Engraver: Charles Barber
Diameter: 17.91 mm/0.71 inch
Weight: 2.50 grams/0.08 ounce
Metallic content: 90% silver, 10% copper
Weight of pure silver: 2.25 grams/0.07 ounce
Edge: Reeded
Mint mark: Reverse within or below wreath

BARBER DIME (CONTINUED)

	AG-3	G-4	VG-8	F-12	VF-20	EF-40	AU-50	AU-58	MS-60	MS-62	MS-63	MS-64	MS-65	MS-66	PF-63	PF-64	PF-65	PF-66
1892	3.00	5.00	7.00	18.	25.	30.	70.	85.	110.	135.	185.	325.	750.	1200.	450.	750.	1500.	2500.
1892-O	7.00	12.	15.	35.	55.	70.	100.	125.	160.	200.	300.	525.	1300.	2300.	*	*	*	*
1892-S	40.	66.	110.	225.	250.	300.	350.	400.	450.	500.	850.	2000.	4200.	5500.	*	*	*	*
1893	5.00	9.00	13.	20.	32.	45.	85.	125.	175.	200.	225.	325.	1100.	2000.	450.	750.	1500.	2500.
1893/2	110.	150.	175.	200.	225.	300.	400.	600.	800.	1200.	2000.	3200.	5000.	6500.	*	*	*	*
1893-O	20.	35.	50.	125.	165.	210.	250.	300.	325.	425.	575.	1300.	3300.	6000.	*	*	*	*
1893-S	10.	15.	25.	40.	50.	85.	160.	225.	300.	450.	700.	2200.	4500.	——	*	*	*	*
1894	15.	25.	45.	125.	150.	200.	250.	300.	325.	400.	500.	860.	1300.	——	450.	750.	1500.	2500.
1894-O	50.	70.	100.	200.	300.	400.	700.	1000.	1600.	2000.	2800.	5500.	14000.	——	*	*	*	*
1894-S Proof Only	*														125000.	——	450000.	——
1895	60.	85.	150.	350.	475.	500.	660.	750.	800.	900.	1200.	1600.	3000.	——	550.	850.	1500.	2000.
1895-O	300.	400.	550.	900.	1300.	2500.	4000.	5000.	6000.	7000.	9000.	13000.	20000.	——	*	*	*	*
1895-S	25.	45.	60.	130.	200.	250.	325.	425.	550.	800.	1200.	4000.	7500.	——	*	*	*	*
1896	7.00	12.	25.	55.	80.	100.	130.	150.	175.	275.	400.	750.	1600.	2100.	450.	750.	1500.	2000.
1896-O	50.	80.	160.	300.	350.	450.	750.	1000.	1100.	1500.	2500.	5500.	8800.	21000.	*	*	*	*
1896-S	50.	80.	150.	300.	325.	400.	550.	675.	800.	1100.	1700.	3000.	4000.	6600.	*	*	*	*
1897	2.50	3.00	4.00	8.00	17.	35.	80.	100.	125.	150.	175.	300.	750.	2000.	450.	750.	1500.	2000.
1897-O	40.	66.	110.	275.	375.	450.	700.	900.	1000.	1200.	1600.	3000.	4500.	——	*	*	*	*
1897-S	14.	20.	40.	100.	125.	185.	275.	375.	450.	700.	1000.	2500.	4500.	10000.	*	*	*	*
1898	2.50	3.00	4.00	8.00	13.	30.	75.	100.	110.	125.	175.	350.	750.	1200.	450.	750.	1500.	2000.
1898-O	9.00	14.	30.	90.	140.	80.	275.	350.	450.	750.	1300.	2800.	4000.	7500.	*	*	*	*
1898-S	4.00	8.00	17.	35.	50.	60.	175.	250.	400.	760.	1300.	2700.	4000.	7500.	*	*	*	*
1899	2.50	3.00	4.00	8.00	13.	27.	70.	90.	100.	125.	175.	325.	800.	1200.	450.	750.	1500.	2500.
1899-O	7.00	11.	20.	70.	110.	175.	250.	325.	450.	775.	1300.	3000.	5000.	7500.	*	*	*	*
1899-S	4.00	8.00	17.	25.	35.	50.	110.	200.	300.	450.	660.	1800.	3500.	6000.	*	*	*	*
1900	2.50	3.00	4.00	7.00	12.	28.	70.	85.	100.	125.	175.	300.	900.	2500.	450.	750.	1500.	2500.
1900-O	12.	20.	40.	110.	160.	250.	400.	550.	700.	900.	1200.	3000.	6000.	10000.	*	*	*	*
1900-S	3.00	5.00	7.00	12.	20.	35.	75.	135.	200.	300.	450.	800.	2000.	4500.	*	*	*	*
1901	2.50	3.00	4.00	8.00	11.	27.	70.	85.	100.	125.	175.	300.	900.	1500.	450.	750.	1500.	2500.

—— = Insufficient pricing data   * = None issued

BARBER DIME (CONTINUED)

	AG-3	G-4	VG-8	F-12	VF-20	EF-40	AU-50	AU-58	MS-60	MS-62	MS-63	MS-64	MS-65	MS-66	PF-63	PF-64	PF-65	PF-66
1901-O	3.00	4.00	6.00	17.	28.	70.	175.	275.	450.	700.	1000.	2000.	3300.	5500.	*	*	*	*
1901-S	50.	85.	175.	375.	450.	550.	700.	900.	1100.	1500.	2000.	3000.	5500.	7000.	*	*	*	*
1902	2.50	4.00	5.00	6.00	9.00	25.	70.	85.	100.	125.	175.	325.	750.	1500.	450.	750.	1600.	3000.
1902-O	3.00	4.00	7.00	15.	35.	60.	160.	250.	450.	600.	1000.	2300.	4500.	7500.	*	*	*	*
1902-S	4.00	8.00	20.	55.	90.	135.	200.	300.	400.	600.	1000.	2300.	4500.	7500.	*	*	*	*
1903	2.50	3.50	4.00	5.00	9.00	25.	65.	85.	100.	125.	200.	450.	1300.	3500.	450.	750.	1500.	3000.
1903-O	3.00	4.00	6.00	13.	25.	50.	110.	150.	250.	375.	600.	1300.	5000.	—	*	*	*	*
1903-S	50.	85.	150.	350.	550.	800.	1000.	1200.	1300.	1500.	1800.	2500.	4000.	—	*	*	*	*
1904	3.00	4.00	5.00	8.00	11.	25.	70.	100.	125.	150.	200.	500.	2000.	3300.	450.	750.	1600.	3000.
1904-S	25.	45.	75.	175.	250.	350.	500.	700.	800.	1100.	1600.	3200.	4500.	11000.	*	*	*	*
1905	3.00	4.00	5.00	7.00	9.00	25.	65.	85.	100.	125.	175.	300.	700.	2200.	450.	750.	1500.	2000.
1905-O	3.00	5.00	10.	38.	55.	100.	160.	210.	275.	350.	500.	900.	2000.	3000.	*	*	*	*
1905-O Micro O	20.	35.	65.	100.	150.	250.	500.	800.	1000.	1500.	2000.	3000.	6000.	—	*	*	*	*
1905-S	2.50	4.00	5.00	9.00	20.	50.	66.	150.	250.	275.	325.	550.	700.	3000.	*	*	*	*
1906	3.00	3.00	4.00	5.00	8.00	25.	66.	85.	100.	125.	175.	300.	700.	1200.	*	*	*	*
1906-D	3.50	4.00	5.00	10.	17.	40.	80.	125.	200.	275.	400.	900.	2000.	3500.	*	*	*	*
1906-O	3.00	6.00	15.	50.	80.	110.	150.	200.	225.	250.	325.	500.	1300.	3000.	*	*	*	*
1906-S	2.50	3.00	6.00	14.	25.	50.	110.	175.	275.	350.	500.	1000.	1400.	1200.	*	*	*	*
1907	2.50	4.00	4.00	5.00	8.00	25.	66.	85.	100.	125.	175.	300.	700.	—	*	*	*	*
1907-D	3.00	4.00	6.00	10.	20.	50.	110.	175.	300.	500.	1000.	2300.	4000.	4000.	*	*	*	*
1907-O	3.00	4.00	7.00	35.	50.	60.	110.	150.	200.	250.	330.	675.	1500.	2500.	*	*	*	*
1907-S	3.00	4.00	6.00	17.	28.	65.	150.	250.	450.	600.	800.	1700.	2300.	5000.	*	*	*	*
1908	2.50	3.00	3.50	4.00	7.50	22.	65.	85.	100.	110.	140.	275.	700.	1500.	450.	750.	1700.	2500.
1908-D	2.50	3.00	4.00	7.50	12.	35.	66.	85.	120.	160.	200.	425.	1500.	4000.	*	*	*	*
1908-O	3.50	6.00	15.	45.	60.	100.	160.	225.	325.	400.	700.	850.	2000.	4000.	*	*	*	*
1908-S	3.00	4.00	5.50	11.	23.	50.	185.	225.	265.	400.	535.	1425.	2700.	—	*	*	*	*
1909	2.50	3.00	3.50	4.00	7.50	23.	65.	85.	100.	110.	150.	275.	700.	6000.	450.	750.	1500.	2500.
1909-D	4.00	8.00	18.	65.	100.	140.	250.	375.	500.	700.	1100.	1600.	3200.	—	*	*	*	*
1909-O	3.00	8.00	8.00	13.	23.	50.	100.	125.	200.	300.	500.	1100.	1700.	3000.	*	*	*	*

—— = Insufficient pricing data   * = None issued

BARBER DIME (CONTINUED)

	AG-3	G-4	VG-8	F-12	VF-20	EF-40	AU-50	AU-58	MS-60	MS-62	MS-63	MS-64	MS-65	MS-66	PF-63	PF-64	PF-65	PF-66
1909-S	4.00	8.00	20.	85.	130.	200.	325.	450.	600.	900.	1300.	2000.	3200.	4000.	*	*	*	*
1910	2.50	3.00	4.00	5.00	11.	25.	65.	85.	100.	125.	175.	300.	700.	1500.	450.	750.	1500.	3000.
1910-D	2.50	3.00	5.00	10.	20.	50.	100.	150.	250.	300.	500.	850.	1700.	3500.	*	*	*	*
1910-S	3.00	5.00	10.	55.	80.	120.	200.	325.	500.	600.	800.	1300.	2500.	—	*	*	*	*
1911	2.50	3.00	4.00	5.00	9.00	25.	65.	86.	100.	125.	175.	300.	700.	1200.	450.	750.	1500.	2500.
1911-D	2.50	3.00	4.00	5.00	9.00	27.	66.	85.	100.	125.	175.	300.	700.	1200.	*	*	*	*
1911-S	3.00	4.00	5.00	10.	20.	40.	110.	150.	225.	275.	350.	600.	1100.	1500.	*	*	*	*
1912	2.50	3.00	4.00	5.00	8.00	25.	65.	85.	100.	125.	175.	300.	700.	1500.	450.	750.	1500.	2500.
1912-D	2.50	3.00	4.00	5.00	8.00	25.	65.	85.	100.	125.	175.	300.	700.	1500.	*	*	*	*
1912-S	2.50	3.00	4.00	8.00	14.	35.	100.	125.	175.	225.	300.	550.	1100.	3000.	*	*	*	*
1913	2.50	3.00	4.00	5.00	8.00	25.	65.	85.	100.	125.	175.	300.	700.	1200.	450.	750.	1500.	3000.
1913-S	12	20.	35.	90.	140.	250.	325.	425.	500.	600.	800.	1100.	1600.	2500.	*	*	*	*
1914	2.50	3.00	4.00	5.00	8.00	25.	65.	86.	100.	125.	175.	300.	700.	1200.	450.	750.	1600.	3000.
1914-D	2.50	3.00	4.00	5.00	8.00	25.	65.	85.	100.	125.	175.	300.	700.	1500.	*	*	*	*
1914-S	2.50	3.00	5.00	9.00	20.	45.	85.	125.	160.	225.	325.	600.	1200.	3000.	*	*	*	*
1915	2.50	3.00	4.00	5.00	8.00	25.	66.	85.	100.	125.	175.	300.	700.	—	450.	750.	1600.	5000.
1915-S	3.00	7.00	11.	35.	50.	70.	135.	175.	250.	350.	500.	750.	1600.	3200.	*	*	*	*
1916	2.50	3.00	4.00	5.00	9.00	25.	65.	85.	100.	125.	175.	300.	700.	1200.	*	*	*	*
1916-S	2.50	3.00	4.00	6.00	9.00	25.	65.	85.	100.	125.	175.	300.	1000.	—	*	*	*	*

—— = Insufficient pricing data   * = None issued

Winged Liberty Head dime

"Mercury dime"

Date of authorization: April 2, 1792
Dates of issue: 1916-1945
Designer: Adolph Weinman
Engraver: Charles Barber
Diameter: 17.91 mm/0.71 inch
Weight: 2.50 grams/0.08 ounce
Metallic content: 90% silver, 10% copper
Weight of pure silver: 2.25 grams/0.07 ounce
Edge: Reeded
Mint mark: Reverse left of base of fasces (bundle of rods)

NOTE: B refers to Full Split Bands on the fasces on the reverse.

WINGED LIBERTY HEAD DIME (CONTINUED)

	AG-3	G-4	VG-8	F-12	VF-20	EF-40	AU-50	MS-60	MS-62	MS-63	MS-64	MS-64B	MS-65	MS-65B	MS-66	MS-66B	PF-65
1916	2.50	4.00	9.00	7.50	9.00	14.	28.	35.	40.	45.	50.	60.	100.	175.	200.	400.	*
1916-D	1000.	1400.	1800.	3000.	4500.	6500.	10000.	14000.	15000.	17000.	20000.	30000.	30000.	55000.	—	—	*
1916-S	2.50	5.00	7.00	12.	15.	27.	30.	40.	50.	60.	85.	175.	250.	850.	500.	1500.	*
1917	2.50	3.00	4.00	5.00	8.00	10.	15.	30.	40.	60.	80.	110.	175.	500.	400.	1100.	*
1917-D	3.00	6.00	8.00	15.	30.	60.	110.	150.	250.	350.	500.	1200.	1500.	6500.	3500.	18000.	*
1917-S	2.50	4.00	5.00	5.00	8.00	15.	35.	65.	125.	200.	250.	400.	500.	1400.	650.	2500.	*
1918	2.50	4.00	5.00	8.00	15.	40.	50.	70.	80.	100.	130.	300.	425.	1400.	1200.	2500.	*
1918-D	3.00	5.00	5.00	7.00	15.	35.	55.	125.	175.	250.	300.	3000.	750.	40000.	1200.	—	*
1918-S	2.50	3.00	5.00	7.00	12.	28.	45.	125.	150.	250.	400.	3000.	800.	8500.	2000.	12000.	*
1919	2.50	3.00	3.50	5.00	7.00	14.	30.	40.	75.	125.	140.	275.	350.	800.	1400.	2000.	*
1919-D	3.50	5.00	8.00	15.	35.	55.	100.	200.	275.	425.	650.	5000.	1600.	45000.	3000.	—	*
1919-S	3.00	4.00	5.00	10.	20.	50.	100.	200.	275.	450.	750.	6000.	1100.	17000.	1500.	—	*
1920	2.50	3.00	3.50	5.00	7.00	10.	18.	30.	50.	80.	100.	125.	250.	600.	750.	1300.	*
1920-D	2.50	3.00	4.00	7.00	7.00	28.	55.	125.	175.	350.	400.	1200.	750.	5000.	2500.	6000.	*
1920-S	2.50	3.00	4.00	9.00	12.	22.	50.	125.	175.	350.	550.	2500.	1400.	10000.	3000.	15000.	*
1921	40.	70.	100.	150.	300.	650.	1000.	1200.	1400.	1700.	2000.	3000.	3500.	5000.	5000.	8000.	*
1921-D	50.	85.	150.	250.	450.	800.	1300.	1500.	1600.	1700.	2200.	3000.	3500.	5000.	4500.	9000.	*
1923	2.50	3.00	3.50	4.00	5.00	8.00	18.	30.	35.	45.	50.	65.	125.	400.	450.	600.	*
1923-S	2.50	3.00	5.00	10.	20.	85.	125.	175.	250.	400.	800.	2000.	1500.	8500.	3000.	18000.	*
1924	2.50	3.00	3.50	4.00	7.00	15.	35.	50.	60.	90.	125.	175.	200.	550.	400.	1000.	*
1924-D	3.00	4.00	6.00	10.	30.	80.	125.	175.	250.	500.	600.	750.	1500.	1500.	2000.	2800.	*
1924-S	2.50	4.00	6.00	10.	15.	70.	125.	175.	250.	500.	650.	3500.	1200.	18000.	2000.	—	*
1925	2.50	3.00	3.50	4.00	6.00	14.	20.	30.	50.	80.	125.	250.	250.	1200.	500.	3000.	*
1925-D	3.00	6.00	9.00	15.	60.	165.	225.	400.	300.	525.	900.	1500.	1800.	4000.	2500.	5000.	*
1925-S	2.50	3.00	3.50	4.00	20.	110.	125.	200.	40.	65.	1500.	1300.	1700.	5000.	3000.	14000.	*
1926	2.50	3.00	3.50	4.00	8.00	15.	15.	25.	40.	65.	125.	160.	275.	600.	500.	1200.	*
1926-D	2.50	4.00	6.00	8.00	15.	55.	55.	135.	175.	325.	550.	600.	600.	3000.	1500.	5500.	*
1926-S	10.	14.	17.	35.	75.	325.	500.	900.	1200.	1600.	2000.	3000.	3000.	8000.	5000.	14000.	*
1927	2.50	3.00	3.50	4.00	9.00	14.	14.	30.	40.	50.	85.	125.	175.	450.	350.	1000.	*
1927-D	3.00	4.00	7.00	12.	30.	110.	125.	200.	250.	375.	500.	1600.	1400.	11000.	3000.	15000.	*

—— = Insufficient pricing data   * = None issued

WINGED LIBERTY HEAD DIME (CONTINUED)

	AG-3	G-4	VG-8	F-12	VF-20	EF-40	AU-50	MS-60	MS-62	MS-63	MS-64	MS-64B	MS-65	MS-65B	MS-66	MS-66B	PF-65
1927-S	2.50	3.00	5.00	7.00	12.	35.	60.	300.	375.	550.	800.	2500.	1800.	8500.	2500.	14000.	*
1928	2.50	3.00	3.50	4.00	5.00	10.	20.	30.	35.	50.	65.	100.	150.	375.	400.	700.	*
1928-D	3.00	5.00	6.00	12.	30.	75.	125.	200.	250.	325.	450.	800.	1000.	3000.	1500.	5000.	*
1928-S	2.50	3.00	4.00	5.00	10.	25.	50.	125.	175.	275.	350.	800.	500.	2200.	600.	3500.	*
1929	2.50	3.00	3.50	4.00	5.00	6.00	12.	25.	30.	35.	40.	55.	80.	250.	125.	350.	*
1929-D	2.50	3.00	4.00	5.00	8.00	18.	27.	30.	35.	40.	50.	75.	70.	275.	125.	550.	*
1929-S	2.50	3.00	3.50	5.00	6.00	12.	25.	38.	42.	50.	75.	175.	130.	650.	500.	900.	*
1930	2.50	3.00	3.50	5.00	6.00	9.00	16.	30.	35.	50.	55.	175.	145.	650.	250.	900.	*
1930-S	2.50	4.00	6.00	9.00	12.	25.	55.	75.	100.	125.	140.	250.	200.	750.	450.	2000.	*
1931	3.00	4.00	5.00	6.00	8.00	15.	27.	35.	45.	65.	160.	225.	140.	900.	250.	1200.	*
1931-D	7.00	10.	12.	14.	20.	60.	75.	90.	100.	110.	160.	200.	250.	400.	400.	750.	*
1931-S	3.00	5.00	7.00	9.00	12.	27.	55.	90.	100.	110.	175.	800.	275.	2700.	600.	4000.	*
1934	2.50	3.00	3.50	4.00	5.00	6.00	10.	30.	35.	40.	45.	50.	60.	175.	75.	225.	*
1934-D	2.50	3.00	3.50	4.00	8.00	15.	30.	50.	60.	65.	70.	125.	80.	400.	250.	1000.	*
1935	2.50	3.00	3.50	4.00	5.00	6.00	7.00	11.	14.	18.	25.	35.	40.	75.	60.	125.	*
1935-D	2.50	3.00	3.50	4.00	7.00	14.	28.	40.	45.	50.	60.	225.	80.	600.	350.	1000.	*
1935-S	2.50	3.00	3.50	4.00	5.00	6.00	12.	27.	30.	35.	40.	175.	80.	450.	80.	650.	*
1936	2.50	3.00	3.50	4.00	5.00	6.00	7.00	10.	13.	18.	20.	40.	40.	100.	50.	125.	2000.
1936-D	2.50	3.00	3.50	4.00	5.00	8.00	18.	30.	32.	35.	40.	125.	50.	350.	85.	450.	*
1936-S	2.50	3.00	3.50	4.00	4.50	5.00	12.	20.	24.	30.	35.	50.	40.	100.	60.	175.	*
1937	2.50	3.00	3.50	4.00	4.50	5.00	7.00	10.	11.	14.	18.	30.	27.	45.	35.	75.	1000.
1937-D	2.50	3.00	3.50	4.00	4.50	6.00	12.	25.	27.	30.	35.	40.	50.	120.	90.	200.	*
1937-S	2.50	3.00	3.50	4.00	4.50	5.00	10.	22.	25.	30.	20.	70.	40.	225.	80.	250.	*
1938	2.50	3.00	3.50	4.00	4.50	5.00	8.00	15.	16.	18.	20.	30.	30.	100.	60.	120.	500.
1938-D	2.50	3.00	3.50	4.00	4.50	6.00	12.	18.	20.	22.	25.	30.	30.	60.	70.	120.	*
1938-S	2.50	3.00	3.50	4.00	4.50	5.00	10.	12.	20.	25.	30.	40.	35.	150.	90.	250.	*
1939	2.50	3.00	3.50	4.00	4.50	5.00	7.00	10.	11.	13.	20.	45.	30.	200.	60.	200.	400.
1939-D	2.50	3.00	3.50	4.00	4.50	5.00	7.00	9.00	10.	13.	20.	30.	30.	50.	60.	75.	*
1939-S	2.50	3.00	3.50	4.00	4.50	6.00	12.	25.	27.	30.	40.	225.	50.	800.	100.	1200.	*

—— = Insufficient pricing data   * = None issued

WINGED LIBERTY HEAD DIME (CONTINUED)

	AG-3	G-4	VG-8	F-12	VF-20	EF-40	AU-50	MS-60	MS-62	MS-63	MS-64	MS-64B	MS-65	MS-65B	MS-66	MS-66B	PF-65
1940	2.50	3.00	3.50	4.00	4.50	5.00	6.00	8.00	10.	13.	18.	25.	35.	60.	55.	75.	400.
1940-D	2.50	3.00	3.50	4.00	4.50	5.00	7.00	9.00	11.	14.	20.	25.	35.	65.	50.	70.	*
1940-S	2.50	3.00	3.50	4.00	4.50	5.00	7.00	10.	12.	15.	20.	30.	35.	110.	40.	200.	*
1941	2.50	3.00	3.50	4.00	4.50	5.00	6.00	8.00	10.	13.	15.	25.	30.	45.	50.	60.	400.
1941-D	2.50	3.00	3.50	4.00	4.50	5.00	6.00	8.00	10.	13.	15.	25.	25.	45.	35.	60.	*
1941-S	2.50	3.00	3.50	4.00	4.50	5.00	7.00	9.00	11.	16.	16.	25.	30.	55.	40.	75.	*
1942/1	450.	600.	650.	750.	850.	950.	1700.	2000.	3000.	4000.	6000.	13000.	14000.	38000.	—	—	*
1942	2.50	3.00	3.50	4.00	4.50	5.00	6.00	8.00	10.	13.	15.	25.	25.	55.	50.	70.	400.
1942/41-D	400.	550.	650.	800.	900.	1000.	1800.	2500.	3000.	3800.	5500.	10000.	6500.	20000.	40.	—	*
1942-D	2.50	3.00	3.50	4.00	4.50	5.00	6.00	8.00	10.	13.	20.	25.	30.	40.	40.	60.	*
1942-S	2.50	3.00	3.50	4.00	4.50	5.00	6.00	10.	13.	17.	25.	40.	30.	160.	45.	250.	*
1943	2.50	3.00	3.50	4.00	4.50	5.00	6.00	8.00	10.	13.	15.	25.	32.	55.	40.	70.	*
1943-D	2.50	3.00	3.50	4.00	4.50	5.00	6.00	8.00	10.	13.	17.	25.	30.	45.	40.	60.	*
1943-S	2.50	3.00	3.50	4.00	4.50	5.00	6.00	11.	12.	15.	18.	25.	30.	80.	50.	100.	*
1944	2.50	3.00	3.50	4.00	4.50	5.00	6.00	8.00	10.	14.	15.	25.	30.	85.	40.	200.	*
1944-D	2.50	3.00	3.50	4.00	4.50	5.00	6.00	8.00	10.	13.	20.	25.	25.	40.	40.	75.	*
1944-S	2.50	3.00	3.50	4.00	4.50	5.00	6.00	8.00	10.	18.	23.	30.	32.	60.	40.	60.	*
1945	2.50	3.00	3.50	4.00	4.50	5.00	6.00	8.00	10.	18.	20.	4000.	25.	8000.	40.	16000.	*
1945-D	2.50	3.00	3.50	4.00	4.50	5.00	6.00	8.00	10.	13.	18.	25.	25.	40.	50.	60.	*
1945-S	2.50	3.00	3.50	4.00	4.50	5.00	6.00	8.00	10.	13.	18.	30.	30.	125.	35.	175.	*
1945-S Micro S	2.50	3.00	3.50	4.00	5.00	8.00	20.	30.	32.	35.	40.	175.	90.	650.	125.	1100.	*

— = Insufficient pricing data　　* = None issued

Roosevelt dime

Date of authorization: April 2, 1792; July 23, 1965
Dates of issue: 1946-present
Designer/Engraver: John R. Sinnock
Diameter: 17.91 mm/0.71 inch
Weight: (1946-1964, 1992-present silver Proofs only): 2.50 grams/0.08 ounce
(1965-present): 2.27 grams/0.07 ounce
Metallic content: (1946-1964, 1992-present silver Proofs only): 90% silver, 10% copper
(1965-present): 75% copper, 25% nickel clad to pure copper core
Weight of pure silver: (1946-1964, 1992-present silver Proofs only): 2.25 grams/0.07 ounce
Edge: Reeded
Mint mark: (1946-1964): Reverse left of base of torch
(1968-present): Obverse above date

Also, the letter C following a numerical grade for a Proof coin stands for "cameo," while the letters DC stand for "deep cameo." Cameo coins have contrasting surface finishes: mirror fields and frosted devices (raised areas). Deep cameo coins are the ultimate level of cameo, with deeply frosted devices. Cameo and deep cameo coins bring premiums.

ROOSEVELT DIME (CONTINUED)

SILVER

	VF-20	EF-40	AU-50	AU-58	MS-60	MS-63	MS-64	MS-65	MS-66	MS-66B	MS-67	MS-67B	MS-68	MS-68B	MS-69	MS-69B	PF-63	PF-64	PF-65	PF-66	PF-67	PF-68DC	PF-69DC
1946	2.50	3.00	3.50	4.00	5.00	6.00	8.00	15.	30.	—	125.	—	—	—	—	—	*	*	*	*	*	*	*
1946-D	2.50	3.00	3.50	4.00	5.00	6.00	8.00	14.	30.	—	110.	—	—	—	—	—	*	*	*	*	*	*	*
1946-S	2.50	3.00	3.50	4.00	5.00	7.00	10.	20.	35.	—	100.	—	—	—	—	—	*	*	*	*	*	*	*
1947	2.50	3.00	3.50	4.00	7.00	10.	12.	14.	21.	—	65.	—	2000.	—	—	—	*	*	*	*	*	*	*
1947-D	2.50	3.00	3.50	4.00	8.00	10.	10.	15.	20.	—	37.	—	—	—	—	—	*	*	*	*	*	*	*
1947-S	2.50	3.00	3.50	4.00	7.00	9.00	10.	15.	35.	—	125.	—	—	—	—	—	*	*	*	*	*	*	*
1948	2.50	3.00	3.50	4.00	6.00	8.00	10.	14.	35.	—	100.	—	—	—	—	—	*	*	*	*	*	*	*
1948-D	2.50	3.00	3.50	4.00	8.00	10.	12.	15.	21.	—	100.	—	—	—	—	—	*	*	*	*	*	*	*
1948-S	2.50	3.00	3.50	4.00	7.00	9.00	12.	17.	30.	—	120.	2500.	—	—	—	—	*	*	*	*	*	*	*
1949	3.00	6.00	10.	20.	35.	50.	65.	75.	110.	—	135.	—	—	—	—	—	*	*	*	*	*	*	*
1949-D	3.00	4.00	9.00	20.	14.	17.	17.	25.	35.	—	125.	—	—	—	—	—	*	*	*	*	*	*	*
1949-S	4.00	10.	18.	35.	55.	60.	60.	75.	100.	—	200.	—	2500.	—	—	—	*	*	*	*	*	*	*
1950	3.00	4.00	6.00	10.	17.	20.	20.	35.	50.	—	145.	150.	2000.	—	—	—	40.	50.	60.	75.	125.	*	*
1950-D	2.50	3.00	3.50	4.00	7.00	9.00	9.00	15.	30.	—	105.	—	3000.	—	—	—	*	*	*	*	*	*	*
1950-S	4.00	10.	18.	30.	45.	55.	65.	75.	90.	—	150.	—	—	—	—	—	*	*	*	*	*	*	*
1951	2.50	3.00	3.50	4.00	5.00	6.00	12.	12.	40.	—	105.	2000.	—	—	—	—	35.	50.	60.	75.	100.	*	*
1951-D	2.50	4.00	3.50	4.00	5.00	7.00	25.	20.	20.	—	140.	—	—	—	—	—	*	*	*	*	*	*	*
1951-S	3.00	3.00	6.00	9.00	17.	25.	25.	35.	60.	—	125.	—	—	—	—	—	*	*	*	*	*	*	*
1952	2.50	3.00	3.50	4.00	5.00	7.00	10.	24.	40.	—	100.	—	—	—	—	—	30.	35.	40.	60.	80.	*	*
1952-D	2.50	3.00	3.50	4.00	5.00	7.00	9.00	12.	33.	—	40.	—	6000.	—	—	—	*	*	*	*	*	*	*
1952-S	2.50	3.00	3.50	4.00	8.00	10.	12.	15.	43.	—	90.	—	—	—	—	—	*	*	*	*	*	*	*
1953	2.50	3.00	3.50	4.00	8.00	9.00	9.00	13.	20.	—	80.	—	—	—	—	500.	15.	40.	50.	60.	80.	*	*
1953-D	2.50	3.00	3.50	4.00	5.00	7.00	7.00	12.	47.	—	55.	—	—	—	—	—	*	*	*	*	*	*	*
1953-S	2.50	3.00	3.50	4.00	5.00	7.00	7.00	10.	35.	—	75.	—	—	—	—	—	*	*	*	*	*	*	*
1954	2.50	3.00	3.50	4.00	4.50	5.00	7.00	12.	25.	—	40.	—	—	—	—	—	8.00	17.	25.	30.	35.	*	*
1954-D	2.50	3.00	3.50	4.00	4.50	5.00	7.00	12.	15.	—	40.	—	—	—	—	—	*	*	*	*	*	*	*
1954-S	2.50	3.00	3.50	4.00	4.50	5.00	7.00	10.	20.	—	58.	—	—	—	—	—	*	*	*	*	*	*	*
1955	2.50	3.00	3.50	4.00	4.50	5.00	7.00	12.	22.	—	35.	—	—	—	—	—	7.00	15.	20.	25.	30.	—	2000.

—— = Insufficient pricing data   * = None issued

ROOSEVELT DIME (CONTINUED)

	VF-20	EF-40	AU-50	AU-58	MS-60	MS-63	MS-64	MS-65	MS-66	MS-66B	MS-67	MS-67B	MS-68	MS-68B	MS-69	MS-69B	PF-63	PF-64	PF-65	PF-66	PF-67	PF-68C	PF-69C	PF-69DC
1955-D	2.50	3.00	3.50	4.00	4.50	5.00	7.00	10.	21.	—	38.	—	—	—	—	—	*	*	*	*	*	*	*	*
1955-S	2.50	3.00	3.50	4.00	4.50	5.00	8.00	10.	21.	—	75.	—	—	—	—	—	*	*	*	*	*	*	*	*
1956	2.50	3.00	3.50	4.00	4.50	5.00	7.00	8.50	18.	—	50.	—	—	—	—	—	5.00	6.00	12.	17.	21.	—	—	350.
1956-D	2.50	3.00	3.50	4.00	4.50	5.00	7.00	8.00	25.	—	110.	—	—	—	—	—	*	*	*	*	*	*	*	*
1957	2.50	3.00	3.50	4.00	4.50	5.00	7.00	9.00	20.	—	25.	—	—	—	—	—	5.00	6.00	10.	13.	35.	—	60.	475.
1957-D	2.50	3.00	3.50	4.00	4.50	5.00	7.00	7.50	18.	—	70.	—	—	—	—	—	*	*	*	*	*	*	*	*
1958	2.50	3.00	3.50	4.00	4.50	5.00	7.00	12.	25.	—	70.	—	—	—	—	—	5.00	6.00	8.00	10.	16.	—	—	1000.
1958-D	2.50	3.00	3.50	4.00	4.50	5.00	7.00	10.	16.	—	50.	—	—	—	—	—	*	*	*	*	*	*	*	*
1959	2.50	3.00	3.50	4.00	4.50	5.00	7.00	8.50	27.	—	30.	—	—	—	—	—	5.00	6.00	8.00	10.	16.	—	—	200.
1959-D	2.50	3.00	3.50	4.00	4.50	5.00	7.00	9.00	17.	—	30.	—	—	—	—	—	*	*	*	*	*	*	*	*
1960	2.50	3.00	3.50	4.00	4.50	5.00	6.50	9.00	16.	—	30.	—	—	—	—	—	5.00	6.00	8.00	20.	35.	—	—	—
1960 Doubled Die Obverse	*	*	*	*	*	*	*	*	*	*	*	*	*	*	*	*	—	—	—	300.	—	—	—	—
1960-D	2.50	3.00	3.50	4.00	4.50	5.00	6.00	7.00	25.	—	130.	—	—	—	—	—	*	*	*	*	*	*	*	*
1961	2.50	3.00	3.50	4.00	4.50	5.00	6.00	8.50	28.	—	75.	—	—	—	—	—	5.00	6.00	8.00	10.	15.	—	—	150.
1961-D	2.50	3.00	3.50	4.00	4.50	5.00	6.00	8.50	21.	—	55.	—	—	—	—	—	*	*	*	*	*	*	*	*
1962	2.50	3.00	3.50	4.00	4.50	5.00	6.00	7.00	20.	—	115.	—	—	—	—	—	5.00	6.00	8.00	10.	13.	—	100.	300.
1962-D	2.50	3.00	3.50	4.00	4.50	5.00	6.00	6.50	22.	—	65.	—	—	—	—	—	*	*	*	*	*	*	*	*
1963	2.50	3.00	3.50	4.00	4.50	5.00	6.00	7.00	20.	—	100.	—	—	—	—	—	5.00	6.00	8.00	10.	13.	—	250.	350.
1963 Doubled Die Reverse	*	*	*	*	*	*	*	*	*	*	*	*	*	*	*	*	200.	200.	—	—	—	—	—	—
1963-D	2.50	3.00	3.50	4.00	4.50	5.00	6.00	8.50	23.	—	65.	—	—	—	—	—	*	*	*	*	*	*	*	*
1964	2.50	3.00	3.50	4.00	4.50	5.00	6.00	8.50	17.	—	85.	—	—	—	—	—	5.00	6.00	8.00	10.	14.	—	50.	100.
1964 Special Mint Set	*	*	*	*	*	*	*	*	—	—	4000.	—	5500.	—	—	—	—	—	—	—	—	—	—	—
1964-D	2.50	3.00	3.50	4.00	4.50	5.00	6.00	7.00	17.	—	150.	—	—	—	—	—	*	*	*	*	*	*	*	*
1964-D Doubled Die Reverse	—	—	—	250.	—	—	—	—	—	—	—	—	—	—	—	—	—	—	—	—	—	—	—	—

—— = Insufficient pricing data   * = None issued

COPPER-NICKEL CLAD

	AU-50	AU-58	MS-60	MS-63	MS-64	MS-64B	MS-65	MS-65B	MS-66	MS-66B	MS-67	MS-67B	MS-68	PF-63	PF-64	PF-65	PF-67	PF-68DC	PF-69DC	PF-70DC
1965	0.15	—	0.25	0.50	5.00	—	7.00	—	15.	—	50.	—	—	*	*	*	*	*	*	*
1965 Special Mint Set	—	—	—	—	—	—	—	—	40.	—	75.	—	—	*	*	*	*	*	*	*
1966	0.15	—	0.25	0.50	5.00	—	7.50	—	12.	—	60.	—	—	*	*	*	*	*	*	*
1966 Special Mint Set	—	—	—	—	—	—	—	—	40.	—	75.	—	—	*	*	*	*	*	*	*
1967	0.15	—	—	0.50	5.00	—	7.00	—	13.	—	50.	—	—	*	*	*	*	*	*	*
1967 Special Mint Set	—	—	—	—	—	—	—	—	40.	—	75.	—	—	*	*	*	*	*	*	*
1968	0.15	—	0.25	0.50	5.50	—	7.00	—	13.	—	50.	—	—	*	*	*	*	*	*	*
1968-D	0.15	—	0.25	0.50	5.00	—	7.00	—	12.	—	40.	—	60.	*	*	*	*	*	*	*
1968-S	*	*	*	*	*	*	*	*	*	*	*	*	*	2.00	3.00	4.00	8.00	35.	125.	—
1968-S No S	*	*	*	*	*	*	*	*	*	*	*	*	*	7500.	8000.	8500.	—	—	—	—
1969	0.75	—	1.25	2.00	4.00	—	6.00	—	16.	—	75.	—	—	*	*	*	*	*	*	*
1969-D	0.25	—	0.50	1.00	4.00	—	6.00	—	15.	—	70.	—	—	*	*	*	*	*	*	*
1969-S	*	*	*	*	*	*	*	*	*	*	*	*	*	2.00	3.00	4.00	8.00	40.	200.	—
1970	0.15	—	0.25	0.50	4.00	—	6.00	—	17.	—	75.	—	—	*	*	*	*	*	*	*
1970-D	0.15	—	0.25	0.50	4.00	—	6.00	—	12.	—	50.	—	—	*	*	*	*	*	*	*
1970-S	*	*	*	*	*	*	*	*	*	*	*	*	*	2.00	3.00	4.00	8.00	40.	60.	—
1970-S No S	*	*	*	*	*	*	*	*	*	*	*	*	*	900.	950.	1000.	1200.	—	—	—
1971	0.15	—	0.25	0.50	7.00	—	10.	—	12.	—	65.	—	—	*	*	*	*	*	*	*
1971-D	0.15	—	0.25	0.50	4.00	—	9.00	—	16.	—	100.	—	—	*	*	*	*	*	*	*
1971-S	*	*	*	*	*	*	*	*	*	*	*	*	*	2.00	3.00	4.00	8.00	30.	80.	—
1972	0.15	—	0.25	0.50	5.50	—	9.00	—	15.	—	200.	—	—	*	*	*	*	*	*	*
1972-D	0.15	—	0.25	0.50	5.50	—	10.	—	16.	—	85.	—	—	*	*	*	*	*	*	*
1972-S	*	*	*	*	*	*	*	*	*	*	*	*	*	2.00	3.00	4.00	8.00	15.	60.	—
1973	0.15	—	0.25	0.50	4.00	—	7.00	—	11.	—	50.	—	—	*	*	*	*	*	*	*
1973-D	0.15	—	0.25	0.50	4.00	—	6.50	—	11.	—	170.	—	—	*	*	*	*	*	*	*
1973-S	*	*	*	*	*	*	*	*	*	*	*	*	*	2.00	3.00	4.00	8.00	17.	80.	1700.
1974	0.15	—	0.25	0.50	4.00	—	6.50	—	11.	—	50.	—	—	*	*	*	*	*	*	*
1974-D	0.15	—	0.25	0.50	4.00	—	5.00	—	11.	—	50.	—	—	*	*	*	*	*	*	*
1974-S	*	*	*	*	*	*	*	*	*	*	*	*	*	2.00	3.00	4.00	8.00	16.	35.	1700.

—— = Insufficient pricing data   * = None issued

ROOSEVELT DIME (CONTINUED)

	AU-50	AU-58	MS-60	MS-63	MS-64	MS-64B	MS-65	MS-65B	MS-66	MS-66B	MS-67	MS-67B	MS-68	PF-63	PF-64	PF-65	PF-67	PF-68	PF-68DC	PF-70DC
1975	0.15	—	—	0.25	0.50	—	4.00	—	5.00	—	10.	—	50.	*	*	*	*	*	*	*
1975-D	0.15	—	—	0.25	0.50	—	4.00	—	5.00	—	11.	—	75.	*	*	*	*	*	*	*
1975-S	*	*	*	*	*	*	*	*	*	*	*	*	*	2.00	3.00	4.00	8.00	14.	30.	—
1975-S No S	*	*	*	*	*	*	*	*	*	*	*	*	*	35000.	40000.	45000.	*	*	*	*
1976	0.15	—	—	0.25	0.50	—	4.00	—	5.00	—	11.	—	50.	*	*	*	*	*	*	*
1976-D	0.15	—	—	0.25	0.50	—	4.00	—	5.50	—	11.	—	150.	*	*	*	*	*	*	*
1976-S	*	*	*	*	*	*	*	*	*	*	*	*	*	2.00	3.00	4.00	7.00	14.	30.	1000.
1977	0.15	—	—	0.25	0.50	—	4.00	—	5.50	—	10.	—	50.	*	*	*	*	*	*	*
1977-D	0.15	—	—	0.25	0.50	—	4.00	—	9.50	—	11.	—	50.	*	*	*	*	*	*	*
1977-S	*	*	*	*	*	*	*	*	*	*	*	*	*	2.00	3.00	4.00	8.00	12.	20.	800.
1978	0.15	—	—	0.25	0.50	—	4.00	—	5.50	—	10.	—	80.	*	*	*	*	*	*	*
1978-D	0.15	—	—	0.25	0.50	—	4.00	—	5.00	—	6.25	—	65.	*	*	*	*	*	*	*
1978-S	*	*	*	*	*	*	*	*	*	*	*	*	*	2.00	3.00	4.00	8.00	12.	20.	300.
1979	0.15	—	—	0.25	0.50	—	4.00	—	6.00	—	9.50	—	50.	*	*	*	*	*	*	*
1979-D	0.15	—	—	0.25	0.50	—	4.00	—	5.50	—	9.00	—	80.	*	*	*	*	*	*	*
1979-S Filled S	*	*	*	*	*	*	*	*	*	*	*	*	*	2.00	3.00	4.00	—	—	20.	350.
1979-S Clear S	*	*	*	*	*	*	*	*	*	*	*	*	*	2.00	3.00	4.00	—	—	30.	300.
1980-P	0.15	—	—	0.25	0.50	—	5.00	—	10.	—	12.	—	50.	*	*	*	*	*	*	*
1980-D	0.15	—	—	0.25	0.50	—	3.00	—	4.75	—	13.	—	50.	*	*	*	*	*	*	*
1980-S	*	*	*	*	*	*	*	*	*	*	*	*	*	2.00	3.00	4.00	8.00	11.	17.	600.
1981-P	0.15	—	—	0.25	0.50	—	3.00	—	4.50	—	9.00	—	125.	*	*	*	*	*	*	*
1981-D	0.15	—	—	0.25	0.50	—	3.00	—	4.50	—	10.	—	30.	*	*	*	*	*	*	*
1981-S	*	*	*	*	*	*	*	*	*	*	*	*	*	2.00	3.00	4.00	8.00	11.	20.	350.
1982 No Mint mark	80.	—	100.	125.	165.	—	200.	—	300.	—	800.	—	2500.	*	*	*	*	*	*	*
1982-P	0.15	—	—	0.25	0.50	—	3.00	—	5.00	—	15.	—	65.	*	*	*	*	*	*	*
1982-D	0.15	—	—	0.25	0.50	—	4.00	—	4.00	—	14.	—	45.	*	*	*	*	*	*	*
1982-S	*	*	*	*	*	*	*	*	*	*	*	*	*	2.00	3.00	4.00	—	14.	20.	—
1983-P	0.15	—	—	0.25	0.50	—	3.00	—	4.00	—	14.	—	45.	*	*	*	*	*	*	*
1983-D	0.15	—	—	0.25	0.50	—	3.00	—	4.00	—	10.	—	45.	*	*	*	*	*	*	*
1983-S	*	*	*	*	*	*	*	*	*	*	*	*	*	2.00	3.00	4.00	—	12.	20.	300.

—— = Insufficient pricing data   * = None issued

	AU-50	AU-56	MS-60	MS-63	MS-64	MS-64B	MS-65	MS-65B	MS-66	MS-66B	MS-67	MS-67B	MS-68	PF-63	PF-64	PF-65	PF-67	PF-68DC	PF-69DC	PF-70DC
1983-S No S	*	*	*	*	*	*	*	*	*	*	*	*	*	800.	900.	1000.	—	—	2000.	*
1984-P	0.15	0.25	0.25	0.50	3.00	—	4.00	—	10.	—	45.	—	—	*	*	*	*	*	*	*
1984-D	0.15	0.25	0.25	0.50	3.00	—	4.00	—	10.	—	45.	—	—	*	*	*	*	*	*	*
1984-S	*	*	*	*	*	*	*	*	*	*	*	*	*	2.00	3.00	4.00	12.	*	20.	250.
1985-P	0.15	0.25	0.25	0.50	3.00	—	4.25	—	10.	—	57.	—	—	*	*	*	*	*	*	*
1985-D	0.15	0.25	0.25	0.50	3.00	—	4.00	—	10.	—	65.	—	—	*	*	*	*	*	*	*
1985-S	*	*	*	*	*	*	*	*	*	*	*	*	*	2.00	3.00	4.00	12.	*	20.	300.
1986-P	0.15	0.25	0.25	0.50	3.00	—	4.00	—	9.50	—	45.	—	—	*	*	*	*	*	*	*
1986-D	0.15	0.25	0.25	0.50	3.00	—	4.00	—	10.	—	45.	—	—	*	*	*	*	*	*	*
1986-S	*	*	*	*	*	*	*	*	*	*	*	*	*	3.00	4.00	5.00	12.	*	20.	200.
1987-P	0.15	0.25	0.25	0.50	3.00	—	4.00	—	10.	—	50.	—	180.	*	*	*	*	*	*	*
1987-D	0.15	0.25	0.25	0.50	3.00	—	4.00	—	10.	—	35.	—	—	*	*	*	*	*	*	*
1987-S	*	*	*	*	*	*	*	*	*	*	*	*	*	2.00	3.00	4.00	12.	*	20.	300.
1988-P	0.15	0.25	0.25	0.50	3.00	—	4.00	—	10.	—	85.	—	—	*	*	*	*	*	*	*
1988-D	0.15	0.25	0.25	0.50	3.00	—	4.00	—	10.	—	100.	—	—	*	*	*	*	*	*	*
1988-S	*	*	*	*	*	*	*	*	*	*	*	*	*	3.00	4.00	5.00	12.	*	20.	500.
1989-P	0.15	0.25	0.25	0.50	3.00	—	5.00	—	10.	—	35.	—	135.	*	*	*	*	*	*	*
1989-D	0.15	0.25	0.25	0.50	3.00	—	9.00	—	10.	—	35.	—	—	*	*	*	*	*	*	*
1989-S	*	*	*	*	*	*	*	*	*	*	*	*	*	4.00	5.00	6.00	11.	*	20.	350.
1990-P	0.15	0.25	0.25	0.50	3.00	—	5.00	—	10.	—	40.	—	—	*	*	*	*	*	*	*
1990-D	0.15	0.25	0.25	0.50	3.00	—	4.25	—	10.	—	50.	—	—	*	*	*	*	*	*	*
1990-S	*	*	*	*	*	*	*	*	*	*	*	*	*	2.00	3.00	4.00	14.	*	20.	150.
1991-P	0.15	0.25	0.25	0.50	3.00	—	5.00	—	10.	—	45.	—	—	*	*	*	*	*	*	*
1991-D	0.15	0.25	0.25	0.50	3.00	—	5.00	—	10.	—	45.	—	—	*	*	*	*	*	*	*
1991-S	*	*	*	*	*	*	*	*	*	*	*	*	*	3.00	4.00	4.00	12.	*	20.	200.
1992-P	0.15	0.25	0.25	0.50	3.00	—	5.00	—	11.	—	75.	—	—	*	*	*	*	*	*	*
1992-D	0.15	0.25	0.25	0.50	3.00	—	5.50	—	10.	—	65.	—	—	*	*	*	*	*	*	*
1992-S Clad	*	*	*	*	*	*	*	*	*	*	*	*	*	3.00	4.00	5.00	11.	*	20.	175.
1992-S Silver	*	*	*	*	*	*	*	*	*	*	*	*	*	4.00	5.00	6.00	14.	*	20.	500.
1993-P	0.15	0.25	—	0.50	3.00	—	5.00	—	10.	—	60.	—	—	*	*	*	*	*	*	*

—— = Insufficient pricing data   * = None issued

ROOSEVELT DIME (CONTINUED)

	AU-50	MS-60	MS-63	MS-64	MS-64B	MS-65	MS-65B	MS-66	MS-66B	MS-67	MS-67B	MS-68	PF-63	PF-64	PF-65	PF-67	PF-68C	PF-69C	PF-70DC
1993-D	0.15	0.25	0.50	3.00	—	4.00	—	10.	—	50.	—	—	*	*	*	*	*	*	*
1993-S Clad	*	*	*	*	*	*	*	*	*	*	*	*	4.00	5.00	6.00	7.00	11.	20.	250.
1993-S Silver	*	*	*	*	*	*	*	*	*	*	*	*	6.00	7.00	8.00	10.	14.	20.	350.
1994-P	0.15	0.25	0.50	3.00	—	4.00	—	10.	—	50.	—	—	*	*	*	*	*	*	*
1994-D	0.15	0.25	0.50	3.00	—	4.00	—	10.	—	50.	—	—	*	*	*	*	*	*	*
1994-S Clad	*	*	*	*	*	*	*	*	*	*	*	*	5.00	6.00	7.00	9.00	14.	20.	250.
1994-S Silver	*	*	*	*	*	*	*	*	*	*	*	*	6.00	7.00	8.00	10.	14.	21.	300.
1995-P	0.15	0.25	0.50	3.00	—	5.00	—	8.00	—	75.	—	—	*	*	*	*	*	*	*
1995-D	0.15	0.25	0.50	3.00	—	5.00	—	10.	—	100.	—	—	*	*	*	*	*	*	*
1995-S Clad	*	*	*	*	*	*	*	*	*	*	*	*	15.	17.	20.	25.	35.	40.	300.
1995-S Silver	*	*	*	*	*	*	*	*	*	*	*	*	20.	25.	30.	40.	60.	70.	500.
1996-P	0.15	0.25	0.50	3.00	—	4.00	—	10.	—	55.	—	125.	*	*	*	*	*	*	*
1996-W	—	0.25	—	13.	—	20.	—	35.	—	75.	—	225.	*	*	*	*	*	*	*
1996-D	0.15	0.25	0.50	3.00	—	4.00	—	10.	—	20.	—	220.	*	*	*	*	*	*	*
1996-S Clad	*	*	*	*	*	*	*	*	*	*	*	*	3.00	4.00	5.00	7.00	11.	20.	450.
1996-S Silver	*	*	*	*	*	*	*	*	*	*	*	*	6.00	7.00	8.00	10.	14.	20.	300.
1997-P	0.15	0.25	0.50	3.00	—	5.00	—	13.	—	110.	—	—	*	*	*	*	*	*	*
1997-D	0.15	0.25	0.50	2.00	—	3.00	—	7.00	—	125.	—	—	*	*	*	*	*	*	*
1997-S Clad	*	*	*	*	*	*	*	*	*	*	*	*	12.	15.	18.	20.	30.	35.	400.
1997-S Silver	*	*	*	*	*	*	*	*	*	*	*	*	18.	20.	25.	30.	40.	40.	250.
1998-P	0.15	0.25	0.50	2.00	—	3.00	—	7.00	—	30.	—	—	*	*	*	*	*	*	*
1998-D	0.15	0.25	0.50	2.00	—	3.00	—	9.00	—	27.	—	135.	*	*	*	*	*	*	*
1998-S Clad	*	*	*	*	*	*	*	*	*	*	*	*	4.00	5.00	6.00	8.00	11.	20.	550.
1998-S Silver	*	*	*	*	*	*	*	*	*	*	*	*	5.00	6.00	7.00	9.00	14.	24.	400.
1999-P	0.15	0.25	0.50	2.00	—	3.00	—	7.00	—	22.	—	—	*	*	*	*	*	*	*
1999-D	0.15	0.25	0.50	2.00	—	3.00	—	7.00	—	22.	—	—	*	*	*	*	*	*	*
1999-S Clad	*	*	*	*	*	*	*	*	*	*	*	*	3.00	4.00	5.00	7.00	11.	20.	400.
1999-S Silver	*	*	*	*	*	*	*	*	*	*	*	*	5.00	6.00	7.00	9.00	14.	24.	500.
2000-P	0.15	0.25	0.50	2.00	—	3.00	—	10.	—	22.	—	200.	*	*	*	*	*	*	*
2000-D	0.15	0.25	0.50	2.00	—	3.00	—	7.00	—	22.	—	—	*	*	*	*	*	*	*

—— = Insufficient pricing data   * = None issued

	AU-50	MS-58	MS-60	MS-63	MS-64	MS-64B	MS-65	MS-65B	MS-66B	MS-66	MS-66B	MS-67	MS-67B	MS-68	PF-63	PF-64	PF-65	PF-67	PF-68DC	PF-69DC	PF-70DC
2000-S Clad	*	*	*	*	*	*	*	*	*	*	*	*	*	*	2.00	3.00	4.00	6.00	11.	20.	500.
2000-S Silver	*	*	*	*	*	*	*	*	*	*	*	*	*	*	4.00	5.00	6.00	8.00	14.	23.	250.
2001-P	.15	—	.25	.50	2.00	—	3.00	—	—	11.	—	22.	—	230.	*	*	*	*	*	*	*
2001-D	.15	—	.25	.50	2.00	—	3.00	—	—	13.	—	22.	—	200.	*	*	*	*	*	*	*
2001-S Clad	*	*	*	*	*	*	*	*	*	*	*	*	*	*	2.00	3.00	4.00	6.00	11.	12.	400.
2001-S Silver	*	*	*	*	*	*	*	*	*	*	*	*	*	*	4.00	5.00	6.00	8.00	14.	31.	450.
2002-P	.15	—	.25	.50	2.00	—	3.00	—	—	7.00	—	20.	—	—	*	*	*	*	*	*	*
2002-D	.15	—	.25	.50	2.00	—	3.00	—	—	7.00	—	20.	—	—	*	*	*	*	*	*	*
2002-S Clad	*	*	*	*	*	*	*	*	*	*	*	*	*	*	2.00	3.00	4.00	5.00	10.	12.	500.
2002-S Silver	*	*	*	*	*	*	*	*	*	*	*	*	*	*	3.00	5.00	6.00	7.50	12.	25.	400.
2003-P	.15	—	.25	.50	2.00	—	3.00	—	—	7.00	—	20.	—	—	*	*	*	*	*	*	*
2003-D	.15	—	.25	.50	2.00	—	3.00	—	—	7.00	—	20.	—	—	*	*	*	*	*	*	*
2003-S Clad	*	*	*	*	*	*	*	*	*	*	*	*	*	*	2.00	3.00	4.00	6.00	11.	12.	400.
2003-S Silver	*	*	*	*	*	*	*	*	*	*	*	*	*	*	4.00	5.00	6.00	8.00	14.	30.	125.
2004-P	.15	—	.25	.50	2.00	—	2.50	—	—	5.00	—	18.	—	—	*	*	*	*	*	*	*
2004-D	.15	—	.25	.50	2.00	—	2.50	—	—	5.00	—	18.	—	—	*	*	*	*	*	*	*
2004-S Clad	*	*	*	*	*	*	*	*	*	*	*	*	*	*	2.00	3.00	4.00	6.00	11.	12.	400.
2004-S Silver	*	*	*	*	*	*	*	*	*	*	*	*	*	*	4.00	5.00	6.00	8.00	11.	30.	125.
2005-P	.15	—	—	3.00	4.00	—	5.00	—	—	7.00	11.	14.	19.	17.	*	*	*	*	*	*	*
2005-P Satin Finish	—	—	.25	.75	2.00	5.00	2.50	5.00	8.00	6.00	—	10.	—	—	*	*	*	*	*	*	*
2005-D	.15	—	—	3.00	4.00	—	5.00	—	—	6.00	10.	15.	20.	18.	*	*	*	*	*	*	*
2005-D Satin Finish	—	—	.25	.75	2.00	5.00	2.50	5.00	8.00	9.00	14.	10.	—	18.	*	*	*	*	*	*	*
2005-S Clad	*	*	*	*	*	*	*	*	*	*	*	*	*	*	—	—	4.00	6.00	—	25.	150.
2005-S Silver	*	*	*	*	*	*	*	*	*	*	*	*	*	*	—	—	4.00	6.00	—	30.	200.
2006-P	.15	—	.25	2.00	4.00	—	2.50	—	—	6.00	10.	10.	—	18.	*	*	*	*	*	*	*
2006-P Satin Finish	—	—	—	3.00	4.00	5.00	5.00	5.00	7.00	6.00	—	10.	—	—	*	*	*	*	*	*	*
2006-D	.15	—	.25	2.00	4.00	—	2.50	—	—	6.00	10.	10.	12.	11.	*	*	*	*	*	*	*
2006-D Satin Finish	—	—	—	3.00	4.00	5.00	5.00	5.00	7.00	9.00	11.	—	—	18.	*	*	*	*	*	*	*
2006-S Clad	*	*	*	*	*	*	*	*	*	*	*	*	*	*	—	—	—	—	—	—	175.
2006-S Silver	*	*	*	*	*	*	*	*	*	*	*	*	*	*	—	—	—	—	—	—	350.

—— = Insufficient pricing data   * = None issued

ROOSEVELT DIME (CONTINUED)

	AU-50	AU-58	MS-60	MS-63	MS-64	MS-FAB	MS-65	MS-65B	MS-66	MS-66B	MS-67	MS-67B	MS-68	PF-63	PF-64	PF-65	PF-67	PF-68DC	PF-69DC	PF-70DC
2007-P	0.15	—	0.25	0.75	2.00	—	2.50	—	6.00	—	10.	—	18.	*	*	*	*	*	*	*
2007-P Satin Finish	—	—	—	3.00	3.50	4.00	4.00	5.00	6.00	7.00	7.00	8.00	—	*	*	*	*	*	*	*
2007-D	0.15	—	0.25	0.75	2.00	—	2.50	—	6.00	—	10.	—	18.	*	*	*	*	*	*	*
2007-D Satin Finish	—	—	—	3.00	3.50	4.00	4.00	5.00	6.00	7.00	7.00	8.00	—	*	*	*	*	*	*	*
2007-S Clad	*	*	*	*	*	*	*	*	*	*	*	*	*	2.00	2.50	3.00	—	9.00	15.	—
2007-S Silver	*	*	*	*	*	*	*	*	*	*	*	*	*	3.50	4.00	5.00	—	11.	20.	—
2008-P	—	—	0.35	0.40	0.50	—	1.00	—	1.25	—	4.00	—	8.00	*	*	*	*	*	*	*
2008-P Satin Finish	—	—	—	*	*	—	—	—	—	—	—	—	—	*	*	*	*	*	*	*
2008-D	—	—	0.35	0.40	0.50	—	1.00	—	1.25	—	4.00	—	—	*	*	*	*	*	*	*
2008-D Satin Finish	—	—	—	*	*	—	—	—	—	—	—	—	—	*	*	*	*	*	*	*
2008-S Clad	*	*	*	*	*	*	*	*	*	*	*	*	*	—	—	1.50	2.50	6.50	11.	20.
2008-S Silver	*	*	*	*	*	*	*	*	*	*	*	*	*	—	—	2.00	3.25	8.00	13.	23.

—— = Insufficient pricing data   * = None issued

Seated Liberty 20 cents

Date of authorization: March 3, 1875
Dates of issue: 1875-1876
Designers: Obverse: Thomas Sully-Christian Gobrecht-Robert Ball Hughes-William Barber
Reverse: William Barber
Engraver: William Barber
Diameter: 22.50 mm/0.89 inch
Weight: 5.00 grams/0.16 ounce
Metallic content: 90% silver, 10% copper
Weight of pure silver: 4.50 grams/0.14 ounce
Edge: Plain
Mint mark: Reverse below eagle

SEATED LIBERTY 20 CENTS (CONTINUED)

	G-4	VG-8	F-12	VF-20	EF-40	AU-50	MS-60	MS-62	MS-63	MS-64	MS-65	MS-66	PF-63	PF-65
1875	250.	300.	350.	450.	600.	900.	1200.	1500.	2000.	4500.	8500.	13000.	4000.	10000.
1875-CC	425.	475.	600.	750.	1100.	1600.	2000.	3000.	4500.	9000.	15000.	—	*	*
1875-S	125.	150.	175.	225.	300.	400.	700.	1100.	1500.	2500.	6000.	14000.	100000.	250000.
1876	250.	300.	375.	450.	550.	700.	1300.	1500.	2000.	4000.	7000.	17000.	4500.	11000.
1876-CC	—	—	—	—	—	—	*	*	*	350000.	450000.	*	*	*
1877 Proof Only	2500.	3000.	3500.	4000.	4500.	5000.	*	*	*	*	*	*	7000.	15000.
1878 Proof Only	2000.	2500.	3000.	3500.	3500.	4000.	*	*	*	*	*	*	5500.	12000.

—— = Insufficient pricing data   * = None issued

Draped Bust quarter dollar

Small Eagle

Heraldic Eagle

Date of authorization: April 2, 1792
Dates of issue: 1796, 1804-1807
Designers: Obverse: Gilbert Stuart-Robert Scot
Reverse:
(1796): Robert Scot-John Eckstein
(1804-1807): Robert Scot
Engraver: Robert Scot
Diameter: 27 mm/1.07 inches
Weight: 6.74 grams/0.22 ounce
Metallic content: 89.25% silver, 10.75% copper
Weight of pure silver: 6.02 grams/0.19 ounce
Edge: Reeded
Mint Mark: None

SMALL EAGLE

	G-4	VG-8	F-12	VF-20	EF-40	AU-50	AU-55	MS-60	MS-62	MS-63	MS-64	MS-65
1796	15000.	25000.	35000.	40000.	50000.	65000.	70000.	90000.	110000.	135000.	175000.	300000.

HERALDIC EAGLE

	G-4	VG-8	F-12	VF-20	EF-40	AU-50	AU-55	MS-60	MS-62	MS-63	MS-64
1804		5500.	8500.	11000.	18000.	35000.	60000.	70000.	100000.	150000.	200000.	275000.
1805		600.	800.	1500.	2000.	4000.	4500.	7500.	15000.	20000.	25000.	50000.
1806/5		700.	900.	1700.	2500.	5000.	7000.	8000.	18000.	25000.	35000.	75000.
1806		600.	800.	1500.	2000.	3500.	5000.	7500.	15000.	20000.	25000.	40000.
1807		600.	800.	1500.	2000.	3500.	5000.	7500.	15000.	20000.	25000.	40000.

Capped Bust quarter dollar

Date of authorization: April 2, 1792
Dates of issue: 1815-1838
Designer/Engraver: John Reich
Diameter: 1815-1828: 27.00 mm/1.07 inches
1831-1838: 24.26 mm/0.96 inch
Weight: 6.74 grams/0.22 ounce
Metallic content: 89.25% silver, 10.75% copper
Weight of pure silver: 6.02 grams/0.19 ounce
Edge: Reeded
Mint mark: None

CAPPED BUST QUARTER DOLLAR (CONTINUED)

MOTTO, OPEN COLLAR STRIKE

	G-4	VG-8	F-12	VF-20	EF-40	AU-50	AU-55	MS-60	MS-62	MS-63	MS-64	MS-65
1815	110.	150.	300.	800.	2000.	2500.	3000.	4000.	5000.	9000.	17000.	45000.
1818/5	110.	150.	300.	800.	2000.	2500.	3500.	5550.	6500.	12000.	20000.	45000.
1818	110.	150.	300.	800.	2500.	2500.	3000.	4000.	5000.	9000.	15000.	40000.
1819 Small 9	150.	250.	500.	1200.	2500.	3000.	4500.	9000.	9000.	12000.	18000.	40000.
1819 Large 9	250.	400.	800.	2000.	3000.	3500.	5000.	9000.	12000.	15000.	25000.	40000.
1820 Small 0	110.	150.	300.	800.	2000.	2500.	3000.	4000.	6000.	10000.	20000.	50000.
1821	110.	150.	300.	800.	2000.	2500.	3000.	4000.	5000.	10000.	20000.	50000.
1820 Large 0	110.	150.	300.	800.	2000.	2500.	3000.	4000.	5000.	12000.	17000.	35000.
1822	110.	150.	300.	800.	2000.	3000.	4000.	6000.	6500.	12000.	—	—
1822 25/50c	5500.	7500.	10000.	15000.	18000.	22000.	30000.	60000.	75000.	100000.	—	—
1823/2	60000.	75000.	90000.	125000.	150000.	175000.	200000.	—	—	—	—	—
1824/2	900.	1500.	2500.	3500.	6000.	10000.	14000.	20000.	35000.	—	—	—
1825/2	200.	300.	500.	3000.	6000.	10000.	14000.	25000.	35000.	50000.	—	—
1825/3	200.	250.	400.	900.	1800.	2500.	5000.	7500.	—	—	—	—
1825/4	75.	100.	140.	325.	1500.	2000.	3000.	4000.	5000.	10000.	15000.	30000.
1827/3 Original, Proof Only	—	—	—	100000.	125000.	150000.	175000.	*	*	*	*	*
1827/3 Restrike, Proof Only	—	—	—	—	—	—	—	*	*	*	*	*
1828	125.	200.	300.	800.	1500.	2000.	3500.	5500.	8000.	12000.	15000.	30000.
1828 25/50c	300.	400.	1000.	2500.	3500.	6000.	8000.	15000.	25000.	—	—	—

NO MOTTO, CLOSE COLLAR STRIKE

	G-4	VG-8	F-12	VF-20	EF-40	AU-50	AU-55	MS-60	MS-62	MS-63	MS-64	MS-65
1831 Small Letters	100.	125.	150.	250.	500.	1000.	1500.	2500.	4000.	6000.	11000.	30000.
1831 Large Letters	150.	200.	250.	400.	750.	1200.	1800.	3500.	4000.	4500.	10000.	—
1832	100.	125.	150.	250.	500.	1000.	1200.	2000.	3500.	7000.	12000.	—
1833	125.	150.	200.	300.	600.	1200.	1500.	2500.	4000.	8000.	15000.	30000.
1833 O/F in OF	250.	350.	500.	700.	1200.	2000.	2500.	—	—	—	—	—
1834	100.	125.	150.	250.	500.	1000.	1200.	2000.	3500.	7000.	12000.	27000.
1834 O/F in OF	200.	250.	300.	500.	1000.	2000.	2500.	—	—	—	—	—
1835	100.	125.	150.	250.	500.	1000.	1200.	2000.	3500.	7000.	10000.	20000.
1836	100.	125.	150.	250.	500.	1000.	1200.	2000.	3500.	7000.	10000.	20000.
1837	100.	125.	150.	250.	500.	1000.	1200.	2000.	3500.	7000.	10000.	20000.
1838	100.	125.	150.	250.	500.	1000.	1200.	2000.	3500.	7000.	10000.	20000.

—— = Insufficient pricing data   * = None issued

Seated Liberty quarter dollar

Date of authorization: April 2, 1792
Dates of issue: 1838-1891
Designers: (1838-1840):
Obverse: Thomas Sully-Christian Gobrecht
Reverse: John Reich-William Kneass-Gobrecht-Sully
(1840-1891):
Obverse: Robert B. Hughes-Gobrecht-Sully
Reverse: Hughes-Gobrecht-Sully
Engravers: Obverse: Christian Gobrecht
Reverse:
(1838-1853): Christian Gobrecht
(1853-1891): James B. Longacre
Diameter: 24.26 mm/0.96 inch
Weight: (1838-1873): 6.22 grams/0.20 ounce
(1873-1891): 6.25 grams/0.20 ounce
Metallic content: 90% silver, 10% copper
Weight of pure silver: (1838-1873): 5.60 grams/0.18 ounce
(1873-1891): 5.63 grams/0.18 ounce
Edge: Reeded
Mint mark: Reverse below eagle

Arrows at date,
Rays on reverse

SEATED LIBERTY QUARTER DOLLAR (CONTINUED)

	G-4	VG-8	F-12	VF-20	EF-40	AU-50	AU-55	AU-58	MS-60	MS-62	MS-63	MS-64	MS-65	PF-63	PF-64	PF-65
NO DRAPERY AT ELBOW																
1838	35.	40.	55.	110.	375.	600.	800.	1000.	1500.	4000.	6000.	10000.	35000.	*	*	*
1839	35.	40.	50.	100.	350.	600.	800.	900.	1200.	2500.	5000.	10000.	35000.	*	*	*
1840-O	40.	50.	80.	125.	450.	750.	1000.	1100.	1500.	4000.	7500.	15000.	—	*	*	*
DRAPERY AT ELBOW																
1840	25.	35.	75.	125.	250.	400.	600.	700.	1000.	3500.	5000.	10000.	12000.	25000.	35000.	45000.
1840-O Small O	35.	50.	100.	125.	300.	550.	800.	900.	1200.	2500.	5000.	7500.	30000.	*	*	*
1840-O Large O	300.	360.	600.	1100.	—	—	—	—	—	—	—	—	—	*	*	*
1841	50.	100.	150.	200.	350.	450.	700.	800.	1100.	2000.	3500.	4500.	7000.	*	*	*
1841-O	28.	50.	60.	100.	200.	350.	500.	600.	800.	2000.	4500.	9000.	—	*	*	*
1842 Small Date, Proof Only	*	*	*	*	*	*	*	*	*	*	*	*	*	50000.	75000.	100000.
1842 Large Date	100.	125.	200.	300.	400.	900.	1500.	2000.	3000.	4500.	6500.	10000.	14000.	*	*	*
1842-O Small Date	400.	600.	1200.	2000.	4750.	7500.	9000.	12000.	17000.	—	—	—	—	*	*	*
1842-O Large Date	28.	50.	55.	75.	200.	600.	900.	1400.	2000.	4000.	6000.	10000.	—	*	*	*
1843	22.	30.	50.	75.	100.	200.	300.	400.	600.	700.	1200.	2500.	8500.	—	35000.	45000.
1843-O Small O	30.	50.	65.	125.	300.	900.	—	1800.	2500.	4000.	7500.	10000.	16000.	*	*	*
1843-O Large O	75.	110.	200.	400.	800.	—	—	—	—	—	7500.	18500.	—	*	*	*
1844	22.	30.	50.	75.	100.	200.	300.	400.	600.	700.	1500.	4000.	6000.	*	*	*
1844-O	30.	45.	60.	100.	200.	400.	600.	900.	1600.	2500.	4000.	6000.	—	*	*	*
1845	22.	30.	50.	75.	100.	200.	300.	400.	600.	700.	1500.	3000.	6000.	*	*	*
1845/5	30.	35.	40.	55.	115.	275.	325.	450.	725.	—	1500.	3500.	—	*	—	32000.
1846	25.	30.	50.	75.	100.	200.	300.	400.	600.	800.	1500.	3500.	10000.	*	—	27500.
1846/1846	22.	30.	75.	80.	155.	325.	500.	—	—	—	1500.	3500.	—	—	15000.	27500.
1847	22.	30.	50.	75.	100.	200.	300.	400.	600.	700.	2000.	3500.	9000.	*	*	*
1847-O	25.	35.	55.	85.	125.	285.	475.	—	3500.	5000.	7500.	18000.	22000.	*	*	*
1848 Triple Date	35.	50.	75.	150.	400.	800.	1500.	2000.	3500.	5000.	7500.	18000.	—	*	*	*
1848/1848	40.	55.	90.	140.	210.	400.	550.	700.	1050.	1550.	2850.	—	—	*	*	*
1849	22.	30.	50.	100.	200.	300.	500.	700.	1000.	1600.	2000.	5000.	10000.	15000.	—	27500.

—— = Insufficient pricing data   * = None issued

SEATED LIBERTY QUARTER DOLLAR (CONTINUED)

	G-4	VG-8	F-12	VF-20	EF-40	AU-50	AU-55	AU-58	MS-60	MS-62	MS-63	MS-64	MS-65	PF-63	PF-64	PF-65
1849-O	400.	60.	1000.	1800.	3500.	6000.	7000.	7500.	8000.	12000.	17000.	25000.	—	*	*	*
1850	30.	60.	100.	150.	250.	350.	550.	700.	1000.	2000.	4000.	6000.	12000.	*	*	*
1850-O	25.	100.	100.	150.	200.	500.	850.	1100.	1500.	3000.	4000.	12000.	15000.	*	*	*
1851	50.	100.	150.	200.	300.	500.	650.	800.	1400.	2000.	3000.	6500.	—	*	*	*
1851-O	200.	300.	500.	1000.	2000.	3500.	5000.	7000.	10000.	18000.	35000.	—	—	*	*	*
1852	60.	100.	125.	200.	300.	400.	600.	700.	900.	1100.	2000.	4000.	12000.	*	*	*
1852-O	200.	300.	500.	1000.	2000.	4500.	6000.	8000.	12000.	20000.	25000.	—	—	*	*	*
1853/53 Recut Date	300.	400.	600.	900.	1500.	2500.	3000.	3500.	4000.	5000.	7000.	11000.	15000.	*	*	*
ARROWS AND RAYS																
1853	22.	30.	50.	75.	175.	350.	500.	700.	1000.	1500.	2500.	5000.	12000.	62500.	92500.	—
1853/1854	75.	100.	200.	300.	700.	1200.	2000.	2500.	3500.	5000.	12000.	25000.	—	*	*	*
1853-O	22.	50.	60.	100.	400.	1200.	1800.	2400.	3000.	3500.	10000.	20000.	30000.	*	*	*
1853-O/Horizontal O	30.	60.	90.	150.	500.	1800.	—	—	—	—	—	—	—	*	*	*
ARROWS, NO RAYS																
1854	22.	30.	50.	85.	125.	400.	500.	600.	800.	1200.	2500.	4000.	12000.	8500.	14000.	24000.
1854-O Large O	22.	50.	60.	100.	150.	600.	800.	900.	1200.	2000.	3000.	6000.	—	*	*	*
1854-O Huge O	1000.	1500.	3000.	5000.	8500.	13000.	15000.	16000.	18000.	21000.	25000.	—	—	*	*	*
1855	22.	30.	50.	75.	100.	300.	400.	500.	700.	1000.	2500.	5000.	7500.	12500.	18000.	28500.
1855-O	50.	75.	125.	350.	750.	2500.	4000.	7000.	12000.	15000.	20000.	35000.	—	*	*	*
1855-S	45.	65.	100.	200.	500.	1200.	2000.	2400.	3000.	5000.	11000.	15000.	20000.	*	*	*
DRAPERY AT ELBOW																
1856	22.	28.	35.	50.	100.	200.	250.	300.	400.	500.	700.	2000.	4500.	3150.	7000.	11000.
1856-O	22.	45.	55.	75.	125.	400.	600.	800.	1200.	2000.	3000.	7500.	10000.	*	*	*
1856-S	45.	75.	100.	200.	500.	1500.	4000.	5000.	7000.	9000.	15000.	20000.	—	*	*	*
1856-S Large S/Small S	75.	100.	200.	400.	1000.	2000.	—	—	—	—	—	—	—	*	*	*
1857	22.	28.	35.	50.	100.	200.	250.	300.	400.	500.	700.	1500.	4500.	3000.	5650.	9500.
1857-O	22.	45.	55.	65.	125.	350.	600.	800.	1200.	2000.	3000.	6000.	—	*	*	*

—— = Insufficient pricing data   * = None issued

SEATED LIBERTY QUARTER DOLLAR (CONTINUED)

	G-4	VG-8	F-12	VF-20	EF-40	AU-50	AU-55	AU-58	MS-60	MS-62	MS-63	MS-64	MS-65	PF-63	PF-64	PF-65
1857-S	60.	125.	250.	400.	600.	1200.	2000.	2400.	3000.	5000.	8000.	12000.	—	*	*	*
1858	22.	28.	35.	50.	100.	200.	250.	300.	400.	500.	1000.	2000.	3000.	1400.	2450.	5000.
1858-O	22.	45.	55.	75.	150.	500.	800.	1100.	2000.	5000.	7500.	—	—	*	*	*
1858-S	50.	100.	200.	300.	600.	1500.	3000.	4500.	6500.	55000.	—	—	—	*	*	*
1859	22.	28.	35.	50.	100.	200.	300.	400.	500.	800.	2000.	3500.	8500.	1200.	1875.	5000.
1859-O	22.	45.	60.	100.	200.	500.	800.	1000.	1500.	3000.	6000.	7500.	9000.	*	*	*
1859-S	125.	200.	300.	500.	3000.	8000.	18000.	—	—	—	—	—	—	*	*	*
1860	25.	30.	35.	50.	100.	200.	300.	400.	500.	650.	900.	1500.	—	1100.	1900.	5000.
1860-O	30.	45.	55.	75.	125.	350.	600.	800.	1200.	1800.	2500.	4500.	14000.	*	*	*
1860-S	200.	350.	600.	1000.	4500.	25000.	35000.	40000.	50000.	—	—	—	—	*	*	*
1861	25.	30.	35.	50.	100.	200.	250.	300.	400.	500.	700.	1500.	4000.	1225.	1900.	5500.
1861-S	60.	125.	250.	500.	1500.	2000.	20000.	—	—	—	—	—	—	*	*	*
1862	28.	35.	40.	50.	100.	200.	300.	400.	500.	600.	900.	1800.	4500.	1175.	1925.	5000.
1862-S	75.	100.	200.	350.	750.	1200.	1800.	2300.	3000.	4500.	9000.	13000.	—	*	*	*
1863	40.	50.	65.	140.	225.	400.	500.	600.	750.	1000.	1500.	3000.	5000.	950.	1850.	5500.
1864	75.	100.	125.	200.	300.	500.	650.	800.	1000.	1500.	2000.	3000.	5000.	975.	1825.	4850.
1864-S	350.	500.	800.	1200.	2500.	4000.	6500.	8000.	12000.	20000.	30000.	35000.	—	*	*	*
1865	75.	100.	150.	200.	300.	400.	500.	700.	800.	1100.	1500.	3500.	6000.	950.	1900.	5250.
1865-S	100.	125.	200.	350.	800.	1200.	1800.	2000.	2500.	3000.	4000.	8000.	13000.	*	*	*
1866 Unique	*	*	*	*	*	*	*	*	*	*	*	*	*	*	*	*
WITH MOTTO																
1866	400.	600.	800.	1000.	1200.	1500.	1700.	1800.	2000.	2500.	4000.	4000.	7500.	700.	1000.	2400.
1866-S	250.	350.	600.	1000.	1500.	2500.	3000.	3400.	4000.	5000.	6500.	8500.	15000.	*	*	*
1867	250.	350.	500.	700.	900.	1100.	1200.	1300.	1500.	2500.	4000.	6500.	—	650.	975.	2150.
1867-S	300.	500.	750.	1000.	1500.	2000.	3000.	3500.	5000.	7500.	—	—	—	*	*	*
1868	125.	200.	250.	400.	500.	600.	700.	800.	1000.	1400.	2000.	3500.	9000.	675.	1050.	2550.
1868-S	100.	150.	250.	500.	1000.	2000.	2500.	2800.	3500.	5500.	8000.	12000.	17000.	*	*	*
1869	300.	500.	600.	800.	1000.	1500.	1800.	2000.	2500.	3000.	4000.	6500.	10000.	625.	1100.	2450.
1869-S	100.	125.	250.	400.	800.	1500.	2000.	2400.	3000.	4000.	6000.	10000.	15000.	*	*	*

—— = Insufficient pricing data   * = None issued

SEATED LIBERTY QUARTER DOLLAR (CONTINUED)

	G-4	VG-8	F-12	VF-20	EF-40	AU-50	AU-55	AU-58	MS-60	MS-62	MS-63	MS-64	MS-65	PF-63	PF-64	PF-65
1870	75.	100.	125.	200.	350.	500.	700.	800.	900.	1200.	2000.	3500.	7000.	625.	1150.	2500.
1870-CC	5000.	8000.	15000.	25000.	35000.	60000.	75000.	—	—	—	—	—	—	*	*	*
1871	40.	50.	75.	125.	250.	400.	600.	600.	800.	1700.	2500.	3500.	—	675.	1125.	2200.
1871-CC	2000.	4000.	8000.	16000.	28000.	45000.	65000.	75000.	85000.	100000.	110000.	125000.	—	*	*	*
1871-S	300.	400.	600.	1200.	2000.	3000.	3500.	4000.	5000.	9000.	12000.	15000.	—	*	*	2150.
1872	35.	50.	100.	125.	200.	300.	500.	700.	1200.	1700.	2500.	6000.	7500.	650.	925.	2150.
1872-CC	600.	1200.	2500.	5000.	10000.	20000.	30000.	38000.	50000.	85000.	—	—	—	*	*	*
1872-S	800.	1200.	1800.	3000.	6000.	10000.	15000.	17000.	20000.	25000.	35000.	—	—	*	*	2300.
1873 Closed 3	200.	300.	400.	600.	1200.	2500.	3000.	4000.	5000.	—	—	—	7000.	675.	1075.	2300.
1873 Open 3	40.	50.	75.	125.	200.	300.	400.	500.	600.	1000.	1500.	2500.	—	*	*	*
1873-CC	—	—	—	—	—	—	—	—	—	—	—	—	—	*	*	*
ARROWS ADDED																
1873	22.	30.	50.	75.	250.	500.	600.	700.	1000.	1500.	2000.	2500.	4000.	1200.	2650.	6000.
1873-CC	2500.	3500.	8000.	15000.	25000.	30000.	50000.	55000.	60000.	75000.	100000.	140000.	—	*	*	*
1873-S	35.	40.	80.	200.	300.	600.	1000.	1500.	3000.	4500.	6500.	9000.	6000.	*	*	*
1874	22.	30.	50.	75.	250.	500.	600.	700.	900.	1200.	2000.	3500.	—	1150.	2200.	5250.
1874-S	35.	45.	80.	200.	300.	500.	600.	700.	900.	1200.	2000.	2500.	5500.	*	*	*
WITH MOTTO																
1875	25.	30.	40.	50.	100.	200.	300.	300.	500.	700.	1200.	1500.	2000.	685.	1025.	2025.
1875-CC	85.	125.	200.	400.	600.	1000.	2500.	2700.	3000.	3500.	7500.	18000.	40000.	*	*	*
1875-S	40.	75.	100.	125.	250.	400.	500.	600.	800.	1200.	2000.	2500.	7500.	*	*	*
1876	25.	30.	40.	50.	100.	200.	300.	350.	400.	500.	700.	1400.	2000.	675.	1000.	2000.
1876-CC	40.	60.	70.	80.	125.	225.	300.	400.	600.	1000.	800.	2500.	4000.	*	*	*
1876-S	25.	30.	40.	50.	100.	200.	300.	350.	400.	500.	700.	1500.	2500.	685.	1025.	2025.
1877	25.	30.	40.	50.	100.	200.	300.	350.	400.	500.	700.	1200.	2000.	685.	1025.	2025.
1877-CC	40.	60.	70.	80.	125.	225.	300.	400.	600.	700.	1000.	1500.	2000.	*	*	*
1877-S	25.	30.	40.	50.	100.	200.	300.	350.	400.	500.	700.	1200.	2000.	*	*	*
1877-S/Horizontal S	35.	65.	100.	200.	350.	500.	700.	800.	1000.	1500.	2500.	3500.	5000.	*	*	*

—— = Insufficient pricing data   * = None issued

SEATED LIBERTY QUARTER DOLLAR (CONTINUED)

	G-4	VG-8	F-12	VF-20	EF-40	AU-50	AU-55	AU-58	MS-60	MS-62	MS-63	MS-64	MS-65	PF-63	PF-64	PF-65
1878	25.	30.	40.	50.	100.	200.	300.	350.	400.	500.	900.	1800.	2500.	625.	1000.	2000.
1878-CC	50.	60.	80.	125.	200.	300.	400.	500.	700.	1000.	1800.	2500.	3500.	*	*	*
1878-S	125.	200.	300.	400.	700.	1000.	1500.	1800.	2500.	3500.	5000.	12000.	—	*	*	*
1879	200.	250.	300.	350.	450.	600.	700.	800.	1000.	1100.	1500.	2000.	2500.	625.	975.	2000.
1880	250.	250.	300.	350.	450.	600.	700.	800.	900.	1100.	1300.	1600.	2000.	650.	950.	2000.
1881	200.	300.	300.	400.	500.	600.	700.	800.	900.	1000.	1200.	1500.	3000.	625.	975.	2000.
1882	200.	250.	300.	400.	500.	600.	700.	800.	1000.	1200.	1500.	2000.	2500.	650.	1035.	2000.
1883	350.	450.	600.	750.	850.	1000.	1100.	1150.	1200.	1300.	1500.	2000.	2500.	625.	1000.	2000.
1884	200.	250.	300.	400.	500.	600.	700.	800.	1000.	1200.	1500.	2000.	3000.	650.	1045.	2000.
1885	500.	600.	750.	850.	1000.	1200.	1500.	1600.	1800.	2000.	2500.	5000.	3000.	800.	1050.	2000.
1886	300.	400.	500.	600.	700.	1000.	1200.	1300.	1500.	1700.	1900.	2200.	3000.	650.	975.	2000.
1887	300.	400.	500.	600.	700.	1000.	1200.	1300.	1400.	1600.	1800.	2000.	2500.	625.	1000.	2000.
1888	300.	400.	500.	600.	700.	1000.	1200.	1300.	1400.	1600.	1800.	2000.	2500.	625.	—	2000.
1888-S	28.	35.	45.	55.	100.	200.	300.	350.	400.	700.	1200.	2000.	2500.	*	*	*
1889	65.	100.	350.	400.	500.	600.	700.	800.	900.	1000.	1200.	1500.	2000.	775.	1025.	2000.
1890	25.	35.	125.	200.	300.	400.	500.	600.	800.	1000.	1200.	1500.	2000.	800.	1000.	2000.
1891	25.	35.	45.	55.	100.	200.	300.	350.	400.	500.	800.	1100.	2000.	750.	1025.	2000.
1891-O	175.	250.	400.	600.	1000.	1500.	2000.	2400.	3000.	5000.	10000.	20000.	25000.	*	*	*
1891-S	25.	35.	40.	50.	100.	200.	300.	350.	400.	600.	1000.	2000.	2500.	*	*	*

—— = Insufficient pricing data   * = None issued

Barber quarter dollar

Date of authorization: April 2, 1792
Dates of issue: 1892-1916
Designer/Engraver: Charles Barber
Diameter: 24.26 mm/0.96 inch
Weight: 6.25 grams/0.20 ounce
Metallic content: 90% silver, 10% copper
Weight of pure silver: 5.63 grams/0.18 ounce
Edge: Reeded
Mint mark: Reverse below eagle's tail

BARBER QUARTER DOLLAR (CONTINUED)

	G-4	VG-8	F-12	VF-20	EF-40	AU-50	AU-55	MS-60	MS-62	MS-63	MS-64	MS-65	MS-66	PF-63	PF-64	PF-65	PF-66
1892 Partially exposed E in UNITED	7.00	10.															
1892 Covered E in UNITED																	
1892			25.	45.	75.	125.	150.	225.	275.	350.	550.	1300.	—	650.	1000.	2000.	2500.
1892-O Partially exposed E in UNITED	14.	25.															
1892-O			50.	60.	110.	160.	225.	325.	375.	425.	700.	1800.	—	*	*	*	*
1892-O Covered E in UNITED																	
1892-S Partially exposed E in UNITED	32.	55.															
1892-S			90.	135.	200.	325.	375.	450.	550.	850.	2500.	4500.	—	*	*	*	*
1892-S Covered E in UNITED																	
1892-S/S	35.	60.	110.	125.	225.	400.	500.	700.	850.	1500.	3500.	—	—	*	*	*	*
1893	7.00	9.00	30.	45.	75.	125.	175.	250.	275.	350.	800.	1800.	—	650.	1000.	2000.	3000.
1893-O	8.50	14.	35.	55.	100.	175.	225.	300.	400.	550.	850.	2000.	—	*	*	*	*
1893-S	18.	35.	65.	110.	175.	300.	350.	450.	650.	1200.	2500.	7500.	—	*	*	*	*
1894	7.00	10.	37.	50.	100.	150.	175.	250.	300.	400.	800.	1700.	—	650.	1000.	2000.	3000.
1894-O	10.	20.	45.	70.	125.	250.	275.	350.	500.	700.	1200.	2500.	—	*	*	*	*
1894-S	8.50	15.	40.	60.	120.	225.	225.	350.	500.	750.	1500.	3000.	—	*	*	*	*
1895	7.00	10.	35.	40.	85.	135.	175.	250.	350.	475.	700.	2000.	—	650.	1000.	2000.	3000.
1895-O	12.	20.	45.	70.	135.	225.	300.	400.	650.	1100.	1400.	2800.	—	*	*	*	*
1895-S	20.	30.	60.	100.	150.	275.	300.	400.	600.	1000.	2200.	4000.	—	*	*	*	*
1895-S/S	20.	30.	75.	110.	175.	350.	500.	650.	900.	1800.	4500.	—	—	*	*	*	*
1896	7.00	10.	25.	40.	85.	135.	175.	250.	325.	425.	650.	1800.	—	650.	1000.	2000.	3000.
1896-O	27.	50.	110.	250.	400.	750.	800.	900.	1300.	2000.	4000.	7500.	—	*	*	*	*
1896-S	750.	1300.	2000.	3000.	4500.	6000.	7000.	8500.	12000.	16000.	30000.	55000.	—	*	*	*	*
1897	7.00	10.	25.	35.	80.	125.	175.	225.	275.	350.	600.	1400.	—	650.	1000.	2000.	3000.
1897-O	20.	40.	110.	250.	400.	750.	800.	900.	1200.	1700.	2500.	3700.	—	*	*	*	*
1897-S	45.	80.	225.	300.	425.	775.	900.	1100.	1300.	1800.	3200.	6500.	—	*	*	*	*
1898	7.00	10.	25.	35.	80.	125.	160.	225.	275.	350.	600.	1400.	—	650.	1000.	2000.	3000.
1898-O	14.	30.	75.	140.	300.	425.	500.	650.	950.	1600.	4000.	11000.	—	*	*	*	*

—— = Insufficient pricing data   * = None issued

BARBER QUARTER DOLLAR (CONTINUED)

	G-4	VG-8	F-12	VF-20	EF-40	AU-50	AU-55	MS-60	MS-62	MS-63	MS-64	MS-65	MS-66	PF-63	PF-64	PF-65	PF-66
1898-S	11.	20.	50.	60.	100.	225.	275.	400.	800.	1300.	3500.	7000.	—	*	*	*	*
1899	7.00	10.	25.	35.	80.	125.	175.	250.	275.	350.	600.	1400.	—	650.	1000.	2000.	3000.
1899-O	11.	20.	37.	60.	135.	275.	325.	400.	600.	850.	1400.	3500.	—	*	*	*	*
1899-S	18.	30.	75.	90.	145.	275.	350.	450.	700.	1300.	1800.	3500.	—	*	*	*	*
1900 Wing tip even with top of E	7.00	10.	—	—	—	—	—	—	—	—	—	—	—	—	—	—	—
1900 Wing tip beyond E in UNITED	7.00	10.	25.	38.	80.	150.	175.	225.	275.	350.	700.	1500.	—	—	—	—	—
1900	*	*	*	*	*	*	*	*	*	*	*	*	*	650.	1000.	2000.	3000.
1900-O	11.	30.	65.	100.	160.	325.	450.	650.	750.	950.	1600.	3800.	—	*	*	*	*
1900-S	8.50	13.	40.	60.	85.	135.	225.	400.	650.	1000.	1800.	5000.	—	*	*	*	*
1901	9.00	13.	25.	40.	85.	135.	175.	225.	275.	350.	600.	2600.	—	650.	1000.	2000.	3000.
1901-O	45.	65.	135.	275.	450.	700.	800.	900.	1300.	2000.	3800.	6000.	—	*	*	*	*
1901-S	6000.	13000.	16000.	20000.	25000.	28000.	32000.	42000.	42000.	45000.	50000.	60000.	—	*	*	*	*
1902	7.00	9.00	22.	35.	70.	125.	150.	225.	250.	325.	600.	1400.	—	650.	1000.	2000.	5000.
1902-O	9.00	20.	50.	80.	160.	250.	350.	500.	750.	1400.	2500.	4800.	—	*	*	*	*
1902-S	14.	25.	55.	90.	175.	275.	525.	700.	1100.	1100.	1700.	3800.	—	*	*	*	*
1903	7.00	9.00	22.	40.	70.	125.	150.	225.	300.	500.	800.	2500.	—	650.	1000.	2000.	2500.
1903-O	8.50	13.	40.	70.	125.	275.	325.	450.	800.	1300.	3000.	5500.	—	*	*	*	*
1903-S	16.	30.	50.	80.	140.	300.	335.	600.	1000.	1000.	1600.	3000.	—	*	*	*	*
1904	8.50	10.	20.	40.	80.	125.	150.	225.	275.	350.	700.	1600.	—	650.	1000.	2000.	2500.
1904-O	11.	25.	60.	100.	250.	450.	600.	900.	1100.	1400.	2500.	3200.	—	*	*	*	*
1905	8.50	14.	30.	40.	80.	125.	225.	375.	300.	400.	650.	2000.	—	650.	1000.	2000.	2500.
1905-O	20.	35.	85.	175.	250.	350.	400.	500.	750.	1300.	2500.	6500.	—	*	*	*	*
1905-S	10.	18.	45.	65.	125.	225.	275.	375.	600.	1100.	600.	3600.	—	*	*	*	*
1906	7.00	10.	20.	35.	70.	125.	150.	225.	275.	350.	600.	1300.	—	650.	1000.	2000.	2500.
1906-D	7.00	9.00	25.	45.	75.	175.	200.	250.	325.	500.	850.	2500.	—	*	*	*	*
1906-O	7.00	10.	42.	60.	110.	225.	250.	325.	375.	550.	950.	1400.	—	*	*	*	*
1907	7.00	9.00	20.	35.	65.	125.	150.	225.	275.	350.	600.	1300.	—	650.	1000.	2200.	3000.
1907-D	7.00	9.00	30.	50.	85.	200.	225.	275.	400.	800.	1400.	3100.	—	*	*	*	*

—— = Insufficient pricing data   * = None issued

BARBER QUARTER DOLLAR (CONTINUED)

	G-4	VG-8	F-12	VF-20	EF-40	AU-50	AU-55	MS-60	MS-62	MS-63	MS-64	MS-65	MS-66	PF-63	PF-64	PF-65	PF-66
1907-O	7.00	10.	20.	40.	70.	140.	175.	225.	300.	425.	850.	2800.	—	*	*	*	*
1907-S	10.	20.	50.	75.	140.	275.	350.	500.	700.	1100.	2000.	3500.	—	*	*	*	*
1908	7.00	9.00	20.	35.	75.	125.	150.	225.	275.	350.	600.	1300.	—	650.	1000.	2300.	4000.
1908-D	7.00	9.00	20.	38.	76.	125.	175.	250.	325.	450.	700.	1800.	—	*	*	*	*
1908-O	7.00	10.	20.	40.	80.	125.	165.	225.	275.	350.	600.	1400.	—	*	*	*	*
1908-S	20.	40.	95.	175.	325.	500.	600.	800.	1000.	1400.	2400.	5000.	—	*	*	*	*
1909	6.00	8.00	20.	35.	70.	125.	165.	225.	275.	350.	600.	1300.	—	650.	1000.	2000.	2500.
1909-D	7.00	9.00	25.	40.	90.	175.	200.	225.	275.	350.	600.	2500.	—	*	*	*	*
1909-O	20.	40.	90.	225.	350.	550.	700.	950.	1200.	1700.	3500.	8500.	—	*	*	*	*
1909-S	8.50	12.	38.	55.	100.	210.	250.	325.	500.	900.	1400.	2500.	—	*	*	*	*
1910	8.50	11.	30.	50.	85.	150.	175.	225.	500.	900.	750.	1400.	—	650.	1000.	2000.	3000.
1910-D	8.50	12.	50.	75.	140.	275.	300.	350.	550.	1100.	1600.	2500.	—	*	*	*	*
1911	7.00	9.00	20.	35.	80.	130.	165.	225.	250.	325.	600.	1300.	—	650.	1000.	2000.	2500.
1911-D	10.	20.	100.	225.	350.	500.	600.	700.	550.	1300.	2800.	6000.	—	*	*	*	*
1911-S	8.00	15.	55.	80.	175.	325.	350.	400.	550.	800.	1300.	1700.	—	*	*	*	*
1912	7.00	9.00	20.	35.	70.	125.	165.	225.	250.	325.	600.	1300.	—	650.	1000.	2000.	4000.
1912-S	8.00	10.	50.	80.	135.	250.	300.	400.	600.	1100.	1500.	2800.	—	*	*	*	*
1913	16.	27.	75.	175.	400.	550.	750.	1100.	1200.	1300.	1600.	4500.	—	650.	1000.	2000.	3000.
1913-D	9.00	13.	40.	60.	100.	200.	225.	275.	325.	425.	700.	1400.	—	*	*	*	*
1913-S	1200.	2000.	4000.	5500.	6500.	7500.	8000.	10000.	11000.	13000.	15000.	25000.	—	650.	1000.	2000.	3000.
1914	6.00	8.00	20.	35.	65.	120.	160.	225.	250.	325.	600.	1300.	—	*	*	*	*
1914-D	6.00	8.00	20.	35.	65.	120.	160.	225.	250.	325.	600.	1300.	—	*	*	*	*
1914-S	75.	100.	210.	325.	550.	700.	800.	950.	1200.	1600.	2500.	3500.	—	650.	1000.	2300.	3000.
1915	6.00	8.00	20.	35.	65.	120.	160.	225.	250.	325.	600.	1300.	—	650.	1000.	2700.	8000.
1915-D	6.00	8.00	20.	35.	65.	120.	160.	225.	250.	325.	600.	1300.	—	*	*	*	*
1915-S	9.00	14.	38.	55.	120.	225.	235.	250.	350.	500.	900.	1400.	—	*	*	*	*
1916	6.00	8.00	20.	35.	65.	120.	160.	225.	250.	325.	600.	1300.	—	*	*	*	*
1916-D	6.00	8.00	20.	35.	65.	120.	160.	225.	250.	325.	600.	1300.	—	*	*	*	*
1916-D Large D/Small D	15.	25.	50.	75.	125.	200.	300.	500.	600.	900.	—	—	—				*

—— = Insufficient pricing data   * = None issued

Standing Liberty quarter dollar

Bare Breast, No stars below eagle

Date of authorization: April 2, 1792
Dates of issue: 1916-1930
Designer: Hermon MacNeil
Engravers: Obverse: Hermon MacNeil
Reverse: MacNeil, Charles Barber
Diameter: 24.26 mm/0.96 inch
Weight: 6.25 grams/0.20 ounce
Metallic content: 90% silver, 10% copper
Weight of pure silver: 5.63 grams/0.18 ounce
Edge: Reeded
Mint mark: Obverse left of date

NOTE: The H following the numerical grade, such as MS-65H, refers to head. Liberty's head should be well struck and fully defined.

Mailed Breast, Stars below eagle

STANDING LIBERTY QUARTER DOLLAR (CONTINUED)

	G-4	VG-8	F-12	VF-20	EF-40	AU-50	AU-55	AU-58	MS-60	MS-63	MS-63H	MS-64	MS-64H	MS-65	MS-65H	MS-66	MS-66H
BARE BREAST																	
1916	3500.	6500.	9000.	12000.	14000.	15000.	16000.	17000.	20000.	23000.	25000.	27000.	32000.	35000.	50000.	40000.	60000.
1917	45.	60.	75.	100.	135.	200.	210.	225.	275.	350.	450.	600.	800.	900.	1700.	1500.	2300.
1917-D	50.	70.	90.	135.	200.	235.	250.	275.	325.	450.	550.	700.	1200.	1100.	2800.	2300.	3500.
1917-S	50.	75.	100.	150.	225.	275.	300.	325.	400.	500.	1000.	800.	1500.	1700.	4500.	2500.	5500.
MAILED BREAST, STARS BELOW EAGLE																	
1917	30.	40.	55.	70.	100.	135.	150.	175.	200.	275.	600.	500.	800.	750.	1200.	1200.	3500.
1917-D	45.	55.	85.	110.	150.	200.	225.	250.	275.	350.	750.	700.	1700.	1800.	4000.	2300.	7000.
1917-S	45.	60.	85.	110.	150.	200.	225.	250.	275.	350.	800.	700.	2400.	1500.	4500.	3000.	9000.
1918	20.	28.	35.	40.	55.	100.	110.	125.	150.	300.	500.	400.	1100.	650.	2000.	2000.	4000.
1918-D	30.	45.	80.	100.	150.	225.	235.	250.	300.	450.	1200.	900.	3000.	1700.	5500.	3000.	12000.
1918-S	20.	25.	35.	45.	60.	125.	175.	250.	275.	900.	1800.	900.	8000.	1500.	15000.	2000.	50000.
1918/7-S	1800.	2500.	4000.	5500.	12000.	15000.	18000.	20000.	25000.	40000.	125000.	50000.	175000.	100000.	300000.	125000.	—
1919	40.	55.	90.	100.	100.	135.	150.	175.	200.	300.	450.	400.	900.	650.	1800.	1100.	3500.
1919-D	100.	150.	225.	400.	700.	750.	850.	950.	1100.	1600.	7500.	2500.	15000.	3500.	25000.	4000.	50000.
1919-S	90.	150.	210.	350.	600.	700.	800.	900.	1000.	2000.	8500.	3000.	17000.	4500.	30000.	6000.	60000.
1920	16.	20.	35.	50.	60.	110.	125.	150.	175.	250.	400.	400.	800.	600.	2200.	1100.	5000.
1920-D	60.	75.	110.	135.	175.	250.	275.	300.	350.	900.	2200.	1400.	4000.	2500.	8000.	3500.	18000.
1920-S	20.	30.	40.	50.	70.	135.	160.	200.	300.	900.	8500.	1400.	16000.	3000.	30000.	6000.	75000.
1921	200.	250.	550.	750.	850.	1200.	1400.	1500.	1800.	2500.	2500.	3500.	5000.	4500.	6000.	6000.	8000.
1923	16.	20.	40.	50.	60.	110.	125.	140.	175.	800.	800.	400.	1800.	700.	4500.	1000.	6500.
1923-S	300.	450.	800.	1100.	1600.	2200.	2700.	3000.	3000.	4000.	4000.	4500.	5000.	6500.	8000.	6500.	10000.
1924	15.	20.	30.	40.	55.	125.	140.	160.	200.	300.	400.	400.	700.	700.	1800.	1000.	4000.
1924-D	55.	80.	125.	150.	200.	250.	250.	275.	350.	450.	2000.	550.	3000.	700.	6000.	1000.	12000.
1924-S	30.	40.	55.	70.	135.	275.	300.	325.	350.	1100.	2300.	1200.	3500.	2000.	7000.	3000.	10000.
RECESSED DATE																	
1925	6.00	8.00	10.	20.	50.	100.	125.	150.	175.	275.	400.	400.	600.	700.	1400.	1000.	2500.
1926	6.00	8.00	10.	17.	45.	85.	100.	125.	150.	275.	400.	400.	700.	700.	2300.	1000.	5500.
1926-D	7.00	10.	25.	55.	100.	150.	160.	175.	200.	275.	8000.	400.	18000.	600.	25000.	2500.	50000.

—— = Insufficient pricing data   * = None issued

STANDING LIBERTY QUARTER DOLLAR (CONTINUED)

	G-4	VG-8	F-12	VF-20	EF-40	AU-50	AU-55	AU-58	MS-60	MS-63	MS-63H	MS-64	MS-64H	MS-65	MS-65H	MS-66	MS-66H
1926-S	6.00	9.00	15.	25.	110.	250.	275.	325.	375.	850.	10000.	1400.	20000.	2200.	30000.	5000.	50000.
1927	6.00	8.00	10.	15.	40.	80.	90.	110.	150.	250.	400.	400.	600.	600.	1400.	1500.	2500.
1927-D	16.	22.	35.	80.	165.	250.	260.	275.	300.	350.	1000.	500.	2000.	700.	3000.	1500.	7500.
1927-S	45.	55.	135.	350.	1200.	3000.	3300.	4000.	5000.	8000.	5000.	10000.	100000.	15000.	175000.	20000.	—
1928	6.00	8.00	10.	15.	40.	75.	100.	125.	150.	250.	500.	400.	700.	600.	2500.	1000.	3500.
1928-D	6.00	8.00	12.	20.	50.	100.	110.	125.	175.	250.	2000.	400.	4000.	600.	6000.	1000.	13000.
1928-S/S	—	—	—	—	250.	300.	350.	400.	500.	750.	1200.	1200.	2500.	1800.	3500.	3000.	6500.
1928-S	6.00	8.00	12.	20.	50.	90.	110.	125.	150.	250.	400.	400.	750.	600.	1100.	1000.	1800.
1929	6.00	8.00	10.	15.	40.	75.	90.	110.	150.	250.	400.	400.	600.	600.	1200.	1000.	2000.
1929-D	6.00	8.00	12.	20.	50.	85.	100.	125.	175.	250.	1500.	400.	3000.	600.	6500.	1100.	12000.
1929-S	6.00	8.00	10.	18.	40.	75.	90.	125.	150.	250.	400.	400.	600.	600.	1100.	1000.	1800.
1930	6.00	8.00	10.	15.	40.	75.	90.	110.	150.	250.	400.	400.	600.	600.	1100.	1000.	1800.
1930-S	6.00	8.00	10.	15.	40.	75.	90.	110.	150.	250.	500.	400.	700.	600.	1200.	1000.	2500.

—— = Insufficient pricing data   * = None issued

Washington quarter dollar

Date of authorization:	April 2, 1792; July 23, 1965; Oct. 18, 1973; Dec. 1, 1997
Dates of issue:	1932-present
Designers:	John Flanagan
	(Bicentennial reverse): Jack L. Ahr
	(State Reverses): various
Engravers:	(Original obverse, reverse): John R. Sinnock
	(Bicentennial reverse): Frank Gasparro
	(State reverses): various
Diameter:	24.26 mm/0.96 inch
Weight:	(1932-1964, 1992-present silver Proofs only): 6.25 grams/0.20 ounce
	(1965-present): 5.67 grams/0.18 ounce
	(1976 Bicentennial Proof and Uncirculated): 5.75 grams/0.18 ounce
Metallic content:	(1932-1964, 1992-present silver Proofs only): 90% silver, 10% copper
	(1976 Bicentennial Proof and Uncirculated sets only): 80% silver, 20% copper bonded to a core of 21.5% silver, 78.5% copper
	(1965-present): 75% copper, 25% nickel clad to pure copper core
Weight of pure silver:	(1932-1964, 1992-present silver Proofs only): 5.63 grams/0.18 ounce
	(1976 Bicentennial Proof and Uncirculated sets only): 2.30 grams/0.07 ounce
Edge:	Reeded
Mint mark:	(1932-1964): Reverse below eagle
	(1968-present): Obverse right of Washington's ponytail

Also, the letter C following a numerical grade for a Proof coin stands for "cameo," while the letters DC stand for "deep cameo." Cameo coins have contrasting surface finishes: mirror fields and frosted devices (raised areas). Deep cameo coins are the ultimate level of cameo, with deeply frosted devices. Cameo and deep cameo coins bring premiums.

WASHINGTON QUARTER DOLLAR (CONTINUED)

SILVER	G-4	VG-8	F-12	VF-20	EF-40	AU-50	AU-58	MS-60	MS-63	MS-64	MS-65	MS-66	MS-67	MS-68	PF-60	PF-63	PF-64	PF-65	PF-66	PF-66DC	PF-67	PF-67DC	PF-68	PF-68DC	PF-69	PF-69DC
1932	6.00	7.50	8.00	9.00	12.	18.	25.	30.	65.	125.	500.	2000.	—	—	*	*	*	*	*	*	*	*	*	*	*	*
1932-D	200.	225.	250.	275.	400.	600.	1200.	3500.	8000.	28000.	100000.	—	—	—	*	*	*	*	*	*	*	*	*	*	*	*
1932-S	225.	240.	260.	275.	300.	325.	400.	550.	1500.	3000.	7000.	25000.	—	—	*	*	*	*	*	*	*	*	*	*	*	*
1934	5.00	5.50	6.00	6.50	8.00	10.	20.	45.	60.	75.	125.	300.	1000.	—	*	*	*	*	*	*	*	*	*	*	*	*
1934 Light Motto	7.00	8.00	9.00	10.	15.	25.	40.	75.	150.	350.	700.	—	—	—	*	*	*	*	*	*	*	*	*	*	*	*
1934 Heavy Motto	6.00	7.00	8.00	9.00	12.	17.	20.	50.	75.	125.	200.	750.	4000.	—	*	*	*	*	*	*	*	*	*	*	*	*
1934 Doubled Die Obverse	100.	150.	200.	250.	400.	600.	650.	800.	2000.	4000.	6500.	12000.	—	—	*	*	*	*	*	*	*	*	*	*	*	*
1934-D	6.00	8.00	10.	15.	30.	100.	175.	275.	400.	700.	1700.	3000.	—	—	*	*	*	*	*	*	*	*	*	*	*	*
1934-D Heavy Motto	25.	35.	50.	75.	100.	150.	200.	300.	450.	600.	1200.	2000.	—	—	*	*	*	*	*	*	*	*	*	*	*	*
1935	5.00	5.50	6.00	7.00	8.00	12.	20.	30.	40.	50.	150.	250.	1000.	—	*	*	*	*	*	*	*	*	*	*	*	*
1935-D	5.00	5.50	9.00	18.	35.	150.	200.	275.	400.	600.	1200.	2000.	10000.	—	*	*	*	*	*	*	*	*	*	*	*	*
1935-S	5.00	5.50	6.00	8.00	18.	45.	75.	125.	150.	200.	400.	1000.	7000.	—	*	*	*	*	*	*	*	*	*	*	*	*
1936	5.00	5.50	6.00	6.00	8.00	12.	20.	35.	45.	65.	100.	250.	700.	—	600.	1000.	1300.	2000.	4500.	—	10000.	*	*	*	*	*
1936-D	7.00	8.00	10.	25.	80.	300.	450.	650.	1100.	1400.	1800.	4000.	17000.	—	*	*	*	*	*	*	*	*	*	*	*	*
1936-S	5.00	6.00	7.00	8.00	25.	60.	100.	175.	200.	250.	500.	1500.	7500.	—	*	*	*	*	*	*	*	*	*	*	*	*
1937	5.00	5.50	6.00	7.00	9.00	20.	25.	30.	45.	65.	150.	400.	1800.	—	250.	400.	600.	750.	1000.	—	2000.	—	15000.	*	*	*
1937 Doubled Die Obverse	300.	400.	500.	700.	1000.	1500.	2500.	3500.	5500.	7500.	15000.	25000.	—	—	*	*	*	*	*	*	*	*	*	*	*	*
1937-D	5.00	5.50	6.00	9.00	18.	45.	60.	85.	110.	125.	200.	750.	3500.	—	*	*	*	*	*	*	*	*	*	*	*	*
1937-S	5.00	7.00	9.00	20.	40.	110.	135.	175.	250.	300.	400.	3000.	—	—	*	*	*	*	*	*	*	*	*	*	*	*
1938	6.00	6.50	7.00	10.	20.	50.	70.	100.	125.	150.	250.	500.	3000.	—	125.	200.	300.	400.	600.	—	2000.	—	12000.	—	*	*
1938-S	6.00	7.00	9.00	12.	25.	60.	85.	125.	150.	200.	250.	500.	3000.	—	*	*	*	*	*	*	*	*	*	*	*	*

—— = Insufficient pricing data   * = None issued

WASHINGTON QUARTER DOLLAR (CONTINUED)

	G-4	VG-8	F-12	VF-20	EF-40	AU-50	AU-58	MS-60	MS-63	MS-64	MS-65	MS-66	MS-67	MS-68	PF-60	PF-63	PF-64	PF-65	PF-66	PF-66DC	PF-67	PF-67DC	PF-68	PF-68DC	PF-69	PF-69DC
1939	5.00	5.50	6.00	7.00	8.00	10.	14.	20.	40.	70.	100.	200.	400.	2000.	100.	175.	275.	350.	500.	—	1000.	—	12000.	—	—	—
1939-D	5.00	6.00	6.00	8.00	15.	25.	35.	50.	60.	75.	135.	250.	1500.	—	*	*	*	*	*	*	*	*	*	*	*	*
1939-S	5.50	6.00	7.00	8.00	25.	70.	85.	110.	140.	135.	300.	800.	8500.	—	*	*	*	*	*	*	*	*	*	*	*	*
1940	5.00	5.50	6.00	7.00	8.00	9.00	12.	20.	40.	50.	125.	250.	1000.	—	50.	125.	200.	250.	350.	—	1000.	—	10000.	—	—	—
1940-D	5.00	5.50	6.00	7.00	35.	75.	140.	200.	225.	250.	800.	1000.	3500.	—	*	*	*	*	*	*	*	*	*	*	*	*
1940-S	5.00	5.50	6.00	9.00	10.	20.	25.	35.	45.	60.	125.	300.	800.	—	*	*	*	*	*	*	*	*	*	*	*	*
1941	5.00	5.50	6.00	7.00	8.00	9.00	10.	12.	20.	25.	75.	300.	1500.	—	60.	110.	200.	250.	350.	—	1000.	—	8000.	—	—	—
1941-D	5.00	5.50	6.00	7.00	10.	18.	25.	40.	70.	100.	125.	250.	1200.	—	*	*	*	*	*	*	*	*	*	*	*	*
1941-S	5.00	5.50	6.00	7.00	9.00	14.	20.	35.	70.	80.	100.	400.	—	—	*	*	*	*	*	*	*	*	*	*	*	*
1942	5.00	5.50	6.00	7.00	8.00	9.00	11.	15.	25.	35.	50.	300.	2500.	—	50.	100.	150.	200.	300.	—	1000.	—	5000.	—	—	—
1942-D	5.00	5.50	6.00	7.00	9.00	14.	25.	30.	35.	50.	100.	300.	3500.	4000.	*	*	*	*	*	*	*	*	*	*	*	*
1942-D Doubled Die Obverse	175.	250.	300.	400.	900.	1200.	2000.	2500.	2700.	3000.	3500.	—	—	—	*	*	*	*	*	*	*	*	*	*	*	*
1942-S	5.00	6.00	6.00	8.00	10.	25.	85.	135.	160.	400.	1300.	2500.	—	—	*	*	*	*	*	*	*	*	*	*	*	*
1943	5.00	5.50	6.00	7.00	8.00	9.00	11.	15.	15.	25.	50.	150.	1300.	—	*	*	*	*	*	*	*	*	*	*	*	*
1943 Doubled Die Obverse	250.	400.	600.	900.	1200.	1500.	2000.	2500.	4000.	6000.	8500.	15000.	—	—	*	*	*	*	*	*	*	*	*	*	*	*
1943-D	6.00	7.00	8.00	9.00	12.	20.	25.	50.	60.	75.	75.	250.	1400.	—	*	*	*	*	*	*	*	*	*	*	*	*
1943-S	6.00	7.00	8.00	9.00	10.	17.	25.	55.	55.	65.	76.	250.	1600.	—	*	*	*	*	*	*	*	*	*	*	*	*
1943-S Doubled Die Obverse	100.	150.	200.	250.	350.	350.	500.	750.	1800.	2000.	4500.	11000.	—	—	*	*	*	*	*	*	*	*	*	*	*	*
1944	5.00	5.50	6.00	7.00	8.00	9.00	10.	11.	15.	35.	45.	110.	—	—	*	*	*	*	*	*	*	*	*	*	*	*
1944-D	5.00	5.50	6.00	7.00	10.	14.	18.	30.	35.	35.	55.	100.	750.	—	*	*	*	*	*	*	*	*	*	*	*	*
1944-S	5.00	5.50	6.00	7.00	14.	15.	20.	25.	30.	30.	50.	100.	650.	—	*	*	*	*	*	*	*	*	*	*	*	*
1945	5.00	5.50	6.00	7.00	8.00	9.00	10.	11.	14.	20.	50.	160.	750.	—	*	*	*	*	*	*	*	*	*	*	*	*
1945-D	5.00	6.00	6.00	8.00	8.00	10.	12.	18.	35.	45.	75.	75.	2500.	—	*	*	*	*	*	*	*	*	*	*	*	*
1945-S	5.00	5.50	6.00	7.00	8.00	10.	14.	18.	20.	25.	35.	50.	1400.	—	*	*	*	*	*	*	*	*	*	*	*	*

—— = Insufficient pricing data   * = None issued

	G-4	VG-8	F-12	VF-20	EF-40	AU-50	AU-58	MS-60	MS-63	MS-64	MS-65	MS-66	MS-67	MS-68	PF-60	PF-63	PF-64	PF-65	PF-66	PF-66DC	PF-67	PF-67DC	PF-68	PF-68DC	PF-69	PF-69DC
1946	5.00	5.50	6.00	7.00	8.00	9.00	10.	12.	20.	35.	60.	125.	2000.	—	*	*	*	*	*	*	*	*	*	*	*	*
1946-D	5.00	5.50	6.00	7.00	8.00	9.00	11.	14.	30.	30.	50.	100.	1500.	—	*	*	*	*	*	*	*	*	*	*	*	*
1946-S	5.00	5.50	6.00	7.00	8.00	9.00	10.	12.	25.	30.	50.	100.	1500.	8000.	*	*	*	*	*	*	*	*	*	*	*	*
1947	5.00	5.50	6.00	7.00	8.00	9.00	14.	22.	35.	30.	45.	75.	1200.	—	*	*	*	*	*	*	*	*	*	*	*	*
1947-D	5.00	5.50	6.00	7.00	8.00	9.00	14.	14.	30.	30.	40.	75.	500.	—	*	*	*	*	*	*	*	*	*	*	*	*
1947-S	5.00	5.50	6.00	7.00	8.00	9.00	11.	15.	20.	25.	40.	65.	300.	3500.	*	*	*	*	*	*	*	*	*	*	*	*
1948	5.00	5.50	6.00	7.00	8.00	9.00	10.	12.	15.	20.	50.	80.	700.	5000.	*	*	*	*	*	*	*	*	*	*	*	*
1948-D	5.00	5.50	6.00	7.00	8.00	9.00	14.	20.	25.	35.	75.	200.	1500.	—	*	*	*	*	*	*	*	*	*	*	*	*
1948-S	5.00	5.50	6.00	7.00	8.00	9.00	11.	15.	20.	25.	50.	200.	800.	1500.	*	*	*	*	*	*	*	*	*	*	*	*
1949	8.00	9.00	10.	11.	12.	14.	30.	50.	60.	75.	100.	150.	1200.	15000.	*	*	*	*	*	*	*	*	*	*	*	*
1949-D	5.00	5.50	6.00	7.00	8.00	12.	11.	25.	40.	50.	75.	250.	1200.	4000.	*	*	*	*	*	*	*	*	*	*	*	*
1950	5.00	5.50	6.00	7.00	8.00	9.00	11.	15.	20.	35.	50.	100.	1800.	—	35.	55.	65.	75.	85.	—	100.	—	350.	*	*	*
1950-D	5.00	5.50	6.00	7.00	8.00	9.00	11.	12.	20.	35.	60.	125.	2000.	2500.	*	*	*	*	*	*	*	*	*	*	*	*
1950-D/S	35.	50.	75.	150.	250.	350.	400.	500.	1000.	200.	10000.	25000.	—	—	*	*	*	*	*	*	*	*	*	*	*	*
1950-S	5.00	5.50	6.00	7.00	8.00	9.00	15.	25.	35.	50.	75.	100.	1200.	2500.	*	*	*	*	*	*	*	*	*	*	*	*
1950-S/D	35.	50.	75.	150.	250.	325.	350.	400.	600.	1000.	3500.	7500.	—	—	*	*	*	*	*	*	*	*	*	*	*	*
1951	5.00	5.50	6.00	7.00	8.00	9.00	11.	15.	20.	30.	50.	100.	850.	—	30.	45.	55.	65.	70.	—	100.	1000.	—	—	500.	2000.
1951-D	5.00	5.50	6.00	7.00	8.00	9.00	20.	12.	20.	35.	60.	125.	2000.	—	*	*	*	*	*	*	*	*	*	*	*	*
1951-S	5.00	5.50	6.00	7.00	8.00	10.	20.	40.	50.	75.	100.	150.	1800.	2500.	*	*	*	*	*	*	*	*	*	*	*	*
1952	5.00	5.50	6.00	7.00	8.00	10.	15.	15.	35.	50.	75.	100.	1200.	—	20.	30.	40.	50.	70.	—	100.	100.	110.	2000.	*	*
1952-D	5.00	5.50	6.00	7.00	8.00	10.	11.	12.	20.	25.	75.	250.	6000.	—	*	*	*	*	*	*	*	*	*	*	*	*
1952-S	5.00	5.50	6.00	7.00	8.00	15.	25.	40.	60.	90.	125.	200.	2000.	8000.	*	*	*	*	*	*	*	*	*	*	*	*
1953	5.00	5.50	6.00	7.00	8.00	10.	11.	16.	30.	50.	100.	150.	800.	—	16.	22.	25.	30.	50.	150.	75.	500.	100.	1500.	*	*
1953-D	5.00	5.50	6.00	7.00	8.00	10.	11.	12.	15.	25.	50.	150.	2500.	—	*	*	*	*	*	*	*	*	*	*	*	*
1953-S	5.00	5.50	6.00	7.00	8.00	10.	12.	15.	20.	35.	75.	150.	1200.	—	*	*	*	*	*	*	*	*	*	*	*	*
1954	5.00	5.50	6.00	7.00	8.00	10.	11.	12.	15.	25.	40.	100.	1800.	20000.	5.00	10.	14.	20.	30.	50.	35.	800.	50.	3000.	150.	500.
1954-D	5.00	5.50	6.00	7.00	8.00	10.	11.	12.	15.	30.	75.	350.	5000.	—	*	*	*	*	*	*	*	*	*	*	*	*

—— = Insufficient pricing data   * = None issued

WASHINGTON QUARTER DOLLAR (CONTINUED)

	G-4	VG-8	F-12	VF-20	EF-40	AU-50	AU-58	MS-60	MS-63	MS-64	MS-65	MS-66	MS-67	MS-68	PF-60	PF-63	PF-64	PF-65	PF-66	PF-66DC	PF-67	PF-67DC	PF-68	PF-68DC	PF-69	PF-69DC
1954-S	5.00	5.50	6.00	7.00	8.00	10.	11.	12.	15.	20.	40.	100.	1500.	—	*	*	*	*	*	*	*	*	*	*	*	*
1955	5.00	5.50	6.00	7.00	8.00	10.	12.	12.	15.	35.	50.	100.	1400.	—	5.00	6.00	10.	17.	25.	100.	50.	500.	60.	1500.	400.	2000.
1955-D	6.00	7.00	8.00	9.00	10.	12.	14.	15.	17.	20.	75.	900.	2000.	—	*	*	*	*	*	*	*	*	*	*	*	*
1956	5.00	5.50	6.00	7.00	8.00	10.	11.	12.	15.	20.	25.	75.	200.	—	5.00	6.00	8.50	10.	25.	60.	35.	75.	50.	500.	200.	1000.
1956-D	5.00	5.50	6.00	7.00	8.00	10.	11.	12.	13.	15.	30.	50.	3500.	—	*	*	*	*	*	*	*	*	*	*	*	*
1957	5.00	5.50	6.00	7.00	8.00	10.	11.	12.	13.	15.	30.	50.	175.	3000.	5.00	6.00	7.00	10.	25.	250.	30.	300.	40.	1500.	75.	2000.
1957-D	6.00	7.00	8.00	9.00	10.	11.	11.	12.	13.	15.	25.	75.	250.	—	*	*	*	*	*	*	*	*	*	*	*	*
1958	6.00	7.00	8.00	9.00	10.	11.	11.	12.	14.	15.	20.	40.	175.	—	5.00	6.00	7.00	10.	25.	250.	30.	300.	40.	2000.	50.	3000.
1958-D	5.00	5.50	6.00	7.00	8.00	10.	11.	12.	13.	15.	30.	70.	1000.	3000.	*	*	*	*	*	*	*	*	*	*	*	*
1959	5.00	5.50	6.00	7.00	8.00	10.	11.	12.	13.	15.	30.	100.	—	—	5.00	6.00	7.00	10.	25.	150.	30.	250.	40.	1000.	50.	5000.
1959-D	5.00	5.50	6.00	7.00	8.00	10.	11.	11.	13.	15.	45.	65.	2000.	—	*	*	*	*	*	*	*	*	*	*	*	*
1960	5.00	5.50	6.00	7.00	8.00	10.	11.	11.	13.	15.	35.	100.	5000.	—	5.00	6.00	7.00	10.	25.	100.	35.	125.	40.	175.	425.	1000.
1960-D	5.00	5.50	6.00	7.00	8.00	9.00	10.	11.	12.	15.	30.	100.	3000.	—	*	*	*	*	*	*	*	*	*	*	*	*
1961	5.00	5.50	6.00	7.00	8.00	9.00	10.	11.	12.	15.	30.	95.	3500.	—	5.00	6.00	7.00	10.	20.	85.	30.	110.	40.	125.	200.	500.
1961-D	5.00	5.50	6.00	7.00	8.00	9.00	10.	11.	12.	15.	30.	100.	12000.	—	*	*	*	*	*	*	*	*	*	*	*	*
1962	5.00	5.50	6.00	7.00	8.00	9.00	10.	11.	12.	15.	30.	165.	1500.	—	5.00	6.00	7.00	10.	20.	85.	30.	110.	40.	125.	200.	500.
1962-D	5.00	5.50	6.00	7.00	8.00	9.00	10.	11.	12.	15.	25.	90.	1500.	—	*	*	*	*	*	*	*	*	*	*	*	*
1963	5.00	5.50	6.00	7.00	8.00	9.00	10.	11.	12.	15.	25.	100.	10000.	—	5.00	6.00	7.00	10.	20.	85.	30.	100.	40.	125.	200.	500.
1963-D	5.00	5.50	6.00	7.00	8.00	9.00	10.	11.	12.	15.	25.	80.	3000.	—	*	*	*	*	*	*	*	*	*	*	*	*
1964	5.00	5.50	6.00	7.00	8.00	9.00	10.	11.	12.	15.	25.	70.	6000.	—	5.00	6.00	7.00	10.	20.	85.	30.	100.	40.	125.	175.	400.
1964 Special Mint Set	—	—	—	—	—	—	—	—	2500.	3500.	5000.	6500.													*	*
1964-D	5.00	5.50	6.00	7.00	8.00	9.00	10.	11.	12.	15.	20.	50.	1500.	—	*	*	*	*	*	*	*	*	*	*	*	*

—— = Insufficient pricing data   * = None issued

WASHINGTON QUARTER DOLLAR (CONTINUED)

	VF-20	EF-40	AU-50	AU-58	MS-60	MS-63	MS-64	MS-65	MS-66	MS-67	MS-68	MS-69	MS-70	PF-63	PF-64	PF-65	PF-66	PF-66 DC	PF-67	PF-67DC	PF-68	PF-68DC	PF-69	PF-69DC	PF-70DC
COPPER-NICKEL CLAD																									
1965	0.40	0.50	0.60	0.65	0.75	1.00	2.75	14.	27.	50.	75.	—	—	*	*	*	*	*	*	*	*	*	*	*	*
1965 Special Mint Set	—	—	—	—	5.00	6.00	8.00	10.	15.	25.	—	—	—	*	*	*	*	*	*	*	*	*	*	*	*
1966	0.40	0.50	0.60	0.65	0.75	1.00	2.00	8.00	40.	450.	75.	—	—	*	*	*	*	*	*	*	*	*	*	*	*
1966 Special Mint Set	—	—	—	—	5.00	6.00	8.00	10.	15.	25.	—	—	—	*	*	*	*	*	*	*	*	*	*	*	*
1967	0.40	0.50	0.60	0.65	0.75	1.00	2.75	10.	50.	210.	75.	—	—	*	*	*	*	*	*	*	*	*	*	*	*
1967 Special Mint Set	—	—	—	—	5.00	6.00	8.00	10.	15.	25.	—	—	—	*	*	*	*	*	*	*	*	*	*	*	*
1968	0.40	0.50	0.60	0.65	0.75	1.00	8.00	15.	35.	—	75.	—	—	*	*	*	*	*	*	*	*	*	*	*	*
1968-D	0.40	0.50	0.60	0.65	0.75	1.00	4.25	7.00	20.	65.	—	—	—	*	*	*	*	*	*	*	*	*	*	*	*
1968-S	*	*	*	*	*	*	*	*	*	*	*	*	*	4.00	5.00	8.00	10.	11.	12.	14.	15.	—	20.	—	—
1969	0.40	0.50	0.60	0.65	0.75	1.00	10.	15.	50.	300.	—	—	—	*	*	*	*	*	*	*	*	*	*	*	*
1969-D	0.40	0.50	0.60	0.65	0.75	1.00	3.50	10.	40.	—	—	—	—	*	*	*	*	*	*	*	*	*	*	*	*
1969-S	*	*	*	*	*	*	*	*	*	*	*	*	*	4.00	5.00	8.00	10.	11.	12.	14.	15.	—	20.	—	—
1970	0.40	0.50	0.60	0.65	0.75	1.00	2.00	15.	60.	30.	—	—	—	*	*	*	*	*	*	*	*	*	*	*	*
1970-D	0.40	0.50	0.60	0.65	0.75	1.00	3.50	11.	15.	—	—	—	—	*	*	*	*	*	*	*	*	*	*	*	*
1970-S	*	*	*	*	*	*	*	*	*	*	*	*	*	4.00	5.00	8.00	10.	11.	12.	14.	15.	—	20.	—	—
1971	0.40	0.50	0.60	0.65	0.75	1.00	3.25	9.00	35.	—	—	—	—	*	*	*	*	*	*	*	*	*	*	*	*
1971-D	0.40	0.50	0.60	0.65	0.75	1.00	2.00	2.25	25.	167.	—	—	—	*	*	*	*	*	*	*	*	*	*	*	*
1971-S	*	*	*	*	*	*	*	*	*	*	*	*	*	4.00	5.00	8.00	10.	11.	12.	14.	15.	—	20.	—	—
1972	0.40	0.50	0.60	0.65	0.75	1.00	2.00	7.00	35.	—	—	—	—	*	*	*	*	*	*	*	*	*	*	*	*
1972-D	0.40	0.50	0.60	0.65	0.75	1.00	3.50	9.75	25.	30.	—	—	—	*	*	*	*	*	*	*	*	*	*	*	*
1972-S	*	*	*	*	*	*	*	*	*	*	*	*	*	4.00	5.00	8.00	10.	11.	12.	14.	15.	—	20.	—	—
1973	0.40	0.50	0.60	0.65	0.75	1.00	3.50	10.	45.	—	—	—	—	*	*	*	*	*	*	*	*	*	*	*	*
1973-D	0.40	0.50	0.60	0.65	0.75	1.00	2.00	14.	20.	230.	—	—	—	*	*	*	*	*	*	*	*	*	*	*	*
1973-S	*	*	*	*	*	*	*	*	*	*	*	*	*	4.00	5.00	8.00	10.	11.	12.	14.	15.	—	20.	—	—

——— = Insufficient pricing data   * = None issued

WASHINGTON QUARTER DOLLAR (CONTINUED)

	VF-20	EF-40	AU-50	AU-58	MS-60	MS-63	MS-64	MS-65	MS-66	MS-67	MS-68	MS-69	MS-70	PF-63	PF-64	PF-65	PF-66	PF-66DC	PF-67	PF-67DC	PF-68	PF-68DC	PF-69	PF-69DC	PF-70DC
1974	0.40	0.50	0.60	0.65	0.75	1.00	3.50	10.	25.	—	—	—	—	*	*	*	*	*	*	*	*	*	*	*	*
1974-D	0.40	0.50	0.60	0.65	0.75	1.00	7.00	18.	30.	75.	—	—	—	*	*	*	*	*	*	*	*	*	*	*	*
1974-S	*	*	*	*	*	*	*	*	*	*	*	*	*	4.00	5.00	8.00	10.	11.	12.	14.	15.	—	20.	65.	—

DUAL DATE, BICENTENNIAL REVERSE

	VF-20	EF-40	AU-50	AU-58	MS-60	MS-63	MS-64	MS-65	MS-66	MS-67	MS-68	MS-69	MS-70	PF-63	PF-64	PF-65	PF-66	PF-66DC	PF-67	PF-67DC	PF-68	PF-68DC	PF-69	PF-69DC	PF-70DC
1776-1976	0.40	0.50	0.60	0.65	0.75	1.00	2.00	10.	25.	37.	—	—	—	*	*	*	*	*	*	*	*	*	*	*	*
1776-1976-D	0.40	0.50	0.60	0.65	0.75	1.00	3.50	12.	32.	125.	—	—	—	*	*	*	*	*	*	*	*	*	*	*	*
1776-1976-S	0.40	0.50	0.60	0.65	0.75	1.00	3.00	13.	20.	45.	—	—	—	4.00	5.00	8.00	10.	11.	12.	14.	15.	—	20.	80.	—
1776-1976-S 40% silver	0.40	0.50	0.60	0.65	0.75	1.00	3.00	13.	20.	45.	—	—	—	5.00	7.00	10.	12.	—	15.	15.	18.	—	25.	125.	—

EAGLE REVERSE RESUMED

	VF-20	EF-40	AU-50	AU-58	MS-60	MS-63	MS-64	MS-65	MS-66	MS-67	MS-68	MS-69	MS-70	PF-63	PF-64	PF-65	PF-66	PF-66DC	PF-67	PF-67DC	PF-68	PF-68DC	PF-69	PF-69DC	PF-70DC
1977	0.40	0.50	0.60	0.65	0.75	1.00	5.00	10.	25.	118.	—	—	—	*	*	*	*	*	*	*	*	*	*	*	*
1977-D	0.40	0.50	0.60	0.65	0.75	1.00	3.00	6.00	26.	—	—	—	—	*	*	*	*	*	*	*	*	*	*	*	*
1977-S	*	*	*	*	*	*	*	*	*	*	*	*	*	4.00	5.00	7.00	9.00	10.	12.	12.	15.	18.	18.	25.	—

Dual date

Bicentennial reverse

* = Insufficient pricing data   — = None issued

WASHINGTON QUARTER DOLLAR (CONTINUED)

	VF-20	EF-40	AU-50	AU-58	MS-60	MS-63	MS-64	MS-65	MS-66	MS-67	MS-68	MS-69	MS-70	PF-63	PF-64	PF-65	PF-66	PF-66DC	PF-67	PF-67DC	PF-68	PF-68DC	PF-69	PF-69DC	PF-70DC
1978	0.40	0.50	0.60	0.65	0.75	1.00	3.00	10.	28.	144.	—	—	—	*	*	*	*	*	*	*	*	*	*	*	*
1978-D	0.40	0.50	0.60	0.65	0.75	1.00	5.00	12.	40.	—	—	—	—	*	*	*	*	*	*	*	*	*	*	*	*
1978-S	*	*	*	*	*	*	*	*	*	*	*	*	*	4.00	5.00	7.00	8.00	9.00	10.	12.	12.	15.	18.	25.	—
1979	0.40	0.50	0.60	0.65	0.75	1.00	5.00	10.	30.	—	—	—	—	*	*	*	*	*	*	*	*	*	*	*	*
1979-S Filled S	*	*	*	*	*	*	*	*	*	*	*	*	*	4.00	5.00	7.00	8.00	9.00	10.	12.	12.	15.	18.	25.	—
1979-S Clear S	*	*	*	*	*	*	*	*	*	—	*	*	*	4.00	5.00	8.00	9.00	11.	12.	14.	15.	18.	25.	35.	—
1980-P	0.40	0.50	0.60	0.65	0.75	1.00	3.00	9.00	20.	—	—	—	—	*	*	*	*	*	*	*	*	*	*	*	*
1980-D	0.40	0.50	0.60	0.65	0.75	1.00	3.00	8.75	30.	—	—	—	—	*	*	*	*	*	*	*	*	*	*	*	*
1980-S	*	*	*	*	*	*	*	*	*	25.	*	*	*	4.00	5.00	7.00	8.00	9.00	10.	12.	12.	15.	18.	25.	—
1981-P	0.40	0.50	0.60	0.65	0.75	1.00	6.00	10.	35.	—	—	—	—	*	*	*	*	*	*	*	*	*	*	*	*
1981-D	0.40	0.50	0.60	0.65	0.75	1.00	7.50	6.50	18.	—	—	—	—	*	*	*	*	*	*	*	*	*	*	*	*
1981-S	*	*	*	*	*	*	*	*	*	*	*	*	*	4.00	5.00	7.00	8.00	9.00	10.	12.	12.	15.	18.	25.	—
1982-P	0.50	0.75	1.00	—	2.00	7.00	15.	30.	75.	—	—	—	—	*	*	*	*	*	*	*	*	*	*	*	*
1982-D	0.40	0.50	0.75	—	1.00	3.00	10.	15.	70.	—	—	—	—	*	*	*	*	*	*	*	*	*	*	*	*
1982-S	*	*	*	*	*	*	*	*	*	*	*	*	*	4.00	5.00	7.00	8.00	9.00	10.	12.	12.	15.	18.	25.	—
1983-P	2.00	4.00	12.	—	25.	30.	40.	65.	475.	—	—	—	—	*	*	*	*	*	*	*	*	*	*	*	*
1983-D	1.00	2.00	3.00	—	9.00	12.	25.	45.	118.	—	—	—	—	*	*	*	*	*	*	*	*	*	*	*	*
1983-S	*	*	*	*	*	*	*	*	*	*	*	*	*	3.00	4.00	5.00	7.00	10.	10.	15.	15.	20.	18.	25.	—
1984-P	0.40	0.50	0.60	0.65	0.75	1.00	11.	15.	100.	—	—	—	—	*	*	*	*	*	*	*	*	*	*	*	*
1984-D	0.40	0.50	0.60	0.65	0.75	1.00	8.00	12.	57.	—	—	—	—	*	*	*	*	*	*	*	*	*	*	*	*
1984-S	*	*	*	*	*	*	*	*	*	*	*	*	*	3.00	4.00	5.00	7.00	10.	10.	15.	15.	20.	18.	25.	—
1985-P	0.40	0.50	0.60	0.65	0.75	1.00	10.	20.	50.	—	—	—	—	*	*	*	*	*	*	*	*	*	*	*	*
1985-D	0.40	0.50	0.60	0.65	0.75	1.00	4.00	10.	22.	—	—	—	—	*	*	*	*	*	*	*	*	*	*	*	*
1985-S	*	*	*	*	*	*	*	*	*	*	*	*	*	3.00	4.00	5.00	7.00	10.	10.	15.	15.	20.	18.	25.	—
1986-P	0.40	0.50	0.60	0.65	0.75	1.00	2.00	4.00	19.	—	—	—	—	*	*	*	*	*	*	*	*	*	*	*	*

—— = Insufficient pricing data   * = None issued

	PF-70DC	PF-69DC	PF-69	PF-68DC	PF-68	PF-67DC	PF-67	PF-66DC	PF-66	PF-65	PF-64	PF-63	MS-70	MS-69	MS-68	MS-67	MS-66	MS-65	MS-64	MS-63	MS-60	AU-58	AU-50	EF-40	VF-20
1986-D	—	*	*	*	*	*	*	*	*	*	*	*	—	—	—	975.	53.	15.	10.	8.00	6.00	—	3.00	1.50	1.00
1986-S	—	25.	18.	20.	15.	15.	10.	10.	7.00	5.00	4.00	3.00	—	—	—	*	*	*	*	*	*	*	*	*	*
1987-P	*	*	*	*	*	*	*	*	*	*	*	*	—	—	—	*	—	12.	9.50	1.00	0.75	0.65	0.60	0.50	0.40
1987-D	*	*	*	*	*	*	*	*	*	*	*	*	—	—	—	350.	30.	8.25	3.00	1.00	0.75	0.65	0.60	0.50	0.40
1987-S	—	25.	18.	20.	15.	15.	10.	10.	7.00	5.00	4.00	3.00	—	—	—	*	*	*	*	*	*	*	*	*	*
1988-P	*	*	*	*	*	*	*	*	*	*	*	*	—	—	—	*	50.	20.	3.00	1.00	0.75	0.65	0.60	0.50	0.40
1988-D	*	*	*	*	*	*	*	*	*	*	*	*	—	—	—	500.	20.	15.	5.00	1.00	0.75	0.65	0.60	0.50	0.40
1988-S	—	25.	18.	20.	15.	15.	10.	10.	7.00	5.00	4.00	3.00	—	—	—	*	*	*	*	*	*	*	*	*	*
1989-P	*	*	*	*	*	*	*	*	*	*	*	*	—	—	—	*	100.	24.	3.00	1.00	0.75	0.65	0.60	0.50	0.40
1989-D	*	*	*	*	*	*	*	*	*	*	*	*	—	—	—	*	50.	4.25	2.00	1.00	0.75	0.65	0.60	0.50	0.40
1989-S	—	25.	18.	20.	15.	15.	10.	10.	7.00	5.00	4.00	3.00	—	—	—	*	*	*	*	*	*	*	*	*	*
1990-P	*	*	*	*	*	*	*	*	*	*	*	*	—	—	—	*	50.	18.	3.00	1.00	0.75	0.65	0.60	0.50	0.40
1990-D	*	*	*	*	*	*	*	*	*	*	*	*	—	—	—	*	38.	4.00	2.00	1.00	0.75	0.65	0.60	0.50	0.40
1990-S	—	25.	18.	20.	15.	15.	10.	10.	7.00	5.00	4.00	3.00	—	—	—	*	*	*	*	*	*	*	*	*	*
1991-P	*	*	*	*	*	*	*	*	*	*	*	*	—	—	—	*	150.	20.	7.00	1.00	0.75	0.65	0.60	0.50	0.40
1991-D	*	*	*	*	*	*	*	*	*	*	*	*	—	—	—	*	30.	15.	5.00	1.00	0.75	0.65	0.60	0.50	0.40
1991-S	—	25.	18.	15.	15.	15.	10.	10.	7.00	5.00	4.00	3.00	—	—	—	*	*	*	*	*	*	*	*	*	*
1992-P	*	*	*	*	*	*	*	*	*	*	*	*	—	—	—	*	—	22.	13.	1.00	0.75	0.65	0.60	0.50	0.40
1992-D	*	*	*	*	*	*	*	*	*	*	*	*	—	—	—	*	375.	30.	6.50	1.00	0.75	0.65	0.60	0.50	0.40
1992-S Clad	—	25.	18.	15.	15.	15.	10.	10.	7.00	5.00	4.00	3.00	—	—	—	*	*	*	*	*	*	*	*	*	*
1992-S Silver	—	35.	25.	18.	18.	20.	14.	15.	10.	7.00	5.00	4.00	—	—	—	*	*	*	*	*	*	*	*	*	*
1993-P	*	*	*	*	*	*	*	*	*	*	*	*	—	—	—	*	*	10.	4.00	1.00	0.75	0.65	0.60	0.50	0.40
1993-D	*	*	*	*	*	*	*	*	*	*	*	*	—	—	—	*	*	12.	8.00	1.00	0.75	0.65	0.60	0.50	0.40
1993-S Clad	—	25.	18.	15.	15.	15.	10.	10.	7.00	5.00	4.00	3.00	—	—	—	*	*	*	*	*	*	*	*	*	*
1993-S Silver	—	35.	25.	18.	18.	20.	14.	15.	10.	7.00	5.00	4.00	—	—	—	*	*	*	*	*	*	*	*	*	*
1994-P	*	*	*	*	*	*	*	*	*	*	*	*	—	—	—	*	*	25.	10.	1.00	0.75	0.65	0.60	0.50	0.40
1994-D	*	*	*	*	*	*	*	*	*	*	*	*	—	—	—	*	*	12.	5.00	1.00	0.75	0.65	0.60	0.50	0.40

—— = Insufficient pricing data   * = None issued

WASHINGTON QUARTER DOLLAR (CONTINUED)

	VF-20	EF-40	AU-50	AU-58	MS-60	MS-63	MS-64	MS-65	MS-66	MS-67	MS-68	MS-69	MS-70	PF-63	PF-64	PF-65	PF-66	PF-66DC	PF-67	PF-67DC	PF-68	PF-68DC	PF-69	PF-69DC	PF-70DC
1994-S Clad	*	*	*	*	*	*	*	*	*	*	—	—	—	3.00	4.00	5.00	7.00	10.	10.	15.	15.	15.	18.	25.	—
1994-S Silver	*	*	*	*	*	*	*	*	*	*	—	—	—	4.00	5.00	7.00	10.	15.	14.	20.	18.	18.	25.	35.	—
1995-P	0.40	0.50	0.60	0.65	0.75	1.00	8.00	25.	60.	85.	*	*	*	*	*	*	*	*	*	*	*	*	*	*	*
1995-D	0.40	0.50	0.60	0.65	0.75	1.00	8.00	20.	50.	435.	*	*	*	*	*	*	*	*	*	*	*	*	*	*	*
1995-S Clad	*	*	*	*	*	*	*	*	*	*	—	—	—	3.00	4.00	5.00	7.00	10.	10.	15.	15.	15.	18.	30.	—
1995-S Silver	*	*	*	*	*	*	*	*	*	*	—	—	—	4.00	5.00	7.00	10.	15.	14.	20.	18.	18.	25.	35.	—
1996-P	0.40	0.50	0.60	0.65	0.75	1.00	7.00	15.	20.	85.	*	*	*	*	*	*	*	*	*	*	*	*	*	*	*
1996-D	0.40	0.50	0.60	0.65	0.75	1.00	7.00	15.	20.	85.	*	*	*	*	*	*	*	*	*	*	*	*	*	*	*
1996-S Clad	*	*	*	*	*	*	*	*	*	*	—	—	—	3.00	4.00	5.00	7.00	10.	10.	15.	15.	15.	18.	25.	—
1996-S Silver	*	*	*	*	*	*	*	*	*	*	—	—	—	4.00	5.00	7.00	10.	15.	14.	20.	18.	18.	25.	35.	—
1997-P	0.40	0.50	0.60	0.65	0.75	1.00	7.00	10.	235.	495.	*	*	*	*	*	*	*	*	*	*	*	*	*	*	*
1997-D	0.40	0.50	0.60	0.65	0.75	1.00	10.	20.	50.	250.	*	*	*	*	*	*	*	*	*	*	*	*	*	*	*
1997-S Clad	*	*	*	*	*	*	*	*	*	*	—	—	—	3.00	4.00	5.00	7.00	10.	10.	15.	15.	15.	18.	30.	—
1997-S Silver	*	*	*	*	*	*	*	*	*	*	—	—	—	4.00	5.00	7.00	10.	15.	14.	20.	18.	18.	25.	45.	—
1998-P	0.40	0.50	0.60	0.65	0.75	1.00	7.25	13.	30.	200.	*	*	*	*	*	*	*	*	*	*	*	*	*	*	*
1998-D	0.40	0.50	0.60	0.65	0.75	1.00	9.50	12.	15.	—	*	*	*	*	*	*	*	*	*	*	*	*	*	*	*
1998-S Clad	*	*	*	*	*	*	*	*	*	*	—	—	—	3.00	4.00	5.00	7.00	10.	10.	15.	15.	15.	18.	25.	—
1998-S Silver	*	*	*	*	*	*	*	*	*	*	—	—	—	4.00	5.00	7.00	10.	15.	14.	20.	18.	18.	25.	35.	—

——— = Insufficient pricing data   * = None issued

	PF-70DC	PF-69DC	PF-69	PF-68DC	PF-68	PF-67DC	PF-67	PF-66DC	PF-66	PF-65	PF-64	PF-63	MS-70	MS-69	MS-68	MS-67	MS-66	MS-65	MS-64	MS-63	MS-60	AU-58	AU-50	EF-40	VF-20
STATE REVERSES																									
1999-P DE	*	*	*	*	*	*	*	*	*	*	*	*	—	—	175.	50.	35.	15.	10.	1.00	0.75	0.65	0.60	0.50	0.40
1999-D DE	*	*	*	*	*	*	*	*	*	*	*	*	—	—	225.	250.	75.	20.	15.	1.00	0.75	0.65	0.60	0.50	0.40
1999-S Clad DE	700.	30.	10.	15.	9.00	10.	8.00	8.00	7.00	6.00	5.00	4.00	*	*	*	*	*	*	*	*	*	*	*	*	*
1999-S Silver DE	400.	55.	20.	25.	12.	15.	10.	10.	9.00	8.00	7.00	6.00	*	*	*	*	*	*	*	*	*	*	*	*	*
1999-P PA	*	*	*	*	*	*	*	*	*	*	*	*	—	—	—	—	20.	18.	15.	1.00	0.75	0.65	0.60	0.50	0.40
1999-D PA	*	*	*	*	*	*	*	*	*	*	*	*	—	—	175.	—	18.	15.	10.	1.00	0.75	0.65	0.60	0.50	0.40
1999-S Clad PA	135.	30.	10.	15.	9.00	10.	8.00	8.00	7.00	6.00	5.00	4.00	*	*	*	*	*	*	*	*	*	*	*	*	*
1999-S Silver PA	275.	55.	20.	25.	12.	15.	10.	10.	9.00	8.00	7.00	6.00	*	*	*	*	*	*	*	*	*	*	*	*	*
1999-P NJ	*	*	*	*	*	*	*	*	*	*	*	*	—	—	—	75.	65.	22.	14.	1.00	0.75	0.65	0.60	0.50	0.40
1999-D NJ	*	*	*	*	*	*	*	*	*	*	*	*	—	—	175.	—	65.	16.	12.	1.00	0.75	0.65	0.60	0.50	0.40
1999-S Clad NJ	160.	30.	10.	15.	9.00	10.	8.00	8.00	7.00	6.00	5.00	4.00	*	*	*	*	*	*	*	*	*	*	*	*	*
1999-S Silver NJ	275.	55.	20.	25.	12.	15.	10.	10.	9.00	8.00	7.00	6.00	*	*	*	*	*	*	*	*	*	*	*	*	*
1999-P GA	*	*	*	*	*	*	*	*	*	*	*	*	—	—	—	125.	110.	35.	15.	1.00	0.75	0.65	0.60	0.50	0.40
1999-D GA	*	*	*	*	*	*	*	*	*	*	*	*	—	—	—	—	35.	20.	12.	1.00	0.75	0.65	0.60	0.50	0.40
1999-S Clad GA	160.	30.	10.	15.	9.00	10.	8.00	8.00	7.00	6.00	5.00	4.00	*	*	*	*	*	*	*	*	*	*	*	*	*
1999-S Silver GA	175.	55.	20.	25.	12.	15.	10.	10.	9.00	8.00	7.00	6.00	*	*	*	*	*	*	*	*	*	*	*	*	*
1999-P CT	*	*	*	*	*	*	*	*	*	*	*	*	—	—	—	125.	70.	15.	12.	1.00	0.75	0.65	0.60	0.50	0.40
1999-D CT	*	*	*	*	*	*	*	*	*	*	*	*	—	—	175.	130.	35.	20.	10.	1.00	0.75	0.65	0.60	0.50	0.40
1999-S Clad CT	125.	30.	10.	15.	9.00	10.	8.00	8.00	7.00	6.00	5.00	4.00	*	*	*	*	*	*	*	*	*	*	*	*	*

——— = Insufficient pricing data   * = None issued

	VF-20	EF-40	AU-50	AU-58	MS-60	MS-63	MS-64	MS-65	MS-66	MS-67	MS-68	MS-69	MS-70	PF-63	PF-64	PF-65	PF-66	PF-66DC	PF-67	PF-67DC	PF-68	PF-68DC	PF-69	PF-69DC	PF-70DC
1999-S Silver CT	*	*	*	*	*	*	*	*	*	*	*	*	*	6.00	7.00	8.00	9.00	10.	10.	15.	12.	25.	20.	55.	175.
2000-P MA 0.40	0.40	0.50	0.60	0.65	0.75	1.00	3.00	10.	15.	55.	75.	—	—	*	*	*	*	*	*	*	*	*	*	*	*
2000-D MA 0.40	0.40	0.50	0.60	0.65	0.75	1.00	6.50	10.	25.	82.	—	—	—	*	*	*	*	*	*	*	*	*	*	*	*
2000-S Clad MA	*	*	*	*	*	*	*	*	*	*	*	*	*	4.00	5.00	6.00	7.00	8.00	8.00	10.	9.00	15.	10.	25.	100.
2000-S Silver MA	*	*	*	*	*	*	*	*	*	*	*	*	*	6.00	7.00	8.00	9.00	10.	10.	15.	12.	25.	20.	30.	110.
2000-P MD 0.40	0.40	0.50	0.60	0.65	0.75	1.00	5.00	10.	15.	55.	100.	—	—	*	*	*	*	*	*	*	*	*	*	*	*
2000-D MD 0.40	0.40	0.50	0.60	0.65	0.75	1.00	7.00	10.	15.	75.	150.	—	—	*	*	*	*	*	*	*	*	*	*	*	*
2000-S Clad MD	*	*	*	*	*	*	*	*	*	*	*	*	*	4.00	5.00	6.00	7.00	8.00	8.00	10.	9.00	15.	10.	25.	100.
2000-S Silver MD	*	*	*	*	*	*	*	*	*	*	*	*	*	6.00	7.00	8.00	9.00	10.	10.	15.	12.	25.	20.	30.	110.
2000-P SC 0.40	0.40	0.50	0.60	0.65	0.75	1.00	7.00	10.	18.	50.				*	*	*	*	*	*	*	*	*	*	*	*
2000-D SC 0.40	0.40	0.50	0.60	0.65	0.75	1.00	10.	15.	20.	25.				*	*	*	*	*	*	*	*	*	*	*	*
2000-S Clad SC	*	*	*	*	*	*	*	*	*	*	*	*	*	4.00	5.00	6.00	7.00	8.00	8.00	10.	9.00	15.	10.	25.	100.
2000-S Silver SC	*	*	*	*	*	*	*	*	*	*	*	*	*	6.00	7.00	8.00	9.00	10.	10.	15.	12.	25.	20.	30.	110.
2000-P NH 0.40	0.40	0.50	0.60	0.65	0.75	1.00	10.	16.	47.	95.	—	—	—	*	*	*	*	*	*	*	*	*	*	*	*
2000-D NH 0.40	0.40	0.50	0.60	0.65	0.75	1.00	10.	20.	50.	130.	—	—	—	*	*	*	*	*	*	*	*	*	*	*	*
2000-S Clad NH	*	*	*	*	*	*	*	*	*	*	*	*	*	4.00	5.00	6.00	7.00	8.00	8.00	10.	9.00	15.	10.	25.	100.
2000-S Silver NH	*	*	*	*	*	*	*	*	*	*	*	*	*	6.00	7.00	8.00	9.00	10.	10.	15.	12.	25.	20.	30.	110.
2000-P VA 0.40	0.40	0.50	0.60	0.65	0.75	1.00	10.	12.	15.	50.	90.			*	*	*	*	*	*	*	*	*	*	*	*
2000-D VA 0.40	0.40	0.50	0.60	0.65	0.75	1.00	10.	12.	15.	100.	—			*	*	*	*	*	*	*	*	*	*	*	*

—— = Insufficient pricing data   * = None issued

WASHINGTON QUARTER DOLLAR (CONTINUED)

	VF-20	EF-40	AU-50	AU-58	MS-60	MS-63	MS-64	MS-65	MS-66	MS-67	MS-68	MS-69	MS-70	PF-63	PF-64	PF-65	PF-66	PF-66DC	PF-67	PF-67DC	PF-68	PF-68DC	PF-69	PF-69DC	PF-70DC
2000-S Clad VA	*	*	*	*	*	*	*	*	*	*	*	*	*	4.00	5.00	6.00	7.00	8.00	8.00	10.	9.00	15.	10.	25.	100.
2000-S Silver VA	*	*	*	*	*	*	*	*	*	*	*	*	*	6.00	7.00	8.00	9.00	10.	10.	15.	12.	25.	20.	30.	110.
2001-P NY	0.40	0.50	0.60	0.65	0.75	1.00	10.	12.	15.	40.	50.	—	—	*	*	*	*	*	*	*	*	*	*	*	*
2001-D NY	0.40	0.50	0.60	0.65	0.75	1.00	8.00	12.	15.	—	—	—	—	*	*	*	*	*	*	*	*	*	*	*	*
2001-S Clad NY	*	*	*	*	*	*	*	*	*	*	*	*	*	4.00	5.00	6.00	7.00	8.00	8.00	10.	9.00	15.	10.	25.	125.
2001-S Silver NY	*	*	*	*	*	*	*	*	*	*	*	*	*	6.00	7.00	8.00	9.00	10.	10.	15.	12.	25.	20.	35.	110.
2001-P NC	0.40	0.50	0.60	0.65	0.75	1.00	7.00	12.	15.	50.	65.	—	—	*	*	*	*	*	*	*	*	*	*	*	*
2001-D NC	0.40	0.50	0.60	0.65	0.75	1.00	10.	15.	18.	100.	125.	—	—	*	*	*	*	*	*	*	*	*	*	*	*
2001-S Clad NC	*	*	*	*	*	*	*	*	*	*	*	*	*	4.00	5.00	6.00	7.00	8.00	8.00	10.	9.00	15.	10.	25.	110.
2001-S Silver NC	*	*	*	*	*	*	*	*	*	*	*	*	*	6.00	7.00	8.00	9.00	10.	10.	15.	12.	25.	20.	35.	110.
2001-P RI	0.40	0.50	0.60	0.65	0.75	1.00	7.00	12.	15.	100.	—	—	—	*	*	*	*	*	*	*	*	*	*	*	*
2001-D RI	0.40	0.50	0.60	0.65	0.75	1.00	8.00	16.	26.	85.	—	—	—	*	*	*	*	*	*	*	*	*	*	*	*
2001-S Clad RI	*	*	*	*	*	*	*	*	*	*	*	*	*	4.00	5.00	6.00	7.00	8.00	8.00	10.	9.00	15.	10.	25.	135.
2001-S Silver RI	*	*	*	*	*	*	*	*	*	*	*	*	*	6.00	7.00	8.00	9.00	10.	10.	15.	12.	25.	20.	35.	110.
2001-P VT	0.40	0.50	0.60	0.65	0.75	1.00	8.00	10.	20.	100.	—	—	—	*	*	*	*	*	*	*	*	*	*	*	*
2001-D VT	0.40	0.50	0.60	0.66	0.75	1.00	9.00	12.	25.	150.	—	—	—	*	*	*	*	*	*	*	*	*	*	*	*
2001-S Clad VT	*	*	*	*	*	*	*	*	*	*	*	*	*	4.00	5.00	6.00	7.00	8.00	8.00	10.	9.00	15.	10.	25.	110.
2001-S Silver VT	*	*	*	*	*	*	*	*	*	*	*	*	*	6.00	7.00	8.00	9.00	10.	10.	15.	12.	25.	20.	35.	110.
2001-P KY	0.40	0.50	0.60	0.65	0.75	1.00	8.00	10.	20.	—	—	—	—	*	*	*	*	*	*	*	*	*	*	*	*

—— = Insufficient pricing data   * = None issued

WASHINGTON QUARTER DOLLAR (CONTINUED)

Coin	VF-20	EF-40	AU-50	AU-58	MS-60	MS-63	MS-64	MS-65	MS-66	MS-67	MS-68	MS-69	MS-70	PF-63	PF-64	PF-65	PF-66	PF-66DC	PF-67	PF-67DC	PF-68	PF-68DC	PF-69	PF-69DC	PF-70DC
2001-D KY	0.40	0.50	0.60	0.65	0.75	1.00	9.00	12.	25.	—	—	—	—	*	*	*	*	*	*	*	*	*	*	*	*
2001-S Clad KY	*	*	*	*	*	*	*	*	*	*	*	*	*	4.00	5.00	6.00	7.00	8.00	8.00	10.	9.00	15.	10.	25.	110.
2001-S Silver KY	*	*	*	*	*	*	*	*	*	*	*	*	*	6.00	7.00	8.00	9.00	10.	10.	15.	12.	25.	20.	35.	110.
2002-P TN	0.40	0.50	0.60	0.65	0.75	1.00	8.00	10.	20.	20.	—	—	—	*	*	*	*	*	*	*	*	*	*	*	*
2002-D TN	0.40	0.50	0.60	0.65	0.75	1.00	9.00	12.	25.	50.	35.	—	—	*	*	*	*	*	*	*	*	*	*	*	*
2002-S Clad TN	*	*	*	*	*	*	*	*	*	*	*	*	*	4.00	5.00	6.00	7.00	8.00	8.00	10.	9.00	15.	10.	23.	110.
2002-S Silver TN	*	*	*	*	*	*	*	*	*	*	*	*	*	6.00	7.00	8.00	9.00	10.	10.	15.	12.	25.	20.	35.	110.
2002-P OH	0.40	0.50	0.60	0.65	0.75	1.00	8.00	10.	15.	20.	—	—	—	*	*	*	*	*	*	*	*	*	*	*	*
2002-D OH	0.40	0.50	0.60	0.65	0.75	1.00	9.00	12.	25.	50.	30.	—	—	*	*	*	*	*	*	*	*	*	*	*	*
2002-S Clad OH	*	*	*	*	*	*	*	*	*	*	*	*	*	4.00	5.00	6.00	7.00	8.00	8.00	10.	9.00	15.	10.	23.	110.
2002-S Silver OH	*	*	*	*	*	*	*	*	*	*	*	*	*	6.00	7.00	8.00	9.00	10.	10.	15.	12.	25.	20.	35.	110.
2002-P LA	0.40	0.50	0.60	0.65	0.75	1.00	8.00	10.	15.	20.	—	—	—	*	*	*	*	*	*	*	*	*	*	*	*
2002-D LA	0.40	0.50	0.60	0.65	0.75	1.00	9.00	12.	25.	—	25.	—	—	*	*	*	*	*	*	*	*	*	*	*	*
2002-S Clad LA	*	*	*	*	*	*	*	*	*	*	*	*	*	4.00	5.00	6.00	7.00	8.00	8.00	10.	9.00	15.	10.	23.	110.
2002-S Silver LA	*	*	*	*	*	*	*	*	*	*	*	*	*	6.00	7.00	8.00	9.00	10.	10.	15.	12.	25.	20.	35.	110.
2002-P IN	0.40	0.50	0.60	0.65	0.75	1.00	8.00	10.	15.	20.	—	—	—	*	*	*	*	*	*	*	*	*	*	*	*
2002-D IN	0.40	0.50	0.60	0.65	0.75	1.00	9.00	12.	25.	—	25.	—	—	*	*	*	*	*	*	*	*	*	*	*	*
2002-S Clad IN	*	*	*	*	*	*	*	*	*	*	*	*	*	4.00	5.00	6.00	7.00	8.00	8.00	10.	9.00	15.	10.	23.	110.
2002-S Silver IN	*	*	*	*	*	*	*	*	*	*	*	*	*	6.00	7.00	8.00	9.00	10.	10.	15.	12.	25.	20.	35.	110.

——— = Insufficient pricing data   * = None issued

WASHINGTON QUARTER DOLLAR (CONTINUED)

	PF-70DC	PF-69DC	PF-69	PF-68DC	PF-68	PF-67DC	PF-67	PF-66DC	PF-66	PF-65	PF-64	PF-63	MS-70	MS-69	MS-68	MS-67	MS-66	MS-65	MS-64	MS-63	MS-60	AU-58	AU-50	EF-40	VF-20
2002-P MS	*	*	*	*	*	*	*	*	*	*	*	*	—	—	30.	25.	20.	10.	8.00	1.00	0.75	0.65	0.60	0.50	0.40
2002-D MS	*	*	*	*	*	*	*	*	*	*	*	*	—	—	—	—	25.	12.	9.00	1.00	0.75	0.65	0.60	0.50	0.40
2002-S Clad MS	110.	23.	10.	15.	9.00	10.	8.00	8.00	7.00	6.00	5.00	4.00	*	*	*	*	*	*	*	*	*	*	*	*	*
2002-S Silver MS	110.	35.	20.	25.	12.	15.	10.	10.	9.00	8.00	7.00	6.00	*	*	*	*	*	*	*	*	*	*	*	*	*
2003-P IL	*	*	*	*	*	*	*	*	*	*	*	*	—	—	—	—	20.	10.	8.00	1.00	0.75	0.65	0.60	0.50	0.40
2003-D IL	*	*	*	*	*	*	*	*	*	*	*	*	—	—	—	—	25.	12.	9.00	1.00	0.75	0.65	0.60	0.50	0.40
2003-S Clad IL	200.	20.	10.	15.	9.00	10.	8.00	8.00	7.00	6.00	5.00	4.00	*	*	*	*	*	*	*	*	*	*	*	*	*
2003-S Silver IL	90.	25.	20.	20.	12.	15.	10.	10.	9.00	8.00	7.00	6.00	*	*	*	*	*	*	*	*	*	*	*	*	*
2003-P AL	*	*	*	*	*	*	*	*	*	*	*	*	—	—	—	—	20.	10.	8.00	1.00	0.75	0.65	0.60	0.50	0.40
2003-D AL	*	*	*	*	*	*	*	*	*	*	*	*	—	—	—	—	25.	12.	9.00	1.00	0.75	0.65	0.60	0.50	0.40
2003-S Clad AL	85.	20.	10.	15.	9.00	10.	8.00	8.00	7.00	6.00	5.00	4.00	*	*	*	*	*	*	*	*	*	*	*	*	*
2003-S Silver AL	90.	25.	20.	20.	12.	15.	10.	10.	9.00	8.00	7.00	6.00	*	*	*	*	*	*	*	*	*	*	*	*	*
2003-P ME	*	*	*	*	*	*	*	*	*	*	*	*	—	—	—	—	20.	10.	8.00	1.00	0.75	0.65	0.60	0.50	0.40
2003-D ME	*	*	*	*	*	*	*	*	*	*	*	*	—	—	—	—	25.	12.	9.00	1.00	0.75	0.65	0.60	0.50	0.40
2003-S Clad ME	110.	20.	10.	15.	9.00	10.	8.00	8.00	7.00	6.00	5.00	4.00	*	*	*	*	*	*	*	*	*	*	*	*	*
2003-S Silver ME	90.	25.	20.	20.	12.	15.	10.	10.	9.00	8.00	7.00	6.00	*	*	*	*	*	*	*	*	*	*	*	*	*
2003-P MO	*	*	*	*	*	*	*	*	*	*	*	*	—	—	—	—	20.	10.	8.00	1.00	0.75	0.65	0.60	0.50	0.40
2003-D MO	*	*	*	*	*	*	*	*	*	*	*	*	—	—	—	—	25.	12.	9.00	1.00	0.75	0.65	0.60	0.50	0.40
2003-S Clad MO	70.	20.	10.	15.	9.00	10.	8.00	8.00	7.00	6.00	5.00	4.00	*	*	*	*	*	*	*	*	*	*	*	*	*

—— = Insufficient pricing data   * = None issued

	VF-20	EF-40	AU-50	AU-58	MS-60	MS-63	MS-64	MS-65	MS-66	MS-67	MS-68	MS-69	MS-70	PF-63	PF-64	PF-65	PF-66	PF-66DC	PF-67	PF-67DC	PF-68	PF-68DC	PF-69	PF-69DC	PF-70DC
2003-S Silver MO	*	*	*	*	*	*	*	*	*	*	*	*	*	6.00	7.00	8.00	9.00	10.	10.	15.	12.	20.	20.	25.	160.
2003-P AR	0.40	0.50	0.60	0.65	0.75	1.00	8.00	10.	20.	——	——	——	——	*	*	*	*	*	*	*	*	*	*	*	*
2003-D AR	0.40	0.50	0.60	0.65	0.75	1.00	9.00	12.	25.	25.	——	——	——	*	*	*	*	*	*	*	*	*	*	*	*
2003-S Clad AR	*	*	*	*	*	*	*	*	*	*	*	*	*	4.00	5.00	6.00	7.00	8.00	8.00	10.	9.00	15.	10.	20.	85.
2003-S Silver AR	*	*	*	*	*	*	*	*	*	*	*	*	*	6.00	7.00	8.00	9.00	10.	10.	15.	12.	20.	20.	25.	90.
2004-P MI	0.40	0.50	0.60	0.65	0.75	1.00	8.00	10.	15.	——	——	——	——	*	*	*	*	*	*	*	*	*	*	*	*
2004-D MI	0.40	0.50	0.60	0.65	0.75	1.00	9.00	12.	15.	25.	——	——	——	*	*	*	*	*	*	*	*	*	*	*	*
2004-S Clad MI	*	*	*	*	*	*	*	*	*	*	*	*	*	4.00	5.00	6.00	7.00	8.00	8.00	10.	9.00	15.	10.	20.	85.
2004-S Silver MI	*	*	*	*	*	*	*	*	*	*	*	*	*	6.00	7.00	8.00	9.00	10.	10.	15.	12.	20.	20.	25.	90.
2004-P FL	0.40	0.50	0.60	0.65	0.75	1.00	8.00	10.	15.	25.	——	——	——	*	*	*	*	*	*	*	*	*	*	*	*
2004-D FL	0.40	0.50	0.60	0.65	0.75	1.00	9.00	12.	15.	20.	——	——	——	*	*	*	*	*	*	*	*	*	*	*	*
2004-S Clad FL	*	*	*	*	*	*	*	*	*	*	*	*	*	4.00	5.00	6.00	7.00	8.00	8.00	10.	9.00	15.	10.	20.	85.
2004-S Silver FL	*	*	*	*	*	*	*	*	*	*	*	*	*	6.00	7.00	8.00	9.00	10.	10.	15.	12.	20.	20.	25.	90.
2004-P TX	0.40	0.50	0.60	0.65	0.75	1.00	8.00	10.	15.	25.	——	——	——	*	*	*	*	*	*	*	*	*	*	*	*
2004-D TX	0.40	0.50	0.60	0.65	0.75	1.00	9.00	12.	15.	25.	35.	——	——	*	*	*	*	*	*	*	*	*	*	*	*
2004-S Clad TX	*	*	*	*	*	*	*	*	*	*	*	*	*	4.00	5.00	6.00	7.00	8.00	8.00	10.	9.00	15.	10.	20.	85.
2004-S Silver TX	*	*	*	*	*	*	*	*	*	*	*	*	*	6.00	7.00	8.00	9.00	10.	10.	15.	12.	20.	20.	25.	90.
2004-P IA	0.40	0.50	0.60	0.65	0.75	1.00	8.00	10.	20.	30.	——	——	——	*	*	*	*	*	*	*	*	*	*	*	*
2004-D IA	0.40	0.50	0.60	0.65	0.75	1.00	9.00	12.	15.	25.	35.	——	——	*	*	*	*	*	*	*	*	*	*	*	*

—— = None issued   * = Insufficient pricing data

WASHINGTON QUARTER DOLLAR (CONTINUED)

	VF-20	EF-40	AU-50	AU-58	MS-60	MS-63	MS-64	MS-65	MS-66	MS-67	MS-68	MS-69	MS-70	PF-63	PF-64	PF-65	PF-66	PF-66DC	PF-67	PF-67DC	PF-68	PF-68DC	PF-69	PF-69DC	PF-70DC
2004-S Clad IA	*	*	*	*	*	*	*	*	*	*	*	*	*	4.00	5.00	6.00	7.00	8.00	8.00	10.	9.00	15.	10.	20.	85.
2004-S Silver IA	*	*	*	*	*	*	*	*	*	*	*	*	*	6.00	7.00	8.00	9.00	10.	10.	15.	12.	20.	20.	25.	90.
2004-P WI	0.40	0.50	0.60	0.65	0.75	1.00	8.00	10.	15.	—	—	—	—												
2004-D WI	0.40	0.50	0.60	0.65	0.75	1.00	9.00	12.	15.	20.	—	—	—												
2004-D WI Extra Leaf High	*	*	300.	*	325.	400.	550.	900.	1500.	4000.	—	—	—												
2004-D WI Extra Leaf Low	*	*	200.	*	225.	275.	400.	600.	900.	2500.	—	—	—												
2004-S Clad WI	*	*	*	*	*	*	*	*	*	*	*	*	*	4.00	5.00	6.00	7.00	8.00	8.00	10.	9.00	15.	10.	20.	85.
2004-S Silver WI	*	*	*	*	*	*	*	*	*	*	*	*	*	6.00	7.00	8.00	9.00	10.	10.	15.	12.	20.	20.	25.	90.
2005-P CA	0.40	0.50	0.60	0.65	0.75	1.00	3.00	4.00	7.00	10.	30.	40.	100.												
2005-P CA Satin Finish	—	—	—	—	—	3.00	—	—	8.00	18.	35.	55.	—												
2005-D CA	0.40	0.50	0.60	0.65	0.75	1.00	3.00	4.00	8.00	14.	35.	55.	—												
2005-D CA Satin Finish	—	—	—	—	—	3.00	—	—	—	—	—	—	—												
2005-S Clad CA	*	*	*	*	*	*	*	*	*	*	*	*	*	4.00	5.00	6.00	7.00	8.00	8.00	10.	9.00	15.	10.	18.	60.
2005-S Silver CA	*	*	*	*	*	*	*	*	*	*	*	*	*	6.00	7.00	8.00	9.00	10.	10.	15.	12.	20.	20.	25.	90.
2005-P MN	0.40	0.50	0.60	0.65	0.75	1.00	—	—	—	—	30.	35.	—												
2005-P MN Extra Tree	*	*	*	*	*	*	*	*	*	*	*	*	*												
2005-P MN Satin Finish	—	—	—	—	—	3.00	4.00	5.00	7.00	12.	18.	35.	—												

——— = Insufficient pricing data   * = None issued

WASHINGTON QUARTER DOLLAR (CONTINUED)

	VF-20	EF-40	AU-50	AU-58	MS-60	MS-63	MS-64	MS-65	MS-66	MS-67	MS-68	MS-69	MS-70	PF-63	PF-64	PF-65	PF-66	PF-66DC	PF-67	PF-67DC	PF-68	PF-68DC	PF-69	PF-69DC	PF-70DC
2005-P MN Satin Finish, Extra Tree	—	—	—	—	—	—	—	—	—	—	—	—	—	*	*	*	*	*	*	*	*	*	*	*	*
2005-D MN	0.40	0.50	0.60	0.65	0.75	1.00	—	—	—	—	180.	—	—	*	*	*	*	*	*	*	*	*	*	*	*
2005-D MN Satin Finish	—	—	—	—	—	3.00	4.00	5.00	7.00	12.	30.	50.	—	*	*	*	*	*	*	*	*	*	*	*	*
2005-D MN Satin Finish, Extra Tree	—	—	—	—	—	—	—	—	—	—	—	—	—	*	*	*	*	*	*	*	*	*	*	*	*
2005-S Clad MN	*	*	*	*	*	*	*	*	*	*	*	*	*	4.00	5.00	6.00	7.00	8.00	8.00	10.	9.00	15.	10.	18.	60.
2005-S Silver MN	*	*	*	*	*	*	*	*	*	*	*	*	*	6.00	7.00	8.00	9.00	10.	10.	15.	12.	20.	20.	25.	90.
2005-P OR	0.40	0.50	0.60	0.65	0.75	1.00	—	—	—	—	35.	—	—	*	*	*	*	*	*	*	*	*	*	*	*
2005-P OR Satin Finish	—	—	—	—	—	3.00	4.00	5.00	7.00	15.	25.	40.	—	*	*	*	*	*	*	*	*	*	*	*	*
2005-D OR	0.40	0.50	0.60	0.65	0.75	1.00	—	—	—	—	35.	—	—	*	*	*	*	*	*	*	*	*	*	*	*
2005-D OR Satin Finish	—	—	—	—	—	3.00	4.00	5.00	7.00	13.	27.	35.	—	*	*	*	*	*	*	*	*	*	*	*	*
2005-S Clad OR	*	*	*	*	*	*	*	*	*	*	*	*	*	4.00	5.00	6.00	7.00	8.00	8.00	10.	9.00	15.	10.	18.	60.
2005-S Silver OR	*	*	*	*	*	*	*	*	*	*	*	*	*	6.00	7.00	8.00	9.00	10.	10.	15.	12.	20.	20.	25.	90.
2005-P KS	0.40	0.50	0.60	0.65	0.75	1.00	—	—	—	—	—	—	—	*	*	*	*	*	*	*	*	*	*	*	*
2005-P KS Satin Finish	—	—	—	—	—	3.00	4.00	5.00	7.00	13.	20.	45.	—	*	*	*	*	*	*	*	*	*	*	*	*
2005-D KS	0.40	0.50	0.60	0.65	0.75	1.00	—	—	—	—	20.	—	—	*	*	*	*	*	*	*	*	*	*	*	*
2005-D KS Satin Finish	—	—	—	—	—	3.00	4.00	5.00	7.00	13.	20.	45.	—	*	*	*	*	*	*	*	*	*	*	*	*
2005-S Clad KS	*	*	*	*	*	*	*	*	*	*	*	*	*	4.00	5.00	6.00	7.00	8.00	8.00	10.	9.00	15.	10.	18.	60.

—— = Insufficient pricing data   * = None issued

WASHINGTON QUARTER DOLLAR (CONTINUED)

	VF-20	EF-40	AU-50	AU-58	MS-60	MS-63	MS-64	MS-65	MS-66	MS-67	MS-68	MS-69	MS-70	PF-63	PF-64	PF-65	PF-66	PF-66DC	PF-67	PF-67DC	PF-68	PF-68DC	PF-69	PF-69DC	PF-70DC
2005-S Silver KS	*	*	*	*	*	*	*	*	*	*	*	*	*	6.00	7.00	8.00	9.00	10.	10.	15.	12.	20.	20.	25.	90.
2005-P WV	0.40	0.50	0.60	0.65	0.75	1.00	—	—	—	13.	25.	35.	—	*	*	*	*	*	*	*	*	*	*	*	*
2005-P WV Satin Finish	—	—	—	—	—	3.00	4.00	5.00	7.00	13.	25.	45.	—	*	*	*	*	*	*	*	*	*	*	*	*
2005-D WV	0.40	0.50	0.60	0.65	0.75	1.00	—	—	—	30.	30.	150.	—	*	*	*	*	*	*	*	*	*	*	*	*
2005-D WV Satin Finish	—	—	—	—	—	3.00	4.00	5.00	7.00	—	—	100.	—	*	*	*	*	*	*	*	*	*	*	*	*
2005-S Clad WV	*	*	*	*	*	*	*	*	*	*	*	*	*	4.00	5.00	6.00	7.00	8.00	8.00	10.	9.00	15.	10.	18.	60.
2005-S Silver WV	*	*	*	*	*	*	*	*	*	*	*	*	*	6.00	7.00	8.00	9.00	10.	10.	15.	12.	20.	20.	25.	90.
2006-P NV	0.40	0.50	0.60	0.65	0.75	1.00	—	—	—	10.	18.	30.	—	*	*	*	*	*	*	*	*	*	*	*	*
2006-P NV Satin Finish	—	—	—	—	—	3.00	4.00	5.00	7.00	10.	—	35.	—	*	*	*	*	*	*	*	*	*	*	*	*
2006-D NV	0.40	0.50	0.60	0.65	0.75	1.00	—	—	—	40.	—	50.	—	*	*	*	*	*	*	*	*	*	*	*	*
2006-D NV Satin Finish	—	—	—	—	—	3.00	4.00	5.00	15.	—	—	—	—	*	*	*	*	*	*	*	*	*	*	*	*
2006-S Clad NV	*	*	*	*	*	*	*	*	*	*	*	*	*	4.00	5.00	6.00	7.00	8.00	8.00	10.	9.00	15.	10.	18.	35.
2006-S Silver NV	*	*	*	*	*	*	*	*	*	*	*	*	*	6.00	7.00	8.00	9.00	10.	10.	15.	12.	20.	20.	25.	125.
2006-P NE	0.40	0.50	0.60	0.65	0.75	1.00	—	—	—	10.	14.	—	—	*	*	*	*	*	*	*	*	*	*	*	*
2006-P NE Satin Finish	—	—	—	—	—	3.00	4.00	5.00	7.00	30.	—	—	—	*	*	*	*	*	*	*	*	*	*	*	*
2006-D NE	0.40	0.50	0.60	0.65	0.75	1.00	—	—	—	10.	13.	—	—	*	*	*	*	*	*	*	*	*	*	*	*
2006-D NE Satin Finish	—	—	—	—	—	3.00	4.00	5.00	7.00	—	—	—	—	*	*	*	*	*	*	*	*	*	*	*	*
2006-S Clad NE	*	*	*	*	*	*	*	*	*	*	*	*	*	4.00	5.00	6.00	7.00	8.00	8.00	10.	9.00	15.	10.	18.	35.

—— = Insufficient pricing data   * = None issued

	VF-20	EF-40	AU-50	AU-58	MS-60	MS-63	MS-64	MS-65	MS-66	MS-67	MS-68	MS-69	MS-70	PF-63	PF-64	PF-65	PF-66	PF-66DC	PF-67	PF-67DC	PF-68	PF-68DC	PF-69	PF-69DC	PF-70DC
2006-S Silver NE	*	*	*	*	*	*	*	*	*	*	*	*	*	6.00	7.00	8.00	9.00	10.	10.	15.	12.	20.	20.	25.	100.
2006-P CO 0.40	0.40	0.50	0.60	0.65	0.75	1.00	—	—	7.00	10.	13.	27.	—	*	*	*	*	*	*	*	*	*	*	*	*
2006-P CO Satin Finish						3.00	4.00	5.00	—	—	—	—	—	*	*	*	*	*	*	*	*	*	*	*	*
2006-D CO 0.40	0.40	0.50	0.60	0.65	0.75	1.00	—	—	7.00	10.	12.	35.	—	*	*	*	*	*	*	*	*	*	*	*	*
2006-D CO Satin Finish						3.00	4.00	5.00	—	—	—	—	—	*	*	*	*	*	*	*	*	*	*	*	*
2006-S Clad CO	*	*	*	*	*	*	*	*	*	*	*	*	*	4.00	5.00	6.00	7.00	8.00	8.00	10.	9.00	15.	10.	18.	35.
2006-S Silver CO	*	*	*	*	*	*	*	*	*	*	*	*	*	6.00	7.00	8.00	9.00	10.	10.	15.	12.	20.	20.	25.	160.
2006-P ND 0.40	0.40	0.50	0.60	0.65	0.75	1.00	—	—	7.00	10.	15.	65.	—	*	*	*	*	*	*	*	*	*	*	*	*
2006-P ND Satin Finish						3.00	4.00	5.00	—	—	—	—	—	*	*	*	*	*	*	*	*	*	*	*	*
2006-D ND 0.40	0.40	0.50	0.60	0.65	0.75	1.00	—	—	7.00	10.	13.	30.	—	*	*	*	*	*	*	*	*	*	*	*	*
2006-D ND Satin Finish						3.00	4.00	5.00	—	—	—	—	—	*	*	*	*	*	*	*	*	*	*	*	*
2006-S Clad ND	*	*	*	*	*	*	*	*	*	*	*	*	*	4.00	5.00	6.00	7.00	8.00	8.00	10.	9.00	15.	10.	18.	45.
2006-S Silver ND	*	*	*	*	*	*	*	*	*	*	*	*	*	6.00	7.00	8.00	9.00	10.	10.	15.	12.	20.	20.	25.	100.
2006-P SD 0.40	0.40	0.50	0.60	0.65	0.75	1.00	—	—	7.00	15.	22.	60.	—	*	*	*	*	*	*	*	*	*	*	*	*
2006-P SD Satin Finish						1.00	1.25	2.00	3.00	6.00	—	—	—	*	*	*	*	*	*	*	*	*	*	*	*
2006-D SD 0.40	0.40	0.50	0.60	0.65	0.75	1.00	—	—	7.00	10.	12.	35.	—	*	*	*	*	*	*	*	*	*	*	*	*
2006-D SD Satin Finish						3.00	4.00	5.00	—	—	—	—	—	*	*	*	*	*	*	*	*	*	*	*	*
2006-S Clad SD	*	*	*	*	*	*	*	*	*	*	*	*	*	4.00	5.00	6.00	7.00	8.00	8.00	10.	9.00	15.	10.	18.	35.

—— = Insufficient pricing data   * = None issued

WASHINGTON QUARTER DOLLAR (CONTINUED)

	VF-20	EF-40	AU-50	AU-58	MS-60	MS-63	MS-64	MS-65	MS-66	MS-67	MS-68	MS-69	MS-70	PF-63	PF-64	PF-65	PF-66	PF-66DC	PF-67	PF-67DC	PF-68	PF-68DC	PF-69	PF-69DC	PF-70DC
2006-S Silver SD	*	*	*	*	*	*	*	*	*	*	*	*	*	6.00	7.00	8.00	9.00	10.	10.	15.	12.	20.	20.	25.	150.
2007-P MT	0.40	0.50	0.60	0.65	0.75	1.00	1.50	2.00	3.00	6.00	*	*	*	*	*	*	*	*	*	*	*	*	*	*	*
2007-P MT Satin Finish	—	—	—	—	—	3.00	4.00	5.00	7.00	9.00	12.	35.	—	*	*	*	*	*	*	*	*	*	*	*	*
2007-D MT	0.40	0.50	0.60	0.65	0.75	1.00	1.50	2.00	3.00	6.00	*	*	*	*	*	*	*	*	*	*	*	*	*	*	*
2007-D MT Satin Finish	—	—	—	—	—	3.00	4.00	5.00	7.00	9.00	12.	45.	—	*	*	*	*	*	*	*	*	*	*	*	*
2007-S Clad MT	*	*	*	*	*	*	*	*	*	*	*	*	*	—	—	4.00	4.50	5.00	—	7.00	—	8.00	—	12.	50.
2007-S Silver MT	*	*	*	*	*	*	*	*	*	*	*	*	*	—	—	6.00	6.50	7.50	—	10.	—	12.	—	16.	75.
2007-P WA	0.40	0.50	0.60	0.65	0.75	1.00	1.50	2.00	3.00	6.00	*	*	*	*	*	*	*	*	*	*	*	*	*	*	*
2007-P WA Satin Finish	—	—	—	—	—	3.00	4.00	5.00	7.00	10.	13.	40.	—	*	*	*	*	*	*	*	*	*	*	*	*
2007-D WA	0.40	0.50	0.60	0.65	0.75	1.00	1.50	2.00	3.00	6.00	*	*	*	*	*	*	*	*	*	*	*	*	*	*	*
2007-D WA Satin Finish	—	—	—	—	—	3.00	4.00	5.00	7.00	10.	13.	25.	—	*	*	*	*	*	*	*	*	*	*	*	*
2007-S Clad WA	*	*	*	*	*	*	*	*	*	*	*	*	*	—	—	4.00	4.50	5.00	—	7.00	—	8.00	—	12.	50.
2007-S Silver WA	*	*	*	*	*	*	*	*	*	*	*	*	*	—	—	6.00	6.50	7.50	—	10.	—	12.	—	16.	75.
2007-P ID	0.40	0.50	0.60	0.65	0.75	1.00	1.50	2.00	3.00	20.	*	*	*	*	*	*	*	*	*	*	*	*	*	*	*
2007-P ID Satin Finish	—	—	—	—	—	3.00	4.00	5.00	7.00	—	85.	50.	—	*	*	*	*	*	*	*	*	*	*	*	*
2007-D ID	0.40	0.50	0.60	0.65	0.75	1.00	1.50	2.00	3.00	10.	*	*	*	*	*	*	*	*	*	*	*	*	*	*	*
2007-D ID Satin Finish	—	—	—	—	—	3.00	4.00	5.00	7.00	—	12.	—	—	*	*	*	*	*	*	*	*	*	*	*	*
2007-S Clad ID	*	*	*	*	*	*	*	*	*	*	*	*	*	—	—	4.00	4.50	5.00	—	7.00	—	8.00	—	12.	50.

— = Insufficient pricing data   * = None issued

WASHINGTON QUARTER DOLLAR (CONTINUED)

Coin	VF-20	EF-40	AU-50	AU-58	MS-60	MS-63	MS-64	MS-65	MS-66	MS-67	MS-68	MS-69	MS-70	PF-63	PF-64	PF-65	PF-66	PF-66DC	PF-67	PF-67DC	PF-68	PF-68DC	PF-69	PF-69DC	PF-70DC
2007-S Silver ID	*	*	*	*	*	*	*	*	*	*	*	*	*	*	*	6.00	6.50	7.50	*	10.	*	12.	—	16.	75.
2007-P WY	0.40	0.50	0.60	0.65	0.75	1.00	1.50	2.00	3.00	4.00	—	—	—	*	*	*	*	*	*	*	*	*	*	*	*
2007-P WY Satin Finish	—	—	—	—	—	3.00	4.00	5.00	7.00	10.	13.	—	—	*	*	*	*	*	*	*	*	*	*	*	*
2007-D WY	0.40	0.50	0.60	0.65	0.75	1.00	1.50	2.00	3.00	4.00	—	—	—	*	*	*	*	*	*	*	*	*	*	*	*
2007-D WY Satin Finish	—	—	—	—	—	3.00	4.00	5.00	7.00	10.	12.	45.	—	*	*	*	*	*	*	*	*	*	*	*	*
2007-S Clad WY	*	*	*	*	*	*	*	*	*	*	*	*	*	*	*	4.00	4.50	6.50	5.00	8.00	—	10.	—	11.	50.
2007-S Silver WY	*	*	*	*	*	*	*	*	*	*	*	*	*	*	*	*	*	*	*	*	*	*	—	15.	75.
2007-P UT	0.40	0.50	0.60	0.65	0.75	1.00	1.50	2.00	3.00	4.00	—	—	—	*	*	*	*	*	*	*	*	*	*	*	*
2007-P UT Satin Finish	—	—	—	—	—	3.00	4.00	5.00	7.00	10.	12.	35.	—	*	*	*	*	*	*	*	*	*	*	*	*
2007-D UT	0.40	0.50	0.60	0.65	0.75	1.00	1.50	2.00	3.00	4.00	—	—	—	*	*	*	*	*	*	*	*	*	*	*	*
2007-D UT Satin Finish	—	—	—	—	—	3.00	4.00	5.00	7.00	10.	12.	40.	—	*	*	*	*	*	*	*	*	*	*	*	*
2007-S Clad UT	*	*	*	*	*	*	*	*	*	*	*	*	*	*	*	*	*	*	*	*	*	*	—	10.	50.
2007-S Silver UT	*	*	*	*	*	*	*	*	*	*	*	*	*	*	*	*	*	*	*	*	*	*	—	15.	75.
2008-P OK	—	—	—	—	0.65	0.75	0.85	1.00	1.50	3.00	—	—	—	*	*	*	*	*	*	*	*	*	*	*	*
2008-P OK Satin Finish	—	—	—	—	—	—	—	—	—	—	—	—	—	*	*	*	*	*	*	*	*	*	*	*	*
2008-D OK	—	—	—	—	0.65	0.75	0.85	1.00	1.50	3.00	—	—	—	*	*	*	*	*	*	*	*	*	*	*	*
2008-D OK Satin Finish	—	—	—	—	—	—	—	—	—	—	—	—	—	*	*	*	*	*	*	*	*	*	*	*	*
2008-S Clad OK	*	*	*	*	*	*	*	*	*	*	*	*	*	—	—	3.00	3.50	4.50	4.00	5.50	4.50	7.00	—	12.	22.

—— = Insufficient pricing data   * = None issued

WASHINGTON QUARTER DOLLAR (CONTINUED)

	VF-20	EF-40	AU-50	AU-58	MS-60	MS-63	MS-64	MS-65	MS-66	MS-67	MS-68	MS-69	MS-70	PF-63	PF-64	PF-65	PF-66	PF-66DC	PF-67	PF-67DC	PF-68	PF-68DC	PF-69	PF-69DC	PF-70DC
2008-S Silver OK	*	*	*	*	*	*	*	*	*	*	*	*	*	—	—	5.00	5.50	7.50	6.00	8.00	—	9.00	—	12.	25.
2008-P NM	—	—	—	—	0.65	0.75	0.85	1.00	1.50	3.00	—	—	—	*	*	*	*	*	*	*	*	*	*	*	*
2008-P NM Satin Finish	—	—	—	—	—	—	—	—	—	—	—	—	—	*	*	*	*	*	*	*	*	*	*	*	*
2008-D NM	—	—	—	—	0.65	0.75	0.85	1.00	1.50	3.00	—	—	—	*	*	*	*	*	*	*	*	*	*	*	*
2008-D NM Satin Finish	—	—	—	—	—	—	—	—	—	—	—	—	—	*	*	*	*	*	*	*	*	*	*	*	*
2008-S Clad NM	*	*	*	*	*	*	*	*	*	*	*	*	*	—	—	3.00	3.50	4.50	4.00	5.50	4.50	7.00	—	12.	22.
2008-S Silver NM	*	*	*	*	*	*	*	*	*	*	*	*	*	—	—	5.00	5.50	7.50	6.00	8.00	—	9.00	—	12.	25.
2008-P AZ	—	—	—	—	0.65	0.75	0.85	1.00	1.50	4.00	—	—	—	*	*	*	*	*	*	*	*	*	*	*	*
2008-P AZ Satin Finish	—	—	—	—	—	—	—	—	—	—	—	—	—	*	*	*	*	*	*	*	*	*	*	*	*
2008-D AZ	—	—	—	—	0.65	0.75	0.85	1.00	1.50	4.00	—	—	—	*	*	*	*	*	*	*	*	*	*	*	*
2008-D AZ Satin Finish	—	—	—	—	—	—	—	—	—	—	—	—	—	*	*	*	*	*	*	*	*	*	*	*	*
2008-S Clad AZ	*	*	*	*	*	*	*	*	*	*	*	*	*	—	—	3.00	3.50	4.50	4.00	5.50	4.50	7.00	—	12.	22.
2008-S Silver AZ	*	*	*	*	*	*	*	*	*	*	*	*	*	—	—	5.00	5.50	7.50	6.00	8.00	—	9.00	—	16.	28.
2008-P AK	—	—	—	—	0.65	0.75	0.85	1.00	1.50	4.00	—	—	—	*	*	*	*	*	*	*	*	*	*	*	*
2008-P AK Satin Finish	—	—	—	—	—	—	—	—	—	—	—	—	—	*	*	*	*	*	*	*	*	*	*	*	*
2008-D AK	—	—	—	—	0.65	0.75	0.85	1.00	1.50	4.00	—	—	—	*	*	*	*	*	*	*	*	*	*	*	*
2008-D AK Satin Finish	—	—	—	—	—	—	—	—	—	—	—	—	—	*	*	*	*	*	*	*	*	*	*	*	*
2008-S Clad AK	*	*	*	*	*	*	*	*	*	*	*	*	*	—	—	3.00	3.50	4.50	4.00	5.50	4.50	7.00	—	12.	—

—— = Insufficient pricing data   * = None issued

WASHINGTON QUARTER DOLLAR (CONTINUED)

	VF-20	EF-40	AU-50	AU-58	MS-60	MS-63	MS-64	MS-65	MS-66	MS-67	MS-68	MS-69	MS-70	PF-63	PF-64	PF-65	PF-66	PF-66DC	PF-67	PF-67DC	PF-68	PF-68DC	PF-69	PF-69DC	PF-70DC
2008-S Silver AK	*	*	*	*	*	*	*	*	*	*	*	*	*	—	—	5.00	5.50	7.50	6.00	8.00	—	9.00	—	16.	28.
2008-P HI	—	—	—	—	0.65	0.75	0.85	1.00	1.50	4.00	—	—	—	*	*	*	*	*	*	*	*	*	*	*	*
2008-P HI Satin Finish	—	—	—	—	—	—	—	—	—	—	—	—	—	*	*	*	*	*	*	*	*	*	*	*	*
2008-D HI	—	—	—	—	0.65	0.75	0.85	1.00	1.50	4.00	—	—	—	*	*	*	*	*	*	*	*	*	*	*	*
2008-D HI Satin Finish	—	—	—	—	—	—	—	—	—	—	—	—	—	*	*	*	*	*	*	*	*	*	*	*	*
2008-S Clad HI	*	*	*	*	*	*	*	*	*	*	*	*	*	—	—	3.00	3.50	4.50	4.00	5.50	—	7.00	—	12.	22.
2008-S Silver HI	*	*	*	*	*	*	*	*	*	*	*	*	*	—	—	5.00	5.50	7.50	6.00	8.00	—	9.00	—	16.	28.

—— = Insufficient pricing data   * = None issued

1999

Delaware

Pennsylvania

New Jersey

Georgia

Connecticut

Common Obverse

2000

Massachusetts

Maryland

South Carolina

New Hampshire

Virginia

2001

New York

North Carolina

Rhode Island

Vermont

Kentucky

2002

Tennessee

Ohio

Louisiana

Indiana

Mississippi

178 — Values of U.S. coins

2003

Illinois

Alabama

Maine

Missouri

Arkansas

2004

Michigan

Florida

Texas

Iowa

Wisconsin

2005

California

Minnesota

Oregon

Kansas

West Virginia

2006

Nevada

Nebraska

Colorado

North Dakota

South Dakota

2007

Montana

Washington

Idaho

Wyoming

Utah

2008

Oklahoma

New Mexico

Arizona

Alaska

Hawaii

Flowing Hair half dollar

Date of authorization: April 2, 1792
Dates of issue: 1794-1795
Designer: Robert Scot
Engravers: Robert Scot-John S. Gardner
Diameter: 32.50 mm/1.28 inches
Weight: 13.48 grams/0.43 ounce
Metallic content: 90% silver, 10% copper
Weight of pure silver: 12.13 grams/0.39 ounce
Edge: Lettered (FIFTY CENTS OR HALF A DOLLAR)
Mint mark: None

	AG-3	G-4	VG-8	F-12	VF-20	EF-40	EF-45	AU-50	AU-55	MS-60
1794	4500.	7000.	15000.	25000.	35000.	50000.	60000.	100000.	135000.	250000.
1795/1795 2 Leaves	1000.	1500.	2500.	6000.	10000.	15000.	20000.	25000.	30000.	50000.
1795/1795 3 Leaves	2000.	2500.	5000.	9000.	15000.	25000.	30000.	40000.	—	—
1795 A/E in STATES	1200.	1700.	2500.	3500.	5000.	15000.	20000.	25000.	30000.	—
1795 Y/Star	1400.	1800.	2500.	4000.	5000.	15000.	20000.	35000.	50000.	70000.
1795 S/D in STATES	1200.	1700.	2500.	3500.	5000.	12000.	20000.	—	—	—
1795 Small Head	2000.	3000.	5500.	7000.	15000.	25000.	30000.	—	—	—
1795 Silver Plug	7500.	12000.	17000.	20000.	25000.	35000.	40000.	50000.	—	—

—— = Insufficient pricing data

Draped Bust half dollar

Small Eagle reverse

Heraldic Eagle reverse

Date of authorization: April 2, 1792
Dates of issue: 1796-1797, 1801-1807
Designers: Obverse: Gilbert Stuart-Robert Scot
Reverse:
(1796-1797): Scot-John Eckstein
(1801-1807): Robert Scot
Engraver: Robert Scot
Diameter: 32.50 mm/1.28 inches
Weight: 13.48 grams/0.43 ounce
Metallic content: 89.25% silver, 10.75% copper
Weight of pure silver: 12.03 grams/0.39 ounce
Edge: Lettered (FIFTY CENTS OR HALF A DOLLAR)
Mint mark: None

SMALL EAGLE

	AG-3	G-4	VG-8	F-12	VF-20	EF-40	EF-45	AU-50	AU-55	MS-60
1796 15 Stars	30000.	40000.	50000.	70000.	90000.	125000.	135000.	175000.	200000.	300000.
1796 16 Stars	35000.	45000.	60000.	75000.	100000.	135000.	160000.	225000.	250000.	325000.
1797	30000.	40000.	50000.	70000.	90000.	125000.	135000.	175000.	200000.	300000.

HERALDIC EAGLE

	AG-3	G-4	VG-8	F-12	VF-20	EF-40	EF-45	AU-50	AU-55	MS-60
1801	600.	1200.	2300.	3000.	5500.	12000.	15000.	25000.	35000.	50000.
1802	600.	1200.	2300.	3000.	5500.	12000.	15000.	25000.	35000.	50000.
1803 Small 3	400.	1000.	1200.	1500.	2000.	3000.	4000.	9000.	15000.	35000.
1803 Large 3	300.	800.	1000.	1200.	1800.	2500.	3000.	7000.	12000.	25000.
1805/4	250.	400.	500.	1500.	2000.	4500.	6000.	7500.	20000.	40000.
1805	150.	300.	400.	1000.	1800.	3000.	3500.	6000.	7000.	12000.
1806/5	150.	250.	350.	500.	1100.	2000.	3000.	4500.	6000.	10000.
1806/Inverted 6	200.	350.	600.	1500.	2000.	6000.	8000.	12000.	15000.	20000.
1806 Knobbed 6, Large Stars										
	150.	250.	300.	500.	1200.	2500.	3000.	4500.	7500.	—
1806 Knobbed 6, Small Stars										
	150.	250.	300.	500.	1500.	2000.	2500.	3500.	5000.	—
1806 Knobbed 6, No Stem										
	15000.	25000.	30000.	40000.	70000.	100000.	—	—	—	—

—— = Insufficient pricing data   * = None issued

	AG-3	G-4	VG-8	F-12	VF-20	EF-40	EF-45	AU-50	AU-55	MS-60
1806 Knobbed 6, Stems										
	150.	250.	300.	500.	1100.	2000.	2500.	5000.	7500.	12000.
1806 Pointed 6, Stems										
	150.	250.	300.	500.	1000.	1500.	2500.	5000.	6500.	10000.
1806 Pointed 6, No Stem										
	150.	250.	300.	500.	1000.	1500.	2500.	6000.	7000.	10000.
1807	150.	250.	300.	500.	1000.	2500.	3000.	5000.	7000.	10000.

—— = Insufficient pricing data   * = None issued

Capped Bust half dollar

Date of authorization: April 2, 1792
Dates of issue: 1807-1839
Designers: Obverse: John Reich
Reverse:
(1807-1836): John Reich
(1836-1839): Reich-Christian
Gobrecht
Engraver: John Reich
Diameter: (1807-1836): 32.50 mm/1.28 inches
(1836-1839): 30.61 mm/1.21 inches
Weight: (1807-1836): 13.48 grams/0.43 ounce
(1836-1839): 13.37 grams/0.43 ounce
Metallic Content: (1807-1836): 89.25% silver, 10.75%
copper
(1836-1839): 90% silver, 10% copper
Weight of pure silver: (1807-1836): 12.03 grams/0.39 ounce
(1836-1839): 12.03 grams/0.39 ounce
Edge: (1807-1836): Lettered (FIFTY CENTS OR
HALF A DOLLAR)
(1836-1839): Reeded
Mint mark: 1838-1839 only, obverse above date

CAPPED BUST HALF DOLLAR (CONTINUED)

	G-4	VG-8	F-12	VF-20	EF-40	AU-50	AU-58	MS-60	MS-62	MS-63	MS-64
1807 Small Stars	125.	200.	350.	500.	1200.	3000.	4000.	6000.	9000.	15000.	—
1807 Large Stars	110.	185.	300.	450.	1000.	2000.	3500.	5500.	8000.	13000.	25000.
1807 50/20C	100.	150.	250.	400.	700.	3000.	4500.	5500.	9000.	14000.	20000.
1807 Bearded Goddess	350.	600.	1000.	2000.	4000.	7500.	—				
1808/7	80.	100.	150.	300.	600.	1500.	2500.	3500.	6000.	12000.	20000.
1808	75.	85.	110.	150.	400.	1200.	1700.	2200.	3000.	4000.	8000.
1809 Normal Edge	70.	80.	90.	150.	300.	700.	1500.	2000.	2500.	4000.	9000.
1809 XXX Edge	85.	100.	125.	200.	350.	800.	2000.	3000.	4500.	6000.	—
1809 lll Edge	85.	110.	125.	225.	350.	800.	2000.	3500.	5000.	8500.	15000.
1810	75.	85.	100.	175.	300.	700.	2000.	2500.	3500.	5000.	10000.
1811 Small 8	70.	75.	100.	150.	250.	500.	1500.	1800.	2000.	2500.	4500.
1811 Large 8	65.	75.	100.	175.	300.	700.	1000.	1500.	2000.	3000.	4500.
1811/0	80.	100.	125.	150.	500.	1000.	2500.	4000.	6000.	12000.	20000.
1812/1 Small 8	85.	100.	125.	250.	400.	800.	2000.	3000.	5000.	6500.	11000.
1812/1 Large 8	2000.	3000.	5000.	11000.	15000.	25000.	—				
1812	70.	85.	100.	150.	250.	500.	1500.	2000.	2500.	3000.	5000.
1812 Single Leaf	—										
1813	70.	85.	100.	150.	250.	700.	1800.	2200.	2800.	3500.	6000.
1813 50C/UNI	90.	100.	150.	250.	500.	1000.	2000.	2500.	4500.	7000.	13000.
1814	70.	75.	100.	150.	250.	700.	1800.	2000.	3000.	4000.	7000.
1814 E/A In STATES	85.	100.	125.	175.	300.	750.	1500.	2000.	2400.	3000.	7000.
1814 Single Leaf	80.	100.	150.	250.	600.	1200.	2000.	2500.	3000.	—	—
1814/3 O-101	110.	150.	200.	300.	700.	1500.	2200.	2700.	3500.	6000.	12000.
1815/2	1300.	1700.	2500.	3500.	4500.	7000.	12000.	18000.	25000.	35000.	60000.
1817/3	125.	200.	300.	600.	1000.	2500.	4000.	6000.	12000.	20000.	30000.
1817/4	—	—	125000.	200000.	250000.	350000.	—				
1817	70.	85.	100.	125.	250.	600.	1500.	2000.	2500.	3500.	7500.
1817 Punctuated Date	—										
1817 Single Leaf	75.	100.	125.	200.	500.	1000.	1800.	3000.	—		
1818/7 Small 8	100.	110.	125.	150.	225.	850.	1300.	1700.	3000.	6000.	10000.
1818/7 Large 8	100.	110.	125.	150.	300.	1000.	1500.	2000.	4000.	6500.	11000.
1818	75.	85.	100.	150.	200.	450.	800.	1300.	2000.	3000.	5000.
1819/8 Small 9	85.	100.	110.	125.	275.	500.	900.	1600.	2200.	3000.	6000.
1819/8 Large 9	110.	150.	250.	300.	400.	750.	1200.	1500.	2000.	3000.	6000.
1819	70.	85.	100.	125.	250.	600.	1000.	1500.	2000.	3000.	6000.
1820/19 Curl Base 2	75.	100.	125.	200.	500.	1200.	2000.	3000.	5000.	7000.	10000.
1820/19 Square Base 2	100.	125.	140.	250.	500.	1500.	2000.	2500.	6000.	10000.	18000.
1820 Large Date, Square Base Knob Top 2	70.	85.	100.	150.	350.	700.	900.	1300.	2000.	5000.	7500.
1820 Large Date, Square Base Curl Top 2	—	—	—	—	—	—	—	—	—	—	—
1820 Small Date, Curl Base 2	60.	70.	80.	125.	300.	600.	800.	1300.	2250.	5000.	7500.
1820 No Serifs on Es	—	—	—	—	—	—	—	—	—	—	—
1821	75.	90.	100.	125.	200.	600.	1000.	1300.	2000.	3000.	5000.
1822	70.	85.	100.	125.	175.	400.	900.	1200.	1800.	2700.	5000.
1822/1	100.	125.	150.	250.	350.	750.	1200.	1500.	2500.	5000.	7500.
1823	70.	85.	100.	125.	175.	400.	900.	1200.	1800.	2500.	5000.
1823 Broken 3	85.	110.	125.	250.	700.	1200.	1800.	2500.	4500.	6000.	—
1823 Patched 3	80.	100.	125.	175.	350.	600.	1200.	1500.	2500.	3500.	7000.
1823 Ugly 3	70.	90.	110.	150.	300.	800.	1200.	1500.	2000.	4000.	5000.
1824/1	85.	100.	125.	175.	250.	450.	1000.	1500.	2500.	3500.	7500.
1824/2/0	70.	85.	100.	125.	250.	700.	1500.	2000.	3000.	5000.	7500.
1824/4	75.	100.	110.	135.	175.	450.	1000.	1500.	2000.	2700.	6000.
1824	70.	80.	100.	125.	150.	400.	900.	1200.	1800.	2500.	5000.
1825	70.	80.	100.	125.	150.	400.	900.	1200.	1800.	2500.	5000.
1826	70.	80.	100.	125.	150.	400.	900.	1200.	1800.	2500.	5000.
1827/6	100.	125.	150.	175.	275.	500.	1100.	1500.	2000.	2700.	7500.

—— = Insufficient pricing data   * = None issued

CAPPED BUST HALF DOLLAR (CONTINUED)

	G-4	VG-8	F-12	VF-20	EF-40	AU-50	AU-58	MS-60	MS-62	MS-63	MS-64
1827 Square Base 2	70.	80.	100.	125.	150.	400.	900.	1200.	1800.	2500.	5000.
1827 Curl Base 2	60.	70.	80.	90.	125.	325.	450.	600.	1100.	2000.	4000.
1828 Curl Base No Knob Top 2	60.	70.	80.	90.	125.	325.	450.	600.	1100.	2000.	4000.
1828 Curl Base Knob Top 2	75.	90.	100.	110.	175.	400.	900.	1200.	1800.	2500.	5000.
1828 Large 8s, Square Base 2	60.	70.	80.	90.	125.	325.	450.	600.	1100.	2000.	4000.
1828 Small 8s, Large Letters	—	—	—	—	—	—	—	—	—	—	—
1828 Small 8s, Small Letters	60.	70.	80.	90.	125.	325.	450.	600.	1100.	2000.	4000.
1829/7	75.	90.	110.	125.	200.	400.	1000.	1500.	2500.	3500.	7500.
1829	60.	70.	80.	90.	125.	325.	450.	600.	1100.	2000.	4000.
1829 Large Letters	—	—	—	—	—	—	—	—	—	—	—
1830 Large 0	60.	70.	80.	90.	125.	325.	450.	600.	1100.	2000.	4000.
1830 Small 0	60.	70.	80.	90.	125.	325.	450.	600.	1100.	2000.	4000.
1830 Large Letters	1800.	2500.	3500.	4000.	5000.	9000.	12000.	15000.	18000.	22000.	—
1831	60.	70.	80.	90.	125.	325.	450.	600.	1100.	2000.	4000.
1832	60.	70.	80.	90.	125.	325.	450.	600.	1100.	2000.	4000.
1832 Large Letters	60.	70.	80.	90.	125.	325.	450.	600.	1100.	2000.	4000.
1833	60.	70.	80.	90.	125.	325.	450.	600.	1100.	2000.	4000.
1834 Large Date, Large Letters	60.	70.	80.	90.	125.	325.	450.	600.	1100.	2000.	4000.
1834 Large Date, Small Letters	—	—	—	—	—	—	—	—	—	—	—
1834 Small Date, Letters and Stars	—	—	—	—	—	—	—	—	—	—	—
1835	60.	70.	80.	90.	125.	325.	450.	600.	1100.	2000.	4000.
1836	60.	70.	80.	90.	125.	325.	450.	600.	1100.	2000.	4000.
1836/1336	75.	85.	110.	125.	200.	375.	500.	750.	1500.	2500.	5000.
1836 50/00	85.	110.	150.	200.	400.	1000.	2000.	2500.	3500.	4500.	8000.
1836 Beaded Reverse Border	—	—	—	—	—	—	—	—	—	—	—

CAPPED BUST, REEDED EDGE HALF DOLLAR

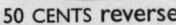

50 CENTS reverse

HALF DOL. reverse

REEDED EDGE, 50 CENTS REVERSE

	G-4	VG-8	F-12	VF-20	EF-40	AU-50	AU-58	MS-60	MS-62	MS-63	MS-64
1836	1200.	1500.	2000.	2300.	3000.	4000.	7000.	12000.	15000.	20000.	35000.
1837	60.	75.	90.	125.	200.	400.	1200.	1500.	1800.	3000.	6000.

HALF DOLLAR REVERSE

	G-4	VG-8	F-12	VF-20	EF-40	AU-50	AU-58	MS-60	MS-62	MS-63	MS-64
1838	60.	75.	90.	125.	200.	400.	1200.	1500.	1800.	3000.	6000.
1838-O Proof Only	—	—	—	—	200000.	225000.	275000.	325000.	450000.	600000.	750000.
1839	65.	80.	100.	150.	300.	600.	1500.	2000.	2500.	3500.	7000.
1839-O	225.	300.	400.	700.	1200.	1500.	2000.	3000.	4500.	7000.	14000.

——— = Insufficient pricing data   * = None issued

Seated Liberty half dollar

Date of authorization:	April 2, 1792
Dates of issue:	1839-1891
Designers:	Obverse: Christian Gobrecht
	Reverse: John Reich-Gobrecht
Engraver:	Christian Gobrecht
Diameter:	30.61 mm/1.21 inches
Weight:	(1839-1853): 13.37 grams/0.43 ounce
	(1853-1873): 12.4 grams/0.40 ounce
	(1873-1891): 12.50 grams/0.40 ounce
Metallic Content:	90% silver, 10% copper
Weight of pure silver:	(1839-1853): 12.03 grams/0.39 ounce
	(1853-1873): 11.20 grams/0.36 ounce
	(1873-1891): 11.25 grams/0.36 ounce
Edge:	Reeded
Mint mark:	Reverse below eagle

Arrows at date, Rays on reverse

SEATED LIBERTY HALF DOLLAR (CONTINUED)

	G-4	VG-8	F-12	VF-20	EF-40	AU-50	AU-55	AU-58	MS-60	MS-62	MS-63	MS-64	MS-65	PF-63	PF-64	PF-65	PF-66
NO DRAPERY																	
1839	50.	100.	150.	350.	800.	1800.	2500.	3000.	5000.	10000.	18000.	50000.	—	32000.	—	—	—
DRAPERY AT ELBOW																	
1839	25.	35.	60.	100.	150.	300.	350.	400.	600.	1100.	2500.	4000.	—	*	*	*	*
1840 Small Letters	30.	35.	55.	80.	125.	250.	350.	400.	600.	1000.	1500.	3000.	—	—	*	—	*
1840 Medium Letters	125.	175.	250.	350.	700.	1200.	1400.	1800.	3500.	5000.	8000.	14000.	—	*	*	*	*
1840-O	30.	35.	60.	90.	125.	250.	300.	400.	600.	1200.	2500.	—	—	—	25000.	—	—
1841	50.	65.	100.	150.	250.	450.	600.	800.	1500.	2000.	3000.	5000.	—	*	*	*	*
1841-O	25.	35.	55.	100.	150.	250.	300.	400.	800.	1500.	3000.	6000.	—	*	—	*	—
1842 Small Date, Small Letters	—	—	—	—	—	—	—	—	—	—	—	—	—	—	—	—	—
1842-O Small Date, Small Letters	—	—	—	—	—	—	—	—	—	—	—	—	—	—	—	—	—
MODIFIED REVERSE, LARGE LETTERS																	
1842 Medium Date	30.	45.	85.	100.	200.	400.	500.	600.	1000.	1500.	3000.	—	—	*	22500.	*	*
1842 Small Date	25.	35.	55.	75.	125.	250.	300.	350.	700.	1000.	1500.	4000.	—	—	*	—	—
1842-O Medium Date	25.	35.	55.	75.	125.	300.	350.	450.	1000.	2000.	4500.	11000.	—	*	*	*	*
1842-O Small Date	600.	900.	1400.	2000.	4500.	8500.	10000.	13000.	20000.	42500.	—	—	—	*	*	*	*
1843	25.	35.	50.	65.	100.	250.	500.	350.	500.	800.	1200.	2800.	—	*	*	*	*
1843-O	25.	35.	50.	65.	100.	250.	325.	350.	700.	1100.	2000.	5000.	—				
1844	25.	35.	50.	65.	100.	250.	300.	350.	500.	800.	1200.	4000.	—	*	*	*	*
1844-O	25.	35.	50.	65.	100.	250.	325.	400.	750.	1200.	2500.	5000.	—				
1844-O Doubled Date	500.	800.	1200.	1600.	2500.	6000.	7000.	8500.	12000.	—	—	—	—	—	23000.	*	*
1845	30.	50.	75.	125.	200.	350.	450.	600.	900.	1500.	4000.	9000.	—	*	*	*	*
1845-O	25.	35.	60.	75.	125.	250.	300.	400.	750.	1100.	2000.	6500.	—				
1845-O No Drapery	30.	50.	85.	125.	200.	350.	450.	600.	1400.	2500.	5000.	10000.	—				
1846 Medium Date	25.	35.	50.	65.	125.	250.	300.	400.	600.	1000.	1600.	3500.	—	14000.	*	*	*
1846 Tall Date	25.	35.	50.	75.	150.	300.	400.	500.	900.	2000.	3500.	5000.	—				
1846/Horizontal 6	150.	250.	300.	400.	600.	1200.	1500.	2000.	3500.	9000.	—	—	—				
1846-O Medium Date	25.	35.	50.	65.	125.	250.	350.	500.	1000.	1500.	2500.	4500.	—				

— = Insufficient pricing data   * = None issued

SEATED LIBERTY HALF DOLLAR (CONTINUED)

	G-4	VG-8	F-12	VF-20	EF-40	AU-50	AU-55	AU-58	MS-60	MS-62	MS-63	MS-64	MS-65	PF-63	PF-64	PF-65	PF-66
1846-O Tall Date	150.	300.	400.	600.	1100.	2000.	2500.	3000.	6500.	8500.	12000.	—	—	*	*	*	*
1847/6	1800.	2500.	3500.	5000.	7500.	12000.	14000.	18000.	20000.	25000.	35000.	—	—	*	*	—	—
1847	25.	35.	50.	65.	125.	250.	300.	400.	500.	800.	1200.	2500.	8000.	15000.	—	—	—
1848	40.	65.	100.	200.	300.	350.	600.	700.	1000.	1400.	2000.	2800.	8000.	—	37500.	—	*
1849	25.	35.	50.	65.	130.	350.	400.	500.	1000.	1500.	2500.	4000.	10000.	—	26500.	—	—
1849 Doubled Date, Bold	1800.	2500.	3500.	4500.	6500.	8500.	9000.	9500.	—	—	—	—	—	—	—	—	—
1849-O	25.	35.	50.	65.	125.	300.	400.	500.	900.	1500.	2500.	6000.	—	—	—	—	—
1850	250.	300.	450.	600.	800.	1000.	1100.	1300.	1800.	3000.	5500.	—	—	—	—	—	—
1850-O	25.	35.	50.	65.	125.	300.	350.	400.	600.	900.	1600.	3000.	8000.	—	—	—	—
1851	300.	400.	500.	600.	800.	1100.	1200.	1400.	1800.	2500.	3000.	3500.	—	—	—	—	—
1851-O	25.	50.	60.	100.	200.	400.	450.	500.	700.	1000.	1500.	3000.	10000.	—	—	—	—
1852	400.	500.	650.	900.	1000.	1400.	1500.	1600.	2000.	2300.	2800.	4000.	10000.	12500.	—	—	—
1852-O	60.	125.	200.	350.	600.	1200.	1600.	2000.	4000.	5500.	9000.	14000.	25000.	40000.	—	—	—
ARROWS AND RAYS																	
1853	30.	40.	60.	125.	300.	600.	700.	900.	1500.	3000.	4000.	9000.	20000.	—	82500.	100000.	*
1853-O	30.	40.	60.	150.	300.	850.	1100.	1500.	3000.	4000.	6000.	12500.	—	*	—	*	*
MODIFIED REVERSE, LARGE LETTERS																	
1853-O	125000.	160000.	—	175000.	—	—	—	—	—	—	—	—	—	—	—	—	—
RAYS REMOVED																	
1854	30.	40.	50.	80.	125.	350.	375.	400.	750.	1250.	2000.	3500.	8500.	15000.	—	37500.	*
1854-O	30.	40.	50.	80.	125.	350.	375.	400.	750.	1250.	2000.	4000.	8000.	*	—	*	*
1855/1854	75.	100.	200.	300.	400.	800.	1000.	1200.	2000.	2750.	4000.	7500.	18000.	—	26500.	—	—
1855	30.	40.	50.	80.	125.	350.	375.	400.	750.	1250.	2000.	3500.	7500.	—	—	—	*
1855-O	30.	40.	50.	80.	125.	350.	375.	400.	750.	1250.	2000.	3500.	7500.	29000.	—	29000.	*
1855-S	350.	600.	1000.	1500.	3500.	7500.	8500.	10000.	15000.	—	—	—	—	*	*	*	*

—— = Insufficient pricing data   * = None issued

SEATED LIBERTY HALF DOLLAR (CONTINUED)

DRAPERY AT ELBOW

	G-4	VG-8	F-12	VF-20	EF-40	AU-50	AU-55	AU-58	MS-60	MS-62	MS-63	MS-64	MS-65	PF-63	PF-64	PF-65	PF-66
1856	25.	35.	50.	65.	125.	300.	350.	400.	600.	750.	1000.	2500.	6500.	8000.	12000.	20000.	—
1856-O	25.	35.	50.	65.	125.	300.	350.	400.	600.	750.	1000.	3000.	7500.	*	*	*	*
1856-S	50.	75.	125.	300.	600.	1300.	1600.	2000.	4000.	—	—	—	—	*	*	*	*
1857	25.	35.	50.	65.	125.	300.	350.	400.	600.	750.	1000.	2500.	6500.	5000.	8500.	—	*
1857-O	25.	35.	50.	65.	600.	1200.	1400.	1750.	4000.	2000.	3500.	12000.	—	*	*	*	*
1857-S	60.	100.	200.	300.	600.	1200.	1400.	1750.	4000.	5500.	8000.	—	—	*	*	*	*
1858	25.	35.	50.	65.	125.	300.	350.	400.	600.	750.	1000.	2500.	6000.	3000.	6000.	15000.	—
1858-O	25.	35.	50.	65.	125.	300.	350.	400.	600.	750.	1000.	2500.	8000.	*	*	*	*
1858-S	30.	50.	75.	125.	250.	400.	500.	700.	1100.	2500.	4000.	7500.	—	*	*	*	*
1859	30.	50.	60.	100.	150.	300.	350.	400.	600.	900.	1200.	2800.	6000.	1500.	4000.	6500.	*
1859-O	25.	35.	50.	65.	125.	300.	350.	400.	600.	750.	1000.	3000.	—	*	*	*	*
1859-S	25.	35.	60.	125.	250.	300.	350.	400.	1200.	2000.	3500.	5000.	—	*	*	*	*
1860	25.	35.	50.	65.	125.	350.	400.	500.	600.	1000.	1400.	2500.	6000.	1000.	4000.	7000.	10000.
1860-O	25.	35.	50.	65.	125.	300.	350.	400.	600.	750.	1000.	2500.	5500.	*	*	*	*
1860-S	25.	35.	50.	65.	125.	300.	350.	400.	600.	1500.	3000.	2500.	—	*	*	*	*
1861	25.	35.	50.	65.	125.	300.	350.	400.	600.	750.	1000.	2500.	5500.	1000.	4500.	7500.	*
1861-O	25.	35.	50.	65.	125.	300.	350.	400.	600.	750.	1500.	2500.	6500.	*	*	*	*
1861-O Struck by CSA. Obverse die crack	75.	100.	200.	300.	400.	600.	700.	800.	1200.	2000.	3500.	9000.	—	*	*	*	*
1861-S	25.	35.	50.	65.	125.	300.	400.	700.	1200.	2000.	3500.	6000.	9000.	*	*	*	*
1862	30.	50.	75.	150.	250.	400.	450.	500.	750.	900.	1100.	2500.	6500.	1000.	3000.	6000.	*
1862-S	25.	35.	50.	65.	125.	300.	350.	400.	600.	1200.	2500.	5500.	—	*	*	*	*
1863	25.	35.	50.	65.	125.	300.	350.	400.	600.	750.	1000.	2500.	6000.	1000.	3000.	6000.	*
1863-S	25.	35.	60.	65.	135.	350.	350.	400.	600.	1200.	2500.	5000.	6000.	*	*	*	*
1864	30.	40.	60.	100.	175.	350.	400.	400.	600.	750.	2500.	6000.	15000.	1000.	3000.	6000.	*
1864-S	25.	35.	50.	85.	175.	350.	350.	450.	750.	1500.	3000.	6500.	5500.	*	*	*	*
1865	25.	40.	60.	65.	125.	300.	375.	400.	600.	900.	1300.	2800.	—	1000.	3000.	6000.	15000.
1865 Doubled Date	60.	75.	125.	200.	300.	400.	450.	500.	—	—	—	—	—	*	*	*	*
1865-S	25.	35.	50.	65.	125.	300.	400.	550.	850.	1800.	3000.	6000.	—	*	*	*	*

—— = Insufficient pricing data   * = None issued

SEATED LIBERTY HALF DOLLAR (CONTINUED)

	G-4	VG-8	F-12	VF-20	EF-40	AU-50	AU-55	AU-58	MS-60	MS-62	MS-63	MS-64	MS-65	PF-63	PF-64	PF-65	PF-66
1866-S	100.	125.	250.	400.	900.	2000.	2500.	3000.	5000.	7000.	12000.	*	*	*	*	*	*
1866 Unique	*	*	*	*	*	*	*	*	*	*	*	*	*	*	*	*	8000.
MOTTO ABOVE EAGLE																	
1866	25.	25.	50.	65.	125.	300.	350.	400.	500.	800.	1500.	2500.	6000.	1000.	1500.	4000.	8000.
1866-S	25.	35.	50.	65.	125.	275.	300.	400.	600.	1200.	2500.	5000.	9000.	*	*	*	*
1867	30.	50.	75.	125.	200.	300.	350.	400.	500.	800.	1400.	2500.	6500.	1000.	1500.	4000.	8000.
1867-S	25.	35.	50.	65.	150.	300.	350.	400.	750.	1500.	3000.	7500.	—	*	*	*	*
1868	50.	65.	100.	200.	300.	400.	450.	500.	650.	1000.	1500.	3000.	—	1000.	1500.	4000.	8000.
1868-S	25.	35.	50.	50.	125.	275.	300.	400.	700.	1500.	2750.	—	—	*	*	*	*
1869	25.	35.	50.	65.	125.	250.	300.	350.	500.	750.	1200.	2300.	5000.	1000.	1500.	4000.	8000.
1869-S	25.	35.	50.	65.	175.	400.	500.	600.	1200.	2000.	3500.	—	—	*	*	*	*
1870	25.	35.	50.	65.	150.	300.	350.	400.	600.	850.	1200.	3000.	—	1000.	1500.	4000.	8000.
1870-CC	1000.	2000.	3000.	7000.	15000.	28000.	—	—	—	—	160000.	—	—	*	*	*	*
1870-S	25.	35.	50.	65.	150.	300.	400.	500.	1000.	2000.	3500.	—	—	1000.	1500.	4000.	10000.
1871	25.	35.	50.	65.	125.	250.	275.	300.	400.	650.	1000.	2300.	5000.	1000.	1500.	4000.	8000.
1871-CC	200.	300.	500.	1000.	2500.	6000.	7000.	8500.	15000.	25000.	45000.	—	—	*	*	*	*
1871-S	25.	35.	50.	65.	125.	250.	300.	400.	600.	1000.	1750.	2500.	5000.	1000.	1500.	4000.	9000.
1872	25.	35.	50.	65.	125.	250.	300.	400.	600.	1000.	1750.	—	—	*	*	*	*
1872-CC	75.	125.	250.	500.	1000.	2000.	2800.	4000.	7000.	—	—	—	—	*	*	*	*
1872-S	30.	50.	75.	125.	250.	400.	500.	750.	1300.	2000.	3500.	7000.	—	1000.	1500.	4000.	8000.
1873 Closed 3	30.	50.	75.	125.	200.	300.	350.	400.	850.	1200.	3500.	2000.	—	1000.	1750.	4000.	8000.
1873 Open 3	3000.	4000.	5000.	6500.	8500.	12000.	14000.	16000.	25000.	35000.	60000.	60000.	—	*	*	*	*
1873-CC	200.	300.	400.	750.	1500.	5000.	6000.	7000.	10000.	25000.	50000.	60000.	75000.	*	*	*	*
1873-S Unknown	*																
ARROWS AT DATE																	
1873	30.	50.	65.	125.	300.	500.	600.	700.	1000.	1500.	2500.	5000.	17500.	2500.	3500.	15000.	25000.
1873-CC	150.	300.	400.	1000.	2000.	3500.	4000.	5000.	7000.	10000.	18000.	25000.	—	*	*	*	*
1873-S	75.	100.	150.	300.	500.	900.	1200.	1500.	2500.	4000.	6500.	15000.	—	*	*	*	*
1874	30.	50.	65.	125.	300.	500.	600.	700.	1000.	1500.	2500.	4000.	14000.	2000.	3500.	12000.	25000.

—— = Insufficient pricing data   * = None issued

SEATED LIBERTY HALF DOLLAR (CONTINUED)

	G-4	VG-8	F-12	VF-20	EF-40	AU-50	AU-55	AU-58	MS-60	MS-62	MS-63	MS-64	MS-65	PF-63	PF-64	PF-65	PF-66
1874-CC	400.	600.	1100.	2000.	3500.	6500.	9000.	12000.	20000.	25000.	35000.	60000.	—	*	*	*	*
1874-S	35.	50.	100.	250.	400.	800.	1000.	1200.	2000.	3000.	5000.	9000.	—	*	*	*	*

MOTTO ABOVE EAGLE

	G-4	VG-8	F-12	VF-20	EF-40	AU-50	AU-55	AU-58	MS-60	MS-62	MS-63	MS-64	MS-65	PF-63	PF-64	PF-65	PF-66
1875	25.	40.	60.	75.	110.	200.	250.	300.	500.	600.	750.	1500.	3500.	*	1800.	4000.	—
1875-CC	25.	60.	75.	100.	200.	300.	350.	400.	700.	1000.	1700.	4000.	—	*	*	*	*
1875-S	25.	40.	60.	75.	125.	250.	300.	400.	500.	600.	750.	1400.	3500.	*	*	*	*
1876	25.	35.	50.	65.	110.	200.	250.	300.	400.	500.	750.	1600.	3500.	800.	1800.	4500.	—
1876-CC	30.	40.	65.	85.	175.	300.	350.	400.	700.	1000.	1800.	3000.	6500.	*	*	*	*
1876-S	25.	35.	50.	65.	110.	200.	250.	300.	400.	600.	1000.	1500.	4000.	*	*	*	*
1877	25.	35.	50.	60.	110.	200.	250.	300.	400.	600.	1000.	1500.	3500.	1000.	2500.	6500.	—
1877-CC	30.	40.	60.	75.	175.	300.	350.	400.	750.	1000.	1400.	2500.	4000.	*	*	*	*
1877-S	25.	35.	50.	65.	110.	200.	250.	300.	400.	500.	750.	2000.	3500.	*	*	*	*
1878	25.	40.	60.	100.	150.	250.	300.	350.	500.	800.	1200.	2500.	4000.	800.	1500.	4000.	—
1878-CC	400.	600.	1000.	1800.	3500.	5000.	5500.	6500.	7500.	10000.	25000.	40000.	—	*	*	*	*
1878-S	17000.	35000.	45000.	50000.	55000.	60000.	65000.	70000.	75000.	85000.	100000.	175000.	—	*	*	*	*
1879	300.	350.	450.	500.	550.	600.	625.	650.	800.	900.	1000.	1500.	3000.	700.	1500.	3500.	4500.
1880	300.	350.	400.	450.	500.	550.	575.	600.	800.	900.	1000.	1500.	3500.	700.	1500.	3500.	4500.
1881	300.	350.	400.	450.	500.	550.	575.	600.	800.	900.	1200.	1700.	4500.	700.	1500.	3500.	4500.
1882	350.	400.	450.	500.	550.	600.	625.	650.	800.	900.	1200.	1700.	4000.	700.	1500.	3500.	4500.
1883	350.	400.	450.	500.	550.	600.	625.	650.	900.	1000.	1200.	1700.	4000.	700.	1500.	3500.	4500.
1884	400.	450.	500.	600.	650.	700.	725.	750.	900.	1000.	1200.	1700.	3500.	700.	1500.	4000.	4500.
1885	400.	450.	500.	600.	650.	700.	725.	750.	900.	1100.	1400.	2000.	3500.	700.	1500.	3500.	4500.
1886	450.	600.	700.	800.	900.	1000.	1050.	1100.	1200.	1300.	1400.	1800.	3500.	700.	1500.	3500.	4500.
1887	500.	700.	800.	900.	1000.	1200.	1300.	1400.	1400.	1500.	1600.	1800.	3000.	700.	1500.	3500.	4500.
1888	300.	350.	400.	450.	500.	550.	575.	600.	700.	850.	1100.	1500.	3000.	700.	1500.	3500.	4500.
1889	300.	350.	400.	450.	500.	550.	575.	600.	700.	850.	1100.	1400.	3000.	700.	1500.	3500.	4500.
1890	300.	350.	400.	450.	500.	550.	575.	600.	700.	850.	1100.	1500.	3000.	700.	1500.	3500.	4500.
1891	50.	75.	125.	150.	200.	250.	275.	300.	400.	600.	850.	1400.	3000.	700.	1500.	3500.	4500.

—— = Insufficient pricing data   * = None issued

Barber half dollar

Date of authorization: April 2, 1792
Dates of issue: 1892-1915
Designer/Engraver: Charles Barber
Diameter: 30.61 mm/1.21 inches
Weight: 12.50 grams/0.40 ounce
Metallic Content: 90% silver, 10% copper
Weight of pure silver: 11.25 grams/0.36 ounce
Edge: Reeded
Mint mark: Reverse below eagle

BARBER HALF DOLLAR (CONTINUED)

	AG-3	G-4	VG-8	F-12	VF-20	EF-40	AU-50	AU-55	AU-58	MS-60	MS-62	MS-63	MS-64	MS-65	PF-63	PF-64	PF-65	PF-66
1892	20.	30.	45.	75.	125.	200.	275.	300.	350.	450.	600.	900.	1400.	3500.	850.	1600.	3500.	4500.
1892-O	225.	300.	375.	500.	550.	600.	700.	750.	800.	900.	1200.	1700.	3000.	4500.	*	*	*	*
1892-O Micro O	1400.	2000.	3000.	4500.	7500.	12000.	18000.	19000.	20000.	25000.	30000.	35000.	45000.	66000.				
1892-S	175.	250.	325.	425.	550.	600.	750.	800.	900.	1000.	1500.	2500.	3500.	5500.	*	*	*	*
1893	15.	22.	35.	85.	135.	225.	350.	400.	450.	550.	900.	1500.	3000.	5500.	850.	1600.	3500.	4500.
1893-O	25.	40.	60.	125.	225.	375.	450.	475.	500.	700.	1000.	1800.	4500.	11000.	*	*	*	*
1893-S	125.	175.	225.	300.	450.	500.	700.	800.	1000.	1300.	2000.	4000.	14000.	30000.	*	*	*	*
1894	18.	35.	50.	120.	200.	300.	400.	425.	450.	550.	800.	1100.	2000.	3500.	850.	1600.	3500.	4500.
1894-O	15.	25.	35.	100.	175.	275.	350.	400.	450.	550.	800.	1600.	2300.	7000.	*	*	*	*
1894-S	12.	20.	30.	70.	125.	225.	350.	400.	450.	550.	800.	1200.	5500.	13000.	*	*	*	*
1895	12.	20.	30.	75.	150.	225.	350.	400.	475.	600.	800.	1600.	2000.	3500.	850.	1600.	3500.	4500.
1895-O	15.	25.	40.	110.	200.	275.	375.	400.	450.	600.	900.	1600.	3600.	7000.	*	*	*	*
1895-S	20.	30.	55.	135.	250.	300.	400.	425.	450.	550.	700.	1000.	3300.	5500.	*	*	*	*
1896	15.	22.	30.	90.	150.	250.	800.	900.	1100.	1600.	2000.	5000.	11000.	14000.	850.	1600.	4000.	6000.
1896-O	25.	40.	55.	200.	300.	500.	800.	900.	1000.	1400.	1800.	3500.	7500.	12000.	*	*	*	*
1896-S	65.	100.	135.	225.	350.	500.	800.	900.	1300.	1600.	2000.	3500.	7000.	9500.	*	*	*	*
1897	10.	14.	16.	50.	100.	175.	350.	375.	425.	550.	700.	1000.	1700.	4000.	850.	1600.	3600.	4500.
1897-O	125.	175.	250.	500.	850.	1100.	1300.	1400.	1500.	1700.	2200.	3500.	7000.	9500.	*	*	*	*
1897-S	110.	165.	200.	375.	560.	900.	1100.	1200.	1300.	1600.	650.	1000.	6000.	8500.	*	*	*	*
1898	10.	13.	16.	40.	90.	175.	325.	350.	400.	500.	700.	1000.	1800.	3800.	850.	1600.	3500.	4500.
1898-O	25.	40.	75.	250.	350.	475.	650.	750.	900.	1300.	1700.	3200.	5500.	12000.	*	*	*	*
1898-S	20.	30.	50.	90.	175.	300.	425.	500.	600.	1000.	1500.	3500.	7000.	10000.	*	*	*	*
1899	10.	15.	18.	40.	100.	175.	325.	350.	400.	500.	600.	1600.	1700.	4500.	850.	1600.	4000.	6000.
1899-O	15.	25.	40.	85.	175.	275.	400.	450.	500.	650.	900.	1600.	4000.	8000.	*	*	*	*
1899-S	15.	23.	35.	75.	150.	250.	375.	400.	475.	500.	1000.	2500.	1700.	7000.	*	*	*	*
1900	10.	15.	17.	40.	90.	175.	325.	450.	400.	500.	600.	900.	4000.	4000.	850.	1600.	3600.	5000.
1900-O	12.	20.	27.	60.	175.	275.	400.	400.	600.	1000.	1400.	3200.	6500.	16000.	*	*	*	*
1900-S	10.	15.	20.	50.	100.	225.	325.	400.	450.	650.	1000.	2500.	5500.	13000.	*	*	*	*
1901	10.	14.	17.	40.	90.	175.	325.	375.	400.	500.	600.	900.	1600.	4000.	850.	1600.	3500.	4500.

—— = Insufficient pricing data   * = None issued

BARBER HALF DOLLAR (CONTINUED)

	AG-3	G-4	VG-8	F-12	VF-20	EF-40	AU-50	AU-55	AU-58	MS-60	MS-62	MS-63	MS-64	MS-65	PF-63	PF-64	PF-65	PF-66
1901-O	11.	17.	30.	80.	200.	350.	500.	600.	850.	1500.	2500.	5000.	8500.	16000.	*	*	*	*
1901-S	20.	35.	55.	175.	350.	600.	1100.	1200.	1400.	2000.	3000.	5000.	9000.	21000.	*	*	*	*
1902	10.	13.	15.	35.	90.	175.	325.	350.	400.	500.	660.	1000.	2000.	4000.	850.	1600.	3500.	4500.
1902-O	10.	14.	17.	65.	110.	225.	375.	450.	550.	800.	1500.	3000.	6400.	8500.	*	*	*	*
1902-S	10.	17.	20.	65.	150.	250.	400.	450.	550.	850.	1200.	2200.	5300.	7000.	*	*	*	*
1903	10.	14.	17.	50.	125.	225.	350.	375.	400.	550.	800.	1700.	5000.	12000.	850.	1600.	4000.	6000.
1903-O	10.	14.	17.	55.	125.	225.	350.	400.	475.	700.	1000.	1600.	4000.	10000.	*	*	*	*
1903-S	11.	16.	18.	55.	125.	250.	400.	450.	525.	660.	1000.	2000.	3500.	6000.	*	*	*	*
1904	10.	13.	15.	40.	90.	175.	325.	375.	400.	500.	750.	1400.	2500.	6500.	850.	1600.	4000.	6000.
1904-O	15.	22.	35.	85.	225.	400.	650.	700.	850.	1200.	1700.	3000.	3500.	13000.	*	*	*	*
1904-S	25.	40.	75.	275.	550.	1100.	1800.	2300.	3000.	6000.	8500.	14000.	20000.	38000.	*	*	*	*
1905	15.	25.	30.	90.	175.	275.	350.	400.	450.	550.	850.	1600.	4000.	9000.	850.	1600.	3500.	5000.
1905-O	18.	30.	50.	125.	250.	350.	450.	500.	550.	850.	1200.	2000.	3500.	5500.	*	*	*	*
1905-S	10.	14.	17.	55.	125.	250.	400.	450.	500.	700.	1000.	2200.	4000.	9000.	*	*	*	*
1906	10.	13.	15.	35.	90.	175.	325.	350.	400.	500.	600.	900.	1600.	3500.	850.	1600.	3500.	5000.
1906-D	10.	13.	15.	40.	100.	200.	325.	350.	400.	550.	600.	900.	2000.	4500.	*	*	*	*
1906-O	10.	13.	15.	45.	110.	225.	325.	350.	450.	660.	900.	1600.	4000.	6500.	*	*	*	*
1906-S	10.	13.	17.	55.	120.	225.	325.	400.	550.	675.	850.	1300.	3500.	6000.	*	*	*	*
1907	10.	13.	15.	35.	90.	175.	325.	350.	400.	500.	600.	900.	1600.	3200.	850.	1600.	3500.	5000.
1907-D	10.	13.	15.	35.	90.	175.	325.	350.	400.	500.	600.	900.	1600.	3500.	*	*	*	*
1907-O	10.	13.	15.	35.	85.	175.	325.	375.	425.	550.	700.	1000.	1700.	3800.	*	*	*	*
1907-S	12.	17.	25.	85.	175.	350.	700.	800.	900.	1300.	2000.	4000.	7000.	14000.	*	*	*	*
1907-S/S	20.	30.	50.	150.	300.	600.	850.	950.	1100.	1400.	2000.	3500.	6000.	—	*	*	*	*
1908	10.	13.	15.	35.	90.	175.	325.	350.	400.	500.	600.	900.	1600.	4500.	850.	1600.	4000.	8000.
1908-D	10.	13.	15.	35.	90.	175.	325.	350.	400.	500.	650.	1100.	1500.	3000.	*	*	*	*
1908-O	10.	13.	15.	35.	100.	175.	350.	375.	550.	750.	750.	1100.	1500.	3000.	*	*	*	*
1908-S	12.	20.	27.	75.	175.	300.	450.	500.	600.	900.	1400.	2700.	4500.	6500.	*	*	*	*
1909	10.	13.	15.	35.	100.	175.	325.	350.	400.	500.	650.	1100.	1500.	3000.	850.	1600.	3500.	4500.
1909-O	12.	17.	25.	55.	140.	325.	550.	575.	600.	750.	1000.	1800.	3000.	5000.	*	*	*	*

—— = Insufficient pricing data   * = None issued

BARBER HALF DOLLAR (CONTINUED)

	AG-3	G-4	VG-8	F-12	VF-20	EF-40	AU-50	AU-55	AU-58	MS-60	MS-62	MS-63	MS-64	MS-65	PF-63	PF-64	PF-65	PF-66
1909-S	10.	13.	15.	40.	100.	225.	350.	400.	450.	600.	800.	1300.	3500.	4500.	*	*	*	*
1910	15.	22.	30.	90.	175.	325.	450.	475.	500.	600.	800.	1300.	2000.	4000.	850.	1600.	4000.	6000.
1910-S	10.	13.	17.	40.	100.	200.	350.	400.	450.	660.	1000.	2300.	5000.	6500.	*	*	*	*
1911	10.	13.	15.	35.	90.	175.	325.	350.	400.	500.	600.	900.	1500.	3000.	850.	1600.	3500.	5000.
1911-D	10.	13.	16.	40.	100.	225.	300.	350.	400.	600.	700.	1000.	2000.	3500.	*	*	*	*
1911-S	10.	13.	17.	40.	100.	200.	350.	375.	450.	650.	850.	1500.	2800.	6000.	*	*	*	*
1912	10.	13.	15.	35.	90.	175.	325.	350.	400.	500.	600.	900.	1500.	4000.	850.	1600.	4000.	6000.
1912-D	10.	13.	15.	35.	90.	175.	325.	350.	400.	500.	600.	900.	1500.	3000.	*	*	*	*
1912-S	10.	15.	20.	45.	100.	200.	350.	375.	425.	550.	700.	1200.	3000.	6000.	*	*	*	*
1913	35.	55.	75.	225.	400.	560.	850.	900.	1000.	1200.	1400.	1800.	3000.	4500.	850.	1600.	4000.	6000.
1913-D	10.	15.	20.	45.	100.	225.	325.	350.	375.	500.	660.	1000.	2000.	5500.	*	*	*	*
1913-S	12.	20.	25.	55.	120.	250.	375.	425.	500.	660.	800.	1300.	3000.	5000.	*	*	*	*
1914	100.	140.	175.	325.	550.	850.	1100.	1150.	1200.	1400.	1600.	2000.	3500.	7500.	900.	1600.	4000.	6000.
1914-S	11.	16.	20.	40.	100.	200.	350.	400.	450.	600.	850.	1200.	2300.	4500.	*	*	*	*
1915	50.	75.	100.	250.	375.	600.	1000.	1100.	1200.	1300.	1500.	2500.	4000.	6000.	900.	1600.	4000.	6000.
1915-D	10.	13.	15.	35.	85.	175.	325.	350.	400.	500.	600.	900.	1500.	3200.	*	*	*	*
1915-S	11.	16.	20.	40.	100.	175.	325.	350.	400.	500.	600.	900.	1500.	3200.	*	*	*	*

—— = Insufficient pricing data   * = None issued

Walking Liberty half dollar

Date of authorization: April 2, 1792
Dates of issue: 1916-1947
Designer: Adolph Weinman
Engraver: Charles Barber
Diameter: 30.61 mm/1.21 inches
Weight: 12.50 grams/0.40 ounce
Metallic Content: 90% silver, 10% copper
Weight of pure silver: 11.25 grams/0.36 ounce
Edge: Reeded
Mint mark: (1916): Obverse below IN GOD WE TRUST
(1917): Obverse below IN GOD WE TRUST or reverse lower left

Obverse Mint mark

Reverse Mint mark

WALKING LIBERTY HALF DOLLAR (CONTINUED)

	G-4	VG-8	F-12	VF-20	EF-40	AU-50	AU-58	MS-60	MS-62	MS-63	MS-64	MS-65	MS-66	PF-63	PF-64	PF-65	PF-66
1916	60.	70.	125.	225.	300.	350.	385.	400.	450.	550.	800.	2000.	3500.	*	*	*	*
1916-D	60.	70.	100.	175.	275.	325.	360.	375.	500.	650.	1000.	2300.	4500.	*	*	*	*
1916-S	135.	175.	350.	550.	800.	900.	1100.	1200.	1500.	2000.	3500.	7500.	17000.	*	*	*	*
1917	12	14.	17.	25.	55.	90.	125.	150.	175.	200.	400.	1200.	2500.	*	*	*	*
1917-D Obverse Mint Mark																	
	30.	40.	100.	200.	275.	350.	500.	700.	800.	1400.	3000.	9000.	18000.	*	*	*	*
1917-D Reverse Mint Mark																	
	14.	20.	55.	200.	350.	700.	900.	1100.	1500.	2500.	7000.	30000.	50000.	*	*	*	*
1917-S Obverse Mint Mark																	
	35.	55.	175.	450.	850.	1400.	2000.	2500.	4000.	7500.	11000.	35000.	60000.	*	*	*	*
1917-S Reverse Mint Mark																	
	12.	15.	20.	40.	80.	200.	300.	400.	1000.	2000.	5000.	18000.	30000.	*	*	*	*
1918	12.	15.	20.	80.	200.	275.	500.	700.	900.	1200.	1800.	5000.	12000.	*	*	*	*
1918-D	12.	15.	40.	125.	275.	500.	1000.	1200.	1800.	3000.	10000.	25000.	45000.	*	*	*	*
1918-S	12.	15.	20.	40.	75.	225.	450.	600.	1000.	2500.	6000.	20000.	50000.	*	*	*	*
1919	35.	40.	100.	350.	700.	1000.	1200.	1500.	2000.	4500.	5500.	9000.	14000.	*	*	*	*
1919-D	27.	45.	125.	400.	1000.	2000.	3500.	7000.	15000.	25000.	40000.	135000.	—	*	*	*	*
1919-S	20.	35.	100.	400.	1100.	2000.	3500.	4500.	8000.	14000.	18000.	25000.	35000.	*	*	*	*
1920	12.	15.	20.	55.	100.	175.	250.	350.	500.	800.	2000.	6000.	15000.	*	*	*	*
1920-D	14.	20.	85.	300.	600.	1100.	1400.	1700.	2500.	4500.	7000.	15000.	25000.	*	*	*	*
1920-S	12.	15.	30.	100.	300.	600.	850.	1000.	2000.	3500.	6000.	15000.	25000.	*	*	*	*
1921	225.	275.	450.	1000.	2000.	3000.	4000.	4500.	6500.	10000.	14000.	22000.	30000.	*	*	*	*
1921-D	400.	450.	700.	1400.	2500.	3500.	4500.	6000.	10000.	17000.	20000.	30000.	40000.	*	*	*	*
1921-S	55.	80.	300.	1200.	6000.	10000.	14000.	16000.	20000.	30000.	60000.	125000.	175000.	*	*	*	*
1923-S	14.	16.	35.	140.	375.	750.	1200.	1700.	2500.	4000.	7000.	18000.	40000.	*	*	*	*
1927-S	12.	15.	20.	60.	225.	500.	800.	1100.	1500.	2500.	4000.	12000.	25000.	*	*	*	*
1928-S	12.	15.	18.	80.	250.	550.	800.	1200.	2000.	3500.	5000.	12000.	25000.	*	*	*	*
1929-D	12.	15.	20.	35.	125.	225.	350.	450.	600.	800.	1500.	4000.	6000.	*	*	*	*
1929-S	12.	15.	20.	35.	150.	250.	350.	500.	800.	1200.	1500.	4000.	6000.	*	*	*	*
1933-S	11.	14.	16.	27.	75.	275.	500.	700.	1000.	1500.	2000.	4500.	7000.	*	*	*	*

—— = Insufficient pricing data   * = None issued

WALKING LIBERTY HALF DOLLAR (CONTINUED)

	G-4	VG-8	F-12	VF-20	EF-40	AU-50	AU-58	MS-60	MS-62	MS-63	MS-64	MS-65	MS-66	PF-63	PF-64	PF-65	PF-66
1934	11.	12.	13.	15.	15.	30.	65.	90.	100.	125.	150.	700.	1100.	*	*	*	*
1934-D	11.	12.	15.	20.	45.	100.	150.	175.	200.	250.	400.	2500.	3500.	*	*	*	*
1934-S	11.	12.	18.	18.	40.	125.	250.	400.	650.	1000.	2000.	5500.	6500.	*	*	*	*
1935	11.	12.	13.	14.	15.	25.	40.	50.	60.	80.	125.	700.	1000.	*	*	*	*
1935-D	11.	12.	13.	15.	40.	75.	110.	150.	200.	275.	500.	4000.	8500.	*	*	*	*
1935-S	11.	12.	13.	15.	35.	100.	200.	350.	400.	500.	800.	4000.	5500.	*	*	*	*
1936	11.	12.	13.	15.	18.	25.	35.	40.	55.	75.	100.	350.	650.	2500.	4500.	6500.	9000.
1936-D	11.	12.	13.	15.	25.	60.	90.	100.	110.	125.	200.	850.	2000.	*	*	*	*
1936-S	11.	12.	13.	15.	25.	70.	110.	150.	200.	250.	300.	2000.	2500.	*	*	*	*
1937	11.	12.	13.	15.	18.	25.	35.	45.	55.	70.	100.	400.	650.	800.	1000.	2000.	2500.
1937-D	11.	12.	13.	20.	40.	125.	200.	250.	300.	350.	400.	1000.	1600.	*	*	*	*
1937-S	11.	12.	13.	15.	30.	75.	125.	175.	200.	225.	300.	1200.	2000.	*	*	*	*
1938	11.	12.	13.	15.	20.	45.	65.	75.	110.	175.	200.	700.	1200.	700.	900.	1200.	1600.
1938-D	135.	160.	200.	225.	250.	350.	450.	600.	650.	750.	1400.	2200.	3000.	*	*	*	*
1939	11.	12.	13.	15.	18.	25.	35.	45.	60.	75.	85.	275.	550.	600.	800.	1000.	1500.
1939-D	11.	12.	13.	15.	18.	30.	40.	55.	65.	85.	125.	350.	600.	*	*	*	*
1939-S	11.	12.	13.	15.	35.	85.	125.	150.	175.	200.	225.	400.	750.	*	*	*	*
1940	11.	12.	13.	14.	15.	18.	30.	40.	50.	60.	75.	225.	400.	600.	700.	800.	1000.
1940-S	11.	12.	13.	15.	18.	25.	40.	55.	60.	80.	175.	500.	2000.	*	*	*	*
1941	11.	12.	13.	14.	15.	18.	30.	40.	50.	60.	75.	225.	275.	600.	700.	800.	1000.
1941 No "AW"	*	*	*	*	*	*	*	*	*	*	*	*	*	—	*	*	*
1941-D	11.	12.	13.	14.	15.	20.	30.	40.	50.	65.	100.	275.	325.	*	*	*	*
1941-S	11.	12.	13.	14.	17.	30.	65.	80.	100.	125.	300.	2000.	4000.	*	*	*	*
1942	11.	12.	13.	14.	15.	18.	30.	40.	50.	60.	75.	175.	250.	600.	700.	800.	1000.
1942 Doubled Die Reverse	—	—	—	—	—	—	—	—	—	—	—	—	1300.	*	*	*	*
1942-D	11.	12.	13.	14.	15.	20.	30.	40.	65.	85.	125.	350.	450.	*	*	*	*
1942-S	11.	12.	13.	14.	15.	20.	30.	40.	100.	65.	125.	800.	2500.	*	*	*	*
1943	11.	12.	13.	14.	15.	18.	30.	40.	50.	60.	75.	175.	250.	*	*	*	*

—— = Insufficient pricing data   * = None issued

WALKING LIBERTY HALF DOLLAR (CONTINUED)

	G-4	VG-8	F-12	VF-20	EF-40	AU-50	AU-58	MS-60	MS-62	MS-63	MS-64	MS-65	MS-66	PF-63	PF-64	PF-65	PF-66
1943-D	11.	12.	13.	14.	15.	27.	40.	50.	60.	75.	150.	325.	450.	*	*	*	*
1943-S	11.	12.	13.	14.	15.	20.	40.	50.	55.	65.	100.	600.	1600.	*	*	*	*
1944	11.	12.	13.	15.	15.	18.	30.	40.	50.	60.	75.	200.	450.	*	*	*	*
1944-D	11.	12.	13.	15.	15.	20.	30.	40.	50.	65.	85.	175.	275.	*	*	*	*
1944-S	11.	12.	13.	15.	15.	18.	30.	40.	50.	60.	75.	1700.	3000.	*	*	*	*
1945	11.	12.	13.	14.	15.	20.	30.	40.	50.	60.	75.	175.	300.	*	*	*	*
1945-D	11.	12.	13.	14.	15.	20.	30.	40.	50.	60.	75.	175.	275.	*	*	*	*
1945-S	11.	12.	13.	14.	15.	20.	30.	40.	50.	60.	75.	225.	1700.	*	*	*	*
1946	11.	12.	13.	14.	15.	18.	30.	40.	50.	60.	75.	275.	1000.		*	*	*
1946 Doubled Die Reverse	—	—	—	—	300.	350.	450.	500.	700.	900.	1100.	3000.	—				
1946-D	11.	12.	13.	15.	30.	60.	75.	85.	90.	100.	110.	175.	250.		*	*	*
1946-S	11.	12.	13.	14.	15.	20.	35.	50.	55.	60.	75.	175.	450.	*	*	*	*
1947	11.	12.	13.	15.	18.	25.	40.	60.	65.	70.	75.	275.	550.	*	*	*	*
1947-D	11.	12.	13.	15.	18.	35.	45.	60.	65.	70.	75.	175.	600.	*	*	*	*

—— = Insufficient pricing data   * = None issued

Franklin half dollar

Date of authorization:	April 2, 1792
Dates of issue:	1948-1963
Designer:	John Sinnock
Engraver:	Gilroy Roberts
Diameter:	30.61 mm/1.21 inches
Weight:	12.50 grams/0.40 ounce
Metallic Content:	90% silver, 10% copper
Weight of pure silver:	11.25 grams/0.36 ounce
Edge:	Reeded
Mint mark:	Reverse above bell beam

NOTE: MS-64F and MS-65F refer to Full Bell Lines.

Also, the letter C following a numerical grade for a Proof coin stands for "cameo," while the letters DC stand for "deep cameo." Cameo coins have contrasting surface finishes: mirror fields and frosted devices (raised areas). Deep cameo coins are the ultimate level of cameo, with deeply frosted devices. Cameo and deep cameo coins bring premiums.

FRANKLIN HALF DOLLAR (CONTINUED)

	VF-20	EF-40	AU-50	AU-58	MS-60	MS-63	MS-64	MS-64F	MS-65	MS-65F	MS-66	MS-66F	PF-63	PF-64	PF-64C	PF-65	PF-65C	PF-66	PF-66C	PF-66DC	PF-67	PF-67C	PF-67DC	PF-68	PF-68C	PF-68DC
1948	10.	12.	14.	18.	30.	35.	45.	60.	85.	*	500.	700.	*	*	*	*	*	*	*	*	*	*	*	*	*	*
1948-D	10.	12.	14.	17.	25.	30.	35.	60.	140.	275.	1000.	1300.	*	*	*	*	*	*	*	*	*	*	*	*	*	*
1949	10.	18.	30.	40.	80.	90.	110.	200.	175.	800.	250.	4000.	*	*	*	*	*	*	*	*	*	*	*	*	*	*
1949-D	15.	20.	35.	45.	80.	90.	160.	350.	450.	1800.	3200.	4000.	*	*	*	*	*	*	*	*	*	*	*	*	*	*
1949-S	12.	30.	50.	75.	135.	150.	160.	300.	1000.	1800.	250.	1000.	*	*	*	*	*	*	*	*	*	*	*	*	*	*
1950	10.	12.	18.	30.	55.	65.	75.	75.	175.	350.	500.	800.	400.	450.	720.	600.	2000.	750.	6000.	—	1800.	—	—	—	—	—
1950-D	10.	12.	18.	30.	55.	75.	100.	150.	450.	1000.	500.	4500.	*	*	*	*	*	*	*	*	*	*	*	*	*	*
1951	12.	12.	20.	25.	25.	35.	50.	60.	80.	400.	200.	650.	375.	400.	850.	425.	1500.	500.	3500.	—	1000.	—	—	1000.	—	—
1951-D	11.	12.	18.	30.	55.	65.	75.	300.	85.	800.	600.	2500.	*	*	*	*	*	*	*	*	*	*	*	*	*	*
1951-S	10.	12.	18.	30.	55.	65.	75.	75.	85.	250.	2100.	2000.	*	*	*	*	*	*	*	*	*	*	*	*	*	*
1952	10.	12.	15.	18.	25.	30.	40.	50.	80.	250.	200.	2000.	185.	210.	310.	275.	800.	400.	1100.	—	1000.	—	—	1500.	—	—
1952-D	10.	12.	13.	15.	20.	35.	110.	225.	140.	1400.	800.	5300.	*	*	*	*	*	*	*	*	*	*	*	*	*	*
1952-S	15.	25.	35.	50.	100.	110.	125.	500.	150.	1100.	350.	3600.	*	*	*	*	*	*	*	*	*	*	*	*	*	*
1953	12.	14.	18.	18.	35.	35.	50.	60.	140.	1100.	1300.	1000.	125.	150.	250.	250.	500.	300.	1100.	—	350.	2500.	15000.	750.	—	—
1953-D	10.	12.	12.	15.	20.	25.	75.	60.	170.	700.	3500.	—	*	*	*	*	*	*	*	*	*	*	*	*	*	*
1953-S	10.	12.	12.	19.	50.	60.	75.	10500.	100.	18000.	700.	2500.	*	*	*	*	*	*	*	*	*	*	*	*	*	*
1954	10.	12.	13.	15.	16.	25.	35.	50.	85.	225.	400.	2500.	70.	100.	85.	125.	175.	140.	250.	700.	200.	750.	4250.	360.	1800.	—
1954-D	10.	12.	13.	14.	18.	25.	40.	100.	125.	250.	700.	2000.	*	*	*	*	*	*	*	*	*	*	*	*	*	*
1954-S	10.	12.	16.	20.	20.	35.	50.	75.	80.	500.	350.	3500.	*	*	*	*	*	*	*	*	*	*	*	*	*	*
1955	10.	15.	25.	30.	35.	40.	50.	40.	60.	150.	250.	500.	70.	75.	60.	85.	100.	100.	260.	950.	150.	400.	1850.	300.	500.	—
1956	10.	12.	13.	15.	17.	25.	30.	40.	60.	150.	70.	175.	35.	40.	45.	50.	60.	60.	70.	125.	75.	100.	—	100.	400.	1200.
1956 Reverse of 1950-1955	*	*	*	*	*	*	*	*	*	*	*	*	25.	30.	—	40.	50.	100.	125.	—	150.	175.	—	300.	500.	3800.
1956 Reverse of 1957-1963	*	*	*	*	*	*	*	*	*	*	*	*	17.	20.	—	25.	35.	75.	125.	—	110.	150.	175.	175.	200.	450.
1957	10.	11.	12.	13.	14.	15.	20.	50.	110.	110.	120.	175.	25.	28.	25.	30.	50.	35.	60.	750.	50.	225.	1000.	85.	300.	2500.

—— = Insufficient pricing data   * = None issued

FRANKLIN HALF DOLLAR (CONTINUED)

	VF-20	EF-40	AU-50	AU-58	MS-60	MS-63	MS-64	MS-64F	MS-65	MS-65F	MS-66	MS-66F	PF-63	PF-64	PF-64C	PF-65	PF-65C	PF-66	PF-66C	PF-66DC	PF-67	PF-67C	PF-67DC	PF-68	PF-68C	PF-68DC
1957-D	10.	11.	12.	13.	14.	15.	25.	35.	70.	110.	110.	175.	*	*	*	*	*	*	*	*	*	*	*	*	*	*
1958	10.	11.	12.	13.	14.	15.	20.	50.	60.	125.	70.	175.	35.	40.	30.	50.	55.	60.	85.	1250.	70.	200.	1800.	125.	800.	—
1958-D	10.	11.	12.	13.	14.	15.	20.	35.	60.	100.	70.	175.	*	*	*	*	*	*	*	*	*	*	*	*	*	*
1959	10.	11.	12.	13.	14.	15.	20.	50.	60.	125.	70.	175.	18.	20.	25.	30.	75.	100.	300.	—	150.	400.	—	110.	2500.	*
1959-D	10.	11.	12.	13.	14.	15.	25.	40.	140.	250.	1250.	5000.	*	*	*	*	*	*	*	*	*	*	*	*	*	*
1960	10.	11.	12.	13.	14.	15.	20.	40.	125.	350.	1000.	3500.	15.	18.	20.	28.	50.	35.	120.	175.	50.	150.	350.	75.	200.	800.
1960-D	10.	11.	12.	13.	14.	15.	20.	60.	450.	1500.	700.	2000.	*	*	*	*	*	*	*	*	*	*	*	*	*	*
1961	10.	11.	12.	13.	14.	15.	30.	175.	140.	1400.	800.	1700.	15.	28.	20.	35.	45.	45.	100.	150.	65.	150.	300.	90.	275.	1000.
1961 Doubled Die Reverse	*	*	*	*	*	*	*	*	*	*	*	*	2500.	3500.	—	*	*	*	*	*	*	*	*	*	*	*
1961-D	10.	11.	12.	13.	14.	15.	30.	100.	175.	1000.	1500.	2200.	*	*	*	*	*	*	*	*	*	*	*	*	*	*
1962	10.	11.	12.	13.	14.	15.	25.	200.	160.	2000.	900.	3200.	15.	18.	20.	25.	40.	30.	70.	250.	40.	100.	400.	65.	275.	800.
1962-D	10.	11.	12.	13.	14.	15.	30.	100.	175.	1000.	1000.	1800.	*	*	*	*	*	*	*	*	*	*	*	*	*	*
1963	10.	11.	12.	13.	14.	15.	20.	175.	60.	1400.	500.	2700.	17.	18.	25.	30.	40.	40.	100.	200.	50.	150.	210.	125.	200.	750.
1963-D	10.	11.	12.	13.	14.	15.	20.	35.	90.	250.	400.	1000.	*	*	*	*	*	*	*	*	*	*	*	*	*	*

—— = Insufficient pricing data   * = None issued

Kennedy half dollar

Date of authorization: Dec. 30, 1963; July 23, 1965; Oct. 18, 1973
Dates of issue: 1964-present
Designer: Obverse: Gilroy Roberts
Reverse: Frank Gasparro
(Bicentennial reverse): Seth G. Huntington
Engraver: Gilroy Roberts
(Bicentennial reverse): Frank Gasparro
Diameter: 30.61 mm/1.21 inches
Weight: (1964, 1992-present silver Proof only):
12.50 grams/0.40 ounce
(1965-1970): 11.50 grams/0.37 ounce
(1971-present): 11.34 grams/0.36 ounce
(1976 Bicentennial Proof and
Uncirculated): 11.50 grams/
0.37 ounce
Metallic Content: (1964, 1992-present silver Proofs only):
90% silver, 10% copper
(1965-1970): 80% silver, 20% copper
bonded to a core of 21.5% silver,
78.5% copper
(1971-present): 75% copper, 25% nickel
bonded to pure copper core
(1976 Bicentennial Proof and
Uncirculated sets only): 80% silver,
20% copper bonded to a core of
21.5% silver, 78.5% copper
Weight of pure silver: (1964, 1992-present silver Proofs only)
11.25 grams/0.36 ounce
(1965-1970): 4.60 grams/0.15 ounce
(1976 Bicentennial Proof and
Uncirculated sets only):
4.60 grams/0.15 ounce
Edge: Reeded
Mint mark: (1964): Reverse left near claw and laurel
(1968-present): Obverse below Kennedy

Bicentennial date, reverse

Also, the letter C following a numerical grade for a Proof coin stands for "cameo," while the letters DC stand for "deep cameo." Cameo coins have contrasting surface finishes: mirror fields and frosted devices (raised areas). Deep cameo coins are the ultimate level of cameo, with deeply frosted devices. Cameo and deep cameo coins bring premiums.

KENNEDY HALF DOLLAR (CONTINUED)

	MS-60	MS-63	MS-64	MS-65	MS-66	MS-67	PF-63	PF-64	PF-65	PF-66	PF-67	PF-67C	PF-67DC	PF-68	PF-68C	PF-68DC	PF-69	PF-69C	PF-69DC	PF-70	PF-70C	PF-70DC
SILVER																						
1964	9.00	10.	12.	30.	75.	450.	12.	14.	16.	35.	50.	125.	175.	40.	200.	300.	70.	235.	2000.	1000.	—	—
1964 Heavily Accented Hair	*	*	*	*	*	*	25.	35.	50.	65.	75.	200.	1500.	125.	225.	6000.	425.	—	—	—	—	—
1964 Special Mint Set	—	—	—	—	—	—	*	*	*	*	*	*	*	*	*	*	*	*	*	*	*	*
1964-D	9.00	10.	12.	25.	50.	750.	*	*	*	*	*	*	*	*	*	*	*	*	*	*	*	*
40 PERCENT SILVER CLAD																						
1965	4.00	5.00	10.	20.	50.	350.	*	*	*	*	*	*	*	*	*	*	*	*	*	*	*	*
1965 Special Mint Set	—	—	—	—	—	—	8.00	9.00	11.	15.	35.	100.	300.	200.	275.	—	—	—	—	—	—	—
1966	4.00	5.00	11.	15.	45.	225.	*	*	*	*	*	*	*	*	*	*	*	*	*	*	*	*
1966 Special Mint Set	—	—	—	—	—	—	8.00	9.00	11.	15.	35.	100.	300.	200.	275.	—	—	—	—	—	—	—
1967	4.00	5.00	10.	25.	75.	150.	*	*	*	*	*	*	*	*	*	*	*	*	*	*	*	*
1967 Special Mint Set	—	—	—	—	—	—	8.00	10.	12.	20.	40.	100.	300.	200.	275.	—	—	—	—	—	—	—
1968-D	4.00	5.00	9.50	25.	90.	325.	*	*	*	*	*	*	*	*	*	*	*	*	*	*	*	*
1968-S	*	*	*	*	*	*	7.00	8.00	9.00	10.	18.	25.	45.	25.	30.	110.	30.	55.	250.	—	—	5500.
1969-D	4.00	5.00	8.00	35.	170.	500.	*	*	*	*	*	*	*	*	*	*	*	*	*	*	*	*
1969-S	*	*	*	*	*	*	7.00	8.00	9.00	10.	15.	20.	50.	20.	30.	100.	25.	55.	250.	—	90.	—
1970-D	11.	14.	20.	40.	150.	750.	*	*	*	*	*	*	*	*	*	*	*	*	*	*	*	*
1970-S	*	*	*	*	*	*	17.	20.	25.	30.	35.	40.	100.	40.	45.	125.	50.	90.	550.	—	—	—
COPPER-NICKEL CLAD																						
1971	3.50	4.00	12.	15.	50.	95.	*	*	*	*	*	*	*	*	*	*	*	*	*	*	*	*
1971-D	3.50	4.00	5.00	16.	20.	75.	*	*	*	*	*	*	*	*	*	*	*	*	*	*	*	*
1971-S	*	*	*	*	*	*	5.00	7.00	9.00	12.	15.	20.	175.	35.	25.	200.	45.	60.	1800.	60.	—	—

—— = Insufficient pricing data   * = None issued

KENNEDY HALF DOLLAR (CONTINUED)

	PF-70DC	PF-70C	PF-70	PF-69DC	PF-69C	PF-69	PF-68DC	PF-68C	PF-68	PF-67DC	PF-67C	PF-67	PF-66	PF-65	PF-64	PF-63	MS-67	MS-66	MS-65	MS-64	MS-63	MS-60
1972	*	*	*	*	*	*	*	*	*	*	*	*	*	*	*	*	170.	35.	25.	9.00	4.00	3.50
1972-D	*	—	—	*	*	*	*	*	*	*	*	*	*	*	*	*	85.	15.	10.	6.00	4.00	3.50
1972-S	*	—	—	80.	60.	50.	40.	25.	20.	30.	22.	18.	14.	10.	7.00	5.00	*	*	*	*	*	*
1973	*	*	*	*	*	*	*	*	*	*	*	*	*	*	*	*	140.	75.	15.	6.00	4.00	3.50
1973-D	*	—	—	*	*	*	*	*	*	*	*	*	*	*	*	*	200.	25.	15.	5.50	4.00	3.50
1973-S	3000.	—	—	35.	30.	25.	30.	25.	20.	25.	20.	15.	12.	10.	7.00	5.00	*	*	*	*	*	*
1974	*	*	*	*	*	*	*	*	*	*	*	*	*	*	*	*	85.	25.	22.	5.00	4.00	3.50
1974-D	*	*	*	*	*	*	*	*	*	*	*	*	*	*	*	*	100.	60.	20.	6.00	4.00	3.50
1974-D Doubled Die Obverse	*	*	*	*	*	*	*	*	*	*	*	*	*	*	*	*	—	600.	250.	150.	100.	75.
1974-S	5000.	—	—	35.	30.	25.	25.	20.	15.	15.	12.	10.	7.00	6.00	5.00	4.00	*	*	*	*	*	*
DUAL DATE, BICENTENNIAL REVERSE																						
1776-1976	*	*	*	*	*	*	*	*	*	*	*	*	*	*	*	*	140.	45.	25.	10.	5.00	4.00
1776-1976-D	*	*	*	*	*	*	*	*	*	*	*	*	*	*	*	*	45.	25.	8.00	6.00	5.00	4.00
1776-1976-S	—	—	—	90.	90.	70.	40.	35.	25.	30.	20.	12.	9.00	7.00	5.00	4.00	*	*	*	*	*	*
1776-1976-S 40% silver	4000.	—	—	100.	95.	75.	45.	35.	25.	30.	20.	15.	10.	8.00	6.00	4.50	50.	20.	13.	9.00	6.00	*
PRESIDENTIAL SEAL/EAGLE REVERSE RESUMED																						
1977	*	*	*	*	*	*	*	*	*	*	*	*	*	*	*	*	150.	35.	15.	6.75	4.00	3.00
1977-D	*	*	*	*	*	*	*	*	*	*	*	*	*	*	*	*	130.	30.	7.00	6.00	4.00	3.00
1977-S	600.	40.	35.	25.	20.	15.	20.	15.	12.	15.	12.	10.	8.00	7.00	6.00	5.00	*	*	*	*	*	*
1978	*	*	*	*	*	*	*	*	*	*	*	*	*	*	*	*	160.	20.	15.	6.50	4.00	3.50
1978-D	*	*	*	*	*	*	*	*	*	*	*	*	*	*	*	*	450.	20.	8.00	6.50	5.00	3.50
1978-S	300.	—	—	45.	35.	30.	25.	20.	18.	20.	18.	15.	10.	8.00	6.00	5.00	*	*	*	*	*	*
1979	*	*	*	*	*	*	*	*	*	*	*	*	*	*	*	*	325.	40.	13.	5.50	4.00	3.00
1979-D	*	*	*	*	*	*	*	*	*	*	*	*	*	*	*	*	350.	30.	10.	6.00	4.50	3.50
1979-S Filled S	300.	—	—	45.	35.	30.	25.	20.	18.	20.	18.	15.	10.	8.00	6.00	5.00	*	*	*	*	*	*

—— = Insufficient pricing data   * = None issued

KENNEDY HALF DOLLAR (CONTINUED)

	MS-60	MS-63	MS-64	MS-65	MS-66	MS-67	PF-63	PF-64	PF-65	PF-66	PF-67	PF-67C	PF-67DC	PF-68	PF-68C	PF-68DC	PF-69	PF-69C	PF-69DC	PF-70	PF-70C	PF-70DC
1979-S Clear S	*	*	*	*	*	*	17.	20.	25.	30.	35.	40.	50.	40.	45.	60.	45.	50.	75.	—	—	1200.
1980-P	3.00	4.00	6.00	11.	15.	52.	*	*	*	*	*	*	*	*	*	*	*	*	*	*	*	*
1980-D	3.00	4.00	5.00	7.00	50.	275.	*	*	*	*	*	*	*	*	*	*	*	*	*	*	*	*
1980-S	*	*	*	*	35.	300.	5.00	6.00	8.00	9.00	10.	12.	15.	12.	15.	17.	20.	25.	35.	—	—	400.
1981-P	3.00	4.00	5.00	10.	35.		*	*	*	*	*	*	*	*	*	*	*	*	*	*	*	*
1981-D	3.00	4.00	5.00	11.	90.	150.	*	*	*	*	*	*	*	*	*	*	*	*	*	*	*	*
1981-S	*						12.	15.	18.	20.	25.	30.	35.	30.	35.	40.	35.	40.	—	—	—	245.
1981-S Filled S	3.50	4.00	5.00	7.00	20.	40.	5.00	6.00	8.00	9.00	10.	12.	15.	12.	15.	17.	20.	25.	35.	—	—	
1982-P	*	10.	14.	30.	60.	40.	*	*	*	*	*	*	*	*	*	*	*	*	*	*	*	*
1982-P No FG	—				—	—	*	*	*	*	*	*	*	*	*	*	*	*	*	*	*	*
1982-D	3.50	4.00	5.00	7.00	45.	55.	*	*	*	*	*	*	*	*	*	*	*	*	*	*	*	*
1982-S	*						5.00	6.00	8.00	9.00	10.	12.	15.	12.	15.	17.	20.	25.	35.	—	—	250.
1983-P	3.00	5.00	4.00	21.	40.	200.	*	*	*	*	*	*	*	*	*	*	*	*	*	*	*	*
1983-D	3.00	5.00	6.00	7.00	50.	400.	*	*	*	*	*	*	*	*	*	*	*	*	*	*	*	*
1983-S	*						5.00	6.00	8.00	9.00	10.	12.	15.	12.	15.	17.	20.	25.	35.	—	—	520.
1984-P	3.00	3.50	5.00	10.	36.	120.	*	*	*	*	*	*	*	*	*	*	*	*	*	*	*	*
1984-D	3.00	3.50	4.00	7.00	40.	180.	*	*	*	*	*	*	*	*	*	*	*	*	*	*	*	*
1984-S	*						6.00	7.00	8.00	9.00	10.	12.	15.	12.	15.	17.	20.	25.	40.	—	—	200.
1985-P	3.50	6.00	6.00	10.	50.	65.	*	*	*	*	*	*	*	*	*	*	*	*	*	*	*	*
1985-D	3.50	4.00	5.00	12.	15.	60.	*	*	*	*	*	*	*	*	*	*	*	*	*	*	*	*
1985-S	*						5.00	6.00	8.00	9.00	10.	12.	15.	12.	15.	17.	20.	25.	35.	—	—	425.
1986-P	3.50	7.00	9.00	15.	50.	60.	*	*	*	*	*	*	*	*	*	*	*	*	*	*	*	*
1986-D	3.50	6.00	7.00	10.	28.	45.	*	*	*	*	*	*	*	*	*	*	*	*	*	*	*	*
1986-S	*						7.00	8.00	9.00	10.	12.	14.	17.	14.	16.	20.	20.	25.	40.	—	—	275.
1987-P	4.50	6.00	9.00	15.	50.	75.	*	*	*	*	*	*	*	*	*	*	*	*	*	*	*	*
1987-D	4.50	6.00	9.00	10.	25.	75.	*	*	*	*	*	*	*	*	*	*	*	*	*	*	*	*
1987-S	*						5.00	6.00	8.00	9.00	10.	12.	15.	12.	15.	17.	20.	25.	35.	—	—	200.
1988-P	3.50	5.00	9.00	10.	36.	50.	*	*	*	*	*	*	*	*	*	*	*	*	*	*	*	*
1988-D	3.50	4.00	6.00	10.	25.	65.	*	*	*	*	*	*	*	*	*	*	*	*	*	*	*	*

—— = Insufficient pricing data   * = None issued

KENNEDY HALF DOLLAR (CONTINUED)

	MS-60	MS-63	MS-64	MS-65	MS-66	MS-67	PF-63	PF-64	PF-65	PF-66	PF-67	PF-67C	PF-67DC	PF-68	PF-68C	PF-68DC	PF-69	PF-69C	PF-69DC	PF-70	PF-70C	PF-70DC
1988-S	*	*	*	*	*	*	5.00	6.00	8.00	9.00	10.	12.	15.	12.	15.	17.	20.	25.	40.	—	—	1000.
1989-P	3.00	4.00	9.00	20.	45.	90.	*	*	*	*	*	*	*	*	*	*	*	*	*	*	*	*
1989-D	3.00	4.00	9.50	10.	32.	120.	*	*	*	*	*	*	*	*	*	*	*	*	*	*	*	*
1989-S	*	*	*	*	*	*	7.00	8.00	9.00	10.	12.	14.	17.	14.	16.	20.	20.	25.	35.	—	—	350.
1990-P	3.00	5.00	15.	18.	20.	375.	*	*	*	*	*	*	*	*	*	*	*	*	*	*	*	*
1990-D	3.00	4.00	4.00	15.	25.	75.	*	*	*	*	*	*	*	*	*	*	*	*	*	*	*	*
1990-S	*	*	*	*	*	*	5.00	6.00	8.00	9.00	10.	12.	15.	12.	15.	17.	20.	25.	35.	—	—	200.
1991-P	3.50	4.50	7.00	18.	25.	50.	*	*	*	*	*	*	*	*	*	*	*	*	*	*	*	*
1991-D	3.50	6.00	11.	14.	16.	500.	*	*	*	*	*	*	*	*	*	*	*	*	*	*	*	*
1991-S	*	*	*	*	*	*	15.	16.	17.	18.	20.	25.	30.	25.	30.	35.	30.	35.	50.	—	—	350.
1992-P	3.50	4.00	6.00	20.	40.	100.	*	*	*	*	*	*	*	*	*	*	*	*	*	*	*	*
1992-D	3.50	4.00	6.00	8.00	26.	75.	*	*	*	*	*	*	*	*	*	*	*	*	*	*	*	*
1992-S Clad	*	*	*	*	*	*	5.00	6.00	8.00	9.00	10.	12.	15.	12.	15.	17.	20.	25.	35.	—	—	200.
1992-S Silver	*	*	*	*	*	*	14.	15.	16.	17.	20.	25.	30.	25.	30.	35.	30.	35.	40.	—	—	550.
1993-P	3.50	5.00	10.	15.	40.	75.	*	*	*	*	*	*	*	*	*	*	*	*	*	*	*	*
1993-D	3.50	4.00	9.00	12.	28.	80.	*	*	*	*	*	*	*	*	*	*	*	*	*	*	*	*
1993-S Clad	*	*	*	*	*	*	13.	14.	15.	17.	20.	25.	30.	25.	30.	35.	35.	40.	50.	—	—	375.
1993-S Silver	*	*	*	*	*	*	35.	37.	40.	45.	50.	55.	60.	55.	60.	65.	60.	65.	75.	—	—	500.
1994-P	3.00	4.00	6.00	10.	40.	75.	*	*	*	*	*	*	*	*	*	*	*	*	*	*	*	*
1994-D	3.00	4.00	6.00	10.	55.	75.	*	*	*	*	*	*	*	*	*	*	*	*	*	*	*	*
1994-S Clad	*	*	*	*	*	*	10.	11.	12.	14.	17.	18.	25.	20.	20.	30.	25.	30.	40.	—	—	450.
1994-S Silver	*	*	*	*	*	*	37.	40.	45.	50.	60.	65.	75.	65.	70.	85.	70.	75.	100.	—	—	400.
1995-P	3.00	4.00	8.00	10.	*	75.	*	*	*	*	*	*	*	*	*	*	*	*	*	*	*	*
1995-D	3.00	4.00	6.00	9.00	35.	80.	*	*	*	*	*	*	*	*	*	*	*	*	*	*	*	*
1995-S Clad	*	*	*	*	*	*	35.	37.	45.	45.	50.	55.	60.	55.	60.	65.	60.	65.	90.	—	—	400.
1995-S Silver	*	*	*	*	*	*	90.	95.	100.	110.	125.	135.	150.	135.	145.	160.	145.	160.	175.	—	—	300.
1996-P	3.00	4.00	9.00	12.	25.	35.	*	*	*	*	*	*	*	*	*	*	*	*	*	*	*	*
1996-D	3.00	4.00	6.00	9.00	25.	36.	*	*	*	*	*	*	*	*	*	*	*	*	*	*	*	*
1996-S Clad	*	*	*	*	*	*	14.	15.	16.	18.	20.	22.	25.	25.	27.	30.	30.	35.	45.	—	—	850.

—— = Insufficient pricing data   * = None issued

KENNEDY HALF DOLLAR (CONTINUED)

	MS-60	MS-63	MS-64	MS-65	MS-66	MS-67	PF-63	PF-64	PF-65	PF-66	PF-67	PF-67C	PF-67DC	PF-68	PF-68DC	PF-69	PF-69C	PF-69DC	PF-70	PF-70C	PF-70DC
1996-S Silver	3.00	*	*	*	*	*	40.	45.	50.	55.	65.	70.	80.	70.	85.	75.	85.	100.	*	*	400.
1997-P	3.00	4.00	9.00	15.	30.	55.	*	*	*	*	*	*	*	*	*	*	*	*	*	*	*
1997-D	3.00	4.00	6.00	10.	15.	26.	*	*	*	*	*	*	*	*	*	*	*	*	*	*	*
1997-S Clad	*	*	*	*	*	*	30.	32.	35.	40.	45.	50.	55.	50.	65.	60.	60.	75.	—	—	400.
1997-S Silver	*	*	*	*	*	*	85.	90.	95.	100.	110.	120.	135.	120.	150.	135.	145.	160.	—	—	300.
1998-P	3.50	4.00	7.00	12.	30.	75.	*	*	*	*	*	*	*	*	*	*	*	*	*	*	*
1998-D	3.50	4.00	7.00	12.	50.	65.	*	*	*	*	*	*	*	*	*	*	*	*	*	*	*
1998-S Clad	*	*	*	*	*	*	18.	19.	20.	22.	25.	27.	30.	27.	35.	30.	35.	45.	—	—	550.
1998-S Silver	*	*	*	*	*	*	30.	32.	35.	40.	45.	50.	60.	50.	65.	60.	65.	75.	—	—	400.
1998-S Silver Matte Finish	—	235.	240.	250.	275.	300.	*	*	*	*	*	*	*	*	*	*	*	*	*	*	*
1999-P	3.00	4.00	6.00	10.	40.	50.	*	*	*	*	*	*	*	*	*	*	*	*	*	*	*
1999-D	3.00	4.00	6.00	10.	23.	52.	*	*	*	*	*	*	*	*	*	*	*	*	*	*	*
1999-S Clad	*	*	*	*	*	*	18.	19.	20.	22.	25.	27.	30.	27.	35.	30.	35.	45.	—	—	1500.
1999-S Silver	*	*	*	*	*	*	35.	37.	40.	45.	50.	55.	65.	55.	75.	60.	65.	90.	—	—	500.
2000-P	3.00	4.00	6.00	10.	16.	75.	*	*	*	*	*	*	*	*	*	*	*	*	*	*	*
2000-D	3.00	4.00	6.00	10.	30.	65.	*	*	*	*	*	*	*	*	*	*	*	*	*	*	*
2000-S Clad	*	*	*	*	*	*	6.00	7.00	8.00	9.00	10.	12.	15.	15.	20.	25.	30.	35.	—	—	1500.
2000-S Silver	*	*	*	*	*	*	20.	22.	25.	27.	30.	35.	40.	35.	45.	40.	45.	60.	—	—	850.
2001-P	3.00	4.00	6.00	10.	33.	80.	*	*	*	*	*	*	*	*	*	*	*	*	*	*	*
2001-D	3.00	4.00	6.00	10.	30.	200.	*	*	*	*	*	*	*	*	*	*	*	*	*	*	*
2001-S Clad	*	*	*	*	*	*	10.	11.	12.	13.	15.	17.	20.	17.	19.	20.	25.	35.	—	—	1800.
2001-S Silver	*	*	*	*	*	*	20.	21.	22.	23.	25.	27.	30.	27.	30.	30.	35.	45.	—	75.	900.
2002-P	4.00	5.00	7.00	10.	20.	35.	*	*	*	*	*	*	*	*	*	*	*	*	*	*	*
2002-D	4.00	5.00	7.00	10.	30.	75.	*	*	*	*	*	*	*	*	*	*	*	*	*	*	*
2002-S Clad	*	*	*	*	*	*	6.00	7.00	8.00	9.00	10.	12.	15.	15.	20.	18.	20.	35.	—	—	1000.
2002-S Silver	*	*	*	*	*	*	20.	22.	25.	27.	30.	32.	35.	35.	40.	40.	45.	55.	—	—	800.
2003-P	4.00	5.00	7.00	10.	15.	25.	*	*	*	*	*	*	*	*	*	*	*	*	*	*	*

——— = Insufficient pricing data   * = None issued

KENNEDY HALF DOLLAR (CONTINUED)

	MS-60	MS-63	MS-64	MS-65	MS-66	MS-67	PF-63	PF-64	PF-65	PF-66	PF-67	PF-67C	PF-67DC	PF-68	PF-68C	PF-68DC	PF-69	PF-69C	PF-69DC	PF-70	PF-70C	PF-70DC
2003-D	4.00	5.00	7.00	10.	15.	25.	*	*	*	*	*	*	*	*	*	*	*	*	*	*	*	*
2003-S Clad	*	*	*	*	*	*	5.00	6.00	8.00	9.00	10.	12.	15.	15.	18.	20.	18.	20.	30.	—	—	2500.
2003-S Silver	*	*	*	*	*	*	9.00	10.	11.	12.	14.	17.	25.	18.	20.	30.	30.	35.	40.	—	—	300.
2004-P	4.00	5.00	7.00	10.	15.	25.	*	*	*	*	*	*	*	*	*	*	*	*	*	*	*	*
2004-D	4.00	5.00	7.00	10.	15.	25.	*	*	*	*	*	*	*	*	*	*	*	*	*	*	*	*
2004-S Clad	*	*	*	*	*	*	14.	15.	16.	17.	20.	22.	25.	22.	25.	30.	25.	27.	35.	*	*	300.
2004-S Silver	*	*	*	*	*	*	6.00	7.00	10.	11.	12.	15.	25.	18.	20.	30.	30.	35.	40.	*	*	500.
2005-P	4.50	5.00	6.00	8.00	10.	12.	*	*	*	*	*	*	*	*	*	*	*	*	*	*	*	*
2005-P Satin Finish	—	5.00	6.00	8.00	10.	12.	*	*	*	*	*	*	*	*	*	*	*	*	*	*	*	*
2005-D	4.50	5.00	6.00	8.00	10.	12.	*	*	*	*	*	*	*	*	*	*	*	*	*	*	*	*
2005-D Satin Finish	—	5.00	6.00	8.00	10.	12.	*	*	*	*	*	*	*	*	*	*	*	*	*	*	*	*
2005-S Clad	*	*	*	*	*	*	4.00	5.00	6.00	7.00	9.00	10.	12.	10.	12.	15.	12.	15.	20.	—	—	200.
2005-S Silver	*	*	*	*	*	*	7.00	8.00	9.00	10.	12.	13.	15.	14.	15.	18.	17.	20.	25.	—	—	400.
2006-P	4.50	6.00	8.00	10.	15.	20.	*	*	*	*	*	*	*	*	*	*	*	*	*	*	*	*
2006-P Satin Finish	—	5.00	6.00	8.00	10.	12.	*	*	*	*	*	*	*	*	*	*	*	*	*	*	*	*
2006-D	4.50	6.00	6.00	10.	15.	20.	*	*	*	*	*	*	*	*	*	*	*	*	*	*	*	*
2006-D Satin Finish	—	5.00	6.00	8.00	10.	12.	*	*	*	*	*	*	*	*	*	*	*	*	*	*	*	*
2006-S Clad	*	*	*	*	*	*	4.00	5.00	6.00	7.00	9.00	10.	12.	10.	12.	15.	12.	15.	25.	600.	650.	750.
2006-S Silver	*	*	*	*	*	*	7.00	8.00	9.00	10.	12.	13.	15.	14.	15.	18.	17.	20.	30.	—	—	—
2007-P	4.50	6.00	8.00	10.	15.	20.	*	*	*	*	*	*	*	*	*	*	*	*	*	*	*	*
2007-P Satin Finish	—	5.00	6.00	8.00	10.	12.	*	*	*	*	*	*	*	*	*	*	*	*	*	*	*	*
2007-D	4.50	6.00	8.00	10.	15.	20.	*	*	*	*	*	*	*	*	*	*	*	*	*	*	*	*
2007-D Satin Finish	—	6.00	8.00	10.	15.	20.	*	*	*	*	*	*	*	*	*	*	*	*	*	*	*	*

—— = Insufficient pricing data   * = None issued

KENNEDY HALF DOLLAR (CONTINUED)

	MS-60	MS-63	MS-64	MS-65	MS-66	MS-67	PF-63	PF-64	PF-65	PF-66	PF-67	PF-67C	PF-67DC	PF-68	PF-68C	PF-68DC	PF-69	PF-69C	PF-69DC	PF-70	PF-70C	PF-70DC
2007-S Clad	*	*	*	*	*	*	4.00	5.00	6.00	7.00	9.00	10.	12.	10.	12.	15.	12.	15.	25.	—	—	—
2007-S Silver	*	*	*	*	*	*	7.00	8.00	9.00	10.	12.	13.	15.	14.	15.	18.	17.	20.	30.	—	—	—
2008-P	1.50	2.00	3.00	4.00	7.00	15.	*	*	*	*	*	*	*	*	*	*	*	*	*	*	*	*
2008-P Satin Finish	—	—	—	—	—	—	*	*	*	*	*	*	*	*	*	*	*	*	*	*	*	*
2008-D	1.50	2.00	3.00	4.00	7.00	15.	*	*	*	*	*	*	*	*	*	*	*	*	*	*	*	*
2008-D Satin Finish	—	—	—	—	—	—	*	*	*	*	*	*	*	*	*	*	*	*	*	*	*	*
2008-S Clad	*	*	*	*	*	*	—	—	4.00	—	4.50	4.50	7.00	—	5.00	9.00	—	—	13.	—	—	25.
2008-S Silver	*	*	*	*	*	*	—	—	8.00	—	8.50	9.00	11.	—	—	12.	—	—	16.	—	—	32.

—— = Insufficient pricing data   * = None issued

Flowing Hair dollar

Date of authorization:	April 2, 1792	
Dates of issue:	1794-1795	
Designer/Engraver:	Robert Scot	
Diameter:	39.50 mm/1.56 inches	
Weight:	26.96 grams/0.87 ounce	
Metallic Content:	90% silver, 10% copper	
Weight of pure silver:	24.26 grams/0.78 ounce	
Edge:	Lettered (HUNDRED CENTS ONE DOLLAR OR UNIT)	
Mint mark:	None	

	AG-3	G-4	VG-8	F-12	VF-20	EF-40	EF-45	AU-50	AU-55	MS-60
1794	60000.	100000.	150000.	175000.	200000.	300000.	400000.	500000.	550000.	850000.
1794 Silver Plug, Unique	*	*	*	*	*	*	*	*	*	*
1795 2 leaves, Head of 1794	1200.	2500.	4500.	6000.	9000.	18000.	20000.	30000.	40000.	100000.
1795 3 leaves, Head of 1795	1000.	2000.	4000.	5500.	7500.	15000.	18000.	25000.	35000.	90000.
1795 Silver Plug	3500.	7500.	14000.	20000.	27000.	35000.	40000.	50000.	75000.	—

Draped Bust dollar

Small Eagle

Heraldic Eagle

Date of authorization: April 2, 1792
Dates of issue: 1795-1803
Designers: Obverse: Gilbert Stuart-Robert Scot
Reverse: (1795-1798): Scot-John Eckstein
(1798-1803): Robert Scot
Engraver: Robert Scot
Diameter: 39.50 mm/1.56 inches
Weight: 26.96 grams/0.87 ounce
Metallic Content: 89.25% silver, 10.75% copper
Weight of pure silver: 24.06 grams/0.77 ounce
Edge: Lettered (HUNDRED CENTS ONE DOLLAR OR UNIT)
Mint mark: None

DRAPED BUST DOLLAR (CONTINUED)

SMALL EAGLE

	AG-3	G-4	VG-8	F-12	VF-20	EF-40	EF-45	AU-50	AU-55	MS-60
1795 Centered Bust	1000.	1500.	2500.	4000.	6500.	14000.	18000.	25000.	30000.	65000.
1795 Off-center Bust	1500.	3500.	5000.	7500.	10000.	20000.	25000.	35000.	40000.	110000.
1796 Small Date, Small Letters	1200.	2000.	3500.	4500.	6500.	15000.	18000.	20000.	40000.	175000.
1796 Large Date, Small Letters	1200.	2000.	3000.	4500.	7000.	14000.	18000.	20000.	45000.	100000.
1796 Small Date, Large Letters	1200.	2000.	4000.	6000.	7000.	11000.	15000.	20000.	25000.	100000.
1797 9X7 Obverse Stars, Small Letters	1200.	2000.	3500.	5000.	14000.	20000.	30000.	40000.	60000.	—
1797 9X7 Obverse Stars, Large Letters	1000.	1700.	3000.	4000.	6000.	11000.	13000.	18000.	40000.	125000.
1797 10X6 Obverse Stars	1000.	1500.	2000.	4000.	5500.	12000.	15000.	18000.	25000.	60000.
1798 13 Obverse Stars	1000.	1500.	2000.	4000.	7500.	15000.	18000.	30000.	50000.	—
1798 15 Obverse Stars	1500.	2500.	3500.	5000.	7500.	15000.	25000.	35000.	50000.	100000.

HERALDIC EAGLE

	AG-3	G-4	VG-8	F-12	VF-20	EF-40	EF-45	AU-50	AU-55	MS-60
1798	500.	900.	1000.	1400.	2500.	4500.	5500.	7500.	9000.	16000.
1798 Knob 9, 5 Vertical Lines in Shield	—	—	—	—	—	—	—	—	—	—
1798 Knob 9, 4 Vertical Lines in Shield	—	—	—	—	—	—	—	—	—	—
1798 Knob 9, 10 Arrows	—	—	—	—	—	—	—	—	—	—
1798 Pointed 9, Close Date	—	—	—	—	—	—	—	—	—	—
1798 Pointed 9, Wide Date	—	—	1500.	2000.	3500.	5500.	7000.	10000.	13000.	30000.
1798 Pointed 9, 5 Vertical Lines in Shield	—	—	—	—	—	—	—	—	—	—
1798 Pointed 9, 10 Arrows	—	—	1800.	2500.	3500.	4500.	5500.	8000.	12000.	30000.
1798 Pointed 9, 4 Berries	—	—	—	—	—	—	—	—	—	—
1799	500.	900.	1000.	1400.	2500.	4500.	5500.	7500.	9000.	16000.
1799/8 15 Reverse Stars	600.	1000.	1200.	1800.	3000.	5500.	6500.	9000.	10000.	17000.
1799/8 13 Reverse Stars	—	—	1500.	2500.	3500.	4500.	7000.	8000.	12000.	25000.
1799 8x5 Obverse Stars	600.	1000.	1400.	1800.	3500.	4800.	7000.	9000.	12000.	—
1799 Irregular Date, 15 Reverse Stars	—	—	—	—	—	—	—	—	—	—
1799 Irregular Date, 13 Reverse Stars	—	—	—	—	—	—	—	—	—	—
1800	500.	900.	1000.	1400.	2500.	4500.	6000.	8500.	10000.	16000.
1800 AMERICAI	600.	1200.	1400.	1800.	3500.	4700.	6000.	8000.	10000.	—
1800 AMERICAI, Wide Date, Low 8	—	—	—	—	—	—	—	—	—	—
1800 Wide Date, Low 8	—	—	—	—	—	—	—	—	—	—

—— = Insufficient pricing data

	AG-3	G-4	VG-8	F-12	VF-20	EF-40	EF-45	AU-50	AU-55	MS-60
1800 Dotted Date	600.	1200.	1400.	1800.	3500.	4700.	6500.	8500.	10000.	—
1800 12 Arrows	—	—	—	—	—	—	—	—	—	—
1801	500.	1100.	1200.	1800.	3000.	4500.	5500.	7500.	10000.	—
1802/1 Narrow Date	600.	1100.	1300.	1800.	3000.	6000.	7500.	10000.	13000.	18000.
1802/1 Wide Date	—	—	—	—	—	—	—	—	—	—
1802 Narrow Date	500.	1100.	1200.	1700.	3000.	5000.	6500.	9000.	11000.	17000.
1802 Wide Date	—	—	—	—	—	—	—	—	—	—
1802 Curl Top 2	*	*	*	*	*	*	*	*	*	*
1803 Large 3	600.	900.	1200.	1500.	2700.	4500.	6000.	8500.	10000.	—
1803 Small 3	500.	800.	1100.	1400.	2500.	4300.	5500.	8000.	9000.	—
1804 Original, struck circa 1834										
	—	—	—	—	—	—	—	—	—	—
1804 Restrike, Plain Edge, Unique, struck circa 1858										
	*	*	*	*	*	*	*	*	*	*
1804 Restrike, Lettered Edge, struck circa 1858										
	—	—	—	—	—	—	—	—	—	—

—— = Insufficient pricing data   * = None issued

Seated Liberty dollar

Date of authorization: Jan. 18, 1837
Dates of issue: 1840-1873
Designers: Obverse: Robert Hughes-Christian Gobrecht-Thomas Sully
Reverse: John Reich-Christian Gobrecht
Engraver: Christian Gobrecht
Diameter: 38.10 mm/1.5 inches
Weight: 26.73 grams/0.86 ounce
Metallic Content: 90% silver, 10% copper
Weight of pure silver: 24.06 grams/0.77 ounce
Edge: Reeded
Mint mark: Reverse below eagle

SEATED LIBERTY DOLLAR (CONTINUED)

	AG-3	G-4	VG-8	F-12	VF-20	EF-40	AU-50	AU-55	AU-58	MS-60	MS-62	MS-63	MS-64	MS-65	PF-63	PF-64	PF-65	PF-66
1840	200.	250.	300.	350.	400.	550.	800.	1500.	2500.	4000.	10000.	20000.	—	—	30000.	50000.	—	—
1841	175.	225.	275.	300.	350.	425.	700.	1100.	1600.	2200.	3000.	5500.	18000.	—	40000.	50000.	—	—
1842	175.	225.	275.	300.	350.	450.	700.	1000.	1500.	2000.	3000.	5000.	14000.	—	50000.	—	—	—
1843	175.	225.	275.	300.	350.	450.	700.	1000.	1500.	2500.	3000.	10000.	15000.	—	45000.	—	—	—
1844	175.	250.	300.	325.	400.	550.	1000.	2000.	3000.	5000.	7500.	14000.	—	—	35000.	60000.	130000.	*
1845	225.	300.	360.	400.	450.	600.	1400.	3000.	6000.	12000.	26000.	35000.	—	—	30000.	35000.	60000.	*
1846	175.	225.	275.	300.	325.	550.	700.	1200.	1600.	2700.	4000.	6000.	11000.	—	30000.	50000.	60000.	*
1846-O	200.	250.	300.	325.	400.	700.	1500.	2000.	3500.	7500.	12000.	22000.	45000.	110000.	—	—	—	—
1847	175.	225.	300.	325.	450.	700.	700.	1000.	1500.	2500.	4500.	7000.	11000.	35000.	25000.	40000.	85000.	*
1848	225.	300.	400.	500.	600.	1000.	1500.	2500.	3500.	5000.	8500.	15000.	15000.	—	35000.	60000.	100000.	*
1849	175.	225.	275.	300.	400.	500.	700.	1000.	1500.	2500.	4000.	7500.	15000.	50000.	30000.	60000.	45000.	*
1850	325.	400.	500.	700.	900.	1500.	2000.	3000.	4000.	6000.	10000.	17000.	—	—	30000.	35000.	45000.	*
1850-O	225.	350.	350.	500.	750.	1800.	4000.	6000.	10000.	15000.	20000.	30000.	—	—	—	—	—	—
1851	—	—	—	—	—	25000.	30000.	35000.	45000.	50000.	55000.	65000.	85000.	—	40000.	50000.	60000.	*
1851 Restrike	—	—	—	—	—	—	—	—	—	—	—	—	—	—	40000.	50000.	60000.	*
1852	—	—	—	—	—	—	30000.	35000.	45000.	60000.	75000.	—	—	—	50000.	60000.	65000.	*
1852 Restrike	—	—	—	—	—	—	—	—	—	—	—	—	—	—	50000.	60000.	65000.	*
1853	225.	350.	400.	500.	600.	800.	1200.	1800.	2400.	3000.	5000.	8000.	14000.	—	50000.	60000.	65000.	*
1853 Restrike	—	—	—	—	—	—	—	—	—	—	—	—	—	—	—	—	45000.	*
1854	800.	1100.	1400.	2000.	3000.	4000.	5500.	6000.	6500.	8000.	9000.	11000.	18000.	—	20000.	30000.	50000.	*
1855	600.	800.	1200.	1500.	2200.	3500.	4500.	6000.	7000.	8000.	14000.	20000.	—	—	20000.	25000.	45000.	*
1856	250.	400.	450.	550.	800.	1500.	2300.	3000.	3500.	4000.	5500.	8500.	—	—	20000.	25000.	40000.	*
1857	250.	400.	500.	600.	850.	1500.	2000.	2300.	2700.	3000.	4000.	8000.	14000.	—	12000.	18000.	40000.	*
1858 Proof Only	—	—	—	—	—	—	—	—	—	—	—	—	—	—	17000.	25000.	35000.	50000.
1859	200.	300.	400.	500.	700.	1200.	1800.	2500.	2500.	3000.	4000.	6500.	14000.	—	17000.	25000.	35000.	50000.
1859-O	175.	225.	275.	300.	350.	500.	700.	750.	900.	2000.	3000.	5000.	—	—	5000.	9000.	18000.	35000.
1859-S	225.	300.	400.	500.	800.	2000.	3500.	5000.	10000.	15000.	35000.	50000.	—	—	*	*	*	*
1860	175.	250.	300.	400.	500.	600.	700.	1000.	1400.	2000.	3000.	5000.	8000.	35000.	4000.	7000.	18000.	25000.
1860-O	175.	225.	275.	300.	350.	450.	700.	1000.	1400.	1800.	3000.	5000.	8000.	30000.	—	—	—	—

—— = Insufficient pricing data   * = None issued

SEATED LIBERTY DOLLAR (CONTINUED)

	AG-3	G-4	VG-8	F-12	VF-20	EF-40	AU-50	AU-55	AU-58	MS-60	MS-62	MS-63	MS-64	MS-65	PF-63	PF-64	PF-65	PF-66
1861	400.	550.	750.	850.	1000.	1500.	2000.	2500.	2700.	3000.	4000.	5500.	11000.	35000.	4500.	9000.	20000.	25000.
1862	350.	500.	650.	850.	1000.	1500.	2000.	2500.	2800.	3200.	4500.	6500.	14000.	—	4000.	8500.	20000.	—
1863	225.	350.	475.	550.	660.	800.	1500.	2000.	2500.	3000.	4000.	5500.	14000.	—	4000.	8000.	18000.	35000.
1864	200.	300.	375.	450.	600.	800.	1500.	2000.	2500.	3000.	4500.	6000.	15000.	35000.	4000.	7500.	15000.	25000.
1865	200.	300.	350.	400.	550.	800.	1500.	2000.	2500.	3000.	4500.	6000.	12000.	40000.	4000.	7500.	15000.	35000.
1866 Proof Only	—	—	—	—	—	—	—	—	—	—	—	—	—	—	1500000.	—	—	—
MOTTO ABOVE EAGLE																		
1866	200.	275.	300.	400.	550.	660.	1000.	1500.	1700.	2000.	3000.	5000.	9000.	40000.	5000.	10000.	20000.	35000.
1867	200.	275.	300.	350.	500.	660.	1000.	1400.	1700.	2000.	3000.	5000.	12000.	50000.	4000.	7500.	15000.	35000.
1868	175.	250.	300.	350.	450.	600.	1000.	1500.	2000.	3000.	3500.	7500.	17000.	40000.	4000.	7500.	15000.	25000.
1869	200.	275.	300.	350.	425.	500.	900.	1200.	1500.	2000.	3000.	5000.	12000.	40000.	4000.	7000.	15000.	25000.
1870	200.	300.	350.	400.	450.	500.	800.	1000.	1400.	2000.	3000.	5000.	10000.	40000.	4000.	7000.	15000.	25000.
1870-CC	350.	450.	600.	800.	1200.	1800.	3500.	6000.	9000.	17000.	25000.	35000.	—	—	*	*	*	*
1870-S	*	—	—	—	—	500000.	—	—	—	—	—	1250000.	—	—	*	*	*	*
1871	175.	225.	275.	300.	350.	450.	700.	1000.	1400.	1800.	3000.	5000.	8000.	35000.	4000.	7000.	15000.	25000.
1871-CC	1200.	1700.	2800.	4000.	6000.	12000.	20000.	30000.	50000.	90000.	—	—	—	—	*	*	*	*
1872	175.	225.	275.	300.	350.	450.	700.	1000.	1400.	1800.	3000.	5000.	8000.	35000.	4000.	7000.	15000.	25000.
1872-CC	700.	1000.	1400.	2600.	4000.	6000.	12000.	18000.	24000.	30000.	40000.	60000.	—	—	*	*	*	*
1872-S	200.	275.	325.	450.	700.	2000.	4000.	6500.	8000.	10000.	18000.	30000.	50000.	40000.	*	*	*	*
1873	175.	225.	325.	350.	400.	500.	750.	1100.	1500.	2000.	3000.	5000.	8000.	—	4000.	7000.	15000.	25000.
1873-CC	3000.	4000.	5000.	7000.	11000.	20000.	35000.	45000.	—	—	—	—	—	—	*	*	*	*

1873-S Unknown, all pieces struck were ordered melted

—— = Insufficient pricing data   * = None issued

Trade dollar

Date of authorization: Feb. 12, 1873
Dates of issue: 1873-1885
Designer/Engraver: William Barber
Diameter: 38.10 mm/1.5 inches
Weight: 27.22 grams/0.88 ounce
Metallic Content: 90% silver, 10% copper
Weight of pure silver: 24.49 grams/0.79 ounce
Edge: Reeded
Mint mark: Reverse below eagle

TRADE DOLLAR (CONTINUED)

	G-4	VG-8	F-12	VF-20	EF-40	AU-50	AU-55	AU-58	MS-60	MS-62	MS-63	MS-64	MS-65	PF-63	PF-64	PF-65	PF-66
1873	125.	150.	200.	250.	300.	400.	600.	900.	1400.	2500.	4000.	8000.	15000.	3500.	6000.	11000.	18000.
1873-CC	275.	350.	400.	600.	1000.	2000.	4500.	7000.	10000.	15000.	25000.	—	15000.	*	*	*	*
1873-S	125.	150.	200.	250.	300.	500.	900.	1500.	2000.	3500.	6000.	9000.	15000.	*	*	*	*
1874	125.	150.	200.	250.	300.	400.	500.	700.	1200.	3500.	3500.	7000.	15000.	3500.	6500.	11000.	18000.
1874-CC	300.	350.	400.	500.	700.	1000.	1500.	2000.	3500.	5000.	8500.	12000.	25000.	*	*	*	*
1874-S	110.	135.	150.	200.	225.	350.	500.	800.	1200.	2000.	3000.	6000.	15000.	*	*	*	*
1875	135.	200.	350.	450.	600.	900.	1000.	1500.	2500.	3500.	6000.	11000.	15000.	4000.	9000.	13000.	18000.
1875-CC	225.	275.	300.	350.	550.	650.	1000.	2000.	3000.	4000.	5500.	14000.	40000.	*	*	*	*
1875-S	100.	135.	150.	200.	250.	350.	600.	800.	1100.	1800.	2700.	5000.	15000.	*	*	*	*
1875-S/CC	225.	300.	400.	600.	1100.	1500.	2500.	3500.	4500.	8000.	14000.	27000.	60000.	*	*	*	*
1876	100.	135.	175.	200.	250.	300.	500.	700.	1100.	1800.	2700.	5000.	15000.	4000.	6000.	15000.	18000.
1876-CC	250.	275.	325.	400.	600.	1000.	2000.	3500.	6000.	12000.	25000.	45000.	—	*	*	*	*
1876-CC Doubled Die Reverse	—	—	—	—	—	2500.	3000.	4000.	10000.	20000.	25000.	—	15000.	*	*	*	*
1876-S	100.	135.	175.	200.	250.	300.	500.	700.	1100.	1800.	2700.	5000.	15000.	*	*	*	*
1877	100.	135.	150.	175.	225.	300.	400.	500.	1100.	1800.	2700.	6000.	17000.	4000.	6500.	15000.	18000.
1877-CC	250.	300.	350.	450.	750.	850.	1200.	1800.	2500.	6000.	12000.	25000.	—	*	*	*	*
1877-S	100.	135.	150.	175.	200.	350.	500.	800.	1100.	1800.	2700.	4500.	15000.	*	*	*	*
1878 Proof Only	700.	850.	1000.	1200.	1400.	1600.	1800.	—	*	*	*	*	*	3500.	6500.	14000.	17000.
1878-CC	450.	500.	800.	1200.	2500.	4500.	7000.	10000.	14000.	18000.	25000.	70000.	—	*	*	*	*
1878-S	100.	135.	175.	200.	250.	300.	400.	700.	1100.	1800.	2700.	5000.	15000.	*	*	*	*
1879 Proof Only	900.	1000.	1200.	1500.	1700.	2000.	2500.	—	—	—	*	*	*	3500.	5000.	11000.	15000.
1880 Proof Only	900.	1000.	1200.	1500.	1700.	2000.	2500.	—	—	—	*	*	*	3500.	5000.	11000.	15000.
1881 Proof Only	900.	1000.	1200.	1500.	1700.	2000.	2500.	—	—	—	*	*	*	3500.	5000.	12000.	15000.
1882 Proof Only	900.	1000.	1200.	1500.	1700.	2000.	2500.	—	—	—	*	*	*	3500.	5000.	11000.	14000.
1883 Proof Only	900.	1000.	1200.	1500.	1700.	2000.	*	*	*	*	*	*	*	3500.	6000.	11000.	15000.
1884 Proof Only	*	*	*	*	*	*	*	*	*	*	*	*	*	12500.	265000.	400000.	—
1885 Proof Only	*	*	*	*	*	*	*	*	*	*	*	*	*	325000.	450000.	900000.	1500000.

—— = Insufficient pricing data   * = None issued

Morgan dollar

Date of authorization: Feb. 28, 1878
Dates of issue: 1878-1921
Designer/Engraver: George T. Morgan
Diameter: 38.10 mm/1.5 inches
Weight: 26.73 grams/0.86 ounce
Metallic Content: 90% silver, 10% copper
Weight of pure silver: 24.06 grams/0.77 ounce
Edge: Reeded
Mint mark: Reverse below eagle

Note: MS-63D, MS-64D, MS-65D refer to Deep Mirror Prooflike

MORGAN DOLLAR (CONTINUED)

	G-4	VG-8	F-12	VF-20	EF-40	AU-50	AU-58	MS-60	MS-62	MS-63	MS-63D	MS-64	MS-64D	MS-65	MS-65D	MS-66	PF-63	PF-64	PF-65	PF-66
1878 8 Tail Feathers	25.	35.	40.	45.	55.	90.	125.	160.	175.	200.	600.	450.	4000.	1500.	8500.	14000.	2000.	3500.	5500.	20000.
1878 7 Tail Feathers, Reverse of 1878	20.	25.	30.	35.	50.	60.	70.	85.	100.	200.	200.	300.	1000.	1600.	6500.	10000.	3500.	5000.	15000.	25000.
1878 7 Tail Feathers, Reverse of 1879	20.	25.	30.	35.	45.	60.	75.	90.	125.	200.	1100.	600.	4000.	3200.	17000.	28000.	—	—	—	*
1878 Strongly Doubled Tail Feathers	20.	27.	30.	35.	50.	90.	125.	175.	250.	400.	1000.	550.	5000.	3500.	16000.	23000.	*	*	*	*
1878 7/8TF Triple Blossoms, VAM-44	—	—	500.	—	—	—	—	—	—	—	—	—	—	—	—	—	—	—	—	—
1878-CC	85.	110.	125.	140.	160.	200.	275.	300.	325.	450.	1300.	650.	2500.	2500.	8000.	6000.	*	*	*	*
1878-CC GSA	—	—	—	—	—	—	—	350.	400.	500.	—	850.	—	3000.	—	6500.				
1878-S	20.	25.	27.	30.	35.	45.	50.	65.	80.	100.	175.	125.	900.	300.	6000.	1100.	*	*	*	*
1878-S Long Nock varieties	75.	100.	125.	250.	450.	750.	1000.	1500.	—	—	—	—	—	—	5500.	11000.				
1879	—	—	—	—	30.	35.	37.	45.	60.	75.	275.	150.	2200.	1300.	5500.	5500.	2000.	3000.	8000.	11000.
1879 GSA	—	—	—	—	—	—	—	200.	210.	225.	—	300.	—	—	—	—				
1879-CC	160.	210.	275.	350.	850.	2500.	3500.	5000.	6800.	9000.	16000.	12000.	28000.	35000.	55000.	55000.	*	*	*	*
1879-CC Large CC/Small CC, VAM-3	150.	190.	250.	325.	800.	2200.	2500.	4500.	5500.	8000.	14000.	11000.	20000.	50000.	75000.	75000.	*	*	*	*
1879-CC GSA	—	—	—	—	—	—	—	7000.	8500.	11000.	—	14000.	—	—	—	—				
1879-O	20.	23.	25.	30.	35.	40.	55.	90.	125.	225.	1200.	550.	4000.	4000.	15000.	15000.	*	*	*	*
1879-S Reverse of 1878 varieties	22.	27.	30.	35.	40.	55.	100.	150.	200.	450.	4000.	2000.	9000.	10000.	25000.	75000.	*	*	*	*
1879-S Reverse of 1878 GSA	—	—	—	—	—	—	—	—	—	—	—	—	—	—	—	—				
1879-S	20.	23.	25.	27.	30.	35.	40.	50.	55.	60.	100.	85.	300.	200.	850.	500.	*	*	*	*
1879-S GSA	—	—	—	—	—	—	—	—	200.	—	—	225.	—	—	—	—				
1880	20.	23.	25.	27.	30.	35.	40.	50.	55.	65.	275.	140.	1300.	900.	5000.	7000.	2000.	3000.	5000.	15000.
1880 Knobbed 8, VAM-1A	—	—	125.	150.	300.	400.	600.	—	—	—	—	—	—	—	—	—				*

—— = Insufficient pricing data   * = None issued

MORGAN DOLLAR (CONTINUED)

	G-4	VG-8	F-12	VF-20	EF-40	AU-50	AU-58	MS-60	MS-62	MS-63	MS-63D	MS-64	MS-64D	MS-65	MS-65D	MS-66	PF-63	PF-64	PF-65	PF-66
1880/79-CC Reverse of 1878, VAM-4	85.	125.	175.	185.	225.	300.	450.	650.	700.	800.	3500.	1700.	6500.	3200.	14000.	8500.	*	*	*	*
1880/79-CC Reverse of 1878 GSA	—	—	—	—	—	—	—	—	—	—	—	—	—	—	—	10000.	*	*	*	*
1880-CC	125.	200.	225.	275.	325.	400.	450.	650.	700.	750.	1000.	900.	2000.	1600.	7500.	5000.	*	*	*	*
1880-CC GSA	—	—	—	—	—	—	—	700.	750.	850.	1000.	1000.	—	1700.	—	5500.	*	*	*	*
1880-O	20.	23.	25.	27.	30.	35.	40.	75.	150.	425.	1700.	85.	8500.	200.	75000.	60000.	*	*	*	*
1880-S	20.	23.	25.	27.	30.	35.	40.	50.	55.	60.	100.	85.	300.	200.	850.	450.	*	*	*	*
1880-S GSA	—	—	—	—	—	—	—	225.	250.	500.	550.	800.	—	1000.	14000.	5000.	*	*	*	*
1881	20.	23.	25.	27.	30.	35.	40.	50.	60.	75.	—	175.	—	200.	—	—	*	*	*	*
1881 GSA	—	—	—	—	—	—	—	200.	200.	—	—	—	—	—	—	—	*	*	*	*
1881-CC	375.	425.	450.	475.	500.	550.	575.	600.	625.	650.	1100.	700.	1700.	1100.	3500.	2000.	*	*	*	*
1881-CC GSA	—	—	—	—	—	—	—	650.	675.	725.	—	800.	—	1200.	—	2300.	*	*	*	*
1881-O	20.	23.	25.	27.	30.	35.	40.	50.	55.	60.	200.	175.	—	1800.	—	16000.	*	*	*	*
1881-O GSA	—	—	—	—	—	—	—	200.	200.	—	—	—	—	1800.	16000.	16000.	*	*	*	*
1881-S	20.	23.	25.	27.	30.	35.	40.	50.	55.	60.	100.	85.	300.	200.	850.	450.	*	*	*	*
1881-S GSA	—	—	—	—	—	—	—	190.	200.	210.	—	225.	—	600.	—	—	*	*	*	*
1882	20.	23.	25.	27.	30.	35.	40.	45.	55.	60.	300.	85.	1100.	200.	5500.	2000.	*	*	*	*
1882 GSA	—	—	—	—	—	—	—	190.	200.	210.	—	225.	—	600.	—	2100.	*	*	*	*
1882-CC	75.	110.	125.	135.	150.	165.	200.	250.	275.	300.	600.	325.	900.	600.	2000.	2100.	*	*	*	*
1882-CC GSA	—	—	—	—	—	—	—	250.	275.	300.	—	350.	—	650.	2000.	2400.	*	*	*	*
1882-O	20.	23.	25.	27.	30.	35.	40.	50.	55.	60.	200.	125.	1200.	200.	5000.	11000.	*	*	*	*
1882-O GSA	—	—	—	—	—	—	—	190.	200.	210.	—	225.	—	1500.	—	—	*	*	*	*
1882-O/S varieties	20.	25.	35.	45.	60.	100.	175.	300.	400.	1700.	—	4500.	—	35000.	45000.	50000.	*	*	*	*
1882-S	20.	23.	25.	27.	30.	35.	40.	50.	55.	60.	—	85.	—	200.	—	450.	*	*	*	*
1882-S GSA	—	—	—	—	—	—	—	190.	200.	210.	—	225.	—	200.	2800.	—	*	*	*	*
1883	20.	23.	25.	27.	30.	35.	40.	50.	55.	60.	125.	85.	350.	200.	1300.	500.	*	*	*	*
1883 GSA	—	—	—	—	—	—	—	190.	200.	210.	—	225.	—	1300.	—	—	*	*	*	*
1883 Sextupled Stars, VAM-10	—	—	40.	100.	250.	350.	475.	550.	800.	1250.	—	—	—	—	—	—	*	*	*	*

— = Insufficient pricing data   * = None issued

MORGAN DOLLAR (CONTINUED)

	G-4	VG-8	F-12	VF-20	EF-40	AU-50	AU-58	MS-60	MS-62	MS-63	MS-63 DMPL	MS-64	MS-64 DMPL	MS-65	MS-65 DMPL	MS-66	PF-63	PF-64	PF-66
1883-CC	75.	110.	125.	135.	145.	175.	200.	225.	250.	275.	500.	300.	700.	550.	1500.	1200.	*	*	*
1883-CC GSA	—	—	—	—	—	—	—	—	—	300.	—	325.	—	600.	—	1400.	*	*	*
1883-O	20.	23.	25.	27.	30.	35.	40.	50.	55.	60.	100.	80.	300.	200.	1000.	550.	*	*	*
1883-O GSA	—	—	—	—	—	—	—	—	—	—	—	225.	—	—	—	9000.	*	*	*
1883-S	20.	25.	30.	45.	50.	200.	400.	800.	1700.	3500.	15000.	6000.	50000.	35000.	110000.	110000.	*	*	*
1884	20.	23.	25.	27.	30.	35.	40.	50.	55.	60.	250.	85.	1000.	325.	3000.	1100.	2000.	3000.	5000.
1884 GSA	—	—	—	—	—	—	—	—	—	—	—	225.	—	—	—	1200.	*	*	*
1884-CC	100.	135.	150.	175.	200.	225.	235.	250.	275.	300.	500.	325.	700.	550.	1500.	1400.	*	*	*
1884-CC GSA	—	—	—	—	—	—	—	—	—	300.	—	350.	—	550.	—	500.	*	*	*
1884-O	20.	23.	25.	27.	30.	35.	40.	50.	55.	60.	100.	80.	300.	200.	850.	500.	*	*	*
1884-O GSA	—	—	—	—	—	—	—	—	—	—	—	225.	—	—	—	—	*	*	*
1884-S	20.	23.	25.	27.	50.	500.	2500.	7000.	15000.	40000.	125000.	—	250000.	—	—	—	*	*	*
1885	20.	23.	25.	27.	30.	35.	40.	45.	50.	60.	100.	85.	300.	200.	850.	450.	2000.	3000.	6500.
1885 GSA	—	—	—	—	—	—	—	—	—	—	—	225.	—	—	—	200.	*	*	*
1885-CC	500.	600.	650.	700.	750.	800.	825.	850.	875.	900.	1300.	950.	2000.	1500.	4000.	3000.	*	*	*
1885-CC GSA	—	—	—	—	—	—	—	—	—	900.	—	1000.	1800.	—	3500.	500.	*	*	*
1885-O	20.	23.	25.	27.	30.	35.	40.	50.	55.	60.	100.	80.	300.	200.	850.	500.	*	*	*
1885-O GSA	—	—	—	—	—	—	—	—	—	—	—	225.	—	—	—	200.	*	*	*
1885-S	20.	23.	25.	27.	80.	160.	200.	275.	300.	350.	2500.	850.	6000.	2000.	28000.	6500.	*	*	*
1886	20.	23.	25.	27.	30.	35.	40.	50.	55.	60.	100.	80.	300.	200.	1000.	550.	2000.	3000.	5000.
1886 GSA	—	—	—	—	—	—	—	—	—	—	—	225.	—	—	—	—	*	*	*
1886-O	20.	23.	25.	27.	30.	100.	250.	800.	2000.	4500.	12000.	6000.	65000.	20000.	250000.	—	*	*	*
1886-S	40.	60.	75.	110.	125.	225.	275.	375.	450.	550.	2300.	1000.	6000.	4000.	20000.	10000.	*	*	*
1887/6 VAM-2	20.	25.	30.	50.	110.	200.	300.	600.	800.	1200.	2300.	3000.	6000.	4000.	20000.	20000.	*	*	*
1887	20.	22.	23.	25.	27.	30.	35.	40.	45.	50.	100.	80.	300.	200.	850.	500.	2400.	3000.	8500.
1887 GSA	—	—	—	—	—	—	—	—	—	—	—	225.	—	—	—	—	*	*	*
1887 Donkey Tail, VAM-1A	—	—	125.	500.	600.	700.	800.	—	—	—	—	—	—	—	—	—	*	*	*
1887/6-O VAM-3	25.	35.	50.	60.	75.	100.	—	600.	2000.	3000.	15000.	10000.	35000.	35000.	—	60000.	*	*	*
1887-O	20.	23.	25.	27.	30.	35.	40.	65.	90.	125.	400.	550.	2500.	5000.	11000.	60000.	*	*	*

—— = Insufficient pricing data   * = None issued

MORGAN DOLLAR (CONTINUED)

	G-4	VG-8	F-12	VF-20	EF-40	AU-50	AU-58	MS-60	MS-62	MS-63	MS-63 DMPL	MS-64	MS-64 DMPL	MS-65	MS-65 DMPL	MS-66	PF-63	PF-64	PF-65	PF-66
1887-S	22.	25.	27.	30.	35.	55.	85.	135.	200.	300.	1300.	800.	4000.	4500.	35000.	12000.	*	*	*	*
1888	20.	23.	25.	27.	30.	35.	40.	50.	55.	60.	225.	85.	400.	275.	2700.	800.	2000.	3000.	5000.	9000.
1888-O	20.	23.	25.	27.	30.	35.	40.	50.	55.	60.	150.	85.	400.	550.	2500.	3500.	*	*	*	*
1888-O Scarface, VAM-1B	——	100.	150.	——	700.	800.	1000.	2500.	5000.	9000.	——	——	——	——	——	——	*			
1888-O Hot Lips, VAM-4	——																			
1888-S	75.	160.	125.	200.	750.	2500.	325.	350.	400.	550.	1000.	1000.	2700.	4000.	12000.	14000.	*	*	*	*
1889	20.	23.	25.	27.	30.	35.	40.	50.	55.	60.	250.	85.	800.	400.	3500.	2800.	2000.	3000.	6500.	8000.
1889 GSA	——			100.				190.	200.	210.		225.								
1889 1N on Obverse, VAM-23A	——																			
1889-CC	550.	750.	1200.	2000.	4000.	8500.	15000.	25000.	35000.	45000.	50000.	65000.	75000.	350000.	400000.	——	*	*	*	*
1889-CC GSA	——																			
1889-O	20.	23.	25.	27.	30.	40.	75.	175.	300.	550.	1200.	1200.	5500.	6500.	15000.	23000.	——			
1889-O E on Reverse, VAM-1A	——																			
1889-S	30.	45.	75.	90.	110.	150.	185.	250.	300.	600.	1300.	700.	2500.	2500.	11000.	5500.	*	*	*	*
1890	20.	23.	25.	27.	30.	35.	45.	65.	90.	135.	250.	400.	2500.	1200.	8500.	4000.	2000.	3000.	5000.	8000.
1890-CC	45.	75.	135.	150.	180.	200.	350.	450.	600.	1100.	3500.	1800.	7000.	8500.	28000.	16000.	——			
1890-CC GSA	——																			
1890-CC Tailbar, VAM-4	125.	175.	300.	500.	800.	1500.	2000.	3000.	4000.	6000.	15000.	10000.	35000.	15000.	——	——				
1890-O	20.	23.	23.	27.	30.	35.	45.	65.	90.	135.	250.	400.	1700.	1200.	8500.	11000.	——			
1890-S	20.	23.	23.	27.	30.	35.	45.	70.	125.	200.	500.	325.	2500.	1200.	8000.	4000.	2000.	3500.	5000.	9000.
1891	20.	23.	25.	27.	30.	35.	45.	70.	125.	200.	1800.	850.	7000.	8500.	28000.	16000.	2000.	3500.	5000.	9000.
1891-CC	100.	125.	135.	145.	200.	275.	350.	450.	600.	1100.	3500.	1800.	7500.	6000.	27000.	15000.	——			
1891-CC GSA	——																			
1891-O	20.	23.	23.	27.	30.	40.	75.	175.	250.	400.	3500.	1200.	7000.	11000.	25000.	22000.	——			
1891-O E on Reverse, VAM-1A	——	75.	90.	125.	250.	375.	500.	750.	1000.											

—— = Insufficient pricing data   * = None issued

MORGAN DOLLAR (CONTINUED)

	G-4	VG-8	F-12	VF-20	EF-40	AU-50	AU-58	MS-60	MS-62	MS-63	MS-63D	MS-64	MS-64D	MS-65	MS-65D	MS-66	PF-63	PF-64	PF-65	PF-66
1891-S	20.	23.	25.	27.	30.	35.	45.	75.	100.	140.	450.	300.	2200.	1500.	5500.	*	*	*	*	*
1892	20.	23.	25.	30.	40.	90.	125.	300.	450.	1400.	—	1300.	3500.	5000.	18000.	30000.	2000.	3000.	6500.	20000.
1892-CC	175.	250.	275.	400.	600.	1000.	1200.	1800.	2100.	2700.	6000.	4000.	12000.	12000.	40000.	30000.	*	*	*	*
1892-O	20.	30.	40.	60.	200.	250.	350.	1000.	1200.	1500.	3000.	3000.	8500.	7000.	28000.	55000.	*	*	*	*
1892-S	20.	30.	45.	175.	450.	2500.	15000.	40000.	50000.	65000.	85000.	100000.	125000.	200000.	225000.	300000.	*	*	*	*
1893	225.	275.	300.	325.	375.	500.	700.	1000.	1200.	1500.	3000.	3000.	8500.	8500.	70000.	60000.	2000.	3000.	6000.	18000.
1893-CC	225.	300.	400.	800.	2000.	2700.	3500.	4500.	6000.	9000.	23000.	17000.	40000.	80000.	100000.	100000.	*	*	*	*
1893-O	175.	250.	300.	500.	800.	1200.	1600.	2500.	4500.	8500.	12000.	25000.	55000.	100000.	200000.	—	*	*	*	*
1893-S	2500.	4500.	5500.	8000.	15000.	30000.	50000.	90000.	110000.	135000.	135000.	250000.	275000.	400000.	—	—	*	*	*	*
1894	1200.	1700.	2000.	2500.	3000.	3500.	4500.	5500.	6500.	8000.	16000.	14000.	27000.	50000.	75000.	—	2500.	3000.	5000.	10000.
1894-O	45.	70.	75.	100.	135.	350.	750.	2000.	5000.	12000.	16000.	27000.	55000.	65000.	100000.	—	*	*	*	*
1894-S	50.	75.	85.	135.	175.	600.	700.	850.	1000.	1200.	7000.	2500.	12000.	8500.	25000.	17000.	*	*	*	*
1895 Proof only																	50000.	55000.	65000.	70000.
1895-O	300.	400.	525.	750.	1100.	2000.	7500.	20000.	35000.	60000.	65000.	100000.	100000.	225000.	—	—	*	*	*	*
1895-S	400.	550.	600.	850.	1300.	2200.	3000.	5000.	6000.	7500.	8500.	11000.	27000.	50000.	50000.	—	*	*	*	*
1896	20.	23.	25.	27.	30.	35.	40.	55.	200.	210.	—	225.	300.	800.	1400.	—	2000.	3500.	5000.	11000.
1896 GSA													50000.	100000.	—	225000.				
1896-O	20.	23.	25.	30.	35.	60.	175.	1000.	2500.	5500.	—	22000.	—	60000.	—	—	*	*	*	*
1896-S	50.	50.	60.	175.	500.	1000.	1300.	1600.	3000.	4500.	6000.	6000.	22000.	—	—	70000.	*	*	*	*
1897	20.	23.	25.	27.	30.	35.	40.	50.	55.	60.	150.	80.	400.	350.	—	1500.	2000.	3000.	5000.	11000.
1897 GSA															200000.					
1897-O	20.	23.	25.	27.	30.	150.	350.	900.	2500.	5500.	20000.	18000.	40000.	60000.	65000.	125000.	*	*	*	*
1897-S	20.	23.	25.	27.	30.	35.	45.	70.	90.	135.	275.	200.	350.	800.	2500.	1800.	*	*	*	*
1898	20.	23.	25.	27.	30.	35.	40.	50.	55.	60.	175.	80.	300.	275.	1400.	900.	2000.	3000.	5000.	10000.
1898-O	20.	23.	25.	27.	30.	35.	40.	50.	55.	100.	100.	80.	200.	200.	900.	500.	*	*	*	*
1898-S	20.	25.	30.	40.	70.	135.	200.	375.	500.	850.	2700.	1000.	4000.	2700.	7000.	7000.	*	*	*	*
1899	150.	200.	225.	250.	275.	325.	360.	400.	450.	500.	750.	600.	1400.	1200.	3000.	2500.	2000.	3500.	5000.	10000.
1899-O	20.	23.	25.	27.	30.	35.	40.	50.	55.	60.	150.	80.	350.	200.	1200.	500.	*	*	*	*
1899-S	20.	27.	30.	45.	75.	150.	250.	400.	475.	600.	1000.	900.	3500.	2400.	10000.	3500.	*	*	*	*

—— = Insufficient pricing data   * = None issued

MORGAN DOLLAR (CONTINUED)

	G-4	VG-8	F-12	VF-20	EF-40	AU-50	AU-58	MS-60	MS-62	MS-63	MS-63 DMPL	MS-64	MS-64 DMPL	MS-65	MS-65 DMPL	MS-66	PF-63	PF-64	PF-65	PF-66
1900	20.	23.	25.	27.	30.	35.	40.	50.	55.	60.	2500.	80.	6000.	225.	12000.	900.	2000.	3000.	5000.	9000.
1900-O	20.	23.	25.	27.	30.	35.	40.	50.	55.	60.	500.	80.	850.	200.	4000.	750.	*	*	*	*
1900-O GSA								190.	200.	210.		225.								
1900-O Die break through date, VAM-29A			110.	150.	300.	500.	600.	800.												
1900-O/CC varieties	35.	45.	60.	75.	125.	210.	275.	400.	650.	1100.	7500.	1700.	11000.	4000.	23000.	8500.				
1901	20.	23.	25.	30.	45.	100.	200.	400.	450.	500.	3500.	750.	9500.	1800.	17000.	4500.	2500.	3500.	5500.	10000.
1901-S	25.	35.	45.	65.	135.	400.	1000.	2500.	7500.	20000.	35000.	60000.	—	300000.	—					
1901 Shifted Eagle, VAM-3			300.	1000.	2000.	5000.	10000.	25000.												
1901-O	20.	23.	25.	27.	30.	35.	40.	55.	55.	60.	300.	80.	1000.	275.	8500.	1200.				
1901-S	20.	23.	25.	35.	55.	225.	325.	600.	700.	850.	6000.	1200.	11000.	4500.	14000.	15000.				
1902	20.	23.	25.	27.	30.	35.	40.	55.	75.	125.	3000.	175.	13000.	600.	22000.	1500.	2000.	3000.	6500.	10000.
1902 Doubled Ear, VAM-4			50.	75.	150.	200.	225.	275.	400.	500.										
1902-O	20.	23.	25.	27.	30.	35.	40.	50.	55.	60.	400.	80.	600.	200.	10000.	800.				
1902-O GSA								190.	200.	210.		225.								
1902-S	45.	75.	110.	200.	275.	350.	400.	500.	550.	700.	4000.	1200.	10000.	3500.	16000.	10000.				
1903	40.	50.	60.	65.	75.	80.	85.	90.	100.	125.	1700.	150.	3500.	350.	16000.	750.	2000.	3000.	5000.	9000.
1903-O	300.	375.	400.	450.	475.	500.	525.	550.	575.	600.		700.	1300.	900.	6000.	1200.				
1903-O GSA																				
1903-S	65.	100.	135.	250.	450.	2300.	3000.	5000.	6000.	7500.	12000.	9000.	16000.	14000.	50000.	20000.				
1904	20.	23.	25.	35.	55.	225.	325.	600.	700.	850.	6000.	1200.	11000.	4500.	14000.	15000.				
1904-O	20.	23.	25.	27.	30.	35.	45.	50.	55.	60.	100.	80.	300.	200.	900.	500.				
1904-O GSA								190.	200.	210.		225.								
1904-S	25.	40.	60.	125.	275.	700.	1000.	1500.	2500.	4500.	6000.	7000.	7500.	12000.	22000.	28000.				
1921	20.	21.	22.	23.	24.	25.	27.	30.	35.	40.	2200.	60.	7000.	185.	13000.	1200.	3500.	5000.	10000.	30000.
1921 Chapman, Proof Only																				

—— = Insufficient pricing data   * = None issued

MORGAN DOLLAR (CONTINUED)

	G-4	VG-8	F-12	VF-20	EF-40	AU-50	AU-58	MS-60	MS-62	MS-63	MS-63DMPL	MS-64	MS-65	MS-65DMPL	MS-66	PF-63	PF-64	PF-65	PF-66
1921 Zerbe, Special Striking Only	*	*	*	*	*	*	*	*	*	*	*	*	*	*	*	—	—	—	—
1921 Pitted Reverse, VAM-41	—	—	—	25.	40.	50.	55.	60.	75.	100.	—	300.	—	—	1400.	*	*	*	*
1921-D	20.	21.	22.	23.	24.	25.	35.	55.	65.	75.	2700.	175.	500.	12000.	—	*	*	*	*
1921-D TRU-T, VAM-1A	—	—	30.	40.	100.	150.	200.	300.	400.	500.	—	6500.	12000.	—	—	*	*	*	*
1921-S	20.	21.	22.	23.	24.	25.	35.	55.	65.	85.	4000.	200.	1700.	38000.	13000.	*	*	*	*

—— = Insufficient pricing data   * = None issued

Peace dollar

Date of authorization: Feb. 28, 1878
Dates of issue: 1921-1935
Designer: Anthony deFrancisci
Engraver: George T. Morgan
Diameter: 38.10 mm/1.5 inches
Weight: 26.73 grams/0.86 ounce
Metallic Content: 90% silver, 10% copper
Weight of pure silver: 24.06grams/0.77 ounce
Edge: Reeded
Mint mark: Reverse at lower tip of eagle's wing

PEACE DOLLAR (CONTINUED)

	VG-8	F-12	VF-20	EF-40	AU-50	AU-58	MS-60	MS-62	MS-63	MS-64	MS-65	MS-66
1921	135.	150.	160.	175.	190.	225.	275.	400.	650.	1100.	2800.	8500.
1921 Ray Over L, VAM-3	—	90.	100.	110.	150.	200.	225.	300.	450.	800.	3000.	*
1921 Matte Proof	*	*	*	*	*	*	*	*	*	*	*	*
1921 Satin Proof	*	*	*	*	*	*	*	*	*	*	*	*
1922	22.	—	25.	27.	30.	33.	35.	40.	45.	60.	200.	2000.
1922 Ear Ring, VAM-2A	—	100.	110.	125.	175.	225.	275.	400.	1000.	3500.	*	*
1922 Matte Proof, High Relief	*	*	*	*	*	*	*	*	*	*	*	*
1922 Matte Proof, Low Relief	*	*	*	*	*	*	*	*	*	*	*	*
1922 Satin Proof, Low Relief	*	*	*	*	*	*	*	*	*	*	*	*
1922-D	22.	24.	25.	27.	30.	33.	35.	40.	55.	125.	600.	2500.
1922-S	22.	24.	25.	27.	30.	33.	35.	50.	85.	325.	3000.	20000.
1923	22.	24.	25.	27.	30.	33.	35.	40.	45.	60.	200.	1500.
1923 Tail O, VAM-1c	—	200.	225.	300.	550.	650.	800.	1100.	1500.	—	—	—
1923-D	22.	24.	25.	27.	30.	33.	60.	100.	150.	325.	1500.	6000.
1923-S	22.	24.	25.	27.	30.	33.	35.	50.	80.	400.	8000.	18000.
1924	22.	24.	25.	27.	30.	33.	35.	40.	45.	60.	225.	1500.
1924 Broken Wing, VAM-5A	—	75.	85.	100.	150.	175.	200.	275.	350.	700.	—	—
1924-S	38.	40.	45.	50.	70.	150.	225.	400.	700.	2200.	12000.	50000.
1925	22.	25.	27.	30.	32.	37.	40.	45.	50.	65.	225.	2000.
1925-S	27.	30.	32.	35.	45.	60.	80.	125.	250.	1300.	25000.	35000.
1926	22.	25.	27.	30.	32.	35.	45.	60.	100.	150.	500.	2500.
1926-D	22.	24.	26.	27.	35.	45.	70.	110.	200.	350.	1500.	2500.
1926-S	22.	25.	24.	27.	30.	35.	45.	75.	125.	350.	1800.	6000.
1927	35.	40.	45.	50.	60.	70.	85.	135.	225.	500.	4500.	25000.
1927-D	35.	40.	45.	50.	90.	125.	175.	275.	450.	1200.	6000.	27000.
1927-S	35.	40.	45.	50.	90.	125.	175.	300.	500.	2000.	14000.	45000.
1928	450.	500.	550.	600.	650.	700.	750.	850.	1200.	1600.	5500.	22000.
1928-S	35.	40.	45.	50.	75.	110.	175.	350.	700.	1600.	25000.	40000.
1934	25.	27.	28.	30.	50.	90.	125.	175.	300.	550.	1400.	4000.
1934-D	22.	27.	28.	30.	50.	100.	150.	250.	550.	900.	2500.	5000.
1934-D Doubled Die Obverse, Micro D, VAM-4	—	350.	375.	400.	450.	600.	1000.	1300.	1600.	2000.	—	—
1934-S	45.	65.	100.	225.	550.	1000.	2000.	3000.	4500.	7000.	10000.	25000.
1935	22.	24.	25.	27.	35.	50.	70.	90.	125.	250.	1000.	4000.
1935-S	22.	24.	25.	30.	110.	175.	275.	350.	450.	750.	1800.	3500.

—— = Insufficient pricing data   * = None issued

Eisenhower dollar

Date of authorization: Dec. 31, 1970; Oct. 18, 1973
Dates of issue: 1971-1978
Designers: Frank Gasparro
(Bicentennial reverse): Dennis R. Williams
Engraver: Frank Gasparro
Diameter: 38.10 mm/1.5 inches
Weight: (1971-1978): 22.68 grams/0.73 ounce
(1971-1976 Bicentennial Proof and Uncirculated sets only): 24.59 grams/0.79 ounce
Metallic Content: (1971-1978): 75% copper, 25% nickel bonded to a core of pure copper
(1971-1976 Bicentennial Proof and Uncirculated sets only): 80% silver, 20% copper, bonded to a core of 21.5% silver, 78.5% copper
Weight of pure silver: (1971-1976 Bicentennial Proof and Uncirculated sets only): 9.84 grams/0.32 ounce
Edge: Reeded
Mint mark: Obverse above date

EISENHOWER DOLLAR (CONTINUED)

MOON LANDING REVERSE

	MS-63	MS-64	MS-65	MS-66	MS-67	MS-68	PF-64	PF-65	PF-65C	PF-66	PF-66C	PF-67	PF-67C	PF-67DC	PF-68	PF-68C	PF-68DC	PF-69	PF-69C	PF-69DC	PF-70C	PF-70DC
1971	10.		60.	200.	650.	—	*	*	*	*	*	*	*	*	*	*	*	*	*	*	*	*
1971-D	5.00		20.	75.	175.	650.	*	*	*	*	*	*	*	*	*	*	*	*	*	*	*	*
1971-S 40% silver	8.00		20.	30.	60.	500.	—	10.	12.	15.	15.	17.	18.	20.	25.	20.	25.	20.	25.	30.	35.	—
1972 High Relief Earth	50.		100.		1000.		*	*	*	*	*	*	*	*	*	*	*	*	*	*	*	*
1972 Low Relief Earth	5.00		35.	400.			*	*	*	*	*	*	*	*	*	*	*	*	*	*	*	*
1972 Improved High Relief reverse							*	*	*	*	*	*	*	*	*	*	*	*	*	*	*	*
1972-D	5.00		20.	50.	350.	650.	*	*	*	*	*	*	*	*	*	*	*	*	*	*	*	*
1972-S 40% silver	8.00		12.	20.	30.	40.	—	10.	12.	15.	15.	17.	18.	20.	25.	20.	25.	20.	25.	30.	35.	1600.
1973	11.		30.	125.	1200.		*	*	*	*	*	*	*	*	*	*	*	*	*	*	*	*
1973-D	11.		25.	75.	300.		*	*	*	*	*	*	*	*	*	*	*	*	*	*	*	*
1973-S copper-nickel clad	*		*	*	*	*	*	12.	14.	20.	18.	20.	25.	25.	35.	30.	35.	30.	35.	45.	75.	—
1973-S 40% silver	10.		15.	25.	35.	50.	130.	25.	27.	35.	30.	40.	33.	35.	42.	35.	40.	35.	40.	45.	75.	—
1974	6.00		30.	150.	1400.	3000.	*	*	*	*	*	*	*	*	*	*	*	*	*	*	*	*
1974-D	4.00		25.	75.	300.	1400.	*	*	*	*	*	*	*	*	*	*	*	*	*	*	*	*
1974-S copper-nickel clad	*		*	*	*	*	*	8.00	10.	12.	12.	15.	15.	15.	25.	20.	25.	20.	25.	35.	75.	
1974-S 40% silver	8.00		15.	20.	25.	40.	175.	14.	16.	20.	18.	20.	23.	20.	30.	25.	27.	25.	40.	75.	75.	4500.

DUAL DATE, BICENTENNIAL REVERSE

	MS-63	MS-64	MS-65	MS-66	MS-67	MS-68	PF-64	PF-65	PF-65C	PF-66	PF-66C	PF-67	PF-67C	PF-67DC	PF-68	PF-68C	PF-68DC	PF-69	PF-69C	PF-69DC	PF-70C	PF-70DC
1776-1976 Bold Reverse Letters	8.00		35.	200.			*	*	*	*	*	*	*	*	*	*	*	*	*	*	*	*
1776-1976 Thin Reverse Letters	4.00		25.	65.	225.		*	*	*	*	*	*	*	*	*	*	*	*	*	*	*	*
1776-1976-D Bold Reverse Letters	5.00		25.	150.	350.		*	*	*	*	*	*	*	*	*	*	*	*	*	*	*	*

—— = Insufficient pricing data   * = None issued

EISENHOWER DOLLAR (CONTINUED)

	MS-63	MS-64	MS-65	MS-66	MS-67	MS-68	PF-64	PF-65	PF-65DC	PF-66	PF-66C	PF-66DC	PF-67	PF-67C	PF-67DC	PF-68	PF-68C	PF-68DC	PF-69C	PF-69DC	PF-70DC
1776-1976-D Thin Reverse Letters	5.00	20.	40.	75.	3000.	—	*	*	*	*	*	*	*	*	*	*	*	*	*	*	*
1776-1976-S Bold Reverse Letters, copper-nickel clad	*	*	*	*	*	*	11.	13.	20.	15.	20.	25.	25.	30.	35.	30.	35.	40.	40.	75.	—
1776-1976-S Thin Reverse Letters, copper-nickel clad	*	*	*	*	*	*	7.00	9.00	15.	12.	14.	20.	15.	22.	25.	20.	30.	35.	45.	60.	—
1776-1976-S 40% silver	14.	20.	25.	40.	75.	375.	*	*	30.	*	*	35.	*	*	40.	*	*	45.	*	60.	6000.
MOON LANDING REVERSE																					
1977	5.00	5.00	70.	300.	—	—	*	*	*	*	*	*	*	*	*	*	*	*	*	*	*
1977-D	4.00	4.00	60.	250.	—	—	*	*	*	*	*	*	*	*	*	*	*	*	*	*	*
1977-S copper-nickel clad	*	*	*	*	*	*	8.00	10.	15.	15.	17.	20.	20.	22.	25.	22.	25.	30.	45.	—	*
1978	5.00	5.00	60.	300.	4500.	—	*	*	*	*	*	*	*	*	*	*	*	*	*	*	*
1978-D	5.00	5.00	75.	325.	5000.	—	*	*	*	*	*	*	*	*	*	*	*	*	*	*	*
1978-S copper-nickel clad	*	*	*	*	*	*	9.00	11.	15.	15.	17.	20.	20.	22.	25.	23.	25.	30.	45.	—	2500.

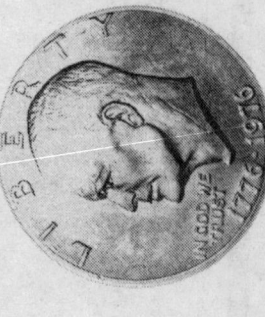

Bicentennial date, reverse

—— = Insufficient pricing data   * = None issued

Anthony dollar

Date of authorization: Oct. 10, 1978
Dates of issue: 1979-1981, 1999
Designer/Engraver: Frank Gasparro
Diameter: 26.50 mm/1.05 inches
Weight: 8.10 grams/0.26 ounce
Metallic Content: 75% copper, 25% nickel bonded to a
core of pure copper
Edge: Reeded
Mint mark: Obverse left of bust

	MS-63	MS-64	MS-65	MS-66	MS-67	PF-65DC	PF-66DC	PF-67DC	PF-68DC	PF-69DC	PF-70DC
1979-P Far Date, Narrow Rim	8.00	10.	15.	30.	125.	*	*	*	*	*	*
1979-P Near Date, Wide Rim	—	75.	100.	200.	1000.	*	*	*	*	*	*
1979-D	12.	14.	20.	50.	175.	*	*	*	*	*	*
1979-S Filled S	5.00	7.00	12.	25.	100.	10.	12.	15.	20.	35.	275.
1979-S Clear S	*	*	*	*	*	125.	135.	150.	175.	225.	1500.
1980-P	5.00	7.00	12.	25.	—	*	*	*	*	*	*
1980-D	5.00	7.00	12.	25.	100.	*	*	*	*	*	*
1980-S	12.	14.	20.	50.	275.	10.	12.	15.	20.	25.	250.
1981-P	—	35.	50.	125.	—	*	*	*	*	*	*
1981-D	12.	14.	20.	40.	475.	*	*	*	*	*	*
1981-S Filled S	—	60.	75.	350.	*	10.	15.	20.	25.	35.	250.
1981-S Clear S	*	*	*	*	*	240.	250.	275.	300.	325.	1800.
1999-P	5.00	7.00	12.	25.	50.	*	*	*	*	*	*
1999-D	5.00	7.00	12.	20.	40.	*	*	*	*	*	*
1999-P Proof	*	*	*	*	*	40.	50.	60.	70.	90.	200.

—— = Insufficient pricing data   * = None issued

Sacagawea dollar

Date of authorization: Dec. 1, 1997
Dates of issue: 2000-present
Designer/Engraver: Obverse: Glenna Goodacre
Reverse: Thomas Rogers
Diameter: 26.50 mm/1.05 inches
Weight: 8.1 grams/0.20 ounce
Metallic Content: 77% copper, 12% zinc, 7% manganese, 4% nickel, bonded to a core of pure copper
Edge: Plain
Mint mark: Obverse below date

	MS-64	MS-65	MS-66	MS-67	MS-68	MS-69	MS-70	PF-67DC	PF-68DC	PF-69DC	PF-70DC
2000-P	3.00	9.00	10.	11.	75.	375.	—	*	*	*	*
2000-P Goodacre Presentation Finish	—	500.	—	—	—	—	—	*	*	*	*
2000-D	5.00	12.	15.	30.	125.	—	—	*	*	*	*
2000-S	*	*	*	*	*	*	*	20.	30.	50.	175.
2001-P	2.00	4.00	6.00	20.	40.	—	—	*	*	*	*
2001-D	2.00	4.00	6.00	60.	100.	—	—	*	*	*	*
2001-S	*	*	*	*	*	*	*	120.	130.	150.	400.
2002-P	2.00	5.00	20.	25.	50.	—	—	*	*	*	*
2002-D	2.00	5.00	9.00	60.	100.	—	—	*	*	*	*
2002-S	*	*	*	*	*	*	*	40.	50.	60.	110.
2003-P	3.00	5.00	8.00	25.	75.	—	—	*	*	*	*
2003-D	3.00	5.00	9.00	75.	100.	—	—	*	*	*	*
2003-S	*	*	*	*	*	*	*	35.	60.	90.	100.
2004-P	2.00	5.00	8.00	25.	85.	—	—	*	*	*	*
2004-D	2.00	5.00	9.00	40.	85.	—	—	*	*	*	*
2004-S	*	*	*	*	*	*	*	30.	40.	50.	75.
2005-P	10.	15.	25.	110.	150.	—	—	*	*	*	*
2005-P Satin Finish	8.00	10.	12.	15.	25.	75.	—	*	*	*	*
2005-D	10.	15.	25.	160.	1300.	—	—	*	*	*	*
2005-D Satin Finish	10.	12.	15.	25.	60.	—	—	*	*	*	*
2005-S	*	*	*	*	*	*	*	25.	30.	40.	425.
2006-P	2.00	4.00	10.	30.	—	—	—	*	*	*	*
2006-P Satin Finish	—	—	—	—	30.	90.	—	*	*	*	*
2006-D	2.00	4.00	10.	100.	—	—	—	*	*	*	*
2006-D Satin Finish	—	—	—	—	40.	—	—	*	*	*	*
2006-S	*	*	*	*	*	*	*	17.	20.	25.	350.
2007-P	3.00	5.00	10.	25.	—	—	—	*	*	*	*

—— = Insufficient pricing data   * = None issued

SACAGAWEA DOLLAR (CONTINUED)

	MS-64	MS-65	MS-66	MS-67	MS-68	MS-69	MS-70	PF-67DC	PF-68DC	PF-69DC	PF-70DC
2007-P Satin Finish	—	—	—	—	—	—	—	*	*	*	*
2007-D	3.00	5.00	10.	25.	—	—	—	*	*	*	*
2007-D Satin Finish	—	—	—	—	—	—	—	*	*	*	*
2007-S	*	*	*	*	*	*	*	17.	20.	25.	150.
2008-P	3.00	5.00	10.	25.	—	—	—	*	*	*	*
2008-P Satin Finish	—	—	—	—	—	—	—	*	*	*	*
2008-D	3.00	5.00	10.	25.	—	—	—	*	*	*	*
2008-D Satin Finish	—	—	—	—	—	—	—	*	*	*	*
2008-S	*	*	*	*	*	*	—	17.	20.	25.	90.

2002 to 2008 Circulation-quality coins, collector sales only

—— = Insufficient pricing data   * = None issued

Presidential dollars

2007

Common Obverse

2008

Date of authorization: December 22, 2005
Dates of issue: 2007-present
Designer/Engraver: Obverse: Many different designers
Reverse: Donald C. Everhart II
Diameter: 26.50 mm/1.05 inches
Weight: 8.1 grams/0.20 ounce
Metallic Content: 77% copper, 12% zinc, 7% manganese, 4% nickel, bonded to a core of pure copper
Edge: Lettered (date Mint mark
E PLURIBUS UNUM IN GOD WE TRUST)
Mint mark: On edge

PRESIDENTIAL DOLLARS (CONTINUED)

	MS-63	MS-64	MS-65	MS-66	MS-67	MS-68	MS-69	MS-70	PF-65DC	PF-66DC	PF-67DC	PF-68DC	PF-69DC	PF-70DC
2007-P G. Washington	1.25	1.50	2.00	5.00	—	—	—	—	*	*	*	*	*	*
2007-P G. Washington Satin Finish	—	—	—	—	—	—	—	—	*	*	*	*	*	*
2007-D G. Washington	1.25	1.50	2.00	5.00	—	—	—	—	*	*	*	*	*	*
2007-D G. Washington Satin Finish	—	—	—	—	—	—	—	—	*	*	*	*	*	*
2007 G. Washington Plain Edge	150.	180.	250.	400.	800.	*	*	*	*	*	*	*	*	*
2007-S G. Washington	*	*	*	*	*	*	*	*	5.00	6.00	8.00	9.00	22.	95.
2007-P J. Adams	1.25	1.50	2.00	5.00	—	—	—	—	*	*	*	*	*	*
2007-P J. Adams Satin Finish	—	—	—	—	—	—	—	—	*	*	*	*	*	*
2007-D J. Adams	1.25	1.50	2.00	5.00	12.	—	—	—	*	*	*	*	*	*
2007-D J. Adams Satin Finish	—	—	—	—	—	—	—	—	*	*	*	*	*	*
2007 J. Adams Plain Edge	800.	950.	1250.	—	—	*	*	*	*	*	*	*	*	*
2007-S J. Adams	*	*	*	*	*	*	*	*	5.00	6.00	8.00	9.00	22.	95.
2007-P T. Jefferson	1.25	1.50	2.00	5.00	12.	—	—	—	*	*	*	*	*	*
2007-P T. Jefferson Satin Finish	—	—	—	—	—	—	—	—	*	*	*	*	*	*
2007-D T. Jefferson	1.25	1.50	2.00	5.00	12.	—	—	—	*	*	*	*	*	*
2007-D T. Jefferson Satin Finish	—	—	—	—	—	—	—	—	*	*	*	*	*	*
2007 T. Jefferson Plain Edge	*	2000.	3000.	4500.	8000.	*	*	*	*	*	*	*	*	*
2007-S T. Jefferson	*	*	*	*	*	*	*	*	5.00	6.00	8.00	9.00	22.	100.
2007-P J. Madison	1.25	1.50	2.00	5.00	—	—	—	—	*	*	*	*	*	*
2007-P J. Madison Satin Finish	—	—	—	—	—	—	—	—	*	*	*	*	*	*
2007-D J. Madison	1.25	1.50	2.00	5.00	12.	—	—	—	*	*	*	*	*	*
2007-D J. Madison Satin Finish	—	—	—	—	—	—	—	—	*	*	*	*	*	*
2007-S J. Madison	*	*	*	*	*	*	*	*	5.00	6.00	8.00	7.00	22.	95.
2008-P J. Monroe	1.25	1.50	2.00	5.00	12.	—	—	—	*	*	*	*	*	*
2008-P J. Monroe Satin Finish	—	—	—	—	—	—	—	—	*	*	*	*	*	*
2008-D J. Monroe	1.25	1.50	2.00	5.00	12.	—	—	—	*	*	*	*	*	*
2008-D J. Monroe Satin Finish	—	—	—	—	—	—	—	—	*	*	*	*	*	*
2008-S J. Monroe	*	*	*	*	*	*	*	*	5.00	6.00	7.00	8.00	14.	25.
2008-P J.Q. Adams	1.25	1.50	2.00	5.00	12.	—	—	—	*	*	*	*	*	*
2008-P J.Q. Adams Satin Finish	—	—	—	—	—	—	—	—	*	*	*	*	*	*
2008-D J.Q. Adams	1.25	1.50	2.00	5.00	12.	—	—	—	*	*	*	*	*	*

—— = Insufficient pricing data   * = None issued

PRESIDENTIAL DOLLARS (CONTINUED)

	MS-63	MS-64	MS-65	MS-66	MS-67	MS-68	MS-69	MS-70	PF-65DC	PF-66DC	PF-67DC	PF-68DC	PF-69DC	PF-70DC
2008-D J.Q. Adams Satin Finish	—	—	—	—	—	—	—	—	*	*	*	*	*	*
2008-S J.Q. Adams	*	*	*	*	*	*	*	*	5.00	6.00	7.00	8.00	14.	25.
2008-P A. Jackson	1.25	1.50	2.00	5.00	12.	—	—	—	*	*	*	*	*	*
2008-P A. Jackson Satin Finish	—	—	—	—	—	—	—	—	*	*	*	*	*	*
2008-D A. Jackson	1.25	1.50	2.00	5.00	12.	—	—	—	*	*	*	*	*	*
2008-D A. Jackson Satin Finish	—	—	—	—	—	—	—	—	*	*	*	*	*	*
2008-S A. Jackson	*	*	*	*	*	*	*	*	5.00	6.00	7.00	8.00	14.	25.
2008-P M. Van Buren	1.25	1.50	2.00	5.00	12.	—	—	—	*	*	*	*	*	*
2008-P M. Van Buren Satin Finish	—	—	—	—	—	—	—	—	*	*	*	*	*	*
2008-D M. Van Buren	1.25	1.50	2.00	5.00	12.	—	—	—	*	*	*	*	*	*
2008-D M. Van Buren Satin Finish	—	—	—	—	—	—	—	—	*	*	*	*	*	*
2008-S M. Van Buren	*	*	*	*	*	*	*	*	5.00	6.00	7.00	8.00	14.	25.

—— = Insufficient pricing data   * = None issued

Coronet gold dollars

Enlarged to show detail

Date of authorization: March 3, 1849
Dates of issue: 1849-1954
Designer/Engraver: James B. Longacre
Diameter: 13.00 mm/0.51 inch
Weight: 1.67 grams/0.05
Metallic Content: 90% gold, 10% copper and silver
Weight of pure gold: 1.50 grams/0.05 ounce
Edge: Reeded
Mint mark: Reverse below wreath

	VF-20	EF-40	AU-50	AU-55	AU-58	MS-60	MS-62	MS-63	MS-64	MS-65	MS-66
1849 Open Wreath, L, Small Head											
	200.	275.	300.	325.	400.	1000.	2000.	2500.	3500.	7500.	13000.
1849 Open Wreath, No L, Small Head											
	300.	400.	500.	700.	1000.	2000.	2500.	3000.	4000.	8000.	15000.
1849 Open Wreath, Large Head											
	200.	275.	300.	325.	350.	900.	1800.	2200.	3300.	7000.	12000.
1849 Closed Wreath	210.	285.	310.	335.	375.	800.	1700.	2000.	3000.	6500.	12000.
1849-C Closed Wreath	1500.	2500.	4500.	5000.	6500.	12000.	18000.	25000.	—	—	—
1849-C Open Wreath	—	—	—	—	500000.	—	—	800000.	—	—	—
1849-D	1500.	2500.	3500.	4000.	4500.	6000.	11000.	15000.	25000.	60000.	—
1849-O	225.	300.	400.	600.	800.	1500.	2500.	6500.	8500.	16000.	—
1850	210.	285.	325.	350.	375.	500.	700.	2000.	3000.	6500.	12000.
1850-C	1200.	2000.	3000.	6000.	8000.	13000.	20000.	35000.	—	—	—
1850-D	1500.	2500.	5000.	6500.	9000.	15000.	25000.	35000.	40000.	—	—
1850-O	350.	600.	1200.	1800.	2500.	4500.	6500.	10000.	20000.	35000.	—
1851	200.	275.	300.	325.	350.	400.	450.	2000.	3000.	5500.	12000.
1851-C	1200.	1600.	2000.	2500.	3500.	4000.	5000.	7500.	15000.	30000.	—
1851-D	1500.	2000.	3000.	3500.	4500.	6000.	10000.	18000.	25000.	45000.	—
1851-O	225.	300.	325.	400.	500.	1000.	1800.	3500.	6000.	16000.	35000.
1852	200.	275.	300.	325.	350.	400.	450.	2200.	2200.	6500.	12000.
1852-C	1200.	1500.	2200.	3000.	5000.	6000.	8000.	17000.	30000.	40000.	50000.
1852-D	1500.	2000.	3000.	4500.	6000.	10000.	25000.	30000.	—	—	—
1852-O	225.	300.	450.	850.	1100.	1500.	3000.	7500.	12000.	25000.	30000.
1853	200.	275.	300.	325.	350.	400.	450.	1600.	2200.	6500.	12000.
1853-C	1200.	1700.	2500.	3000.	4500.	6000.	10000.	15000.	30000.	—	—
1853-D	1500.	2000.	3000.	4500.	6500.	10000.	20000.	35000.	45000.	—	—

—— = Insufficient pricing data

	VF-20	EF-40	AU-50	AU-55	AU-58	MS-60	MS-62	MS-63	MS-64	MS-65	MS-66
1853-O	225.	300.	350.	400.	500.	1000.	1500.	3000.	6500.	15000.	—
1854	200.	275.	300.	325.	350.	400.	450.	1600.	2200.	6500.	12000.
1854-D	1500.	2500.	6500.	8500.	10000.	15000.	20000.	—	—	—	—
1854-S	400.	600.	1000.	1500.	2000.	3000.	4000.	7500.	15000.	35000.	—

—— = Insufficient pricing data

Indian Head gold dollar

Date of authorization: March 3, 1849
Dates of issue: 1854-1889
Designer/Engraver: James B. Longacre
Diameter: 14.86 mm/0.59 inch
Weight: 1.67 grams/0.05 ounce
Metallic Content: 90% gold, 10% copper and silver
Weight of pure gold: 1.50 grams/0.95 ounce
Edge: Reeded
Mint mark: Reverse below wreath

Small Head   Large Head

SMALL HEAD

	VF-20	EF-40	AU-50	AU-55	AU-58	MS-60	MS-62	MS-63	MS-64	MS-65	MS-66
1854	350.	550.	1000.	1200.	1500.	3000.	4000.	13000.	22000.	40000.	75000.
1855	350.	550.	1000.	1200.	1500.	3000.	4000.	13000.	22000.	40000.	75000.
1855-C	1600.	5000.	12000.	18000.	25000.	35000.	—	—	—	—	—
1855-D	6000.	15000.	25000.	30000.	35000.	55000.	65000.	100000.	150000.	—	—
1855-O	750.	1700.	2500.	3500.	6000.	10000.	20000.	35000.	50000.	—	—
1856-S	1200.	2500.	3000.	5000.	6500.	12000.	25000.	45000.	55000.	—	—

LARGE HEAD

	VF-20	EF-40	AU-50	AU-55	AU-58	MS-60	MS-62	MS-63	MS-64	MS-65	MS-66
1856 Upright 5	225.	300.	325.	375.	450.	650.	1000.	1500.	2000.	6000.	—
1856 Slant 5	210.	265.	285.	300.	310.	400.	700.	1300.	1700.	4500.	—
1856-D	4500.	7500.	10000.	15000.	20000.	35000.	55000.	—	—	—	—
1857	210.	265.	285.	300.	310.	400.	700.	1300.	1700.	4500.	5500.
1857-C	1200.	1800.	4000.	7000.	10000.	15000.	25000.	—	—	—	—
1857-D	2000.	3500.	5000.	6500.	8000.	12000.	18000.	—	—	—	—
1857-S	600.	1000.	1700.	2500.	3500.	6500.	10000.	30000.	—	—	—
1858	225.	285.	300.	325.	350.	400.	750.	1500.	2500.	6000.	10000.

—— = Insufficient pricing data

INDIAN HEAD GOLD DOLLAR (CONTINUED)

	VF-20	EF-40	AU-50	AU-55	AU-58	MS-60	MS-62	MS-63	MS-64	MS-65	MS-66
1858-D	2000.	3000.	7000.	8500.	10000.	12000.	20000.	30000.	50000.	70000.	80000.
1858-S	500.	900.	1800.	2100.	2500.	6000.	13000.	20000.	—	—	—
1859	225.	285.	300.	325.	350.	400.	700.	1400.	2000.	4000.	6500.
1859-C	1200.	1800.	5000.	8500.	12000.	17000.	30000.	40000.	60000.	125000.	—
1859-D	1500.	1800.	3500.	5500.	8000.	13000.	20000.	30000.	40000.	—	—
1859-S	300.	700.	1400.	2100.	3000.	6000.	10000.	20000.	30000.	—	—
1860	225.	285.	300.	325.	350.	450.	900.	1800.	3500.	10000.	—
1860-D	3500.	5000.	9000.	12000.	18000.	25000.	35000.	50000.	65000.	—	—
1860-S	400.	500.	800.	1200.	1500.	3500.	4500.	7500.	15000.	30000.	—
1861	210.	275.	325.	350.	375.	400.	700.	1300.	1700.	3500.	5000.
1861-D	10000.	15000.	25000.	35000.	40000.	50000.	75000.	100000.	125000.	150000.	—
1862	210.	265.	285.	300.	310.	400.	550.	1300.	1700.	3500.	—
1863	500.	1000.	2200.	3000.	3500.	4000.	5000.	8000.	12000.	20000.	—
1864	350.	450.	800.	900.	1000.	1200.	1600.	2700.	4000.	8000.	—
1865	350.	600.	800.	1000.	1200.	1700.	2500.	3500.	5000.	9000.	—
1866	350.	500.	700.	750.	800.	1000.	1400.	2000.	3000.	5500.	—
1867	400.	550.	700.	750.	800.	1200.	1500.	2000.	3000.	6000.	—
1868	300.	400.	500.	550.	700.	1000.	1200.	2000.	3300.	6000.	—
1869	350.	500.	700.	800.	900.	1200.	1400.	2300.	3000.	6000.	—
1870	300.	400.	500.	550.	600.	800.	1200.	1800.	2500.	5000.	—
1870-S	600.	900.	1400.	1700.	2000.	3000.	4500.	8000.	15000.	30000.	—
1871	300.	400.	500.	550.	600.	800.	1200.	1800.	2500.	4500.	—
1872	300.	400.	500.	550.	600.	1000.	1500.	2500.	4000.	6000.	—
1873 Closed 3	450.	850.	1000.	1250.	1400.	1750.	2750.	3000.	10000.	22500.	—
1873 Open 3	210.	265.	285.	300.	310.	400.	550.	1300.	1700.	3500.	—
1874	210.	265.	285.	300.	310.	400.	550.	1300.	1700.	3500.	5000.
1875	2500.	4000.	5000.	5500.	6500.	8500.	10000.	12000.	16000.	28000.	—
1876	300.	350.	500.	550.	600.	700.	900.	1500.	2000.	4500.	—
1877	225.	350.	450.	500.	550.	700.	900.	1500.	2000.	4500.	6000.
1878	250.	350.	500.	550.	600.	700.	900.	1500.	2000.	4000.	—
1879	225.	325.	350.	375.	400.	550.	900.	1500.	2000.	4000.	5000.
1880	210.	275.	300.	325.	350.	450.	600.	1500.	2000.	4000.	5000.
1881	210.	275.	300.	325.	350.	450.	600.	1500.	2000.	4000.	5000.
1882	210.	275.	300.	325.	350.	450.	600.	1500.	2000.	4000.	5000.
1883	210.	275.	300.	325.	350.	450.	600.	1500.	2000.	4000.	5000.
1884	225.	275.	300.	310.	325.	450.	600.	1500.	2000.	4000.	5000.
1885	225.	275.	300.	310.	325.	450.	600.	1500.	2000.	4000.	5000.
1886	225.	275.	300.	310.	325.	450.	600.	1500.	2000.	4000.	5000.
1887	225.	275.	300.	310.	325.	450.	600.	1500.	2000.	4000.	5000.
1888	225.	275.	300.	310.	325.	450.	600.	1500.	2000.	4000.	5000.
1889	210.	265.	285.	300.	310.	400.	550.	1300.	1700.	3500.	4500.

—— = Insufficient pricing data

Capped Bust $2.50 quarter eagle

No Stars obverse

With Stars obverse

Date of authorization: April 2, 1792
Dates of issue: 1796-1807
Designer/Engraver: Robert Scot
Diameter: 20.00 mm/0.79 inch
Weight: 4.37 grams/0.14 ounce
Metallic Content: 91.67% gold, 8.33% copper and silver
Weight of pure gold: 4.01 grams/0.13 ounce
Edge: Reeded
Mint mark: None

	F-12	VF-20	EF-40	EF-45	AU-50	AU-55	AU-58	MS-60
1796 No Stars	45000.	60000.	85000.	100000.	125000.	150000.	175000.	325000.
1796 Stars	35000.	50000.	75000.	90000.	125000.	160000.	200000.	300000.
1797	18000.	25000.	40000.	55000.	75000.	100000.	125000.	150000.
1798	8000.	12000.	15000.	20000.	30000.	45000.	60000.	75000.
1802/1	8000.	11000.	15000.	17000.	20000.	25000.	30000.	40000.
1804 13 Stars on Reverse	35000.	50000.	80000.	100000.	135000.	175000.	225000.	—
1804 14 Stars on Reverse	8000.	11000.	15000.	17000.	20000.	25000.	30000.	40000.
1805	8000.	12000.	15000.	17000.	20000.	25000.	30000.	45000.
1806/4	8000.	12000.	15000.	17000.	20000.	25000.	30000.	50000.
1806/5	15000.	17000.	20000.	35000.	50000.	75000.	100000.	125000.
1807	8000.	11000.	15000.	17000.	20000.	25000.	30000.	40000.

—— = Insufficient pricing data

Capped Draped Bust
$2.50 quarter eagle

Date of authorization: April 2, 1792
Dates of issue: 1808
Designer/Engraver: John Reich
Diameter: 20.00 mm/0.79 inch
Weight: 4.37 grams/0.14 ounce
Metallic Content: 91.67% gold, 8.33% copper and silver
Weight of pure gold: 4.01 grams/0.13 ounce
Edge: Reeded
Mint mark: None

	F-12	VF-20	EF-40	EF-45	AU-50	AU-55	AU-58	MS-60
1808	40000.	50000.	75000.	100000.	125000.	150000.	175000.	200000.

―――― = Insufficient pricing data

Capped Head $2.50 quarter eagle

Date of authorization: April 2, 1792
Dates of issue: 1821-1834
Designers: Obverse: John Reich-Robert Scot
Reverse: John Reich
Engravers: Obverse: Robert Scot
Reverse: John Reich
Diameter: (1821-1827): 18.50 mm/0.73 inch
(1829-1834): 18.20 mm/0.72 inch
Weight: 4.37 grams/0.14 ounce
Metallic Content: 91.67% gold, 8.33% copper and silver
Weight of pure gold: 4.01 grams/0.13 ounce
Edge: Reeded
Mint mark: None

	F-12	VF-20	EF-40	EF-45	AU-50	AU-55	AU-58	MS-60	MS-62	MS-63
CAPPED HEAD LEFT										
1821	6500.	8000.	10000.	12000.	14000.	17000.	25000.	35000.	45000.	60000.
1824/1	6500.	8000.	10000.	12000.	14000.	17000.	25000.	35000.	45000.	60000.
1825	6500.	8000.	10000.	12000.	14000.	17000.	25000.	35000.	45000.	60000.
1826	10000.	12000.	15000.	20000.	25000.	50000.	65000.	100000.	—	—
1827	7000.	8500.	11000.	13000.	15000.	18000.	25000.	35000.	45000.	60000.
REDUCED DIAMETER										
1829	6000.	7000.	8000.	10000.	12000.	15000.	20000.	25000.	35000.	40000.
1830	6000.	7000.	8000.	10000.	12000.	15000.	20000.	25000.	35000.	40000.
1831	6000.	7000.	8000.	10000.	12000.	15000.	20000.	25000.	35000.	40000.
1832	6000.	7000.	8000.	10000.	12000.	15000.	20000.	25000.	35000.	40000.
1833	6000.	7000.	8000.	10000.	12000.	15000.	20000.	25000.	35000.	40000.
1834	10000.	15000.	20000.	25000.	35000.	45000.	60000.	70000.	85000.	—

—— = Insufficient pricing data

Classic Head $2.50 quarter eagle

Date of authorization: June 28, 1834; Jan. 18, 1837
Dates of issue: 1834-1839
Designers: Obverse: William Kneass
Reverse: John Reich-William Kneass
Engraver: William Kneass
Diameter: 18.20 mm/0.72 inch
Weight: 4.18 grams/0.13 ounce
Metallic Content: (1834-1836): 89.92% gold,
10.08% copper and silver
(1837-1839): 90% gold,
10% copper and silver
Weight of pure gold: (1834-1836): 3.758 grams/0.12 ounce
(1837-1839): 3.762 grams/0.12 ounce
Edge: Reeded
Mint mark: 1838-1839 only, obverse above

	F-12	VF-20	EF-40	EF-45	AU-50	AU-55	AU-58	MS-60	MS-62	MS-63
1834	350.	600.	1000.	1500.	2000.	2500.	3000.	4500.	6000.	10000.
1835	500.	1000.	1500.	2000.	2500.	3000.	3500.	5000.	7500.	15000.
1836 Script 8	350.	600.	1000.	1200.	1700.	2000.	3500.	4500.	7000.	13000.
1836 Block 8	400.	700.	1200.	1500.	2000.	2500.	4000.	5500.	9000.	15000.
1837	500.	1000.	1500.	2000.	2500.	3500.	4000.	7500.	10000.	20000.
1838	375.	750.	1000.	1500.	2000.	2700.	3500.	5000.	7000.	12000.
1838-C	1500.	3000.	5000.	7500.	12000.	16000.	20000.	35000.	45000.	60000.
1839	400.	800.	1500.	2000.	3000.	4000.	6000.	10000.	20000.	25000.
1839-C	1200.	2500.	4000.	6000.	8000.	12000.	18000.	30000.	40000.	55000.
1839-D	1400.	2700.	4500.	7000.	11000.	15000.	20000.	35000.	45000.	55000.
1839-O	600.	1000.	1800.	2500.	3000.	5500.	7500.	12000.	25000.	35000.

—— = Insufficient pricing data

Coronet $2.50 quarter eagle

Date of authorization: Jan. 18, 1837
Dates of issue: 1840-1907
Designers: Obverse: Christian Gobrecht
Reverse: Christian Gobrecht-John
Reich-William Kneass
Engraver: Christian Gobrecht
Diameter: 18.20 mm/0.72 inch
Weight: 4.18 grams/0.13 ounce
Metallic Content: 90% gold, 10% copper
Weight of pure gold: 3.76 grams/0.12 ounce
Edge: Reeded
Mint mark: Reverse below eagle

	F-12	VF-20	EF-40	EF-45	AU-50	AU-55	AU-58	MS-60	MS-62	MS-63
1840	225.	300.	1200.	2000.	3500.	4000.	5000.	7500.	10000.	15000.
1840-C	1500.	2000.	3500.	4000.	5000.	7500.	10000.	15000.	30000.	35000.
1840-D	3500.	5000.	10000.	12000.	15000.	25000.	35000.	50000.	100000.	—
1840-O	300.	500.	1200.	2000.	2500.	3500.	8500.	12000.	25000.	—
1841 Proof Only	—	—	125000.	130000.	135000.	—	—	*	*	*
1841-C	1800.	2500.	3500.	4000.	5000.	9000.	14000.	20000.	45000.	—
1841-D	2000.	2500.	7000.	9000.	12000.	17000.	20000.	40000.	70000.	90000.
1842	1500.	2500.	6000.	7500.	10000.	15000.	—	—	—	—
1842-C	1500.	2500.	5000.	6000.	8500.	13000.	17000.	30000.	—	—
1842-D	1500.	3500.	6000.	8500.	12000.	18000.	30000.	45000.	75000.	—
1842-O	350.	600.	1500.	2000.	3000.	6000.	10000.	15000.	18000.	35000.
1843	200.	300.	500.	600.	1000.	1800.	2500.	3000.	6000.	12000.
1843-C Large Date	1500.	2000.	3000.	3500.	4000.	6000.	8000.	10000.	18000.	25000.
1843-C Small Date	2500.	4000.	6000.	8000.	12000.	15000.	20000.	40000.	60000.	—
1843-D Small D	1400.	2000.	3000.	3500.	4000.	5000.	8000.	12000.	25000.	—
1843-D Large D	2000.	3000.	3500.	4000.	5000.	6000.	9000.	20000.	30000.	—
1843-O Large Date	350.	600.	1200.	1500.	3000.	5000.	6500.	10000.	20000.	30000.
1843-O Small Date	200.	250.	350.	450.	600.	1000.	1500.	2500.	4000.	10000.
1844	400.	700.	1500.	2000.	2500.	5000.	7500.	10000.	15000.	—
1844-C	1400.	2000.	3000.	4000.	8000.	10000.	15000.	25000.	35000.	—
1844-D	1400.	2000.	3000.	4000.	4500.	5500.	7000.	10000.	18000.	30000.
1845	200.	300.	350.	400.	500.	750.	1000.	2000.	3000.	6500.
1845-D	1400.	2000.	3000.	3500.	4000.	5500.	9000.	16000.	25000.	45000.
1845-O	1000.	1500.	3000.	3500.	10000.	12000.	20000.	30000.	—	—
1846	300.	400.	1200.	1300.	1500.	2300.	3000.	7500.	—	—
1846-C	1700.	2500.	3500.	5000.	8000.	12000.	15000.	20000.	35000.	50000.
1846-D	1700.	2500.	3000.	3500.	4000.	5500.	8000.	12000.	18000.	35000.
1846-D/D	2000.	2700.	3000.	3500.	4000.	6000.	12000.	—	—	—

—— = Insufficient pricing data   * = None issued

	F-12	VF-20	EF-40	EF-45	AU-50	AU-55	AU-58	MS-60	MS-62	MS-63
1846-O	250.	350.	500.	800.	1500.	2500.	4000.	8000.	17000.	25000.
1847	225.	300.	450.	800.	1000.	1700.	2500.	4500.	7000.	11000.
1847-C	1400.	2000.	3000.	3500.	4000.	4500.	5500.	7500.	11000.	20000.
1847-D	1400.	2000.	3000.	3500.	4000.	6000.	8000.	14000.	18000.	30000.
1847-O	175.	275.	445.	590.	1050.	2200.	3000.	4650.	11500.	—
1848	300.	525.	950.	1200.	1750.	2750.	3850.	6250.	9000.	17250.
1848 CAL.	15000.	20000.	30000.	38000.	50000.	60000.	80000.	90000.	100000.	115000.
1848-C	1200.	1600.	2500.	3200.	4000.	6000.	9000.	15000.	30000.	—
1848-D	1300.	1800.	2500.	3200.	4000.	6000.	9000.	12000.	20000.	—
1849	175.	255.	450.	565.	1000.	1600.	2500.	3100.	4950.	—
1849-C	1200.	1600.	2500.	3500.	5500.	10000.	15000.	25000.	60000.	—
1849-D	1300.	1800.	2500.	3500.	4500.	7500.	10000.	17500.	35000.	—
1850	175.	225.	260.	275.	300.	600.	850.	1250.	2200.	3350.
1850-C	1200.	1600.	2200.	3000.	4000.	7500.	12000.	18500.	—	—
1850-D	1300.	1800.	2500.	3200.	4000.	7000.	11000.	16000.	—	—
1850-O	175.	250.	350.	475.	1500.	2250.	3000.	4750.	7000.	14000.
1851	175.	225.	260.	275.	300.	325.	375.	500.	775.	1850.
1851-C	1200.	1600.	2500.	3500.	5000.	7500.	11000.	14000.	30000.	—
1851-D	1300.	1800.	2700.	3500.	4500.	7000.	9000.	14000.	—	—
1851-O	175.	225.	400.	675.	1000.	2500.	3500.	5500.	9750.	15500.
1852	175.	225.	260.	275.	300.	325.	375.	500.	750.	1850.
1852-C	1200.	1600.	2500.	3500.	5000.	9000.	12500.	20000.	—	—
1852-D	1300.	1800.	3500.	5000.	8500.	11000.	14000.	20000.	40000.	—
1852-O	175.	225.	300.	400.	975.	1400.	2600.	5250.	10500.	15000.
1853	175.	225.	260.	275.	300.	325.	375.	500.	775.	1800.
1853-D	1600.	2200.	4000.	5000.	6000.	9000.	12000.	20000.	—	—
1854	175.	225.	260.	275.	300.	325.	375.	500.	750.	2100.
1854-C	1100.	1600.	2700.	4000.	6000.	9000.	12000.	18000.	35000.	—
1854-D	2500.	3500.	7500.	10000.	14000.	20000.	25000.	35000.	60000.	—
1854-O	175.	225.	260.	275.	450.	750.	1100.	1700.	5500.	10000.
1854-S	75000.	100000.	200000.	253000.	—	—	—	—	—	—
1855	175.	225.	260.	275.	300.	325.	375.	500.	850.	2450.
1855-C	1500.	2000.	4000.	5000.	7500.	14000.	18000.	35000.	—	—
1855-D	2500.	4000.	8500.	13000.	20000.	30000.	—	—	—	—
1856	175.	225.	260.	275.	300.	325.	375.	500.	750.	2250.
1856-C	1200.	1600.	3000.	4000.	5000.	9000.	12000.	17000.	25000.	—
1856-D	5500.	7500.	14000.	20000.	35000.	40000.	50000.	80000.	—	—
1856-O	175.	350.	675.	875.	1350.	2950.	4250.	7500.	—	—
1856-S	175.	225.	415.	650.	1275.	2000.	3250.	5850.	8250.	12500.
1857	175.	225.	260.	275.	300.	325.	375.	500.	900.	2500.
1857-D	1300.	1800.	3500.	4000.	5000.	7500.	12000.	17500.	27500.	—
1857-O	175.	225.	350.	525.	1175.	2150.	3250.	5400.	7950.	16000.
1857-S	175.	225.	375.	500.	1000.	2500.	4750.	8250.	10500.	—
1858	175.	225.	260.	275.	350.	575.	800.	1400.	2400.	3250.
1858-C	1200.	1600.	2200.	3000.	4000.	5000.	7000.	10000.	22000.	—
1859 Reverse of 1858										
	185.	225.	400.	475.	875.	1250.	2000.	3700.	6250.	12500.
1859 Reverse of 1859-1907										
	175.	225.	270.	350.	500.	625.	800.	1250.	2300.	3400.
1859-D	1700.	2300.	3800.	5000.	7000.	10000.	12500.	23000.	—	—
1859-S	225.	500.	825.	1200.	2700.	3675.	4500.	8500.	11000.	16500.
1860 Reverse of 1858										
	1600.	1900.	2375.	2950.	3850.	4750.	6500.	10500.	—	—

—— = Insufficient pricing data

CORONET $2.50 QUARTER EAGLE (CONTINUED)

	F-12	VF-20	EF-40	EF-45	AU-50	AU-55	AU-58	MS-60	MS-62	MS-63
1860 Small Letters & Arrowhead, Reverse of 1859-1907										
	175.	225.	260.	345.	475.	575.	775.	1100.	1850.	3050.
1860-C	1300.	1600.	2500.	3500.	5000.	8000.	14000.	25000.	35000.	55000.
1860-S	195.	300.	700.	875.	1225.	2150.	2850.	4200.	7500.	15000.
1861 Reverse of 1858										
	600.	1000.	1450.	1650.	2250.	2750.	3250.	5000.	8000.	12750.
1861 Reverse of 1859-1907										
	175.	225.	260.	275.	300.	325.	375.	500.	650.	1600.
1861-S	210.	425.	950.	1750.	3500.	5250.	—	—	—	—
1862	175.	225.	260.	350.	500.	600.	900.	1500.	2750.	4200.
1862/1	600.	1000.	2200.	2750.	3500.	4500.	7250.	12000.	—	—
1862-S	485.	950.	2000.	2850.	4250.	8500.	9750.	19500.	—	—
1863 Proof Only	—	—	—	—	—	—	—	*	*	*
1863-S	400.	650.	1700.	2900.	4450.	9500.	12500.	19000.	—	—
1864	2750.	5500.	14000.	21000.	27500.	—	—	—	—	—
1865	2200.	4500.	9250.	15500.	22000.	—	35000.	—	—	—
1865-S	180.	285.	625.	1250.	1600.	2350.	3250.	5750.	—	—
1866	650.	1350.	3500.	4400.	7000.	9750.	11500.	16500.	27500.	—
1866-S	195.	325.	950.	1350.	1950.	3600.	4500.	9750.	—	25500.
1867	200.	385.	575.	825.	1400.	1800.	2650.	3600.	4850.	8750.
1867-S	190.	270.	600.	850.	1650.	2250.	3150.	4950.	—	14000.
1868	175.	225.	345.	425.	615.	925.	1500.	2800.	—	10500.
1868-S	175.	225.	475.	650.	1100.	1850.	3250.	5750.	7500.	13500.
1869	175.	225.	375.	515.	700.	1400.	2100.	3500.	6400.	10500.
1869-S	175.	250.	450.	575.	1350.	1850.	3000.	5500.	—	14000.
1870	175.	225.	350.	475.	650.	1150.	2250.	3250.	5250.	10250.
1870-S	175.	225.	425.	500.	1000.	1650.	2750.	5150.	9000.	—
1871	175.	225.	300.	390.	500.	1000.	1250.	2250.	2700.	4250.
1871-S	175.	225.	340.	400.	525.	925.	1200.	2350.	2850.	4650.
1872	250.	425.	650.	800.	1250.	2600.	3500.	6000.	—	—
1872-S	175.	225.	490.	550.	1225.	1750.	2850.	5000.	7250.	12000.
1873 Closed 3	175.	225.	260.	275.	300.	350.	450.	625.	1100.	2200.
1873	175.	225.	260.	275.	300.	325.	375.	500.	650.	1600.
1873-S	175.	225.	475.	525.	1100.	1400.	1750.	2500.	4250.	9000.
1874	180.	230.	365.	405.	725.	1150.	1300.	2650.	4200.	7850.
1875	2500.	3500.	4650.	5500.	7500.	9650.	14500.	19000.	—	—
1875-S	175.	225.	350.	400.	625.	1000.	1900.	4050.	5900.	10500.
1876	175.	320.	535.	650.	1100.	1950.	2750.	3550.	4250.	10500.
1876-S	175.	225.	525.	650.	1075.	2025.	2350.	3900.	5100.	11500.
1877	305.	385.	540.	625.	875.	1275.	2200.	2750.	3650.	7750.
1877-S	175.	225.	260.	275.	300.	325.	375.	750.	1850.	2600.
1878	175.	225.	260.	275.	300.	325.	375.	500.	650.	1600.
1878-S	175.	225.	260.	275.	300.	325.	375.	500.	900.	2400.
1879	175.	225.	260.	275.	300.	325.	375.	500.	650.	1600.
1879-S	175.	225.	260.	425.	850.	1200.	1600.	2200.	2700.	5800.
1880	175.	225.	290.	350.	475.	675.	1150.	1300.	1800.	3500.
1881	725.	1650.	2450.	2900.	4250.	5250.	6500.	10500.	22500.	—
1882	180.	225.	260.	280.	390.	425.	575.	725.	1500.	2750.
1883	180.	245.	475.	550.	800.	1100.	1600.	1900.	3250.	6250.
1884	180.	230.	385.	410.	525.	725.	1200.	1700.	2000.	3100.
1885	400.	750.	1800.	2000.	2700.	3000.	3500.	4500.	6000.	8000.
1886	175.	225.	275.	315.	450.	625.	850.	1275.	1650.	3000.
1887	175.	225.	260.	275.	350.	400.	600.	1050.	1500.	2850.
1888	175.	225.	260.	275.	300.	325.	375.	500.	650.	1600.

—— = Insufficient pricing data   * = None issued

CORONET $2.50 QUARTER EAGLE (CONTINUED)

	F-12	VF-20	EF-40	EF-45	AU-50	AU-55	AU-58	MS-60	MS-62	MS-63
1889	175.	225.	260.	275.	300.	325.	375.	500.	650.	1600.
1890	175.	225.	260.	275.	300.	325.	375.	530.	750.	1600.
1891	175.	225.	260.	275.	300.	325.	375.	500.	650.	1600.
1892	175.	225.	275.	310.	485.	560.	700.	950.	1250.	2600.
1893	175.	225.	260.	275.	300.	325.	375.	500.	650.	1600.
1894	175.	225.	270.	295.	375.	425.	500.	635.	1100.	1750.
1895	175.	225.	260.	275.	300.	325.	375.	500.	650.	1600.
1896	175.	225.	260.	275.	300.	325.	375.	500.	650.	1600.
1897	175.	225.	260.	275.	300.	325.	375.	500.	650.	1600.
1898	175.	225.	260.	275.	300.	325.	375.	500.	650.	1600.
1899	175.	225.	260.	275.	300.	325.	375.	500.	650.	1600.
1900	175.	225.	260.	275.	300.	325.	375.	500.	650.	1600.
1901	175.	225.	260.	275.	300.	325.	375.	500.	650.	1600.
1902	175.	225.	260.	275.	300.	325.	375.	500.	650.	1600.
1903	175.	225.	260.	275.	300.	325.	375.	500.	650.	1600.
1904	175.	225.	260.	275.	300.	325.	375.	500.	650.	1600.
1905	175.	225.	260.	275.	300.	325.	375.	500.	650.	1600.
1906	175.	225.	260.	275.	300.	325.	375.	500.	650.	1600.
1907	175.	225.	260.	275.	300.	325.	375.	500.	650.	1600.

—— = Insufficient pricing data

Indian Head $2.50 quarter eagle

Date of authorization: Jan. 18, 1837
Dates of issue: 1908-1929
Designer: Bela Lyon Pratt
Engraver: Charles Barber
Diameter: 17.78 mm/0.70 inch
Weight: 4.18 grams/0.13 ounce
Metallic Content: 90% gold, 10% copper
Weight of pure gold: 3.76 grams/0.12 ounce
Edge: Reeded
Mint mark: Reverse lower left

	EF-40	AU-50	AU-55	MS-60	MS-62	MS-63	MS-64	MS-65	MS-66
1908	275.	325.	335.	425.	750.	1400.	2500.	7000.	14000.
1909	275.	325.	335.	425.	850.	2500.	3500.	10000.	15000.
1910	275.	325.	335.	425.	800.	2300.	3800.	11000.	18000.
1911	275.	325.	335.	425.	750.	1500.	2600.	13000.	20000.
1911-D	4000.	5000.	6500.	11000.	17000.	27000.	40000.	110000.	—
1912	275.	325.	335.	425.	850.	2400.	4000.	15000.	25000.
1913	275.	325.	335.	425.	700.	1400.	2800.	13000.	22000.
1914	285.	335.	350.	500.	2500.	6000.	12000.	35000.	—
1914-D	275.	325.	335.	425.	800.	2600.	5000.	40000.	—
1915	275.	325.	335.	425.	700.	1500.	2500.	11000.	—
1925-D	275.	325.	335.	425.	650.	1250.	2300.	6000.	12000.
1926	275.	325.	335.	425.	650.	1250.	2300.	6000.	12000.
1927	275.	325.	335.	425.	650.	1250.	2300.	6000.	13000.
1928	275.	325.	335.	425.	650.	1250.	2300.	6000.	14000.
1929	275.	325.	335.	425.	650.	1250.	2300.	11000.	—

—— = Insufficient pricing data

Indian Head $3 gold

Date of authorization: Feb. 21, 1853
Dates of issue: 1854-1889
Designer/Engraver: James B. Longacre
Diameter: 20.63 mm/0.81 inch
Weight: 5.02 grams/0.16 ounce
Metallic Content: (1854-1873): 90% gold, 10% copper and silver
(1873-1889): 90% gold, 10% copper
Weight of pure gold: 4.51 grams/0.15 ounce
Edge: Reeded
Mint mark: Reverse below wreath

	F-12	VF-20	EF-40	AU-50	AU-55	MS-60	MS-62	MS-63	MS-64	MS-65
1854	700.	1000.	1500.	2200.	2500.	4000.	6500.	11000.	20000.	25000.
1854-D	10000.	15000.	30000.	45000.	55000.	110000.	175000.	—	—	—
1854-O	1200.	2000.	3500.	7500.	14000.	30000.	80000.	—	—	—
1855	700.	1000.	1500.	2200.	2500.	5000.	7500.	15000.	30000.	45000.
1855-S	1500.	2500.	4000.	12000.	20000.	35000.	65000.	—	—	—
1856	700.	1000.	1500.	2200.	2500.	5000.	8500.	15000.	30000.	45000.
1856-S	700.	1000.	2000.	4000.	7000.	15000.	25000.	40000.	60000.	—
1857	700.	1000.	1500.	2200.	2500.	5000.	9000.	16000.	35000.	50000.
1857-S	1500.	2000.	4500.	7000.	15000.	25000.	50000.	—	—	—
1858	1200.	1800.	2500.	6000.	8500.	20000.	30000.	40000.	50000.	—
1859	700.	1000.	1500.	2200.	2500.	5500.	9000.	12000.	20000.	35000.
1860	800.	1100.	1600.	2500.	3000.	5000.	13000.	17000.	20000.	35000.
1860-S	900.	1500.	3000.	10000.	15000.	40000.	60000.	75000.	—	—
1861	800.	1200.	2000.	3000.	5000.	7000.	10000.	16000.	25000.	45000.
1862	800.	1200.	2000.	3000.	5000.	7000.	11000.	16000.	27000.	45000.
1863	800.	1200.	2000.	4000.	5000.	7000.	11000.	16000.	27000.	45000.
1864	800.	1200.	2000.	4000.	5000.	7000.	12000.	20000.	30000.	50000.
1865	2000.	2500.	4000.	10000.	12000.	20000.	25000.	35000.	50000.	85000.
1866	800.	1200.	2000.	3000.	4000.	6500.	13000.	18000.	25000.	45000.
1867	1000.	1500.	2000.	3500.	5000.	8000.	16000.	20000.	30000.	65000.
1868	700.	1000.	1500.	2500.	3500.	6000.	10000.	15000.	20000.	35000.
1869	750.	1100.	1500.	3000.	4000.	6500.	12000.	20000.	35000.	60000.
1870	750.	1100.	1800.	3000.	4000.	6500.	12000.	18000.	30000.	50000.
1870-S Unique	*	*	*	*	*	*	*	*	*	*
1871	800.	1200.	1500.	3000.	4000.	7000.	10000.	18000.	30000.	45000.
1872	800.	1200.	1800.	3000.	4000.	7500.	12000.	20000.	35000.	50000.
1873 Open 3 Proof Only	15000.	20000.	25000.	40000.	50000.	*	*	*	*	*

—— = Insufficient pricing data   * = None issued

INDIAN HEAD $3 GOLD (CONTINUED)

	F-12	VF-20	EF-40	AU-50	AU-55	MS-60	MS-62	MS-63	MS-64	MS-65
1873 Closed 3 Original										
	3500.	4500.	6000.	16000.	25000.	35000.	50000.	60000.	80000.	—
1874	700.	1000.	1500.	2200.	2500.	4000.	6500.	11000.	15000.	25000.
1875 Proof Only	25000.	30000.	40000.	75000.	90000.	*	*	*	*	*
1876 Proof Only	10000.	12000.	15000.	25000.	30000.	*	*	*	*	*
1877	2000.	2500.	5000.	12000.	25000.	35000.	45000.	75000.	100000.	—
1878	700.	1000.	1500.	2200.	2500.	4000.	6000.	10000.	13000.	25000.
1879	700.	1000.	1300.	2300.	3000.	5000.	7500.	14000.	20000.	30000.
1880	800.	1200.	2200.	4000.	4500.	6500.	10000.	15000.	20000.	35000.
1881	2200.	3000.	4500.	8000.	10000.	14000.	20000.	25000.	40000.	65000.
1882	800.	1200.	1800.	2800.	3500.	6500.	9000.	17000.	22000.	35000.
1883	850.	1300.	2000.	3500.	4000.	6500.	11000.	15000.	20000.	35000.
1884	1500.	2000.	2500.	4000.	5000.	6500.	12000.	15000.	17000.	35000.
1885	1000.	1700.	2000.	3500.	4000.	8000.	12000.	25000.	30000.	50000.
1886	1000.	1700.	2200.	3500.	4500.	7000.	11000.	18000.	25000.	50000.
1887	700.	1000.	1500.	2500.	3000.	4500.	9000.	15000.	20000.	30000.
1888	700.	1000.	1500.	2500.	3000.	4000.	10000.	15000.	20000.	30000.
1889	700.	1000.	1500.	2200.	3000.	4000.	8500.	15000.	20000.	30000.

—— = Insufficient pricing data   * = None issued

Capped Bust $5 half eagle

Small Eagle   Heraldic Eagle

Date of authorization: April 2, 1792
Dates of issue: 1795-1807
Designer/Engraver: Robert Scot
Diameter: 25.00 mm/0.99 inch
Weight: 8.75 grams/0.28 ounce
Metallic Content: 91.67% gold, 8.33% copper and silver
Weight of pure gold: 8.02 grams/0.26 ounce
Edge: Reeded
Mint mark: None

SMALL EAGLE

	F-12	VF-20	EF-40	AU-50	AU-58	MS-60	MS-62	MS-63
1795	17000.	22000.	25000.	35000.	60000.	70000.	135000.	200000.
1795 Second S/D in STATES	—	—	—	—	—	—	—	—
1796/5	20000.	25000.	40000.	50000.	80000.	125000.	175000.	250000.
1797 15 Stars	35000.	40000.	65000.	100000.	150000.	—	—	—
1797 16 Stars	25000.	30000.	50000.	70000.	125000.	200000.	225000.	275000.
1798	—	—	400000.	—	—	—	—	—

HERALDIC EAGLE

	F-12	VF-20	EF-40	AU-50	AU-58	MS-60	MS-62	MS-63	MS-64
1795	12000.	20000.	30000.	50000.	100000.	125000.	175000.	225000.	300000.
1797/5	18000.	30000.	40000.	75000.	150000.	200000.	—	—	—
1797 16 Stars Unique	—	—	—	—	—	—	—	—	—
1797 15 Stars Unique	—	—	—	—	—	—	—	—	—
1798 Small 8	6000.	10000.	16000.	20000.	30000.	40000.	60000.	85000.	—
1798 Large 8, 13 Stars	4000.	5000.	10000.	15000.	25000.	35000.	45000.	65000.	125000.
1798 Large 8, 14 Stars	4500.	7500.	15000.	30000.	60000.	—	—	—	—
1799 Small Stars	4000.	6000.	7500.	15000.	25000.	30000.	40000.	60000.	—
1799 Large Stars	4500.	7000.	10000.	18000.	30000.	40000.	60000.	75000.	—
1800	4000.	4500.	7000.	10000.	13000.	15000.	20000.	35000.	60000.
1802/1	4000.	4500.	7000.	10000.	13000.	15000.	20000.	35000.	60000.
1803/2	4000.	4500.	7000.	10000.	13000.	15000.	20000.	35000.	60000.
1804 Small 8	4000.	4500.	7000.	10000.	13000.	15000.	20000.	35000.	70000.
1804 Small 8/Large 8	4500.	5000.	7500.	11000.	15000.	20000.	30000.	50000.	85000.
1805	4000.	4500.	7000.	10000.	13000.	15000.	20000.	35000.	60000.
1806 Pointed 6, 8X5 Stars	4500.	5000.	7500.	11000.	15000.	20000.	25000.	40000.	70000.
1806 Round 6, 7X6 Stars	4000.	4500.	7000.	10000.	13000.	15000.	20000.	35000.	60000.
1807	4000.	4500.	7000.	10000.	13000.	15000.	20000.	35000.	65000.

—— = Insufficient pricing data

Capped Draped Bust $5 half eagle

Date of authorization: April 2, 1792
Dates of issue: 1807-1812
Designer/Engraver: John Reich
Diameter: 25.00 mm/0.99 inch
Weight: 8.75 grams/0.28 ounce
Metallic Content: 91.67% gold, 8.33% copper and silver
Weight of pure gold: 8.02 grams/0.26 ounce
Edge: Reeded
Mint mark: None

	F-12	VF-20	EF-40	AU-50	AU-58	MS-60	MS-62	MS-63	MS-64
1807	3000.	4000.	5000.	8000.	12000.	15000.	17000.	25000.	40000.
1808/7	3500.	5000.	6500.	10000.	15000.	20000.	27000.	35000.	65000.
1808	3000.	4500.	5500.	9000.	13000.	17000.	20000.	30000.	50000.
1809/8	3000.	4000.	5000.	8000.	12000.	15000.	17000.	30000.	45000.
1810 Small Date, Small 5	20000.	30000.	45000.	60000.	80000.	—	—	—	—
1810 Small Date, Tall 5	3000.	4500.	5500.	9000.	12000.	15000.	17000.	30000.	55000.
1810 Large Date, Small 5	25000.	40000.	60000.	85000.	—	—	—	—	—
1810 Large Date, Large 5	6000.	7000.	8000.	10000.	15000.	17000.	20000.	35000.	60000.
1811 Small 5	3000.	4000.	5000.	8000.	12000.	15000.	17000.	25000.	40000.
1811 Tall 5	3500.	4500.	6000.	9000.	14000.	18000.	22000.	30000.	50000.
1812	3000.	4000.	5000.	8000.	12000.	15000.	17000.	25000.	40000.

—— = Insufficient pricing data

Capped Head $5 half eagle

Date of authorization: April 2, 1792
Dates of issue: 1813-1834
Designer/Engraver: John Reich
Diameter: (1813-1829): 25.00 mm/0.99 inch
(1829-1834): 22.50 mm/0.89 inch
Weight: 8.75 grams/0.28 ounce
Metallic Content: 91.67% gold, 8.33% copper and silver
Weight of pure gold: 8.02 grams/0.26 ounce
Edge: Reeded
Mint mark: None

	F-12	VF-20	EF-40	AU-50	AU-58	MS-60	MS-62	MS-63	MS-64
1813	5000.	6000.	7000.	10000.	13000.	15000.	18000.	30000.	55000.
1814/3	4000.	5000.	7000.	10000.	14000.	17000.	30000.	50000.	65000.
1815	50000.	65000.	100000.	150000.	250000.	—	—	—	—
1818	4000.	5000.	7000.	10000.	20000.	25000.	40000.	60000.	—
1818 STATESOF	4000.	4500.	6500.	9000.	14000.	20000.	30000.	50000.	70000.
1818 5D/50	4000.	5000.	7500.	12000.	20000.	25000.	40000.	60000.	80000.
1819 Wide Date	30000.	50000.	75000.	125000.	—	—	—	—	—
1819 Close Date	25000.	40000.	50000.	100000.	—	—	—	—	—
1819 5D/50	20000.	30000.	40000.	80000.	110000.	125000.	150000.	200000.	—
1820 Curl Base 2, Small Letters									
	6500.	9000.	12000.	15000.	—	—	—	—	—
1820 Curl Base 2, Large Letters									
	5000.	7000.	9000.	12000.	20000.	30000.	40000.	50000.	—
1820 Square Base 2, Large Letters									
	4000.	5000.	6500.	10000.	15000.	20000.	30000.	40000.	50000.
1821	20000.	30000.	40000.	50000.	80000.	110000.	125000.	150000.	—
1822	*	*	*	*	*	*	*	*	*
1823	4000.	5000.	6500.	10000.	20000.	25000.	40000.	60000.	75000.
1824	8000.	15000.	20000.	30000.	40000.	50000.	65000.	100000.	125000.
1825/1	10000.	20000.	25000.	35000.	45000.	65000.	75000.	90000.	150000.
1825/4	—	—	—	500000.	—	—	—	—	—
1826	6000.	10000.	15000.	25000.	35000.	60000.	80000.	100000.	125000.
1827	7000.	15000.	20000.	30000.	45000.	70000.	90000.	110000.	135000.
1828/7	25000.	40000.	75000.	125000.	200000.	210000.	225000.	250000.	300000.
1828	10000.	20000.	30000.	40000.	80000.	100000.	125000.	150000.	—
1829 Large Date	—	—	—	—	—	—	—	—	400000.
SMALL PLANCHET									
1829 Small Date	60000.	85000.	125000.	200000.	—	—	—	—	—
1830 Small 5D	20000.	25000.	30000.	40000.	50000.	60000.	70000.	85000.	150000.

—— = Insufficient pricing data   * = None issued

CAPPED HEAD $5 HALF EAGLE (CONTINUED)

	F-12	VF-20	EF-40	AU-50	AU-58	MS-60	MS-62	MS-63	MS-64
1830 Large 5D	30000.	35000.	40000.	55000.	70000.	80000.	90000.	110000.	200000.
1831 Small 5D	35000.	40000.	50000.	75000.	125000.	150000.	—	—	—
1831 Large 5D	25000.	30000.	35000.	50000.	90000.	100000.	110000.	125000.	175000.
1832 Curl Base 2, 12 Stars	—	150000.	250000.	—	—	—	—	400000.	—
1832 Square Base 2, 13 Stars									
	25000.	30000.	35000.	45000.	60000.	70000.	80000.	110000.	135000.
1833 Large Date	20000.	25000.	30000.	40000.	50000.	65000.	75000.	90000.	110000.
1833 Small Date	30000.	35000.	40000.	50000.	70000.	85000.	100000.	125000.	150000.
1834 Plain 4	20000.	25000.	30000.	40000.	50000.	70000.	80000.	100000.	125000.
1834 Crosslet 4	30000.	35000.	40000.	50000.	65000.	80000.	90000.	125000.	150000.

Classic Head $5 half eagle

Date of authorization:	April 2, 1792
Dates of issue:	1834-1838
Designer:	Obverse: William Kneass
	Reverse: John Reich-William Kneass
Engraver:	William Kneass
Diameter:	22.50 mm/0.89 inch
Weight:	8.36 grams/0.27 ounce
Metallic Content:	(1834-1836): 89.92% gold,
	10.8% copper and silver
	(1837-1838): 90% gold,
	10% copper and silver
Weight of pure gold:	(1834-1836): 7.516 grams/0.24 ounce
	(1837-1838): 7.523 grams/0.24 ounce
Edge:	Reeded
Mint mark:	1838 only, obverse above date

	F-12	VF-20	EF-40	EF-45	AU-50	AU-55	AU-58	MS-60	MS-62	MS-63
1834 Plain 4	500.	700.	1100.	1500.	2000.	2500.	3000.	4500.	8000.	12000.
1834 Crosslet 4	1500.	2500.	4000.	4500.	7500.	12000.	20000.	30000.	40000.	60000.
1835	500.	700.	1100.	1500.	2000.	2500.	3000.	4500.	8000.	12000.
1836	500.	700.	1100.	1500.	2000.	2500.	3000.	4500.	8000.	12000.
1837	750.	1000.	1500.	2000.	2500.	3000.	4500.	6000.	15000.	25000.
1838	500.	700.	1100.	1500.	2000.	2500.	3000.	4500.	8000.	12000.
1838-C	2500.	3000.	7000.	10000.	15000.	25000.	35000.	65000.	100000.	150000.
1838-D	2000.	2500.	6000.	8000.	12000.	15000.	25000.	35000.	50000.	65000.

—— = Insufficient pricing data

Coronet $5 half eagle

Date of authorization: Jan. 18, 1837
Dates of issue: 1839-1908
Designer: Obverse: Christian Gobrecht
Reverse: John Reich-William Kneass-
Christian Gobrecht
Engraver: Christian Gobrecht
Diameter: (1839-1840): 22.50 mm/0.89 inch
(1840-1908): 21.54 mm/0.85 inch
Weight: 8.36 grams/0.27 ounce
Metallic Content: (1839-1849): 89.92% gold,
10.8% copper and silver
(1849-1908): 90% gold, 10% copper
Weight of pure gold: 7.52 grams/0.24 ounce
Edge: Reeded
Mint mark: Reverse below eagle

	F-12	VF-20	EF-40	EF-45	AU-50	AU-55	AU-58	MS-60	MS-62	MS-63	MS-64
NO MOTTO											
1839	250.	300.	460.	775.	1150.	1600.	2200.	3600.	9500.	20000.	—
1839-C	1500.	2500.	3000.	4500.	7000.	12000.	16000.	25000.	35000.	—	—
1839-D	1500.	2500.	3500.	5000.	7000.	11000.	15000.	23000.	35000.	—	—
1840 Broad Mill	250.	300.	850.	1200.	2300.	3750.	5450.	8250.	—	25000.	—
1840 Narrow Mill	250.	300.	375.	585.	1350.	2200.	2800.	3850.	6250.	13000.	—
1840-C	1500.	2500.	3500.	5000.	8000.	12000.	17000.	30000.	40000.	—	—
1840-D Tall D	1500.	2500.	3500.	5000.	8000.	11000.	15000.	18000.	32000.	—	—
1840-D Small D	—	—	—	—	—	—	—	—	—	—	—
1840-O Broad Mill	325.	600.	1300.	1750.	2900.	—	—	—	—	—	—
1840-O Narrow Mill	250.	425.	975.	1275.	1700.	3000.	4400.	6750.	—	—	—
1841	245.	415.	975.	1250.	1600.	2350.	3725.	5750.	8000.	12500.	—
1841-C	1500.	2000.	2500.	3000.	4000.	8000.	12000.	20000.	34000.	50000.	—
1841-D Small D	1500.	2000.	2500.	3000.	5000.	8000.	12000.	16000.	20000.	34000.	—
1841-D Tall D	—	—	—	—	—	—	—	—	—	—	—
1841-O Unknown	*	*	*	*	*	*	*	*	*	*	*
1842 Small Letters	250.	350.	1050.	1950.	3750.	6750.	—	—	—	—	—
1842 Large Letters	400.	825.	2000.	2800.	4250.	7850.	8750.	10000.	—	—	—
1842-C Large Date	1500.	2000.	2500.	3000.	4000.	7000.	11000.	20000.	28000.	40000.	—
1842-C Small Date	7000.	11000.	25000.	40000.	55000.	80000.	100000.	140000.	230000.	—	—
1842-D Large Date, Large Letters											
	2000.	3000.	7000.	10000.	15000.	25000.	35000.	50000.	—	—	—

—— = Insufficient pricing data   * = None issued

	F-12	VF-20	EF-40	EF-45	AU-50	AU-55	AU-58	MS-60	MS-62	MS-63	MS-64
1842-D Small Date, Small Letters											
	1500.	2000.	2500.	3000.	3500.	5000.	8500.	16000.	22000.	—	—
1842-O	375.	900.	3500.	5750.	12500.	—	—	—	—	42500.	—
1843	225.	275.	310.	325.	350.	525.	900.	1500.	3750.	9500.	19000.
1843-C	1500.	2000.	2500.	3500.	5000.	7500.	10000.	15000.	25000.	40000.	65000.
1843-D Medium D	1500.	2000.	2500.	3000.	4000.	5000.	9000.	15000.	22000.	30000.	—
1843-D Small D	—	—	—	—	—	—	—	—	—	—	—
1843-O Small Letters	365.	725.	1800.	2100.	3000.	6000.	12000.	30000.	40000.	—	—
1843-O Large Letters	250.	300.	1200.	1550.	2350.	4550.	8000.	12000.	17500.	—	—
1844	250.	300.	310.	325.	365.	500.	875.	2100.	4250.	8750.	26000.
1844-C	1500.	2000.	3000.	5000.	7500.	12000.	15000.	25000.	30000.	45000.	—
1844-D	1500.	2000.	2500.	3000.	3500.	5500.	8000.	12000.	17000.	32000.	—
1844-O	250.	300.	375.	500.	775.	1500.	2650.	5000.	7250.	14500.	35000.
1845	250.	300.	310.	350.	350.	545.	1000.	2100.	5750.	12000.	—
1845-D	1500.	2000.	2500.	3000.	3500.	5500.	7500.	13000.	18000.	28000.	—
1845-O	255.	400.	825.	1600.	3500.	6750.	9750.	14500.	19000.	27500.	—
1846 Small Date	250.	300.	310.	325.	700.	1600.	2200.	3250.	—	—	—
1846 Large Date	250.	300.	310.	325.	350.	575.	1000.	2300.	4800.	12250.	—
1846-C	1500.	2000.	3000.	5000.	7500.	11000.	14000.	25000.	40000.	80000.	—
1846-D	1500.	2000.	2500.	3000.	4000.	5500.	8500.	18000.	30000.	—	—
1846-D/D	1800.	2300.	3000.	3500.	5000.	6500.	10000.	16000.	27000.	30000.	50000.
1846-O	250.	375.	1000.	1500.	4000.	6750.	8625.	12000.	17500.	25000.	—
1847	250.	300.	310.	325.	350.	450.	775.	2100.	4000.	8500.	24000.
1847/7	250.	300.	310.	350.	550.	1200.	1650.	2400.	4750.	10000.	—
1847-C	1500.	2000.	2500.	3000.	3500.	6000.	9000.	15000.	20000.	35000.	—
1847-D	1500.	2000.	2500.	3000.	3500.	5000.	7500.	11000.	15000.	20000.	—
1847-O	600.	2500.	7000.	8750.	12500.	—	—	—	—	—	—
1848	250.	300.	310.	325.	425.	675.	900.	2100.	4000.	11000.	—
1848-C	1500.	2000.	2500.	3000.	4000.	7500.	11000.	20000.	35000.	55000.	—
1848-D	1500.	2000.	2500.	3000.	4000.	6500.	9000.	15000.	25000.	—	—
1848-D/D	—	—	—	—	—	—	—	—	—	—	—
1849	250.	300.	310.	365.	745.	1275.	1900.	2900.	6250.	16000.	—
1849-C	1500.	2000.	2500.	3000.	3500.	6000.	9000.	15000.	20000.	35000.	—
1849-D	1500.	2000.	2500.	3000.	3500.	7000.	10000.	16000.	25000.	—	—
1850	250.	300.	675.	800.	1050.	1700.	2450.	3750.	7500.	17000.	—
1850-C	1500.	2000.	2500.	3000.	3500.	5000.	6500.	15000.	20000.	28000.	55000.
1850-D	1500.	2000.	2500.	3000.	5000.	9000.	14000.	35000.	60000.	—	—
1851	250.	300.	310.	325.	360.	500.	1000.	2600.	4500.	10500.	—
1851-C	1500.	2000.	2500.	3000.	4000.	7000.	10000.	18000.	30000.	50000.	85000.
1851-D	1500.	2000.	2500.	3000.	4000.	7000.	10000.	15000.	20000.	35000.	—
1851-O	290.	575.	1250.	2500.	3800.	6750.	9500.	14000.	—	—	—
1852	250.	300.	310.	325.	350.	450.	750.	2100.	4000.	10000.	25000.
1852-C	1500.	2000.	2500.	3000.	3500.	5000.	6500.	8000.	14000.	25000.	40000.
1852-D	1500.	2000.	2500.	3000.	3500.	6000.	9000.	14000.	20000.	35000.	—
1853	250.	300.	310.	325.	360.	450.	750.	2100.	4000.	9000.	18500.
1853-C	1500.	2000.	2500.	3000.	3500.	4500.	6000.	9000.	15000.	30000.	—
1853-D	1500.	2000.	2500.	3000.	3500.	4500.	7500.	11000.	18000.	25000.	—
1854	250.	300.	310.	355.	600.	1125.	1400.	2100.	4000.	11000.	25000.
1854-C	1500.	2000.	2500.	3200.	4000.	7000.	9000.	15000.	30000.	45000.	60000.
1854-D	1500.	2000.	2500.	3000.	3500.	6000.	8500.	12000.	17000.	35000.	—
1854-O	250.	300.	525.	825.	1450.	2200.	4000.	8000.	16000.	25000.	—
1854-S	—	—	—	—	210000.	—	—	—	—	—	—
1855	250.	300.	310.	325.	365.	625.	950.	2100.	4200.	8500.	—
1855-C	1500.	2000.	2500.	3000.	4000.	6000.	9000.	17000.	25000.	40000.	—
1855-D	1500.	2000.	2500.	3000.	4000.	6000.	9000.	18000.	27000.	45000.	—

—— = Insufficient pricing data

CORONET $5 HALF EAGLE (CONTINUED)

	F-12	VF-20	EF-40	EF-45	AU-50	AU-55	AU-58	MS-60	MS-62	MS-63	MS-64
1855-O	380.	700.	2000.	3000.	4750.	6000.	11625.	21000.	—	—	—
1855-S	250.	385.	1200.	1800.	3050.	5500.	7250.	14500.	—	—	—
1856	250.	300.	310.	325.	350.	575.	950.	2200.	5250.	13500.	22500.
1856-C	1500.	2000.	2500.	3000.	3500.	7000.	10000.	22000.	—	—	—
1856-D	1500.	2000.	2500.	3200.	4000.	6000.	9000.	15000.	20000.	45000.	—
1856-O	400.	650.	1650.	2250.	5250.	7350.	11750.	15000.	—	—	—
1856-S	250.	300.	725.	875.	1200.	2250.	3250.	6250.	—	36500.	—
1857	250.	300.	310.	325.	400.	450.	800.	2100.	4600.	9000.	—
1857-C	1500.	2000.	2500.	3000.	3500.	5000.	9000.	10000.	20000.	35000.	—
1857-D	1500.	2000.	2500.	3000.	3500.	6500.	10000.	14000.	25000.	—	—
1857-O	355.	675.	1400.	1850.	4250.	7500.	10500.	15000.	—	50000.	—
1857-S	250.	300.	700.	850.	1350.	2600.	4000.	12000.	—	—	—
1858	250.	300.	550.	600.	700.	1650.	2450.	3750.	6000.	13400.	24000.
1858-C	1500.	2000.	2500.	3000.	3500.	5000.	8000.	12000.	50000.	—	—
1858-D	1500.	2000.	2500.	3000.	3500.	6000.	10000.	15000.	25000.	—	—
1858-S	475.	875.	2500.	3300.	7250.	—	—	—	—	—	—
1859	250.	320.	600.	675.	800.	1700.	2850.	6500.	8000.	—	—
1859-C	1500.	2000.	2500.	3200.	4000.	7000.	10000.	17000.	30000.	55000.	—
1859-D	1500.	2000.	2500.	3000.	3500.	6000.	9000.	17000.	30000.	50000.	—
1859-S	600.	1650.	4000.	4750.	6000.	11500.	15000.	—	—	—	—
1860	250.	300.	575.	700.	1100.	1750.	2500.	3750.	7000.	15000.	—
1860-C	1500.	2000.	2800.	3300.	4000.	7500.	10000.	14000.	20000.	35000.	—
1860-D	1500.	2000.	2800.	3500.	4200.	8000.	11000.	18000.	28000.	50000.	—
1860-S	550.	1100.	2000.	2900.	6500.	10000.	16500.	—	—	—	—
1861	250.	300.	310.	325.	360.	450.	750.	2100.	4000.	8500.	13000.
1861-C	1500.	2500.	5000.	6500.	9000.	12000.	17000.	30000.	60000.	110000.	—
1861-D	3500.	5500.	8000.	12000.	20000.	27500.	35000.	55000.	—	—	—
1861-S	525.	1200.	4100.	5000.	8000.	—	17500.	—	—	—	—
1862	455.	850.	1600.	1850.	3500.	—	—	—	—	—	—
1862-S	1300.	3000.	5600.	10000.	15000.	—	—	—	—	—	—
1863	450.	1175.	3500.	4750.	7750.	—	—	—	—	—	—
1863-S	625.	1450.	4250.	6500.	13500.	—	—	—	—	—	—
1864	360.	675.	1750.	2000.	3750.	7000.	10250.	15500.	—	—	—
1864-S	2900.	8000.	14250.	—	45000.	—	—	—	—	—	—
1865	500.	1400.	3750.	6000.	12500.	—	—	—	—	—	—
1865-S	525.	1475.	2500.	3500.	5850.	9000.	12500.	21000.	—	—	—
1866-S	775.	1600.	3750.	6500.	13750.	—	—	—	—	—	—

MOTTO ON REVERSE

	F-12	VF-20	EF-40	EF-45	AU-50	AU-55	AU-58	MS-60	MS-62	MS-63	MS-64
1866	375.	850.	1450.	1950.	3400.	5500.	—	—	—	—	—
1866-S	600.	900.	2850.	5250.	9250.	—	—	—	—	—	—
1867	275.	400.	1375.	1850.	3150.	4900.	—	—	—	—	—
1867-S	750.	1425.	2950.	5750.	14250.	—	—	—	—	—	—
1868	265.	500.	925.	2100.	3250.	5750.	8000.	12000.	—	—	—
1868-S	280.	375.	1475.	1600.	3600.	6250.	11000.	18000.	—	—	—
1869	425.	900.	1650.	2000.	4150.	—	—	—	—	—	36000.
1869-S	365.	525.	1800.	2900.	—	8250.	—	—	—	—	—
1870	350.	700.	1750.	2000.	3350.	5650.	—	—	—	—	—
1870-CC	2500.	5500.	16000.	22000.	35000.	45000.	65000.	100000.	—	—	—
1870-S	500.	1050.	2500.	4750.	9000.	14000.	—	—	—	—	—
1871	385.	725.	1500.	2000.	3375.	6250.	8500.	12000.	—	—	—
1871-CC	800.	1300.	4000.	9000.	15000.	—	—	—	—	—	—
1871-S	270.	355.	1150.	1800.	4150.	8500.	11500.	17000.	—	—	—
1872	400.	675.	1150.	1800.	2850.	4500.	7500.	12250.	15000.	21500.	—
1872-CC	800.	1500.	5500.	15000.	25000.	—	—	—	—	—	—
1872-S	275.	500.	775.	1000.	3250.	7000.	12250.	21000.	—	—	—

——— = Insufficient pricing data

CORONET $5 HALF EAGLE (CONTINUED)

	F-12	VF-20	EF-40	EF-45	AU-50	AU-55	AU-58	MS-60	MS-62	MS-63	MS-64
1873 Closed 3	250.	300.	325.	335.	500.	600.	875.	1275.	4500.	9250.	—
1873 Open 3	250.	300.	325.	335.	350.	360.	450.	665.	1800.	6250.	—
1873-CC	1800.	3000.	13000.	20000.	33000.	—	—	—	75000.	—	—
1873-S	340.	675.	975.	1600.	4000.	6500.	12000.	21000.	—	—	—
1874	315.	500.	1125.	1300.	2500.	4200.	5500.	—	—	—	—
1874-CC	600.	1000.	2500.	5000.	12000.	17000.	25000.	40000.	—	—	—
1874-S	425.	800.	1725.	3600.	5000.	—	—	—	—	—	—
1875	—	—	47500.	57500.	75000.	—	—	—	—	—	—
1875-CC	800.	1600.	4500.	7500.	12000.	24000.	—	—	—	135000.	—
1875-S	500.	775.	2400.	3900.	6800.	9500.	16250.	27500.	—	—	—
1876	445.	825.	1950.	2350.	6250.	8750.	12500.	16000.	22500.	30000.	
1876-CC	800.	1700.	5000.	8000.	14000.	20000.	—	—	—	—	—
1876-S	800.	1350.	3850.	7500.	—	—	—	—	—	—	—
1877	420.	825.	1750.	2250.	3500.	5000.	—	—	—	—	—
1877-CC	650.	1200.	3600.	6500.	11000.	15000.	—	—	—	—	—
1877-S	250.	300.	575.	975.	1850.	5100.	—	—	—	—	—
1878	250.	310.	335.	350.	360.	375.	400.	450.	750.	2250.	5000.
1878-CC	2000.	4000.	12000.	14000.	22000.	—	—	—	—	—	—
1878-S	250.	310.	335.	350.	360.	535.	750.	1075.	2000.	5000.	8500.
1879	250.	310.	335.	350.	360.	375.	385.	400.	600.	1700.	3600.
1879-CC	400.	600.	1600.	2400.	3500.	6500.	—	—	—	—	—
1879-S	250.	310.	335.	350.	360.	375.	550.	1050.	1850.	4250.	7500.
1880	250.	300.	325.	335.	350.	375.	385.	400.	500.	1300.	2300.
1880-CC	300.	450.	850.	1100.	1500.	4500.	7000.	12000.	—	—	—
1880-S	250.	300.	325.	335.	350.	375.	385.	400.	500.	1300.	2300.
1881	250.	300.	325.	335.	360.	375.	385.	400.	500.	1300.	2300.
1881/0	250.	315.	600.	675.	800.	1000.	1150.	1350.	3100.	7000.	13000.
1881-CC	400.	600.	1700.	4000.	7500.	10000.	14000.	22000.	—	—	—
1881-S	250.	300.	325.	335.	350.	360.	375.	400.	500.	1300.	2300.
1882	250.	300.	325.	335.	350.	360.	375.	400.	500.	1300.	2300.
1882-CC	300.	450.	700.	800.	1000.	2500.	5000.	8000.	—	—	—
1882-S	250.	300.	325.	335.	350.	360.	375.	400.	500.	1300.	2300.
1883	250.	310.	335.	345.	360.	375.	385.	400.	575.	1700.	4850.
1883-CC	350.	500.	1200.	2000.	3500.	7000.	11000.	20000.	—	—	—
1883-S	250.	310.	335.	345.	360.	375.	550.	925.	1550.	3750.	—
1884	250.	310.	335.	345.	360.	375.	575.	950.	1600.	3900.	—
1884-CC	400.	650.	1200.	2000.	3500.	6000.	10000.	20000.	—	—	—
1884-S	250.	310.	335.	345.	360.	375.	385.	400.	650.	2000.	6000.
1885	250.	300.	325.	335.	350.	360.	375.	400.	500.	1300.	2300.
1885-S	250.	300.	325.	335.	350.	360.	375.	400.	475.	1300.	2300.
1886	250.	300.	325.	335.	350.	360.	375.	400.	575.	1300.	3750.
1886-S	250.	300.	325.	335.	350.	360.	375.	400.	475.	1300.	2300.
1887 Proof Only	—	—	—	—	17000.	—	18000.	*	*	*	*
1887-S	250.	300.	325.	335.	350.	360.	375.	400.	475.	1300.	—
1888	250.	300.	325.	335.	350.	360.	425.	550.	1400.	2750.	—
1888-S	250.	300.	325.	335.	350.	750.	875.	1100.	2500.	—	—
1889	250.	300.	330.	415.	525.	675.	775.	950.	2400.	5000.	—
1890	250.	325.	485.	565.	675.	900.	1150.	1600.	4200.	11500.	—
1890-CC	250.	375.	500.	600.	700.	800.	1000.	1300.	2500.	7500.	12000.
1891	250.	300.	325.	335.	350.	360.	375.	500.	900.	1900.	5250.
1891-CC	250.	375.	500.	600.	700.	800.	900.	1100.	2000.	4000.	9000.
1892	250.	300.	325.	335.	350.	360.	375.	400.	475.	1300.	3500.
1892-CC	250.	375.	500.	600.	700.	900.	1100.	1700.	3500.	8000.	—
1892-O	360.	460.	750.	825.	1200.	1700.	2100.	2800.	6300.	12500.	—
1892-S	250.	300.	325.	335.	350.	430.	525.	675.	1200.	3750.	—

——— = Insufficient pricing data   * = None issued

CORONET $5 HALF EAGLE (CONTINUED)

	F-12	VF-20	EF-40	EF-45	AU-50	AU-55	AU-58	MS-60	MS-62	MS-63	MS-64
1893	250.	300.	325.	335.	350.	360.	375.	400.	475.	1300.	2300.
1893-CC	250.	375.	500.	650.	900.	1000.	1100.	1700.	4000.	8000.	17000.
1893-O	250.	300.	325.	335.	350.	450.	675.	1075.	2300.	6100.	—
1893-S	250.	300.	325.	335.	350.	360.	375.	400.	525.	1300.	4650.
1894	250.	300.	325.	335.	350.	360.	375.	400.	475.	1300.	3500.
1894-O	250.	300.	325.	335.	350.	750.	1000.	1450.	2650.	7000.	—
1894-S	250.	300.	335.	360.	600.	1000.	1525.	2400.	3250.	9750.	—
1895	250.	300.	325.	335.	350.	360.	375.	400.	475.	1300.	2300.
1895-S	250.	300.	325.	335.	500.	1000.	1750.	3000.	4000.	—	—
1896	250.	300.	325.	335.	350.	360.	375.	400.	515.	1650.	3750.
1896-S	250.	300.	325.	350.	400.	700.	1000.	1500.	3000.	—	—
1897	250.	300.	325.	335.	350.	360.	375.	400.	475.	1300.	2300.
1897-S	250.	300.	325.	335.	350.	360.	550.	875.	1500.	6900.	11500.
1898	250.	300.	325.	335.	350.	360.	375.	400.	475.	1300.	2300.
1898-S	250.	300.	325.	335.	350.	360.	375.	400.	475.	1300.	5750.
1899	250.	300.	325.	335.	350.	360.	375.	400.	475.	1300.	2300.
1899-S	250.	300.	325.	335.	350.	360.	375.	400.	475.	1300.	2800.
1900	250.	300.	325.	335.	350.	360.	375.	400.	475.	1300.	2300.
1900-S	250.	300.	325.	335.	350.	360.	375.	400.	500.	1300.	2300.
1901	250.	300.	325.	335.	350.	360.	375.	400.	475.	1300.	2300.
1901-S	250.	300.	325.	335.	350.	360.	375.	400.	475.	1300.	2300.
1901/0-S	250.	300.	325.	335.	350.	360.	375.	400.	475.	1300.	2600.
1902	250.	300.	325.	335.	350.	360.	375.	400.	475.	1300.	2300.
1902-S	250.	300.	325.	335.	350.	360.	375.	400.	475.	1300.	2300.
1903	250.	300.	325.	335.	350.	360.	375.	400.	475.	1300.	2300.
1903-S	250.	300.	325.	335.	350.	360.	375.	400.	475.	1300.	2300.
1904	250.	300.	325.	335.	350.	360.	375.	400.	475.	1300.	2300.
1904-S	250.	300.	325.	335.	350.	475.	700.	1050.	1850.	3500.	15000.
1905	250.	300.	325.	335.	350.	360.	375.	400.	475.	1300.	2300.
1905-S	250.	300.	325.	335.	350.	360.	425.	600.	1150.	2600.	5500.
1906	250.	300.	325.	335.	350.	360.	375.	400.	475.	1300.	2300.
1906-D	250.	300.	325.	335.	350.	360.	375.	400.	475.	1300.	2300.
1906-S	250.	300.	325.	335.	350.	360.	375.	400.	475.	1500.	2600.
1907	250.	300.	325.	335.	350.	360.	375.	400.	475.	1300.	2300.
1907-D	250.	300.	325.	335.	350.	360.	375.	400.	475.	1300.	2300.
1908	250.	300.	325.	335.	350.	360.	375.	400.	475.	1300.	2300.

—— = Insufficient pricing data

Indian Head $5 half eagle

Date of authorization: Jan. 18, 1837
Dates of issue: 1908-1929
Designer: Bela Lyon Pratt
Engraver: Charles Barber
Diameter: 21.54 mm/0.85 inch
Weight: 8.36 grams/0.27 ounce
Metallic Content: 90% gold, 10% copper
Weight of pure gold: 7.52 grams/0.24 ounce
Edge: Reeded
Mint mark: Reverse lower left

	EF-40	AU-50	AU-55	MS-60	MS-62	MS-63	MS-64	MS-65
1908	425.	475.	500.	650.	1400.	3500.	6000.	25000.
1908-D	425.	475.	500.	650.	1400.	3500.	6000.	35000.
1908-S	450.	500.	700.	1300.	2400.	3500.	7500.	25000.
1909	425.	475.	500.	650.	1400.	3500.	7500.	25000.
1909-D	425.	475.	500.	650.	1400.	3500.	7500.	25000.
1909-O	4000.	7000.	9000.	27000.	50000.	65000.	150000.	—
1909-S	425.	475.	500.	1500.	4500.	12000.	30000.	—
1910	425.	475.	500.	650.	1400.	3500.	6000.	25000.
1910-D	425.	475.	500.	650.	1400.	3500.	9000.	—
1910-S	425.	475.	600.	1200.	4000.	6500.	28000.	—
1911	425.	475.	500.	650.	1400.	3500.	6000.	27000.
1911-D	550.	650.	1500.	5000.	14000.	40000.	60000.	—
1911-S	425.	475.	500.	700.	1400.	3500.	27000.	—
1912	425.	475.	500.	650.	1400.	3500.	6000.	25000.
1912-S	450.	475.	550.	2000.	5000.	15000.	32000.	—
1913	425.	475.	500.	650.	1400.	3500.	6000.	25000.
1913-S	450.	500.	600.	1500.	4500.	14000.	38000.	—
1914	425.	475.	500.	650.	1400.	3500.	6000.	25000.
1914-D	425.	475.	500.	650.	1400.	3500.	6000.	27000.
1914-S	450.	500.	600.	1500.	4500.	15000.	40000.	—
1915	425.	475.	500.	650.	1400.	3500.	6000.	27000.
1915-S	475.	550.	700.	2200.	5500.	20000.	40000.	—
1916-S	425.	475.	500.	750.	2500.	7000.	10000.	27000.
1929	12000.	14000.	15000.	17000.	20000.	28000.	40000.	55000.

—— = Insufficient pricing data

Capped Bust $10 eagle

Small Eagle reverse   Heraldic Eagle reverse

Date of authorization: April 2, 1792
Dates of issue: 1795-1804
Designer/Engraver: Robert Scot
Diameter: 33.00 mm/1.30 inches
Weight: 17.50 grams/0.56 ounce
Metallic Content: 91.67% gold, 8.33% copper and silver
Weight of pure gold: 16.04 grams/0.52 ounce
Edge: Reeded
Mint mark: None

SMALL EAGLE

	F-12	VF-20	EF-40	EF-45	AU-50	AU-55	MS-60	MS-62	MS-63	MS-64
1795 13 Leaves	30000.	40000.	55000.	60000.	70000.	80000.	110000.	175000.	325000.	500000.
1795 9 Leaves	50000.	75000.	100000.	125000.	175000.	200000.	275000.	325000.	400000.	—
1796	40000.	50000.	60000.	65000.	75000.	85000.	125000.	200000.	350000.	—
1797	45000.	60000.	75000.	85000.	100000.	125000.	185000.	225000.	—	—

HERALDIC EAGLE

	F-12	VF-20	EF-40	EF-45	AU-50	AU-55	MS-60	MS-62	MS-63	MS-64
1797	15000.	20000.	25000.	35000.	40000.	45000.	60000.	80000.	125000.	—
1798/7 9 X 4 Stars	30000.	35000.	45000.	60000.	75000.	85000.	140000.	175000.	250000.	—
1798/7 7 X 6 Stars	45000.	65000.	100000.	150000.	200000.	225000.	300000.	350000.	—	—

——— = Insufficient pricing data

	F-12	VF-20	EF-40	EF-45	AU-50	AU-55	MS-60	MS-62	MS-63	MS-64
1799 Large Obverse Stars										
	10000.	12000.	15000.	17000.	20000.	25000.	40000.	50000.	60000.	150000.
1799 Small Obverse Stars										
	—	—	—	—	—	—	—	—	—	—
1800	12000.	14000.	18000.	20000.	25000.	30000.	50000.	60000.	85000.	175000.
1801	10000.	12000.	15000.	17000.	20000.	25000.	40000.	50000.	60000.	150000.
1803 Small Reverse Stars										
	12000.	14000.	18000.	20000.	25000.	30000.	50000.	60000.	85000.	175000.
1803 Large Reverse Stars										
	35000.	40000.	45000.	50000.	60000.	65000.	110000.	125000.	175000.	225000.
1803 14 Reverse Stars										
	30000.	35000.	40000.	45000.	50000.	60000.	100000.	110000.	150000.	200000.
1804	20000.	25000.	35000.	40000.	45000.	50000.	75000.	100000.	140000.	—

Coronet $10 eagle

Date of authorization: Jan. 18, 1837
Dates of issue: 1838-1907
Designers: Obverse: Christian Gobrecht
Reverse: John Reich-William Kneass-
Christian Gobrecht
Engraver: Christian Gobrecht
Diameter: 27.00 mm/1.07 inches
Weight: 16.72 grams/.54 ounce
Metallic Content: (1838-1873)90% gold,10% copper and
silver
(1873-1907): 90% gold, 10% copper
Weight of pure gold: 15.05 grams/0.48 ounce
Edge: Reeded
Mint mark: Reverse below eagle

	F-12	VF-20	EF-40	EF-45	AU-50	AU-55	AU-58	MS-60	MS-62	MS-63
NO MOTTO										
1838	800.	1200.	2900.	4025.	6250.	11000.	16000.	35000.	55000.	—
1839 Old Portrait, Large Letters										
	800.	1200.	2000.	3000.	5500.	9500.	13000.	34000.	40000.	55000.
1839 New Portrait, Small Letters										
	850.	1750.	3200.	4500.	7000.	12000.	20000.	—	—	—

—— = Insufficient pricing data

CORONET $10 EAGLE (CONTINUED)

	F-12	VF-20	EF-40	EF-45	AU-50	AU-55	AU-58	MS-60	MS-62	MS-63
1840	525.	625.	650.	850.	1600.	3000.	5250.	11000.	—	—
1841	525.	625.	650.	700.	1400.	3000.	7000.	10000.	20000.	—
1841-O	4000.	7000.	10000.	12000.	18000.	35000.	—	—	—	—
1842 Small Date	525.	625.	650.	700.	2000.	3500.	6000.	16000.	—	—
1842 Large Date	525.	625.	650.	700.	1250.	3000.	4500.	15000.	20000.	25000.
1842-O	525.	625.	700.	1500.	3000.	7000.	12000.	30000.	—	—
1843 Doubled Date	525.	625.	650.	750.	3050.	—	—	—	—	—
1843	525.	625.	650.	675.	1700.	5000.	6500.	—	—	—
1843-O	525.	625.	650.	700.	2000.	3500.	8000.	13000.	35000.	45000.
1844	575.	1500.	3000.	4000.	6000.	8500.	12000.	18000.	—	—
1844-O	525.	625.	650.	1000.	2000.	5000.	11000.	17000.	40000.	—
1845	525.	625.	750.	1300.	2000.	3500.	6000.	17000.	25000.	—
1845-O	525.	625.	800.	1800.	3000.	7500.	11000.	20000.	40000.	70000.
1846	525.	650.	1025.	2500.	5500.	12000.	—	—	—	—
1846-O	525.	625.	850.	2400.	4800.	6000.	8500.	16000.	30000.	—
1846/5-O	525.	650.	1050.	2500.	5000.	7000.	12500.	—	—	50000.
1847	525.	625.	650.	675.	700.	1100.	1500.	3500.	7500.	25000.
1847-O	525.	625.	650.	675.	800.	1800.	2500.	7000.	10000.	25000.
1848	525.	625.	650.	675.	800.	1500.	2500.	5500.	12000.	28000.
1848-O	525.	700.	1200.	2000.	4000.	9000.	12000.	18000.	25000.	35000.
1849	525.	625.	650.	675.	700.	1100.	1600.	4000.	7500.	17000.
1849/1848	525.	700.	975.	1300.	1800.	3500.	—	—	—	—
1849-O	525.	750.	2000.	3000.	5500.	7500.	11000.	27000.	—	—
1850 Large Date	525.	625.	650.	675.	700.	1200.	2000.	4000.	8000.	18000.
1850 Small Date	525.	625.	1000.	1500.	2400.	4000.	5500.	9500.	—	—
1850-O	525.	625.	1000.	1600.	3500.	6000.	8500.	—	—	—
1851	525.	625.	650.	675.	800.	1500.	2500.	5000.	10000.	30000.
1851-O	525.	625.	650.	700.	1100.	3500.	6000.	7000.	12000.	30000.
1852	525.	625.	650.	675.	700.	1200.	2000.	4500.	7500.	—
1852-O	525.	700.	1100.	2500.	4000.	8500.	12000.	25000.	40000.	—
1853	525.	625.	650.	675.	700.	1100.	1500.	4000.	7500.	—
1853/2	525.	650.	800.	1000.	2000.	4000.	6000.	—	—	—
1853-O	525.	625.	650.	700.	1000.	2500.	5000.	—	—	—
1854	525.	625.	650.	675.	800.	1500.	2500.	6000.	14000.	—
1854-O Small Date	525.	625.	700.	900.	1400.	3000.	—	—	—	—
1854-O Large Date	525.	625.	800.	1100.	1800.	3700.	5000.	10000.	22000.	40000.
1854-S	525.	625.	650.	675.	1000.	2500.	5500.	11000.	—	—
1855	525.	625.	650.	675.	700.	1100.	2500.	5000.	8500.	20000.
1855-O	525.	650.	1300.	2500.	6000.	8500.	13000.	—	—	—
1855-S	1000.	1500.	2500.	4000.	8000.	11000.	—	—	—	—
1856	525.	625.	650.	675.	700.	1100.	2500.	5000.	7500.	17000.
1856-O	525.	750.	1500.	2500.	4000.	7000.	10000.	—	—	—
1856-S	525.	625.	650.	700.	1200.	3000.	6000.	10000.	—	—
1857	525.	625.	1000.	1500.	2200.	3500.	5500.	—	—	—
1857-O	600.	1100.	2000.	3000.	4500.	7000.	16000.	27000.	—	—
1857-S	525.	625.	1100.	1500.	2200.	4500.	8000.	—	—	—
1858	3000.	5000.	8000.	11000.	14000.	—	—	—	—	—
1858-O	525.	625.	850.	1200.	2000.	3500.	5000.	10000.	19000.	—
1858-S	900.	1600.	3500.	4500.	6000.	15000.	30000.	—	—	—
1859	525.	625.	700.	900.	1300.	3000.	4500.	10000.	—	—
1859-O	2500.	5000.	10000.	15000.	25000.	—	—	—	—	—
1859-S	1500.	2500.	6000.	9000.	15000.	—	—	—	—	—
1860	525.	625.	750.	1100.	1500.	2800.	3500.	9000.	12000.	25000.
1860-O	525.	625.	1200.	1700.	2500.	4000.	7500.	15000.	33000.	—
1860-S	2500.	3500.	6000.	10000.	17000.	28000.	—	—	—	—

—— = Insufficient pricing data

	F-12	VF-20	EF-40	EF-45	AU-50	AU-55	AU-58	MS-60	MS-62	MS-63
1861	525.	625.	650.	675.	700.	1000.	1500.	4500.	7500.	17000.
1861-S	800.	1700.	3500.	5000.	7000.	11000.	18000.	—	—	—
1862	525.	650.	1100.	1500.	2500.	3500.	5000.	10000.	20000.	—
1862-S	1000.	1800.	3500.	4500.	6500.	10000.	—	—	—	—
1863	3000.	4500.	9000.	12000.	17000.	25000.	30000.	40000.	55000.	75000.
1863-S	1000.	2000.	4000.	6500.	10000.	15000.	20000.	30000.	—	—
1864	1100.	2000.	4500.	6000.	8000.	10000.	12000.	19000.	—	—
1864-S	3000.	5500.	13000.	20000.	30000.	—	—	—	—	—
1865	1100.	2000.	4500.	5500.	6500.	10000.	—	—	—	—
1865-S	3000.	7000.	12000.	—	—	—	—	—	—	—
1865-S 865/Inverted 186										
	1800.	3500.	7000.	10000.	14000.	—	—	—	—	75000.
1866-S	1500.	3000.	4000.	6000.	12000.	18000.	28000.	—	—	—

MOTTO ON REVERSE

	F-12	VF-20	EF-40	EF-45	AU-50	AU-55	AU-58	MS-60	MS-62	MS-63
1866	600.	850.	1700.	3000.	5000.	10000.	18000.	—	—	—
1866-S	800.	1600.	4000.	6000.	8500.	12000.	20000.	—	—	—
1867	700.	1600.	2700.	3500.	5000.	9000.	16000.	—	—	—
1867-S	1200.	2500.	6000.	8500.	11000.	17000.	30000.	—	—	—
1868	525.	600.	800.	1200.	2000.	3500.	7500.	18000.	—	—
1868-S	600.	1300.	2500.	3000.	4250.	6000.	8500.	—	—	—
1869	800.	1500.	2600.	4000.	6000.	12500.	15000.	35000.	—	—
1869-S	900.	1700.	2700.	4000.	7000.	14000.	17000.	28000.	—	—
1870	600.	1000.	1300.	1800.	2700.	6500.	12000.	—	—	—
1870-CC	6500.	12000.	35000.	45000.	60000.	—	—	—	—	—
1870-S	700.	1300.	2700.	4000.	7500.	15000.	25000.	—	—	—
1871	800.	1500.	2800.	3500.	4500.	10000.	15000.	23000.	—	—
1871-CC	1500.	2500.	5500.	10000.	20000.	—	—	—	—	—
1871-S	900.	1400.	2000.	3500.	7000.	13000.	20000.	—	—	—
1872	1500.	2500.	3500.	6000.	11000.	13000.	15000.	18000.	23000.	40000.
1872-CC	1800.	3000.	11000.	18000.	25000.	—	—	—	—	—
1872-S	525.	650.	1000.	1200.	1800.	5000.	10000.	—	—	—
1873	3000.	5000.	10000.	13000.	17000.	21000.	28000.	—	—	—
1873-CC	3000.	6500.	13000.	20000.	30000.	—	—	—	—	—
1873-S	600.	1000.	2500.	3500.	5000.	8000.	14000.	—	—	—
1874	525.	600.	625.	635.	650.	675.	850.	2000.	4500.	9000.
1874-CC	650.	1000.	3000.	5000.	10000.	—	—	—	—	—
1874-S	700.	1200.	3500.	4500.	7500.	12000.	18000.	—	—	—
1875	30000.	42000.	60000.	80000.	90000.	—	—	—	—	—
1875-CC	2500.	4500.	10000.	15000.	25000.	—	—	—	—	—
1876	2000.	3500.	7000.	12000.	18000.	—	—	—	—	—
1876-CC	2000.	3500.	8000.	12000.	25000.	35000.	50000.	—	—	—
1876-S	750.	1300.	1700.	3000.	6000.	—	—	—	—	—
1877	1500.	2500.	5500.	7000.	9000.	11000.	15000.	—	—	—
1877-CC	1500.	2500.	7000.	11000.	17000.	—	—	—	—	—
1877-S	525.	600.	850.	1500.	2200.	6000.	15000.	—	—	—
1878	525.	600.	625.	635.	650.	660.	750.	1100.	2400.	5500.
1878-CC	2500.	4000.	10000.	15000.	20000.	—	—	—	—	—
1878-S	525.	600.	650.	1200.	2000.	3500.	5500.	16000.	—	—
1879	525.	600.	625.	635.	650.	660.	675.	850.	2200.	5500.
1879/8	525.	600.	625.	635.	750.	850.	1000.	1200.	2000.	—
1879-CC	5000.	10000.	15000.	20000.	25000.	30000.	40000.	—	—	—
1879-O	2000.	2500.	4000.	6000.	10000.	15000.	25000.	—	—	—
1879-S	525.	600.	625.	635.	650.	700.	800.	1200.	3500.	—
1880	525.	600.	625.	635.	650.	660.	675.	700.	750.	4000.
1880-CC	525.	650.	900.	1200.	1800.	4000.	6000.	14000.	—	—

—— = Insufficient pricing data

CORONET $10 EAGLE (CONTINUED)

	F-12	VF-20	EF-40	EF-45	AU-50	AU-55	AU-58	MS-60	MS-62	MS-63
1880-O	525.	600.	750.	900.	1400.	2500.	5000.	9000.	—	—
1880-S	525.	600.	625.	635.	650.	660.	675.	700.	1300.	5000.
1881	525.	600.	625.	635.	650.	660.	675.	700.	750.	1700.
1881-CC	525.	600.	800.	900.	1000.	1500.	2500.	7000.	12000.	—
1881-O	525.	600.	700.	1000.	1300.	2000.	3500.	8000.	—	—
1881-S	525.	600.	625.	635.	650.	660.	675.	700.	900.	6000.
1882	525.	600.	625.	635.	650.	660.	675.	700.	750.	1700.
1882-CC	525.	700.	1300.	2000.	3500.	7000.	13000.	—	—	—
1882-O	525.	600.	625.	800.	1200.	2000.	3000.	7500.	—	—
1882-S	525.	600.	625.	635.	650.	660.	675.	700.	1200.	4000.
1883	525.	600.	625.	635.	650.	660.	675.	700.	800.	2700.
1883-CC	525.	650.	900.	1500.	2500.	4500.	6000.	15000.	—	—
1883-O	1500.	3500.	7500.	9000.	11000.	14000.	20000.	—	—	—
1883-S	525.	600.	625.	635.	650.	660.	750.	1300.	4500.	15000.
1884	525.	600.	625.	635.	650.	660.	675.	800.	1700.	4500.
1884-CC	525.	650.	1200.	1700.	2500.	4000.	6500.	13000.	—	—
1884-S	525.	600.	625.	635.	650.	660.	675.	700.	1500.	5500.
1885	525.	600.	625.	635.	650.	660.	675.	700.	750.	4500.
1885-S	525.	600.	625.	635.	650.	660.	675.	700.	1200.	5000.
1886	525.	600.	625.	635.	650.	660.	675.	700.	800.	4500.
1886-S	525.	600.	625.	635.	650.	660.	675.	700.	750.	1700.
1887	525.	600.	625.	635.	650.	660.	675.	800.	3000.	5000.
1887-S	525.	600.	625.	635.	650.	660.	675.	700.	800.	3500.
1888	525.	600.	625.	635.	650.	660.	700.	1000.	3500.	5500.
1888-O	525.	600.	625.	635.	650.	660.	675.	700.	1850.	6000.
1888-S	525.	600.	625.	635.	650.	660.	675.	700.	1100.	3000.
1889	525.	600.	625.	635.	650.	1750.	2100.	3000.	4000.	7500.
1889-S	525.	600.	625.	635.	650.	660.	675.	700.	750.	1800.
1890	525.	600.	625.	635.	650.	660.	675.	1000.	2000.	6000.
1890-CC	525.	600.	625.	700.	800.	1000.	1300.	2500.	7000.	15000.
1891	525.	600.	625.	635.	650.	660.	675.	700.	750.	4500.
1891-CC	525.	600.	675.	750.	800.	850.	900.	1000.	2000.	6000.
1892	525.	600.	625.	635.	650.	660.	675.	700.	750.	1700.
1892-CC	525.	600.	675.	750.	800.	1200.	2000.	4000.	6500.	10000.
1892-O	525.	600.	625.	635.	650.	660.	675.	700.	2500.	5500.
1892-S	525.	600.	625.	635.	650.	660.	675.	700.	1100.	4200.
1893	525.	600.	625.	635.	650.	660.	675.	700.	750.	1700.
1893-CC	525.	600.	800.	1100.	1600.	2800.	4000.	8000.	15000.	—
1893-O	525.	600.	625.	635.	650.	660.	675.	800.	2200.	5500.
1893-S	525.	600.	625.	635.	650.	660.	675.	700.	1400.	5000.
1894	525.	600.	625.	635.	650.	660.	700.	700.	750.	1700.
1894-O	525.	600.	625.	635.	650.	660.	700.	1000.	1800.	5200.
1894-S	525.	600.	625.	635.	875.	1200.	1500.	4000.	7000.	11000.
1895	525.	600.	625.	635.	650.	660.	675.	700.	700.	1700.
1895-O	525.	600.	625.	635.	650.	660.	675.	700.	1300.	4700.
1895-S	525.	600.	625.	635.	775.	1250.	1500.	2500.	4000.	10000.
1896	525.	600.	625.	635.	650.	660.	675.	700.	750.	2200.
1896-S	525.	600.	625.	635.	650.	660.	1000.	2750.	4500.	12000.
1897	525.	600.	625.	635.	650.	660.	675.	700.	750.	1700.
1897-O	525.	600.	625.	635.	650.	660.	675.	800.	1300.	4800.
1897-S	525.	600.	625.	635.	650.	660.	675.	850.	1800.	5000.
1898	525.	600.	625.	635.	650.	660.	675.	700.	750.	1700.
1898-S	525.	600.	625.	635.	650.	660.	675.	700.	750.	4500.
1899	525.	600.	625.	635.	650.	660.	675.	700.	750.	1700.
1899-O	525.	600.	625.	635.	650.	660.	675.	700.	1600.	5000.

—— = Insufficient pricing data

CORONET $10 EAGLE (CONTINUED)

	F-12	VF-20	EF-40	EF-45	AU-50	AU-55	AU-58	MS-60	MS-62	MS-63
1899-S	525.	600.	625.	635.	650.	660.	675.	700.	750.	3500.
1900	525.	600.	625.	635.	650.	660.	675.	700.	750.	1700.
1900-S	525.	600.	625.	635.	650.	660.	675.	900.	1500.	5500.
1901	525.	600.	625.	635.	650.	660.	675.	700.	750.	1700.
1901-O	525.	600.	625.	635.	650.	660.	675.	700.	1000.	3500.
1901-S	525.	600.	625.	635.	650.	660.	675.	700.	750.	1700.
1902	525.	600.	625.	635.	650.	660.	675.	700.	750.	2500.
1902-S	525.	600.	625.	635.	650.	660.	675.	700.	750.	1700.
1903	525.	600.	625.	635.	650.	660.	675.	700.	750.	2500.
1903-O	525.	600.	625.	635.	650.	660.	675.	700.	750.	3200.
1903-S	525.	600.	625.	635.	650.	660.	675.	700.	750.	1700.
1904	525.	600.	625.	635.	650.	660.	675.	700.	750.	2200.
1904-O	525.	600.	625.	635.	650.	660.	675.	700.	1000.	3500.
1905	525.	600.	625.	635.	650.	660.	675.	700.	750.	1700.
1905-S	525.	600.	625.	635.	650.	660.	675.	1200.	2400.	4800.
1906	525.	600.	625.	635.	650.	660.	675.	700.	750.	2500.
1906-D	525.	600.	625.	635.	650.	660.	675.	700.	750.	1700.
1906-O	525.	600.	625.	635.	650.	660.	675.	700.	1000.	3500.
1906-S	525.	600.	625.	635.	650.	660.	675.	700.	1100.	4500.
1907	525.	600.	625.	635.	650.	660.	675.	700.	750.	1700.
1907-D	525.	600.	625.	635.	650.	660.	675.	700.	750.	2000.
1907-S	525.	600.	625.	635.	650.	660.	675.	700.	1200.	4800.

———— = Insufficient pricing data

Indian Head $10 eagle

Date of authorization: Jan. 18, 1837
Dates of issue: 1907-1933
Designer: Augustus Saint-Gaudens
Engraver: Charles Barber
Diameter: 27.00 mm/1.07 inches
Weight: 16.72 grams/0.54 ounce
Metallic Content: 90% gold,10% copper
Weight of pure gold: 15.05 grams/0.48 ounce
Edge: Starred
Mint mark: Reverse left of TEN DOLLARS

	EF-40	AU-50	AU-55	MS-60	MS-62	MS-63	MS-64	MS-65	MS-66
NO MOTTO ON REVERSE									
1907 Wire Rim, Periods	20000.	25000.	27000.	35000.	40000.	50000.	60000.	85000.	125000.
1907 Rolled Rim, Periods	45000.	55000.	60000.	80000.	100000.	125000.	200000.	275000.	400000.
1907 No Periods	850.	900.	950.	1200.	1700.	4000.	6500.	13000.	20000.
1908	775.	825.	850.	1100.	2200.	5500.	8000.	18000.	50000.
1908-D	775.	825.	850.	900.	2700.	7000.	23000.	45000.	125000.
MOTTO ON REVERSE									
1908	775.	825.	850.	900.	1200.	2200.	4000.	8500.	20000.
1908-D	775.	825.	850.	900.	2500.	8000.	18000.	25000.	50000.
1908-S	775.	900.	1800.	3500.	7000.	10000.	18000.	27000.	40000.
1909	775.	825.	850.	900.	1200.	3000.	4500.	10000.	30000.
1909-D	775.	825.	850.	900.	2500.	5000.	17000.	40000.	55000.
1909-S	775.	825.	850.	900.	2500.	5000.	9000.	16000.	40000.
1910	775.	825.	850.	900.	1200.	2200.	3500.	8500.	20000.
1910-D	775.	825.	850.	900.	1200.	2200.	3500.	8500.	20000.
1910-S	775.	825.	850.	900.	3000.	8500.	22000.	75000.	150000.
1911	775.	825.	850.	900.	1200.	2200.	3500.	8500.	20000.
1911-D	900.	1200.	2500.	6000.	15000.	25000.	100000.	200000.	—
1911-S	775.	875.	900.	2700.	5000.	10000.	12000.	18000.	35000.
1912	775.	825.	850.	900.	1200.	2200.	3500.	10000.	20000.
1912-S	775.	825.	850.	1200.	3000.	7500.	13000.	50000.	125000.
1913	775.	825.	850.	900.	1200.	2200.	3500.	8500.	20000.
1913-S	850.	1000.	2000.	7000.	15000.	35000.	75000.	150000.	300000.
1914	775.	825.	850.	900.	1200.	2200.	3500.	10000.	20000.
1914-D	775.	825.	850.	900.	1200.	2200.	4500.	15000.	25000.
1914-S	775.	825.	850.	900.	3000.	7500.	14000.	40000.	200000.

——— = Insufficient pricing data

	EF-40	AU-50	AU-55	MS-60	MS-62	MS-63	MS-64	MS-65	MS-66
1915	775.	825.	850.	900.	1200.	2200.	3500.	8500.	20000.
1915-S	850.	1000.	2000.	4000.	7000.	17000.	40000.	75000.	150000.
1916-S	775.	825.	850.	900.	2500.	5500.	12000.	30000.	50000.
1920-S	17000.	22000.	27000.	35000.	65000.	100000.	200000.	275000.	400000.
1926	775.	825.	850.	900.	1200.	2000.	3000.	8000.	12000.
1930-S	12000.	16000.	18000.	25000.	35000.	50000.	70000.	80000.	110000.
1932	775.	825.	850.	900.	1200.	2000.	3000.	8000.	12000.
1933	—	—	—	200000.	225000.	275000.	375000.	650000.	1000000.

Coronet $20 double eagle

Date of authorization: March 3, 1849
Dates of issue: 1850-1907
Designer/Engraver: James B. Longacre
Diameter: 34.29 mm/1.35 inches
Weight: 33.44 grams/1.07 ounce
Metallic Content: (1850-1873): 90% gold, 10% copper and silver
(1873-1907): 90% gold, 10% copper
Weight of pure gold: 30.09 grams/0.97 ounce
Edge: Reeded
Mint mark: Reverse below eagle

	VF-20	EF-40	EF-45	AU-50	AU-55	AU-58	MS-60	MS-62	MS-63
NO MOTTO ON REVERSE									
1849 Unique	*	*	*	*	*	*	*	*	*
1850	1700.	2000.	2300.	3500.	5000.	8000.	12000.	40000.	50000.
1850-O	2500.	5000.	6500.	10000.	20000.	45000.	50000.	—	—
1851	1300.	1400.	1500.	1700.	2000.	2800.	4500.	16000.	25000.
1851-O	1800.	2700.	4000.	7000.	11000.	18000.	25000.	50000.	75000.
1852	1200.	1225.	1250.	1300.	2000.	3000.	6000.	15000.	20000.
1852-O	2500.	3500.	4000.	5000.	11000.	20000.	30000.	50000.	75000.

——— = Insufficient pricing data   * = None issued

CORONET $20 DOUBLE EAGLE (CONTINUED)

	VF-20	EF-40	EF-45	AU-50	AU-55	AU-58	MS-60	MS-62	MS-63
1853	1200.	1225.	1250.	1300.	1800.	3000.	7500.	20000.	35000.
1853/2	1500.	2000.	3000.	5000.	10000.	18000.	40000.	—	—
1853-O	2000.	4000.	7500.	10000.	15000.	25000.	35000.	—	—
1854 Small Date	1200.	1225.	1250.	1400.	2000.	3500.	10000.	20000.	30000.
1854 Large Date	1800.	3000.	5000.	7500.	15000.	25000.	40000.	50000.	65000.
1854-O	200000.	300000.	350000.	425000.	525000.	650000.	—	—	—
1854-S	1700.	2800.	4000.	6500.	8500.	12000.	15000.	20000.	30000.
1855	1200.	1250.	1600.	2000.	3000.	5500.	10000.	20000.	75000.
1855-O	3500.	20000.	30000.	40000.	60000.	75000.	90000.	—	—
1855-S	1200.	1300.	1500.	1800.	2700.	4500.	8500.	14000.	20000.
1856	1200.	1225.	1250.	2000.	4000.	6000.	12000.	23000.	35000.
1856-O	175000.	225000.	300000.	400000.	450000.	550000.	—	—	—
1856-S	1200.	1300.	1400.	1800.	3000.	4000.	6000.	11000.	16000.
1857	1200.	1250.	1400.	1800.	2500.	4000.	5000.	15000.	30000.
1857-O	2500.	5000.	6500.	10000.	20000.	30000.	40000.	—	—
1857-S	1200.	1225.	1250.	1400.	2000.	2500.	4500.	6000.	8000.
1858	1400.	1600.	2000.	2500.	3500.	4500.	7500.	25000.	45000.
1858-O	3500.	6000.	7500.	10000.	25000.	40000.	60000.	—	—
1858-S	1200.	1300.	1500.	1800.	3000.	5500.	10000.	16000.	—
1859	1300.	3500.	5000.	7500.	12000.	17000.	35000.	50000.	—
1859-O	10000.	25000.	35000.	45000.	85000.	125000.	175000.	—	—
1859-S	1200.	1400.	2000.	2500.	4500.	7000.	12000.	27000.	50000.
1860	1200.	1300.	1400.	1700.	2000.	3000.	7500.	13000.	25000.
1860-O	12000.	20000.	40000.	50000.	65000.	110000.	135000.	—	—
1860-S	1400.	1600.	1800.	2500.	5500.	7500.	12000.	17000.	—
1861	1200.	1250.	1300.	1700.	2000.	3000.	5000.	10000.	20000.
1861-O	7500.	20000.	30000.	40000.	65000.	85000.	110000.	135000.	—
1861-S	1200.	1400.	2000.	2500.	4500.	6500.	14000.	25000.	40000.
1861 Paquet Reverse	—	—	—	—	—	2250000.	—	—	—
1861-S Paquet Reverse	30000.	65000.	90000.	110000.	150000.	200000.	—	—	—
1862	2000.	3500.	7500.	10000.	14000.	20000.	25000.	45000.	70000.
1862-S	1300.	1700.	2000.	3000.	4500.	9000.	15000.	35000.	60000.
1863	2000.	3000.	4000.	6000.	10000.	17000.	30000.	45000.	60000.
1863-S	1200.	1300.	1800.	2800.	3500.	5000.	9000.	23000.	45000.
1864	1600.	2000.	2500.	4000.	6000.	8000.	20000.	40000.	—
1864-S	1300.	1500.	1800.	2500.	3500.	7000.	15000.	25000.	40000.
1865	1200.	1225.	1250.	1800.	2500.	4000.	8000.	20000.	27000.
1865-S	1200.	1225.	1250.	1500.	2500.	3500.	4500.	9000.	10000.
1866-S	6500.	15000.	27000.	50000.	125000.	250000.	—	—	—

MOTTO ON REVERSE

	VF-20	EF-40	EF-45	AU-50	AU-55	AU-58	MS-60	MS-62	MS-63
1866	1300.	1500.	1700.	2500.	3500.	4500.	12000.	40000.	75000.
1866-S	1200.	1300.	2000.	4000.	10000.	15000.	25000.	50000.	—
1867	1200.	1250.	1300.	1500.	3000.	4000.	5000.	12000.	30000.
1867-S	1200.	1400.	1600.	2000.	4500.	9000.	18000.	40000.	—
1868	1700.	2000.	2500.	4000.	7500.	12000.	25000.	45000.	75000.
1868-S	1200.	1400.	1600.	2000.	3500.	7000.	15000.	40000.	—
1869	1200.	1400.	1600.	2500.	3500.	5500.	10000.	25000.	85000.
1869-S	1200.	1300.	1400.	1700.	2500.	5500.	12000.	30000.	60000.
1870	1400.	2000.	2500.	4000.	6000.	7000.	12000.	35000.	65000.
1870-CC	210000.	250000.	325000.	400000.	—	—	—	—	—
1870-S	1200.	1250.	1300.	1700.	2500.	4000.	8000.	40000.	60000.
1871	1200.	1700.	2500.	3500.	5000.	6000.	10000.	30000.	65000.
1871-CC	15000.	25000.	35000.	45000.	60000.	85000.	135000.	200000.	300000.
1871-S	1200.	1300.	1400.	1800.	2500.	3000.	6000.	15000.	30000.

—— = Insufficient pricing data

	VF-20	EF-40	EF-45	AU-50	AU-55	AU-58	MS-60	MS-62	MS-63
1872	1200.	1250.	1300.	1500.	2000.	3000.	6000.	20000.	50000.
1872-CC	3500.	6000.	7500.	14000.	20000.	30000.	50000.	—	—
1872-S	1200.	1250.	1300.	1400.	2000.	3000.	4000.	16000.	30000.
1873 Closed 3	1200.	1300.	1400.	1500.	1800.	2800.	3500.	14000.	—
1873 Open 3	1200.	1225.	1250.	1275.	1300.	1500.	2000.	3500.	15000.
1873-CC	3500.	6000.	7500.	14000.	20000.	30000.	40000.	110000.	175000.
1873-S Closed 3	1200.	1225.	1250.	1300.	1400.	1600.	3000.	8000.	25000.
1873-S Open 3	1400.	1500.	1600.	2000.	3000.	4500.	14000.	—	—
1874	1200.	1250.	1300.	1400.	1500.	1800.	3000.	16000.	25000.
1874-CC	1600.	2200.	2700.	4500.	6000.	8000.	15000.	—	—
1874-S	1200.	1225.	1250.	1300.	1400.	1500.	2000.	12000.	30000.
1875	1200.	1225.	1250.	1275.	1300.	1400.	2000.	4500.	20000.
1875-CC	1500.	1700.	2000.	2200.	2800.	3500.	5000.	14000.	30000.
1875-S	1200.	1225.	1250.	1275.	1300.	1400.	2000.	5500.	30000.
1876	1200.	1225.	1250.	1275.	1300.	1400.	2000.	5000.	25000.
1876-CC	1700.	2000.	2400.	2700.	3500.	5000.	7500.	25000.	45000.
1876-S	1200.	1225.	1250.	1275.	1300.	1400.	2000.	4000.	20000.

TWENTY DOLLARS REVERSE

	VF-20	EF-40	EF-45	AU-50	AU-55	AU-58	MS-60	MS-62	MS-63
1877	1200.	1250.	1300.	1400.	1500.	1700.	2500.	4000.	15000.
1877-CC	1700.	2400.	3000.	4000.	7500.	16000.	22000.	60000.	85000.
1877-S	1200.	1225.	1250.	1275.	1300.	1325.	1500.	3700.	16000.
1878	1200.	1225.	1250.	1275.	1300.	1325.	1400.	4000.	20000.
1878-CC	3000.	5000.	7500.	10000.	20000.	35000.	50000.	75000.	—
1878-S	1200.	1225.	1250.	1275.	1300.	1325.	1800.	6000.	30000.
1879	1200.	1225.	1250.	1275.	1300.	1400.	2000.	6000.	25000.
1879-CC	3000.	6000.	8000.	12000.	20000.	30000.	50000.	85000.	—
1879-O	25000.	35000.	45000.	65000.	85000.	110000.	125000.	150000.	200000.
1879-S	1200.	1225.	1250.	1275.	1300.	1500.	3500.	20000.	50000.
1880	1200.	1225.	1250.	1300.	2000.	3500.	5000.	20000.	35000.
1880-S	1200.	1225.	1250.	1275.	1300.	1400.	2500.	7500.	25000.
1881	10000.	15000.	20000.	25000.	45000.	75000.	110000.	175000.	—
1881-S	1200.	1225.	1250.	1275.	1300.	1400.	2000.	5000.	35000.
1882	17000.	40000.	60000.	85000.	100000.	125000.	175000.	225000.	—
1882-CC	1700.	2000.	2500.	3000.	4000.	6500.	12000.	30000.	100000.
1882-S	1200.	1225.	1250.	1275.	1300.	1500.	2500.	4500.	25000.
1883 Proof Only	—	—	—	—	—	—	*	*	*
1883-CC	1700.	2000.	3000.	3500.	4000.	4500.	6500.	25000.	35000.
1883-S	1200.	1225.	1250.	1275.	1300.	1500.	2000.	2500.	11000.
1884 Proof Only	—	—	—	—	—	—	*	*	*
1884-CC	1500.	1700.	2000.	2500.	3000.	4000.	6000.	17000.	30000.
1884-S	1200.	1225.	1250.	1275.	1300.	1350.	1350.	2500.	6500.
1885	15000.	20000.	25000.	30000.	45000.	55000.	85000.	125000.	—
1885-CC	3500.	5500.	6500.	9000.	12000.	17000.	25000.	45000.	75000.
1885-S	1200.	1225.	1250.	1275.	1300.	1450.	1600.	2000.	7000.
1886	20000.	35000.	60000.	75000.	100000.	125000.	160000.	200000.	250000.
1887 Proof Only	—	—	—	—	—	—	*	*	*
1887-S	1200.	1225.	1250.	1275.	1300.	1500.	2000.	5000.	20000.
1888	1200.	1225.	1250.	1275.	1300.	1325.	1350.	2500.	10000.
1888-S	1200.	1225.	1250.	1275.	1300.	1325.	1350.	2000.	5000.
1889	1200.	1225.	1250.	1275.	1300.	1500.	2000.	4500.	20000.
1889-CC	1700.	2000.	2500.	3000.	3500.	6000.	9000.	20000.	40000.
1889-S	1200.	1225.	1250.	1275.	1300.	1325.	1350.	2000.	6000.
1890	1200.	1225.	1250.	1275.	1300.	1325.	1350.	2500.	12000.
1890-CC	1300.	1400.	1500.	1700.	2400.	3000.	4000.	14000.	40000.

———— = Insufficient pricing data   * = None issued

CORONET $20 DOUBLE EAGLE (CONTINUED)

	VF-20	EF-40	EF-45	AU-50	AU-55	AU-58	MS-60	MS-62	MS-63
1890-S	1200.	1225.	1250.	1275.	1300.	1325.	1350.	1800.	8000.
1891	10000.	15000.	20000.	30000.	50000.	75000.	125000.	160000.	200000.
1891-CC	9000.	13000.	15000.	17000.	20000.	25000.	40000.	50000.	—
1891-S	1200.	1225.	1250.	1275.	1300.	1325.	1350.	1400.	3500.
1892	2000.	2500.	3000.	4000.	7000.	9000.	15000.	25000.	35000.
1892-CC	1700.	2000.	2500.	3000.	4000.	5000.	7000.	25000.	45000.
1892-S	1200.	1225.	1250.	1275.	1300.	1325.	1350.	1500.	3500.
1893	1200.	1225.	1250.	1275.	1300.	1325.	1350.	1800.	2500.
1893-CC	1700.	2500.	3000.	3500.	5000.	6000.	7000.	17000.	40000.
1893-S	1200.	1225.	1250.	1275.	1300.	1325.	1350.	1500.	3500.
1894	1200.	1225.	1250.	1275.	1300.	1325.	1350.	1500.	2500.
1894-S	1200.	1225.	1250.	1275.	1300.	1400.	1500.	2000.	3500.
1895	1200.	1225.	1250.	1275.	1300.	1350.	1400.	1500.	1800.
1895-S	1200.	1225.	1250.	1275.	1300.	1325.	1350.	1500.	3000.
1896	1200.	1225.	1250.	1275.	1300.	1325.	1350.	1500.	2400.
1896-S	1200.	1225.	1250.	1275.	1300.	1325.	1350.	1500.	2400.
1897	1200.	1225.	1250.	1275.	1300.	1325.	1350.	1500.	1800.
1897-S	1200.	1225.	1250.	1275.	1300.	1325.	1350.	1500.	2000.
1898	1200.	1225.	1250.	1275.	1300.	1325.	1600.	2200.	6000.
1898-S	1200.	1225.	1250.	1275.	1300.	1325.	1350.	1500.	2000.
1899	1200.	1225.	1250.	1275.	1300.	1325.	1350.	1500.	2000.
1899-S	1200.	1225.	1250.	1275.	1300.	1325.	1350.	1500.	2500.
1900	1200.	1225.	1250.	1275.	1300.	1325.	1350.	1500.	1800.
1900-S	1200.	1225.	1250.	1275.	1300.	1325.	1350.	1500.	2500.
1901	1200.	1225.	1250.	1275.	1300.	1325.	1350.	1500.	2000.
1901-S	1200.	1225.	1250.	1275.	1300.	1325.	1350.	1500.	5000.
1902	1200.	1225.	1250.	1275.	1300.	1400.	1500.	4500.	13000.
1902-S	1200.	1225.	1250.	1275.	1300.	1325.	1350.	1500.	4500.
1903	1200.	1225.	1250.	1275.	1300.	1350.	1400.	1800.	2000.
1903-S	1200.	1225.	1250.	1275.	1300.	1325.	1350.	1500.	2300.
1904	1200.	1225.	1250.	1275.	1300.	1325.	1350.	1500.	1800.
1904-S	1200.	1225.	1250.	1275.	1300.	1325.	1350.	1500.	1800.
1905	1200.	1225.	1250.	1275.	1300.	1500.	1700.	5000.	20000.
1905-S	1200.	1225.	1250.	1275.	1300.	1325.	1350.	1500.	4000.
1906	1200.	1225.	1250.	1275.	1300.	1350.	1400.	3500.	10000.
1906-D	1200.	1225.	1250.	1275.	1300.	1325.	1350.	1500.	3500.
1906-S	1200.	1225.	1250.	1275.	1300.	1350.	1400.	1700.	3000.
1907	1200.	1225.	1250.	1275.	1300.	1325.	1350.	1500.	1800.
1907-D	1200.	1225.	1250.	1275.	1300.	1350.	1400.	1600.	2700.
1907-S	1200.	1225.	1250.	1275.	1300.	1325.	1350.	1500.	2500.

—— = Insufficient pricing data

Saint-Gaudens $20 double eagle

Date of authorization: March 3, 1849
Dates of issue: 1907-1933
Designer: Augustus Saint-Gaudens
Engraver: Charles Barber
Diameter: 34.29 mm/1.35 inches
Weight: 33.47 grams/1.07 ounce
Metallic Content: 90% gold, 10% copper
Weight of pure gold: 30.09 grams/0.97 ounce
Edge: Lettered (E PLURIBUS UNUM, with stars dividing words)
Mint mark: Obverse above date

	EF-40	AU-50	AU-55	AU-58	MS-60	MS-61	MS-62	MS-63	MS-64	MS-65	MS-66
NO MOTTO ON REVERSE											
1907 Extremely High Relief, Roman Numerals, Plain Edge, Proof Only, Unique											
	*	*	*	*	*	*	*	*	*	*	*
1907 Extremely High Relief, Roman Numerals, Lettered Edge, Proof Only											
	*	*	*	*	*	*	*	*	*	*	*
1907 High Relief, Roman Numerals, Wire Rim											
	11000.	12000.	14000.	16000.	18000.	20000.	25000.	30000.	40000.	60000.	90000.
1907 High Relief, Roman Numerals, Flat Rim											
	12000.	13000.	15000.	17000.	20000.	22000.	27000.	35000.	50000.	75000.	100000.
1907	1225.	1275.	1300.	1325.	1350.	1400.	1450.	1500.	2500.	4000.	8000.
1908	1225.	1275.	1300.	1325.	1350.	1400.	1450.	1500.	1600.	2000.	3800.
1908-D	1225.	1275.	1300.	1325.	1350.	1400.	1450.	1500.	1600.	12000.	40000.
MOTTO ON REVERSE											
1908	1225.	1275.	1300.	1325.	1350.	1400.	1450.	2000.	7000.	27000.	45000.
1908 Satin Proof	*	*	*	*	*	*	*	*	*	*	*
1908-D	1225.	1275.	1300.	1325.	1350.	1400.	1450.	1500.	3000.	7000.	20000.
1908-S	3500.	6000.	7000.	9000.	11000.	13000.	17000.	25000.	35000.	50000.	100000.
1909/8	1300.	1500.	1600.	1700.	2000.	2500.	4500.	8000.	22000.	50000.	100000.
1909	1225.	1275.	1300.	1325.	1350.	1800.	2000.	4000.	12000.	45000.	130000.
1909-D	1225.	1600.	1700.	1800.	2200.	2500.	5000.	10000.	18000.	50000.	100000.
1909-S	1225.	1275.	1300.	1325.	1350.	1400.	1450.	1500.	2000.	7500.	25000.
1910	1225.	1275.	1300.	1325.	1350.	1400.	1450.	1500.	2000.	10000.	40000.

—— = Insufficient pricing data   * = None issued

	EF-40	AU-50	AU-55	AU-58	MS-60	MS-61	MS-62	MS-63	MS-64	MS-65	MS-66
1910-D	1225.	1275.	1300.	1325.	1350.	1400.	1450.	1500.	1600.	4000.	9000.
1910-S	1225.	1275.	1300.	1325.	1350.	1400.	1450.	1500.	2700.	11000.	40000.
1911	1225.	1275.	1300.	1325.	1350.	1400.	1450.	2500.	5000.	18000.	35000.
1911-D	1225.	1275.	1300.	1325.	1350.	1400.	1450.	1500.	1600.	2000.	3800.
1911-S	1225.	1275.	1300.	1325.	1350.	1400.	1450.	1500.	1800.	6500.	18000.
1912	1225.	1275.	1300.	1325.	1350.	1400.	2000.	5000.	25000.	75000.
1913	1225.	1275.	1300.	1325.	1350.	1400.	1500.	3500.	10000.	55000.	—
1913-D	1225.	1275.	1300.	1325.	1350.	1400.	1450.	1500.	2200.	7500.	40000.
1913-S	1350.	1500.	1600.	1700.	2000.	2500.	3000.	5000.	8500.	45000.	175000.
1914	1300.	1400.	1425.	1450.	1500.	1550.	1600.	3500.	8000.	25000.	55000.
1914-D	1225.	1275.	1300.	1325.	1350.	1400.	1450.	1500.	1600.	3500.	8000.
1914-S	1225.	1275.	1300.	1325.	1350.	1400.	1450.	1500.	1600.	2000.	7500.
1915	1225.	1275.	1300.	1325.	1350.	1400.	1500.	2500.	8000.	35000.	—
1915-S	1225.	1275.	1300.	1325.	1350.	1400.	1450.	1500.	1600.	2000.	6500.
1916-S	1225.	1275.	1300.	1325.	1350.	1400.	1450.	1600.	2000.	3500.	6500.
1920	1225.	1275.	1300.	1325.	1350.	1400.	1450.	1500.	5000.	65000.	—
1920-S	20000.	30000.	40000.	50000.	60000.	65000.	80000.	100000.	225000.	350000.	575000.
1921	40000.	55000.	60000.	70000.	110000.	140000.	200000.	300000.	450000.	1000000.	1500000.
1922	1225.	1275.	1300.	1325.	1350.	1400.	1450.	1500.	1600.	4000.	30000.
1922-S	1300.	1300.	1500.	1800.	2500.	3000.	3500.	5000.	10000.	50000.	100000.
1923	1225.	1275.	1300.	1325.	1350.	1400.	1450.	1500.	1600.	7500.	55000.
1923-D	1225.	1275.	1300.	1325.	1350.	1400.	1450.	1500.	1600.	2000.	3800.
1924	1225.	1275.	1300.	1325.	1350.	1400.	1450.	1500.	1600.	2000.	3800.
1924-D	1700.	2000.	3000.	3500.	4500.	5500.	6000.	10000.	18000.	100000.	200000.
1924-S	1700.	2000.	3000.	3500.	4500.	5500.	6000.	10000.	18000.	100000.	—
1925	1225.	1275.	1300.	1325.	1350.	1400.	1450.	1500.	1600.	2000.	3800.
1925-D	2500.	3000.	3500.	4000.	5000.	6000.	8000.	18000.	30000.	100000.	225000.
1925-S	3000.	4000.	5000.	8500.	12000.	15000.	18000.	30000.	75000.	175000.	225000.
1926	1225.	1275.	1300.	1325.	1350.	1400.	1450.	1500.	1600.	2000.	3800.
1926-D	14000.	17000.	20000.	25000.	35000.	37000.	40000.	60000.	100000.	175000.	375000.
1926-S	1700.	2000.	2500.	3000.	3500.	4000.	5000.	6000.	10000.	40000.	100000.
1927	1225.	1275.	1300.	1325.	1350.	1400.	1450.	1500.	1600.	2000.	3800.
1927-D	—	—	—	—	—	—	1000000.	1500000.	2000000.	2500000.	3000000.
1927-S	10000.	15000.	20000.	25000.	30000.	40000.	50000.	60000.	100000.	140000.	200000.
1928	1225.	1275.	1300.	1325.	1350.	1400.	1450.	1500.	1600.	2000.	3800.
1929	10000.	13000.	14000.	16000.	20000.	25000.	30000.	50000.	60000.	110000.	175000.
1930-S	30000.	35000.	37000.	40000.	45000.	50000.	60000.	135000.	175000.	250000.	325000.
1931	16000.	22000.	27000.	35000.	40000.	45000.	50000.	80000.	100000.	135000.	160000.
1931-D	15000.	20000.	25000.	30000.	35000.	45000.	50000.	60000.	100000.	125000.	175000.	240000.
1932	16000.	18000.	20000.	25000.	30000.	35000.	50000.	85000.	110000.	140000.	175000.
1933	—	—	—	—	—	—	—	—	—	—	—

—— = Insufficient pricing data

First Spouse gold $10 coin

2007

Date of authorization: December 22, 2005
Dates of issue: 2007-present
Designers: Obverse: Differs for each issue
Reverse: Differs for each issue
Engraver: Differs for each issue
Diameter: 27 mm/1.07 inches
Weight: half ounce
Metallic Content: .999 fine gold
Weight of pure gold: half ounce
Edge: Reeded
Mint mark: Obverse, below date, W

2008

	MS-65	MS-68	MS-69	MS-70	PF-65	PF-68DC	PF-69DC	PF-70DC
$10 GOLD								
2007-W Martha Washington	520.	530.	555.	700.	550.	570.	590.	725.
2007-W Abigail Adams	520.	530.	555.	700.	550.	570.	590.	725.
2007-W Draped Bust Liberty	520.	530.	555.	700.	550.	570.	590.	725.
2007-W Dolley Madison	520.	530.	555.	700.	550.	570.	590.	725.
2008-W Elizabeth Monroe	—	—	—	—	—	—	—	—
2008-W Louisa Adams	—	—	—	—	—	—	—	—
2008-W Capped Bust Liberty	—	—	—	—	—	—	—	—
2008-W Seated Liberty	—	—	—	—	—	—	—	—

—— = Insufficient pricing data   * = None issued

Commemorative coins 1892-1954

	EF-40	AU-50	MS-60	MS-63	MS-64	MS-65	MS-66
WORLD'S COLUMBIAN EXPO							
1893 Isabella quarter dollar	550.	700.	800.	1000.	1300.	4000.	7000.
1892 silver half dollar	18.	21.	32.	90.	200.	600.	1500.
1893 silver half dollar	18.	20.	30.	85.	225.	650.	1700.
LAFAYETTE MONUMENT							
1900 silver dollar	550.	750.	1200.	2500.	4500.	12000.	20000.
LOUISIANA PURCHASE							
1903 Jefferson gold dollar	800.	850.	900.	1200.	2800.	4000.	5500.
1903 McKinley gold dollar	800.	850.	900.	1200.	2800.	4000.	5500.
LEWIS & CLARK EXPEDITION							
1904 gold dollar	1100.	1200.	1500.	3000.	6500.	13000.	20000.
1905 gold dollar	1300.	1500.	1700.	3500.	9000.	20000.	40000.
PANAMA-PACIFIC EXPO							
1915-S silver half dollar	250.	500.	600.	900.	1700.	2700.	4500.
1915-S gold dollar	700.	800.	900.	1100.	1700.	3200.	5500.
1915-S gold $2.50	1700.	1900.	2200.	4300.	7000.	9000.	11000.
1915-S gold $50 Round	50000.	60000.	70000.	85000.	100000.	150000.	200000.
1915-S gold $50 Octagonal	50000.	60000.	65000.	80000.	95000.	140000.	250000.
MCKINLEY MEMORIAL							
1916 gold dollar	700.	750.	850.	1000.	1600.	3200.	5500.
1917 gold dollar	850.	950.	1100.	1500.	3000.	4500.	6500.
ILLINOIS CENTENNIAL							
1918 silver half dollar	135.	150.	175.	200.	275.	550.	1000.
MAINE CENTENNIAL							
1920 silver half dollar	125.	150.	200.	250.	350.	550.	1000.
PILGRIM TERCENTENARY							
1920 silver half dollar	80.	100.	125.	140.	200.	450.	1200.
1921 silver half dollar	140.	200.	250.	275.	325.	550.	1700.
MISSOURI CENTENNIAL							
1921 silver half dollar, No 2*4	375.	450.	800.	1100.	2000.	4500.	11000.
1921 silver half dollar, 2*4	450.	750.	900.	1200.	2100.	5000.	16000.
ALABAMA CENTENNIAL							
1921 silver half dollar, 2x2	200.	350.	400.	600.	1100.	2000.	4500.
1921 silver half dollar, No 2x2	150.	225.	275.	500.	900.	1800.	5000.
GRANT MEMORIAL							
1922 silver half dollar, No Star	100.	125.	150.	200.	350.	800.	2000.
1922 silver half dollar, Star	750.	1100.	1500.	2200.	3200.	8500.	20000.
1922 gold dollar, Star	1800.	2000.	2200.	2500.	4000.	5000.	6000.
1922 gold dollar, No Star	1800.	2000.	2200.	2500.	4000.	5000.	6000.
MONROE DOCTRINE CENTENNIAL							
1923-S silver half dollar	50.	65.	85.	175.	500.	3000.	6500.
HUGUENOT-WALLOON TERCENTENARY							
1924 silver half dollar	135.	150.	175.	200.	275.	550.	1200.
LEXINGTON-CONCORD SESQUICENTENNIAL							
1925 silver half dollar	85.	110.	125.	150.	225.	600.	1600.
STONE MOUNTAIN MEMORIAL							
1925 silver half dollar	60.	75.	90.	100.	110.	250.	400.

	EF-40	AU-50	MS-60	MS-63	MS-64	MS-65	MS-66
CALIFORNIA DIAMOND JUBILEE							
1925-S silver half dollar	200.	225.	250.	300.	550.	1400.	2000.
FORT VANCOUVER CENTENNIAL							
1925 silver half dollar	350.	375.	450.	500.	600.	1600.	2500.
AMERICAN INDEPENDENCE SESQUICENTENNIAL							
1926 silver half dollar	65.	100.	130.	175.	500.	4500.	23000.
1926 gold $2.50	550.	600.	650.	1000.	2000.	6000.	22000.
OREGON TRAIL MEMORIAL							
1926 silver half dollar	135.	150.	185.	210.	225.	350.	600.
1926-S silver half dollar	135.	150.	185.	210.	225.	350.	600.
1928 silver half dollar	225.	235.	275.	300.	325.	425.	600.
1933-D silver half dollar	400.	425.	450.	475.	500.	600.	1000.
1934-D silver half dollar	200.	225.	250.	275.	300.	400.	800.
1936 silver half dollar	150.	175.	200.	225.	250.	375.	425.
1936-S silver half dollar	175.	200.	225.	250.	275.	400.	550.
1937-D silver half dollar	175.	210.	235.	250.	275.	325.	400.
1938 silver half dollar	200.	225.	250.	275.	300.	400.	600.
1938-D silver half dollar	200.	225.	250.	275.	300.	400.	600.
1938-S silver half dollar	200.	225.	250.	275.	300.	400.	600.
1939 silver half dollar	400.	650.	700.	800.	850.	900.	1100.
1939-D silver half dollar	400.	650.	700.	800.	850.	900.	1100.
1939-S silver half dollar	400.	650.	700.	800.	850.	900.	1100.
VERMONT-BENNINGTON SESQUICENTENNIAL							
1927 silver half dollar	250.	275.	300.	325.	400.	1100.	1700.
HAWAII DISCOVERY SESQUICENTENNIAL							
1928 silver half dollar	1700.	2100.	3000.	4000.	5000.	7000.	12000.
MARYLAND TERCENTENARY							
1934 silver half dollar	150.	175.	200.	225.	250.	400.	900.
TEXAS INDEPENDENCE CENTENNIAL							
1934 silver half dollar	125.	140.	160.	185.	200.	375.	400.
1935 silver half dollar	150.	175.	200.	225.	275.	400.	600.
1935-D silver half dollar	150.	175.	200.	225.	275.	400.	600.
1935-S silver half dollar	150.	175.	200.	225.	275.	400.	600.
1936 silver half dollar	150.	175.	200.	225.	275.	400.	600.
1936-D silver half dollar	150.	175.	200.	225.	275.	400.	600.
1936-S silver half dollar	150.	175.	200.	225.	275.	400.	600.
1937 silver half dollar	175.	200.	225.	250.	300.	500.	700.
1937-D silver half dollar	175.	200.	225.	250.	300.	500.	700.
1937-S silver half dollar	175.	200.	225.	250.	300.	500.	700.
1938 silver half dollar	200.	275.	325.	350.	400.	600.	900.
1938-D silver half dollar	200.	275.	325.	350.	400.	600.	900.
1938-S silver half dollar	200.	275.	325.	350.	400.	600.	900.
DANIEL BOONE BICENTENNIAL							
1934 silver half dollar	125.	135.	150.	160.	175.	275.	450.
1935 silver half dollar, Small 1934	135.	150.	200.	225.	250.	325.	500.
1935-D silver half dollar, Small 1934	350.	450.	550.	600.	650.	800.	1700.
1935-S silver half dollar, Small 1934	350.	450.	550.	600.	650.	800.	1700.
1935 silver half dollar	125.	135.	150.	160.	175.	325.	500.
1935-D silver half dollar	200.	225.	275.	300.	350.	400.	1400.
1935-S silver half dollar	200.	225.	275.	300.	350.	400.	1400.
1936 silver half dollar	125.	135.	150.	160.	175.	275.	450.
1936-D silver half dollar	200.	225.	250.	275.	300.	400.	700.
1936-S silver half dollar	200.	225.	250.	275.	300.	400.	700.
1937 silver half dollar	125.	135.	150.	160.	175.	325.	500.

	EF-40	AU-50	MS-60	MS-63	MS-64	MS-65	MS-66
1937-D silver half dollar	250.	400.	450.	500.	600.	700.	800.
1937-S silver half dollar	250.	400.	450.	500.	600.	700.	800.
1938 silver half dollar	350.	450.	500.	550.	600.	700.	1200.
1938-D silver half dollar	350.	450.	500.	550.	600.	700.	1200.
1938-S silver half dollar	350.	450.	500.	550.	600.	700.	1200.
CONNECTICUT TERCENTENARY							
1935 silver half dollar	250.	275.	300.	325.	400.	550.	1100.
ARKANSAS CENTENNIAL							
1935 silver half dollar	100.	110.	125.	140.	150.	225.	550.
1935-D silver half dollar	110.	125.	150.	175.	225.	300.	1000.
1935-S silver half dollar	110.	125.	150.	175.	225.	300.	1000.
1936 silver half dollar	100.	110.	125.	160.	175.	275.	1100.
1936-D silver half dollar	100.	110.	125.	160.	175.	275.	1100.
1936-S silver half dollar	100.	110.	125.	160.	175.	275.	1100.
1937 silver half dollar	110.	125.	150.	175.	200.	325.	1800.
1937-D silver half dollar	110.	125.	150.	175.	200.	325.	1800.
1937-S silver half dollar	110.	125.	150.	175.	200.	325.	1800.
1938 silver half dollar	150.	200.	250.	275.	300.	700.	2000.
1938-D silver half dollar	150.	200.	250.	275.	300.	700.	2000.
1938-S silver half dollar	150.	200.	250.	275.	300.	700.	2000.
1939 silver half dollar	250.	400.	450.	500.	550.	1100.	3500.
1939-D silver half dollar	250.	400.	450.	500.	550.	1100.	3500.
1939-S silver half dollar	250.	400.	450.	500.	550.	1100.	3500.
ARKANSAS-ROBINSON							
1936 silver half dollar	150.	160.	175.	200.	225.	450.	1200.
HUDSON, NY, SESQUICENTENNIAL							
1935 silver half dollar	750.	800.	1000.	1200.	1400.	2200.	4000.
CALIFORNIA-PACIFIC EXPO (SAN DIEGO)							
1935-S silver half dollar	100.	110.	135.	145.	160.	200.	300.
1936-D silver half dollar	100.	110.	150.	175.	190.	225.	350.
OLD SPANISH TRAIL							
1935 silver half dollar	1300.	1400.	1500.	1600.	1700.	1800.	2200.
PROVIDENCE, RI, TERCENTENARY							
1936 silver half dollar	100.	110.	125.	135.	150.	275.	700.
1936-D silver half dollar	150.	300.	335.	350.	400.	1000.	3000.
1936-S silver half dollar	150.	300.	335.	350.	400.	1000.	3000.
CLEVELAND CENTENNIAL AND GREAT LAKES EXPO							
1936 silver half dollar	135.	145.	160.	175.	200.	250.	750.
WISCONSIN TERRITORIAL CENTENNIAL							
1936 silver half dollar	225.	250.	265.	275.	325.	400.	500.
CINCINNATI MUSIC CENTER							
1936 silver half dollar	300.	325.	350.	400.	550.	800.	1500.
1936-D silver half dollar	300.	325.	350.	400.	550.	800.	1500.
1936-S silver half dollar	300.	325.	350.	400.	550.	800.	1500.
LONG ISLAND TERCENTENARY							
1936 silver half dollar	90.	100.	115.	125.	135.	450.	1300.
YORK COUNTY, MAINE, TERCENTENARY							
1936 silver half dollar	200.	225.	250.	275.	300.	325.	375.
BRIDGEPORT, CT, CENTENNIAL							
1936 silver half dollar	150.	175.	200.	225.	250.	300.	700.

	EF-40	AU-50	MS-60	MS-63	MS-64	MS-65	MS-66
LYNCHBURG, VA, SESQUICENTENNIAL							
1936 silver half dollar	235.	250.	275.	300.	325.	350.	900.
ALBANY, NY, CHARTER 250TH ANNIVERSARY							
1936 silver half dollar	300.	325.	350.	375.	400.	450.	800.
ELGIN, IL, PIONEER MEMORIAL							
1936 silver half dollar	225.	250.	275.	300.	325.	350.	600.
SAN FRANCISCO - OAKLAND BAY BRIDGE							
1936-S silver half dollar	160.	175.	200.	225.	250.	350.	750.
COLUMBIA, SC, SESQUICENTENNIAL							
1936 silver half dollar 150th	275.	280.	300.	325.	375.	400.	600.
1936-D silver half dollar 150th	300.	325.	350.	375.	385.	425.	700.
1936-S silver half dollar 150th	300.	325.	350.	375.	385.	425.	700.
DELAWARE TERCENTENARY							
1936 silver half dollar	300.	325.	350.	375.	400.	500.	850.
BATTLE OF GETTYSBURG 75TH ANNIVERSARY							
1936 silver half dollar	400.	425.	450.	500.	550.	800.	1200.
NORFOLK, VA, BICENTENNIAL & TERCENTENARY							
1936 silver half dollar	500.	550.	600.	650.	700.	750.	800.
ROANOKE COLONIZATION 350TH ANNIVERSARY							
1937 silver half dollar	225.	275.	300.	325.	350.	375.	450.
BATTLE OF ANTIETAM 75TH ANNIVERSARY							
1937 silver half dollar	700.	800.	850.	900.	950.	1100.	1300.
NEW ROCHELLE, NY, 250TH ANNIVERSARY							
1938 silver half dollar	400.	425.	475.	500.	550.	650.	900.
IOWA STATEHOOD CENTENNIAL							
1946 silver half dollar	110.	125.	135.	145.	165.	225.	275.
BOOKER T. WASHINGTON MEMORIAL							
1946 silver half dollar	14.	16.	20.	23.	25.	55.	165.
1946-D silver half dollar	20.	25.	30.	35.	45.	85.	225.
1946-S silver half dollar	15.	18.	22.	25.	30.	65.	185.
1947 silver half dollar	25.	30.	45.	65.	75.	100.	800.
1947-D silver half dollar	28.	35.	50.	70.	85.	110.	900.
1947-S silver half dollar	25.	30.	45.	65.	75.	100.	800.
1948 silver half dollar	30.	45.	65.	90.	100.	110.	500.
1948-D silver half dollar	30.	45.	65.	90.	100.	110.	500.
1948-S silver half dollar	30.	45.	65.	90.	100.	110.	500.
1949 silver half dollar	40.	80.	100.	110.	120.	130.	275.
1949-D silver half dollar	40.	80.	100.	110.	120.	130.	275.
1949-S silver half dollar	40.	80.	100.	110.	120.	130.	275.
1950 silver half dollar	40.	80.	100.	110.	120.	130.	275.
1950-D silver half dollar	40.	80.	100.	110.	120.	130.	275.
1950-S silver half dollar	20.	25.	30.	35.	45.	85.	225.
1951 silver half dollar	18.	20.	25.	30.	35.	75.	200.
1951-D silver half dollar	25.	45.	65.	90.	100.	110.	500.
1951-S silver half dollar	25.	45.	65.	90.	100.	110.	500.
BOOKER T. WASHINGTON - GEORGE WASHINGTON CARVER							
1951 silver half dollar	18.	25.	50.	65.	75.	200.	1200.
1951-D silver half dollar	20.	35.	60.	75.	85.	225.	1400.
1951-S silver half dollar	20.	35.	60.	75.	85.	225.	1400.

—— = Insufficient pricing data   * = None issued

	EF-40	AU-50	MS-60	MS-63	MS-64	MS-65	MS-66
1952 silver half dollar	14.	16.	20.	30.	50.	60.	500.
1952-D silver half dollar	20.	35.	60.	75.	85.	210.	800.
1952-S silver half dollar	20.	35.	60.	75.	85.	210.	800.
1953 silver half dollar	20.	35.	60.	75.	85.	210.	800.
1953-D silver half dollar	20.	35.	60.	75.	85.	210.	800.
1953-S silver half dollar	16.	20.	30.	40.	60.	100.	700.
1954 silver half dollar	20.	30.	60.	70.	85.	150.	800.
1954-D silver half dollar	20.	30.	60.	70.	85.	150.	800.
1954-S silver half dollar	17.	20.	25.	35.	55.	80.	700.

Commemorative coins 1982-2008

	MS-55	MS-68	MS-69	MS-70	PF-65	PF-68DC	PF-69DC	PF-70DC
WASHINGTON'S BIRTH 250TH ANNIVERSARY								
1982-D silver half dollar	7.50	—	650.	—	*	*	*	*
1982-S silver half dollar	*	*	*	*	7.50	12.	20.	—
GAMES OF THE XXIII OLYMPIAD, LOS ANGELES								
1983-P silver dollar	21.	22.	38.	—	*	*	*	*
1983-D silver dollar	21.	22.	38.	—	*	*	*	*
1983-S silver dollar	21.	22.	38.	—	14.	22.	30.	—
1984-P silver dollar	21.	22.	38.	2200.	*	*	*	*
1984-D silver dollar	21.	22.	45.	—	*	*	*	*
1984-S silver dollar	21.	22.	45.	—	16.	22.	38.	—
1984-P gold $10 eagle	*	*	*	*	550.	—	575.	—
1984-D gold $10 eagle	*	*	*	*	580.	—	605.	—
1984-S gold $10 eagle	*	*	*	*	550.	—	575.	—
1984-W gold $10 eagle	525.	—	560.	—	550.	—	575.	—
STATUE OF LIBERTY - ELLIS ISLAND CENTENNIAL								
1986-D clad half dollar	6.00	—	18.	—	*	*	*	*
1986-S clad half dollar	*	*	*	*	6.00	—	18.	—
1986-P silver dollar	21.	22.	38.	—	*	*	*	*
1986-S silver dollar	*	*	*	*	16.	22.	38.	—
1986-W gold $5 half eagle	260.	—	275.	600.	265.	—	290.	—
CONSTITUTION BICENTENNIAL								
1987-P silver dollar	21.	22.	38.	215.	*	*	*	*
1987-S silver dollar	*	*	*	*	16.	22.	38.	—
1987-W gold $5 half eagle	260.	—	275.	390.	265.	—	290.	—
GAMES OF THE XXIV OLYMPIAD, CALGARY, SEOUL								
1988-D silver dollar	21.	22.	38.	—	*	*	*	*
1988-S silver dollar	*	*	*	*	16.	22.	38.	—
1988-W gold $5 half eagle	260.	—	275.	—	265.	—	290.	—
BICENTENNIAL OF CONGRESS								
1989-D clad half dollar	10.	—	20.	—	*	*	*	*
1989-S clad half dollar	*	*	*	*	10.	—	20.	—
1989-D silver dollar	24.	25.	45.	—	*	*	*	*
1989-S silver dollar	*	*	*	*	20.	25.	45.	—
1989-W gold $5 half eagle	260.	—	275.	315.	270.	—	300.	350.

—— = Insufficient pricing data   * = None issued

	MS-65	MS-68	MS-69	MS-70	PF-65	PF-68DC	PF-69DC	PF-70DC
EISENHOWER BIRTH CENTENNIAL								
1990-W silver dollar	24.	25.	45.	900.	*	*	*	*
1990-P silver dollar	*	*	*	*	20.	25.	45.	—
MOUNT RUSHMORE 50TH ANNIVERSARY								
1991-D clad half dollar	23.	—	35.	—	*	*	*	*
1991-S clad half dollar	*	*	*	*	22.	—	35.	—
1991-P silver dollar	37.	40.	55.	400.	*	*	*	*
1991-S silver dollar	*	*	*	*	35.	40.	62.	—
1991-W gold $5 half eagle	350.	—	360.	670.	300.	—	340.	—
KOREAN WAR 38TH ANNIVERSARY								
1991-D silver dollar	23.	25.	40.	300.	*	*	*	*
1991-P silver dollar	*	*	*	*	21.	26.	35.	—
UNITED SERVICE ORGANIZATIONS 50TH ANNIVERSARY								
1991-D silver dollar	26.	—	30.	300.	*	*	*	*
1991-S silver dollar	*	*	*	*	22.	—	35.	—
GAMES OF THE XXV OLYMPIAD, ALBERTVILLE, BARCELONA								
1992-P clad half dollar	10.	—	25.	450.	*	*	*	*
1992-S clad half dollar	*	*	*	*	10.	—	25.	—
1992-D silver dollar	27.	—	40.	—	*	*	*	*
1992-S silver dollar	*	*	*	*	28.	—	40.	—
1992-W gold $5 half eagle	355.	—	375.	410.	315.	—	340.	—
WHITE HOUSE BICENTENNIAL								
1992-D silver dollar	37.	—	60.	350.	*	*	*	*
1992-W silver dollar	*	*	*	*	35.	—	65.	—
COLUMBUS DISCOVERY QUINCENTENNIAL								
1992-D clad half dollar	13.	—	25.	500.	*	*	*	*
1992-S clad half dollar	*	*	*	*	13.	—	25.	—
1992-P silver dollar	*	*	*	*	42.	—	65.	—
1992-D silver dollar	37.	—	53.	300.	*	*	*	*
1992-W gold $5 half eagle	405.	—	475.	625.	260.	—	300.	—
BILL OF RIGHTS - JAMES MADISON								
1993-W silver half dollar	25.	—	40.	350.	*	*	*	*
1993-S silver half dollar	*	*	*	*	18.	—	30.	—
1993-D silver dollar	37.	—	50.	650.	*	*	*	*
1993-S silver dollar	*	*	*	*	25.	—	45.	—
1993-W gold $5 half eagle	395.	—	465.	—	350.	—	420.	—
WORLD WAR II 50TH ANNIVERSARY, DUAL DATES 1991-1995								
(1993)-P WWII clad half dollar	40.	—	50.	—	35.	—	45.	—
(1993)-D silver dollar	37.	—	60.	—	*	*	*	*
(1993)-W silver dollar	*	*	*	*	45.	—	65.	—
(1993)-W WWII gold $5 half eagle	420.	—	465.	—	420.	—	470.	—
SOCCER WORLD CUP								
1994-D clad half dollar	12.	—	25.	1600.	*	*	*	*
1994-P clad half dollar	*	*	*	*	10.	—	25.	—
1994-D silver dollar	32.	—	48.	—	*	*	*	*
1994-S silver dollar	*	*	*	*	32.	—	53.	—
1994-W gold $5 half eagle	395.	—	465.	—	325.	—	390.	—
THOMAS JEFFERSON 250TH ANNIVERSARY 1743-1993								
(1994)-P silver dollar	37.	—	55.	300.	*	*	*	*
(1994)-S silver dollar	*	*	*	*	35.	—	52.	—

—— = Insufficient pricing data   * = None issued

	MS-65	MS-68	MS-69	MS-70	PF-65	PF-68DC	PF-69DC	PF-70DC
WOMEN IN MILITARY SERVICE MEMORIAL								
1994-W silver dollar	50.	—	83.	300.	*	*	*	*
1994-P silver dollar	*	*	*	*	50.	—	83.	—
VIETNAM VETERANS' MEMORIAL								
1994-W silver dollar	100.	—	125.	400.	*	*	*	*
1994-P silver dollar	*	*	*	*	85.	—	115.	—
PRISONER OF WAR MUSEUM								
1994-W silver dollar	100.	—	125.	350.	*	*	*	*
1994-P silver dollar	*	*	*	*	65.	—	100.	—
UNITED STATES CAPITOL BICENTENNIAL								
1994-D silver dollar	30.	—	42.	325.	*	*	*	*
1994-S silver dollar	*	*	*	*	30.	—	48.	—
CIVIL WAR BATTLEFIELDS								
1995-S clad half dollar	50.	—	60.	650.	45.	—	55.	—
1995-P silver dollar	90.	—	115.	—	*	*	*	*
1995-S silver dollar	*	*	*	*	90.	—	115.	—
1995-W gold $5 half eagle	1000.	—	1200.	2500.	650.	—	750.	—
SPECIAL OLYMPICS WORLD GAMES								
1995-W silver dollar	33.	—	42.	1500.	*	*	*	*
1995-P silver dollar	*	*	*	*	28.	—	47.	—
GAMES OF THE XXVI OLYMPIAD, ATLANTA								
1995-S Basketball clad half dollar	23.	—	35.	375.	20.	—	30.	—
1995-S Baseball clad half dollar	25.	—	35.	200.	20.	—	30.	—
1996-S Swimming clad half dollar	175.	—	185.	—	40.	—	50.	—
1996-S Soccer clad half dollar	120.	—	130.	650.	115.	—	110.	—
1995-D Gymnastics silver dollar	85.	—	115.	400.	*	*	*	*
1995-P Gymnastics silver dollar	*	*	*	*	60.	—	73.	—
1995-D Cycling silver dollar	160.	—	170.	—	*	*	*	*
1995-P Cycling silver dollar	*	*	*	*	55.	—	73.	—
1995-D Track & Field silver dollar	110.	—	125.	—	*	*	*	*
1995-P Track & Field silver dollar	*	*	*	*	57.	—	73.	—
1995-P Paralympic, blind runner silver dollar	105.	—	135.	—	*	*	*	*
1995-P Paralympic, blind runner silver dollar	*	*	*	*	70.	—	75.	—
1996-D Tennis silver dollar	340.	—	370.	—	*	*	*	*
1996-P Tennis silver dollar	*	*	*	*	100.	—	125.	—
1996-D Rowing silver dollar	375.	—	385.	1500.	*	*	*	*
1996-P Rowing silver dollar	*	*	*	*	85.	—	115.	—
1996-D High Jump silver dollar	410.	—	425.	—	*	*	*	*
1996-P High Jump silver dollar	*	*	*	*	70.	—	93.	—
1996-D Paralympic, wheelchair athlete silver dollar	410.	—	425.	1650.	*	*	*	*
1996-P Paralympic, wheelchair athlete silver dollar	*	*	*	*	100.	—	125.	—
1995-W Torch Runner gold $5 half eagle	475.	—	525.	2000.	360.	—	420.	—
1995-W Atlanta Stadium gold $5 half eagle	525.	—	600.	—	405.	—	465.	—
1996-W Olympic Flame brazier gold $5 half eagle	1100.	—	1200.	—	700.	—	800.	—
1996-W Flagbearer gold $5 half eagle	1100.	—	1200.	—	700.	—	800.	—

——— = Insufficient pricing data   * = None issued

	MS-65	MS-68	MS-69	MS-70	PF-65	PF-68DC	PF-69DC	PF-70DC
NATIONAL COMMUNITY SERVICE								
1996-S silver dollar	285.	—	305.	2000.	90.	—	120.	
SMITHSONIAN INSTITUTION 150TH ANNIVERSARY								
1996-D silver dollar	175.	—	210.	—	*	*	*	*
1996-P silver dollar	*	*	*	*	77.	—	105.	—
1996-W gold $5 half eagle	1600.	—	1800.	—	800.	—	900.	—
U.S. BOTANIC GARDEN								
1997-P silver dollar	54.	—	65.	—	55.	—	75.	—
FRANKLIN DELANO ROOSEVELT								
1997-W gold $5 half eagle	1200.	—	1350.	—	650.	—	750.	—
NATIONAL LAW ENFORCEMENT OFFICERS MEMORIAL								
1997-P silver dollar	225.	—	235.	750.	175.	—	205.	
JACKIE ROBINSON								
1997-S silver dollar	107.	—	125.	—	95.	—	105.	—
1997-W gold $5 half eagle	6000.	—	7000.	—	1100.	—	1200.	—
BLACK REVOLUTIONARY WAR PATRIOTS								
1998-S silver dollar	195.	—	225.		140.	—	165.	
ROBERT F. KENNEDY								
1998-S silver dollar	40.	—	53.		58.	—	80.	—
GEORGE WASHINGTON								
1999-W gold $5 half eagle	550.	—	700.	3500.	500.	—	700.	—
YELLOWSTONE NATIONAL PARK								
1999-P silver dollar	60.	—	75.	350.	62.	—	82.	
DOLLEY MADISON								
1999-P silver dollar	60.	—	70.	350.	60.	—	70.	
LIBRARY OF CONGRESS BICENTENNIAL								
2000-P silver dollar	52.	—	60.	675.	50.	—	60.	—
2000-W bimetallic $10 eagle	4000.	—	5000.	6500.	1400.	—	1700.	—
LEIF ERICSON MILLENNIUM SILVER DOLLAR								
2000-P silver dollar	100.	—	110.	350.	75.	—	85.	
AMERICAN BUFFALO								
2001-D silver dollar	165.	—	175.	335.	*	*	*	*
2001-P silver dollar	*	*	*	*	170.	—	185.	—
CAPITOL VISITOR CENTER								
2001-P half dollar	15.	—	30.	1100.	20.	—	30.	—
2001-P silver dollar	42.	—	50.	—	50.	—	60.	—
2001-W gold $5 half eagle	2100.	—	2300.	2800.	550.	—	650.	—
U.S. MILITARY ACADEMY BICENTENNIAL								
2002-W silver dollar	38.	—	45.	175.	35.	—	45.	—
SALT LAKE CITY OLYMPIC GAMES								
2002-P silver dollar	42.	—	50.	325.	48.	—	55.	—
2002-W gold $5 half eagle	550.	—	700.	—	550.	—	700.	—
FIRST FLIGHT CENTENNIAL								
2003-P clad half dollar	18.	—	30.	225.	19.	—	30.	—
2003-P silver dollar	42.	—	50.	650.	37.	—	50.	—
2003-P gold $10 eagle	650.	—	770.	—	670.	—	750.	—

——— = Insufficient pricing data   * = None issued

	MS-65	MS-68	MS-69	MS-70	PF-65	PF-68DC	PF-69DC	PF-70DC
LEWIS & CLARK BICENTENNIAL								
2004-P silver dollar	42.	—	55.	—	40.	—	55.	—
THOMAS ALVA EDISON								
2004-P silver dollar	47.	—	55.	—	45.	—	55.	110.
CHIEF JUSTICE JOHN MARSHALL								
2005-P silver dollar	42.	—	55.	500.	45.	—	55.	110.
MARINE CORPS 230TH ANNIVERSARY								
2005-P silver dollar	65.	—	80.	110.	75.	—	90.	110.
BENJAMIN FRANKLIN TERCENTENARY								
2006-P Scientist silver dollar	60.	—	68.	90.	60.	—	80.	120.
2006-P Founding Father silver dollar	60.	—	68.	90.	60.	—	75.	110.
SAN FRANCISCO OLD MINT								
2006-S silver dollar	50.	—	60.	85.	—	—	—	—
2006-S gold $5 half eagle	270.	—	300.	—	275.	—	305.	—
JAMESTOWN (VA.) QUADRICENTENNIAL								
2007-P silver dollar	45.	—	60.	115.	47.	—	55.	110.
2007-W gold $5 half eagle	270.	—	300.	—	275.	—	305.	—
LITTLE ROCK CENTRAL HIGH SCHOOL DESEGREGATION 50TH ANNIVERSARY								
2007-P silver dollar	45.	—	65.	115.	47.	—	60.	110.
BALD EAGLE								
2008-S clad half dollar	10.	—	25.	50.	12.	—	27.	50.
2008-P silver dollar	45.	—	60.	115.	47.	—	55.	110.
2008-W gold $5 half eagle	270.	—	300.	—	275.	—	305.	—

—— = Insufficient pricing data   * = None issued

Proof sets

	Low	High
1936	6500.	8000.
1937	3500.	4500.
1938	1800.	2500.
1939	1700.	2400.
1940	1400.	1800.
1941	1400.	1800.
1942 5-piece	1200.	1500.
1942 6-piece	1300.	1800.
1950	650.	900.
1951	600.	800.
1952	325.	450.
1953	300.	400.
1954	175.	250.
1955 Flat	175.	250.
1956	65.	90.
1957	30.	45.
1958	70.	90.
1959	25.	35.
1960	20.	30.
1960 Small Date cent	50.	70.
1961	10.	15.
1962	10.	15.
1963	15.	20.
1964	11.	16.
1968-S	7.00	10.
1969-S	7.00	10.
1970-S	14.	18.
1970-S Level 7 Small Date cent	100.	125.
1971-S	6.00	9.00
1972-S	6.00	9.00
1973-S	12.	15.
1974-S	8.00	11.
1975-S	14.	18.
1976-S	8.00	12.
1976-S Bicentennial 3-piece	15.	20.
1977-S	7.00	10.
1978-S	8.00	11.
1979-S Filled S	7.00	10.
1979-S Clear S	115.	150.
1980-S	6.00	9.00
1981-S Filled S	8.00	11.
1981-S Clear S	300.	375.
1982-S	5.00	8.00
1983-S	6.00	9.00
1983-S Prestige	110.	140.
1984-S	8.00	11.
1984-S Prestige	23.	30.
1985-S	4.00	6.00
1986-S	20.	25.
1986-S Prestige	35.	45.
1987-S	4.00	6.00
1987-S Prestige	25.	35.
1988-S	8.00	11.
1988-S Prestige	30.	40.

	Low	High
1989-S	7.00	10.
1989-S Prestige	35.	45.
1990-S	8.00	11.
1990-S No S Lincoln cent	6500.	7500.
1990-S Prestige	25.	35.
1991-S	12.	16.
1991-S Prestige	65.	80.
1992-S	6.00	9.00
1992-S Prestige	120.	150.
1992-S Silver	16.	20.
1992-S Silver Premier	16.	20.
1993-S	13.	18.
1993-S Prestige	40.	50.
1993-S Silver	35.	50.
1993-S Silver Premier	35.	50.
1994-S	18.	23.
1994-S Prestige	55.	70.
1994-S Silver	45.	55.
1994-S Silver Premier	45.	55.
1995-S	75.	100.
1995-S Prestige	250.	300.
1995-S Silver	110.	125.
1995-S Silver Premier	110.	125.
1996-S	14.	18.
1996-S Prestige	500.	575.
1996-S Silver	50.	65.
1996-S Silver Premier	50.	65.
1997-S	50.	65.
1997-S Prestige	225.	275.
1997-S Silver	100.	125.
1997-S Silver Premier	100.	125.
1998-S	30.	40.
1998-S Silver	50.	60.
1998-S Silver Premier	50.	60.
1999-S 9 coin set	70.	90.
1999-S Quarters 5 coin set	65.	80.
1999-S Silver	275.	350.
2000-S 10 coin set	20.	25.
2000-S Silver	30.	40.
2000-S Quarters	13.	18.
2001-S	125.	150.
2001-S Silver	140.	175.
2001-S Quarters	50.	65.
2002-S	40.	55.
2002-S Silver	65.	85.
2002-S Quarters	25.	35.
2003-S	35.	45.
2003-S Silver	40.	50.
2003-S Quarters	23.	30.
2004-S	70.	80.
2004-S Silver	35.	45.
2004-S Quarters	30.	40.
2004-S Silver Quarters	40.	50.
2005-S	25.	35.

—— = Insufficient pricing data   * = None issued

PROOF SETS (CONTINUED)

	Low	High
2005-S Silver	50.	60.
2005-S Quarters	17.	25.
2005-S Silver Quarters	27.	35.
2006-S	25.	35.
2006-S Silver	25.	35.
2006-S Quarters	18.	25.
2006-S Silver Quarters	25.	35.
2007-S	25.	32.
2007-S Silver	40.	50.

	Low	High
2007-S Quarters	13.	18.
2007-S Silver Quarters	23.	30.
2007-S Presidential Dollars	15.	20.
2008-S	25.	35.
2008-S Silver	43.	55.
2008-S Quarters	14.	18.
2008-S Silver Quarters	25.	32.
2008-S Presidential Dollars	15.	20.

Uncirculated Mint sets

	Low	High
1947 Double set	1100.	1400.
1948 Double set	575.	800.
1949 Double set	750.	1000.
1950 No Sets Issued	*	*
1951 Double set	750.	950.
1952 Double set	700.	900.
1953 Double set	450.	650.
1954 Double set	225.	300.
1955 Double set	140.	200.
1956 Double set	130.	190.
1957 Double set	225.	290.
1958 Double set	130.	190.
1959 Single set	50.	65.
1960	28.	40.
1961	45.	65.
1962	22.	30.
1963	22.	30.
1964	22.	30.
1965 Special Mint Set	10.	17.
1966 Special Mint Set	12.	17.
1967 Special Mint Set	17.	23.
1968	5.00	8.00
1969	7.00	9.00
1970	19.	27.
1971	5.00	7.00
1972	5.00	7.00
1973	20.	25.
1974	7.00	11.
1975	10.	14.
1976-S 3-piece 40% silver	15.	20.
1976	10.	15.

	Low	High
1977	9.00	11.
1978	8.00	10.
1979	7.00	10.
1980	7.00	10.
1981	15.	22.
1984	7.00	10.
1985	7.00	10.
1986	18.	27.
1987	7.00	11.
1988	8.00	12.
1989	8.00	12.
1990	8.00	12.
1991	11.	16.
1992	8.00	11.
1993	9.00	13.
1994	8.00	13.
1995	20.	25.
1996	24.	32.
1997	27.	35.
1998	9.00	14.
1999	30.	40.
2000	12.	16.
2001	18.	23.
2002	17.	22.
2003	23.	28.
2004	60.	75.
2005	15.	20.
2006	16.	22.
2007	15.	20.
2008	20.	27.

—— = Insufficient pricing data   * = None issued

American Eagle silver bullion

Date of authorization: Dec. 17, 1985
Dates of issue: 1986-present
Designers: Obverse: Adolph A. Weinman
Reverse: John Mercanti
Engravers: Obverse: Edgar Steever
Reverse: John Mercanti
Diameter: 40.10 mm/1.58 inches
Weight: 31.10 grams/1.00 ounce
Metallic Content: 100% silver (.999 fine)
Weight of pure silver: 31.10 grams/1.00 ounce
Edge: Reeded
Mint mark: Reverse left of eagle's tail
(none on bullion versions)

	MS-65	MS-69	PF-65	PF-69DC
1986 (S)	27.	50.	*	*
1986-S	*	*	40.	75.
1987 (S)	23.	50.	*	*
1987-S	*	*	40.	75.
1988 (S)	26.	50.	*	*
1988-S	*	*	63.	90.
1989 (S or W)	23.	50.	*	*
1989-S	*	*	45.	75.
1990 (S or W)	24.	50.	*	*
1990-S	*	*	40.	75.
1991 (S or W)	23.	50.	*	*
1991-S	*	*	63.	90.
1992 (S or W)	23.	50.	*	*
1992-S	*	*	52.	85.
1993 (S or W)	23.	50.	*	*
1993-P	*	*	200.	275.
1994 (S or W)	23.	50.	*	*
1994-P	*	*	250.	300.
1995 (S or W)	23.	50.	*	*
1995-P	*	*	210.	285.

	MS-65	MS-69	PF-65	PF-69DC
1995-W	*	*	4250.	4750.
1996 (S or W)	72.	110.	*	*
1996-P	*	*	75.	100.
1997 (S or W)	23.	40.	*	*
1997-P	*	*	100.	200.
1998 (S or W)	24.	45.	*	*
1998-P	*	*	58.	65.
1999 (S or W)	23.	45.	*	*
1999-P	*	*	55.	60.
2000 (S or W)	23.	38.	*	*
2000-P	*	*	42.	50.
2001 (W)	23.	38.	*	*
2001-W	*	*	38.	42.
2002 (W)	23.	38.	*	*
2002-W	*	*	38.	45.
2003 (W)	23.	38.	*	*
2003-W	*	*	38.	45.
2004 (W)	23.	38.	*	*
2004-W	*	*	38.	45.
2005 (W)	23.	38.	*	*

* = None issued

	MS-65	MS-69	PF-65	PF-69DC
2005-W	*	*	35.	40.
2006 (W)	23.	38.	*	*
2006-W Proof	*	*	40.	75.
2006-P Reverse Proof *	*	*	225.	255.
2006-W Burnished Uncirculated	100.	—	*	*
2007 (W)	23.	38.	*	*

	MS-65	MS-69	PF-65	PF-69DC
2007-W Proof	*	*	35.	40.
2007-W Burnished Uncirculated			*	*
2008 (W) Reverse of 2007	27.	35.	*	*
2008-W Proof	*	*	35.	40.
2008-W Burnished Uncirculated	—	—	*	*

American Eagle platinum bullion

Date of authorization:	Sept. 30, 1996
Dates of issue:	1997-present
Designers/Engravers:	Obverse: John Mercanti
	Reverse: Thomas D. Rogers Sr.
	(Unc. and 1997 Proof only)
	Proof reverses from 1998 onward
	are changed each year.
Diameter:	$100: 32.70 mm/1.29 inches
	$50: 27.00 mm/1.07 inches
	$25: 22.00 mm/0.87 inch
	$10: 16.50 mm/0.65 inch
Weight:	$100: 31.12 grams/1.0005 ounce
	$50: 15.56 grams/0.5003 ounce
	$25: 7.78 grams/0.2501 ounce
	$10: 3.112 grams/0.1001 ounce
Metallic Content:	100% platinum (.9995 fine)
Weight of pure platinum:	$100: 1.00 ounce; $50: 0.50 ounce
	$25: 0.25 ounce; $10: 0.10 ounce
Edge:	Reeded
Mint mark:	Reverse, location varies
	(none on bullion versions)

PLATINUM $10 — TENTH OUNCE

	MS-65	MS-69	PF-65	PF-69DC
1997 (W)	200.	240.	*	*
1997-W	*	*	290.	315.
1998 (W)	200.	240.	*	*
1998-W	*	*	300.	325.
1999 (W)	200.	240.	*	*
1999-W	*	*	300.	310.
2000 (W)	200.	240.	*	*
2000-W	*	*	300.	325.
2001-W	*	*	300.	325.
2002 (W)	200.	240.	*	*
2002-W	*	*	300.	325.
2003 (W)	200.	240.	*	*
2003-W	*	*	300.	325.
2004 (W)	200.	240.	*	*
2004-W	*	*	445.	585.
2005 (W)	200.	240.	*	*
2005-W	*	*	300.	325.
2006 (W)	200.	240.	*	*
2006-W Proof	*	*	300.	325.
2006-W Burnished Uncirculated	750.	—	*	*
2007 (W)	200.	240.	*	*
2007-W Proof	*	*	300.	325.
2007-W Burnished Uncirculated	275.	300.	*	*
2008 (W)	—	—	*	*
2008-W Proof	*	*	—	—
2008-W Burnished Uncirculated	—		*	*

PLATINUM $25 — QUARTER OUNCE

	MS-65	MS-69	PF-65	PF-69DC
1997 (W)	490.	525.	*	*
1997-W	*	*	600.	630.
1998 (W)	490.	525.	*	*
1998-W	*	*	600.	630.
1999 (W)	490.	525.	*	*
1999-W	*	*	600.	630.
2000 (W)	490.	525.	*	*
2000-W	*	*	600.	630.
2001 (W)	490.	525.	*	*
2001-W	*	*	600.	630.
2002 (W)	490.	525.	*	*
2002-W	*	*	600.	630.
2003 (W)	490.	525.	*	*
2003-W	*	*	600.	630.
2004 (W)	490.	525.	*	*
2004-W	*	*	1275.	1450.
2005 (W)	490.	525.	*	*
2005-W	*	*	620.	740.
2006 (W)	490.	525.	*	*
2006-W Proof	*	*	620.	660.
2006-W Burnished Uncirculated	1525.	—	*	*
2007 (W)	490.	525.	*	*
2007-W Proof	*	*	620.	660.
2007-W Burnished Uncirculated	540.	600.	*	*
2008 (W)	490.	525.	*	*
2008-W Proof	*	*	600.	640.
2008-W Burnished Uncirculated	—		*	*

PLATINUM $50 — HALF OUNCE

	MS-65	MS-69	PF-65	PF-69DC
1997 (W)	965.	1000.	*	*
1997-W	*	*	1230.	1275.
1998 (W)	965.	1000.	*	*
1998-W	*	*	1230.	1275.
1999 (W)	965.	1000.	*	*
1999-W	*	*	1230.	1275.
2000 (W)	965.	1000.	*	*
2000-W	*	*	1230.	1275.
2001 (W)	965.	1000.	*	*
2001-W	*	*	1230.	1275.
2002 (W)	1050.	1000.	*	*
2002-W	*	*	1230.	1275.
2003 (W)	1050.	1090.	*	*
2003-W	*	*	1230.	1275.
2004 (W)	1050.	1090.	*	*
2004-W	*	*	3675.	4850.
2005 (W)	1050.	1090.	*	*
2005-W	*	*	1230.	1275.
2006 (W)	1050.	1090.	*	*
2006-W Proof	*	*	1230.	1275.
2006-W Burnished Uncirculated	1960.	—	*	*
2007 (W)	1050.	1090.	*	*
2007-W Proof	*	*	1230.	1275.
2007-W Reverse Proof	*	*	—	—
2007-W Burnished Uncirculated	1060.	1100.	*	*
2008 (W)	—	—	*	*
2008-W Proof	*	*	—	—
2008-W Burnished Uncirculated			*	*

PLATINUM $100 — ONE OUNCE

	MS-65	MS-69	PF-65	PF-69DC
1997 (W)	1890.	1960.	*	*
1997-W	*	*	2350.	2400.
1998 (W)	1890.	1960.	*	*
1998-W	*	*	2350.	2400.
1999 (W)	1890.	1960.	*	*
1999-W	*	*	2350.	2400.
2000 (W)	1890.	1960.	*	*
2000-W	*	*	2350.	2400.
2001 (W)	1890.	1960.	*	*
2001-W	*	*	2350.	2400.
2002 (W)	1890.	1960.	*	*
2002-W	*	*	2350.	2400.
2003 (W)	1890.	1960.	*	*

—— = Insufficient pricing data   * = None issued

AMERICAN EAGLE PLATINUM BULLION (CONTINUED)

	MS-65	MS-69	PF-65	PF-69DC
2003-W	*	*	2350.	2400.
2004 (W)	1890.	1960.	*	*
2004-W	*	*	3750.	4000.
2005 (W)	1890.	1960.	*	*
2005-W	*	*	2350.	2400.
2006 (W)	1890.	1960.	*	*
2006-W Proof	*	*	2350.	2400.
2006-W Burnished Uncirculated	3050.	—	*	*
2007 (W)	1890.	1960.	*	
2007-W Proof	*	*	2350.	2400
2007-W Burnished Uncirculated	2100.	2175.	*	
2008 (W)	1890.	1960.	*	
2008-W Proof	*	*	—	—
2008-W Burnished Uncirculated	—	—	*	

Proof American Eagle platinum reverses

1998   1999   2000   2001

2002   2003   2004   2005

2006   2007   2008

—— = Insufficient pricing data   * = None issued

American Eagle gold bullion

Date of authorization: Dec. 17, 1985

Dates of issue: 1986-present

Designers: Obverse: Augustus Saint-Gaudens
Reverse: Miley Busiek

Engravers: Obverse: Matthew Peloso
Reverse: Sherl Joseph Winter

Diameter: $50: 32.70 mm/1.29 inches
$25: 27.00 mm/1.07 inches
$10: 22.00 mm/0.87 inch
$5: 16.50 mm/0.65 inch

Weight: $50: 33.93 grams/1.09 ounce
$25: 16.97 grams/0.55 ounce
$10: 8.48 grams/0.27 ounce
$5: 3.39 grams/0.11 ounce

Metallic Content: 91.67% gold, 5.33% copper, 3% silver

Weight of pure gold: $50: 1.00 ounce
$25: 0.50 ounce
$10: 0.25 ounce
$5: 0.10 ounce

Edge: Reeded

Mint mark: Obverse below date
(none on bullion versions)

	MS-65	MS-69	PF-65	PF-69DC
GOLD $5	**TENTH OUNCE**			
1986 (W)	106.	147.	*	*
1987 (W)	106.	140.	*	*
1988 (W)	220.	290.	*	*
1988-P	*	*	120.	140.
1989 (W)	106.	130.	*	*
1989-P	*	*	120.	140.
1990 (W)	110.	165.	*	*
1990-P	*	*	120.	140.
1991 (W)	130.	160.	*	*
1991-P	*	*	120.	140.

	MS-65	MS-69	PF-65	PF-69DC
1992 (W)	106.	140.	*	*
1992-P	*	*	120.	140.
1993 (W)	110.	150.	*	*
1993-P	*	*	120.	140.
1994 (W)	110.	150.	*	*
1994-P	*	*	120.	140.
1995 (W)	110.	150.	*	*
1995-W	*	*	120.	140.
1996 (W)	110.	150.	*	*
1996-W	*	*	120.	140.
1997 (S or W)	110.	150.	*	*
1997-W	*	*	125.	150.

* = None issued

AMERICAN EAGLE GOLD BULLION (CONTINUED)

	MS-65	MS-69	PF-65	PF-69DC
1998 (S or W)	110.	150.	*	*
1998-W	*	*	120.	140.
1999 (S or W)	106.	140.	*	*
1999-W	*	*	145.	165.
2000 (S or W)	106.	175.	*	*
2000-W	*	*	125.	145.
2001 (W)	106.	170.	*	*
2001-W	*	*	125.	145.
2002 (W)	106.	170.	*	*
2002-W	*	*	120.	145.
2003 (W)	106.	140.	*	*
2003-W	*	*	135.	155.
2004 (W)	106.	140.	*	*
2004-W	*	*	130.	155.
2005 (W)	106.	140.	*	*
2005-W	*	*	125.	150.
2006 (W)	106.	140.	*	*
2006-W Proof	*	*	125.	150.
2006-W Burnished Uncirculated				
	170.	190.	*	*
2007 (W)	106.	140.	*	*
2007-W Proof	*	*	125.	140.
2007-W Burnished Uncirculated				
	—	—	*	*
2008 (W) Proof	106.	140.	125.	140.
2008-W Proof	*	*	125.	140.
2008-W Burnished Uncirculated				
	170.	190.	*	*

GOLD $10 — QUARTER OUNCE

	MS-65	MS-69	PF-65	PF-69DC
1986 (W)	260.	300.	*	*
1987 (W)	260.	300.	*	*
1988 (W)	260.	325.	*	*
1988-P	*	*	325.	310.
1989 (W)	260.	300.	*	*
1989-P	*	*	325.	310.
1990 (W)	260.	325.	*	*
1990-P	*	*	325.	310.
1991 (W)	425.	540.	*	*
1991-P	*	*	325.	310.
1992 (W)	260.	300.	*	*
1992-P	*	*	325.	310.
1993 (W)	260.	300.	*	*
1993-P	*	*	325.	310.
1994 (W)	260.	300.	*	*
1994-P	*	*	325.	310.
1995 (W)	260.	300.	*	*
1995-W	*	*	325.	310.
1996 (W)	260.	300.	*	*
1996-W	*	*	325.	310.
1997 (S or W)	260.	300.	*	*
1997-W	*	*	325.	310.
1998 (S or W)	260.	300.	*	*
1998-W	*	*	320.	310.
1999 (S or W)	260.	300.	*	*
1999-W	*	*	320.	310.

	MS-65	MS-69	PF-65	PF-69DC
2000 (S or W)	260.	300.	*	*
2000-W	*	*	320.	310.
2001 (W)	260.	300.	*	*
2001-W	*	*	320.	310.
2002 (W)	260.	300.	*	*
2002-W	*	*	320.	310.
2003 (W)	260.	300.	*	*
2003-W	*	*	320.	310.
2004 (W)	260.	300.	*	*
2004-W	*	*	320.	310.
2005 (W)	260.	300.	*	*
2005-W	*	*	320.	310.
2006 (W)	260.	300.	*	*
2006-W Proof	*	*	320.	310.
2006-W Burnished Uncirculated				
	300.	360.	*	*
2007 (W)	260.	300.	*	*
2007-W Proof	*	*	320.	310.
2007-W Burnished Uncirculated				
	—	—	*	*
2008 (W)	250.	280.	*	*
2008-W Proof	*	*	275.	305.
2008-W Burnished Uncirculated				
	—	—	*	*

GOLD $25 — HALF OUNCE

	MS-65	MS-69	PF-65	PF-69DC
1986 (W)	505.	550.	*	*
1987 (W)	505.	550.	*	*
1987-P	*	*	600.	610.
1988 (W)	530.	700.	*	*
1988-P	*	*	600.	610.
1989 (W)	700.	800.	*	*
1989-P	*	*	600.	610.
1990 (W)	775.	950.	*	*
1990-P	*	*	600.	610.
1991 (W)	1350.	1800.	*	*
1991-P	*	*	600.	610.
1992 (W)	525.	585.	*	*
1992-P	*	*	600.	610.
1993 (W)	505.	540.	*	*
1993-P	*	*	600.	610.
1994 (W)	505.	540.	*	*
1994-P	*	*	600.	610
1995 (W)	505.	540.	*	*
1995-W	*	*	600.	610.
1996 (W)	590.	640.	*	*
1996-W	*	*	600.	610
1997 (S or W)	505.	540.	*	*
1997-W	*	*	600.	610.
1998 (S or W)	505.	540.	*	*
1998-W	*	*	600.	630.
1999 (S or W)	505.	540.	*	*
1999-W	*	*	600.	630.
2000 (S or W)	505.	540.	*	*
2000-W	*	*	600.	630.
2001 (S or W)	535.	575.	*	*

—— = Insufficient pricing data   * = None issued

AMERICAN EAGLE GOLD BULLION (CONTINUED)

	MS-65	MS-69	PF-65	PF-69DC
2001-W	*	*	600.	630.
2002 (S or W)	505.	540.	*	*
2002-W	*	*	600.	630.
2003 (S or W)	505.	540.	*	*
2003-W	*	*	600.	630.
2004 (S or W)	505.	540.	*	*
2004-W	*	*	600.	630.
2005 (W)	505.	540.	*	*
2005-W	*	*	600.	630.
2006 (W)	505.	540.	*	*
2006-W Proof	*	*	600.	630.
2006-W Burnished Uncirculated				
	650.	710.	*	*
2007 (W)	505.	540.	*	*
2007-W Proof	*	*	600.	630.
2007-W Burnished Uncirculated				
	—	575.	*	*
2008 (W)	505.	540.	*	*
2008-W Proof	*	*	600.	630.
2008-W Burnished Uncirculated				
	—	—	*	*

GOLD $50 — ONE OUNCE

	MS-65	MS-69	PF-65	PF-69DC
1986 (W)	985.	1025.	*	*
1986-W	*	*	1160.	1210.
1987 (W)	985.	1025.	*	*
1987-W	*	*	1160.	1210.
1988 (W)	985.	1025.	*	*
1988-W	*	*	1160.	1210.
1989 (W)	985.	1025.	*	*
1989-W	*	*	1160.	1210.
1990 (W)	985.	1025.	*	*
1990-W	*	*	1160.	1210.
1991 (W)	985.	1025.	*	*
1991-W	*	*	1160.	1210.
1992 (W)	985.	1025.	*	*
1992-W	*	*	1160.	1210.
1993 (W)	985.	1025.	*	*
1993-W	*	*	1160.	1210.

	MS-65	MS-69	PF-65	PF-69DC
1994 (W)	985.	1025.	*	*
1994-W	*	*	1160.	1210.
1995 (W)	985.	1025.	*	*
1995-W	*	*	1160.	1210.
1996 (W)	985.	1025.	*	*
1996-W	*	*	1160.	1210.
1997 (S or W)	985.	1025.	*	*
1997-W	*	*	1160.	1210.
1998 (S or W)	985.	1025.	*	*
1998-W	*	*	1160.	1210.
1999 (S or W)	985.	1025.	*	*
1999-W	*	*	1160.	1210.
2000 (S or W)	985.	1025.	*	*
2000-W	*	*	1160.	1210.
2001 (S or W)	985.	1025.	*	*
2001-W	*	*	1160.	1210.
2002 (S or W)	985.	1025.	*	*
2002-W	*	*	1160.	1210.
2003 (S or W)	985.	1025.	*	*
2003-W	*	*	1160.	1210.
2004 (S or W)	985.	1025.	*	*
2004-W	*	*	1160.	1210.
2005 (W)	985.	1025.	*	*
2005-W	*	*	1160.	1210.
2006 (W)	985.	1025.	*	*
2006-W Proof	*	*	1160.	1210.
2006-W Reverse Proof				
	*	*	—	2700.
2006-W Burnished Uncirculated				
	1100.	1175.	*	*
2007 (W)	985.	1025.	*	*
2007-W Proof	*	*	1160.	1210.
2007-W Burnished Uncirculated				
	1100.	1175.	*	*
2008 (W)	985.	1020.	*	*
2008-W Proof	*	*	1160.	1200.
2008-W Burnished Uncirculated				
	—	—	*	*

—— = Insufficient pricing data   * = None issued

American Buffalo Gold Bullion

Date of authorization: December 22, 2005
Dates of issue: 2006-present
Designers: Obverse: James Earle Fraser
Reverse: James Earle Fraser
Diameter: $50: 32.70 mm/1.29 inches
$25: 27.00 mm/1.07 inches
$10: 22.00 mm/0.87 inch
$5: 16.50 mm/0.65 inch
Weight: $50: 31.10 grams/1.00 ounce
$25: 15.55 grams/0.50 ounce
$10: 7.78 grams/0.25 ounce
$5: 3.11 grams/0.10 ounce
Metallic Content: .9999 fine gold
Weight of pure gold: $50, 1 ounce; $25, half ounce; $10,
quarter ounce; $5, tenth ounce
Edge: Reeded
Mint mark: Obverse, behind Indian's neck,
below feathers, W (collector coins)

		MS-65	MS-68	MS-69	MS-70	PF-65	PF-68DC	PF-69DC	PF-70DC
GOLD $50	**ONE OUNCE**								
2006 (W)		985.	995.	1025.	1200.	*	*	*	*
2006-W		*	*	*	*	1160.	1175.	1200.	1325.
2007 (W)		985.	995.	1025.	1200.	*	*	*	*
2007-W		*	*	*	*	1160.	1175.	1200.	1325.
2008 (W)		985.	—	1025.	1200.	*	*	*	*
2008-W		*	*	*	*	1160.	1175.	1200.	1325.
GOLD $25	**HALF OUNCE**								
2008-W		—	—	559.	649.	—	—	619.	735.
GOLD $10	**QUARTER OUNCE**								
2008-W		—	—	319.	379.	—	—	339.	399.
GOLD $5	**TENTH OUNCE**								
2008-W		—	—	135.	179.	—	—	159.	229.

—— = Insufficient pricing data   * = None issued

Mintage figures

The mintage figures that follow are compiled from official Mint Reports, data from the National Archives, information from the Mint's Public Affairs office and in some cases, an educated guess. Figures given are based on the best information available to researchers today, information less than ideal for some years. Before 1950, the generally accepted source of mintage figures was the *Annual Report of the Director of the Mint.*

However, since the Mint Report for many years was simply a bookkeeper's record of how many coins were issued in a given year, it is not a perfect source for mintage information. The figures given often were not related to the actual number of coins struck with each date (dies were sometimes prepared after the start of a new calendar year in the 18th and early 19th centuries). Particularly for many of those earlier coins, mintage figures here reflect the number of coins struck during the year, no matter the date on the coin.

The mintage figures in this book differ from those in other works for coins struck since 1965. A coinage shortage in the mid-1960s led Mint officials to suspend the use of Mint marks from 1965 to 1967. Three facilities—the Philadelphia and Denver Mints and the San Francisco Assay Office—struck coins but their separate products are indistinguishable from each other. Similarly, some coins struck at the former San Francisco Assay Office and West Point Bullion Depository (both received Mint status in 1988) since the mid-1970s have no Mint marks (like most Philadelphia Mint coins until the 1980s). Most price guides combine mintages for coins struck at the West Point and San Francisco facilities without Mint marks with the Philadelphia Mint mintages. The *Coin World Price Guide* publishes separate mintages for each facility; we have not combined mintage figures just because the coins have no Mint marks. To indicate those coins that do not have Mint marks, the Mint mark letter is enclosed in parentheses. To illustrate: A coin indicated by a -P has a P Mint mark, as in 2008-P; one indicated by (P) does not have a Mint mark but was struck at the Philadelphia Mint, as in 2008(P).

Since the Mint has changed its bookkeeping practices several times, some mintage figures for circulation coins include the circulation-quality coins struck for Uncirculated Mint sets, while other figures may not include those pieces. Similarly, recent circulation mintage figures include circulation-quality State quarter dollars, Kennedy half dollars, and Sacagawea and Presidential dollars struck for sale in roll and bag quantities and sold to U.S. Mint customers at premiums.

In years before 1860, when Proof mintages were small and were not recorded, a delta (Δ) marks those issues that are known or are thought to exist. In many instances from 1860 to 1922, the figures shown are approximate, the result of incomplete records, restrikes and the melting of unsold Proofs. Where a delta is followed by an R in parentheses [Δ(R)], the original Proof mintage is unknown, but original examples are believed to exist, and restrikes are known.

Since 1950, most Proof coins have been available from the Mint in sets only (designated by ‹§› in the Notes column). Therefore, Proof mintages since 1950 listed here represent the official tally of Proof sets sold, distributed across the coins included in the set. Proof coins sold as part of a special set, such as a Prestige Proof set, are also included.

Where [——] appears under a mintage column, no coins of that date/Mint were issued.

Some final comments about "mintages" for commemorative coins struck since 1982, recent Proof coins (2006, for example), various sets issued by the U.S. Mint and other special coins: The figures presented here and in other chapters are sales figures, not mintages. More importantly, these figures are subject to change even years after a program has officially closed. "Final" sales figures can change when buyers return coins or sets to the Mint after a program has closed. Also, when sales figures for programs reported as "sold out" are tabulated, the total figure may be less than the maximum mintage. Collectors should understand that these figures, as reported here, represent figures at a specific point in time, and may change in the future. Figures presented here may differ slightly from figures presented in other sources, due to these factors.

DATE	NOTE	BUSINESS	PROOF
Liberty Cap, Left half cent			
1793		35,334	——
Liberty Cap, Right half cent			
1794		81,600	——
1795		139,690	——
1796		1,390	——
1797		127,840	——

DATE	NOTE	BUSINESS	PROOF
Draped Bust half cent			
1800		202,908	——
1802		20,266	——
1803		92,000	——
1804		1,055,312	——
1805		814,464	——
1806		356,000	——
1807		476,000	——
1808		400,000	——

DATE	NOTE	BUSINESS	PROOF
Classic Head half cent			
1809		1,154,572	——
1810		215,000	——
1811	‹1›	63,140	——
1825		63,000	Δ
1826		234,000	Δ
1828		606,000	Δ
1829		487,000	Δ
1831		2,200	Δ (R)
1832	‹2›	154,000	Δ
1833	‹2›	120,000	Δ
1834	‹2›	141,000	Δ
1835	‹2›	398,000	Δ
1836		——	Δ (R)
Coronet half cent			
1840 (P)		——	Δ (R)
1841 (P)		——	Δ (R)
1842 (P)		——	Δ (R)
1843 (P)		——	Δ (R)
1844 (P)		——	Δ (R)
1845 (P)		——	Δ (R)
1846 (P)		——	Δ (R)
1847 (P)		——	Δ (R)
1848 (P)		——	Δ (R)
1849 (P)		43,364	Δ (R)
1850 (P)		39,812	Δ
1851 (P)		147,672	Δ
1852 (P)		——	Δ (R)
1853 (P)		129,694	——
1854 (P)		55,358	Δ
1855 (P)		56,500	Δ
1856 (P)		40,430	Δ (R)
1857 (P)		35,180	Δ (R)
Flowing Hair, Chain cent			
1793		36,103	——
Flowing Hair, Wreath cent			
1793		63,353	——
Liberty Cap cent			
1793		11,056	——
1794		918,521	——
1795		538,500	——
1796		109,825	——
Draped Bust cent			
1796		363,375	——
1797		897,510	——
1798		1,841,745	——
1799		42,540	——
1800		2,822,175	——
1801		1,362,837	——
1802		3,435,100	——
1803		3,131,691	——
1804	‹1›	96,500	——
1805		941,116	——
1806		348,000	——
1807		829,221	——
Classic Head cent			
1808		1,007,000	——

DATE	NOTE	BUSINESS	PROOF
1809		222,867	——
1810		1,458,500	——
1811		218,025	——
1812		1,075,500	——
1813		418,000	——
1814		357,830	——
Coronet cent			
1816		2,820,982	——
1817		3,948,400	Δ
1818		3,167,000	Δ
1819		2,671,000	Δ
1820		4,407,550	Δ
1821		389,000	Δ
1822		2,072,339	Δ
1823	‹1, 3›	68,061	Δ
1824		1,193,939	——
1825		1,461,100	Δ
1826		1,517,425	Δ
1827		2,357,732	Δ
1828		2,260,624	Δ
1829		1,414,500	Δ
1830		1,711,500	Δ
1831		3,539,260	Δ
1832		2,362,000	Δ
1833		2,739,000	Δ
1834		1,855,100	Δ
1835		3,878,400	Δ
1836		2,111,000	Δ
1837		5,558,300	Δ
1838 (P)		6,370,200	Δ
1839 (P)		3,128,661	Δ
1840 (P)		2,462,700	Δ
1841 (P)		1,597,367	Δ
1842 (P)		2,383,390	Δ
1843 (P)		2,425,342	Δ
1844 (P)		2,398,752	Δ
1845 (P)		3,894,804	Δ
1846 (P)		4,120,800	Δ
1847 (P)		6,183,669	Δ
1848 (P)		6,415,799	Δ
1849 (P)		4,178,500	Δ
1850 (P)		4,426,844	Δ
1851 (P)		9,889,707	——
1852 (P)		5,063,094	Δ
1853 (P)		6,641,131	——
1854 (P)		4,236,156	Δ
1855 (P)		1,574,829	Δ
1856 (P)	‹4›	2,690,463	Δ
1857 (P)		333,456	Δ
Flying Eagle cent			
1857 (P)		17,450,000	Δ
1858 (P)		24,600,000	Δ
Indian Head cent			
1859 (P)		36,400,000	Δ
1860 (P)		20,566,000	1,000
1861 (P)		10,100,000	1,000
1862 (P)		28,075,000	550
1863 (P)		49,840,000	460

DATE	NOTE	BUSINESS	PROOF
1864 (P)			
C-N	‹5›	13,740,000	300
bronze	‹5›	39,233,714	170
1865 (P)		35,429,286	500
1866 (P)		9,826,500	725
1867 (P)		9,821,000	625
1868 (P)		10,266,500	600
1869 (P)		6,420,000	600
1870 (P)		5,275,000	1,000
1871 (P)		3,929,500	960
1872 (P)		4,042,000	950
1873 (P)	‹6›	11,676,500	1,100
1874 (P)		14,187,500	700
1875 (P)		13,528,000	700
1876 (P)		7,944,000	1,150
1877 (P)	‹7›	852,500	510
1878 (P)		5,797,500	2,350
1879 (P)		16,228,000	3,200
1880 (P)		38,961,000	3,955
1881 (P)		39,208,000	3,575
1882 (P)		38,578,000	3,100
1883 (P)		45,591,500	6,609
1884 (P)		23,257,800	3,942
1885 (P)		11,761,594	3,790
1886 (P)		17,650,000	4,290
1887 (P)		45,223,523	2,960
1888 (P)		37,489,832	4,582
1889 (P)		48,866,025	3,336
1890 (P)		—	2,740
1891 (P)		—	2,350
1892 (P)		37,647,087	2,745
1893 (P)		46,640,000	2,195
1894 (P)		16,749,500	2,632
1895 (P)		38,341,574	2,062
1896 (P)		39,055,431	1,862
1897 (P)		50,464,392	1,938
1898 (P)		49,821,284	1,795
1899 (P)		53,598,000	2,031
1900 (P)		66,821,284	2,262
1901 (P)		79,609,158	1,985
1902 (P)		87,374,704	2,018
1903 (P)		85,092,703	1,790
1904 (P)		61,326,198	1,817
1905 (P)		80,717,011	2,152
1906 (P)		96,020,530	1,725
1907 (P)		108,137,143	1,475
1908 (P)		32,326,367	1,620
1908-S		1,115,000	—
1909 (P)		14,368,470	2,175
1909-S		309,000	—

Lincoln cent

DATE	NOTE	BUSINESS	PROOF
1909 (P)			
VDB		27,994,580	420
No VDB		72,700,420	2,198
1909-S			
VDB		484,000	—
No VDB		1,825,000	—
1910 (P)		146,798,813	2,405
1910-S		6,045,000	—

DATE	NOTE	BUSINESS	PROOF
1911 (P)		101,176,054	1,733
1911-D		12,672,000	—
1911-S		4,026,000	—
1912 (P)		68,150,915	2,145
1912-D		10,411,000	—
1912-S		4,431,000	—
1913 (P)		76,529,504	2,848
1913-D		15,804,000	—
1913-S		6,101,000	—
1914 (P)		75,237,067	1,365
1914-D		1,193,000	—
1914-S		4,137,000	—
1915 (P)		29,090,970	1,150
1915-D		22,050,000	—
1915-S		4,833,000	—
1916 (P)		131,832,627	1,050
1916-D		35,956,000	—
1916-S		22,510,000	—
1917 (P)		196,429,785	Δ
1917-D		55,120,000	—
1917-S		32,620,000	—
1918 (P)		288,104,634	—
1918-D		47,830,000	—
1918-S		34,680,000	—
1919 (P)		392,021,000	—
1919-D		57,154,000	—
1919-S		139,760,000	—
1920 (P)		310,165,000	—
1920-D		49,280,000	—
1920-S		46,220,000	—
1921 (P)		39,157,000	—
1921-S		15,274,000	—
1922-D	‹8›	7,160,000	—
1923 (P)		74,723,000	—
1923-S		8,700,000	—
1924 (P)		75,178,000	—
1924-D		2,520,000	—
1924-S		11,696,000	—
1925 (P)		139,949,000	—
1925-D		22,580,000	—
1925-S		26,380,000	—
1926 (P)		157,088,000	—
1926-D		28,020,000	—
1926-S		4,550,000	—
1927 (P)		144,440,000	—
1927-D		27,170,000	—
1927-S		14,276,000	—
1928 (P)		134,116,000	—
1928-D		31,170,000	—
1928-S		17,266,000	—
1929 (P)		185,262,000	—
1929-D		41,730,000	—
1929-S		50,148,000	—
1930 (P)		157,415,000	—
1930-D		40,100,000	—
1930-S		24,286,000	—
1931 (P)		19,396,000	—
1931-D		4,480,000	—
1931-S		866,000	—
1932 (P)		9,062,000	—

DATE	NOTE	BUSINESS	PROOF
1932-D		10,500,000	——
1933 (P)		14,360,000	——
1933-D		6,200,000	——
1934 (P)		219,080,000	——
1934-D		28,446,000	——
1935 (P)		245,388,000	——
1935-D		47,000,000	——
1935-S		38,702,000	——
1936 (P)		309,632,000	5,569
1936-D		40,620,000	——
1936-S		29,130,000	——
1937 (P)		309,170,000	9,320
1937-D		50,430,000	——
1937-S		34,500,000	——
1938 (P)		156,682,000	14,734
1938-D		20,010,000	——
1938-S		15,180,000	——
1939 (P)		316,466,000	13,520
1939-D		15,160,000	——
1939-S		52,070,000	——
1940 (P)		586,810,000	15,872
1940-D		81,390,000	——
1940-S		112,940,000	——
1941 (P)		887,018,000	21,100
1941-D		128,700,000	——
1941-S		92,360,000	——
1942 (P)		657,796,000	32,600
1942-D		206,698,000	——
1942-S		85,590,000	——
1943 (P)	‹9›	684,628,670	——
1943-D	‹9›	217,660,000	——
1943-S	‹9›	191,550,000	——
1944 (P)		1,435,400,000	——
1944-D		430,578,000	——
1944-S		282,760,000	——
1945 (P)		1,040,515,000	——
1945-D		226,268,000	——
1945-S		181,770,000	——
1946 (P)		991,655,000	——
1946-D		315,690,000	——
1946-S		198,100,000	——
1947 (P)		190,555,000	——
1947-D		194,750,000	——
1947-S		99,000,000	——
1948 (P)		317,570,000	——
1948-D		172,637,500	——
1948-S		81,735,000	——
1949 (P)		217,775,000	——
1949-D		153,132,500	——
1949-S		64,290,000	——
1950 (P)	‹§›	272,635,000	51,386
1950-D		334,950,000	——
1950-S		118,505,000	——
1951 (P)	‹§›	294,576,000	57,500
1951-D		625,355,000	——
1951-S		136,010,000	——
1952 (P)	‹§›	186,765,000	81,980
1952-D		746,130,000	——
1952-S		137,800,004	——
1953 (P)	‹§›	256,755,000	128,800
1953-D		700,515,000	——
1953-S		181,835,000	——
1954 (P)	‹§›	71,640,050	233,300
1954-D		251,552,500	——
1954-S		96,190,000	——
1955 (P)	‹§›	330,580,000	378,200
1955-D		563,257,500	——
1955-S		44,610,000	——
1956 (P)	‹§›	420,745,000	669,384
1956-D		1,098,210,100	——
1957 (P)	‹§›	282,540,000	1,247,952
1957-D		1,051,342,000	——
1958 (P)	‹§›	252,525,000	875,652
1958-D		800,953,300	——
1959 (P)	‹§›	609,715,000	1,149,291
1959-D		1,279,760,000	——
1960 (P)	‹§, 10›	586,405,000	1,691,602
1960-D		1,580,884,000	——
1961 (P)	‹§›	753,345,000	3,028,244
1961-D		1,753,266,700	——
1962 (P)	‹§›	606,045,000	3,218,019
1962-D		1,793,148,400	——
1963 (P)	‹§›	754,110,000	3,075,645
1963-D		1,774,020,400	——
1964 (P)	‹§, 11›	2,648,575,000	3,950,762
1964-D	‹11›	3,799,071,500	——
1965 (P)	‹11›	301,470,000	——
1965 (D)	‹11›	973,364,900	——
1965 (S)	‹11›	220,030,000	——
1966 (P)	‹11›	811,100,000	——
1966 (D)	‹11›	991,431,200	——
1966 (S)	‹11›	383,355,000	——
1967 (P)	‹11›	907,575,000	——
1967 (D)	‹11›	1,327,377,100	——
1967 (S)	‹11›	813,715,000	——
1968 (P)		1,707,880,970	——
1968-D		2,886,269,600	——
1968-S	‹§›	258,270,001	3,041,506
1969 (P)		1,136,910,000	——
1969-D		4,002,832,200	——
1969-S	‹§›	544,375,000	2,934,631
1970 (P)		1,898,315,000	——
1970-D		2,891,438,900	——
1970-S	‹§›	690,560,004	2,632,810
1971 (P)		1,919,490,000	——
1971-D		2,911,045,600	——
1971-S	‹§›	525,130,054	3,220,733
1972 (P)		2,933,255,000	——
1972-D		2,655,071,400	——
1972-S	‹§›	380,200,104	3,260,996
1973 (P)		3,728,245,000	——
1973-D		3,549,576,588	——
1973-S	‹§›	319,937,634	2,760,339
1974 (P)		4,232,140,523	——
1974-D		4,235,098,000	——
1974-S	‹§›	409,421,878	2,612,568
1975 (P)		3,874,182,000	——
1975-D		4,505,275,300	——
1975-S	‹§›	——	2,845,450
1975 (W)		1,577,294,142	——

DATE	NOTE	BUSINESS	PROOF
1976 (P)		3,133,580,000	——
1976-D		4,221,592,455	——
1976-S			4,123,056
1976 (W)		1,540,695,000	——
1977 (P)		3,074,575,000	——
1977-D		4,194,062,300	——
1977-S	‹§›		3,236,798
1977 (W)		1,395,355,000	——
1978 (P)		3,735,655,000	——
1978-D		4,280,233,400	——
1978 (S)		291,700,000	——
1978-S	‹§›		3,120,285
1978 (W)		1,531,250,000	——
1979 (P)		3,560,940,000	——
1979-D		4,139,357,254	——
1979 (S)		751,725,000	——
1979-S	‹§›		3,677,175
1979 (W)		1,705,850,000	——
1980 (P)		6,230,115,000	——
1980-D		5,140,098,660	——
1980 (S)		1,184,590,000	——
1980-S	‹§›		3,554,806
1980 (W)		1,576,200,000	——
1981 (P)		6,611,305,000	——
1981-D		5,373,235,677	——
1981 (S)		880,440,000	——
1981-S	‹§›		4,063,083
1981 (W)		1,882,400,000	——
1982 (P)	‹12›	7,135,275,000	——
1982-D	‹12›	6,012,979,368	——
1982 (S)	‹12›	1,587,245,000	——
1982-S	‹§›		3,857,479
1982 (W)	‹12›	1,990,005,000	——
1983 (P)		5,567,190,000	——
1983-D		6,467,199,428	——
1983 (S)		180,765,000	——
1983-S	‹§›		3,279,126
1983 (W)		2,004,400,000	——
1984 (P)		6,114,864,000	——
1984-D		5,569,238,906	——
1984-S	‹§›		3,065,110
1984 (W)		2,036,215,000	——
1985 (P)		4,951,904,887	——
1985-D		5,287,399,926	——
1985-S	‹§›		3,362,821
1985 (W)		696,585,000	——
1986 (P)		4,490,995,493	——
1986-D		4,442,866,698	——
1986-S	‹§›		3,010,497
1986 (W)		400,000	——
1987 (P)		4,682,466,931	——
1987-D		4,879,389,514	——
1987-S	‹§›		3,792,233
1988 (P)		6,092,810,000	——
1988-D		5,253,740,443	——
1988-S	‹§›		3,262,948
1989 (P)		7,261,535,000	——
1989-D		5,345,467,711	——
1989-S	‹§›		3,220,914
1990 (P)		6,851,765,000	——
1990-D		4,922,894,553	——
1990-S	‹§›		3,299,559
1991 (P)		5,165,940,000	——
1991-D		4,158,442,076	——
1991-S	‹§›		2,867,787
1992 (P)		4,648,905,000	——
1992-D		4,448,673,300	——
1992-S	‹§›		4,176,544
1993 (P)		5,684,705,000	——
1993-D		6,426,650,571	——
1993-S	‹§›		3,360,876
1994 (P)		6,500,850,000	——
1994-D		7,131,765,000	——
1994-S	‹§›		3,222,140
1995 (P)		6,411,440,000	——
1995-D		7,128,560,000	——
1995-S	‹§›		2,791,067
1996 (P)		6,612,465,000	——
1996-D		6,510,795,000	——
1996-S	‹§›		2,920,158
1997 (P)		4,622,800,000	——
1997-D		4,576,555,000	——
1997-S	‹§›		2,796,194
1998 (P)		5,032,200,000	——
1998-D		5,225,200,000	——
1998-S	‹§›		2,965,503
1999 (P)		5,237,600,000	——
1999-D		6,360,065,000	——
1999-S	‹§, 121›		3,362,464
2000 (P)		5,503,200,000	——
2000-D		8,774,220,000	——
2000-S	‹§, 121›		4,062,402
2001 (P)		4,959,600,000	——
2001-D		5,374,990,000	——
2001-S	‹§, 121›		2,618,086
2002 (P)		3,260,800,000	——
2002-D		4,028,055,000	——
2002-S	‹§›		3,210,674
2003 (P)		3,300,000,000	——
2003-D		3,548,000,000	——
2003-S	‹§›		3,315,542
2004 (P)		3,379,600,000	——
2004-D		3,456,400,000	——
2004-S	‹§›		2,965,422
2005 (P)		3,935,600,000	——
2005 (P) Satin Finish		1,141,895	——
2005-D		3,764,450,500	——
2005-D Satin Finish		1,141,895	——
2005-S	‹§›		3,329,229
2006 (P)		4,290,000,000	——
2006 (P) Satin Finish		915,586	——
2006-D		3,944,000,000	——
2006-D Satin Finish		902,184	——
2006-S	‹§›		3,077,280
2007 (P)		3,762,400,000	——
2007 (P) Satin Finish		892,320	——
2007-D		3,638,800,000	——
2007-D Satin Finish		892,320	——
2007-S	‹§›		2,603,734
2008 (P)		Pending	——

DATE	NOTE	BUSINESS	PROOF
2008 (P) Satin Finish		Pending	——
2008-D		Pending	——
2008-D Satin Finish		Pending	——
2008-S	‹§›	——	Pending

Two cents

DATE	NOTE	BUSINESS	PROOF
1864 (P)	‹13›	19,847,500	100
1865 (P)		13,640,000	500
1866 (P)		3,177,000	725
1867 (P)		2,938,750	625
1868 (P)		2,803,750	600
1869 (P)		1,546,500	600
1870 (P)		861,250	1,000
1871 (P)		721,250	960
1872 (P)		65,000	950
1873 (P)	‹6, 14›	——	1,100

Copper-nickel 3 cents

DATE	NOTE	BUSINESS	PROOF
1865 (P)		11,382,000	400
1866 (P)		4,801,000	725
1867 (P)		3,915,000	625
1868 (P)		3,252,000	600
1869 (P)		1,604,000	600
1870 (P)		1,335,000	1,000
1871 (P)		604,000	960
1872 (P)		862,000	950
1873 (P)	‹6›	1,173,000	1,100
1874 (P)		790,000	700
1875 (P)		228,000	700
1876 (P)		162,000	1,150
1877 (P)	‹7›	——	510
1878 (P)		——	2,350
1879 (P)		38,000	3,200
1880 (P)		21,000	3,955
1881 (P)		1,077,000	3,575
1882 (P)		22,200	3,100
1883 (P)		4,000	6,609
1884 (P)		1,700	3,942
1885 (P)		1,000	3,790
1886 (P)		——	4,290
1887 (P)	‹15›	5,001	2,960
1888 (P)		36,501	4,582
1889 (P)		18,125	3,336

Silver 3 cents

DATE	NOTE	BUSINESS	PROOF
1851 (P)		5,447,400	Δ
1851-O		720,000	Δ
1852 (P)		18,663,500	——
1853 (P)	‹16›	11,400,000	——
1854 (P)		671,000	Δ
1855 (P)		139,000	Δ
1856 (P)		1,458,000	Δ
1857 (P)		1,042,000	Δ
1858 (P)		1,604,000	Δ
1859 (P)		365,000	Δ
1860 (P)		286,000	1,000
1861 (P)		497,000	1,000
1862 (P)		343,000	550
1863 (P)	‹17›	21,000	460
1864 (P)	‹18›	12,000	470
1865 (P)		8,000	500

DATE	NOTE	BUSINESS	PROOF
1866 (P)		22,000	725
1867 (P)		4,000	625
1868 (P)		3,500	600
1869 (P)		4,500	600
1870 (P)		3,000	1,000
1871 (P)		3,400	960
1872 (P)		1,000	950
1873 (P)	‹6›	——	600

Shield 5 cents

DATE	NOTE	BUSINESS	PROOF
1866 (P)		14,742,500	125
1867 (P)	‹19›	30,909,500	625
1868 (P)		28,817,000	600
1869 (P)		16,395,000	600
1870 (P)		4,806,000	1,000
1871 (P)		561,000	960
1872 (P)		6,036,000	950
1873 (P)	‹6›	4,550,000	1,100
1874 (P)		3,538,000	700
1875 (P)		2,097,000	700
1876 (P)		2,530,000	1,150
1877 (P)	‹7›	——	510
1878 (P)		——	2,350
1879 (P)		25,900	3,200
1880 (P)		16,000	3,955
1881 (P)		68,800	3,575
1882 (P)		11,473,500	3,100
1883 (P)		1,451,500	5,419

Liberty Head 5 cents

DATE	NOTE	BUSINESS	PROOF
1883 (P)			
No CENTS		5,474,300	5,219
CENTS		16,026,200	6,783
1884 (P)		11,270,000	3,942
1885 (P)		1,472,700	3,790
1886 (P)		3,326,000	4,290
1887 (P)		15,260,692	2,960
1888 (P)		10,715,901	4,582
1889 (P)		15,878,025	3,336
1890 (P)		16,256,532	2,740
1891 (P)		16,832,000	2,350
1892 (P)		11,696,897	2,745
1893 (P)		13,368,000	2,195
1894 (P)		5,410,500	2,632
1895 (P)		9,977,822	2,062
1896 (P)		8,841,058	1,862
1897 (P)		20,426,797	1,938
1898 (P)		12,530,292	1,795
1899 (P)		26,027,000	2,031
1900 (P)		27,253,733	2,262
1901 (P)		26,478,228	1,985
1902 (P)		31,487,561	2,018
1903 (P)		28,004,935	1,790
1904 (P)		21,401,350	1,817
1905 (P)		29,825,124	2,152
1906 (P)		38,612,000	1,725
1907 (P)		39,213,325	1,475
1908 (P)		22,684,557	1,620
1909 (P)		11,585,763	4,763
1910 (P)		30,166,948	2,405
1911 (P)		39,557,639	1,733

DATE	NOTE	BUSINESS	PROOF
1912 (P)		26,234,569	2,145
1912-D		8,474,000	——
1912-S		238,000	——
1913 (P)	‹20›	——	——

Indian Head 5 cents

DATE	NOTE	BUSINESS	PROOF
1913 (P)			
Mound		30,992,000	1,520
Plain		29,857,186	1,514
1913-D			
Mound		5,337,000	——
Plain		4,156,000	——
1913-S			
Mound		2,105,000	——
Plain		1,209,000	——
1914 (P)		20,664,463	1,275
1914-D		3,912,000	——
1914-S		3,470,000	——
1915 (P)		20,986,220	1,050
1915-D		7,569,500	——
1915-S		1,505,000	——
1916 (P)		63,497,466	600
1916-D		13,333,000	——
1916-S		11,860,000	——
1917 (P)		51,424,029	Δ
1917-D		9,910,800	——
1917-S		4,193,000	——
1918 (P)		32,086,314	——
1918-D		8,362,000	——
1918-S		4,882,000	——
1919 (P)		60,868,000	——
1919-D		8,006,000	——
1919-S		7,521,000	——
1920 (P)		63,093,000	——
1920-D		9,418,000	——
1920-S		9,689,000	——
1921 (P)		10,663,000	——
1921-S		1,557,000	——
1923 (P)		35,715,000	——
1923-S		6,142,000	——
1924 (P)		21,620,000	——
1924-D		5,258,000	——
1924-S		1,437,000	——
1925 (P)		35,565,100	——
1925-D		4,450,000	——
1925-S		6,256,000	——
1926 (P)		44,693,000	——
1926-D		5,638,000	——
1926-S		970,000	——
1927 (P)		37,981,000	——
1927-D		5,730,000	——
1927-S		3,430,000	——
1928 (P)		23,411,000	——
1928-D		6,436,000	——
1928-S		6,936,000	——
1929 (P)		36,446,000	——
1929-D		8,370,000	——
1929-S		7,754,000	——
1930 (P)		22,849,000	——
1930-S		5,435,000	——

DATE	NOTE	BUSINESS	PROOF
1931-S		1,200,000	——
1934 (P)		20,213,003	——
1934-D		7,480,000	——
1935 (P)		58,264,000	——
1935-D		12,092,000	——
1935-S		10,300,000	——
1936 (P)		118,997,000	4,420
1936-D		24,814,000	——
1936-S		14,930,000	——
1937 (P)		79,480,000	5,769
1937-D		17,826,000	——
1937-S		5,635,000	——
1938-D		7,020,000	——

Jefferson 5 cents

DATE	NOTE	BUSINESS	PROOF
1938 (P)		19,496,000	19,365
1938-D		5,376,000	——
1938-S		4,105,000	——
1939 (P)		120,615,000	12,535
1939-D		3,514,000	——
1939-S		6,630,000	——
1940 (P)		176,485,000	14,158
1940-D		43,540,000	——
1940-S		39,690,000	——
1941 (P)		203,265,000	18,720
1941-D		53,432,000	——
1941-S		43,445,000	——
1942 (P)	‹21›	49,789,000	29,600
1942-P	‹21›	57,873,000	27,600
1942-D	‹21›	13,938,000	——
1942-S	‹21›	32,900,000	——
1943-P	‹21›	271,165,000	——
1943-D	‹21›	15,294,000	——
1943-S	‹21›	104,060,000	——
1944-P	‹21, 22›	119,150,000	——
1944-D	‹21›	32,309,000	——
1944-S	‹21›	21,640,000	——
1945-P	‹21›	119,408,100	——
1945-D	‹21›	37,158,000	——
1945-S	‹21›	58,939,000	——
1946 (P)		161,116,000	——
1946-D		45,292,200	——
1946-S		13,560,000	——
1947 (P)		95,000,000	——
1947-D		37,822,000	——
1947-S		24,720,000	——
1948 (P)		89,348,000	——
1948-D		44,734,000	——
1948-S		11,300,000	——
1949 (P)		60,652,000	——
1949-D		36,498,000	——
1949-S		9,716,000	——
1950 (P)	‹§›	9,796,000	51,386
1950-D		2,630,030	——
1951 (P)	‹§›	28,552,000	57,500
1951-D		20,460,000	——
1951-S		7,776,000	——
1952 (P)	‹§›	63,988,000	81,980
1952-D		30,638,000	——
1952-S		20,572,000	——

DATE	NOTE	BUSINESS	PROOF
1953 (P)	‹§›	46,644,000	128,800
1953-D		59,878,600	——
1953-S		19,210,900	——
1954 (P)	‹§›	47,684,050	233,300
1954-D		117,136,560	——
1954-S		29,384,000	——
1955 (P)	‹§›	7,888,000	378,200
1955-D		74,464,100	——
1956 (P)	‹§›	35,216,000	669,384
1956-D		67,222,640	——
1957 (P)	‹§›	38,408,000	1,247,952
1957-D		136,828,900	——
1958 (P)	‹§›	17,088,000	875,652
1958-D		168,249,120	——
1959 (P)	‹§›	27,248,000	1,149,291
1959-D		160,738,240	——
1960 (P)	‹§›	55,416,000	1,691,602
1960-D		192,582,180	——
1961 (P)	‹§›	73,640,000	3,028,244
1961-D		229,342,760	——
1962 (P)	‹§›	97,384,000	3,218,019
1962-D		280,195,720	——
1963 (P)	‹§›	175,776,000	3,075,645
1963-D		276,829,460	——
1964 (P)	‹§, 11›	1,024,672,000	3,950,762
1964-D	‹11›	1,787,297,160	——
1965 (P)	‹11›	12,440,000	——
1965 (D)	‹11›	82,291,380	——
1965 (S)	‹11›	39,040,000	——
1966 (P)	‹11, 23›	——	Δ
1966 (D)	‹11›	103,546,700	——
1966 (S)	‹11›	50,400,000	——
1967 (P)	‹11›	——	——
1967 (D)	‹11›	75,993,800	——
1967 (S)	‹11›	31,332,000	——
1968 (P)		——	——
1968-D		91,227,880	——
1968-S	‹§›	100,396,004	3,041,506
1969 (P)		——	——
1969-D		202,807,500	——
1969-S	‹§›	120,165,000	2,934,631
1970-D		515,485,380	——
1970-S	‹§›	238,832,004	2,632,810
1971 (P)		106,884,000	——
1971-D		316,144,800	——
1971-S	‹24›	——	3,220,733
1972 (P)		202,036,000	——
1972-D		351,694,600	——
1972-S	‹§›	——	3,260,996
1973 (P)		384,396,000	——
1973-D		261,405,400	——
1973-S	‹§›	——	2,760,339
1974 (P)		601,752,000	——
1974-D		277,373,000	——
1974-S	‹§›	——	2,612,568
1975 (P)		181,772,000	——
1975-D		401,875,300	——
1975-S	‹§›	——	2,845,450
1976 (P)		367,124,000	——
1976-D		563,964,147	——

DATE	NOTE	BUSINESS	PROOF
1976-S		——	——
1977 (P)		585,376,000	——
1977-D		297,313,422	——
1977-S	‹§›	——	3,236,798
1978 (P)		391,308,000	——
1978-D		313,092,780	——
1978-S	‹§›	——	3,120,285
1979 (P)		463,188,000	——
1979-D		325,867,672	——
1979-S	‹§›	——	3,677,175
1980-P	‹25›	593,004,000	——
1980-D		502,323,448	——
1980-S	‹§›	——	3,554,806
1981-P		657,504,000	——
1981-D		364,801,843	——
1981-S	‹§›	——	4,063,083
1982-P		292,355,000	——
1982-D		373,726,544	——
1982-S	‹§›	——	3,857,479
1983-P		561,615,000	——
1983-D		536,726,276	——
1983-S	‹§›	——	3,279,126
1984-P		746,769,000	——
1984-D		517,675,146	——
1984-S	‹§›	——	3,065,110
1985-P		647,114,962	——
1985-D		459,747,446	——
1985-S	‹§›	——	3,362,821
1986-P		536,883,493	——
1986-D		361,819,144	——
1986-S	‹§›	——	3,010,497
1987-P		371,499,481	——
1987-D		410,590,604	——
1987-S	‹§›	——	3,792,233
1988-P		771,360,000	——
1988-D		663,771,652	——
1988-S	‹§›	——	3,262,948
1989-P		898,812,000	——
1989-D		570,842,474	——
1989-S	‹§›	——	3,220,914
1990-P		661,636,000	——
1990-D		663,938,503	——
1990-S	‹§›	——	3,299,559
1991-P		614,104,000	——
1991-D		436,496,678	——
1991-S	‹§›	——	2,867,787
1992-P		399,552,000	——
1992-D		450,565,113	——
1992-S	‹§›	——	4,176,544
1993-P		412,076,000	——
1993-D		406,084,135	——
1993-S	‹§›	——	3,360,876
1994-P	‹116›	722,160,000	——
1994-D		715,762,110	——
1994-S	‹§›	——	3,222,140
1995-P		774,156,000	——
1995-D		888,112,000	——
1995-S	‹§›	——	2,791,067
1996-P		829,332,000	——
1996-D		817,736,000	——

DATE	NOTE	BUSINESS	PROOF
1996-S	‹§›	—	2,920,158
1997-P		470,972,000	—
1997-D		466,640,000	—
1997-S	‹§›	—	2,796,194
1998-P		688,292,000	—
1998-D		635,380,000	—
1998-S	‹§›	—	2,965,503
1999-P		1,212,000,000	—
1999-D		1,066,720,000	—
1999-S	‹§, 121›	—	3,362,464
2000-P		846,240,000	—
2000-D		1,509,520,000	—
2000-S	‹§, 121›	—	4,062,402
2001-P		675,704,000	—
2001-D		627,680,000	—
2001-S	‹§, 121›	—	2,618,086
2002-P		539,280,000	—
2002-D		691,200,000	—
2002-S	‹§›	—	3,210,674
2003-P		441,840,000	—
2003-D		383,040,000	—
2003-S	‹§›	—	3,315,542
2004-P Peace Medal		361,440,000	—
2004-D Peace Medal		372,000,000	—
2004-S Peace Medal	‹§›	—	2,965,422
2004-P Keelboat		366,720,000	—
2004-D Keelboat		344,880,000	—
2004-S Keelboat	‹§›	—	2,965,422
2005-P American Bison		448,320,000	—
Satin Finish	‹122›	1,466,895	—
2005-D American Bison		487,680,000	—
Satin Finish	‹122›	1,466,895	—
2005-S American Bison	‹§›	—	3,654,229
2005-P Ocean in View		411,120,000	—
Satin Finish	‹122›	1,466,895	—
2005-D Ocean in View		394,080,000	—
Satin Finish	‹122›	1,466,895	—
2005-S Ocean in View	‹§›	—	3,654,229
2006-P		693,120,000	—
Satin Finish	‹122›	915,586	—
2006-D		809,280,000	—
Satin Finish	‹122›	915,586	—
2006-S		—	3,077,280
2007-P		571,680,000	—
Satin Finish	‹122›	892,320	—
2007-D		626,160,000	—
Satin Finish	‹122›	892,320	—
2007-S		—	2,603,734
2008-P		Pending	—
Satin Finish	‹122›	Pending	—
2008-D		Pending	—
Satin Finish	‹122›	Pending	—
2008-S		—	Pending

Flowing Hair half dime

1794		7,756	—
1795		78,660	—

Draped Bust half dime

1796		10,230	—
1797		44,527	—

DATE	NOTE	BUSINESS	PROOF
1800		40,000	—
1801		33,910	—
1802		13,010	—
1803		37,850	—
1805		15,600	—

Capped Bust half dime

1829		1,230,000	Δ
1830		1,240,000	Δ
1831		1,242,700	Δ
1832		965,000	Δ
1833		1,370,000	Δ
1834		1,480,000	Δ
1835		2,760,000	Δ
1836		1,900,000	Δ
1837		871,000	Δ

Seated Liberty half dime

1837		1,405,000	—
1838 (P)		2,255,000	Δ
1838-O	‹26›	115,000	—
1839 (P)		1,069,150	Δ
1839-O		981,550	—
1840 (P)		1,344,085	Δ
1840-O		935,000	—
1841 (P)		1,150,000	Δ
1841-O		815,000	—
1842 (P)		815,000	Δ
1842-O		350,000	—
1843 (P)		1,165,000	Δ
1844 (P)		430,000	Δ
1844-O		220,000	—
1845 (P)		1,564,000	Δ
1846 (P)		27,000	Δ
1847 (P)		1,274,000	Δ
1848 (P)		668,000	Δ
1848-O		600,000	—
1849 (P)		1,309,000	Δ
1849-O		140,000	—
1850 (P)		955,000	Δ
1850-O		690,000	—
1851 (P)		781,000	Δ
1851-O		860,000	—
1852 (P)		1,000,500	Δ
1852-O		260,000	—
1853 (P)			
No Arrows	‹16›	135,000	—
Arrows	‹16›	13,210,020	Δ
1853-O			
No Arrows	‹16›	160,000	—
Arrows	‹16›	2,200,000	—
1854 (P)		5,740,000	Δ
1854-O		1,560,000	—
1855 (P)		1,750,000	Δ
1855-O		600,000	—
1856 (P)		4,880,000	Δ
1856-O		1,100,000	—
1857 (P)		7,280,000	Δ
1857-O		1,380,000	—
1858 (P)		3,500,000	Δ
1858-O		1,660,000	

DATE	NOTE	BUSINESS	PROOF
1859 (P)		340,000	Δ
1859-O		560,000	——
1860 (P)	‹28›	798,000	1,000
1860-O	‹28, 29›	1,060,000	Δ
1861 (P)		3,360,000	1,000
1862 (P)		1,492,000	550
1863 (P)		18,000	460
1863-S		100,000	——
1864 (P)	‹18›	48,000	470
1864-S		90,000	——
1865 (P)		13,000	500
1865-S		120,000	——
1866 (P)		10,000	725
1866-S		120,000	——
1867 (P)		8,000	625
1867-S		120,000	——
1868 (P)		88,600	600
1868-S		280,000	——
1869 (P)		208,000	600
1869-S		230,000	——
1870 (P)		535,600	1,000
1871 (P)		1,873,000	960
1871-S		161,000	——
1872 (P)		2,947,000	950
1872-S		837,000	——
1873 (P)	‹6›	712,000	600
1873-S	‹6›	324,000	——

Draped Bust dime

DATE	NOTE	BUSINESS	PROOF
1796		22,135	——
1797		25,261	——
1798		27,550	——
1800		21,760	——
1801		34,640	——
1802		10,975	——
1803		33,040	——
1804		8,265	——
1805		120,780	——
1807		165,000	——

Capped Bust dime

DATE	NOTE	BUSINESS	PROOF
1809		51,065	——
1811		65,180	——
1814		421,500	——
1820		942,587	Δ
1821		1,186,512	Δ
1822		100,000	Δ
1823	‹3›	440,000	Δ
1824		100,000	Δ
1825		410,000	Δ
1827		1,215,000	Δ
1828		125,000	Δ
1829		770,000	Δ
1830		510,000	Δ
1831		771,350	Δ
1832		522,500	Δ
1833		485,000	Δ
1834		635,000	Δ
1835		1,410,000	Δ
1836		1,190,000	Δ
1837		359,500	Δ

Seated Liberty dime

DATE	NOTE	BUSINESS	PROOF
1837		682,500	——
1838 (P)		1,992,500	Δ
1838-O	‹26›	406,034	——
1839 (P)		1,053,115	Δ
1839-O		1,323,000	——
1840 (P)		1,358,580	Δ
1840-O		1,175,000	——
1841 (P)		1,622,500	Δ
1841-O		2,007,500	——
1842 (P)		1,887,500	Δ
1842-O		2,020,000	——
1843 (P)		1,370,000	Δ
1843-O		50,000	——
1844 (P)		72,500	Δ
1845 (P)		1,755,000	Δ
1845-O		230,000	——
1846 (P)		31,300	Δ
1847 (P)		245,000	Δ
1848 (P)		451,500	Δ
1849 (P)		839,000	Δ
1849-O		300,000	——
1850 (P)		1,931,500	Δ
1850-O		510,000	——
1851 (P)		1,026,500	Δ
1851-O		400,000	——
1852 (P)		1,535,500	Δ
1852-O		430,000	——
1853 (P)			
No Arrows ‹16›		95,000	——
With Arrows ‹16›		12,078,010	Δ
1853-O		1,100,000	——
1854 (P)		4,470,000	Δ
1854-O		1,770,000	——
1855 (P)		2,075,000	Δ
1856 (P)		5,780,000	Δ
1856-O		1,180,000	——
1856-S		70,000	——
1857 (P)		5,580,000	Δ
1857-O		1,540,000	——
1858 (P)		1,540,000	——
1858-O		290,000	Δ
1858-S		60,000	——
1859 (P)		430,000	Δ
1859-O		480,000	——
1859-S		60,000	——
1860 (P)	‹28›	606,000	1,000
1860-O	‹28›	40,000	——
1860-S	‹28›	140,000	——
1861 (P)		1,883,000	1,000
1861-S		172,500	——
1862 (P)		847,000	550
1862-S		180,750	——
1863 (P)		14,000	460
1863-S		157,500	——
1864 (P)	‹18›	11,000	470
1864-S		230,000	——
1865 (P)		10,000	500
1865-S		175,000	——
1866 (P)		8,000	725

DATE	NOTE	BUSINESS	PROOF
1866-S		135,000	——
1867 (P)		6,000	625
1867-O		140,000	——
1868 (P)		464,000	600
1868-S		260,000	——
1869 (P)		256,000	600
1869-S		450,000	——
1870 (P)		470,500	1,000
1870-S		50,000	——
1871 (P)		906,750	960
1871-CC		20,100	——
1871-S		320,000	——
1872 (P)		2,395,500	950
1872-CC		35,480	——
1872-S		190,000	——
1873 (P)			
No Arrows	‹6›	1,568,000	600
With Arrows	‹6›	2,377,700	800
1873-CC			
No Arrows	‹6, 30›	12,400	——
With Arrows	‹6›	18,791	——
1873-S			
With Arrows	‹6›	455,000	——
1874 (P)		2,940,000	700
1874-CC		10,817	——
1874-S		240,000	——
1875 (P)		10,350,000	700
1875-CC		4,645,000	——
1875-S		9,070,000	——
1876 (P)		11,460,000	1,150
1876-CC		8,270,000	——
1876-S		10,420,000	——
1877 (P)		7,310,000	510
1877-CC		7,700,000	——
1877-S		2,340,000	——
1878 (P)		1,678,000	800
1878-CC		200,000	——
1879 (P)		14,000	1,100
1880 (P)		36,000	1,355
1881 (P)		24,000	975
1882 (P)		3,910,000	1,100
1883 (P)		7,674,673	1,039
1884 (P)		3,365,505	875
1884-S		564,969	——
1885 (P)		2,532,497	930
1885-S		43,690	——
1886 (P)		6,376,684	886
1886-S		206,524	——
1887 (P)		11,283,229	710
1887-S		4,454,450	——
1888 (P)		5,495,655	832
1888-S		1,720,000	——
1889 (P)		7,380,000	711
1889-S		972,678	——
1890 (P)		9,910,951	590
1890-S		1,423,076	——
1891 (P)		15,310,000	600
1891-O		4,540,000	——
1891-S		3,196,116	——

DATE	NOTE	BUSINESS	PROOF
Barber dime			
1892 (P)		12,120,000	1,245
1892-O		3,841,700	——
1892-S		990,710	——
1893 (P)		3,340,000	792
1893-O		1,760,000	——
1893-S		2,491,401	——
1894 (P)		1,330,000	972
1894-O		720,000	——
1894-S	‹31›	——	——
1895 (P)		690,000	880
1895-O		440,000	——
1895-S		1,120,000	——
1896 (P)		2,000,000	762
1896-O		610,000	——
1896-S		575,056	——
1897 (P)		10,868,533	731
1897-O		666,000	——
1897-S		1,342,844	——
1898 (P)		16,320,000	735
1898-O		2,130,000	——
1898-S		1,702,507	——
1899 (P)		19,580,000	846
1899-O		2,650,000	——
1899-S		1,867,493	——
1900 (P)		17,600,000	912
1900-O		2,010,000	——
1900-S		5,168,270	——
1901 (P)		18,859,665	813
1901-O		5,620,000	——
1901-S		593,022	——
1902 (P)		21,380,000	777
1902-O		4,500,000	——
1902-S		2,070,000	——
1903 (P)		19,500,000	755
1903-O		8,180,000	——
1903-S		613,300	——
1904 (P)		14,600,357	670
1904-S		800,000	——
1905 (P)		14,551,623	727
1905-O		3,400,000	——
1905-S		6,855,199	——
1906 (P)		19,957,731	675
1906-D	‹32›	4,060,000	Δ
1906-O		2,610,000	——
1906-S		3,136,640	——
1907 (P)		22,220,000	575
1907-D		4,080,000	——
1907-O		5,058,000	——
1907-S		3,178,470	——
1908 (P)		10,600,000	545
1908-D		7,490,000	——
1908-O		1,789,000	——
1908-S		3,220,000	——
1909 (P)		10,240,000	650
1909-D		954,000	——
1909-O		2,287,000	——
1909-S		1,000,000	——
1910 (P)		11,520,000	551
1910-D		3,490,000	——

DATE	NOTE	BUSINESS	PROOF
1910-S		1,240,000	——
1911 (P)		18,870,000	543
1911-D		11,209,000	——
1911-S		3,520,000	——
1912 (P)		19,350,000	700
1912-D		11,760,000	——
1912-S		3,420,000	——
1913 (P)		19,760,000	622
1913-S		510,000	——
1914 (P)		17,360,230	——
1914-D		11,908,000	425
1914-S		2,100,000	——
1915 (P)		5,620,000	450
1915-S		960,000	——
1916 (P)		18,490,000	Δ
1916-S		5,820,000	——

Winged Liberty Head dime

DATE	NOTE	BUSINESS	PROOF
1916 (P)		22,180,080	——
1916-D		264,000	——
1916-S		10,450,000	——
1917 (P)		55,230,000	——
1917-D		9,402,000	——
1917-S		27,330,000	——
1918 (P)		26,680,000	——
1918-D		22,674,800	——
1918-S		19,300,000	——
1919 (P)		35,740,000	——
1919-D		9,939,000	——
1919-S		8,850,000	——
1920 (P)		59,030,000	——
1920-D		19,171,000	——
1920-S		13,820,000	——
1921 (P)		1,230,000	——
1921-D		1,080,000	——
1923 (P)	‹22›	50,130,000	——
1923-S		6,440,000	——
1924 (P)		24,010,000	——
1924-D		6,810,000	——
1924-S		7,120,000	——
1925 (P)		25,610,000	——
1925-D		5,117,000	——
1925-S		5,850,000	——
1926 (P)		32,160,000	——
1926-D		6,828,000	——
1926-S		1,520,000	——
1927 (P)		28,080,000	——
1927-D		4,812,000	——
1927-S		4,770,000	——
1928 (P)		19,480,000	——
1928-D		4,161,000	——
1928-S		7,400,000	——
1929 (P)		25,970,000	——
1929-D		5,034,000	——
1929-S		4,730,000	——
1930 (P)	‹22›	6,770,000	——
1930-S		1,843,000	——
1931 (P)		3,150,000	——
1931-D		1,260,000	——
1931-S		1,800,000	——

DATE	NOTE	BUSINESS	PROOF
1934 (P)		24,080,000	——
1934-D		6,772,000	——
1935 (P)		58,830,000	——
1935-D		10,477,000	——
1935-S		15,840,000	——
1936 (P)		87,500,000	4,130
1936-D		16,132,000	——
1936-S		9,210,000	——
1937 (P)		56,860,000	5,756
1937-D		14,146,000	——
1937-S		9,740,000	——
1938 (P)		22,190,000	8,728
1938-D		5,537,000	——
1938-S		8,090,000	——
1939 (P)		67,740,000	9,321
1939-D		24,394,000	——
1939-S		10,540,000	——
1940 (P)		65,350,000	11,827
1940-D		21,198,000	——
1940-S		21,560,000	——
1941 (P)		175,090,000	16,557
1941-D		45,634,000	——
1941-S		43,090,000	——
1942 (P)		205,410,000	22,329
1942-D		60,740,000	——
1942-S		49,300,000	——
1943 (P)		191,710,000	——
1943-D		71,949,000	——
1943-S		60,400,000	——
1944 (P)		231,410,000	——
1944-D		62,224,000	——
1944-S		49,490,000	——
1945 (P)		159,130,000	——
1945-D		40,245,000	——
1945-S		41,920,000	——

Roosevelt dime

DATE	NOTE	BUSINESS	PROOF
1946 (P)		255,250,000	——
1946-D		61,043,500	——
1946-S		27,900,000	——
1947 (P)		121,520,000	——
1947-D		46,835,000	——
1947-S		34,840,000	——
1948 (P)		74,950,000	——
1948-D		52,841,000	——
1948-S		35,520,000	——
1949 (P)		30,940,000	——
1949-D		26,034,000	——
1949-S		13,510,000	——
1950 (P)	‹§›	50,130,114	51,386
1950-D		46,803,000	——
1950-S		20,440,000	——
1951 (P)	‹§›	102,880,102	57,500
1951-D		56,529,000	——
1951-S		31,630,000	——
1952 (P)	‹§›	99,040,093	81,980
1952-D		122,100,000	——
1952-S		44,419,500	——
1953 (P)	‹§›	53,490,120	128,800
1953-D		136,433,000	——

DATE	NOTE	BUSINESS	PROOF
1953-S		39,180,000	——
1954 (P)	‹§›	114,010,203	233,300
1954-D		106,397,000	——
1954-S		22,860,000	——
1955 (P)	‹§›	12,450,181	378,200
1955-D		13,959,000	——
1955-S		18,510,000	——
1956 (P)	‹§›	108,640,000	669,384
1956-D		108,015,100	——
1957 (P)	‹§›	160,160,000	1,247,952
1957-D		113,354,330	——
1958 (P)	‹§›	31,910,000	875,652
1958-D		136,564,600	——
1959 (P)	‹§›	85,780,000	1,149,291
1959-D		164,919,790	——
1960 (P)	‹§›	70,390,000	1,691,602
1960-D		200,160,400	——
1961 (P)	‹§›	93,730,000	3,028,244
1961-D		209,146,550	——
1962 (P)	‹§›	72,450,000	3,218,019
1962-D		334,948,380	——
1963 (P)	‹§›	123,650,000	3,075,645
1963-D		421,476,530	——
1964 (P)	‹§, 11›	929,360,000	3,950,762
1964-D	‹11›	1,357,517,180	——
1965 (P)	‹11›	845,130,000	——
1965 (D)	‹11›	757,472,820	——
1965 (S)	‹11›	47,177,750	——
1966 (P)	‹11›	622,550,000	——
1966 (D)	‹11›	683,771,010	——
1966 (S)	‹11›	74,151,947	——
1967 (P)	‹11›	1,030,110,000	——
1967 (D)	‹11›	1,156,277,320	——
1967 (S)	‹11›	57,620,000	——
1968 (P)		424,470,400	——
1968-D		480,748,280	——
1968-S	‹§, 33›	——	3,041,506
1969 (P)		145,790,000	——
1969-D		563,323,870	——
1969-S	‹§›	——	2,934,631
1970 (P)		345,570,000	——
1970-D		754,942,100	——
1970-S	‹§, 34›	——	2,632,810
1971 (P)		162,690,000	——
1971-D		377,914,240	——
1971-S	‹§›	——	3,220,733
1972 (P)		431,540,000	——
1972-D		330,290,000	——
1972-S	‹§›	——	3,260,996
1973 (P)		315,670,000	——
1973-D		455,032,426	——
1973-S	‹§›	——	2,760,339
1974 (P)		470,248,000	——
1974-D		571,083,000	——
1974-S	‹§›	——	2,612,568
1975 (P)		513,682,000	——
1975 (S)		313,705,300	——
1975 (S)		71,991,900	——
1976 (P)		568,760,000	——
1976-D		695,222,774	——

DATE	NOTE	BUSINESS	PROOF
1976-S			——
1977 (P)		796,930,000	——
1977-D		376,607,228	——
1977-S	‹§›		3,236,798
1978 (P)		663,980,000	——
1978-D		282,847,540	——
1978-S	‹§›	——	3,120,285
1979 (P)		315,440,000	——
1979-D		390,921,184	——
1979-S	‹§›	——	3,677,175
1980-P	‹25›	735,170,000	——
1980-D		719,354,321	——
1980-S	‹§›	——	3,554,806
1981-P		676,650,000	——
1981-D		712,284,143	——
1981-S	‹§›	——	4,063,083
1982-P	‹35›	519,475,000	——
1982-D		542,713,584	——
1982-S	‹§›	——	3,857,479
1983-P		647,025,000	——
1983-D		730,129,224	——
1983-S	‹§›	——	3,279,126
1984-P		856,669,000	——
1984-D		704,803,976	——
1984-S	‹§›	——	3,065,110
1985-P		705,200,962	——
1985-D		587,979,970	——
1985-S	‹§›	——	3,362,821
1986-P		682,649,693	——
1986-D		473,326,974	——
1986-S	‹§›	——	3,010,497
1987-P		762,709,481	——
1987-D		653,203,402	——
1987-S	‹§›	——	3,792,233
1988-P		1,030,550,000	——
1988-D		962,385,488	——
1988-S	‹§›	——	3,262,948
1989-P		1,298,400,000	——
1989-D		896,535,597	——
1989-S	‹§›	——	3,220,914
1990-P		1,034,340,000	——
1990-D		839,995,824	——
1990-S	‹§›	——	3,299,559
1991-P		927,220,000	——
1991-D		601,241,114	——
1991-S	‹§›	——	2,867,787
1992-P		593,500,000	——
1992-D		616,273,932	——
1992-S	‹§›		
Clad		——	2,858,903
90% silver		——	1,317,641
1993-P		766,180,000	——
1993-D		750,110,166	——
1993-S	‹§›		
Clad		——	2,569,882
90% silver		——	790,994
1994-P		1,189,000,000	——
1994-D		1,303,268,110	——

DATE	NOTE	BUSINESS	PROOF
1994-S	‹§›		
Clad		—	2,443,590
90% silver		—	778,550
1995-P		1,125,500,000	—
1995-D		1,274,890,000	—
1995-S	‹§›		
Clad		—	2,124,790
90% silver		—	666,277
1996-P		1,421,630,000	—
1996-D		1,400,300,000	—
1996-S	‹§›		
Clad		—	2,145,077
90% silver		—	775,081
1996-W	‹118›	U	—
1996-W	‹118›	1,450,440	—
1997-P		991,640,000	—
1997-D		979,810,000	—
1997-S	‹§›		
Clad		—	2,055,000
90% silver		—	741,194
1998-P		1,163,000,000	—
1998-D		1,172,300,000	—
1998-S	‹§›		
Clad		—	2,086,507
90% silver		—	878,996
1999-P		2,164,000,000	—
1999-D		1,397,750,000	—
1999-S	‹§›		
Clad	‹121›	—	2,557,899
90% silver		—	804,565
2000-P		1,842,500,000	—
2000-D		1,818,700,000	—
2000-S	‹§›		
Clad	‹121›	—	3,096,981
90% silver		—	965,421
2001-P		1,369,590,000	—
2001-D		1,412,800,000	—
2001-S	‹§›		
Clad	‹121›	—	2,300,944
90% silver		—	889,697
2002-P		1,187,500,000	—
2002-D		1,379,500,000	—
2002-S	‹§›		
Clad		—	2,321,848
90% silver		—	888,826
2003-P		1,085,500,000	—
2003-D		986,500,000	—
2003-S	‹§›		
Clad		—	2,172,684
90% silver		—	1,142,858
2004-P		1,328,000,000	—
2004-D		1,159,500,000	—
2004-S	‹§›		
Clad		—	1,789,488
90% silver		—	1,175,934
2005-P		1,412,000,000	—
2005-P Satin Finish		1,141,895	—
2005-D		1,423,500,000	—
2005-D Satin Finish		1,141,895	—
2005-S	‹§›		
Clad		—	2,310,063
90% silver		—	1,019,166
2006-P		1,381,000,000	—
2006-P Satin Finish		915,586	—
2006-D		1,447,000,000	—
2006-D Satin Finish		915,586	—
2006-S	‹§›		
Clad		—	2,033,734
90% silver		—	1,043,546
2007-P		1,047,500,000	—
2007-P Satin Finish		892,320	—
2007-D		1,042,000,000	—
2007-D Satin Finish		892,320	—
2007-S	‹§›		
Clad		—	1,744,414
90% silver		—	859,320
2008-P		Pending	—
2008-P Satin Finish		Pending	—
2008-D		Pending	—
2008-D Satin Finish		Pending	—
2008-S	‹§›		
Clad		—	Pending
90% silver		—	Pending

Twenty cents

DATE	NOTE	BUSINESS	PROOF
1875 (P)		38,500	1,200
1875-CC		133,290	—
1875-S	‹36›	1,155,000	Δ
1876 (P)		14,750	1,150
1876-CC	‹37›	10,000	—
1877 (P)		—	510
1878 (P)		—	600

Draped Bust quarter dollar

DATE	NOTE	BUSINESS	PROOF
1796		6,146	—
1804		6,738	—
1805		121,394	—
1806		286,424	—
1807		140,343	—

Capped Bust quarter dollar

DATE	NOTE	BUSINESS	PROOF
1815		89,235	—
1818		361,174	Δ
1819		144,000	Δ
1820		127,444	Δ
1821		216,851	Δ
1822		64,080	Δ
1823	‹3›	17,800	Δ
1824		24,000	Δ
1825		148,000	Δ
1827	‹38›	—	Δ (R)
1828		102,000	Δ
1831		398,000	Δ
1832		320,000	Δ
1833		156,000	Δ
1834		286,000	Δ
1835		1,952,000	Δ
1836		472,000	Δ
1837		252,400	Δ
1838 (P)		366,000	Δ

DATE	NOTE	BUSINESS	PROOF
Seated Liberty quarter dollar			
1838 (P)		466,000	——
1839 (P)		491,146	Δ
1840 (P)		188,127	Δ
1840-O		425,200	——
1841 (P)		120,000	Δ
1841-O		452,000	——
1842 (P)		88,000	Δ
1842-O		769,000	——
1843 (P)		645,600	Δ
1843-O		968,000	——
1844 (P)		421,200	Δ
1844-O		740,000	——
1845 (P)		922,000	Δ
1846 (P)		510,000	Δ
1847 (P)		734,000	Δ
1847-O		368,000	——
1848 (P)		146,000	Δ
1849 (P)		340,000	Δ
1849-O		16,000	——
1850 (P)		190,800	Δ
1850-O		396,000	——
1851 (P)		160,000	Δ
1851-O		88,000	——
1852 (P)		177,060	Δ
1852-O		96,000	——
1853 (P)			
No Arr. & Rays ‹16›		44,200	——
Arrows & Rays ‹16›		15,210,020	Δ
1853-O		1,332,000	——
1854 (P)		12,380,000	Δ
1854-O		1,484,000	——
1855 (P)		2,857,000	Δ
1855-O		176,000	——
1855-S	‹39›	396,400	Δ
1856 (P)		7,264,000	Δ
1856-O		968,000	——
1856-S		286,000	——
1857 (P)		9,644,000	Δ
1857-O		1,180,000	——
1857-S		82,000	——
1858 (P)		7,368,000	Δ
1858-O		520,000	——
1858-S		121,000	——
1859 (P)		1,344,000	Δ
1859-O		260,000	——
1859-S		80,000	——
1860 (P)		804,400	1,000
1860-O		388,000	——
1860-S		56,000	——
1861 (P)		4,853,600	1,000
1861-S		96,000	——
1862 (P)		932,000	550
1862-S		67,000	——
1863 (P)		191,600	460
1864 (P)		93,600	470
1864-S		20,000	——
1865 (P)		58,800	500
1865-S		41,000	——
1866 (P)	‹40›	16,800	725

DATE	NOTE	BUSINESS	PROOF
1866-S	‹40›	28,000	——
1867 (P)		20,000	625
1867-S		48,000	——
1868 (P)		29,400	600
1868-S		96,000	——
1869 (P)		16,000	600
1869-S		76,000	——
1870 (P)		86,400	1,000
1870-CC		8,340	——
1871 (P)		118,200	960
1871-CC		10,890	——
1871-S		30,900	——
1872 (P)		182,000	950
1872-CC		22,850	——
1872-S		83,000	——
1873 (P)			
No Arrows ‹6›		212,000	600
With Arrows ‹6›		1,271,160	540
1873-CC			
No Arrows ‹6›		4,000	——
With Arrows ‹6›		12,462	——
1873-S			
With Arrows ‹6›		156,000	——
1874 (P)		471,200	700
1874-S		392,000	——
1875 (P)		4,292,800	700
1875-CC		140,000	——
1875-S		680,000	——
1876 (P)		17,816,000	1,150
1876-CC		4,944,000	——
1876-S		8,596,000	——
1877 (P)		10,911,200	510
1877-CC		4,192,000	——
1877-S		8,996,000	——
1878 (P)		2,260,000	800
1878-CC		996,000	——
1878-S		140,000	——
1879 (P)	‹41›	14,450	250
1880 (P)		13,600	1,355
1881 (P)		12,000	975
1882 (P)		15,200	1,100
1883 (P)		14,400	1,039
1884 (P)		8,000	875
1885 (P)		13,600	930
1886 (P)		5,000	886
1887 (P)		10,000	710
1888 (P)		10,001	832
1888-S		1,216,000	——
1889 (P)		12,000	711
1890 (P)		80,000	590
1891 (P)		3,920,000	600
1891-O	‹42›	68,000	Δ
1891-S		2,216,000	——
Barber quarter dollar			
1892 (P)		8,236,000	1,245
1892-O		2,640,000	——
1892-S		964,079	——
1893 (P)		5,444,023	792
1893-O		3,396,000	——

DATE	NOTE	BUSINESS	PROOF
1893-S		1,454,535	—
1894 (P)		3,432,000	972
1894-O		2,852,000	—
1894-S		2,648,821	—
1895 (P)		4,440,000	880
1895-O		2,816,000	—
1895-S		1,764,681	—
1896 (P)		3,874,000	762
1896-O		1,484,000	—
1896-S		188,039	—
1897 (P)		8,140,000	731
1897-O		1,414,800	—
1897-S		542,229	—
1898 (P)		11,100,000	735
1898-O		1,868,000	—
1898-S		1,020,592	—
1899 (P)		12,624,000	846
1899-O		2,644,000	—
1899-S		708,000	—
1900 (P)		10,016,000	912
1900-O		3,416,000	—
1900-S		1,858,585	—
1901 (P)		8,892,000	813
1901-O		1,612,000	—
1901-S		72,664	—
1902 (P)		12,196,967	777
1902-O		4,748,000	—
1902-S		1,524,612	—
1903 (P)		9,669,309	755
1903-O		3,500,000	—
1903-S		1,036,000	—
1904 (P)		9,588,143	670
1904-O		2,456,000	—
1905 (P)		4,967,523	727
1905-O		1,230,000	—
1905-S		1,884,000	—
1906 (P)		3,655,760	675
1906-D		3,280,000	—
1906-O		2,056,000	—
1907 (P)		7,192,000	575
1907-D		2,484,000	—
1907-O		4,560,000	—
1907-S		1,360,000	—
1908 (P)		4,232,000	545
1908-D		5,788,000	—
1908-O		6,244,000	—
1908-S		784,000	—
1909 (P)		9,268,000	650
1909-D		5,114,000	—
1909-O		712,000	—
1909-S		1,348,000	—
1910 (P)		2,244,000	551
1910-D		1,500,000	—
1911 (P)		3,720,000	543
1911-D		933,600	—
1911-S		988,000	—
1912 (P)		4,400,000	700
1912-S		708,000	—
1913 (P)		484,000	613
1913-D		1,450,800	—

DATE	NOTE	BUSINESS	PROOF
1913-S		40,000	—
1914 (P)		6,244,230	380
1914-D		3,046,000	—
1914-S		264,000	—
1915 (P)		3,480,000	450
1915-D		3,694,000	—
1915-S		704,000	—
1916 (P)		1,788,000	—
1916-D		6,540,800	—

Standing Liberty quarter dollar

DATE	NOTE	BUSINESS	PROOF
1916 (P)		52,000	—
1917 (P)			
Bare Breast		8,740,000	Δ
Mailed Breast		13,880,000	—
1917-D			
Bare Breast		1,509,200	—
Mailed Breast		6,224,400	—
1917-S			
Bare Breast		1,952,000	—
Mailed Breast		5,552,000	—
1918 (P)		14,240,000	—
1918-D		7,380,000	—
1918-S		11,072,000	—
1919 (P)		11,324,000	—
1919-D		1,944,000	—
1919-S		1,836,000	—
1920 (P)		27,860,000	—
1920-D		3,586,400	—
1920-S		6,380,000	—
1921 (P)		1,916,000	—
1923 (P)		9,716,000	—
1923-S		1,360,000	—
1924 (P)		10,920,000	—
1924-D		3,112,000	—
1924-S		2,860,000	—
1925 (P)		12,280,000	—
1926 (P)		11,316,000	—
1926-D		1,716,000	—
1926-S		2,700,000	—
1927 (P)		11,912,000	—
1927-D		976,400	—
1927-S		396,000	—
1928 (P)		6,336,000	—
1928-D		1,627,600	—
1928-S		2,644,000	—
1929 (P)		11,140,000	—
1929-D		1,358,000	—
1929-S		1,764,000	—
1930 (P)		5,632,000	—
1930-S		1,556,000	—

Washington quarter dollar

DATE	NOTE	BUSINESS	PROOF
1932 (P)		5,404,000	—
1932-D		436,800	—
1932-S		408,000	—
1934 (P)		31,912,052	—
1934-D		3,527,200	—
1935 (P)		32,484,000	—
1935-D		5,780,000	—
1935-S		5,660,000	—

DATE	NOTE	BUSINESS	PROOF
1936 (P)		41,300,000	3,837
1936-D		5,374,000	—
1936-S		3,828,000	—
1937 (P)		19,696,000	5,542
1937-D		7,189,600	—
1937-S		1,652,000	—
1938 (P)		9,472,000	8,045
1938-S		2,832,000	—
1939 (P)		33,540,000	8,795
1939-D		7,092,000	—
1939-S		2,628,000	—
1940 (P)		35,704,000	11,246
1940-D		2,797,600	—
1940-S		8,244,000	—
1941 (P)		79,032,000	15,287
1941-D		16,714,800	—
1941-S		16,080,000	—
1942 (P)		102,096,000	21,123
1942-D		17,487,200	—
1942-S		19,384,000	—
1943 (P)		99,700,000	—
1943-D		16,095,600	—
1943-S		21,700,000	—
1944 (P)		104,956,000	—
1944-D		14,600,800	—
1944-S		12,560,000	—
1945 (P)		74,372,000	—
1945-D		12,341,600	—
1945-S		17,004,001	—
1946 (P)		53,436,000	—
1946-D		9,072,800	—
1946-S		4,204,000	—
1947 (P)		22,556,000	—
1947-D		15,338,400	—
1947-S		5,532,000	—
1948 (P)		35,196,000	—
1948-D		16,766,800	—
1948-S		15,960,000	—
1949 (P)		9,312,000	—
1949-D		10,068,400	—
1950 (P)	‹§›	24,920,126	51,386
1950-D		21,075,600	—
1950-S		10,284,004	—
1951 (P)	‹§›	43,448,102	57,500
1951-D		35,354,800	—
1951-S		9,048,000	—
1952 (P)	‹§›	38,780,093	81,980
1952-D		49,795,200	—
1952-S		13,707,800	—
1953 (P)	‹§›	18,536,120	128,800
1953-D		56,112,400	—
1953-S		14,016,000	—
1954 (P)	‹§›	54,412,203	233,300
1954-D		42,305,500	—
1954-S		11,834,722	—
1955 (P)	‹§›	18,180,181	378,200
1955-D		3,182,400	—
1956 (P)	‹§›	44,144,000	669,384
1956-D		32,334,500	—
1957 (P)	‹§›	46,532,000	1,247,952
1957-D		77,924,160	—
1958 (P)	‹§›	6,360,000	875,652
1958-D		78,124,900	—
1959 (P)	‹§›	24,384,000	1,149,291
1959-D		62,054,232	—
1960 (P)	‹§›	29,164,000	1,691,602
1960-D		63,000,324	—
1961 (P)	‹§›	37,036,000	3,028,244
1961-D		83,656,928	—
1962 (P)	‹§›	36,156,000	3,218,019
1962-D		127,554,756	—
1963 (P)	‹§›	74,316,000	3,075,645
1963-D		135,288,184	—
1964 (P)	‹§, 11›	560,390,585	3,950,762
1964-D	‹11›	704,135,528	—
1965 (P)	‹11›	1,082,216,000	—
1965 (D)	‹11›	673,305,540	—
1965 (S)	‹11›	61,836,000	—
1966 (P)	‹11›	404,416,000	—
1966 (D)	‹11›	367,490,400	—
1966 (S)	‹11›	46,933,517	—
1967 (P)	‹11›	873,524,000	—
1967 (D)	‹11›	632,767,848	—
1967 (S)	‹11›	17,740,000	—
1968 (P)		220,731,500	—
1968-D		101,534,000	—
1968-S	‹§›	—	3,041,506
1969 (P)		176,212,000	—
1969-D		114,372,000	—
1969-S	‹§›	—	2,934,631
1970 (P)		136,420,000	—
1970-D		417,341,364	—
1970-S	‹§›	—	2,632,810
1971 (P)		109,284,000	—
1971-D		258,634,428	—
1971-S	‹§›	—	3,220,733
1972 (P)		215,048,000	—
1972-D		311,067,732	—
1972-S	‹§›	—	3,260,996
1973 (P)		346,924,000	—
1973-D		232,977,400	—
1973-S	‹§›	—	2,760,339
1974 (P)	‹43›	801,456,000	—
1974-D	‹43›	353,160,300	—
1974-S	‹§, 43›	—	2,612,568
1976 (P)	‹43›	809,408,016	—
1976-D	‹43›	860,118,839	—
1976-S	‹43›		—
1976 (W)	‹43›	376	—
1977 (P)		461,204,000	—
1977-D		256,524,978	—
1977-S	‹§›	—	3,236,798
1977 (W)		7,352,000	—
1978 (P)		500,652,000	—
1978-D		287,373,152	—
1978-S	‹§›	—	3,120,285
1978 (W)		20,800,000	—
1979 (P)		493,036,000	—
1979-D		489,789,780	—
1979-S	‹§›	—	3,677,175

DATE	NOTE	BUSINESS	PROOF
1979 (W)		22,672,000	——
1980-P	‹25›	635,832,000	——
1980-D		518,327,487	——
1980-S	‹§›		3,554,806
1981-P		601,716,000	——
1981-D		575,722,833	——
1981-S	‹§›		4,063,083
1982-P		500,931,000	——
1982-D		480,042,788	——
1982-S	‹§›		3,857,479
1983-P		673,535,000	——
1983-D		617,806,446	——
1983-S	‹§›		3,279,126
1984-P		676,545,000	——
1984-D		546,483,064	——
1984-S	‹§›		3,065,110
1985-P		775,818,962	——
1985-D		519,962,888	——
1985-S	‹§›		3,362,821
1986-P		551,199,333	——
1986-D		504,298,660	——
1986-S	‹§›		3,010,497
1987-P		582,499,481	——
1987-D		655,595,696	——
1987-S	‹§›		3,792,233
1988-P		562,052,000	——
1988-D		596,810,688	——
1988-S	‹§›		3,262,948
1989-P		512,868,000	——
1989-D		896,733,858	——
1989-S	‹§›		3,220,914
1990-P		613,792,000	——
1990-D		927,638,181	——
1990-S	‹§›		3,299,559
1991-P		570,960,000	——
1991-D		630,966,693	——
1991-S	‹§›		2,867,787
1992-P		384,764,000	——
1992-D		389,777,107	——
1992-S	‹§›		
Clad			2,858,903
90% silver			1,317,641
1993-P		639,276,000	——
1993-D		645,476,128	——
1993-S	‹§›		
Clad			2,569,882
90% silver			790,994
1994-P		825,600,000	——
1994-D		880,034,110	——
1994-S	‹§›		
Clad			2,443,590
90% silver			778,550
1995-P		1,004,336,000	——
1995-D		1,103,216,000	——
1995-S	‹§›		
Clad			2,124,790
90% silver			666,277
1996-P		925,040,000	——
1996-D		906,868,000	——
1996-S	‹§›		
Clad			2,145,077
90% silver			775,081
1997-P		595,740,000	——
1997-D		599,680,000	——
1997-S	‹§›		
Clad			2,055,000
90% silver			741,194
1998-P		960,400,000	——
1998-D		907,000,000	——
1998-S	‹§›		
Clad			2,086,507
90% silver			878,996
1999-P DE		373,400,000	——
1999-D DE		401,424,000	——
1999-S DE ‹§›			
Clad	‹121›		3,727,857
90% silver			804,565
1999-P PA		349,000,000	——
1999-D PA		358,332,000	——
1999-S PA ‹§›			
Clad	‹121›		3,727,857
90% silver			804,565
1999-P NJ		363,200,000	——
1999-D NJ		299,028,000	——
1999-S NJ ‹§›			
Clad	‹121›		3,727,857
90% silver			804,565
1999-P GA		451,188,000	——
1999-D GA		488,744,000	——
1999-S GA ‹§›			
Clad	‹121›		3,727,857
90% silver			804,565
1999-P CT		688,744,000	——
1999-D CT		657,880,000	——
1999-S CT ‹§›			
Clad	‹121›		3,727,857
90% silver			804,565
2000-P MA		628,600,000	——
2000-D MA		535,184,000	——
2000-S MA ‹§›			
Clad	‹121›		4,092,784
90% silver			965,421
2000-P MD		678,200,000	——
2000-D MD		556,532,000	——
2000-S MD ‹§›			
Clad	‹121›		4,092,784
90% silver			965,421
2000-P SC		742,576,000	——
2000-D SC		566,208,000	——
2000-S SC ‹§›			
Clad	‹121›		4,092,784
90% silver			965,421
2000-P NH		673,040,000	——
2000-D NH		495,976,000	——
2000-S NH ‹§›			
Clad	‹121›		4,092,784
90% silver			965,421
2000-P VA		943,000,000	——
2000-D VA		651,616,000	——

DATE	NOTE	BUSINESS	PROOF
2000-S VA ‹§›			
Clad	‹121›	——	4,092,784
90% silver		——	965,421
2001-P NY		655,400,000	——
2001-D NY		619,640,000	——
2001-S NY ‹§›			
Clad	‹121›	——	3,100,680
90% silver		——	889,697
2001-P NC		627,600,000	——
2001-D NC		427,876,000	——
2001-S NC ‹§›			
Clad	‹121›	——	3,100,680
90% silver		——	889,697
2001-P RI		423,000,000	——
2001-D RI		447,100,000	——
2001-S RI ‹§›			
Clad	‹121›	——	3,100,680
90% silver		——	889,697
2001-P VT		423,400,000	——
2001-D VT		459,404,000	——
2001-S VT ‹§›			
Clad	‹121›	——	3,100,680
90% silver		——	889,697
2001-P KY		353,000,000	——
2001-D KY		370,564,000	——
2001-S KY ‹§›			
Clad	‹121›	——	3,100,680
90% silver		——	889,697
2002-P TN		361,600,000	——
2002-D TN		286,468,000	——
2002-S TN ‹§›			
Clad		——	3,085,940
90% silver		——	888,826
2002-P OH		217,200,000	——
2002-D OH		414,832,000	——
2002-S OH ‹§›			
Clad		——	3,085,940
90% silver		——	888,826
2002-P LA		362,000,000	——
2002-D LA		402,204,000	——
2002-S LA ‹§›			
Clad		——	3,085,940
90% silver		——	888,826
2002-P IN		362,600,000	——
2002-D IN		327,200,000	——
2002-S IN ‹§›			
Clad		——	3,085,940
90% silver		——	888,826
2002-P MS		290,000,000	——
2002-D MS		289,600,000	——
2002-S MS ‹§›			
Clad		——	3,085,940
90% silver		——	888,826
2003-P IL		225,800,000	——
2003-D IL		237,400,000	——
2003-S IL ‹§›			
Clad		——	3,398,191
90% silver		——	1,142,858
2003-P AL		225,000,000	——
2003-D AL		232,400,000	——

DATE	NOTE	BUSINESS	PROOF
2003-S AL ‹§›			
Clad		——	3,398,191
90% silver		——	1,142,858
2003-P ME		217,400,000	——
2003-D ME		231,400,000	——
2003-S ME ‹§›			
Clad		——	3,398,191
90% silver		——	1,142,858
2003-P MO		225,000,000	——
2003-D MO		228,200,000	——
2003-S MO ‹§›			
Clad		——	3,398,191
90% silver		——	1,142,858
2003-P AR		228,000,000	——
2003-D AR		229,800,000	——
2003-S AR ‹§›			
Clad		——	3,398,191
90% silver		——	1,142,858
2004-P MI		233,800,000	——
2004-D MI		225,800,000	——
2004-S MI ‹§›			
Clad		——	2,740,684
90% silver		——	1,769,786
2004-P FL		240,200,000	——
2004-D FL		241,600,000	——
2004-S FL ‹§›			
Clad		——	2,740,684
90% silver		——	1,769,786
2004-P TX		278,800,000	——
2004-D TX		263,000,000	——
2004-S TX ‹§›			
Clad		——	2,740,684
90% silver		——	1,769,786
2004-P IA		213,800,000	——
2004-D IA		251,400,000	——
2004-S IA ‹§›			
Clad		——	2,740,684
90% silver		——	1,769,786
2004-P WI		226,400,000	——
2004-D WI	‹124›	226,800,000	——
2004-S WI ‹§›			
Clad		——	2,740,684
90% silver		——	1,769,786
2005-P CA		257,200,000	——
Satin Finish	‹122›	1,141,895	——
2005-D CA		263,200,000	——
Satin Finish	‹122›	1,141,895	——
2005-S CA ‹§›			
Clad		——	3,291,341
90% silver		——	1,625,981
2005-P MN		239,600,000	——
Satin Finish	‹122›	1,141,895	——
2005-D MN		248,400,000	——
Satin Finish	‹122›	1,141,895	——
2005-S MN ‹§›			
Clad		——	3,291,341
90% silver		——	1,625,981
2005-P OR		316,200,000	——
Satin Finish	‹122›	1,141,895	——

DATE	NOTE	BUSINESS	PROOF
2005-D OR		404,000,000	——
Satin Finish ‹122›		1,141,895	——
2005-S OR ‹§›			
Clad		——	3,291,341
90% silver		——	1,625,981
2005-P KS		263,400,000	——
Satin Finish ‹122›		1,141,895	——
2005-D KS		300,000,000	——
Satin Finish ‹122›		1,141,895	——
2005-S KS ‹§›			
Clad		——	3,291,341
90% silver		——	1,625,981
2005-P WV		365,400,000	——
Satin Finish ‹122›		1,141,895	——
2005-D WV		356,200,000	——
Satin Finish ‹122›		1,141,895	——
2005-S WV ‹§›			
Clad		——	3,291,341
90% silver		——	1,625,981
2006-P NV		277,000,000	——
Satin Finish ‹122›		915,586	——
2006-D NV		312,800,000	
Satin Finish ‹122›		915,586	——
2006-S NV ‹§›			
Clad		——	2,910,530
90% silver		——	1,571,839
2006-P NE		318,000,000	——
Satin Finish ‹122›		915,586	——
2006-D NE		276,400,000	——
Satin Finish ‹122›		915,586	——
2006-S NE ‹§›			
Clad		——	2,910,530
90% silver		——	1,571,839
2006-P CO		274,800,000	——
Satin Finish ‹122›		915,586	——
2006-D CO		294,200,000	——
Satin Finish ‹122›		915,586	——
2006-S CO ‹§›			
Clad		——	2,910,530
90% silver		——	1,571,839
2006-P ND		305,800,000	——
Satin Finish ‹122›		915,586	——
2006-D ND		359,000,000	——
Satin Finish ‹122›		915,586	——
2006-S ND ‹§›			
Clad		——	2,910,530
90% silver		——	1,571,839
2006-P SD		245,000,000	——
Satin Finish ‹122›		915,586	——
2006-D SD		265,800,000	——
Satin Finish ‹122›		915,586	——
2006-S SD ‹§›			
Clad		——	2,910,530
90% silver		——	1,571,839
2007-P MT		257,000,000	——
Satin Finish ‹122›		892,320	——
2007-D MT		256,240,000	——
Satin Finish ‹122›		892,320	——
2007-S MT ‹§›			
Clad		——	2,288,898
90% silver		——	1,249,709
2007-P WA		265,200,000	——
Satin Finish ‹122›		892,320	——
2007-D WA		280,000,000	——
Satin Finish ‹122›		892,320	——
2007-S WA ‹§›			
Clad		——	2,288,898
90% silver		——	1,249,709
2007-P ID		294,600,000	——
Satin Finish ‹122›		892,320	——
2007-D ID		286,800,000	——
Satin Finish ‹122›		892,320	——
2007-S ID ‹§›			
Clad		——	2,288,898
90% silver		——	1,249,709
2007-P WY		243,600,000	——
Satin Finish ‹122›		892,320	——
2007-D WY		320,800,000	——
Satin Finish ‹122›		892,320	——
2007-S WY ‹§›			
Clad		——	2,288,898
90% silver		——	1,249,709
2007-P UT		255,000,000	——
Satin Finish ‹122›		892,320	——
2007-D UT		253,200,000	——
Satin Finish ‹122›		892,320	——
2007-S UT ‹§›			
Clad		——	2,288,898
90% silver		——	1,249,709
2008-P OK		222,000,000	——
Satin Finish ‹122›		Pending	——
2008-D OK		194,600,000	——
Satin Finish ‹122›		Pending	——
2008-S OK ‹§›			
Clad		——	Pending
90% silver		——	Pending
2008-P NM		244,200,000	——
Satin Finish ‹122›		Pending	——
2008-D NM		244,400,000	——
Satin Finish ‹122›		Pending	——
2008-S NM ‹§›			
Clad		——	Pending
90% silver		——	Pending
2008-P AZ		244,600,000	——
Satin Finish ‹122›		Pending	——
2008-D AZ		265,000,000	——
Satin Finish ‹122›		Pending	——
2008-S AZ ‹§›			
Clad		——	Pending
90% silver		——	Pending
2008-P AK		Pending	——
Satin Finish ‹122›		Pending	——
2008-D AK		Pending	——
Satin Finish ‹122›		Pending	——
2008-S AK ‹§›			
Clad		——	Pending
90% silver		——	Pending

DATE	NOTE	BUSINESS	PROOF
2008-P HI		Pending	—
Satin Finish ‹122›		Pending	—
2008-D HI		Pending	—
Satin Finish ‹122›		Pending	—
2008-S HI ‹§›			
Clad		—	Pending
90% silver		—	Pending

Flowing Hair half dollar

1794		23,464	—
1795		299,680	—

Draped Bust, Small Eagle half dollar

1796		934	—
1797		2,984	—

Draped Bust, Heraldic Eagle half dollar

1801		30,289	—
1802		29,890	—
1803		188,234	—
1805		211,722	—
1806		839,576	—
1807		301,076	—

Capped Bust half dollar

1807		750,500	—
1808		1,368,600	—
1809		1,405,810	—
1810		1,276,276	—
1811		1,203,644	—
1812		1,628,059	—
1813		1,241,903	—
1814		1,039,075	—
1815		47,150	—
1817	‹44›	1,215,567	Δ
1818		1,960,322	Δ
1819		2,208,000	Δ
1820		751,122	Δ
1821		1,305,797	Δ
1822		1,559,573	Δ
1823		1,694,200	Δ
1824		3,504,954	Δ
1825		2,943,166	Δ
1826		4,004,180	Δ
1827		5,493,400	Δ
1828		3,075,200	Δ
1829		3,712,156	Δ
1830		4,764,800	Δ
1831		5,873,660	Δ
1832		4,797,000	Δ
1833		5,206,000	Δ (R)
1834		6,412,004	Δ (R)
1835		5,352,006	Δ (R)
1836			
Lettered Edge		6,545,000	Δ
Reeded Edge ‹45›		1,200	Δ
1837		3,629,820	Δ
1838 (P)		3,546,000	Δ
1838-O	‹46›	—	Δ
1839 (P)		1,362,160	Δ
1839-O	‹47›	178,976	Δ

DATE	NOTE	BUSINESS	PROOF

Seated Liberty half dollar

1839 (P)	‹48›	1,972,400	Δ
1840 (P)		1,435,008	Δ
1840-O		855,100	—
1841 (P)		310,000	Δ
1841-O		401,000	—
1842 (P)		2,012,764	Δ
1842-O		957,000	—
1843 (P)		3,844,000	Δ
1843-O		2,268,000	—
1844 (P)		1,766,000	Δ
1844-O		2,005,000	—
1845 (P)		589,000	Δ
1845-O		2,094,000	—
1846 (P)		2,210,000	Δ
1846-O		2,304,000	—
1847 (P)		1,156,000	Δ
1847-O		2,584,000	—
1848 (P)		580,000	Δ
1848-O		3,180,000	—
1849 (P)		1,252,000	Δ
1849-O		2,310,000	—
1850 (P)		227,000	Δ
1850-O		2,456,000	—
1851 (P)		200,750	—
1851-O		402,000	—
1852 (P)		77,130	Δ
1852-O		144,000	—
1853 (P)	‹16, 49›	3,532,708	Δ
1853-O	‹49›	1,328,000	—
1854 (P)		2,982,000	Δ
1854-O		5,240,000	—
1855 (P)		759,500	Δ
1855-O		3,688,000	—
1855-S	‹50›	129,950	Δ
1856 (P)		938,000	Δ
1856-O		2,658,000	—
1856-S		211,000	—
1857 (P)		1,988,000	Δ
1857-O		818,000	—
1857-S		158,000	—
1858 (P)		4,226,000	Δ
1858-O		7,294,000	—
1858-S		476,000	—
1859 (P)		748,000	Δ
1859-O		2,834,000	—
1859-S		566,000	—
1860 (P)		302,700	1,000
1860-O		1,290,000	—
1860-S		472,000	—
1861 (P)		2,887,400	1,000
1861-O	‹51›	2,532,633	Δ
1861-S		939,500	—
1862 (P)		253,000	550
1862-S		1,352,000	—
1863 (P)		503,200	460
1863-S		916,000	—
1864 (P)		379,100	470
1864-S		658,000	—
1865 (P)		511,400	500

DATE	NOTE	BUSINESS	PROOF
1865-S		675,000	——
1866 (P)	‹40›	744,900	725
1866-S			
No Motto	‹40›	60,000	——
Motto	‹40›	994,000	——
1867 (P)		449,300	625
1867-S		1,196,000	——
1868 (P)		417,600	600
1868-S		1,160,000	——
1869 (P)		795,300	600
1869-S		656,000	——
1870 (P)		633,900	1,000
1870-CC		54,617	——
1870-S		1,004,000	——
1871 (P)		1,203,600	960
1871-CC		153,950	——
1871-S		2,178,000	——
1872 (P)		880,600	950
1872-CC		257,000	——
1872-S		580,000	——
1873 (P)			
No Arrows	‹6›	801,200	600
With Arrows	‹6›	1,815,150	550
1873-CC			
No Arrows	‹6, 52›	122,500	——
With Arrows	‹6›	214,560	——
1873-S			
No Arrows	‹6›	5,000	——
With Arrows	‹6›	228,000	——
1874 (P)		2,359,600	700
1874-CC		59,000	——
1874-S		394,000	——
1875 (P)		6,026,800	700
1875-CC		1,008,000	——
1875-S		3,200,000	——
1876 (P)		8,418,000	1,150
1876-CC		1,956,000	——
1876-S		4,528,000	——
1877 (P)		8,304,000	510
1877-CC		1,420,000	——
1877-S		5,356,000	——
1878 (P)		1,377,600	800
1878-CC		62,000	——
1878-S		12,000	——
1879 (P)		4,800	1,100
1880 (P)		8,400	1,355
1881 (P)		10,000	975
1882 (P)		4,400	1,100
1883 (P)		8,000	1,039
1884 (P)		4,400	875
1885 (P)		5,200	930
1886 (P)		5,000	886
1887 (P)		5,000	710
1888 (P)		12,001	832
1889 (P)		12,000	711
1890 (P)		12,000	590
1891 (P)		200,000	600
Barber half dollar			
1892 (P)		934,245	1,245

DATE	NOTE	BUSINESS	PROOF
1892-O		390,000	——
1892-S		1,029,028	——
1893 (P)		1,826,000	792
1893-O		1,389,000	——
1893-S		740,000	——
1894 (P)		1,148,000	972
1894-O		2,138,000	——
1894-S		4,048,690	——
1895 (P)		1,834,338	880
1895	‹53›	1,766,000	Δ
1895-S		1,108,086	——
1896 (P)		950,000	762
1896-O		924,000	——
1896-S		1,140,948	——
1897 (P)		2,480,000	731
1897-O		632,000	——
1897-S		933,900	——
1898 (P)		2,956,000	735
1898-O		874,000	——
1898-S		2,358,550	——
1899 (P)		5,538,000	846
1899-O		1,724,000	——
1899-S		1,686,411	——
1900 (P)		4,762,000	912
1900-O		2,744,000	——
1900-S		2,560,322	——
1901 (P)		4,268,000	813
1901-O		1,124,000	——
1901-S		847,044	——
1902 (P)		4,922,000	777
1902-O		2,526,000	——
1902-S		1,460,670	——
1903 (P)		2,278,000	755
1903-O		2,100,000	——
1903-S		1,920,772	——
1904 (P)		2,992,000	670
1904-O		1,117,600	——
1904-S		553,038	——
1905 (P)		662,000	727
1905-O		505,000	——
1905-S		2,494,000	——
1906 (P)		2,638,000	675
1906-D		4,028,000	——
1906-O		2,446,000	——
1906-S		1,740,154	——
1907 (P)		2,598,000	575
1907-D		3,856,000	——
1907-O		3,946,600	——
1907-S		1,250,000	——
1908 (P)		1,354,000	545
1908-D		3,280,000	——
1908-O		5,360,000	——
1908-S		1,644,828	——
1909 (P)		2,368,000	650
1909-O		925,400	——
1909-S		1,764,000	——
1910 (P)		418,000	551
1910-S		1,948,000	——
1911 (P)		1,406,000	543
1911-D		695,080	——

DATE	NOTE	BUSINESS	PROOF
1911-S		1,272,000	——
1912 (P)		1,550,000	700
1912-D		2,300,800	——
1912-S		1,370,000	——
1913 (P)		188,000	627
1913-D		534,000	——
1913-S		604,000	——
1914 (P)		124,230	380
1914-S		992,000	——
1915 (P)		138,000	450
1915-D		1,170,400	——
1915-S		1,604,000	——

Walking Liberty half dollar

DATE	NOTE	BUSINESS	PROOF
1916 (P)		608,000	Δ
1916-D		1,014,400	——
1916-S		508,000	——
1917 (P)		12,292,000	——
1917-D			
Obv. Mint Mark		765,400	——
Rev. Mint Mark		1,940,000	——
1917-S			
Obv. Mint Mark		952,000	——
Rev. Mint Mark		5,554,000	——
1918 (P)		6,634,000	——
1918-D		3,853,040	——
1918-S		10,282,000	——
1919 (P)		962,000	——
1919-D		1,165,000	——
1919-S		1,552,000	——
1920 (P)		6,372,000	——
1920-D		1,551,000	——
1920-S		4,624,000	——
1921 (P)		246,000	——
1921-D		208,000	——
1921-S		548,000	——
1923-S		2,178,000	——
1927-S		2,392,000	——
1928-S		1,940,000	——
1929-D		1,001,200	——
1929-S		1,902,000	——
1933-S		1,786,000	——
1934 (P)		6,964,000	——
1934-D		2,361,400	——
1934-S		3,652,000	——
1935 (P)		9,162,000	——
1935-D		3,003,800	——
1935-S		3,854,000	——
1936 (P)		12,614,000	3,901
1936-D		4,252,400	——
1936-S		3,884,000	——
1937 (P)		9,522,000	5,728
1937-D		1,676,000	——
1937-S		2,090,000	——
1938 (P)		4,110,000	8,152
1938-D		491,600	——
1939 (P)		6,812,000	8,808
1939-D		4,267,800	——
1939-S		2,552,000	——
1940 (P)		9,156,000	11,279

DATE	NOTE	BUSINESS	PROOF
1940-S		4,550,000	——
1941 (P)		24,192,000	15,412
1941-D		11,248,400	——
1941-S		8,098,000	——
1942 (P)		47,818,000	21,120
1942-D		10,973,800	——
1942-S		12,708,000	——
1943 (P)		53,190,000	——
1943-D		11,346,000	——
1943-S		13,450,000	——
1944 (P)		28,206,000	——
1944-D		9,769,000	——
1944-S		8,904,000	——
1945 (P)		31,502,000	——
1945-D		9,996,800	——
1945-S		10,156,000	——
1946 (P)		12,118,000	——
1946-D		2,151,000	——
1946-S		3,724,000	——
1947 (P)		4,094,000	——
1947-D		3,900,600	——

Franklin half dollar

DATE	NOTE	BUSINESS	PROOF
1948 (P)		3,006,814	——
1948-D		4,028,600	——
1949 (P)		5,614,000	——
1949-D		4,120,600	——
1949-S		3,744,000	——
1950 (P)	‹§›	7,742,123	51,386
1950-D		8,031,600	——
1951 (P)	‹§›	16,802,102	57,500
1951-D		9,475,200	——
1951-S		13,696,000	——
1952 (P)	‹§›	21,192,093	81,980
1952-D		25,395,600	——
1952-S		5,526,000	——
1953 (P)	‹§›	2,668,120	128,800
1953-D		20,900,400	——
1953-S		4,148,000	——
1954 (P)	‹§›	13,188,203	233,300
1954-D		25,445,580	——
1954-S		4,993,400	——
1955 (P)	‹§›	2,498,181	378,200
1956 (P)	‹§›	4,032,000	669,384
1957 (P)	‹§›	5,114,000	1,247,952
1957-D		19,966,850	——
1958 (P)	‹§›	4,042,000	875,652
1958-D		23,962,412	——
1959 (P)	‹§›	6,200,000	1,149,291
1959-D		13,0,750	——
1960 (P)	‹§›	6,024,000	1,691,602
1960-D		18,215,812	——
1961 (P)	‹§›	8,290,000	3,028,244
1961-D		20,276,442	——
1962 (P)	‹§›	9,714,000	3,218,019
1962-D		35,473,281	——
1963 (P)	‹§›	22,164,000	3,075,645
1963-D		67,069,292	——

Kennedy half dollar

DATE	NOTE	BUSINESS	PROOF
1964 (P)	‹§, 11›	273,304,004	3,950,762

DATE	NOTE	BUSINESS	PROOF
1964-D	‹11›	156,205,446	——
1965 (P)	‹11›	——	——
1965 (D)	‹11›	63,049,366	——
1965 (S)	‹11, 54›	470,000	——
1966 (P)	‹11›	——	——
1966 (D)	‹11›	106,439,312	——
1966 (S)	‹11, 54›	284,037	——
1967 (P)	‹11›	——	——
1967 (D)	‹11›	293,183,634	——
1967 (S)	‹11, 54›	——	——
1968-D		246,951,930	——
1968-S	‹§›	——	3,041,506
1969-D		129,881,800	——
1969-S	‹§›	——	2,934,631
1970-D	‹55›	2,150,000	——
1970-S	‹§›	——	2,632,810
1971 (P)		155,164,000	——
1971-D		302,097,424	——
1971-S	‹§›	——	3,220,733
1972 (P)		153,180,000	——
1972-D		141,890,000	——
1972-S	‹§›	——	3,260,996
1973 (P)		64,964,000	——
1973-D		83,171,400	——
1973-S	‹§›	——	2,760,339
1974 (P)	‹43›	201,596,000	——
1974-D	‹43›	79,066,300	——
1974-S	‹§, 43›	——	2,612,568
1976 (P)	‹43›	234,308,000	——
1976-D	‹43›	287,565,248	——
1976-S	‹43›	——	——
1977 (P)		43,598,000	——
1977-D		31,449,106	——
1977-S	‹§›	——	3,236,798
1978 (P)		14,350,000	——
1978-D		13,765,799	——
1978-S	‹§›	——	3,120,285
1979 (P)		68,312,000	——
1979-D		15,815,422	——
1979-S	‹§›	——	3,677,175
1980-P	‹25›	44,134,000	——
1980-D		33,456,449	——
1980-S	‹§›	——	3,554,806
1981-P		29,544,000	——
1981-D		27,839,533	——
1981-S	‹§›	——	4,063,083
1982-P		10,819,000	——
1982-D		13,140,102	——
1982-S	‹§›	——	3,857,479
1983-P		34,139,000	——
1983-D		32,472,244	——
1983-S	‹§›	——	3,279,126
1984-P		26,029,000	——
1984-D		26,262,158	——
1984-S	‹§›	——	3,065,110
1985-P		18,706,962	——
1985-D		19,814,034	——
1985-S	‹§›	——	3,362,821
1986-P		13,107,633	——
1986-D		15,366,145	——

DATE	NOTE	BUSINESS	PROOF
1986-S	‹§›	——	3,010,497
1987-P	‹55›	——	——
1987-D	‹55›	——	——
1987-S	‹§›	——	3,792,233
1988-P		13,626,000	——
1988-D		12,000,096	——
1988-S	‹§›	——	3,262,948
1989-P		24,542,000	——
1989-D		23,000,216	——
1989-S	‹§›	——	3,220,914
1990-P		22,278,000	——
1990-D		20,096,242	——
1990-S	‹§›	——	3,299,559
1991-P		14,874,000	——
1991-D		15,054,678	——
1991-S	‹§›	——	2,867,787
1992-P		17,628,000	——
1992-D		17,000,106	——
1992-S	‹§›		
Clad		——	2,858,903
90% Silver		——	1,317,641
1993-P		15,510,000	——
1993-D		15,000,006	——
1993-S	‹§›		
Clad		——	2,569,882
90% Silver		——	790,994
1994-P		23,718,000	——
1994-D		23,828,110	——
1994-S	‹§›		
Clad		——	2,443,590
90% Silver		——	778,550
1995-P		26,496,000	——
1995-D		26,288,000	——
1995-S	‹§›		
Clad		——	2,124,790
90% Silver		——	666,277
1996-P		24,442,000	——
1996-D		24,744,000	——
1996-S	‹§›		
Clad.		——	2,145,077
90% silver		——	775,081
1997-P		20,882,000	——
1997-D		19,876,000	——
1997-S	‹§›		
Clad		——	2,055,000
90% silver		——	741,194
1998-P		15,646,000	——
1998-D		15,064,000	——
1998-S	‹§›		
Clad		——	2,086,507
90% silver		——	878,996
1999-P		8,900,000	——
1999-D		10,682,000	——
1999-S	‹§›		
Clad	‹121›	——	2,557,899
90% silver		——	804,077
2000-P		22,600,000	——
2000-D		19,466,000	——

DATE	NOTE	BUSINESS	PROOF
2000-S	‹§›		
Clad	‹121›	—	3,096,981
90% silver		—	965,421
2001-P		21,200,000	—
2001-D		19,504,000	—
2001-S	‹§›		
Clad	‹121›	—	2,300,944
90% silver		—	889,697
2002-P	‹120›	3,100,000	—
2002-D	‹120›	2,500,000	—
2002-S	‹§›		
Clad		—	2,321,848
90% silver		—	888,826
2003-P	‹120›	2,500,000	—
2003-D	‹120›	2,500,000	—
2003-S	‹§›		
Clad		—	2,172,684
90% silver		—	1,142,858
2004-P	‹120›	2,900,000	—
2004-D	‹120›	2,900,000	—
2004-S	‹§›		
Clad		—	1,789,488
90% silver		—	1,175,934
2005-P	‹120›	3,800,000	—
Satin Finish	‹122›	1,141,895	—
2005-D	‹120›	3,500,000	—
Satin Finish	‹122›	1,141,895	—
2005-S	‹§›		
Clad		—	2,310,063
90% silver		—	1,019,166
2006-P	‹120›	2,400,000	—
Satin Finish	‹122›	915,586	—
2006-D	‹120›	2,000,000	—
Satin Finish	‹122›	915,586	—
2006-S	‹§›		
Clad		—	2,033,734
90% silver		—	1,043,546
2007-P	‹120›	4,100,000	—
Satin Finish	‹122›	892,320	—
2007-D	‹120›	4,100,000	—
Satin Finish	‹122›	892,320	—
2007-S	‹§›		
Clad		—	1,744,414
90% silver		—	859,320
2008-P	‹120›	Pending	—
Satin Finish	‹122›	Pending	—
2008-D	‹120›	Pending	—
Satin Finish	‹122›	Pending	—
2008-S	‹§›		
Clad		—	Pending
90% silver		—	Pending

Flowing Hair silver dollar

DATE	NOTE	BUSINESS	PROOF
1794		1,758	—
1795		160,295	—

Draped Bust silver dollar

DATE	NOTE	BUSINESS	PROOF
1795		42,738	—
1796		72,920	—
1797		7,776	—
1798	‹56›	327,536	—
1799		423,515	—
1800		220,920	—
1801	‹57›	54,454	—
1802	‹57›	41,650	—
1803	‹57›	85,634	—
1804	‹58›	—	—
1805	‹59›	—	—

Gobrecht silver dollar

DATE	NOTE	BUSINESS	PROOF
1836	‹60›	1,600	Δ
1838	‹60›	—	Δ
1839 (P)	‹60›	300	Δ

Seated Liberty silver dollar

DATE	NOTE	BUSINESS	PROOF
1840 (P)		61,005	Δ (R)
1841 (P)		173,000	Δ (R)
1842 (P)		184,618	Δ (R)
1843 (P)		165,100	Δ (R)
1844 (P)		20,000	Δ (R)
1845 (P)		24,500	Δ (R)
1846 (P)		110,600	Δ (R)
1846-O		59,000	— (R)
1847 (P)		140,750	Δ (R)
1848 (P)		15,000	Δ (R)
1849 (P)		62,600	Δ (R)
1850 (P)		7,500	Δ (R)
1850-O		40,000	— (R)
1851 (P)		1,300	Δ (R)
1852 (P)		1,100	Δ (R)
1853 (P)	‹16, 61›	46,110	— (R)
1854 (P)		33,140	Δ
1855 (P)		26,000	Δ
1856 (P)		63,500	Δ
1857 (P)		94,000	Δ
1858 (P)	‹62›	—	Δ
1859 (P)		256,500	Δ
1859-O		360,000	—
1859-S		20,000	—
1860 (P)		217,600	1,330
1860-O		515,000	—
1861 (P)		77,500	1,000
1862 (P)		11,540	550
1863 (P)		27,200	460
1864 (P)		30,700	470
1865 (P)		46,500	500
1866 (P)	‹40›	48,900	725
1867 (P)		46,900	625
1868 (P)		162,100	600
1869 (P)		423,700	600
1870 (P)		415,000	1,000
1870-CC	‹63›	12,462	Δ
1870-S	‹64›	—	—
1871 (P)		1,073,800	960
1871-CC		1,376	—
1872 (P)		1,105,500	950
1872-CC		3,150	—
1872-S		9,000	—
1873 (P)	‹6›	293,000	600
1873-CC	‹6›	2,300	—
1873-S	‹6, 65›	700	—

DATE	NOTE	BUSINESS	PROOF
Morgan silver dollar			
1878 (P)	‹66›	10,508,550	1,000
1878-CC		2,212,000	—
1878-S		9,774,000	—
1879 (P)		14,806,000	1,100
1879-CC		756,000	—
1879-O	‹67›	2,887,000	Δ
1879-S		9,110,000	—
1880 (P)		12,600,000	1,355
1880-CC		591,000	—
1880-O		5,305,000	—
1880-S		8,900,000	—
1881 (P)		9,163,000	975
1881-CC		296,000	—
1881-O		5,708,000	—
1881-S		12,760,000	—
1882 (P)		11,100,000	1,100
1882-CC	‹68›	1,133,000	Δ
1882-O		6,090,000	—
1882-S		9,250,000	—
1883 (P)		12,290,000	1,039
1883-CC	‹69›	1,204,000	Δ
1883-O	‹70›	8,725,000	Δ
1883-S		6,250,000	—
1884 (P)		14,070,000	875
1884-CC	‹71›	1,136,000	Δ
1884-O		9,730,000	—
1884-S		3,200,000	—
1885 (P)		17,786,837	930
1885-CC		228,000	—
1885-O		9,185,000	—
1885-S		1,497,000	—
1886 (P)		19,963,000	886
1886-O		10,710,000	—
1886-S		750,000	—
1887 (P)		20,290,000	710
1887-O		11,550,000	—
1887-S		1,771,000	—
1888 (P)		19,183,000	832
1888-O		12,150,000	—
1888-S		657,000	—
1889 (P)		21,726,000	811
1889-CC		350,000	—
1889-O		11,875,000	—
1889-S		700,000	—
1890 (P)		16,802,000	590
1890-CC		2,309,041	—
1890-O		10,701,000	—
1890-S		8,230,373	—
1891 (P)		8,693,556	650
1891-CC		1,618,000	—
1891-O		7,954,529	—
1891-S		5,296,000	—
1892 (P)		1,036,000	1,245
1892-CC		1,352,000	—
1892-O		2,744,000	—
1892-S		1,200,000	—
1893 (P)		389,000	792
1893-CC	‹72›	677,000	Δ
1893-O		300,000	—

DATE	NOTE	BUSINESS	PROOF
1893-S		100,000	—
1894 (P)		110,000	972
1894-O		1,723,000	—
1894-S		1,260,000	—
1895 (P)	‹73›	12,000	880
1895-O		450,000	—
1895-S		400,000	—
1896 (P)		9,976,000	762
1896-O		4,900,000	—
1896-S		5,000,000	—
1897 (P)		2,822,000	731
1897-O		4,004,000	—
1897-S		5,825,000	—
1898 (P)		5,884,000	735
1898-O		4,440,000	—
1898-S		4,102,000	—
1899 (P)		330,000	846
1899-O		12,290,000	—
1899-S		2,562,000	—
1900 (P)		8,830,000	912
1900-O		12,590,000	—
1900-S		3,540,000	—
1901 (P)		6,962,000	813
1901-O		13,320,000	—
1901-S		2,284,000	—
1902 (P)		7,994,000	777
1902-O		8,636,000	—
1902-S		1,530,000	—
1903 (P)		4,652,000	755
1903-O		4,450,000	—
1903-S		1,241,000	—
1904 (P)		2,788,000	650
1904-O		3,720,000	—
1904-S		2,304,000	—
1921 (P)		44,690,000	Δ
1921-D		20,345,000	—
1921-S		21,695,000	—
Peace silver dollar			
1921 (P)	‹74›	1,006,473	—
1922 (P)	‹74›	51,737,000	Δ
1922-D		15,063,000	—
1922-S		17,475,000	—
1923 (P)		30,800,000	—
1923-D		6,811,000	—
1923-S		19,020,000	—
1924 (P)		11,811,000	—
1924-S		1,728,000	—
1925 (P)		10,198,000	—
1925-S		1,610,000	—
1926 (P)		1,939,000	—
1926-D		2,348,700	—
1926-S		6,980,000	—
1927 (P)		848,000	—
1927-D		1,268,900	—
1927-S		866,000	—
1928 (P)		360,649	—
1928-S		1,632,000	—
1934 (P)		954,057	—
1934-D		1,569,500	—

DATE	NOTE	BUSINESS	PROOF
1934-S		1,011,000	—
1935 (P)		1,576,000	—
1935-S		1,964,000	—

Trade dollar

DATE	NOTE	BUSINESS	PROOF
1873 (P)	‹6, 75›	396,635	865
1873-CC	‹6›	124,500	—
1873-S	‹6›	703,000	—
1874 (P)		987,100	700
1874-CC		1,373,200	—
1874-S		2,549,000	—
1875 (P)		218,200	700
1875-CC		1,573,700	—
1875-S		4,487,000	—
1876 (P)		455,000	1,150
1876-CC		509,000	—
1876-S		5,227,000	—
1877 (P)		3,039,200	510
1877-CC		534,000	—
1877-S		9,519,000	—
1878 (P)		—	900
1878-CC		97,000	—
1878-S		4,162,000	—
1879 (P)		—	1,541
1880 (P)		—	1,987
1881 (P)		—	960
1882 (P)		—	1,097
1883 (P)		—	979
1884 (P)	‹76›	—	10
1885 (P)	‹76›	—	5

Eisenhower dollar

DATE	NOTE	BUSINESS	PROOF
1971 (P)		47,799,000	—
1971-D		68,587,424	—
1971-S 40% silver	‹§, 77›	6,868,530	4,265,234
1972 (P)		75,890,000	—
1972-D		92,548,511	—
1972-S 40% silver	‹77›	2,193,056	1,811,631
1973 (P)	‹78›	2,000,056	—
1973-D	‹78›	2,000,000	—
1973-S copper-nickel	‹§›	—	2,760,339
40% silver	‹77›	1,883,140	1,013,646
1974 (P)	‹43›	27,366,000	—
1974-D	‹43›	45,517,000	—
1974-S copper-nickel	‹§, 43›	—	2,612,568
40% silver	‹43, 77›	1,900,156	1,306,579
1976 (P)	‹43›	117,337,000	—
1976-D	‹43›	103,228,274	—
1976-S	‹43, 77›	—	—
1977 (P)		12,596,000	—
1977-D		32,983,006	—
1977-S	‹§›	—	3,236,798
1978 (P)		25,702,000	—
1978-D		33,012,890	—
1978-S	‹§›	—	3,120,285

Anthony dollar

DATE	NOTE	BUSINESS	PROOF
1979-P	‹25›	360,222,000	—
1979-D		288,015,744	—
1979-S	‹§›	109,576,000	3,677,175
1980-P		27,610,000	—
1980-P		41,628,708	—
1980-S	‹§›	20,422,000	3,554,806
1981-P	‹79›	3,000,000	—
1981-D	‹79›	3,250,000	—
1981-S	‹§, 79›	3,492,000	4,063,083
1999-P		29,592,000	—
1999-D		11,776,000	—
1999-P		—	749,090

Sacagawea golden dollar

DATE	NOTE	BUSINESS	PROOF
2000-P	‹123›	767,140,000	—
2000-D		518,916,000	—
2000-S	‹§›	—	4,062,402
2001-P		62,468,000	—
2001-D		70,939,500	—
2001-S	‹§›	—	2,618,086
2002-P	‹120›	3,865,610	—
2002-D	‹120›	3,732,000	—
2002-S	‹§›	—	3,210,674
2003-P	‹120›	3,080,000	—
2003-D	‹120›	3,080,000	—
2003-S	‹§›	—	3,315,542
2004-P	‹120›	2,660,000	—
2004-D	‹120›	2,660,000	—
2004-S	‹§›	—	2,965,422
2005-P	‹120›	2,520,000	—
Satin Finish	‹122›	1,141,895	—
2005-D	‹120›	2,520,000	—
Satin Finish	‹122›	1,141,895	—
2005-S	‹§›	—	3,329,229
2006-P	‹120›	4,900,000	—
Satin Finish	‹122›	915,586	—
2006-D	‹120›	2,800,000	—
Satin Finish	‹122›	915,586	—
2006-S		—	3,077,280
2007-P	‹120›	3,640,000	—
Satin Finish	‹122›	980,341	—
2007-D	‹120›	5,740,000	—
Satin Finish	‹122›	980,341	—
2007-S		—	2,603,734
2008-P	‹120›	Pending	—
Satin Finish	‹122›	Pending	—
2008-D	‹120›	Pending	—
Satin Finish	‹122›	Pending	—
2008-S		—	Pending

Presidential dollars

DATE	NOTE	BUSINESS	PROOF
2007-P G. Washington		176,680,000	—
Satin Finish	‹122›	1,077,348	—
2007-D G. Washington		163,680,000	—
Satin Finish	‹122›	1,071,744	—
2007-S G. Washington		—	3,494,225
2007-P J. Adams		112,420,000	—
Satin Finish	‹122›	1,077,348	—
2007-D J. Adams		112,140,000	—
Satin Finish	‹122›	1,071,744	—
2007-S J. Adams		—	3,510,665
2007-P T. Jefferson		100,800,000	—
Satin Finish	‹122›	1,077,348	—

DATE	NOTE	BUSINESS	PROOF
2007-D T. Jefferson		102,810,000	——
Satin Finish ‹122›		1,071,744	——
2007-S T. Jefferson		——	3,509,586
2007-P J. Madison		84,560,000	——
Satin Finish ‹122›		1,077,348	——
2007-D J. Madison		87,780,000	——
Satin Finish ‹122›		1,071,744	——
2007-S J. Madison		——	3,504,794
2008-P J. Monroe		64,260,000	——
Satin Finish ‹122›		Pending	——
2008-D J. Monroe		60,230,000	——
Satin Finish ‹122›		Pending	——
2008-S J. Monroe		——	Pending
2008-P J.Q. Adams		57,400,000	——
Satin Finish ‹122›		Pending	——
2008-D J.Q. Adams		57,720,000	——
Satin Finish ‹122›		Pending	——
2008-S J.Q. Adams		——	Pending
2008-P A. Jackson		Pending	——
Satin Finish ‹122›		Pending	——
2008-D A. Jackson		Pending	——
Satin Finish ‹122›		Pending	——
2008-S A. Jackson		——	Pending
2008-P M. Van Buren		Pending	——
Satin Finish ‹122›		Pending	——
2008-D M. Van Buren		Pending	——
Satin Finish ‹122›		Pending	——
2008-S M. Van Buren		——	Pending

Coronet gold dollar

DATE	NOTE	BUSINESS	PROOF
1849 (P)		688,567	Δ
1849-C		11,634	——
1849-D		21,588	——
1849-O		215,000	——
1850 (P)		481,953	——
1850-C		6,966	——
1850-D		8,382	——
1850-O		14,000	——
1851 (P)		3,317,671	——
1851-C		41,267	——
1851-D		9,882	——
1851-O		290,000	——
1852 (P)		2,045,351	——
1852-C		9,434	——
1852-D		6,360	——
1852-O		140,000	——
1853 (P)		4,076,051	——
1853-C		11,515	——
1853-D		6,583	——
1853-O		290,000	——
1854 (P)		736,709	Δ
1854-D		2,935	——
1854-S		14,632	——

Indian Head gold dollar

DATE	NOTE	BUSINESS	PROOF
1854 (P)		902,736	Δ
1855 (P)		758,269	Δ
1855-C		9,803	——
1855-D		1,811	——
1855-O		55,000	——

DATE	NOTE	BUSINESS	PROOF
1856 (P) Large Head		1,762,936	Δ
1856-D Large Head		1,460	——
1856-S Small Head		24,600	——
1857 (P)		774,789	Δ
1857-C		13,280	——
1857-D		3,533	——
1857-S		10,000	——
1858 (P)		117,995	Δ
1858-D		3,477	——
1858-S		10,000	——
1859 (P)		168,244	Δ
1859-C		5,235	——
1859-D		4,952	——
1859-S		15,000	——
1860 (P)		36,514	154
1860-D		1,566	——
1860-S		13,000	——
1861 (P)		527,150	349
1861-D	‹80›		——
1862 (P)		1,361,365	35
1863 (P)		6,200	50
1864 (P)		5,900	50
1865 (P)		3,700	25
1866 (P)		7,100	30
1867 (P)		5,200	50
1868 (P)		10,500	25
1869 (P)		5,900	25
1870 (P)		6,300	35
1870-S	‹81›	3,000	——
1871 (P)		3,900	30
1872 (P)		3,500	30
1873 (P)	‹6›	125,100	25
1874 (P)		198,800	20
1875 (P)		400	20
1876 (P)		3,200	45
1877 (P)		3,900	20
1878 (P)		3,000	20
1879 (P)		3,000	30
1880 (P)		1,600	36
1881 (P)		7,620	87
1882 (P)		5,000	125
1883 (P)		10,800	207
1884 (P)		5,230	1,006
1885 (P)		11,156	1,105
1886 (P)		5,000	1,016
1887 (P)		7,500	1,043
1888 (P)		15,501	1,079
1889 (P)		28,950	1,779

Capped Bust $2.50 quarter eagle

DATE	NOTE	BUSINESS	PROOF
1796		1,395	——
1797		427	——
1798		1,094	——
1802		3,035	——
1804		3,327	——
1805		1,781	——
1806		1,616	——

DATE	NOTE	BUSINESS	PROOF
1807		6,812	——
Capped Draped Bust quarter eagle			
1808		2,710	——
Capped Head $2.50 quarter eagle			
1821		6,448	Δ
1824		2,600	Δ
1825		4,434	Δ
1826		760	Δ
1827		2,800	Δ
1829		3,403	Δ
1830		4,540	Δ
1831		4,520	Δ
1832		4,400	Δ
1833		4,160	Δ
1834	‹82›	4,000	Δ
Classic Head $2.50 quarter eagle			
1834		113,370	Δ
1835		131,402	Δ
1836		547,986	Δ
1837		45,080	Δ
1838 (P)		47,030	——
1838-C		7,908	——
1839 (P)		27,021	——
1839-C		18,173	——
1839-D		13,674	——
1839-O		17,781	——
Coronet $2.50 quarter eagle			
1840 (P)		18,859	Δ
1840-C		12,838	——
1840-D		3,532	——
1840-O		33,580	——
1841 (P)	‹83›		Δ
1841-C		10,297	——
1841-D		4,164	——
1842 (P)		2,823	Δ
1842-C		6,737	——
1842-D		4,643	——
1842-O		19,800	——
1843 (P)		100,546	Δ
1843-C		26,096	——
1843-D		36,209	——
1843-O		368,002	——
1844 (P)		6,784	Δ
1844-C		11,622	——
1844-D		17,332	——
1845 (P)		91,051	Δ
1845-D		19,460	——
1845-O		4,000	——
1846 (P)		21,598	Δ
1846-C		4,808	——
1846-D		19,303	——
1846-O		62,000	——
1847 (P)		29,814	Δ
1847-C		23,226	——
1847-D		15,784	——
1847-O		124,000	——
1848 (P)		7,497	Δ
CAL.	‹84›	1,389	——
1848-C		16,788	——
1848-D		13,771	——
1849 (P)		23,294	Δ
1849-C		10,220	——
1849-D		10,945	——
1850 (P)		252,923	——
1850-C		9,148	——
1850-D		12,148	——
1850-O		84,000	——
1851 (P)		1,372,748	——
1851-C		14,923	——
1851-D		11,264	——
1851-O		148,000	——
1852 (P)		1,159,681	——
1852-C		9,772	——
1852-D		4,078	——
1852-O		140,000	——
1853 (P)		1,404,668	——
1853-D		3,178	——
1854 (P)		596,258	Δ
1854-C		7,295	——
1854-D		1,760	——
1854-O		153,000	——
1854-S		246	——
1855 (P)		235,480	Δ
1855-C		3,677	——
1855-D		1,123	——
1856 (P)		384,240	Δ
1856-C		7,913	——
1856-D		874	——
1856-O		21,100	——
1856-S		71,120	——
1857 (P)		214,130	Δ
1857-D		2,364	——
1857-O		34,000	——
1857-S		69,200	——
1858 (P)		47,377	Δ
1858-C		9,056	——
1859 (P)		39,444	Δ
1859-D		2,244	——
1859-S		15,200	——
1860 (P)		22,563	112
1860-C		7,469	——
1860-S		35,600	——
1861 (P)		1,272,428	90
1861-S		24,000	——
1862 (P)		98,508	35
1862-S		8,000	——
1863 (P)			30
1863-S		10,800	——
1864 (P)		2,824	50
1865 (P)		1,520	25
1865-S		23,376	——
1866 (P)		3,080	30
1866-S		38,960	——
1867 (P)		3,200	50
1867-S		28,000	——
1868 (P)		3,600	25
1868-S		34,000	——
1869 (P)		4,320	25

DATE	NOTE	BUSINESS	PROOF
1869-S		29,500	—
1870 (P)		4,520	35
1870-S		16,000	—
1871 (P)		5,320	30
1871-S		22,000	—
1872 (P)		3,000	30
1872-S		18,000	—
1873 (P)	‹6›	178,000	25
1873-S	‹6›	27,000	—
1874 (P)		3,920	20
1875 (P)		400	20
1875-S		11,600	—
1876 (P)		4,176	45
1876-S		5,000	—
1877 (P)		1,632	20
1877-S		35,400	—
1878 (P)		286,240	20
1878-S		178,000	—
1879 (P)		88,960	30
1879-S		43,500	—
1880 (P)		2,960	36
1881 (P)		640	51
1882 (P)		4,000	67
1883 (P)		1,920	82
1884 (P)		1,950	73
1885 (P)		800	87
1886 (P)		4,000	88
1887 (P)		6,160	122
1888 (P)		16,006	92
1889 (P)		17,600	48
1890 (P)		8,720	93
1891 (P)		10,960	80
1892 (P)		2,440	105
1893 (P)		30,000	106
1894 (P)		4,000	122
1895 (P)		6,000	119
1896 (P)		19,070	132
1897 (P)		29,768	136
1898 (P)		24,000	165
1899 (P)		27,200	150
1900 (P)		67,000	205
1901 (P)		91,100	223
1902 (P)		133,540	193
1903 (P)		201,060	197
1904 (P)		160,790	170
1905 (P)		217,800	144
1906 (P)		176,330	160
1907 (P)		336,294	154

Indian Head $2.50 quarter eagle

DATE	NOTE	BUSINESS	PROOF
1908 (P)		564,821	236
1909 (P)		441,760	139
1910 (P)		492,000	682
1911 (P)		704,000	191
1911-D		55,680	—
1912 (P)		616,000	197
1913 (P)		722,000	165
1914 (P)		240,000	117
1914-D		448,000	—
1915 (P)		606,000	100

DATE	NOTE	BUSINESS	PROOF
1925-D		578,000	—
1926 (P)		446,000	—
1927 (P)		388,000	—
1928 (P)		416,000	—
1929 (P)		532,000	—

Three dollar gold

DATE	NOTE	BUSINESS	PROOF
1854 (P)		138,618	Δ
1854-D		1,120	—
1854-O		24,000	—
1855 (P)		50,555	Δ
1855-S		6,600	—
1856 (P)		26,010	Δ
1856-S		34,500	—
1857 (P)		20,891	Δ
1857-S		14,000	—
1858 (P)		2,133	Δ
1859 (P)		15,638	Δ
1860 (P)		7,036	119
1860-S	‹85›	4,408	—
1861 (P)		5,959	113
1862 (P)		5,750	35
1863 (P)		5,000	39
1864 (P)		2,630	50
1865 (P)		1,140	25
1866 (P)		4,000	30
1867 (P)		2,600	50
1868 (P)		4,850	25
1869 (P)		2,500	25
1870 (P)		3,500	35
1870-S	‹86›	—	—
1871 (P)		1,300	30
1872 (P)		2,000	30
1873 (P)	‹6, 87›	—	25 (R)
1874 (P)		41,800	20
1875 (P)		—	20 (R)
1876 (P)		—	45
1877 (P)		1,468	20
1878 (P)		82,304	20
1879 (P)		3,000	30
1880 (P)		1,000	36
1881 (P)		500	54
1882 (P)		1,500	76
1883 (P)		900	89
1884 (P)		1,000	106
1885 (P)		800	110
1886 (P)		1,000	142
1887 (P)		6,000	160
1888 (P)		5,000	291
1889 (P)		2,300	129

Capped Bust $5 half eagle

DATE	NOTE	BUSINESS	PROOF
1795		8,707	—
1796		6,196	—
1797		3,609	—
1798	‹88›	24,867	—
1799		7,451	—
1800		37,628	—
1802		53,176	—
1803		33,506	—
1804		30,475	—

DATE	NOTE	BUSINESS	PROOF
1805		33,183	——
1806		64,093	——
1807		32,488	——

Capped Draped Bust $5 half eagle

DATE	NOTE	BUSINESS	PROOF
1807		51,605	——
1808		55,578	——
1809		33,875	——
1810		100,287	——
1811		99,581	——
1812		58,087	——

Capped Head $5 half eagle

DATE	NOTE	BUSINESS	PROOF
1813		95,428	——
1814		15,454	——
1815		635	——
1818		48,588	——
1819		51,723	——
1820		263,806	Δ
1821		34,641	Δ
1822	‹89›	17,796	Δ
1823		14,485	Δ
1824		17,340	Δ
1825	‹90›	29,060	Δ
1826		18,069	Δ
1827		24,913	Δ
1828	‹91›	28,029	Δ
1829		57,442	Δ
1830		126,351	Δ
1831		140,594	Δ
1832		157,487	Δ
1833		193,630	Δ
1834		50,141	Δ

Classic Head $5 half eagle

DATE	NOTE	BUSINESS	PROOF
1834		657,460	Δ
1835		371,534	Δ
1836		553,147	Δ
1837		207,121	Δ
1838 (P)		286,588	Δ
1838-C		19,145	——
1838-D		20,583	——

Coronet $5 half eagle

DATE	NOTE	BUSINESS	PROOF
1839 (P)		118,143	Δ
1839-C		17,235	——
1839-D		18,939	——
1840 (P)		137,382	Δ
1840-C		19,028	——
1840-D		22,896	——
1840-O		38,700	——
1841 (P)		15,833	Δ
1841-C		21,511	——
1841-D		30,495	——
1841-O		50	——
1842 (P)		27,578	Δ
1842-C		27,480	——
1842-D		59,608	——
1842-O		16,400	——
1843 (P)		611,205	Δ
1843-C		44,353	——
1843-D		98,452	——

DATE	NOTE	BUSINESS	PROOF
1843-O		101,075	——
1844 (P)		340,330	Δ
1844-C		23,631	——
1844-D		88,982	——
1844-O	‹92›	364,600	Δ
1845 (P)		417,099	Δ
1845-D		90,629	——
1845-O		41,000	——
1846 (P)		395,942	Δ
1846-C		12,995	——
1846-D		80,294	——
1846-O		58,000	——
1847 (P)		915,981	Δ
1847-C		84,151	——
1847-D		64,405	——
1847-O		12,000	——
1848 (P)		260,775	Δ
1848-C		64,472	——
1848-D		47,465	——
1849 (P)		133,070	——
1849-C		64,823	——
1849-D		39,036	——
1850 (P)		64,491	——
1850-C		63,591	——
1850-D		43,984	——
1851 (P)		377,505	——
1851-C		49,176	——
1851-D		62,710	——
1851-O		41,000	——
1852 (P)		573,901	——
1852-C		72,574	——
1852-D		91,584	——
1853 (P)		305,770	——
1853-C		65,571	——
1853-D		89,678	——
1854 (P)		160,675	——
1854-C		39,283	——
1854-D		56,413	——
1854-O		46,000	——
1854-S		268	——
1855 (P)		117,098	Δ
1855-C		39,788	——
1855-D		22,432	——
1855-O		11,100	——
1855-S		61,000	——
1856 (P)		197,990	Δ
1856-C		28,457	——
1856-D		19,786	——
1856-O		10,000	——
1856-S		105,100	——
1857 (P)		98,188	Δ
1857-C		31,360	——
1857-D		17,046	——
1857-O		13,000	——
1857-S		87,000	——
1858 (P)		15,136	Δ
1858-C		38,856	——
1858-D		15,362	——
1858-S		18,600	——
1859 (P)		16,814	Δ

DATE	NOTE	BUSINESS	PROOF
1859-C		31,847	——
1859-D		10,366	——
1859-S		13,220	——
1860 (P)		19,763	62
1860-C		14,813	——
1860-D		14,635	——
1860-S		21,200	——
1861 (P)		688,084	66
1861-C	‹93›	6,879	——
1861-D		1,597	——
1861-S		18,000	——
1862 (P)		4,430	35
1862-S		9,500	——
1863 (P)		2,442	30
1863-S		17,000	——
1864 (P)		4,220	50
1864-S		3,888	——
1865 (P)		1,270	25
1865-S		27,612	——
1866 (P)	‹40›	6,700	30
1866-S			
No Motto	‹40›	9,000	
Motto	‹40›	34,920	——
1867 (P)		6,870	50
1867-S		29,000	——
1868 (P)		5,700	25
1868-S		52,000	——
1869 (P)		1,760	25
1869-S		31,000	——
1870 (P)		4,000	35
1870-CC		7,675	——
1870-S		17,000	——
1871 (P)		3,200	30
1871-CC		20,770	——
1871-S		25,000	——
1872 (P)		1,660	30
1872-CC		16,980	——
1872-S		36,400	——
1873 (P)	‹6›	112,480	25
1873-CC	‹6›	7,416	——
1873-S	‹6›	31,000	——
1874 (P)		3,488	20
1874-CC		21,198	——
1874-S		16,000	——
1875 (P)		200	20
1875-CC		11,828	——
1875-S		9,000	——
1876 (P)		1,432	45
1876-CC		6,887	——
1876-S		4,000	——
1877 (P)		1,132	20
1877-CC		8,680	——
1877-S		26,700	——
1878 (P)		131,720	20
1878-CC		9,054	——
1878-S		144,700	——
1879 (P)		301,920	30
1879-CC		17,281	——
1879-S		426,200	——
1880 (P)		3,166,400	36

DATE	NOTE	BUSINESS	PROOF
1880-CC		51,017	——
1880-S		1,348,900	——
1881 (P)		5,708,760	42
1881-CC		13,886	——
1881-S		969,000	——
1882 (P)		2,514,520	48
1882-CC		82,817	——
1882-S		969,000	——
1883 (P)		233,400	61
1883-CC		12,958	——
1883-S		83,200	——
1884 (P)		191,030	48
1884-CC		16,402	——
1884-S		177,000	——
1885 (P)		601,440	66
1885-S		1,211,500	——
1886 (P)		388,360	72
1886-S		3,268,000	——
1887 (P)			87
1887-S		1,912,000	——
1888 (P)		18,202	94
1888-S		293,900	——
1889 (P)		7,520	45
1890 (P)		4,240	88
1890-CC		53,800	——
1891 (P)		61,360	53
1891-CC		208,000	——
1892 (P)		753,480	92
1892-CC		82,968	——
1892-O		10,000	——
1892-S		298,400	——
1893 (P)		1,528,120	77
1893-CC		60,000	——
1893-O		110,000	——
1893-S		224,000	——
1894 (P)		957,880	75
1894-O		16,600	——
1894-S		55,900	——
1895 (P)		1,345,855	81
1895-S		112,000	——
1896 (P)		58,960	103
1896-S		155,400	——
1897 (P)		867,800	83
1897-S		354,000	——
1898 (P)		633,420	75
1898-S		1,397,400	——
1899 (P)		1,710,630	99
1899-S	‹94›	1,545,000	Δ
1900 (P)		1,405,500	230
1900-S		329,000	——
1901 (P)		615,900	140
1901-S		3,648,000	——
1902 (P)		172,400	162
1902-S		939,000	——
1903 (P)		226,870	154
1903-S		1,855,000	——
1904 (P)		392,000	136
1904-S		97,000	——
1905 (P)		302,200	108
1905-S		880,700	——

DATE	NOTE	BUSINESS	PROOF
1906 (P)		348,735	85
1906-D	‹95›	320,000	——
1906-S		598,000	——
1907 (P)		626,100	92
1907-D	‹95›	888,000	——
1908 (P)		421,874	——

Indian Head $5 half eagle

DATE	NOTE	BUSINESS	PROOF
1908 (P)		577,845	167
1908-D		148,000	——
1908-S		82,000	——
1909 (P)		627,060	78
1909-D		3,423,560	——
1909-O		34,200	——
1909-S		297,200	——
1910 (P)		604,000	250
1910-D		193,600	——
1910-S		770,200	——
1911 (P)		915,000	139
1911-D		72,500	——
1911-S		1,416,000	——
1912 (P)		790,000	144
1912-S		392,000	——
1913 (P)		916,000	99
1913-S		408,000	——
1914 (P)		247,000	125
1914-D		247,000	——
1914-S		263,000	——
1915 (P)		588,000	75
1915-S		164,000	——
1916-S		240,000	——
1929 (P)		662,000	——

Capped Bust $10 eagle

DATE	NOTE	BUSINESS	PROOF
1795		5,583	——
1796		4,146	——
1797	‹96›	14,555	——
1798		1,742	——
1799		37,449	——
1800		5,999	——
1801		44,344	——
1803		15,017	——
1804		3,757	——

Coronet $10 eagle

DATE	NOTE	BUSINESS	PROOF
1838 (P)		7,200	Δ
1839 (P)	‹97›	38,248	Δ
1840 (P)		47,338	Δ
1841 (P)		63,131	Δ
1841-O		2,500	——
1842 (P)		81,507	Δ
1842-O		27,400	——
1843 (P)		75,462	Δ
1843-O		175,162	——
1844 (P)		6,361	Δ
1844-O	‹98›	118,700	Δ
1845 (P)		26,153	Δ
1845-O		47,500	——
1846 (P)		20,095	Δ
1846-O		81,780	——
1847 (P)		862,258	Δ

DATE	NOTE	BUSINESS	PROOF
1847-O		571,500	——
1848 (P)		145,484	Δ
1848-O		35,850	——
1849 (P)		653,618	——
1849-O		23,900	——
1850 (P)		291,451	——
1850-O		57,500	——
1851 (P)		176,328	——
1851-O		263,000	——
1852 (P)		263,106	——
1852-O	‹99›	18,000	Δ
1853 (P)		201,253	——
1853-O	‹100›	51,000	Δ
1854 (P)		54,250	——
1854-O		52,500	——
1854-S		123,826	——
1855 (P)		121,701	Δ
1855-O		18,000	——
1855-S		9,000	——
1856 (P)		60,490	Δ
1856-O		14,500	——
1856-S		68,000	——
1857 (P)		16,606	Δ
1857-O		5,500	——
1857-S		26,000	——
1858 (P)		2,521	Δ
1858-O		20,000	——
1858-S		11,800	——
1859 (P)		16,093	Δ
1859-O		2,300	——
1859-S		7,000	——
1860 (P)		15,055	50
1860-O		11,100	——
1860-S		5,000	——
1861 (P)		113,164	69
1861-S		15,500	——
1862 (P)		10,960	35
1862-S		12,500	——
1863 (P)		1,218	30
1863-S		10,000	——
1864 (P)		3,530	50
1864-S		2,500	——
1865 (P)		3,980	25
1865-S		16,700	——
1866 (P)	‹40›	3,750	30
1866-S			
No Motto	‹40›	8,500	——
Motto	‹40›	11,500	——
1867 (P)		3,090	50
1867-S		9,000	——
1868 (P)		10,630	25
1868-S		13,500	——
1869 (P)		1,830	25
1869-S		6,430	——
1870 (P)		3,990	35
1870-CC		5,908	——
1870-S		8,000	——
1871 (P)		1,790	30
1871-CC		8,085	——
1871-S		16,500	——

DATE	NOTE	BUSINESS	PROOF
1872 (P)		1,620	30
1872-CC		4,600	—
1872-S		17,300	—
1873 (P)	‹6›	800	25
1873-CC	‹6›	4,543	—
1873-S	‹6›	12,000	—
1874 (P)		53,140	20
1874-CC		16,767	—
1874-S		10,000	—
1875 (P)		100	20
1875-CC		7,715	—
1876 (P)		687	45
1876-CC		4,696	—
1876-S		5,000	—
1877 (P)		797	20
1877-CC		3,332	—
1877-S		17,000	—
1878 (P)		73,780	20
1878-CC		3,244	—
1878-S		26,100	—
1879 (P)		384,740	30
1879-CC		1,762	—
1879-O		1,500	—
1879-S		224,000	—
1880 (P)		1,644,840	36
1880-CC		11,190	—
1880-O		9,200	—
1880-S		506,250	—
1881 (P)		3,877,220	42
1881-CC		24,015	—
1881-O		8,350	—
1881-S		970,000	—
1882 (P)		2,324,440	44
1882-CC		6,764	—
1882-O		10,820	—
1882-S		132,000	—
1883 (P)		208,700	49
1883-CC		12,000	—
1883-O		800	—
1883-S		38,000	—
1884 (P)		76,890	45
1884-CC		9,925	—
1884-S		124,250	—
1885 (P)		253,462	67
1885-S		228,000	—
1886 (P)		236,100	60
1886-S		826,000	—
1887 (P)		53,600	80
1887-S		817,000	—
1888 (P)		132,924	72
1888-O		21,335	—
1888-S		648,700	—
1889 (P)		4,440	45
1889-S		425,400	—
1890 (P)		57,980	63
1890-CC		17,500	—
1891 (P)		91,820	48
1891-CC		103,732	—
1892 (P)		797,480	72
1892-CC		40,000	—

DATE	NOTE	BUSINESS	PROOF
1892-O		28,688	—
1892-S		115,500	—
1893 (P)		1,840,840	55
1893-CC		14,000	—
1893-O		17,000	—
1893-S		141,350	—
1894 (P)		2,470,735	43
1894-O		107,500	—
1894-S		25,000	—
1895 (P)		567,770	56
1895-O		98,000	—
1895-S		49,000	—
1896 (P)		76,270	78
1896-S		123,750	—
1897 (P)		1,000,090	69
1897-O		42,500	—
1897-S		234,750	—
1898 (P)		812,130	67
1898-S		473,600	—
1899 (P)		1,262,219	86
1899-O		37,047	—
1899-S		841,000	—
1900 (P)		293,840	120
1900-S		81,000	—
1901 (P)		1,718,740	85
1901-O		72,041	—
1901-S		2,812,750	—
1902 (P)		82,400	113
1902-S		469,500	—
1903 (P)		125,830	96
1903-O		112,771	—
1903-S		538,000	—
1904 (P)		161,930	108
1904-O		108,950	—
1905 (P)		200,992	86
1905-S		369,250	—
1906 (P)		165,420	77
1906-D	‹101›	981,000	Δ
1906-O		86,895	—
1906-S		457,000	—
1907 (P)		1,203,899	74
1907-D		1,030,000	—
1907-S		210,500	—

Indian Head $10 eagle

DATE	NOTE	BUSINESS	PROOF
1907 (P)	‹102›	239,406	—
1908 (P)			
Without Motto		33,500	—
With Motto		341,370	116
1908-D			
Without Motto		210,000	—
With Motto		836,500	—
1908-S			
With Motto		59,850	—
1909 (P)		184,789	74
1909-D		121,540	—
1909-S		292,350	—
1910 (P)		318,500	204
1910-D		2,356,640	—
1910-S		811,000	—

DATE	NOTE	BUSINESS	PROOF
1911 (P)		505,500	95
1911-D		30,100	——
1911-S		51,000	——
1912 (P)		405,000	83
1912-S		300,000	——
1913 (P)		442,000	71
1913-S		66,000	——
1914 (P)		151,000	50
1914-D		343,500	——
1914-S		208,000	——
1915 (P)		351,000	75
1915-S		59,000	——
1916-S		138,500	——
1920-S		126,500	——
1926 (P)		1,014,000	——
1930-S		96,000	——
1932 (P)		4,463,000	——
1933 (P)	‹103›	312,500	——

Coronet $20 double eagle

DATE	NOTE	BUSINESS	PROOF
1849 (P)	‹104›	——	Δ
1850 (P)	‹105›	1,170,261	Δ
1850-O		141,000	——
1851 (P)		2,087,155	——
1851-O		315,000	——
1852 (P)		2,053,026	——
1852-O		190,000	——
1853 (P)		1,261,326	——
1853-O		71,000	——
1854 (P)		757,899	——
1854-O		3,250	——
1854-S	‹106›	141,468	Δ
1855 (P)		364,666	——
1855-O		8,000	——
1855-S		879,675	——
1856 (P)		329,878	Δ
1856-O		2,250	——
1856-S		1,189,780	——
1857 (P)		439,375	——
1857-O		30,000	——
1857-S		970,500	——
1858 (P)		211,714	Δ
1858-O		35,250	——
1858-S		846,710	——
1859 (P)		43,597	Δ
1859-O		9,100	——
1859-S		636,445	——
1860 (P)		577,611	59
1860-O		6,600	——
1860-S		544,950	——
1861 (P)	‹107›	2,976,387	66
1861-O	‹108›	17,741	——
1861-S	‹109›	768,000	——
1862 (P)		92,098	35
1862-S		854,173	——
1863 (P)		142,760	30
1863-S		966,570	——
1864 (P)		204,235	50
1864-S		793,660	——
1865 (P)		351,175	25
1865-S		1,042,500	——

DATE	NOTE	BUSINESS	PROOF
1866 (P)	‹40, 110›	698,745	30
1866-S			
No Motto	‹40, 110›	120,000	——
With Motto	‹40, 110›	722,250	——
1867 (P)		251,015	50
1867-S		920,750	——
1868 (P)		98,575	25
1868-S		837,500	——
1869 (P)		175,130	25
1869-S		686,750	——
1870 (P)		155,150	35
1870-CC		3,789	——
1870-S		982,000	——
1871 (P)		80,120	30
1871-CC		17,387	——
1871-S		928,000	——
1872 (P)		251,850	30
1872-CC		26,900	——
1872-S		780,000	——
1873 (P)	‹6›	1,709,800	25
1873-CC	‹6›	22,410	——
1873-S	‹6›	1,040,600	——
1874 (P)		366,780	20
1874-CC		115,000	——
1874-S		1,214,000	——
1875 (P)		295,720	20
1875-CC		111,151	——
1875-S		1,230,000	——
1876 (P)		583,860	45
1876-CC		138,441	——
1876-S		1,597,000	——
1877 (P)	‹111›	397,650	20
1877-CC		42,565	——
1877-S		1,735,000	——
1878 (P)		543,625	20
1878-CC		13,180	——
1878-S		1,739,000	——
1879 (P)		207,600	30
1879-CC		10,708	——
1879-O		2,325	——
1879-S		1,223,800	——
1880 (P)		51,420	36
1880-S		836,000	——
1881 (P)		2,220	61
1881-S		727,000	——
1882 (P)		590	59
1882-CC		39,140	——
1882-S		1,125,000	——
1883 (P)			92
1883-CC		59,962	——
1883-S		1,189,000	——
1884 (P)		——	71
1884-CC		81,139	——
1884-S		916,000	——
1885 (P)		751	77
1885-CC		9,450	——
1885-S		683,500	——
1886 (P)		1,000	106
1887 (P)		——	121
1887-S		283,000	——

DATE	NOTE	BUSINESS	PROOF
1888 (P)		226,164	102
1888-S		859,600	——
1889 (P)		44,070	41
1889-CC		30,945	——
1889-S		774,700	——
1890 (P)		75,940	55
1890-CC		91,209	——
1890-S		802,750	——
1891 (P)		1,390	52
1891-CC		5,000	——
1891-S		1,288,125	——
1892 (P)		4,430	93
1892-CC		27,265	——
1892-S		930,150	——
1893 (P)		344,280	59
1893-CC		18,402	——
1893-S		996,175	——
1894 (P)		1,368,940	50
1894-S		1,048,550	——
1895 (P)		1,114,605	51
1895-S		1,143,500	——
1896 (P)		792,535	128
1896-S		1,403,925	——
1897 (P)		1,383,175	86
1897-S		1,470,250	——
1898 (P)		170,395	75
1898-S		2,575,175	——
1899 (P)		1,669,300	84
1899-S		2,010,300	——
1900 (P)		1,874,460	124
1900-S		2,459,500	——
1901 (P)		111,430	96
1901-S		1,596,000	——
1902 (P)		31,140	114
1902-S		1,753,625	——
1903 (P)		287,270	158
1903-S		954,000	——
1904 (P)		6,256,699	98
1904-S		5,134,175	——
1905 (P)		58,919	90
1905-S		1,813,000	——
1906 (P)		69,596	94
1906-D	‹112›	620,250	Δ
1906-S		2,065,750	——
1907 (P)		1,451,786	78
1907-D	‹113›	842,250	Δ
1907-S		2,165,800	——

Saint-Gaudens $20 double eagle

DATE	NOTE	BUSINESS	PROOF
1907 (P)			
Roman Numerals	‹114›	12,367	——
Arabic Numerals		361,667	——
1908 (P)			
No Motto		4,271,551	——
With Motto		156,258	101
1908-D			
No Motto		663,750	——
With Motto		349,500	——
1908-S			
With Motto		22,000	——
1909 (P)		161,215	67

DATE	NOTE	BUSINESS	PROOF
1909-D		52,500	——
1909-S		2,774,925	——
1910 (P)		482,000	167
1910-D		429,000	——
1910-S		2,128,250	——
1911 (P)		197,250	100
1911-D		846,500	——
1911-S		775,750	——
1912 (P)		149,750	74
1913 (P)		168,780	58
1913-D		393,500	——
1913-S		34,000	——
1914 (P)		95,250	70
1914-D		453,000	——
1914-S		1,498,000	——
1915 (P)		152,000	50
1915-S		567,500	——
1916-S		796,000	——
1920 (P)		228,250	——
1920-S		558,000	——
1921 (P)		528,500	——
1922 (P)		1,375,500	——
1922-S		2,658,000	——
1923 (P)		566,000	——
1923-D		1,702,250	——
1924 (P)		4,323,500	——
1924-D		3,049,500	——
1924-S		2,927,500	——
1925 (P)		2,831,750	——
1925-D		2,938,500	——
1925-S		3,776,500	——
1926 (P)		816,750	——
1926-D		481,000	——
1926-S		2,041,500	——
1927 (P)		2,946,750	——
1927-D		180,000	——
1927-S		3,107,000	——
1928 (P)		8,816,000	——
1929 (P)		1,779,750	——
1930-S		74,000	——
1931 (P)		2,938,250	——
1931-D		106,500	——
1932 (P)		1,101,750	——
1933 (P)	‹115›	445,000	——

First Spouse half-ounce .9999 gold coins

DATE	NOTE	BUSINESS	PROOF
2007-W M. Washington		20,000	20,000
2007-W A. Adams		20,000	20,000
2007-W T. Jefferson Liberty		20,000	20,000
2007-W D. Madison		11,517	17,785
2008-W E. Monroe		4,087	7,018
2008-W L. Adams		2,264	3,914
2008-W A. Jackson Liberty		Pending	Pending
2008-W M. Van Buren Liberty		Pending	Pending

American Eagle 1-oz silver $1

DATE	NOTE	BUSINESS	PROOF
1986 (S)		5,393,005	——
1986-S		——	1,446,778
1987 (S)		11,442,335	——
1987-S		——	904,732

DATE	NOTE	BUSINESS	PROOF
1988 (S)		5,004,646	——
1988-S		——	557,370
1989 (S or W)		5,203,327	——
1989-S		——	617,694
1990 (S or W)		5,840,110	——
1990-S		——	695,510
1991 (S or W)		7,191,066	——
1991-S		——	511,924
1992 (S or W)		5,540,068	——
1992-S		——	498,543
1993 (S or W)		6,763,762	——
1993-P		——	405,913
1994 (S or W)		4,227,319	——
1994-P		——	372,168
1995 (S or W)		4,672,051	——
1995-P		——	438,511
1995-W	‹119›	——	30,125
1996 (S or W)		3,603,386	——
1996-P		——	500,000
1997 (S or W)		4,295,004	——
1997-P		——	435,368
1998 (S or W)		4,847,549	——
1998-P		——	450,000
1999 (S or W)		7,408,640	——
1999-P		——	549,769
2000 (S or W)		9,239,132	——
2000-P		——	600,000
2001 (W)		9,001,711	——
2001-W		——	746,154
2002 (W)		10,539,026	——
2002-W		——	647,342
2003 (W)		8,495,008	——
2003-W		——	747,831
2004 (W)		8,882,754	——
2004-W		——	813,477
2005 (W)		8,891,025	——
2005-W		——	816,663
2006 (W) Uncirculated		10,676,522	——
2006-W Uncirculated		470,000	——
2006-W Proof		——	843,602
2006-W Reverse Proof		——	250,000
2007 (W) Uncirculated		9,028,036	——
2007-W Uncirculated		690,891	——
2007-W Proof		——	821,756
2008 (W) Uncirculated		Pending	——
2008-W Uncirculated		327,082	——
2008-W Proof		——	652,299

American Eagle 1/10-oz gold $5

DATE	NOTE	BUSINESS	PROOF
1986 (W)	‹117›	912,609	——
1987 (W)	‹117›	580,266	——
1988 (W)	‹117›	159,500	——
1988-P	‹117›	——	143,881
1989 (W)	‹117›	264,790	——
1989-P	‹117›	——	84,647
1990 (W)	‹117›	210,210	——
1990-P	‹117›	——	99,349
1991 (W)	‹117›	165,200	——
1991-P	‹117›	——	70,334
1992 (W)		209,300	——
1992-P		——	64,874
1993 (W)		210,709	——
1993-P		——	58,649
1994 (W)		206,380	——
1994-P		——	62,849
1995 (W)		223,025	——
1995-W		——	62,673
1996 (W)		401,964	——
1996-W		——	56,700
1997 (S or W)		528,515	——
1997-W		——	34,984
1998 (S or W)		1,344,520	——
1998-W		——	39,706
1999 (S or W)		2,750,338	——
1999-W		——	48,426
2000 (S or W)		569,153	——
2000-W		——	49,970
2001 (W)		269,147	——
2001-W		——	37,547
2002 (W)		230,027	——
2002-W		——	40,864
2003 (W)		245,029	——
2003-W		——	36,668
2004 (W)		250,016	——
2004-W		——	35,487
2005 (W)		300,043	——
2005-W		——	49,265
2006 (W) Uncirculated		285,006	——
2006-W Uncirculated		20,643	——
2006-W		——	47,277
2007 (W) Uncirculated		190,010	——
2007-W Uncirculated		22,501	——
2007-W		——	58,553
2008 (W) Uncirculated		Pending	——
2008-W Uncirculated		4,324	——
2008-W		——	11,785

American Eagle 1/4-oz gold $10

DATE	NOTE	BUSINESS	PROOF
1986 (W)	‹117›	726,031	——
1987 (W)	‹117›	269,255	——
1988 (W)	‹117›	49,000	——
1988-P	‹117›	——	98,028
1989 (W)	‹117›	81,789	——
1989-P	‹117›	——	54,170
1990 (W)	‹117›	41,000	——
1990-P	‹117›	——	62,674
1991 (W)	‹117›	36,100	——
1991-P	‹117›	——	50,839
1992 (W)		59,546	——
1992-P		——	46,269
1993 (W)		71,864	——
1993-P		——	46,464
1994 (W)		72,650	——
1994-P		——	48,172
1995 (W)		83,752	——
1995-W		——	47,484
1996 (W)		60,318	——
1996-W		——	37,900
1997 (S or W)		108,805	——
1997-W		——	29,808
1998 (S or W)		309,829	——
1998-W		——	29,733

DATE	NOTE	BUSINESS	PROOF
1999 (S or W)		564,232	——
1999-W		——	34,416
2000 (S or W)		128,964	——
2000-W		——	36,033
2001 (W)		71,280	——
2001-W		——	25,630
2002 (W)		62,027	——
2002-W		——	29,242
2003 (W)		74,029	——
2003-W		——	33,409
2004 (W)		72,014	——
2004-W		——	29,127
2005 (W)		72,015	——
2005-W		——	37,207
2006 (W) Uncirculated		60,004	——
2006-W Uncirculated		15,188	——
2006-W		——	36,127
2007 (W) Uncirculated		34,004	——
2007-W Uncirculated		12,766	——
2007-W		——	46,189
2008 (W) Uncirculated		Pending	——
2008-W Uncirculated		1,815	——
2008-W		——	9,150

American Eagle 1/2-oz gold $25

DATE	NOTE	BUSINESS	PROOF
1986 (W)	‹117›	599,566	——
1987 (W)	‹117›	131,255	——
1987-P	‹117›	——	143,398
1988 (W)	‹117›	45,000	——
1988-P	‹117›	——	76,528
1989 (W)	‹117›	44,829	——
1989-P	‹117›	——	44,798
1990 (W)	‹117›	31,000	——
1990-P	‹117›	——	51,636
1991 (W)	‹117›	24,100	——
1991-P	‹117›	——	53,125
1992 (W)		54,404	——
1992-P		——	40,976
1993 (W)		73,324	——
1993-P		——	43,319
1994 (W)		62,400	——
1994-P		——	44,584
1995 (W)		53,474	——
1995-W		——	45,442
1996 (W)		39,287	——
1996-W		——	34,700
1997 (S or W)		79,605	——
1997-W		——	26,340
1998 (S or W)		169,029	——
1998-W		——	25,549
1999 (S or W)		263,013	——
1999-W		——	30,452
2000 (S or W)		79,287	——
2000-W		——	32,027
2001 (S or W)		48,047	——
2001-W		——	23,261
2002 (S or W)		70,027	——
2002-W		——	26,646
2003 (S or W)		79,029	——
2003-W		——	28,512
2004 (S or W)		98,040	——

DATE	NOTE	BUSINESS	PROOF
2004-W		——	27,731
2005-W		80,023	——
2005-W		——	34,311
2006 (W) Uncirculated		66,005	——
2006-W Uncirculated		15,164	——
2006-W		——	34,322
2007 (W) Uncirculated		47,002	——
2007-W Uncirculated		11,458	——
2007-W		——	44,025
2008 (W) Uncirculated		Pending	——
2008-W Uncirculated		1,691	——
2008-W		——	8,130

American Eagle 1-oz gold $50

DATE	NOTE	BUSINESS	PROOF
1986 (W)	‹117›	1,362,650	——
1986-W	‹117›	——	446,290
1987 (W)	‹117›	1,045,500	——
1987-W	‹117›	——	147,498
1988 (W)	‹117›	465,500	——
1988-W	‹117›	——	87,133
1989 (W)	‹117›	415,790	——
1989-W	‹117›	——	54,570
1990 (W)	‹117›	373,210	——
1990-W	‹117›	——	62,401
1991 (W)	‹117›	243,100	——
1991-W	‹117›	——	50,411
1992 (W)		275,000	——
1992-W		——	44,826
1993 (W)		480,192	——
1993-W		——	34,389
1994 (W)		221,663	——
1994-W		——	46,674
1995 (W)		200,636	——
1995-W		——	46,484
1996 (W)		189,148	——
1996-W		——	36,000
1997 (S or W)		664,508	——
1997-W		——	27,554
1998 (S or W)		1,468,530	——
1998-W		——	26,060
1999 (S or W)		1,505,026	——
1999-W		——	31,446
2000 (S or W)		433,319	——
2000-W		——	33,006
2001 (S or W)		143,605	——
2001-W		——	24,580
2002 (S or W)		222,029	——
2002-W		——	27,499
2003 (S or W)		416,032	——
2003-W		——	28,344
2004 (S or W)		417,019	——
2004-W		——	28,731
2005 (W)		356,555	——
2005-W		——	35,336
2006 (W) Uncirculated		237,510	——
2006-W Uncirculated		45,912	——
2006-W Proof		——	47,096
2006-W Reverse Proof		——	10,000
2007 (W) Uncirculated		140,016	——
2007-W Uncirculated		18,609	——
2007-W		——	51,810

| --- | --- | --- | --- |
2008 (W) Uncirculated		Pending	—
2008-W Uncirculated		2,487	—
2008-W		—	14,897

American Eagle 1/10-oz platinum $10

DATE	NOTE	BUSINESS	PROOF
1997 (W)		70,250	—
1997-W		—	37,025
1998 (W)		39,525	—
1998-W		—	19,832
1999 (W)		55,955	—
1999-W		—	19,123
2000 (W)		34,027	—
2000-W		—	15,651
2001 (W)		52,017	—
2001-W		—	12,193
2002 (W)		23,005	—
2002-W		—	12,365
2003 (W)		22,007	—
2003-W		—	9,534
2004 (W)		15,010	—
2004-W		—	7,202
2005 (W)		14,013	—
2005-W		—	8,104
2006 (W) Uncirculated		11,001	—
2006-W Uncirculated		3,544	—
2006-W Proof		—	10,205
2007 (W) Uncirculated		13,003	—
2007-W Uncirculated		5,566	—
2007-W Proof		—	8,176
2008 (W) Uncirculated		Pending	—
2008-W Uncirculated		Pending	—
2008-W Proof		—	1,562

American Eagle 1/4-oz platinum $25

DATE	NOTE	BUSINESS	PROOF
1997 (W)		27,100	—
1997-W		—	18,661
1998 (W)		38,887	—
1998-W		—	14,860
1999 (W)		39,734	—
1999-W		—	13,514
2000 (W)		20,054	—
2000-W		—	11,995
2001 (W)		21,815	—
2001-W		—	8,858
2002 (W)		27,405	—
2002-W		—	9,282
2003 (W)		25,207	—
2003-W		—	7,044
2004 (W)		18,010	—
2004-W		—	5,226
2005 (W)		12,013	—
2005-W		—	6,592
2006 (W) Uncirculated		12,001	—
2006-W Uncirculated		2,676	—
2006-W		—	7,813
2007 (W) Uncirculated		8,402	—
2007-W Uncirculated		3,690	—
2007-W Proof		—	6,017
2008 (W) Uncirculated		Pending	—
2008-W Uncirculated		Pending	—
2008-W Proof		—	1,087

American Eagle 1/2-oz platinum $50

DATE	NOTE	BUSINESS	PROOF
1997 (W)		20,500	—
1997-W		—	15,463
1998 (W)		32,419	—
1998-W		—	13,821
1999 (W)		32,309	—
1999-W		—	11,098
2000 (W)		18,892	—
2000-W		—	11,049
2001 (W)		12,815	—
2001-W		—	8,268
2002 (W)		24,005	—
2002-W		—	8,772
2003 (W)		17,409	—
2003-W		—	7,131
2004 (W)		13,236	—
2004-W		—	5,095
2005 (W)		9,013	—
2005-W		—	5,942
2006 (W) Uncirculated		9,602	—
2006-W Uncirculated		2,577	—
2006-W Proof		—	7,649
2007 (W) Uncirculated		7,001	—
2007-W Uncirculated		3,635	—
2007-W Proof		—	22,794
2007-W Reverse Proof		—	16,852
2008 (W) Uncirculated		Pending	—
2008-W Uncirculated		Pending	—
2008-W Proof		—	965

American Eagle 1-oz platinum $100

DATE	NOTE	BUSINESS	PROOF
1997 (W)		56,000	—
1997-W		—	18,000
1998 (W)		133,002	—
1998-W		—	14,203
1999 (W)		56,707	—
1999-W		—	12,351
2000 (W)		10,003	—
2000-W		—	12,453
2001 (W)		14,070	—
2001-W		—	8,990
2002 (W)		11,502	—
2002-W		—	9,834
2003 (W)		8,007	—
2003-W		—	8,246
2004 (W)		7,009	—
2004-W		—	6,074
2005 (W)		6,310	—
2005-W		—	6,602
2006 (W) Uncirculated		6,000	—
2006-W Uncirculated		3,068	—
2006-W Proof		—	9,152
2007 (W) Uncirculated		7,202	—
2007-W Uncirculated		4,177	—
2007-W Proof		—	8,374
2008 (W) Uncirculated		Pending	—
2008-W Uncirculated		Pending	—
2008-W Proof		—	1,657

American Buffalo 1-oz gold $50

DATE	NOTE	BUSINESS	PROOF
2006 (W)		323,000	—

DATE	NOTE	BUSINESS	PROOF
2006-W Proof	—		246,267
2007 (W)	136,503		—
2007-W Proof	—		58,998
2008 (W)		Pending	—
2008-W Uncirculated		Pending	—
2008-W Proof			Pending

American Buffalo 1/2-oz gold $50

2008 (W)		Pending	—
2008-W Uncirculated		Pending	—
2008-W Proof			Pending

American Buffalo 1/4-oz gold $50

2008 (W)		Pending	—
2008-W Uncirculated		Pending	—
2008-W Proof			Pending

American Buffalo 1/10-oz gold $50

2008 (W)		Pending	—
2008-W Uncirculated		Pending	—
2008-W Proof			Pending

MINTAGE NOTES

KEY

(R): Known to have been restruck at least once.

(S): Proofs originally sold in sets only.

——: None issued.

∆: Specimens known or believed to exist; no official mintage reported.

NOTES

1. 1804, 1823 cent, and 1811 half cent: Counterfeits, called restrikes, exist, which were made outside the Mint, using old, genuine but mismatched Mint dies.

2. 1832-35 half cent: The figures shown are listed in the Mint Report for 1833-36 instead, but are assumed to be misplaced.

3. 1823 cent, dime, quarter dollar: Proofs exist with overdate, 1823/2.

4. 1856 cent: More than 1,000 1856 Flying Eagle cents were struck in Proof and Uncirculated, in this and later years as restrikes. As they were patterns, they are not included in the Mint Report or this figure.

5. 1864 cent: Proof breakdown by varieties thought to be about 300 to 350 copper-nickel and about 100 to 150 bronze coins without the designer's initial L. Perhaps 20 or fewer Proofs with initial L were struck. Circulation strike bronze coins with designer's initial L are also rarer.

6. 1873 coinage: Early in the year a relatively closed style of 3 was used in the date on all denominations. In response to complaints that the 3 looked like an 8, a new, more open 3 was introduced. Most types were struck with both styles, except for those that were created or discontinued by the Coinage Act of Feb. 12, 1873. This law created the Trade dollar and eliminated the standard silver dollar, the silver 5-cent piece, the 3-cent piece and the 2-cent piece. The weight of the dime, quarter dollar and half dollar were slightly increased, and the heavier coins were marked by arrows for the remainder of 1873 and all of 1874. All Proofs are of the relatively Closed 3 variety.

MINTAGE NOTES

7. 1877 minor coinages: Proof estimates for this year vary considerably, usually upwards. For lack of any records, the number shown is that of the silver Proofs of this year, conforming with the method used in the preceding years. These figures may be considerably low.

8. 1922-D Missing D or "Plain" cent: No cents were struck in Philadelphia in 1922. Some 1922-D cents are found with the Mint mark missing due to obstructed dies. Only the second die pair, with strong reverse, brings the Missing D premium. Fakes exist.

9. 1943-(P), D, S cent: All 1943 cents were made of zinc-coated steel, except for a few 1943 copper alloy and 1944 steel cents, either made by accident or deliberately. Many fakes exist. Test any suspected off-metal 1943 or 1944 cent with a magnet to see if it has been plated, and check the date for alterations. Cents struck on steel planchets produced in 1942 weigh 41.5 grains, while those struck on planchets produced later in 1943 weigh 42.5 grains.

10. 1960 cent: Includes Large Date and Small Date varieties. The Small Date is the scarcer.

11. 1964-67 coinage: All coins dated 1965-67 were made without Mint marks. Many coins dated 1964-66 were struck in later years.

12. 1982 cent: The composition of the cent changed from 95 percent copper, 5 percent zinc to 97.5 percent zinc, 2.5 percent copper (composed of a planchet of 99.2 percent zinc, 0.8 percent copper, plated with pure copper). Some 1982 cents were struck in late 1981.

13. 1864 2 cents: Struck with Large and Small Motto IN GOD WE TRUST; individual mintages for both subtypes unknown, although the Large Motto is more common. The Small Motto in Proof is rare.

14. 1873 2 cents: Originally struck in Proof only early in 1873 with a Closed 3. An estimated 500 restrikes in Proof with an Open 3.

15. 1887 copper-nickel 3 cents: Many Proofs struck from an overdated die, 1887/6.

16. 1853 silver coinage: In early 1853 the weight of all fractional silver coins was reduced by about 7 percent, to prevent hoarding and melting. To distinguish between the old and new weights, arrows were placed on either side of the date on the half dime through half dollar, and rays were put around the eagle on the quarter and half dollar. The rays were removed after 1853, and the arrows after 1855. Much of the old silver was withdrawn from circulation and melted. The exception to all this was the silver 3-cent coin, which was decreased in weight but increased in fineness, making it intrinsically worth more than before and proportionate with the other fractional silver coins. No coins of the new weight were struck until 1854, at which time an olive branch and a cluster of arrows was added to the reverse.

17. 1863 silver 3 cents: It is possible that all of these non-Proofs were dated 1862. Proof coins dated 1863/2 were struck in 1864.

18. 1864-(P) silver 3 cents, half dime, and dime: These figures, like many others in the years 1861-1871, are highly controversial due to extraordinary bookkeeping methods used in the Mint in this era.

MINTAGE NOTES

19. 1867 copper-nickel 5 cents: Struck with rays on reverse (type of 1866) and without rays (type of 1868-83). Approximately 25 Proofs struck with rays on reverse, and 600 without rays.

20. 1913 Liberty Head copper-nickel 5 cents: Five unauthorized pieces were struck by person or persons unknown, using Mint machinery and dies. Fakes exist.

21. 1942-1945-(P), P, D, S 5 cents: To conserve nickel during the war, the composition of the 5-cent coin was changed to a 56 percent copper, 35 percent silver, and 9 percent manganese alloy. Coins of this alloy were marked with a large Mint mark over the dome of Monticello, including those from the Philadelphia Mint. They consist of some 1942 Philadelphia Mint coins, all 1942-S and all 1943-45 coins. The 1942 Philadelphia Mint coins were made in both alloys.

22. 1944 copper-nickel 5 cents, 1923-D and 1930-D dimes: All are counterfeits made for circulation.

23. 1966 5-cent coin: Two Proof Jefferson 5-cent pieces supposedly were struck to mark the addition of designer Felix Schlag's initials, F.S., to the obverse design. At least one coin was presented to Schlag.

24. 1971 5 cents: Some Proof sets contain 5-cent coins that were struck from a Proof die without a Mint mark. This was an engraver's oversight and is not a filled die. Official estimate is that 1,655 sets were released.

25. P Mint mark: The P Mint mark, placed on the 1979 Anthony dollar, was added to all 1980 denominations from the Philadelphia Mint except for the cent.

26. 1838-O half dime, dime: Both of Seated Liberty, No Stars design (type of 1837). 1838 Philadelphia coins have stars, as do all others through 1859.

27. 1856-O half dime: One Proof known, reason for issue unknown.

28. 1860-(P), O, S half dime and dime: Beginning in 1860 (with the exception of the 1860-S dime), the half dime and dime were redesigned by eliminating the stars, moving the legend UNITED STATES OF AMERICA to the obverse, and using a larger, more elaborate wreath on the reverse. A number of fabrications with the obverse of 1859 and the reverse of 1860 (thereby omitting the legend UNITED STATES OF AMERICA), were struck by order of the director of the Mint. These consist of half dimes dated 1859 or 1860, and dimes dated 1859. Although they are considered by some to be patterns, that designation is doubtful as the intentions of the director were highly questionable.

29. 1860-O half dime: Three Proofs known, reason for issue unknown.

30. 1873-CC dime: One known, all others presumably were melted.

31. 1894-S dime: Twenty-four pieces were struck at the San Francisco Mint on June 9, 1894, from dies sent by the Philadelphia Mint. The production was noted in records at the San Francisco Mint and at Mint headquarters in Washington, D.C., and three of the 24 pieces were sent to Mint headquarters in Washington for normal assay and special testing. The circumstances of their production remains under debate, although 1895 newspaper clippings discovered in 2006 quote a San Francisco Mint official as stating production was initiated to use up an odd amount of silver on hand.

The same article indicates that the public was aware of the coin as early as 1895, which is years earlier than previously thought. Of the 21 pieces left after assaying, nine can be traced in 2006.

32. 1906-D dime: Proofs struck in honor of the opening of the Denver Mint.

33. 1968 dime: Some Proof sets contain dimes that were struck from a Proof die without a Mint mark; an engraver's oversight. Fewer than two dozen known

34. 1970 dime: Some Proof sets contain dimes that were struck from a Proof die without a Mint mark. This was an engraver's oversight and is not a filled die. Official estimate is that 2,200 sets were released.

35. 1982 No-P dimes: Some 1982 dimes were released without a Mint mark, although dimes have been Mint marked since 1980. Distribution of the coins, many found in the Sandusky, Ohio, area, indicates they were from the Philadelphia Mint.

36. 1875-S 20 cents: Six to seven Proofs known, probably struck to celebrate the first (or last) year of this denomination at this Mint.

37. 1876-CC 20 cents: Virtually all were remelted at the Mint. Fewer than 20 are known today.

38. 1827 quarter dollar: Although the Mint Report lists a mintage of 4,000 pieces for this year, it is likely that all of these coins were dated 1825 except for a few Proofs. Later this date was unofficially (but intentionally) restruck at the Mint using an obverse die dated 1827 and a reverse die that had been used in 1819, and which had a Square Base 2 in quarter dollar, rather than the Curled Base 2 of the original 1827.

39. 1855-S quarter dollar: One Proof known, presumably struck to celebrate the beginning of silver coinage at the San Francisco Mint.

40. 1866 coinage: It was decided to add the motto IN GOD WE TRUST to the reverse of all double eagles, eagles, half eagles, silver dollars, half dollars and quarter dollars beginning in 1866. Early in the year, before the new reverse dies had arrived, the San Francisco Mint produced $20, $10, $5, and half dollar coins without the motto. These are regular issue coins and are not patterns or errors. They are not to be confused with a peculiar set of Philadelphia Mint silver coins without motto, consisting of two dollars, one half dollar and one quarter dollar, that was clandestinely struck inside (but not by) the Mint for sale to a collector. A three-piece set containing the unique quarter dollar and half dollar and one of the two known silver dollars was stolen from the Willis H. DuPont collection in 1967; all three coins were recovered, separately, in 1999 and 2004.

41. 1879 quarter dollar: The Proof figure is official, but may be wrong. The true number might be near or equal to 1,100.

42. 1891-O quarter dollar: Two Proofs known, probably struck to celebrate the resumption of fractional silver coinage at this Mint.

43. 1974-1976 quarter dollars, half dollars and dollars: The circulating commemorative coinage dated 1776-1976 in celebration of the nation's Bicentennial wreaked havoc on mintage bookkeeping. In anticipation of the program, 1974-dated coins of these denominations were struck in calendar years 1974 and 1975. No 1975-dated quarter dollars, half dollars or dollars were struck; 1975 Proof and Mint sets contain Bicentennial dates. 1776-1976-dated dollars, half dollars and quarter dollars were struck in calendar years 1975 and 1976. The 1976-S mintages for these denominations includes copper-nickel clad Proofs sold in 1975 and 1976 in six-piece Proof sets, and 40 percent silver clad Proofs and Uncirculateds, of which 15 million pieces of each denomination were struck.

44. 1817 half dollar: Only one Proof known, with overdate 1817/3.

45. 1836 Reeded Edge half dollar: Actually a pattern of the design adopted the following year, but much of the mintage was placed into circulation.

46. 1838-O half dollar: It is thought that 20 Proof examples were struck as souvenirs in honor of the opening of the New Orleans Mint. No regular issue coins of this date and Mint were struck, and it is possible that these were struck in 1839.

47. 1839-O half dollar: Three or four Proofs known.

48. 1839-(P) half dollar: Although Christian Gobrecht's half dollar design was slightly modified during 1839 by the addition of a small drapery fold beneath the elbow, the design was never as fully modified as the other Seated Liberty denominations were in 1840. In subsequent years, individual dies would occasionally be over-polished, thus removing this small drapery fold. Coins struck from these inferior dies are sometimes referred to as having a "No Drapery design," when in fact no design change was intended or made.

49. 1853-(P), O half dollar: All 1853 and virtually all 1853-O half dollars are of the new weight. Two or three 1853-O half dollars are known without the arrows and rays. Beware of alterations from 1858-O.

50. 1855-S half dollar: Three Proofs known, presumably struck to celebrate the beginning of silver coinage at the San Francisco Mint.

51. 1861-O half dollar: Mintage includes 330,000 struck by the USA, 1,240,000 by the State of Louisiana, and 962,633 by the Confederate States of America. One obverse die is identifiable as having been used with the CSA reverse to strike four pattern coins. Three to six Proofs known, probably struck by either the state of Louisiana or the CSA.

52. 1873-S half dollar: The 1873-S Seated Liberty, Without Arrows half dollar is unknown in any condition in any collection. Presumably they were all melted with the 1873-S silver dollars. Beware of any regular 1873-S with the arrows removed. The difference in weight between the two issues is insignificant, and useless in checking a suspected altered coin.

53. 1895-O half dollar: Proofs issued to mark reopening of New Orleans Mint.

54. Proof set sales suspended 1965-67.

55. 1970-D and 1987 half dollars: Struck only for inclusion in Mint sets. Not a regular issue coin. 1987 coins were struck for Uncirculated sets, Proof sets and Souvenir Mint sets only, forcing a change in the Mint's accounting procedures. Previously, circulation strikes intended for Uncirculated Mint sets and Souvenir sets

had been reported with coins intended for circulation. However, upon seeing "circulation" mintages where none should be, the Mint began separating the mintages of coins intended for sale to collectors from those intended for commerce.

56. 1798 silver dollar: Mintage includes both Small Eagle and Heraldic Eagle reverse designs.

57. 1801, 1802, and 1803 silver dollar: All three dates were restruck in Proof in 1858 with a plain edge, using obverse dies made in 1834-5 and the reverse die from the Class I 1804 dollar, which was also made in 1834. Due to the scandal caused by the private issue of 1804 dollars in 1858, these coins were not offered for sale to collectors until 1875, by which time their edges had been lettered.

58. 1804 silver dollar: Although the Mint Report lists 19,570 dollars for this year, it is assumed that they were all dated 1803. The 1804 dollars were first struck in 1834-35 for inclusion in diplomatic presentation sets. A few pieces, possibly flawed Proofs or production overruns, reached collectors via trades with the Mint or in circulation, and the coin was popularized as a rarity. In 1858 the son of a Mint employee used the obverse die prepared in 1834 and a newly prepared reverse die plus a plain collar to secretly strike 1804 dollars, a few of which were sold to collectors. While the Mint had intended to do exactly the same thing with dollars dated 1801-04, Mint officials were forced to cancel the project due to the public scandal over the privately issued 1804 dollars. The privately struck coins were recalled, and all but one (which went to the Mint Cabinet collection) were said to have been melted. Instead, they and the plain edged 1801-03 dollars were put in storage and offered for sale in 1875, by which time their edges had been mechanically lettered.

59. 1805 silver dollar: The 321 dollars listed in the Mint Report for 1805 were older dollars that were found in deposits of Spanish-American silver and that were reissued through the Treasury.

60. 1836, 1838, and 1839 dollar: Gobrecht dollars, some patterns and some intended for circulation, were struck in these years. Also, some varieties were restruck in later years, making mintage figures questionable. Varieties exist with or without stars and/or the designer's name, some of them exceedingly scarce. The 1,600 mintage figure for 1836 represents 1,000 struck for circulation on the 1836 standard of 416 grains, and 600 pieces struck in 1837 (dated 1836) on the new standard of 412.5 grains.

61. 1853 silver dollar: All Proofs are restrikes, made 1864 to 1865.

62. 1858 silver dollar: It is estimated that 80 Proofs were struck, some of them possibly at a later date.

63. 1870-CC silver dollar: Proof mintage unknown, possibly struck to mark the first Carson City Mint dollar coinage.

64. 1870-S silver dollar: Eleven are known in collections. Not listed in the annual Mint Report. The first official evidence of their production was found in March 2004 in the form of a San Francisco Mint warrant from the second quarter of 1870, found in archives. That warrant recorded the coins that had been struck for placement in the cornerstone of the second San Francisco Mint, which was under construction. Among the coins made for the cornerstone was an 1870-S Seated Liberty dollar. The newly produced warrant was the first record discovered confirming production of the 1870-S Seated Liberty half dime and 1870-S Indian Head gold $3 coin, each of which is known by a single example in collections. The warrant also records production of an 1870-S Seated Liberty quarter dollar, which is unknown in any collection but that is presumably in the lost cornerstone of the San Francisco Mint.

65. 1873-S silver dollar: All were melted at the Mint per order in a June 13, 1873, telegram after production of standard silver dollars was suspended.

66 1878-(P) silver dollar: Three slightly different designs were used for both the obverse and reverse of this date, including some dies with the second designs impressed over the first. All 1878-CC and 1878-S are from the second designs. Most 1879-1904 dollars are of the third design, except for some second design reverses on 1879-S and 1880-CC coins. New, slightly different master hubs were prepared for 1921. Proof mintage includes 700 of the 8 Tail Feathers variety and 300 of the 7 Tail Feathers, flat eagle breast variety. Beware of any early strike, proof-like surface Morgan dollar being sold as a Proof.

67. 1879-O dollar: Two Proofs now known of 12 struck for the reopening of the New Orleans Mint.

68. 1882-CC dollar: Proof mintage unknown, reason for issue unknown.

69. 1883-CC dollar: Proof mintage unknown, reason for issue unknown.

70. 1883-O dollar: One Proof known of 12 struck to give to various local dignitaries. Occasion uncertain.

71. 1884-CC dollar: One Proof reported, reason for issue unknown.

72. 1893-CC dollar: 12 Proofs struck for Mint officials to mark the closing of the Carson City Mint.

73. 1895 dollar: Researchers differ on whether any of the 12,000 circulation strike dollars produced in 1895 were dated 1895. None known. However, information from assay records implies the 12,000 coins were dated 1895 and not 1894 as some researchers suggest. Beware of altered dates, removed Mint marks.

74. 1921-22-(P) Peace silver dollar: The 1921 Peace dollars (and a very few Proof 1922s) are of a higher relief than the 1922-35 coins. An experimental medium relief 1922 Peace dollar was produced in January 1922 in three finishes: Sandblast Proof, Brilliant or Satin Proof, and a circulation strike, after which the dies failed. An example of the medium relief 1922 Peace dollar was recently identified. Low relief circulation trial strikes were also made of the 1922 dollar.

75. 1873 Trade dollar: All Proofs have the Open 3.

76. 1884-85 Trade dollar: Struck in Proof in the Mint for private distribution by person or persons unknown. Not listed in the Mint Report.

77. S-Mint clad dollars: Struck only for sale to collectors. In 1971-72 struck in 40% clad silver in Proof and Unc. for individual sale. Beginning in 1973 a copper-nickel clad dollar was added to the Proof sets.

78. 1973-(P), D copper-nickel dollar: Struck only for Mint sets. Not a regular issue coin. 1,769,258 Mint sets were sold. 439,899 excess dollars melted, presumably of near-equal distribution. 21,641 coins were kept for a while for replacement of defective sets.

79. Anthony dollars: Sold in three-coin sets only in 1981. None released into circulation.

80. 1861-D gold dollar: Small number struck by CSA.

81. 1870-S gold dollar: 2,000 coins were struck without a Mint mark. It is unknown if they were melted or recoined or released as is and included in the Mint Report figure of 3,000 coins. See Note 64.

82. 1834 $2.50: Most or all were melted. It may be that all survivors are Proofs and circulated Proofs.

83. 1841-(P) $2.50: Struck in Proof only, possibly at a later date. Unlisted in Mint Report. Nine known, several of them circulated or otherwise impaired.

84. 1848-(P) $2.50: Approximately 1,389 coins were counterstamped CAL. above the eagle to show that they were made from California gold. This was done while the coins were resting on an inverted obverse die on a worktable. This virtually eliminated distortion of the obverse, which will probably show on a genuine coin with a fake counterstamp.

85. 1860-S $3: Out of 7,000 coins struck, 2,592 pieces were not released because of short weight. They were melted in 1869 for use in other coins.

86. 1870-S $3: Not included in the annual Mint Report. See Note 64 for additional information. One piece is known in a private collection, and the present whereabouts of the cornerstone piece mentioned in Note 64 is unknown. There may be just one piece.

87. 1873 $3: All original Proofs are of the more Open 3 variety. Two restrikes of the Closed 3 version and one with the Open 3 are known.

88. 1798 $5: Mint Report of 24,867 coins includes Small Eagle coins dated 1798, as well as Heraldic Eagle coins dated 1795, 1797 and 1798. This mixture of mulings is the result of an emergency coinage late in 1798 after the Mint had been closed for a while due to yellow fever. Quantities struck of each are unknown and can only be a guess.

89. 1822 $5: Although the Mint Report says 17,796 coins were struck, only three pieces are known; it is likely that most of the mintage was dated 1821.

90. 1825 $5: Struck from the regular overdated dies. 1825/4, one known, and 1825/1, two known.

91. 1828 $5: Includes at least one overdate, 1828/7.

92. 1844-O half eagle: One Proof known, reason for issue unknown.

93. 1861-C $5: Mintage includes 5,992 pieces coined by USA and 887 by CSA. Issuer impossible to prove.

94. 1899-S half eagle: One or two Proofs known, reason for issue unknown.

95. 1906-D and 1907-D $5: Struck at the Denver Mint. This is the only design that was struck at both Dahlonega and Denver.

96. 1797 $10: Mintage includes both reverse types.

97. 1839 $10: Includes first design head (type of 1838) and modified head (type of 1840-1907). Proofs are of the type of 1838, with large letters and different hair style.

MINTAGE NOTES

98. 1844-O eagle: One Proof known, reason for issue unknown.

99. 1852-O eagle: Three Proofs known, reason for issue unknown.

100. 1853-O eagle: Proof mintage unknown, reason for issue unknown.

101. 1906-D eagle: Proofs struck in honor of the opening of the Denver Mint.

102. 1907 $10: An unknown number of Indian Head patterns were also struck in Proof.

103. 1933 $10: Very few of these were issued, perhaps several dozens known. Beware of counterfeits.

104. 1849 $20: One example in gold survives of a small number of trial strikes produced in December 1849. The dies were rejected, allegedly because of improper high relief, but in actuality to discredit Longacre in an attempt to force his removal. The attempt failed and Longacre eventually produced a second set of dies, but they were not completed until the following month and so they were dated 1850. The one known Proof gold example is at the Smithsonian Institution, and all others were melted.

105. 1850 $20: One Proof was once owned by the engraver, James B. Longacre. Whereabouts unknown.

106. 1854-S double eagle: One Proof known, in the Smithsonian Institution. Struck in honor of the opening of the San Francisco Mint.

107. 1861-(P) $20: A few trial pieces are known with a reverse as engraved by Anthony Paquet, with taller, thinner letters and a narrow rim. The design was judged unacceptable because the narrow reverse rim would not stack easily.

108. 1861-O $20: Mintage includes 5,000 coins struck by the USA; 9,750 by the State of Louisiana; and 2,991 by the Confederate States of America. It is impossible to prove the issuer of any given coin.

109. 1861-S $20: Mintage includes 19,250 pieces struck with the Paquet reverse and released into circulation. Most of these were recalled and melted over the next few years, but specie hoarding during the Civil War probably preserved a number of them.

110. 1866-(P), S $20: When the reverse of the double eagle was altered to include the motto, a few minor changes were made in the scrollwork, the most prominent being the change in the shield from flat-sided to curved, serving as a useful diagnostic.

111. 1877 $20: In this year the master hubs were redesigned slightly, raising the head of Liberty and changing TWENTY D. to TWENTY DOLLARS.

112. 1906-D double eagle: Two Proofs now known of 12 struck for the opening of the Denver Mint.

113. 1907-D double eagle: One Proof known, possibly struck to note the last year of this design.

114. 1907 $20: Extremely High Reliefs are patterns.

115. 1933 $20: This issue was officially never released, and with one exception, is considered illegal to own; however, from 25 to 30 pieces are known to have escaped the 1930s melting of the coins. Two are held in the National Numismatic Collection at the Smithsonian Institution, having been given to the Smithsonian by the Mint. A third was granted an export license in 1944 for the collection of Egypt's King Farouk. When another piece surfaced in a New York City auction a few weeks after the export license was granted, Treasury officials reexamined Mint records and determined none had been officially released. Officials decided that the pieces were illegal to own privately, and confiscated the piece to be auctioned. Secret Service agents investigating the case found a Philadelphia jewelry and coin dealer who admitted to selling nine pieces to other dealers and collectors, including the confiscated piece. The Secret Service recovered the other eight pieces from collectors and dealers in the 1940s. Treasury officials later melted all nine pieces. A piece of uncertain origin was confiscated in a sting operation by federal authorities in the 1990s when it was brought into the United States from Great Britain by a British dealer. The dealer claimed several origins for the piece, including the former collection of King Farouk, although no solid evidence confirms that pedigree (it was last seen publicly in 1954). After a lengthy legal battle, the government declared the coin legal for private ownership in 2000. It sold for $7.59 million in 2003. The Mint recovered 10 more pieces in 2004 from the family of the Philadelphia dealer who handled the pieces that entered the market in the late 1930s and early 1940s. These 10 pieces are being held at the Mint's Fort Knox Gold Bullion Depository.

117. American Eagle gold bullion: Roman numerals used in date from 1986 to 1991.

118. 1996-W Roosevelt dime: Produced with a West Point Mint mark for the 1996 Uncirculated Mint sets for the 50th anniversary of the Roosevelt dime.

119. 1995-W American Eagle silver dollar: Uncirculated piece produced for sale only in special "10th Anniversary" sets.

120. Circulation-quality, but not released into circulation. Sold to collectors in bags and rolls.

121. The Mint reopened sales of 1999, 2000 and 2001 Proof sets on May 29, 2002, in an unprecedented and controversial offering. The 1999 and 2000 Proof set programs long had been closed, and sales of the 2001 sets had ended as 2002 sets went on sale. Officials halted sales June 25, 2002, citing damage to some coins in some 1999 sets.

122. Beginning in 2005, coins in the annual Uncirculated Mint set were given a special Satin Finish. Some Satin Finish coins also have been used in other Mint sets and products.

123. Two different reverse hubs were used for 2000-P Sacagawea dollars, but this was not confirmed until the summer of 2005. The earlier reverse, used in 1999 to strike 2000-P dollars, features an eagle whose tail feathers are much more detailed than the feathers on the later reverse. The reverse with detailed tail feathers was used in 1999 to strike 39 gold test versions (27 were melted; 12 were sent into low-Earth orbit aboard the space shuttle *Columbia* in 1999 and are now stored at the Fort Knox Gold Bullion Depository) and 5,500 pieces of standard composition (all dated 2000) were distributed in boxes of Cheerios during a 2000 promotion. The later reverse, with less-detailed tail feathers, was used to strike all coins produced for general circulation. Hobbyists have not settled on nomenclature for the two subtypes, although the terms Reverse of 1999 (for the version with the more detailed tail feathers) and Reverse of 2000 (for the regular reverse) follows traditional hobby usage. A minority of numismatists consider the "Cheerios" subtype to be patterns.

124. Small numbers of two different 2004-D Wisconsin quarter dollars were discovered in late 2004 and first publicized in *Coin World* in early 2005 that bear unusual markings dealers and collectors have labeled an "extra leaf." Each "extra leaf" appears as a curved raised area in the area below and to the left of the far left cornhusk on the ear of corn on the reverse. The "Extra Leaf High" variant has a simple, narrow curved line extending from the wheel of cheese to the underside of the far left cornhusk, touching both. The "Extra Leaf Low" variant has a more elaborate, more leaf-like element, the widest end extending from the lower portion of the far left cornhusk and narrowing to a point as it arcs downward until it touches the upper surface of the cheese. A Treasury Office of Inspector General report of an investigation into the variants, issued Jan. 12, 2005, stated that the "Extra Leaf High" version was created in November 2004 during the second shift at night at the Denver Mint, with some pieces caught and destroyed by Mint personnel and other pieces mixed with regular coins and released. The report did not address the "Extra Leaf Low" variant specifically. The Treasury OIG report stated the investigation yielded no evidence of criminal wrongdoing. However, many in the hobby believe that both variants were deliberately if unofficially created. Both variants bring significant premiums.

Grading coins

Probably no other subject has been more hotly debated in American numismatics by collectors, dealers and investors than grading. There has been controversy since a dealer first charged a higher price for one example of a coin than for another of the same type, date and Mint mark simply because one had less wear than the other.

The grade of a coin (or note, medal or token) represents what professional numismatist and researcher Dr. Richard Bagg aptly called its "level of preservation." The grading controversy arises from both disagreements over the grade of a coin and the often enormous differences in price between two examples of the same type and date of a U.S. coin, even when the only difference lies in the placement of one or two marks or surface abrasions from contact with other coins, commonly referred to as "contact marks" or "bag marks." Prices can also differ for coins bearing the "same" grade, but assigned by different private grading services that use different grading standards (more will appear on this topic later in this chapter).

A grade measures both the amount of wear, natural mishaps and other surface degradation a coin has received after leaving the coining press and its "eye appeal," a subjective determination that may differ from observer to observer. The more wear and surface marks a coin has received, the less it is worth compared to other examples of the same coin with less surface degradation.

However, not all coins have received circulation wear since they were struck. These coins are called Uncirculated or Mint State. Rather than being easier to grade because there are no points of wear to determine, Uncirculated coins are much harder to grade. One might ask how a coin without wear can be different from other unworn examples of the same coin. In fact, hobbyists identify graduated levels of Mint State, at least 11 (from Mint State 60 to Mint State 70), determined by such factors as contact marks, luster, the strength of the strike and eye appeal of toning. Therein lies the heart of the controversy.

This chapter contains two basic sections: First, a practical guide to grading, with a discussion of what factors go into determining a coin's grade, tips on how to grade a coin, and basic grading descriptions; and the second section, a brief history of third-party grading services.

Grading: What's involved?

Dr. Richard Bagg, in *Grading Coins: A Collection of Readings* (co-edited in 1977 with James J. Jelinski), described the grade of a coin as its "level of preservation." It is not entirely accurate to call grading the charting of wear on a coin. The very definition of an Uncirculated coin (also called Mint State) is "a coin that has never seen general circulation" (in *Official American Numismatic Association Grading Standards for United States Coins,* sixth edition) and a coin with "no wear" (in *New Photograde: A Photographic Grading Guide for United States Coins*). However, Uncirculated coins are subject to forms of surface degradation other than circulation wear.

A coin struck for circulation becomes subject to external factors affecting its surface from the second it leaves the press. The moment a coin is struck, it is pushed from the surface of the anvil die. The coin then falls into a bin of other coins. When the coin hits the previously struck coins lying in the bin, the portion of its surface coming into contact with the other coins will probably be marred. Then, as the coins are transported to the counting and bagging station for placement into bags for shipment to commercial counting rooms and banks, the coins will scrape, scratch and bump each other, causing additional damage.

James L. Halperin, author of *How to Grade U.S. Coins,* identifies four key components of grading: surface preservation, strike, luster and eye appeal.

Surface preservation refers to the condition of the surfaces of the obverse and reverse of the coin. The major elements of surface preservation include wear, contact marks, hairlines and imperfections that were created on the coin during the various stages of its manufacturing.

Wear affects how much of the surface and design remain on a coin. The constant handling a coin receives as it circulates in commerce results in abrasion. Raised design elements, as they wear, lose detail; if the coin circulates long enough, the height of the design elements is reduced. Determining the grade of a circulated coin involves charting how much of the original design remains on a coin and comparing that remaining detail to a set of standards.

Wear interrupts the luster on a coin, manifesting itself as a change in reflectivity that can be seen under the proper circumstances.

The amount of wear a coin receives determines its grade among the circulated grade levels. The high points of a design are usually the first to show wear, since they are the most exposed. Then the raised inscriptions and date exhibit wear, and finally, the flat fields.

Coins with only the slightest hint of wear are called About Uncirculated. Then, in descending order, are Extremely Fine, Very Fine, Fine, Very Good, Good, About Good, Fair (and occasionally, Poor). Graders use several levels for some of the higher circulated grades to denote, for example, an Extremely Fine coin of higher quality than another legitimate Extremely Fine coin (EF-45 versus EF-40).

Many hobbyists differentiate between circulation wear and another form of wear labeled "friction." Halperin defines friction: "A disturbance which appears either on the high points of a coin or in the fields, as a result of that coin rubbing against other projections."

Friction should not disturb the luster of the coin or disturb the metal underneath. If it does, the disturbance falls into the category of wear.

"Contact marks" (also called "bag marks") occur from the collisions between coins. A contact mark may range in severity from a light, minor disruption of the coin's surface to a large, heavy scrape. Generally, the bigger and heavier the coin, the larger and more unsightly the contact marks, due both to its own weight and that of other coins of the same dimensions jostling against it.

The location of contact marks plays a major role in determining at what level of Mint State a coin may be categorized. For example, marks that are clearly visible in the field of a coin, or on the cheeks, chin or forehead of a Liberty Head device are more distracting than marks of equal severity hidden in curls of Liberty's hair or the wing feathers of the eagle found on the reverse of many U.S. coins.

The size of contact marks also plays a role in determining the particular Mint State level. Larger marks, of course, are more distracting than smaller marks. Remember, however, that a contact mark 1 millimeter long is less distracting on a large coin such as a silver dollar (diameter of 38.1 millimeters) than it is on a smaller coin such as a silver half dime (diameter of 15.5 millimeters), general placement of the mark being similar.

The number of contact marks also plays a significant role in determining the particular level of a Mint State coin. A coin with numerous contact marks is less appealing to the eye than a coin with one or two distracting marks. The diameter of the coin plays a role, too. A silver dollar with five contact marks scattered across its surfaces may be judged appealing; a much smaller half dime with five contact marks may be judged less appealing, since the half dime has a smaller surface area in which the marks appear.

Hairlines are thin, incused scratches in a coin's surface occurring after striking. A Mint State coin lightly though improperly rubbed with something like a rough cloth may incur hairlines.

Die scratches should not to be confused with hairlines. Die scratches are thin raised lines on a coin, resulting from minute scratches in the surface of the die. A close examination of a coin's surface through a magnifying glass should indicate whether a line on a coin is raised, and thus a die scratch, or incused, making it a hairline scratch.

Hairlines tend to affect the value more than die scratches. Most grading services, however, will lower the grade of a coin for more extensive, distracting die scratches.

Strike refers to the sharpness and completeness of detail imparted by the dies when they strike a planchet and turn it into a coin. ANACS grader Michael Fahey defines it as "the evenness and fullness of metal-flow into all the crevices of a die."

A fully struck coin from unworn dies exhibits all design elements to the smallest detail. For example, the curls of hair on Liberty's head are strong and distinct. The feathers on the eagle's wings and breast are clearly visible. All of the other design details, legends and other elements are sharp and well defined.

A coin with a weak strike has soft and ill-defined design details. Lower striking pressures may not force the metal into the deepest crevices on the die (the highest point on the coin); thus, the weaker design details. A weakly struck coin may look worn, since design details are missing from the high points of a coin. However, luster is unimpaired.

Strike affects the value of a coin. A coin with a sharp strike will generally have a higher value than a coin with a weak strike, all other factors being equal.

Luster "is simply the way light reflects from the microscopic flow lines of a coin," according to Fahey in *Basic Grading,* a reprint from his series of articles in the American Numismatic Association's *The Numismatist.* Halperin defines luster as "The brightness of a coin which results from the way in which it reflects light."

Luster is imparted to the surfaces of a coin at the moment of striking. The immense pressures used in the coining process create flow lines, the microscopic lines that trace the paths the metal took to fill the crevices that compose the design of the die.

A coin with full luster is generally one that has a bright, shiny surface (although toning, to be discussed later, may obscure full luster), caused by the light reflecting off the surface of the coin. If the luster has been disturbed, the light reflects from the surface of the coin differently; the coin may appear dull.

Circulation wear erases the microscopic flow lines that cause the luster. Heavy cleaning or cleaning with a substance that removes a microscopic layer of the surface metal will also damage the flow lines and disrupt or eliminate the luster of a coin.

A Mint State coin cannot be lackluster. However, high-level circulated coins may show patches of luster in protected areas.

Eye appeal is the aesthetic appeal of a coin's appearance. Eye appeal relates to the overall attractiveness of a coin when all of the other factors (surface preservation, luster, strike) are considered. A potential buyer decides just how attractive he believes the coin to be.

Judging eye appeal is a purely subjective action. For example, a coin could have a strong strike and full details, possess full luster and have few large, distracting contact marks, but still not have eye appeal if it has toned to an unattractive color.

When examining a coin, a buyer must decide for himself just how attractive and appealing the coin is and whether its attractiveness warrants the price being asked. Only the buyer can decide the eye appeal. Aesthetic judgments differ from person to person.

Toning and color

As a coin ages, the original color changes as the coinage metal reacts chemically to its environment. The original red of copper coins tones to brown, with intermediate "red and brown" stages. Silver coins may tone into any color of the rainbow, often beautifully but often not. Unattractive toning is sometimes called "tarnish," although only aesthetics distinguish between toning—good color—and tarnish—bad color. Gold is a more stable metal and generally shows little change in tone and color (except when exposed to high heat), although silver or copper that many gold coin coins contain in their alloys will tone.

The *Official Guide to Coin Grading and Counterfeit Detection* notes that, technically, "Any color on any metal is some form of corrosion or oxidation." To some collectors and dealers, toning represents damage to a coin, while for other hobbyists, calling toning "damage" triggers an emotional, even angry response.

So, is a toned coin or a coin with untoned surfaces better? Whether toning is good or bad often depends on personal opinion, although shared opinions have translated into a marketplace reaction to toning.

Copper collectors tend to pay a premium for a coin with original "red" surfaces, while the same coin with "red and brown" surfaces will trade at a lower value. Turn to the Indian Head cent pages in the values section of this book for evidence of this. Coins grading Mint State 64 red and brown (MS-64RB) bring consistently lower prices than Mint State 64 red (MS-64R) coins. Mint State coins with fully brown surfaces generally will grade at the lower range of Mint State. (However, some copper coins, like pure copper large cents, tone to a dark chocolate color that many collectors find very attractive and desirable.)

Toned versus untoned is more a matter of personal preference when silver coins are involved. Fully lustrous, bright white silver coins will carry a premium over coins with duller or impaired luster. Attractively toned coins can bring prices that are multiples of those for bright white examples, while unattractively toned coins may trade at discounts.

The colors on a silver coin are a film of silver sulfides, formed by a reaction to sulfur. The thickness of this film differs from a few microns (generally appearing as light toning) to much "deeper" (resulting in darker toning). Toning that is too dark or too deep, or is streaky or hazy, may be viewed negatively.

Unattractively toned coins are sometimes "dipped" into special chemical solutions, to remove the film of silver sulfides, or otherwise cleaned. Proper dipping can be beneficial; improper dipping or abrasive cleaning can ruin a coin.

Because attractively toned coins often bring higher prices, some unscrupulous individuals (called "coin doctors") have devised ways of artificially toning coins. The techniques these alterers use vary.

Novices will find it difficult to distinguish between natural toning and artificial toning. Experience is important here. An individual who has looked at a large number of coins often will find that he can determine at a glance whether the toning is natural or whether it is artificial. Sometimes, however, it can be difficult even for experts to determine whether toning on a particular coin is natural or artificial.

Coin doctoring is universally condemned, although not everyone agrees on what qualifies as "doctoring." For example, some consider dipping a coin to remove tarnish a form of doctoring; others consider it an acceptable practice that need not be noted in a coin's description. Others will deliberately place a coin into an environment that will cause it to tone over time; collectors differ over the appropriateness of this practice.

However, the practice of treating a coin to cause it to change in color in a short period of time and then selling it as naturally toned is universally condemned (except by the coin doctors).

Collectors should not pay a premium for an artificially toned coin.

Tips for grading

United States coins are graded on a scale of 1 to 70, with 1 representing a coin so worn it can barely be identified and 70 representing perfection. The 59 grades from 1 to 59 are used for circulated coins—those pieces that have experienced wear in circulation or through collector mishandling. The 11 grades from 60 to 70 are reserved for Uncirculated or Mint State coins.

Experienced graders suggest using incandescent light when grading a coin. Without magnification, tilt the coin back and forth and rotate it, looking for any contrast of luster between the high points and the rest of the design. The high points are those parts of the design that rise the highest from the fields and are the first to wear.

If you detect no difference in luster between the high points and the rest of the coin (be sure to view both sides in this manner), use a loupe or hand-held magnifier to inspect for rubbing. Any abrasion on the high points drops the coin to About Uncirculated at best.

Grading guidelines

The following guidelines are not presented as grading standards, but as introductions to the terminology of grading and its usage.

A few words regarding grading usage: When two grades are linked together by a virgule—as in Mint State 64/65—it may mean that the coin has two grades (the first grade represents the obverse and the second, the reverse) or that the coin falls into a range between the two grades. When two grades are linked by a hyphen or an en dash—as in Mint State 64–65—it means that the grade for both sides lies somewhere between the two grades given. Collectors might want to exercise caution about buying a coin graded AU–BU. A coin is either circulated or Uncirculated.

Plus signs are used by many to indicate a coin slightly better than the numerical grade indicated, but not as good as the next numerical grade. A coin graded MS-60+ is better than a typical MS-60 coin, but not as good as an MS-61 coin. The term "Premium Quality" means pretty much the same thing as a plus sign, designating that a coin is in the upper range for that grade and is very close to the next grade level.

Some coins graded by Numismatic Guaranty Corp., one of several third-party grading services, are given a star (★), which identifies a coin with high eye appeal.

Many dealers and collectors use adjectives instead of numerals, or combine adjectives and numerals when speaking about Mint State coins. A superb or superb gem coin is generally MS-67. A gem coin is usually MS-65. Some dealers use choice to describe an MS-63 coin, and others use choice for an MS-65 coin. Mint State 60 coins are generally referred to as Uncirculated or Brilliant Uncirculated; sometimes an MS-60 coin is called typical Uncirculated. Because of the disagreement over what the adjectives represent numerically, collectors should determine what adjectival "system" the dealer uses when no numerals are present.

Buyers should remember that different dealers, collectors and investors sometimes use different grading systems. Although various grading services use an 11-point Mint State system, this does not necessarily mean they use the same criteria for assigning grades. In fact, there is no universally accepted standard for determining grades for U.S. coins.

Collectors should also know that grading standards can change over time. Standards sometimes tighten up, with a coin once considered Mint State 65 considered instead MS-64. Standards can also loosen, with a once MS-64 coin grading MS-65 under the looser standards. This can be troublesome, especially if a novice collector buys a slabbed coin graded during a period of loose standards; even if a slab is marked as MS-65, current standards might consider the coin no higher than MS-64. That's why it is vital that collectors learn how to grade coins.

Collectors have also observed that great rarities sometimes seem held to a lower standard than "regular" coins. Certain coins have been graded multiple times by different services, as competing firms vie for the prestige they gain from having in one of their slabs a coin every collector dreams of owning (such as an 1804 Draped Bust dollar). Some of these pieces have been given a higher grade each time they have been broken out of one firm's slab, regraded and placed into a new slab.

Many grading services practice "market grading"; coins are assigned a numerical grade that generally matches the grade at which they would be traded on the rare coin market. As market standards change, so do the standards used by grading services that "market grade."

Proof: Traditionally, Proof describes a method of manufacture, not a grade. However, since a Proof coin can gain contact marks after striking or exhibit other flaws, Proof coins acquire a range of qualities of; in effect, different grades. A circulated Proof is often called an "impaired Proof." If abbreviated for reasons of space, Proof appears as PF or PRF.

Proof coins are struck two or more times, on highly polished planchets and using slower, high-pressure presses, all contributing to greater detail in the design.

Mint State and Uncirculated: The two terms are interchangeable and describe a coin that has no wear. To qualify as Mint State, a coin must not have any level of wear. Even the slightest amount of wear will drop the coin into the About Uncirculated level (or should). (Coins described by some dealers as "Borderline Uncirculated" have wear and are actually About Uncirculated at best.)

Mint State is most often used with numerals. The numerical Mint State system so widely used in the current rare coin market is based on a system created by Dr. William H. Sheldon for the U.S. large cents of 1793 to 1814. When the numerical system began to spread to other series, three levels of Mint State were used: Mint State 60, for an Uncirculated coin of average luster, strike and marks; MS-65, an Uncirculated coin of above average quality; and MS-70, a perfect coin as regards luster, strike and marks. Today, all 11 numbers are used from MS-60 to MS-70.

Uncirculated is usually abbreviated as Unc. It often appears as Brilliant Uncirculated, abbreviated as BU. Sometimes the term is abbreviated and used with numerals, as Unc. 60, Unc. 61 and so on.

About Uncirculated: This is a coin with only the barest traces of wear on the highest points of the design. It is abbreviated AU and often appears with numerals as AU-50, AU-55 and AU-58. The AU-58 grade has been described as an MS-63 coin with just the slightest hint of wear. It should have fewer contact marks than lower level Mint State coins: MS-60, MS-61 and MS-62. It may be more attractive than these lower Mint State coins.

Extremely Fine: Light overall wear on highest points, but with all design elements sharp and clear, distinguishes this grade. Most hobbyists abbreviate it as EF, although a few use XF. It most often appears as EF-40 and EF-45. Sometimes called Extra Fine.

Very Fine: The coin has light to moderate even wear on surface and high points of design. Abbreviated VF, it appears with numerals as VF-20 and VF-30. The abbreviations VF-25 and VF-35 are rarely used.

Fine: The wear is considerable although the entire design is still strong and visible. It is abbreviated as F-12 and F-15.

Very Good: The design and fields are well worn, and main features are clear but flat. Abbreviated as VG, it is used with numerals as VG-8 and VG-10.

Good: Design and surface are heavily worn, with some details weak and many details flat. It is often abbreviated when used with numerals, G-4; G-6 is infrequently used. Ironically, a coin in Good condition is not a "good" coin to collect except for the rarer and scarcer pieces; a Good coin is generally the lowest collectible grade.

About Good: The design is heavily worn with fields fading into rim, and many details are weak or missing. Abbreviated as AG, it is used with a numeral as AG-3. Few coins are collectible in About Good condition. Dealers also use the terms Fair and Fair 3 to describe a coin in this state of preservation.

Grading services

For decades, the controversy in determining a coin's grade lay mainly in the differences between the dealer's opinion and the collector's opinion about the grade for a specific coin, and thus their disagreement over a coin's value. When grading guides became widely available beginning in the 1950s, dealers and collectors often referred to one of these books for help in determining a coin's grade, using some version of the grading scale just described.

As grading became more complex and values increased in greater increments between coins of different grades, third-party grading services began operation. Third-party grading has become a lucrative business, with many dealers and collectors willing to pay fees for someone else's opinion about the grade of their coins.

The first third-party grading service, the International Numismatic Society Authentication Bureau, began grading coins in December 1976, several months after it began authenticating coins. It laid the groundwork for third-party grading services, all of which provide an opinion about a coin's grade, for a fee. INSAB was followed March 1, 1979, when the American Numismatic Association Certification Service began grading coins for a fee (previously, it had only authenticated coins); with each graded coin it provided a photographic certificate, bearing images of the obverse and reverse and a statement of the grading opinion.

Another major step in third-party grading services was taken by the Professional Coin Grading Service, a private business founded in February 1986. Unlike INSAB and ANACS, PCGS encapsulated the coins it graded into sealed hard plastic holders, nicknamed "slabs," bearing an internal tag with the assigned grade. The slabs, while not tamperproof, are tamper-resistant; they make it difficult to switch tags (slabs are discussed in greater detail later). PCGS was the first grading service to use 11 levels of Mint State, from MS-60 to MS-70. It rapidly overtook ANACS, until then the most active of grading services in terms of numbers of coins graded. PCGS also published a grading guide, in 1998.

Numismatic Guaranty Corporation of America opened for business in 1987 and immediately challenged PCGS for market share. The firm is abbreviated as NGC.

As encapsulated coins became more popular with dealers and collectors, existing grading firms expanded their services. INSAB offered a "slab" service starting in 1989, as did the ANA with its ANACS Cache.

In 1990, the American Numismatic Association sold ANACS—its grading and certification service—to Amos Press Inc., publisher of *Coin World* and other hobby publications, including this book. ANA retained the right to authenticate—but not grade—coins, and operated under the acronym ANAAB, the American Numismatic Association Authentication Bureau, until early 2002. Amos Press Inc. retained the ANACS name. Amos Press moved ANACS from ANA headquarters in Colorado Springs, Colo., to Dublin, Ohio. Amos Press in 2005 sold ANACS to Anderson Press Inc.; Anderson Press owns Whitman Publishing, a numismatic book publisher whose properties include *A Guide Book of United States Coins,* aka the "Red Book." In December 2007, Anderson Press reported that it had sold ANACS to Driving Force LLC, in Colorado.

(Whitman is also the publisher of the sixth edition of *The Official American Numismatic Association Grading Standards for United States Coins,* released in July 2005. The sixth edition was edited by Kenneth Bressett and bears narrative by Q. David Bowers. Bowers wrote a new introduction for the sixth edition, in which he discusses grading's importance, grading standards evolution, changing interpretations, grading reality today and more. Included is Bowers' commentary on "full details," the term he has promoted to describe a fully struck coin.)

Over the years, other grading services have entered the market, some specializing in paper money and world coins. Not all of the companies have succeeded; several have closed over the years.

The firms that grade coins charge fees for their services. Fees differ from company to company; a company may have different fees based on the level of service.

Services differ

Fees are not the only things that differ between companies. Coins graded by some companies often bring higher prices than do coins assigned the same grades by other companies. Those higher prices generally indicate greater market confidence in the firm grading the coin. Lower prices for coins graded by other companies may indicate a lower level of market confidence in the ability of the firm's graders to accurately grade to market standards, or even a distrust of the firm's adherence to market standards or ability to detect altered or counterfeit coins.

The differing levels of dealer and collector confidence in various grading services have long been the subject of heated debate at coin club meetings, at coin shows and at online coin collector forums and bulletin boards. In recent years, the debate seems to have intensified as more and more coins are sold through online auction sites and dealer sites.

The growth in online sales has made it possible for collectors who never go to coin shows or auctions to compete with other collectors in online auctions. Many of the coins sold online are graded and encapsulated ("slabbed") by market-accepted grading services, but because new collectors may be unaware that the market distinguishes between the services, some pay prices that would not be sustained in the more established market because of lower confidence in the grading service that graded the coins.

The debate over grading services got even hotter in October 2002 with the publication of the results of a grading service survey conducted by Professional Numismatists Guild (a coin dealers' organization) and the Industry Council for Tangible Assets (a trade/lobbying organization), and in May 2003 with the publication of the results of a grading test conducted by *Coin World*.

PNG and ICTA surveyed "more than 300" dealer members (no collectors were surveyed) in August 2002 and asked them to rate seven private grading services in specific categories. The survey results were based on the 151 surveys that were returned and tabulated in September. The PNG-ICTA survey was not a scientific survey.

Proponents of high-rated services and critics of the low-rated firms championed the survey as an important milestone in informing the public about the differences between the grading services. Representatives of the services that were rated as "poor" or "unacceptable" protested the methodology of the survey and called its results biased and inaccurate.

The results of the latest PNG-ICTA survey are posted online at

Coin World conducted a different kind of grading test; it arranged for the president and chief executive officer of the Chicago Better Business Bureau, who is also a coin collector, to send the same 15 coins in turn to eight grading services. Coin World embarked upon the test in May 2002. To test all eight services took 11 months: time for the coins to be graded and returned to the submitter, who in turn sent the coins to Coin World where the grades were recorded, the coins were photographed in the various services' "slabs," removed from their slabs and finally sent to the next service. None of the services was told of the testing (including ANACS, the grading firm then owned by the same parent company as Coin World).

Coin World published the results of its test in its May 26 and June 2, 2003, issues.

Of the 15 coins used in the test, not one was graded the same by all eight services. Some firms refused to grade certain coins, citing that they had been cleaned or otherwise altered; other firms graded the cleaned and altered coins, but noted the cleaning or alteration on the holders; and some firms graded, without notation, coins other services would not grade.

Coin World also published details about the cost per firm and amount of time each firm took to evaluate or grade the 15 coins and return them.

Coin World also published details about each firm: who owned the service, how many years it has been in business, how many graders it employs, how many graders grade each coin, the grading system/ standard used, whether it offers authenticity and grading guarantees, whether it grades problem coins and notes the problems on the holders, and whether the firm accepts direct submissions from collectors.

Another danger threatens new collectors: coins promoted in online sales as third-party graded but in actuality graded by the seller and housed within a generic holder mimicking those used by the grading services. Third-party grading is supposed to offer an independent opinion of a coin's grade; the grader has no financial interests in the coin other than the fee charged for grading it. However, some online sellers promote coins as having been graded by a so-called independent service that is really nothing more than a made-up name designed to lend a degree of legitimacy to the auction.

These self-graded "slabbed" coins may be housed in holders similar to those used by grading services. The sales division of Amos Press Inc.

markets, under the *Coin World* label, two different sizes of holders compatible with the slabs used by PCGS and ANACS (collectors can buy these holders to house their coins that do not warrant the expense of third-party grading, and can store them in the same boxes as their slabbed coins). These Amos Press holders bear the *Coin World* name and globe, but bear black or dark green inserts (the similarly sized holders ANACS and PCGS use for slabbing bear white inserts) and, unlike coins certified and slabbed by grading services, are not sonically sealed. Although *Coin World* does not grade or authenticate coins, some online sellers have identified coins (through ignorance or malice) placed into these commercially available holders as being "certified" by *Coin World*. Collectors seeing such auction descriptions should understand that *Coin World* has not certified or graded such pieces. Beware of bidding on the coins.

Which grading service should you choose? Ask other collectors and dealers for their recommendations, at a coin club meeting, at a coin show or convention or at any of the several coin-related newsgroups or message forums. View the results of the PNG-ICTA survey online. *Coin World's* articles on its own grading test are archived at **www.coinworld online.com**.

'Raw' coins versus 'slabbed' coins

When the Professional Coin Grading Service began grading coins in early 1986, it introduced a new product onto the market: the "slabbed" coin. A "slab" is the hard plastic holder in which a coin graded by a third-party grading service is encapsulated. The grading information is contained in the slab as well. The slab permits both obverse and reverse of the coin to be viewed.

Proponents of the "slab" cite several benefits:

1. A coin encased within a slab is protected somewhat from environmental factors that could cause a deterioration in the coin's surfaces, and a lowering of its grade. However, testing has shown that coins encapsulated in grading services' slabs can continue to tone, just as can unslabbed or "raw" coins. That's because the plastic is permeable; the chemicals that cause a coin to tone can permeate the plastic. Slabbed coins should be inspected routinely to ensure that the environment in which they are stored is not causing the coins to tone unattractively. (Unslabbed coins should also be examined regularly.)

2. By encapsulating a coin in the same holder that contains the grading information, a buyer is "assured" that a coin meets the grading

requirements of a specific grading service, if graded accurately.

3. It permits the "sight unseen" trading of a coin (in other words, various dealers have agreed to purchase coins graded by a particular grading service at the grade indicated on the slab, even without seeing the coin first).

Individuals who do not like slabbed coins cite detracting factors:

1. A collector cannot handle the coin directly.

2. Most slabs do not permit the edge of the coin to be viewed.

An encapsulated, or slabbed, coin

3. It may be difficult to form one's own opinion about a coin's grade if it has already been encapsulated, since many like to grade a coin without having to examine it through a holder.

4. Grading standards change over time. Grading services may loosen or tighten their standards in reaction to market conditions.

Another term, mentioned briefly before, is the "raw" coin. A "raw" coin is the nickname some use for a coin that has not been graded and encapsulated by a third-party grading service. Until the founding of PCGS in 1986, all coins were "raw."

Differences in value

Several times in this chapter, we have stressed that coins of different grades will sell for different prices. Sometimes, those differences in grade can be minute yet represent thousands of dollars.

Take, as an example, the 1881 Morgan dollar. In Mint State 64, it is worth about $175. In Mint State 64 deep mirror prooflike (the same grade, but with a particularly reflective surface), the coin is worth about $2,000. In MS-65, one level up from an MS-64 coin, the 1881 Morgan dollar is worth $1,000, and in MS-65 deep mirror prooflike, the coin is worth $14,000! The same coin jumps in value from $175 to $14,000 for a one-point increase in grade and an increase in reflectivity! In such cases, accurate grading is essential. No one wants to pay $14,000 for a coin graded at one level that most collectors or dealers would grade one level lower and would say does not meet the higher reflectivity standards, thus being worth $175 rather than the much higher price.

Ultimately, collectors should learn how to grade coins. It is not an easy task, nor one that can be learned in a few days. Individuals the market considers expert graders have taken years to hone their craft. They have looked at hundreds of thousands of coins, maybe more. Collectors should not feel intimidated at this, however. Most collectors can learn to grade coins fairly accurately, if they are willing to devote time to this educational process. There are even classes they can take (some conducted for free, some for a fee) that teach the fundamentals of grading. The time and effort are well worth the expense if one plans to collect coins as a hobby.

CAC stickered coins

During 2007, a group of dealers formed an organization called Collectors Assurance Corp., or CAC. John Albanese, a founder of both PCGS and NGC, is the leader of the group of coin dealers financing CAC. The firm certifies that the grades of individual third-party graded coins meet or exceed CAC standards within a numerical grade. CAC is only stickering PCGS and NGC coins. CAC affixes a hologram sticker to the slab when the coin it contains meets CAC premium-quality standards.

Coins for collectors

In recent years, the U.S. Mint has been producing quantities of high-quality coins for collectors. Coins struck for inclusion in Proof sets, Silver Proof sets and State Quarters Proof sets often are of extremely high quality, as are Uncirculated and Proof commemorative coins, American Buffalo gold bullion coins, and American Eagle platinum, gold and silver bullion coins. It is not unusual for grading services to grade these coins Proof 68, Proof 69 or Proof 70, or MS-68, MS-69 or MS-70, depending on whether a coin is a Proof or Uncirculated strike.

Coin collector publications such as *Coin World* are filled with ads from dealers seeking to sell examples of these super high grades.

As more Proof sets have been broken up for their individual coins, the numbers of third-party graded Proof 69 and Proof 70 coins have increased. In a classic example of supply and demand, the increased number of high-grade coins available has caused prices to fall.

Mint marks and Mints

Coin collectors, whether novice or advanced, need to know how to identify which Mint facility struck a particular coin. This information is vital because value can vary between coins of the same denomination, type and date, but different Mints.

For example, consider an 1893 Morgan dollar. Four Mints struck 1893 Morgan dollars: Philadelphia, Carson City, New Orleans and San Francisco. In the lowest level of Mint State (MS-60), a Philadelphia Mint-struck 1893 Morgan dollar is worth $1,000, one struck at the Carson City Mint is worth $4,500, one struck at the New Orleans Mint is worth $2,500 and one struck at the San Francisco Mint—an 1893-S Morgan dollar—is worth $90,000. In the higher grade of MS-65, the values of the Philadelphia and San Francisco Mint examples differ astonishingly: $8,500 for the Philadelphia Mint dollar and $400,000 for the San Francisco coin!

While the difference in value between similar coins from different Mints is not often as extreme as the example given, knowing the issuing Mint is essential information for any collector. Fortunately, the U.S. Mint has made it easy to identify which Mints struck which coins (most of the time): Many coins bear a small letter that collectors call a "Mint mark."

Mint marks have been used almost as long as coins have been produced. The ancient Greeks and Romans identified the Mints that issued their coins. When the United States began striking its own coinage in 1792, Mint marks were unnecessary because just one striking facility was in use, in Philadelphia. However, the introduction in 1838 of secondary Mint facilities—Branch Mints—made Mint marks a necessity in the United States.

Why is it important to identify which Mint struck a particular coin? When coins still had intrinsic value, when many were composed of silver and gold, any coin containing less than the intended amount of metal was underweight and thus undervalued. A Mint mark allowed officials to identify which Mint was issuing the undervalued coins and made it easier to take corrective actions to restore full value to the coins, or in cases where the undervaluation was deliberate, identify who was responsible (deliberately lowering the metallic value of the coin could result in severe criminal penalties for a Mint official). In some cases, the mintmaster (the man in charge of the mint) and the assayer (the person ensuring the purity of the gold or silver used in the coin) also "signed" the coins by placing special symbols or letters on the dies that identified them as responsible for the production of those coins.

D Mint mark on Walking Liberty half reverse.

Mint marks appear in different locations on coins. Sometimes they appear on the obverse, and other times, on the reverse (the Mint mark position for the Presidential dollar coins is on the coins' edge). This price guide includes information about the placement of the Mint mark on every major design type. That information can be found at the beginning of each coinage type section.

When looking at a list of coins—for example, a price list of coins available for purchase—one can easily determine the issuing Mint for a particular coin because most hobbyists have adopted a similar style for identifying them: The Mint mark appears after the date, generally linked to the date by a hyphen, as in 1893-S, 1998-D and 2007-W.

Some hobbyists, however, dispense with the hyphen and type a date and Mint mark as follows: 1983S or 1983 S. Beware, though, when someone uses a reference such as 1983s; they may be using the "s" to make the date plural.

The following Mint marks have been used on U.S. coins:

C for Charlotte, N.C., (gold coins only), 1838 to 1861

CC for Carson City, Nev., 1870 to 1893

D for Dahlonega, Ga., (gold coins only), 1838 to 1861

D for Denver, Colo., 1906 to present

O for New Orleans, La., 1838 to 1861; 1879 to 1909

P for Philadelphia, Pa., 1792 to present

S for San Francisco, Calif., 1854 to 1955; 1968 to present

W for West Point, N.Y., 1984 to present

Confusion sometimes reigns

Collectors sometimes get confused over Mint marks (or the lack thereof). Sometimes they cannot find a Mint mark and wonder whether they have found a valuable error coin. Other times, they identify what they believe to be a Mint mark that was not used on that date and denomination and wonder whether they have bought a counterfeit coin. While sometimes they are right—the coin proves to be an error (though not always a valuable one) or a worthless counterfeit—more often than not they are just confused through lack of knowledge.

First, what about a coin lacking a Mint mark? The coin in all likelihood is normal even without a Mint mark, since not all U.S. coins bear Mint marks.

From 1792, when the Philadelphia Mint was founded, until 1979, the only coins struck there to bear the P Mint mark were the silver alloy, Jefferson, Wartime 5-cent coins of 1942 to 1945 (the P Mint mark was used to make it easy to distinguish the silver-alloy coins from the traditional copper-nickel alloy pieces). In 1979, the Mint added the P Mint mark to the new Anthony dollar, and in 1980, to all other denominations except for the Lincoln cent. To this day, Lincoln cents struck at the Philadelphia Mint bear no Mint marks (and *Coin World* frequently gets letters, telephone calls and e-mail from collectors who find a cent without a Mint mark and think it is an error coin).

P Mint mark on Kennedy half dollar obverse.

Even coins struck at other Mints, normally bearing Mint marks, sometimes lack any identification of the issuing Mint. On coins dated 1965 to 1967, struck during a period of a significant coinage shortage in the United States, the U.S. Mint stopped using Mint marks so coin collectors would not be tempted to save coins from each Mint. Mint officials blamed the coin shortage in part on coin collectors, who often want an example of each Mint's coins. (In reality, other causes were chiefly responsible for the shortage.) And from the mid-1970s to the mid-1980s, some coins struck at the San Francisco and West Point facilities do not bear Mint marks and thus are indistinguishable from their Philadelphia Mint counterparts.

The mintage chapter in this book is a good guide to which Mints struck coins lacking Mint marks. Be sure to pay close attention to how the coins are listed.

Second, what should a collector do if a coin appears to have a Mint mark it should not have?

Often collectors contact *Coin World*. In one case, a collector contacted *Coin World* to complain that a recent news story in the weekly *Coin World* had been in error. Within a couple of days of the first collector, another collector stopped by our offices to report he had been sold a 1923-S Saint-Gaudens $20 double eagle (he knew none had been struck, but the holder was marked "1923-S" and the collector thought he detected an S Mint mark beneath the date).

In both of these examples, the collectors had mistaken a designer's initial or monogram for a Mint mark. In the first example, the collector interpreted the designer's initial D on the coin as a D Mint mark. In the second example, the "S Mint mark" on the double eagle was actually designer Augustus Saint-Gaudens' monogram; in reality, the coin had been struck at the Philadelphia Mint and thus had no Mint mark.

U.S. Mint history

The first U.S. Mint was established in Philadelphia because that city was then the national capital. Later, when the capital was moved to the muddy patch of land and swamp eventually named for the nation's first president, the Mint stayed in place in Philadelphia.

The Mint operated under the supervision of State Department until 1799, when it was made an independent agency. Although it gradually fell under loose oversight by the Treasury Department, it was not until 1873 that it formally became a bureau of the Treasury Department.

The first Philadelphia Mint was primitive by modern standards. The presses were hand-operated, with the other equipment powered by human or horse. The typical coining press in use at the Mint was the screw press, powered by human muscle. A planchet was placed on the bottom die by an early feed system, and two men grasped ropes tied to the two arms of the press and pulled quickly, causing the upper die to

O Mint mark on Morgan dollar reverse.

descend and strike the coin. The first steam-powered equipment was installed June 24, 1816. Steam powered the machines that rolled the coinage metal to the proper thickness and the punch press used to produce planchets. Further mechanization came in 1833, when the second Philadelphia Mint was opened. The man-powered screw presses were replaced with steam-powered coining presses within a few years. Other equipment was also mechanized.

The growth of the United States Mint was linked to the westward expansion of the nation. Despite the improved output of the second Philadelphia Mint, by the mid-1830s additional coining facilities were needed. Gold discoveries in the Appalachian Mountains triggered America's first gold rush.

To meet the growing coinage needs of an ever-expanding country and population, Congress authorized the first Branch Mints in 1835, in Dahlonega, Ga.; Charlotte, N.C.; and New Orleans. All of the Southern Branch Mints opened for coining in 1838. The Dahlonega and Charlotte Mints were never prolific; they struck gold coins only, generally in smaller mintages than the Philadelphia Mint struck. The New Orleans Mint was a better match for the Philadelphia Mint, striking both silver and gold coins.

S Mint mark on Washington quarter obverse.

When William Marshall discovered gold in California on the American River in 1848, the find triggered the biggest gold rush in U.S. history. Tens of thousands of men with visions of unlimited wealth undertook the hazardous journey from the East to the gold fields. California became a state in 1850; the population grew, as did the need for coinage. However, the closest Mint was in New Orleans. A number of private mints sprang up in California, striking pioneer gold coins out of native gold and fulfilling a need for coinage the U.S. Mint was unable to fill until Congress authorized the San Francisco Mint in 1852. The government Mint opened in 1854, striking both silver and gold coins.

Even as thousands moved west to seek their fortune, the nation moved ever closer to war. California had entered the Union a free state, without slavery, the result of the Compromise of 1850. However, the compromise only postponed the inevitable. The sectional troubles that had been tearing the country apart for decades burst into full, horrible bloom following the election of Abraham Lincoln as president in 1860. One by one, the Southern states seceded from the Union. As Louisiana, Georgia and North Carolina left the Union, the federal Mints in those states changed hands. There was no need for Southern troops to use force to capture the facilities; the majority of Mint officials and employees at the three facilities were sympathetic to the Confederate cause. All three facilities struck small quantities of coins in early 1861, the New

CC Mint mark on Coronet $10 eagle reverse.

Orleans facility even striking four half dollars with a special Confederate design on one side. However, coinage at all three Mints ended in 1861 due to dwindling Confederate resources. The Dahlonega and Charlotte Mints never reopened following the war; the New Orleans facility resumed coining activities from 1879 to 1909.

Other gold and silver discoveries in the West, particularly in Nevada and Colorado, triggered the need for additional Mints.

The federal government in 1863 purchased the private Clark, Gruber & Co. mint in Denver and extensively remodeled the building. Although officially designated a Branch Mint, it served instead as an Assay Office (a place where precious metals ores are refined and tested). A new Mint was built in Denver at the turn of the century, opening for coining in 1906. The Denver Mint has struck coins of copper, copper-nickel, silver and gold.

The Carson City Mint in Nevada opened in 1870 and closed in 1893. The Carson City Mint struck silver and gold coins only.

The San Francisco Mint closed after striking 1955 coinage, its presses no longer needed to keep up with the national demand for coinage. Congress revised its status in 1962, naming it the San Francisco Assay Office. However, as noted, a coin shortage struck the country in the 1960s, and in 1965, the San Francisco Assay Office resumed striking coins. The facility regained Mint status in 1988.

The U.S. Mint facility at West Point has been striking coins since 1974, although none of the coins struck for circulation there have borne the W Mint mark. The West Point Mint is the newest Mint facility, having gained Mint status in early 1988; previously, it had been the West Point Bullion Depository (opening in 1938).

Currently, four federal Mints operate in the United States. The Philadelphia Mint strikes all denominations of coins for circulation and some collectors' coins; the engraving staff works there; and the Philadelphia Mint produces coining dies. The Denver Mint is in its original 1906 building, although there have been additions to the facility since its construction; it, too, strikes a combination of circulation issues and collectors' coins, and has had a die production shop since 1996. The San Francisco Mint is in its third building, opened in 1937; today, it strikes coins for collectors only, although it struck coins for circulation as late as 1980. The West Point Mint is currently used only for collectors' programs and bullion coins, although it struck coins for circulation into the 1980s. All platinum and most gold

W Mint mark on Roosevelt dime obverse.

bullion and gold commemorative coins are struck at the West Point Mint. A special 1996-W Roosevelt dime was struck at West Point to commemorate the 50th anniversary of the coin's introduction. It was included at no extra charge in 1996 Uncirculated Mint sets.

How to buy and sell coins

New collectors often ask two questions: "How do I buy coins?" and "How do I sell coins?"

Traditional sources for buying and selling coins include local coin dealers, mail-order dealers, public auctions and government Mints. Now, even more buying and selling venues exist with the advent of the Internet and easy access to online auctions at such Web sites as eBay.

All collectors, but especially new ones, need to be aware of the benefits and pitfalls of each method of buying and selling coins.

How to buy coins

"How do you buy coins?" "What's the best way to buy coins?"

Such questions are frequently asked by beginning collectors. They're being asked more and more by those who once collected and are now re-entering the hobby, encountering a marketplace somewhat different from what they remember or experienced years ago.

One fundamental hasn't changed: Know what coin or coins you want to buy. "Knowing" necessarily today includes understanding how to grade coins and being cognizant of how the grade relates to the coin's value (see **Chapter 7**, on grading). Additionally, the firmer the grasp one has of the history of the coin or the series, its characteristics, mintage, survivability rates (rarity) and current values, the more one's chances improve for making good purchases.

Where does one start when seeking to buy?

Although local retail coin shops and hobby stores with a good selection of collectible coins are not as prevalent as they once were, they do exist in most large metropolitan areas and some are still to be found in small towns and cities. A check in the Yellow Pages of the local telephone directory often will reveal whether a local dealer or shop exists.

Coin clubs generally provide members opportunities for buying, selling and trading coins and other numismatic collectibles during or after meetings. Many sponsor periodic coin shows, affording local collectors the opportunity to purchase from dealers and collectors on a regional or state basis. Large coin clubs sometimes attract dealers from across the country to their shows. Contact the American Numismatic

Association (**www.money.org**), which maintains an online roster of coin clubs.

The big advantage of finding coins at a local coin shop, a local club meeting or during a coin show is the ability to inspect coins firsthand, without major travel expense. A good source of upcoming coin shows and locations is the Event and Show Calendar in the weekly news publication *Coin World* (**www.coinworld.com**).

Many collectors like the convenience of buying coins by mail order. The mail-order marketplace offers extensive purchasing opportunities.

Coin World through its advertising pages is the largest mail-order market by virtue of the number of advertisers and the wide variety of items available for purchase.

As with any buying experience, it pays to comparison shop. Another time-proven adage is especially important to bear in mind: "There is no Santa Claus in numismatics." A variation on this theme is: "If it looks too good to be true, it probably is." As in any community or marketplace, most coin dealers conduct business honestly and some conduct business dishonestly. Collectors need to learn the differences between an honest dealer and a dishonest one.

Collectors who expect to purchase coins from advertisements in *Coin World* or any other periodical should seek out and acquaint themselves with the publication's basic mail-order policy. This policy is an attempt to ensure equity for both buyers and sellers. A key component of the basic mail-order policy is inspection and return privileges.

A cardinal rule of buying by mail order is upon receipt to immediately inspect the coin to verify that it is what was ordered. Do not remove the coin from the holder in which it was shipped; to do so voids any return privileges. If the coin does not meet expectations, return the coin to the seller within the time allowed by the seller's return policy.

Another popular way of acquiring coins is from auctions. Collectors can bid in person at the auction, through a paid representative attending the auction, over the telephone, by mail and, increasingly, online.

Auction lot previewing is generally accorded potential buyers a day or two in advance of public auctions, generally at the auction site.

Veteran collectors and dealers who buy coins at auction caution to "never bid blind." That is, they suggest any coin being considered for purchase at auction should be examined, preferably in person.

Experienced dealers and collectors also suggest if you don't know how to grade coins that you seek the assistance of a professional coin dealer. Don't rely solely on the auction house's opinion of the grade or the grade on the third-party grading service slab wherein a coin rests.

Another important tip veteran collectors offer is to establish a bidding limit before the sale begins, whether you are personally bidding or you have contracted an agent to bid for you. Do price research on the desired coin before the sale begins. Set a maximum price you are willing to pay and stick with it.

One should also factor in the buyer's fee, which is added onto the hammer bid to arrive at the total price.

Most of the large numismatic auction companies produce descriptive catalogs featuring high-quality photographs of most of the coins that will be in the auction. Many collectors unable to travel to the auction site and who do not like to use agents to buy for them prefer to place bids by mail. The sale catalog generally includes a form for placing mail bids and specifies deadlines and terms of the sale. Be sure to review the auction house's return policy *before* bidding.

The advent of the Internet has resulted in a new source for coins.

Most large auction houses place their catalogs online and offer online bidding to registered bidders. Participants can enter their bids online. As with the print editions, these online catalogs generally offer images of the coins being offered.

While print and online images afford collectors who cannot physically attend the show opportunities to examine the coins, the images depicted are only as good as the photographer who took them, and, for example, colors of the coin visible on one's computer screen may not accurately represent the actual colors present. You also cannot tilt an image back and forth in the light as you can, and as knowledgeable hobbyists do, when viewing a coin in person.

In another trend, individual dealers have been selling online for years. As with the online auction sites, collectors should exercise due caution until they become comfortable trading with a particular dealer.

The largest and most direct sources of new coin issues are the government and private mints that produce the coins. The U.S. Mint sells directly to the public via mail order, by telephone and online (**www .usmint.gov**). To obtain ordering information from the U.S. Mint, log on to the Mint Web site or telephone (800) 872-6468.

Many foreign mints also sell by mail order or through business agents established within the United States.

For the truly adventurous, occasional sources to find coins are estate auctions and flea markets. Whatever the source, the key to successful coin buying is to know what you are looking for and what you are willing to pay for it.

How to sell coins

"Where can I sell my coins?"

Such a seemingly simple question is not so simply answered, although it is a question frequently asked by beginning collectors, those who have been away from the hobby for a number of years, and by family members who have recently inherited a coin collection.

Let's begin at the beginning.

The first rule of thumb is know what you have to sell. Knowing entails identifying the coin or coins in the collection by type, date, Mint mark and variety (if appropriate). Equally important is knowing the state of preservation or grade. Also important to value is the coin's rarity.

Even rarity does not automatically mean that a coin is of great value. Some rare coins can be purchased for modest sums simply because few people are interested in collecting them or purchasing them.

Ultimately a coin's market value is determined by demand. Demand is determined by the number of buyers desirous of acquiring the coin. Collectors are the ultimate buyers for most coins. Collectors primarily buy a coin because it is "needed" or "fits" in their collections.

Virtually all of the basic information needed to identify and grade coins is available in print, online or video form. Current retail values can be found in price guides and regular updates such as the monthly *Coin Values,* available on newsstands, by subscription and in the digital edition at Coin World Online (**www.coinvaluesonline.com**).

Additional ways of acquiring information include talking with coin collectors and coin dealers and attending coin shows, coin club meetings and educational presentations. However, if one is unable or unwilling to spend the time necessary to acquire basic knowledge about coins and their values, he or she may wish to engage the services of a professional numismatist or professional coin appraiser. Professionals, whether dealers or appraisers, usually charge an hourly rate and will provide a preliminary estimate of cost of the appraisal based on the number of coins to be evaluated and the time needed to perform the service. If a dealer is providing an estimate with intent to purchase, he or she may waive the appraisal fee.

If the seller is the person who acquired the coins, he or she likely will have some ideas about prospective buyers. The most logical candidates are other collectors or dealers specializing in the coins one has for sale. Often collectors make acquaintances with others in their collecting fields through local coin clubs or regional or national organizations. Many local coin clubs hold "club auctions" in which members buy and sell coins. Some clubs hold member auctions as often as they meet.

Clubs and organizations also sponsor shows, inviting members, local coin dealers and dealers from out of state or from various collecting specialties to buy and sell on the coin show's bourse.

"Bourse" is the French word for "exchange." Thus, a coin bourse is literally a place to buy and sell coins and other numismatic collectibles. Dealers pay a fee to the show promoter to have a presence on the bourse. Usually this means the show promoter provides a display case, lights, and a table and chairs at an assigned space on the floor where the dealer may transact business.

If selling coins is your prime objective at a coin show, the best use of time would be to first identify those dealers who are selling the various types and grades of coins that you may have for sale. The best way to determine this is to spend time going from table to table and looking at what is on display in each dealer's case. After identifying the most likely candidates, the next step is to inquire as to whether the dealer is interested in buying. You will be expected to be able to generally describe your coins by type and grade and have them available for inspection in a reasonably organized and efficient manner. The dealer may not be interested at all. He may already be overstocked and have a large inventory of coins just like yours. If he expresses no interest, thank him politely and move on to the next dealer that you have reason to believe may be interested.

If the dealer looks at your coin or coins and offers a price, you will be expected to respond as to whether the price quoted is agreeable. Sometimes rather than quoting a price, the dealer may ask: "What do you want for this?" or "What's your price?" When asked, be prepared to give a serious and reasonable answer. It is your responsibility as the seller to know the value of what you are selling and to be able to make a decision as to what price is acceptable.

In general, dealers expect to buy at wholesale. The wholesale market has a rather wide range, from 30 to 40 percent of the retail price up to 80 percent and sometimes higher. The price a dealer quotes depends on his individual needs. It is not unusual to obtain different bids on the same coin from different dealers. It is up to the seller to determine when his price has been met and whether he desires to sell the coin.

In a strong market like that of the last few years, the concept of buying at wholesale has weakened. *Coin World* staff members and consultants have watched as dealers have been forced to buy certain coins from collectors at retail levels in order to get needed coins. The market to acquire "fresh" new coins—pieces that have been off the market for a long time—in series that are in high demand, often pits dealers against each other in bidding, driving prices well above published retail levels. (Common, low-value coins do not attract the same kind of attention from dealers, so you might only get offers at wholesale prices when you are selling them.)

For routine material, although some dealers will bargain, others are not so inclined, especially if they are only marginally interested in purchasing. You may have a price in mind for the initial response and a "fall-back" or bottom line in case bargaining is a possibility. However, have those numbers in mind before approaching any prospective buyer.

Sometimes buyers will be interested only in certain dates or certain grades. If you are attempting to sell a collection, determine whether your strategy is to sell it intact or to sell some or all of the coins individually. Often other collectors or dealers may be interested in key dates or semi-key dates and have little or no interest in purchasing the entire collection.

Also, some dealers today buy and sell only coins that have been graded by a third-party grading service and sonically sealed in plastic holders known as "slabs." Upon your initial inquiry, the dealer may ask whether your coin is "raw" or "slabbed." The term "raw" as used in the coin marketplace refers to a coin that is not encapsulated and graded by a third-party grading service. It may benefit you to have the rarer and more valuable coins in your collection graded by a major grading service; having them slabbed may make them easier to sell. However, low-value coins generally should not be slabbed; the cost of the slabbing may exceed the value of the coin.

Many collectors who are ready to sell coins do not have the time or the inclination to travel to coin shows or club meetings. Thus, mail order becomes an option. Seasoned collectors sometimes sell their coins via "fixed-price" lists that they advertise in the classified sections of publications such as *Coin World* or to individuals whom they have identified as having an interest in purchasing coins they may have. Classified ads also are a vehicle for selling specific coins.

Many dealers who advertise in publications such as *Coin World* buy as well as sell coins. Often they will list coins that they are interested in obtaining. In most cases, the transaction is contingent upon the dealer being able to inspect the coin, to confirm grade. Whenever coins are sent via mail, a cover letter stating terms of sale and an inventory list of what is being offered should be included in the package. In addition, coins should be sent by registered mail and insured.

Transactions can be conducted entirely by mail. Before sending any coins, the seller should inquire as to whether the dealer or potential collector-buyer is interested. Again, terms of sale should be stated in a forthright manner and an inventory list presented, listing coin type, date, Mint mark, variety, grade and any other important information about the coin. The seller should list a price at which he desires to sell. If he does not list a price, he may ask the dealer to quote a price.

Coins should never be sent on a "blind" inquiry. They should be forwarded only after a prospective buyer has expressed interest in purchasing. If possible, the seller should maintain a photographic record of any coins sent to a prospective buyer. Absent good photographs, detailed inventory records, including grade, should be kept by the seller in order to be certain that any coins returned are the same ones he sent for possible purchase (coin switching should not be a problem as long as you deal with an established dealer with a good reputation).

Sometimes dealers or other collectors will take groups of coins or collections on consignment. Consignment agreements should be made in writing and should detail the coins, terms of consignment (percentage the consignment agent will receive for selling the coins) and the length of time covered by the agreement.

Public auction is a popular method of selling collectible coins, especially extensive collections and highly collectible coins. Fresh coins, as described earlier, can do extremely well when they are of the right series and grades. Most auction firms that advertise in *Coin World* specialize in numismatic collectibles. They have extensive lists of identified customers who have purchased coins in the past, thus providing greater exposure to potential buyers.

Most of the numismatic auction firms have full-time staff that research and prepare descriptions of the coins that they publish in an auction catalog provided to prospective buyers. Most auction houses also extensively advertise forthcoming auctions to the widest possible audiences. Often auction preview days are designated just prior to the sale so that prospective buyers or their agents can inspect the coins. Auction firms charge the seller a fee, usually based on a percentage of the price the coin achieves at auction. Reputable auction firms require consignors to sign contracts, which state the terms and conditions of the sale. In selecting an auction firm to sell your coins, it would be important to read and compare consignment contracts.

You should contact more than one auction house and seek to gain the best deal possible. Auction houses compete with each other to obtain desirable consignments.

Depending on the number of coins to be sold in an auction and whether specialized material is being offered, the number of days between consignment and the actual sale date can vary. There could also be a delay of from 30 to 60 days from the date of sale until the consignor receives payment in traditional auctions.

The impact of the Internet on buyers mentioned earlier also holds true for sellers. Sellers may wish to register with an online auction site and offer their coins directly to collectors worldwide. As with buying coins over the Internet, sellers should also take precautions. A seller may not want to ship coins to a successful bidder until payment has been received. Sellers also should be sure they describe their coins accurately in order to avoid deceiving potential bidders.

Some collectors buy coins with the avowed intent never to sell any. Other collectors buy and sell on a regular basis. Whether the collector sells his coins or they will be passed on to future generations, good records and inventory lists will assist when it does come time to sell.

As we have shown, there are many ways to sell coins. Each seller must determine the best method, depending on the time and energy that can be devoted to the activity.

Online auctions

Before you bid on any online auction site, you have to register. Always read the user's agreement carefully to know what kind of obligations and recourse you will have. Before you bid on an item, pay close attention to the return policies of the seller. Be sure to contact that person if you have any questions.

Often online auctions will provide rating information about buyers and sellers. People who have done business with these sellers in the past will rate their attitude, promptness, honesty and so on. Keep this information in mind when buying or selling. Keep also in mind that rating systems are not foolproof; some sellers may solicit positive feedback from friends rather than from independent buyers.

Don't be too quick to trust a photograph of the lot. Photo quality may be poor, misleading and inconsistent. Digital images can be enhanced. The item offered may not be the item delivered. Of course, a photo might also be very telling; you may be able to determine the authenticity of a questionable item by looking at the photo, or you might find that a valuable die variety is being offered, with the seller unaware of the coin's true rarity.

This brings up another important point: There is a certain amount of risk in not purchasing or selling through a dealer or numismatic auctioneer. You don't get the benefit of their expertise and staff or return policies.

Because the Internet affords all users a certain amount of anonymity, criminals find they can use this to their advantage and disappear.

Three broad categories of auctioneers exist on the Internet: auction venues (middlemen), live auctioneers on the Internet (a company that incorporates online bidding into its live auctions) and Internet auction companies (companies that catalog and auction consigned coins).

Companies such as eBay (**www.ebay.com**) and Amazon (**www .amazon.com**) act as middlemen for auctions. On such sites, the owners of the coins (who may or may not be coin dealers) post their offerings and pay the site a fee for the service, which is often a percentage of the sale price. If a collector buys a coin on one of these middleman sites, he and the seller must contact each other to complete the transaction. The seller may be a single individual or a company.

Many of these sites indemnify themselves against many potential problems. They are not involved in the actual transaction between buyers and sellers and have limited control over the quality, safety or legality of the items advertised, the truth or accuracy of the listings, the ability of sellers to deliver items or the ability of buyers to buy items. In fact, such a site cannot and does not confirm that each seller (or buyer) is who he claims to be. Basically, you are on your own at such sites.

Another kind of auction site is one that accepts consignments for auctions and employs a staff of numismatists to catalog the coins before they are posted on the Internet. The buyer does business directly with this company, and the company is responsible for the customer's satisfaction. Many advertise in the pages of *Coin World.*

As a buyer, if you fear that your item may not be all that you hoped, you might want to consider registering your purchase with an online escrow service. Many buyers use this service (there is a fee), especially if the item purchased is very expensive. In this way, the buyer and seller protect each other (or one from the other) jointly by agreeing to place the money for the item with the escrow service using a credit card. Once the funds are there, the seller ships the item.

When the item arrives at the buyer's door, he or she will have an agreed upon period of time to examine the piece. If it is satisfactory, the money is released to the seller. If not, the item is returned and the buyer gets a refund.

If something should go wrong with the sale of the item and the two parties cannot come to an agreement, they should seek arbitration through the venue company (if one was used) or from the Better Business Bureau (**www.bbb.org**), which also provides arbitration services for customers. Incidentally, the Better Business Bureau is a good place to start to see if any companies with which you will deal are members of BBBOnLine Inc., which promotes ethics in commerce on the Internet.

As with any coin transaction, whether you are in a shop or in your pajamas at home, knowledge will do a great deal to protect you. However, in case you have acted to the best of your knowledge, and things go wrong, know how to protect yourself.

Storage and preservation

Coins and paper money change over time, and not necessarily for the better.

Collectors, dealers and investors too often neglect this simple maxim. Deterioration is at odds with the long-accepted belief that the better the condition of a numismatic collectible, the more it is worth.

The greater awareness of coin and paper money storage and preservation in recent decades has resulted in safer storage materials being offered. Still, however, some coins and paper money sold, bought and stored probably are being housed in holders that do not offer much protection or may even cause harm.

Everyday hazards

Metals vary in their resistance to corrosion and oxidation; however, all coinage metals can be affected by everyday hazards. Gold is probably the most resistant coinage metal, being unaffected by most corrosive agents. A problem arises with some gold coins because they contain copper or silver, and a poor mix can result in areas of high concentration of copper or silver that can corrode, causing streaks, spotting and other surface blemishes. Gold coins are remarkably resistant to damage from storage in dangerous coin holders, in polluted atmospheres and under other adverse conditions.

Silver is also quite resistant, but subject to toning, especially in the presence of sulfur compounds and nitrates, both of which are frequent components of air pollution. Toning is not necessarily bad. Some collectors consider attractive, iridescent toning desirable on silver coins. This toning results from complex chemical processes over a long period, thus the rainbow hues seen on some 19th and 20th century silver coins.

Collectors should remember that toning and tarnishing represent the same thing: a chemical change to the metal on the surface of the coin. The "difference" between toning and tarnish is the degree of chemical change and how collectors and dealers perceive the change. Essentially, "toning" is used to describe attractive, desirable color; "tarnish" is used to describe unattractive, undesirable color. Over time, if the chemical change is unchecked, desirable toning can become undesirable tarnish.

Upon discovery that toned coins sometimes bring premium prices, modern-day opportunists attempt to duplicate natural toning. By experimenting with various chemicals and techniques, some find that they can produce artificial toning. "Coin doctors" in various parts of the country turn out these coins. The "doctors" have developed many different techniques to change a coin's appearance. Most forms of rapid artificial toning are considered unacceptable, although disagreement exists over the appropriateness of certain procedures.

Beware when toning is used to cover up signs of light wear or "rub" on an Uncirculated coin or hairlines on a Proof coin.

The copper-nickel alloy used in U.S. coins is even more susceptible to chemical attack because of the 75 percent copper present. Not only is it affected by atmospheric contaminants, but it is also more subject to electrochemical action (battery action) than silver and gold. Small black spots, called "carbon spots," are sometimes seen. These may be the result of a contaminant embedded in the coin's surface, which later corrodes or oxidizes, or causes the surrounding metal to corrode or oxidize, or the presence of an impurity in the metal that corrodes faster than the alloy of the coin.

Copper is one of the most fragile commonly used U.S. coinage materials. Upon oxidation, it forms green to blue copper oxide. Copper alloy coins are very susceptible to carbon spots. The zinc cents, first produced for 1982, are plated with a thin layer of copper and are especially fragile. If the copper plating is broken, the coin can corrode and deteriorate rapidly.

The atmosphere

It should be obvious that airborne gases can adversely affect a coin. Normal pollutants found in the air can cause long-term problems. They can combine with oxygen at the coin's surface. Gases produced while a coin is in a plastic holder, coming from the plastic itself, can also have an adverse effect.

The atmosphere also contains moisture and dust, both dangerous to a coin's surface. Both are carriers of oxygen and other compounds, bringing them into intimate contact with the coin's surface. Since we don't have much direct control over the air around us, the only way to protect a coin from the atmospheric pollutants is to isolate it in a container that is inert, so the container itself won't contaminate the coin, and affords some protection from the atmosphere.

Contaminants

Coins can be dirty, even when coming off the coinage press. Since the metal is rolled, punched, annealed, struck by dies and handled by various mechanical devices, even a Mint State coin may be contaminated with metallic particles, oil and grease, rag dust, bag dust and other foreign material. Once the coins leave the Mint, they are further contaminated by counting machines, rolling machines and handling by the collector himself.

Coin holders themselves can contaminate the coin. They may contain dust particles picked from the air or surfaces. Some also contain paper or cardboard dust, highly dangerous to pristine coins. Some plastic holders, due to their volatility, give off dangerous gases including acetic, hydrochloric and other acids. Some plastic holders "sweat," and the liquid coming out of the plastic is deposited on the coin, causing corrosion.

Dust particles on the coins are dangerous because they themselves may be corrosive. When a particle rests on a coin, it can cause a localized chemical reaction with the coinage metal. A spot may form as a result, and the surface of the coin pits directly under the dust particle. Experience indicates that paper and cardboard dust particles are especially prone to forming this kind of corrosion.

Handling

Improper handling causes abrasion, decreasing the value of the coin itself, and exposes fresh metal that can oxidize and corrode. Although every collector should be aware of these facts, some can be seen carelessly handling coins. Don't allow coins to contact each other or other surfaces if you value their long-term life.

When you lay a coin down, be aware of the surface. Is it clean? If not, the coin may pick up contaminants. Coins stored in slide-type albums may develop "slide mark" abrasion on the high points from sliding the windows past the coins.

Don't eat or speak over a coin, for you may inadvertently spray spittle on the coin. Human saliva can be quite corrosive to a coin.

Don't handle a coin with your bare fingers. Wear special gloves made for collectors to help keep the natural oils of your skin off the coin's surfaces. Fingerprints are especially dangerous; they can cause localized corrosion (anyone who has looked at enough coins has seen pieces bearing fingerprints etched into their surfaces).

Storage materials

The factors described will have adverse effects on coins over time, but they can be reduced and perhaps eliminated by careful selection of materials for storage or display. It is foolish not to take the steps necessary to protect one's coins.

The following first discusses some general subjects involving coin storage and then the most common coin holders and their suitability.

Basic criteria

Susan L. Maltby is a Toronto-based conservation expert and author of a monthly column in *Coin World*, "Preserving Collectibles." Over the years that she has written her column, she frequently has addressed safe and unsafe storage materials.

She recommends coin holders that are see-through (allowing the owner to view the coin within the holder), made of a safe material, easy to use (a holder or album that permits one to remove the coin without risking damage to it) and that hold the coin securely (a coin that slides or rolls in its holder may be subject to wear).

Maltby identifies the following plastics as safe and therefore suitable to coin holders and albums: polyethylene, polypropylene, Mylar D (polyethylene terephthalate), Kodar (similar to Mylar D), and polymethyl methacrylate (Plexiglas is a brand name for this plastic).

She cautions against holders or albums made of cellulose acetate.

Maltby warns that collectors should never use holders made of the following: glassine, polyvinyl chloride (PVC), polyvinylidene chloride (Saran) and paper (the commonly used paper envelopes are not see-through and the purity of the paper can be a concern, she says).

Coin albums

Traditional cardboard albums with plastic slides are potentially bad because of the cardboard and paper, the abrasion possible with the plastic slides, and the fact that a large number of coins are exposed at the same time when the slides are pulled.

These albums also don't protect against the atmosphere or moisture since the cardboard is porous. Some newer albums are made of plastic, and though they eliminate the slides, they are unsuitable because the plastic itself may not be inert. Some of them "sweat" over time, causing tarnish or green corrosion. Coin boards without any covering should obviously never be used for high-grade, valuable coins.

Two-by-twos

Probably the most common coin holder is the cardboard 2-by-2-inch or 1.5-by-1.5-inch square container. They come as one piece usually, with a Mylar window, and are stapled or glued together with the coin placed in between. They are inexpensive, one can view both obverse and reverse, and the cardboard provides space for identifying the coin.

Maltby notes that while the cardboard is potentially dangerous, the Mylar separates the coin from the cardboard, affording the coin protection. She said she has examined coins that have been housed in these holders for decades and most of the coins have held up well.

One potential problem involves the rusting of the staples in high-humidity climates. Regular monitoring should keep this problem to a minimum. Use silica gel to help with the humidity and replace holders with rusting staples with new holders. Another potential problem: The Mylar plastic is thin and can tear somewhat easily, so a collector should use care in placing the coins into the holders.

Flips

This is the name given to the 2-by-2-inch plastic holders. They usually have two sections hinged at the top: one section to hold the coin, and one section to contain a paper insert for labeling.

Some flips are made of polyvinyl chloride, a dangerous plastic because it can combine with oxygen to form compounds that will attack the coin. Do not use these holders.

Some flips are made of Mylar, a polyethylene derivative, and these are basically inert, but are moisture permeable. The Mylar holders are reasonably safe for short-term storage though. There is a possibility of contaminating the interiors of the flips with paper dust from the inserts. In addition, the flips do not seal at the top, thus the coins are exposed to the atmosphere.

Plexiglas

The plastic used in Plexiglas is inert and thus safe for storing coins. Three-layer Plexiglas holders are available for single coins or sets; the layers are generally held together with plastic two-piece screws. However, if the hole for the coin in the center layer of holder is not properly sized, problems can occur. If the hole is too large, the coin can be loose in the holes and can rattle around, causing the potential for abrasion of the coin. If the hole is too small, the coin will not fit without alteration to the holder. Since the holders are made of three layers and are not sealed along the edges, they are open to the environment.

Polystyrene holders

Single coin or Proof and Mint holders, as well as roll tubes, are available. Made of clear brittle plastic, the holders usually snap together. Polystyrene is one of the few inert plastics and therefore can be considered safe. The edges of these holders, however, do not seal airtight.

Slabs

The sonically sealed plastic encapsulations used by third-party grading services and euphemistically known as "slabs" offer some protection but are not a panacea for all storage problems. Contaminants trapped on a coin when it is being slabbed can continue to cause damage after slabbing. Over time, corrosive chemicals can permeate the plastic and attack the coin housed within the slab. Coins can tone inside a slab that is kept in a corrosive atmosphere.

Intercept Shield

A new product was introduced in a variety of coin storage systems during the summer of 1999 that holds the potential for protecting coins for decades, according to the developers. The technology was developed and patented by Lucent Technologies Bell Labs to protect sensitive electrical components from atmospheric contamination and corrosion. The technology, which is incorporated into the lining of coin albums and folders, 2-by-2-inch holder and slab-sized storage boxes, individual slab storage boxes and in inserts for slabs and envelopes, absorbs harmful chemicals and keeps them away from coins stored within the devices.

Collectors should base their holder choices on the quality and value of the coins in their collections. Not many experienced collectors would choose to house a $5,000 coin in a 5-cent holder, nor would many send a coin worth $1 to a grading service that charges $15 to grade and encapsulate the coin in a slab. Choose the safe holder that best suits your needs and budget.

Following these suggestions will not guarantee that a coin will not deteriorate, but the methods are the best known to ensure that coins that are the pride and joy of a collector will survive for the lifetime of this and future generations of collectors.

U.S. coinage history

After the United States formalized its independence from Great Britain in 1783, the Founding Fathers turned to the practical matters of government, including devising a monetary system and a means of producing sufficient money to meet the needs of the population.

The newly independent United States operated under the Articles of Confederation from 1781 until 1787, when that governing document was replaced by the Constitution. Under the Articles, individual states and the federal government had equal rights to issue coinage, with the federal government setting standards. Massachusetts, Connecticut, New Jersey and the federal government all issued copper coinage under the authority granted by the Articles, while New York issued both copper and gold coinage (the 1786 and 1787 Brasher gold "doubloons"). The Constitution eliminated state authority to issue coinage, placing all coinage authority with the federal government.

The government had begun discussion about authorizing a national Mint before ratification of the Constitution, but the national dialogue about the topic increased in the early 1790s. Alexander Hamilton, the first secretary of the Treasury, diligently researched a coinage and Mint, reporting to Congress on the topics on Jan. 28, 1791. After debate, Congress on April 2, 1792, authorized both a coinage and a Mint. The 1792 act authorized, in copper, a half cent and a cent, neither given legal tender status; in silver, a half disme (5-cent coin), disme (10-cent coin), quarter dollar, half dollar and dollar; and in gold, a $2.50 quarter eagle, $5 half eagle and a $10 eagle. The location of the Mint was to be in the nation's capital, then Philadelphia.

The government actually struck the first coins, 1,500 silver half dismes, in the cellar of a saw-maker's building in Philadelphia on July 13, 1792, a few days before David Rittenhouse, newly appointed as the first Mint director, purchased the land on which the Mint would be situated (the 1792 act also authorized the top Mint officials, including a director, engraver, coiner and refiner).

With construction of the Mint completed, production of the copper coinage began on site in 1793. The first silver coins, half dimes, half dollars and dollars, were struck in 1794. The production of gold half eagles and eagles began in 1795. Gold quarter eagles and silver dimes and quarter dollars were first struck in 1796.

The early Mint was beset by problems: a somewhat hostile Congress, some of whose members believed it would be more efficient to close the Mint and let private contractors produce the coinage instead; equipment that was not fully capable of performing the various tasks needed to strike coins; frequent design change (for example, the Mint struck three different types of cents in 1793 alone); and shortages of copper planchets on which to strike half cents and cents. Also, production of silver and gold coins at first was limited to what was deposited by individuals and businesses (the Mint would strike the deposited gold and silver into coinage, then turn over the newly struck coins to the depositors).

Other problems existed. The calculations arriving at the weight and fineness of the first silver and gold coins were imperfect; it was financially advantageous for the owners of U.S. gold and silver coins to export them, and then to purchase foreign silver and gold coins that could be deposited at the Mint to be melted and converted into new U.S. coins, which in turn were exported. Because of the exports, it was not easy to find many of the U.S. gold and silver coins in circulation, thus forcing the populace to use foreign gold and silver coins. Congress repeatedly had to extend legal tender status to foreign gold and silver coins, not revoking that status until 1857.

The exportation of gold eagles and silver dollars was so out of hand that the government ordered an end to their production in 1804; it would be three decades before either denomination was struck for circulation again.

Production of other coins would be halted on occasion, sometimes only for a year or two, while other times for a much longer period. Only the copper cent was struck annually, although none dated 1815 were made. The Mint's supplier of planchets for cents was a British firm; the embargo in place during the War of 1812 cut off supplies of the planchets, and once the Mint's stockpile was used up to make 1814 cents, no more cents could be struck. When the war ended officially in 1815, the Mint immediately ordered cent planchets. The first new shipment of copper planchets arrived in December 1815 and was immediately coined into cents, though the new cents were dated 1816, not 1815; 1815 is the only year not represented on a U.S. cent since 1793.

A second, larger Philadelphia Mint was opened in 1833. Mint officials were also improving minting technology at the new facility by replacing man- and horse-powered equipment with machines powered by steam.

Despite a larger facility and better equipment, however, the Philadelphia Mint could not meet the national demand for coinage as the nation expanded to the Mississippi River and beyond. Gold finds in Georgia and the Carolinas in the 1820s and 1830s led to the first U.S. gold rush. Private firms in Georgia and North Carolina in the early 1830s began turning the newly mined gold into coins, a practice not forbidden by the Constitution. Under pressure from officials from several states, Congress in the 1830s authorized the opening of three Branch Mints, all in the South (see **Chapter 8**).

Also in the 1830s, the Mint resumed production of gold eagles and silver dollars.

By the mid-point of the 19th century, the 10 denominations authorized in 1792 were no longer sufficient to meet the demands of the nation. One of the primary forces in adding new denominations to those already authorized was the California Gold Rush, which produced tons of gold, much of which would be converted into coins. As during the earlier gold rush, private firms began making gold coins, in California, Oregon and Utah.

Congress in 1849 approved two new gold denominations, a dollar and a $20 double eagle. While both denominations were new as federal coinage, neither coin was new in certain regions of the country. Private minters had already introduced both denominations: The gold dollar, first struck by the private North Carolina minters in the 1830s, and the $20 coin in 1849 in Utah, produced by the Mormons.

Congressional approval for other new denominations followed over the next three decades: a silver 3-cent coin and gold $3 coin in the 1850s; a bronze 2-cent coin and copper-nickel 3-cent and 5-cent coins in the 1860s; and a silver 20-cent coin in the 1870s. The half cent was eliminated by law from the roster of coinage denominations in 1857, with the same law also authorizing a new, smaller, copper-nickel cent as a replacement for the old large cent. The composition of the copper-nickel cent was changed to bronze (a copper-zinc-tin alloy) in 1864.

Some of the new denominations proved very successful: the copper-nickel 5-cent coin, introduced in 1866, remains in production today, identical in weight and content to the 1866 specifications (although that may soon change, as noted later). The 20-cent coin, however, was struck for circulation only in 1876 and 1877. Other new denominations like the 2-cent coin, both 3-cent coins and the $3 coin lasted longer than the 20-cent coin. However, production of two silver denominations authorized in 1792, the half dime (the spelling of the denomination was changed from half disme in the 1830s) and the dollar, ended in 1873. The regular silver dollar returned in 1878 (a Trade dollar of slightly different size from the standard silver dollar and mainly intended for foreign circulation was introduced in 1873). By 1890, however, the 2-cent coin, both 3-cent coins, the gold dollar and the gold $3 coin were all eliminated from production.

At the beginning of the 20th century, the following denominations were in production: a bronze cent; copper-nickel 5-cent coin; silver dime, quarter dollar, half dollar and dollar; and gold quarter eagle, half eagle, eagle and double eagle.

Silver dollars were struck even though they were unneeded in commerce; lobbyists for silver miners persuaded Congress to order the production of silver dollars even when most of the dollars being struck went straight into vaults rather than into circulation. The Mint stopped making silver dollars after 1904, but had to resume their production in 1921 under congressional order. Congress in 1918 had ordered millions of silver dollars sitting in vaults to be melted and the silver recovered loaned to Britain to help the British slow the rise of the price of silver in India by flooding the market on the subcontinent with silver. Although silver dollars were still not needed in circulation, Congress ordered that the Mint strike one new silver dollar for every silver dollar melted under the 1918 act, with the new silver dollars to be minted from newly mined, domestic silver (the silver miners were again successful in their lobbying). The Mint would strike silver dollars until 1928 in order to meet the provisions of the 1918 law to replace the melted coins; and then stop making them until 1934 and 1935. Most of these new silver dollars promptly went into vaults, where they would sit for decades (just as had the coins melted in 1918).

The first few decades of the 20th century also witnessed twin coinage design revolutions. From 1907 to 1921, every U.S. coin was redesigned. The designs for most of the coins are so beautiful that this period is known as the Golden Age of U.S. Coinage Design.

The four gold coins were first: in 1907 the eagle and double eagle, and in 1908 the quarter eagle and half eagle. The new double eagle, designed by master sculptor Augustus Saint-Gaudens, is widely considered America's most beautiful coin. Saint-Gaudens also redesigned the gold $10 eagle. The 1908 $2.50 quarter eagle and $5 half eagle were the first U.S. coins to depict an authentic American Indian (earlier

"Indian Head" designs, including on Saint-Gaudens' 1907 Indian Head $10 eagle, were simply Liberty portraits wearing Indian headdresses).

The 1913 Indian Head 5-cent coin, also depicting an authentic Indian, plus a plains bison on the reverse, is considered the most American of coin designs (the designs are so popular that they have been revived in the 21st century, first on a 2001 American Bison silver dollar, then starting in 2006 on the American Buffalo gold bullion coin series).

The silver dime, quarter dollar and half dollar were given new designs in 1916; each design is widely considered the most attractive for the denomination during its centuries-long existence). The designs for the silver coins were selected after Mint officials conducted a limited design contest engaging some of the best medalists and sculptors in the country.

The silver dollar, the last coin of that composition to be redesigned, got new designs in 1921 that are reflective of the peace that followed the end of the Great War in November 1918.

The second design revolution began in 1909, when a portrait of Abraham Lincoln was placed on the cent. The portrait was the first of an actual person to appear on a circulating U.S. coin. Over subsequent years, most other coins would abandon Liberty designs in favor of portraits of actual persons, usually a president (George Washington in 1932, Thomas Jefferson in 1938 and John F. Kennedy in 1964; Benjamin Franklin's portrait was placed on the half dollar in 1948).

The production of gold coins ended in 1929 (the quarter eagle and half eagle) and 1933 (eagle and double eagle). Few Americans were wealthy enough to use gold coins in commerce, so none of the coins circulated widely, particularly when the Great Depression began. When Franklin Roosevelt became president in 1933, one of his first steps to combat the nationwide economic troubles was to order all gold coins removed from circulation. He also required that Americans turn in most of the gold coins in their possession (by law, all Americans could hold a small amount of gold, and gold coins with collector value were supposedly unaffected by the law; however, many Americans misunderstood the law and turned in gold coins they were entitled to retain).

As the United States and the world recovered from the Depression, war clouds grew. War erupted in Asia and Europe in the late 1930s; the United States entered the war in 1941. The war affected U.S. coinage. During World War II, the government had to change the composition of the cent from 95 percent copper to zinc-coated steel (1943 only) and to make the 5-cent coin (the "nickel") out of a nickel-less alloy (mid-1942 to 1945). The metals used in making the coins were more critically needed for the war effort for making munitions, aircraft and ships.

These compositional changes, which were temporary, were not the last for U.S. coins. In the mid-1960s, the supply of silver for coinage was decreasing. Mint officials were concerned that they could no longer obtain enough silver for coinage to meet public demand. At the urging of the Treasury Department, Congress in 1965 thus authorized that all silver be removed from the dime and quarter dollar, and reduced in the half dollar (silver was completely removed from the half dollar in 1971).

While the government was contemplating removing silver from U.S. coinage, it struck a small number of 1964-D Peace dollars (in 1965). However, once Congress approved the switch to a new alloy, Treasury officials dropped plans to circulate the silver dollars; all were destroyed, according to Mint officials.

The dollar coin (this time, made of copper-nickel clad) was again resurrected in 1971, with a portrait of President Dwight D. Eisenhower. A smaller dollar depicting Susan B. Anthony replaced the Eisenhower dollar in 1979. Neither coin circulated widely. Authorization of Sacagawea dollars and Presidential dollars followed in the 21st century, although many question the need for either dollar coin, and neither type of dollar circulates widely.

Also in the 21st century, rising prices for such base metals as copper, nickel and zinc made production costs for the cent and 5-cent coin rise above their face value. A strong possibility exists that the compositions of both coins will be changed before the end of the first decade.

As this book was being edited in the spring and summer of 2008, the House of Representatives debated and rejected transferring complete authority over coinage specifications from Congress to the Treasury Department. The debate involved the possibility of changing the specifications of the cent and 5-cent coin (both to have a steel core under one proposal) to reduce production costs. Mint officials have strongly objected to the idea of making steel coins, but advocate being granted authority over coinage specifications.

A few in government and elsewhere are even advocating the elimination of the cent and possibly even the 5-cent coin. While such a move might shock many, it would not be unusual in U.S. coinage history, given the long history of eliminating coinage denominations no longer considered useful.

Commemorative coins

Amerca's commemorative coins are graphic reminders of the United States' past, honoring its history, its heroes and its accomplishments.

They are special coinage issues, authorized by acts of Congress to recognize the people and events that have shaped the United States. They occasionally honor an individual, like Ulysses S. Grant. They may honor a historical event such as the Battle of Gettysburg or a current event such as the 1996 Olympic Games in Atlanta (commemorated with coins in 1995 and 1996).

Until 1999, commemorative coins were rarely issued for circulation. The United States Mint in 1999 began a 10-year program that, completed in 2008, resulted in 50 different circulating quarter dollars, each commemorating one of the 50 states in the Union. The Mint also issued circulating Jefferson 5-cent coins commemorating the Bicentennials of the Louisiana Purchase and Lewis and Clark Expedition (two each in 2004 and 2005). Beginning in 2007, the Mint began issuing four different circulating Presidential dollars; the program will not end until all deceased presidents are honored. In 2009, the Lincoln cent will be issued with four different reverses recognizing the stages of Lincoln's life in commemoration of his 200th birthday, and the quarter dollar and Sacagawea dollar will bear commemorative reverses (see Chapter 3 for more details on circulating commemoratives).

The first series of U.S. commemorative coins dates from 1892 until 1954, when Department of Treasury support for commemorative coins ended after decades of abuse. The abuses were many, with numerous coins issued for events of purely local interest or even to commemorate nonevents. Administrations from the Eisenhower presidency to the Carter presidency opposed all commemorative coinage. There was so much opposition that, when the 1976 Bicentennial of the Declaration of Independence quarter dollars, half dollars and dollars were issued in 1975 and 1976, Treasury officials carefully avoided any use of the word "commemorative," although clearly the coins are commemorative in nature.

It came as a surprise, then, when in 1981 United States Treasurer

Angela M. Buchanan announced Treasury Department support for a commemorative half dollar honoring George Washington's 250th birthday in 1982. Buchanan said that the Treasury Department "has not objected to special coinage authorized by Congress for the government's own account," referring specifically to the 40 percent silver versions of the Bicentennial coinage. Buchanan said that the Treasury Department had always objected to "the issuance of commemorative coins for the benefit of private sponsors and organizations." With the Treasury Department supportive of the measure, Congress passed the Washington half dollar bill and President Reagan signed it into law. Thus, the commemorative coin program in the United States was reborn.

Since 1982, commemorative coins have been issued in every year except 1985, often with more than one program in each year. In fact, many of the abuses of the past have resurfaced. Many years have witnessed multiple programs, making acquiring one of every coin an expensive proposition. Congress has also authorized programs of extremely limited interest (as shown by shrinking sales figures), many to raise funds for various congressional projects, such as the 2001 Capitol Visitor Center program. Special-interest groups have come to consider coin collectors a "cash cow," since surcharges added to the cost of modern commemorative coins are given to various special-interest groups to fund a variety of memorials and projects. In one case, $1 million in surcharges originally intended for funding scholarships for disadvantaged youth (from the sales of the Jackie Robinson commemoratives) was diverted to the Botanic Garden, even though the Botanic Garden had already received money from the sales of its own commemorative coin program. The diversion of funds occurred because the wife of the member of Congress sponsoring the diversion of funds was closely connected to the Botanic Garden.

In this section, commemorative issues are presented by year of their first issuance. For early commemoratives, those produced from 1892 to 1954, original mintage, number melted and final mintage are listed. For commemorative coins produced since 1982, the final net mintage only (reflecting sales figures) is listed. The U.S. Mint no longer makes public the original mintage and number of coins melted, nor whether coins have been held in inventory or stored in Treasury vaults. Each coin is listed with the designers, and original issue prices are given, so that the collector may determine the coin's performance against its original cost.

Commemorative coins 1892 to 1954

Date	Original Mintage	Melted	Final Mintage	Original Price
Columbian Exposition half dollar			**Charles E. Barber/George Morgan**	
1892	950,000	None	950,000	$1.00
1893	4,052,105	2,501,700	1,550,405	$1.00
Isabella quarter dollar			**Charles E. Barber**	
1893	40,023	15,809	24,124	$1.00
Lafayette-Washington silver dollar			**Charles E. Barber**	
1900	50,026	14,000	36,026	$2.00
Louisiana Purchase Exposition gold dollar			**Charles E. Barber**	
1903	250,258	215,250	each type 17,375	$3.00
Lewis and Clark Exposition gold dollar			**Charles E. Barber**	
1904	25,028	15,003	10,025	$2.00
1905	35,041	25,000	10,041	$2.00
Panama-Pacific Exposition half dollar			**Charles E. Barber**	
1915-S	60,030	32,896	27,134	$1.00
Panama-Pacific Exposition gold dollar			**Charles Keck**	
1915-S	25,034	10,034	15,000	$2.00
Panama-Pacific Exposition quarter eagle			**Charles E. Barber**	
1915-S	10,017	3,278	6,749	$4.00
Panama-Pacific Exposition $50			**Robert Aitken**	
1915-S Round	1,510	1,027	483	$100
1915-S Octagonal	1,509	864	645	$100
McKinley Memorial gold dollar			**Charles E. Barber/George T. Morgan**	
1916	20,026	10,049	9,977	$3.00
1917	10,014	14	10,000	$3.00
Illinois Centennial half dollar			**George T. Morgan/John R. Sinnock**	
1918	100,058	None	100,058	$1.00
Maine Centennial half dollar			**Harry Hayman Cochrane**	
1920	50,028	None	50,028	$1.00
Pilgrim Tercentenary half dollar			**Cyrus E. Dallin**	
1920	200,112	48,000	152,112	$1.00
1921	100,053	80,000	20,053	$1.00
Missouri Centennial half dollar			**Robert Aitken**	
1921 2*4	5,000	None	5,000	$1.00
1921 No 2*4	45,028	29,600	15,428	$1.00
Alabama Centennial half dollar			**Laura Gardin Fraser**	
1921 2X2	6,006	None	6,006	$1.00
1921 No 2X2	64,038	5,000	59,038	$1.00
Grant Memorial half dollar			**Laura Gardin Fraser**	
1922 Star	5,006	750	4,256	$1.00
1922 No Star	95,055	27,650	67,405	$1.00
Grant Memorial gold dollar			**Laura Gardin Fraser**	
1922 Star	5,016	None	5,016	$3.50
1922 No Star	5,000	None	5,000	$3.00
Monroe Doctrine Centennial half dollar			**Chester Beach**	
1923-S	274,077	None	274,077	$1.00
Huguenot-Walloon Tercentenary half dollar			**George T. Morgan**	
1924	142,080	None	142,080	$1.00
Lexington-Concord Sesquicentennial half dollar			**Chester Beach**	
1925	162,099	86	162,013	$1.00

Date	Original Mintage	Melted	Final Mintage	Designer / Original Price
Stone Mountain half dollar				**Gutzon Borglum**
1925	2,314,709	1,000,000	1,314,709	$1.00
California Diamond Jubilee half dollar				**Jo Mora**
1925-S	150,200	63,606	86,594	$1.00
Fort Vancouver Centennial half dollar				**Laura Gardin Fraser**
1925	50,028	35,034	14,994	$1.00
American Independence Sesquicentennial half dollar				**John R. Sinnock**
1926	1,000,528	859,408	141,120	$1.00
American Independence Sesquicentennial quarter eagle				**John R. Sinnock**
1926	200,226	154,207	46,019	$4.00
Oregon Trail Memorial half dollar				**James E. and Laura G. Fraser**
1926	48,030	75	47,955	$1.00
1926-S	100,055	17,000	83,055	$1.00
1928	50,028	44,000	6,028	$2.00
1933-D	5,250	242	5,008	$2.00
1934-D	7,006	None	7,006	$2.00
1936	10,006	None	10,006	$1.60
1936-S	5,006	None	5,006	$1.60
1937-D	12,008	None	12,008	$1.60
1938	6,006	None	6,006	$6.25
1938-D	6,005	None	6,005	for
1938-S	6,006	None	6,006	three
1939	3,004	None	3,004	$7.50
1939-D	3,004	None	3,004	for
1939-S	3,005	None	3,005	three
Vermont Sesquicentennial half dollar				**Charles Keck**
1927	40,034	11,872	28,162	$1.00
Hawaiian Sesquicentennial half dollar				**Juliette Mae Fraser/Chester Beach**
1928	10,000	None	10,000	$2.00
Maryland Tercentenary half dollar				**Hans Schuler**
1934	25,015	None	25,015	$1.00
Texas Independence Centennial				**Pompeo Coppini**
1934	205,113	143,650	61,463	$1.00
1935	10,008	12	9,996	$1.50
1935-D	10,007	None	10,007	$1.50
1935-S	10,008	None	10,008	$1.50
1936	10,008	1,097	8,911	$1.50
1936-D	10,007	968	9,039	$1.50
1936-S	10,008	943	9,055	$1.50
1937	8,005	1,434	6,571	$1.50
1937-D	8,006	1,401	6,605	$1.50
1937-S	8,007	1,370	6,637	$1.50
1938	5,005	1,225	3,780	$2.00
1938-D	5,005	1,230	3,775	$2.00
1938-S	5,006	1,192	3,814	$2.00
Daniel Boone Bicentennial half dollar				**Augustus Lukeman**
1934	10,007	None	10,007	$1.60
1935	10,010	None	10,010	$1.10
1935-D	5,005	None	5,005	$1.60
1935-S	5,005	None	5,005	$1.60
1935 W/1934	10,008	None	10,008	$1.10
1935-D W/1934	2,003	None	2,003	$3.70
1935-S W/1934	2,004	None	2,004	for two
1936	12,012	None	12,012	$1.10

Date	Original Mintage	Melted	Final Mintage	Original Price
1936-D	5,005	None	5,005	$1.60
1936-S	5,006	None	5,006	$1.60
1937	15,010	5,200	9,810	$1.60, $7.25 set
1937-D	7,506	5,000	2,506	$7.25 in set
1937-S	5,006	2,500	2,506	$5.15
1938	5,005	2,905	2,100	$6.50
1938-D	5,005	2,905	2,100	for
1938-S	5,006	2,906	2,100	three

Connecticut Tercentenary half dollar — Henry G. Kreiss

Date	Original Mintage	Melted	Final Mintage	Original Price
1935	25,018	None	25,018	$1.00

Arkansas Centennial half dollar — Edward E. Burr

Date	Original Mintage	Melted	Final Mintage	Original Price
1935	13,012	None	13,012	$1.00
1935-D	5,005	None	5,005	$1.00
1935-S	5,506	None	5,006	$1.00
1936	10,010	350	9,660	$1.50
1936-D	10,010	350	9,660	$1.50
1936-S	10,012	350	9,662	$1.50
1937	5,505	None	5,505	$8.75
1937-D	5,505	None	5,505	for
1937-S	5,506	None	5,506	three
1938	6,006	2,850	3,156	$8.75
1938-D	6,005	2,850	3,155	for
1938-S	6,006	2,850	3,156	three
1939	2,104	None	2,104	$10.
1939-D	2,104	None	2,104	for
1939-S	2,105	None	2,105	three

Arkansas-Robinson half dollar — Edward E. Burr/Henry G. Kreiss

Date	Original Mintage	Melted	Final Mintage	Original Price
1936	25,265	None	25,265	$1.85

Hudson, N.Y., Sesquicentennial half dollar — Chester Beach

Date	Original Mintage	Melted	Final Mintage	Original Price
1935	10,008	None	10,008	$1.00

California-Pacific International Expo — Robert Aitken

Date	Original Mintage	Melted	Final Mintage	Original Price
1935-S	250,132	180,000	70,132	$1.00
1936-D	180,092	150,000	30,092	$1.50

Old Spanish Trail half dollar — L.W. Hoffecker

Date	Original Mintage	Melted	Final Mintage	Original Price
1935	10,008	None	10,008	$2.00

Providence, R.I., Tercentenary — John H. Benson/Abraham G. Carey

Date	Original Mintage	Melted	Final Mintage	Original Price
1936	20,013	None	20,013	$1.00
1936-D	15,010	None	15,010	$1.00
1936-S	15,011	None	15,011	$1.00

Cleveland, Great Lakes Exposition half dollar — Brenda Putnam

Date	Original Mintage	Melted	Final Mintage	Original Price
1936	50,030	None	50,030	$1.50

Wisconsin Territorial Centennial half dollar — David Parsons/Benjamin Hawkins

Date	Original Mintage	Melted	Final Mintage	Original Price
1936	25,015	None	25,015	$1.50

Cincinnati Music Center half dollar — Constance Ortmayer

Date	Original Mintage	Melted	Final Mintage	Original Price
1936	5,005	None	5,005	$7.75
1936-D	5,005	None	5,005	for
1936-S	5,006	None	5,006	three

Long Island Tercentenary half dollar — Howard K. Weinmann

Date	Original Mintage	Melted	Final Mintage	Original Price
1936	100,053	18,227	81,826	$1.00

York County, Maine, Tercentenary half dollar — Walter H. Rich

Date	Original Mintage	Melted	Final Mintage	Original Price
1936	25,015	None	25,015	$1.50

Bridgeport, Conn., Centennial half dollar — Henry G. Kreiss

Date	Original Mintage	Melted	Final Mintage	Original Price
1936	25,015	None	25,015	$2.00

Date	Original Mintage	Melted	Final Mintage	Original Price
Commemorative				**Designer**
Lynchburg, Va., Sesquicentennial half dollar				**Charles Keck**
1936	20,013	None	20,013	$1.00
Elgin, Ill., Centennial half dollar				**Trygve Rovelstad**
1936	25,015	5,000	20,015	$1.50
Albany, N.Y., half dollar				**Gertrude K. Lathrop**
1936	25,013	7,342	17,671	$2.00
San Francisco-Oakland Bay Bridge half dollar				**Jacques Schnier**
1936-S	100,055	28,631	71,424	$1.50
Columbia, S.C., Sesquicentennial half dollar				**A. Wolfe Davidson**
1936	9,007	None	9,007	$6.45
1936-D	8,009	None	8,009	for
1936-S	8,007	None	8,007	three
Delaware Tercentenary half dollar				**Carl L. Schmitz**
1936	25,015	4,022	20,993	$1.75
Battle of Gettysburg half dollar				**Frank Vittor**
1936	50,028	23,100	26,928	$1.65
Norfolk, Va., Bicentennial half dollar				**William M. Simpson/Marjorie E. Simpson**
1936	25,013	8,077	16,936	$1.50
Roanoke Island, N.C., half dollar				**William M. Simpson**
1937	50,030	21,000	29,030	$1.65
Battle of Antietam half dollar				**William M. Simpson**
1937	50,028	32,000	18,028	$1.65
New Rochelle, N.Y., half dollar				**Gertrude K. Lathrop**
1938	25,015	9,749	15,266	$2.00
Iowa Statehood Centennial half dollar				**Adam Pietz**
1946	100,057	None	100,057	$2.50/$3.00
Booker T. Washington half dollar				**Isaac S. Hathaway**
1946	1,000,546	?	?	$1.00
1946-D	200,113	?	?	$1.50
1946-S	500,279	?	?	$1.00
1947	100,017	?	?	$6.00
1947-D	100,017	?	?	for
1947-S	100,017	?	?	three
1948	20,005	12,000	8,005	$7.50
1948-D	20,005	12,000	8,005	for
1948-S	20,005	12,000	8,005	three
1949	12,004	6,000	6,004	$8.50
1949-D	12,004	6,000	6,004	for
1949-S	12,004	6,000	6,004	three
1950	12,004	6,000	6,004	$8.50
1950-D	12,004	6,000	6,004	for
1950-S	512,091	?	?	three
1951	510,082	?	?	$3.00, or $10.
1951-D	12,004	5,000	7,004	for
1951-S	12,004	5,000	7,004	three
Booker T. Washington/George Washington Carver half dollar				**Isaac S. Hathaway**
1951	?	?	110,018	$10.
1951-D	?	?	10,004	for
1951-S	?	?	10,004	three
1952	?	?	2,006,292	$10.
1952-D	?	?	8,006	for
1952-S	?	?	8,006	three
1953	?	?	8,003	$10.
1953-D	?	?	8,003	for
1953-S	?	?	108,020	three

| Commemorative | | | | Designer |
Date	Original Mintage	Melted	Final Mintage	Original Price
1954	?	?	12,006	$10.
1954-D	?	?	12,006	for
1954-S	?	?	122,024	three

Commemorative coins 1982 to 2008

| Commemorative | | | Designer |
Date	Footnotes	Final Mintage	Pre-Issue/ Regular Price
George Washington silver half dollar			**Elizabeth Jones**
1982-D Unc.	⟨1⟩	2,210,458	$8.50/$10.
1982-S Proof	⟨1⟩	4,894,044	$10./$12.
Los Angeles Olympic Games silver dollar			**Elizabeth Jones**
1983-P Unc.	⟨2⟩	294,543	$28., or $89.
1983-D Unc.		174,014	for
1983-S Unc.		174,014	three
1983-S Proof	⟨2⟩	1,577,025	$24.95
Los Angeles Olympic Games silver dollar			**Robert Graham**
1984-P Unc.	⟨2⟩	217,954	$28., or $89.
1984-D Unc.		116,675	for
1984-S Unc.		116,675	three
1984-S Proof	⟨2⟩	1,801,210	$32.
Los Angeles Olympic Games gold $10 eagle			**James Peed/John Mercanti**
1984-P Proof	⟨2⟩	33,309	$352.
1984-D Proof	⟨2⟩	34,533	$352.
1984-S Proof	⟨2⟩	48,551	$352.
1984-W Proof	⟨2⟩	381,085	$352.
1984-W Unc.	⟨2⟩	75,886	$339.
Statue of Liberty, Immigrant silver half dollar			**Edgar Z. Steever IV/Sherl J. Winter**
1986-D Unc.	⟨3⟩	928,008	$5.00/$6.00
1986-S Proof	⟨3⟩	6,925,627	$6.50/$7.50
Statue of Liberty, Ellis Island silver dollar			**John Mercanti/Matthew Peloso**
1986-P Unc.	⟨3⟩	723,635	$20.50/$22.
1986-S Proof	⟨3⟩	6,414,638	$22.50/$24.
Statue of Liberty gold $5 half eagle			**Elizabeth Jones**
1986-W Unc.	⟨3⟩	95,248	$160./$165.
1986-W Proof	⟨3⟩	404,013	$170./$175.
Constitution Bicentennial silver dollar			**Patricia L. Verani**
1987-P Unc.	⟨3⟩	451,629	$22.50/$26.
1987-S Proof	⟨3⟩	2,747,116	$24./$28.
Constitution Bicentennial gold $5 half eagle			**Marcel Jovine**
1987-W Unc.	⟨3⟩	214,225	$195./$215.
1987-W Proof	⟨3⟩	651,659	$200./$225.
1988 Olympic Games silver dollar			**Patricia L. Verani/Sherl J. Winter**
1988-D Unc.	⟨3⟩	191,368	$22./$27.
1988-S Proof	⟨3⟩	1,359,366	$23./$29.
1988 Olympic Games gold $5 half eagle			**Elizabeth Jones/Marcel Jovine**
1988-W Unc.	⟨3⟩	62,913	$200./$225.
1988-W Proof	⟨3⟩	281,465	$205./$235.
Congress Bicentennial silver half dollar			**Patricia L. Verani/William Woodward**
1989-D Unc.	⟨3⟩	163,753	$5.00/$6.00
1989-S Proof	⟨3⟩	767,897	$7.00/$8.00

Date	Footnotes	Final Mintage	Pre-Issue/ Regular Price
Congress Bicentennial silver dollar			William Woodward
1989-D Unc.	⟨3⟩	135,203	$23./$26.
1989-S Proof	⟨3⟩	762,198	$25./$29.
Congress Bicentennial gold $5 half eagle			John Mercanti
1989-W Unc.	⟨3⟩	46,899	$185./$200.
1989-W Proof	⟨3⟩	164,690	$195./$215.
Eisenhower Birth Centennial silver dollar			John Mercanti/Marcel Jovine
1990-W Unc.	⟨3⟩	241,669	$23./$26.
1990-P Proof	⟨3⟩	1,144,461	$25./$29.
Mount Rushmore 50th Anniversary silver half dollar			Marcel Jovine/T. James Ferrell
1991-D Unc.	⟨3⟩	172,754	$6.00/$7.00
1991-S Proof	⟨3⟩	753,257	$8.50/$9.50
Mount Rushmore 50th Anniversary silver dollar			Marika Somogyi/Frank Gasparro
1991-P Unc.	⟨3⟩	133,139	$23./$26.
1991-S Proof	⟨3⟩	738,419	$28./$31.
Mount Rushmore 50th Anniversary gold $5 half eagle			John Mercanti/Robert Lamb
1991-W Unc.	⟨3⟩	31,959	$185./$210.
1991-W Proof	⟨3⟩	111,991	$195./$225.
Korean War Memorial silver dollar			John Mercanti/T. James Ferrell
1991-D Unc.	⟨3⟩	213,049	$23./$26.
1991-P Proof	⟨3⟩	618,488	$28./$31.
USO 50th Anniversary silver dollar			Robert Lamb/John Mercanti
1991-D Unc.	⟨3⟩	124,958	$23./$26.
1991-S Proof	⟨3⟩	321,275	$28./$31.
1992 Olympics copper-nickel clad half dollar			William Cousins/Steven Bieda
1992-P Unc.	⟨3⟩	161,607	$6.00/$7.50
1992-S Proof	⟨3⟩	519,645	$8.50/$9.50
1992 Olympics silver dollar			John R. Deecken/Marcel Jovine
1992-D Unc.	⟨3⟩	187,552	$24./$29.
1992-S Proof	⟨3⟩	504,505	$28./$32.
1992 Olympics gold $5 half eagle			Jim Sharpe/Jim Peed
1992-W Unc.	⟨3⟩	27,732	$185./$215.
1992-W Proof	⟨3⟩	77,313	$195./$230.
White House Bicentennial silver dollar			Edgar Z. Steever IV/Chester Y. Martin
1992-D Unc.	⟨3⟩	123,803	$23./$28.
1992-W Proof	⟨3⟩	375,851	$28./$32.
Columbus Quincentenary copper-nickel clad half dollar			T. James Ferrell
1992-D Unc.	⟨3⟩	135,702	$6.50/$7.50
1992-S Proof	⟨3⟩	390,154	$8.50/$9.50
Columbus Quincentenary silver dollar			John M. Mercanti/Thomas D. Rogers Sr.
1992-D Unc.	⟨3⟩	106,949	$23./$28.
1992-P Proof	⟨3⟩	385,241	$27./$31.
Columbus Quincentenary gold $5 half eagle			T. James Ferrell/Thomas D. Rogers Sr.
1992-W Unc.	⟨3⟩	24,329	$180./$210.
1992-W Proof	⟨3⟩	79,730	$190./$225.
Bill of Rights/Madison silver half dollar			T. James Ferrell/Dean E. McMullen
1993-W Unc.	⟨3⟩	193,346	$9.75/$11.50
1993-S Proof	⟨3⟩	586,315	$12.50/$13.50
Bill of Rights/Madison silver dollar			William J. Krawczewicz/Dean E. McMullen
1993-D Unc.	⟨3⟩	98,383	$22./$27.
1993-S Proof	⟨3⟩	534,001	$25./$29.

Date	Footnotes	Final Mintage	Designer Pre-Issue/ Regular Price
Bill of Rights/Madison gold $5 half eagle			Scott R. Blazek/Joseph D. Pena
1993-W Unc.	⟨3⟩	23,266	$175./$205.
1993-W Proof	⟨3⟩	78,651	$185./$220.
World War II 50th Anniversary copper-nickel clad half dollar			George Klauba/ Bill J. Leftwich
1991-1995-P Unc. (1993) ⟨4⟩ ⟨3⟩		197,072	$8.00/$9.00
1991-1995-S Proof (1993) ⟨4⟩ ⟨3⟩		317,396	$9.00/$10.
World War II 50th Anniversary silver dollar			Thomas D. Rogers Sr.
1991-1995-D Unc. (1993) ⟨4⟩ ⟨3⟩		107,240	$23./$28.
1991-1995-W Proof (1993) ⟨4⟩ ⟨3⟩		342,041	$27./$31.
World War II 50th Anniversary gold $5 half eagle			Charles J. Madsen/ Edward Southworth Fisher
1991-1995-W Unc. (1993) ⟨4⟩ ⟨3⟩		23,672	$170./$200.
1991-1995-W Proof (1993) ⟨4⟩ ⟨3⟩		67,026	$185./$220.
Thomas Jefferson 250th Anniversary silver dollar			James Ferrell
1743-1993-P Unc. (1994) ⟨5⟩ ⟨3⟩		266,927	$27./$32.
1743-1993-S Proof (1994) ⟨5⟩ ⟨3⟩		332,891	$31./$35.
World Cup Soccer copper-nickel clad half dollar			Richard T. LaRoche/Dean E. McMullen
1994-D Unc.	⟨3⟩	168,208	$8.75/$9.50
1994-P Proof	⟨3⟩	609,354	$9.75/$10.50
World Cup Soccer silver dollar			Dean E. McMullen
1994-D Unc.	⟨3⟩	81,524	$23./$28.
1994-S Proof	⟨3⟩	577,090	$27./$31.
World Cup Soccer gold $5 half eagle			William J. Krawczewicz/Dean E. McMullen
1994-W Unc.	⟨3⟩	22,447	$170./$200.
1994-W Proof	⟨3⟩	89,614	$185./$220.
Prisoner of War silver dollar		Tom Nielsen and Alfred Maletsky/Edgar Z. Steever IV	
1994-W Unc.	⟨3⟩	54,790	$27./$32.
1994-P Proof	⟨3⟩	220,100	$31./$35.
Vietnam Veterans Memorial silver dollar			John Mercanti/Thomas D. Rogers Sr.
1994-W Unc.	⟨3⟩	57,317	$27./$32.
1994-P Proof	⟨3⟩	226,262	$31./$35.
Women in Military Service silver dollar			T. James Ferrell/Thomas D. Rogers Sr.
1994-W Unc.	⟨3⟩	53,054	$27./$32.
1994-P Proof	⟨3⟩	213,201	$31./$35.
U.S. Capitol Bicentennial silver dollar			William C. Cousins/John Mercanti
1994-D Unc.	⟨3⟩	68,332	$32./$37.
1994-S Proof	⟨3⟩	279,579	$36./$40.
Civil War Battlefields copper-nickel clad half dollar			Don Troiani/T. James Ferrell
1995-S Unc.	⟨3⟩	113,045	$9.50/$10.25
1995-S Proof	⟨3⟩	326,801	$10.75/$11.75
Civil War Battlefields silver dollar			Don Troiani/John Mercanti
1995-P Unc.	⟨3⟩	51,612	$27./$29.
1995-S Proof	⟨3⟩	327,686	$30./$34.
Civil War Battlefields gold $5 half eagle			Don Troiani/Alfred Maletsky
1995-W Unc.	⟨3⟩	12,623	$180./$190.
1995-W Proof	⟨3⟩	54,915	$195./$225.
Special Olympics World Games silver dollar			Jamie Wyeth & T. James Ferrell/ Thomas D. Rogers Sr.
1995-W Unc.	⟨3⟩ ⟨6⟩	89,298	$29./$31.
1995-P Proof	⟨3⟩ ⟨6⟩	352,449	$31./$35.
Games of the XXVI Olympiad, Atlanta copper-nickel clad half dollar			Clint Hansen/ T. James Ferrell
1995-S Basketball Unc. ⟨7⟩		169,527	$10.50/$11.50

Commemorative			Designer
Date	Footnotes	Final Mintage	Pre-Issue/ Regular Price
1995-S Basketball Proof ‹7›		170,733	$11.50/$12.50
Games of the XXVI Olympiad, Atlanta copper-nickel clad half dollar			Edgar Z. Steever IV/ T. James Ferrell
1995-S Baseball Unc. ‹7›		164,759	$10.50/$11.50
1995-S Baseball Proof ‹7›		119,396	$11.50/$12.50
Games of the XXVI Olympiad, Atlanta silver dollar			Jim Sharpe/William Krawczewicz
1995-D Gymnastics Unc. ‹7›		43,003	$27.95/$31.95
1995-S Gymnastics Proof ‹7›		185,158	$30.95/$34.95
Games of the XXVI Olympiad, Atlanta silver dollar			John Mercanti/William Krawczewicz
1995-D Cycling Unc. ‹7›		20,122	$27.95/$31.95
1995-S Cycling Proof ‹7›		127,465	$30.95/$34.95
Games of the XXVI Olympiad, Atlanta silver dollar			John Mercanti/William Krawczewicz
1995-D Track & Field Unc.‹7›		25,425	$27.95/$31.95
1995-S Track & Field Proof‹7›		143,304	$30.95/$34.95
Games of the XXVI Olympiad, Atlanta silver dollar			Jim Sharpe/William Krawczewicz
1995-D Paralympic, blind runner Unc. ‹7›		29,015	$27.95/$31.95
1995-S Paralympic, blind runner Proof ‹7›		139,831	$30.95/$34.95
Games of the XXVI Olympiad, Atlanta gold $5 half eagle			Frank Gasparro
1995-W Torch Runner gold Unc. ‹7›		14,817	$229./$249.
1995-W Torch Runner gold Proof ‹7›		57,870	$239./$259.
Games of the XXVI Olympiad, Atlanta gold $5 half eagle			Marcel Jovine/Frank Gasparro
1995-W Atlanta Stadium gold Unc. ‹7›		10,710	$229./$249.
1995-W Atlanta Stadium gold Proof ‹7›		43,399	$239./$259.
Games of the XXVI Olympiad, Atlanta copper-nickel clad half dollar			William Krawczewicz/ Malcolm Farley
1996-S Swimming clad Unc. ‹7›		50,077	$10.50/$11.50
1996-S Swimming clad Proof ‹7›		114,890	$11.50/$12.50
Games of the XXVI Olympiad, Atlanta copper-nickel clad half dollar			Clint Hansen/ Malcolm Farley
1996-S Soccer clad Unc. ‹7›		53,176	$10.50/$11.50
1996-S Soccer clad Proof‹7›		123,860	$11.50/$12.50
Games of the XXVI Olympiad, Atlanta silver dollar			Jim Sharpe/Thomas D. Rogers Sr.
1996-D Tennis Unc. ‹7›		16,693	$27.95/$31.95
1996-S Tennis Proof ‹7›		93,880	$30.95/$34.95
Games of the XXVI Olympiad, Atlanta silver dollar			Bart Forbes/Thomas D. Rogers Sr.
1996-D Rowing Unc. ‹7›		16,921	$27.95/$31.95
1996-S Rowing Proof ‹7›		155,543	$30.95/$34.95
Games of the XXVI Olympiad, Atlanta silver dollar			Calvin Massey/Thomas D. Rogers Sr.
1996-D High Jump Unc. ‹7›		16,485	$27.95/$31.95
1996-S High Jump Proof ‹7›		127,173	$30.95/$34.95
Games of the XXVI Olympiad, Atlanta silver dollar			Jim Sharpe/Thomas D. Rogers Sr.
1996-D Paralympic, wheelchair athlete Unc. ‹7›		15,325	$27.95/$31.95
1996-S Paralympic, wheelchair athlete Proof ‹7›		86,352	$30.95/$34.95
Games of the XXVI Olympiad, Atlanta gold $5 half eagle			Frank Gasparro/ William Krawczewicz
1996-W Olympic Flame brazier Unc. ‹7›		9,453	$229./$249.
1996-W Olympic Flame brazier Proof ‹7›		38,871	$239./$259.
Games of the XXVI Olympiad, Atlanta gold $5 half eagle			Patricia L. Verani/ William Krawczewicz
1996-W Flag Bearer Unc. ‹7›		9,397	$229./$249.
1996-W Flag Bearer Proof ‹7›		33,214	$239./$259.
National Community Service silver dollar			Thomas D. Rogers Sr./William C. Cousins
1996-P Unc. ‹3›		23,463	$30./$32.
1996-S Proof ‹3›		100,749	$33./$37.

Date	Footnotes	Final Mintage	Designer Pre-Issue/ Regular Price
Smithsonian 150th Anniversary silver dollar			Thomas D. Rogers/John Mercanti
1996-P Unc.	⟨3⟩	31,320	$30./$32.
1996-S Proof	⟨3⟩	129,152	$33./$37.
Smithsonian 150th Anniversary gold $5 half eagle			Alfred Maletsky/T. James Ferrell
1996-W Unc.	⟨3⟩	9,068	$180./$205.
1996-W Proof	⟨3⟩	21,772	$195./$225.
Botanic Garden silver dollar			Edgar Z. Steever IV/William C. Cousins
1997-P Unc.	⟨3⟩	83,505	$30./32.
1997-P Proof	⟨3⟩	269,843	$33./37.
Franklin Delano Roosevelt gold $5 half eagle			T. James Ferrell/Jim Peed
1997-W Unc.	⟨3⟩	11,887	$180/$205.
1997-W Proof	⟨3⟩	29,417	$195/$225.
National Law Enforcement Officers Memorial silver dollar			Alfred Maletsky
1997-P Unc.	⟨3⟩	28,575	$30./32.
1997-P Proof	⟨3⟩	110,428	$32./37.
Jackie Robinson silver dollar			Al Maletsky/T. James Ferrell
1997-S Unc.	⟨3⟩	30,180	$30./32.
1997-S Proof	⟨3⟩	110,002	$33./37.
Jackie Robinson gold $5 half eagle			William C. Cousins/Jim Peed
1997-W Unc.	⟨3⟩	5,174	$180./$205.
1997-W Proof	⟨3⟩	24,072	$195./$225.
Robert F. Kennedy silver dollar			Thomas D. Rogers/Jim Peed
1998-S Unc.	⟨3⟩	106,422	$30./32.
1998-S Proof	⟨3⟩	99,020	$33./37.
Black Revolutionary War Patriots silver dollar			John Mercanti/Ed Dwight
1998-S Unc.	⟨3⟩	37,210	$30./32.
1998-S Proof	⟨3⟩	75,070	$33./37.
Dolley Madison silver dollar			Tiffany & Co.
1999-W Unc.	⟨3⟩	89,104	$30./32.
1999-W Proof	⟨3⟩	224,403	$33./37.
George Washington Death Bicentennial gold $5 half eagle			Laura Gardin Fraser*
1999-W Unc.	⟨3⟩	22,511	$180./205.
1999-W Proof	⟨3⟩	41,693	$195./225.
Yellowstone National Park 125th Anniversary silver dollar			Edgar Z. Steever IV/ William C. Cousins
1999-P Unc.	⟨3⟩	23,614	$30./32.
1999-P Proof	⟨3⟩	128,646	$32./37.
Library of Congress Bicentennial silver dollar			Thomas D. Rogers Sr./John Mercanti
2000-P Unc.	⟨3⟩	52,771	$25./27.
2000-P Proof	⟨3⟩	196,900	$28./32.
Library of Congress Bicentennial bimetallic (platinum/gold) $10 eagle			John Mercanti/ Thomas D. Rogers Sr.
2000-W Unc.	⟨3⟩	6,683	$380./405.
2000-W Proof	⟨3⟩	27,167	$395./425.
Leif Ericson Millennium silver dollar			John Mercanti/T. James Ferrell
2000-P Unc.	⟨3⟩	28,150	$30./3.2
2000-P Proof	⟨3⟩	144,748	$32./37.
Capitol Visitor Center copper-nickel clad half dollar			Dean McMullen/ Alex Shagin and Marcel Jovine
2001-P Unc.	⟨3⟩ ⟨9⟩	79,670	$8.75/9.75, $7.75/8.50
2001-P Proof	⟨3⟩ ⟨9⟩	77,240	$11.25/12., $10.75/11.50
Capitol Visitor Center silver dollar			Marika Somogyi/John Mercanti
2001-P Unc.	⟨3⟩ ⟨9⟩	35,500	$30./32., $27./29.
2001-P Proof	⟨3⟩ ⟨9⟩	141,425	$33./37., $29./33.

Commemorative			Designer
Date	Footnotes	Final Mintage	Pre-Issue/ Regular Price
Capitol Visitor Center gold $5 half eagle			**Elizabeth Jones**
2001-W Unc.	‹3› ‹9›	6,750	$180./205., $175./200.
2001-W Proof	‹3› ‹9›	26,815	$195./225., $177./207.
American Buffalo silver dollar			**James Earle Fraser**
2001-D Unc.	‹3›	227,080	$30./32.
2001-P Proof	‹3›	272,785	$33./37.
U.S. Military Academy Bicentennial silver dollar			**T. James Ferrell/John Mercanti**
2002-W Unc.	‹3›	103,201	$30./32.
2002-W Proof	‹3›	288,293	$33./37.
Salt Lake City Olympic Games silver dollar			**John Mercanti/Donna Weaver**
2002-P Unc.	‹3›	40,257	$30./32.
2002-P Proof	‹3›	166,864	$33./37.
Salt Lake City Olympic Games gold $5 half eagle			**Donna Weaver/Norman E. Nemeth**
2002-W Unc.	‹3›	10,585	$180./205.
2002-W Proof	‹3›	32,877	$195./225.
First Flight Centennial copper-nickel half dollar			**John Mercanti/Donna Weaver**
2003-P Unc.	‹3›	57,122	$9.75/10.75
2003-P Proof	‹3›	109,710	$12.50/13.50
First Flight Centennial silver dollar			**T. James Ferrell/ Norman E. Nemeth**
2003-P Unc.	‹3›	53,533	$31./33.
2003-P Proof	‹3›	190,240	$33./37.
First Flight Centennial gold $10 eagle			**Donna Weaver**
2003-W Unc.	‹3›	10,009	$340./365.
2003-W Proof	‹3›	21,676	$350./375.
Thomas Alva Edison silver dollar			**Donna Weaver/John Mercanti**
2004-P Unc.	‹3›	92,150	$31./33.
2004-P Proof	‹3›	211,055	$33./37.
Lewis and Clark Expedition Bicentennial silver dollar			**Donna Weaver**
2004-P Unc.	‹3›	142,015	$33./35.
2004-P Proof	‹3›	351,989	$35./39.
Chief Justice John Marshall silver dollar			**John Mercanti/Donna Weaver**
2005-P Unc.	‹3›	67,096	$33./35.
2005-P Proof	‹3›	196,753	$35./39.
Marine Corps 230th Anniversary silver dollar			**Norman E. Nemeth/Charles L. Vickers**
2005-P Unc.	‹3›	49,671	$33./35.
2005-P Proof	‹3›	548,810	$35./39.
Benjamin Franklin Tercentenary, Scientist silver dollar			**Norman E. Nemeth/ Charles L. Vickers**
2006-P Unc.	‹3›	111,956	$33./35.
2006-P Proof	‹3›	137,808	$35./39.
Benjamin Franklin Tercentenary, Founding Father silver dollar			**Donald Everhart II/ Donna Weaver**
2006-P Unc.	‹3›	64,014	$33./35.
2006-P Proof	‹3›	184,489	$35./39.
San Francisco Old Mint silver dollar			**Sherl Joseph Winter/George T. Morgan**
2006-S Unc.	‹3›	65,609	$33./35.
2006-S Proof	‹3›	255,700	$35./39.
San Francisco Old Mint gold $5 half eagle			**Charles L. Vickers/Various**
2006-S Unc.	‹3›	16,149	$220./245.
2006-S Proof	‹3›	41,517	$230./255.
Jamestown 400th Anniversary silver dollar			**Donna Weaver/Susan Gamble**
2007-P Unc.	‹10›	75,645	$33./35.
2007-P Proof	‹10›	238,545	$35./39.

Commemorative			Designer
Date	Footnotes	Final Mintage	Pre-Issue/ Regular Price
Jamestown 400th Anniversary gold $5 half eagle			John Mercanti/Susan Gamble
2007-W Unc.	‹10›	16,969	$220./245.
2007-W Proof	‹10›	43,399	$230./255.
Little Rock Central High School Desegregation silver dollar			Richard Masters/ Don Everhart
2007-P Unc.	‹10›	61,920	$33./35.
2007-P Proof	‹10›	116,638	$35./39.
Bald Eagle copper-nickel clad half dollar			Susan Gamble/ Donna Weaver
2008-S Unc.	‹10›	101,912	$7.95/8.95
2008-S Proof	‹10›	174,411	$9.95/10.95
Bald Eagle silver dollar			Joel Iskowitz/ James Licaretz
2008-P Unc.	‹10›	103,470	$35.95/37.95
2008-P Proof	‹10›	223,889	$39.95/43.95
Bald Eagle gold $5 half eagle			Susan Gamble/ Don Everhart
2008-W Unc.	‹10›	13,154	$284.95/309.95
2008-W Proof	‹10›	55,736	$294.95/319.95

Notes

1. Prices for 1982 George Washington half dollar are for 1982 and 1983 to 1985.
2. Prices for 1983 to 1984 Olympic coins in some cases are first prices charged and do not reflect higher prices charged later.
3. Prices since 1986 are pre-issue/regular issue of single coins only. Most modern commemorative coin programs have offered various packaging options and combinations.
4. Although produced and sold in 1993, none of these coins actually carries the year of issue in its legends, in apparent violation of law. The anniversary dates 1991-1995 refer to the 50th anniversaries of the beginning and ending of United States involvement in World War II. More clearly, it would have been stated "1941-1991/1945-1995."
5. Although produced and sold in 1994, the coin does not carry the year of issue in its legends, in apparent violation of law. 1743 is the year of Jefferson's birth; 1993 is the 250th anniversary of that date.
6. The Special Olympics World Games silver dollar was offered "encapsulated only" without the usual presentation case. The case option was also available, at a slightly higher price.
7. Price options for individual coins. The coins were offered on a subscription basis from Dec. 2, 1994, through Feb. 3, 1995. The coins were then to be released four at a time—one gold, two silver, one clad —in February 1995, July 1995, January 1996 and sometime in the spring of 1996. Pre-issue prices and options were to be offered during the first few weeks of each release.
8. The designs are based on Fraser's submissions in the design contest for the 1932 Washington quarter dollar. The Commission of Fine Art recommended Fraser's designs but was overruled by the secretary of the Treasury, who selected the designs used from 1932 to 1998. A popular movement supporting Fraser's 1932 quarter dollar designs led to them being used on the 1999 gold $5 half eagle.
9. The Mint offered each coin in two packaging offerings (standard packaging with tray and sleeve for the gold and silver coins and Mylar and envelope for the half dollar, and encapsulated with mailer for all), each at pre-issue and regular prices. The different packaging options were designed to afford buyers a choice: the more elaborate and expensive package or the coin in less packaging at lower prices. Prices given are in this order: standard packaging pre-issue and regular, and mailer-only packaging at pre-issue and regular.
10. Not final mintage/sales figures; subject to change.

Error and variety coins

Most collectors and noncollectors who check the coins in their change eventually will encounter pieces that look *different,* for the lack of a better term. The coins may be missing details like a Mint mark or part of an inscription. On other coins, some design elements may be blurry or even appear doubled. Other coins may be in a different color than normal, thinner than usual or otherwise deviate from the norm in appearance or physical standards.

Individuals finding such pieces may have found error coins or die varieties, or coins from a later die state or coins representing a die stage. Alternatively, they might have encountered coins that have been damaged or have otherwise changed while in circulation, or that were deliberately altered.

Some error coins and die varieties carry premiums, from a few dollars to thousands of dollars. Many pieces are collectible but carry no premium. Damaged and altered coins are worth face value only, and if too badly damaged, may not even work in vending machines.

Entire books are devoted to errors, varieties, die states and die stages, so this chapter is best viewed as an introduction to the subject. Collectors wanting more information may want to read the weekly "Collectors' Clearinghouse" column or the twice monthly column "Varieties Notebook" in *Coin World,* or acquire any of the specialty books on these topics. In this chapter, we will define the broad terms already used and examine most of the categories of errors, varieties, states and stages.

An *error* coin is one that deviates from the norm because of an accident, mistake or mishap at any stage of the minting processes.

A *die variety* represents a coin produced by a die that differs—from the moment of the die's production—from all other dies for the same denomination, design type or subtype, date and Mint mark. The definitions for specific kinds of die varieties that follow should make this concept easier to understand. Among the 20th century coins considered varieties are such coins as the 1955, 1972 and 1995 Lincoln, Doubled Die Obverse cents. Die varieties are encountered less frequently in the 21st century because of modernization of die production processes.

While some classify die varieties as errors, not all die varieties were produced by mistake. The scarcity of die steel in the late 18th century and early 19th century led Mint officials to practices their 21st century counterparts would reject. For example, a die with one date (1798, for example) might be repunched with another date (1800) and used (1800/798 Draped Bust cents actually exist!). Such coins are a form of die variety called "overdates," and while it is possible that some over-dates occurred by mistake, most of the early overdated dies likely were created deliberately.

Deliberate die varieties were produced as recently as a half century ago, because of the temporary closing of the San Francisco Mint beginning in 1955; reverse dies stamped with the San Francisco Mint's S Mint mark purposely were restamped with the D Mint mark of the Denver Mint after the California facility was closed. The dies with the over Mint marks were placed into use at the Denver Mint and used to strike a series of 1955-D/S Jefferson 5-cent coins.

A *die state* simply represents a specific period within a die's use, marked by the presence or absence of wear or abrasion on the die. Dies wear as they strike coins; the wear will appear on the coins they strike.

A *die stage* represents a period within a die's life marked by something other than wear or abrasion. Many examples will be detailed.

Fewer and fewer

Errors are in very short supply when compared to total mintages, especially in the 21st century. Mint officials have introduced equipment that has reduced the number of errors produced and caught more of those pieces that were made. Because of the reduced numbers of errors being made and released, prices for some 21st century errors can be much higher than for older examples of the same type of error. For example, older off-center cents were available for a few dollars each, often in quantities of hundreds of pieces; in contrast, a 2002 Lincoln cent struck off centered was bid to $500 in an auction before being withdrawn from sale, and while that price level has not been maintained, off-center cents from 1998 onward bring higher prices than earlier cents, in general. Other errors once considered common are encountered less frequently with 21st century dates.

As with error coinage, the Mint has introduced technological changes that have made most of the significant forms of varieties impossible (or highly unlikely). Repunched Mint marks and over Mint marks (both defined later) became impossible at the beginning of the 1990s.

A major doubled die (one with the degree of doubling found on the classic varieties listed in the valuing section of this book) has not been produced for more than a decade. Changes in the die-production process introduced in 1996 and 1997 eliminated the major doubled dies but still permitted production of minor examples, a Denver Mint technician told a *Coin World* staff member in 1996. That technician's statement has gained support with the discovery of numerous coins of various denominations, dates and Mints. The degree of doubling present on these coins is minor compared to that on classic varieties such as the 1955 and 1972 Lincoln, Doubled Die Obverse cents.

Another entire category of error began circulating in early 2007 following the release of the first Presidential dollars: errors involving the edge inscriptions. A new section explaining those errors appears later in this chapter.

Values

Values for error coins, die varieties, coins of particular die states and die stages depend on the same factors affecting normal numismatic merchandise: supply, demand, condition and the knowledge levels of the buyer and seller in a particular transaction.

Some die variety coins, such as the 1955 Lincoln, Doubled Die Obverse cent, because of publicity and dealer promotion, "cross over" and become popular with general collectors; thus, demand is higher for a fixed supply, and values are correspondingly higher.

Rare does not necessarily mean great value. Many older error coins struck in small quantities are available for a few dollars. Even errors that are considered unique are often available for several dollars.

The knowledge levels of buyers and sellers can play a role in determining the *price* (in contrast to *market value*) of a coin, variety, die stage or die state. Knowledgeable collectors and specialist dealers generally have a full understanding of the cause of a particular error, variety, state and stage, and know the market for such pieces. They thus can agree on a fair price that likely will be upheld in the market.

Conversely, online auction sites like eBay have opened up new venues for buying and selling coins, where buyers and sellers may lack the same levels of knowledge as the experts, and sometimes buy and sell at prices the established market would not bear. New collectors of these kinds of coins should exercise caution when buying online; consult with knowledgeable specialists before paying for something a seller promotes as the "hot new error!" New sellers should research their finds before selling and make sure they have accurately described the coins they are offering, and they should place starting prices at appropriate levels.

Finding oddities

Error, variety, die state and die stage coins can be found in circulation, unlike many other collector coins. Some collectors go to banks and obtain large quantities of coins to search through; coins not bearing errors are returned to the bank. Many error, variety, die state and die stage coins, particularly of the minor classification, can be discovered simply by going through pocket change. All it takes are sharp eyes and knowledge of what to look for.

Major errors, particularly those that leave the coin misshapen, are generally acquired from individuals who work at private companies that receive large quantities of unsearched coins directly from the Mint. The employees find the coins while rolling them for banks and other customers; they purchase the coins at face value and sell them to dealers with whom they have regular contact.

Many collectors are adept at what is called "cherrypicking." They use their superior knowledge of errors and varieties when going through a dealer's stock to obtain scarcer pieces at prices less than what a specialist might charge.

Some of that knowledge comes from a clear understanding of the minting process. The minting of a coin is a manufacturing process and should be fully understood by anyone interested in collecting and studying error coins (see **Chapter 14, "How coins are made"**). Many forms of alteration and damage inflicted outside the Mint resemble certain types of errors, but none precisely duplicates a genuine Mint error. Collectors who understand the minting process should be better able to distinguish between errors, damage and alteration.

The following section classifies the pieces under review in three categories: those involving the die (varieties, states and stages), planchet errors and striking errors.

For those pieces involving the dies, we will list whether they represent a variety, state, stage or something else.

Planchet errors are the result of defective or improperly selected planchets.

Striking errors are coins whose errors result from a mishap occurring during the actual striking process.

Die varieties, states and stages

Abraded dies: Mint employees use an abrasive on dies to extend their working life and to remove such things as clash marks, die scratches, dirt and grease. If the die is abraded too much, details may be erased or small raised lines may appear on the coins. Most over-abraded errors have little value, but some are exceptions, most prominently the 1937-D Indian Head, Three-Legged Bison 5-cent coin. Regarded as a die state.

BIE: The term commonly used for minor die stage errors affecting the letters of the word LIBERTY on Lincoln cents. A small break in the die between the letters, especially BE, often resembles the letter I, hence the BIE designation. Such die stages are much more common on the coins of the 1950s and early 1960s than on more recent issues. Experienced collectors tend to be less interested in such errors in the early 21st century than they were 30 or 40 years ago. They generally carry little to no premium.

Clashed dies: When, during the striking process, two dies come together without a planchet between them, the dies clash (come into direct contact). Depending on the force with which the dies come together and the nature of the designs, a portion of the obverse design is transferred to the reverse, and a portion of the reverse is transferred to the obverse. Coins struck from the clashed dies will show signs of

Clashed dies

the transferred designs; the transferred design elements are called clash marks. Although the cause of this type of error occurs during the striking process, the die is affected; thus, it is considered a die stage error. Minor clash marks rate only a slight premium, while stronger clash marks might bring slightly higher premiums. The ultimate clashed dies bear clash marks from different denominations, as with several different 19th century coins; these coins can sell for thousands of dollars.

Design mule: The result of dies for two different design types of the same denomination being used to strike a coin. The only known example on a U.S. coin is a 1959-D Lincoln cent struck with the 1958-style Wheat Heads reverse rather than the 1959-style Lincoln Memorial reverse. The Secret Service has not determined this coin to be counterfeit, although grading services have been reluctant to authenticate the coin and some die variety specialists are skeptical. A convicted and imprisoned counterfeiter-murderer claims to have made this piece, although he has offered no proof of his claims. Design mules exist for the coins of other countries.

Die breaks, chips, cracks, gouges, scratches: Dies, like any other piece of steel, are subject to all sorts of damage (resulting in different kinds of related die stages). Any incused mark on the die leaves raised areas on coins. Breaks and cracks are similar, appearing on coins as raised lines. A die break affects a larger area than the die crack, and breaks often result in pieces of the die falling out. A die chip occurs when a small portion of the die breaks away, while gouges and scratches gener-

Die crack

ally occur when a foreign object scores the surface of the die. Minor examples of these carry little to no premiums, although the coins are collectible.

A major die break is often, though misleadingly, referred to as a "cud." It occurs when the die breaks at the rim and a piece of the die falls out of the press. The metal of coins struck from that die flows up into the missing area, resulting in a raised blob of metal bearing no

Major die break

image. The side of the coin opposite the raised blob is often weak and indistinct; this is because metal flows along the path of least resistance, flowing into the uncontrolling broken area of the damaged die and not enough into the defined recesses of the opposite, normal die. A retained major die break occurs when the die breaks at the rim, but the piece does not fall out. Coins struck

from these dies show the break, but also depict the image inside the break. The design element inside the broken area may be mispositioned slightly because the chunk of broken die shifted. Coins with major die breaks carry premiums, with the value dependent on coin, date and size of the break.

Double-denomination mule: The result of dies for two different denominations being used to strike a coin. The only known double-denomination U.S. mules were struck from a Washington quarter dollar obverse die and Sacagawea dollar reverse die, on a Sacagawea dollar planchet; from a 1995-D Lincoln cent obverse die and Roosevelt dime reverse die, on a cent planchet; from a 1995 Lincoln cent obverse die and Roosevelt dime reverse die, on a dime planchet; and from a 1999 cent obverse die and dime reverse die, on a cent planchet. They are similar in concept to the design mules (dissimilar dies being used to strike a coin). Authentic U.S. double-denomination mules are extremely expensive coins, bringing five-figure prices.

Doubled die

Doubled dies: If, during the hubbing and die making process, a misalignment between hub and partially completed die occurs, overlapping, multiple images may appear on the die, creating a die variety. Coins struck from the die will show the overlapping images, like the doubled date, IN GOD WE TRUST and LIBERTY on the 1955 Lincoln, Doubled Die Obverse cent. Die doubling, on coins with raised designs, features a rounded second image; on incused designs, the second image is flat and shelflike. At the corners of the overlapping images are distinct "notches" on coins with raised designs. A tripled or quadrupled die is caused by the same misalignment, but bears a tripled or quadrupled image. Major U.S. doubled dies are considered impossible since 1996 to 1997 due to technological improvements at the Mint, but minor examples continue to appear. Traditional doubled dies can only occur when more than one impression of hub into die is required, and the alignment between hub and die shifts or distorts between hubbing operations. A Denver Mint technician in 1996 acknowledged minor examples were still being seen with the new technology. Specialists suspect these occur when a hub and die blank are tilted in relation to each other at the start of the hubbing operation. Doubled die varieties can sell for a few dollars or many thousands of dollars each, based on rarity, degree of doubling and overall popularity of the specific variety.

Engraving varieties: While more common on the dies of the 18th and 19th centuries, engraving varieties have been made on modern dies. On the earlier dies, numerals and letters were often repunched to strengthen the design,

Repunched date

punched in upside down or otherwise out of alignment, and sometimes, wrong letters or numbers were punched into the die. On more modern dies, engraving errors include the use of the wrong size Mint mark by mistake and Mint marks placed too close to design elements or otherwise too far from their intended locations. Other "engraving" errors, discussed in separate sections, include doubled dies, overdates and repunched Mint marks. All are die varieties. Premiums range from low to extremely high depending on rarity and popularity of the variety.

Gouges: Die gouges represent damage incurred on a die after it is produced. A tool or other hard object may scrape across the die, leaving a gouge in its surface. The gouge appears raised on the coin. Value depends on the severity and placement of the gouge; some die gouge pieces have been heavily hyped. A gouge is regarded as a die stage.

Misaligned dies: Although one side of the coin appears to have been struck off-center, the planchet was not off-centered during striking, as in an off-center coin. A misaligned die occurs when one die is horizontally displaced to the side, causing only a partial image to appear on that side of the coin. However, unlike the off-center coin that it resembles, only one side is affected. The other side is normal. Some specialists classify misaligned dies as striking errors. Premiums differ, though most are relatively low.

Misplaced dates: A misplaced date is a relatively recently studied die variety. Researchers have discovered numerous coins with numbers from the date punched well away from the region of the die where the date was punched. For example, coins have been found with a number or numbers punched into the dentils along the rim or into a major design element. While theories abound, no one is sure whether this punching was accidental or deliberate. Premiums vary; refer to specialist books.

Missing Mint marks: Some coins that should have Mint marks don't. While in most cases the cause of the missing Mint mark is a filled die (thus temporary, and worth very little), sometimes the Mint mark is not punched into the die, creating a die variety. A series of missing Mint mark errors occurred on coins placed into Proof sets, from 1968 to 1990; all carry substantial premiums. Another valuable example is the 1982 Roosevelt dime without Mint mark. They, too, carry a strong premium. New collectors should remember that many normal, older coins lack Mint marks, as do all Lincoln cents struck at the Philadelphia Mint.

Overdates: When one or more numerals in the date are engraved, punched or hubbed over a different numeral or numerals, both the origi-

Overdate

nal date and the second date can be seen. Twentieth century hubbed examples include the 1943/2-P Jefferson 5-cent coin and the 1942/1 Winged Liberty Head dime (both are also doubled dies). The traditional, pre-20th century overdate occurred when one date was punched over another date, as on the 1818/5 Capped Bust quarter dollar. All overdates are die varieties. Premiums vary, with some pieces bringing tens of thousands of dollars, especially in high grade.

Over Mint marks: A form of repunched Mint mark, but when punches of two different Mints are used. Examples include the 1944-D/S Lincoln cent and the 1938-D/S Indian Head 5-cent coin. These can occur accidentally or deliberately, as noted earlier. All are die varieties. Some are inexpensive, while others carry higher premiums.

Over Mint mark

Repunched Mint marks: Mint marks were punched into each individual working die (for coins issued for circulation) by hand with mallet and punch, before changes were made to the process in 1990 and 1991 (see **Chapter 14, "How Coins Are Made,"**

Repunched

and **Chapter 8, "Mints and Mint marks,"** for details). Under the old system, several blows to the punch were needed to properly sink the Mint mark into the working die. If the punch was not properly placed after the first blow, a multiple image could result. A coin identified as a 1960-D/D Lincoln cent has a repunched D Mint mark, for example. Coins with RPMs are die varieties. Most RPMs carry low premiums.

Rotated dies: Most U.S. coins have the obverse and reverse sides oriented so each side is upright when rotated on a horizontal axis. The alignment difference between the two is 180 degrees. However, if the dies are aligned at anything other than 180 degrees, the dies are considered rotated. The Mint considers coins rotated by 5 degrees or less within tolerance. Some specialists consider rotated dies to be striking errors since the die's face is unchanged. Prices vary from little or no premium to premiums of several hundred dollars.

Worn dies: Dies have a limited life, based on the hardness of the coinage metal being struck and the striking pressures involved. When a die wears beyond a certain point, details around the rim tend to flow into the rim, while other details weaken. The surface of the die becomes scarred, as if heavily polished. Some design elements appear blurry or doubled. Coins struck from worn dies rarely have collector value as die errors. Coins from worn dies represent die states.

Planchet errors

Alloy errors: All U.S. coins are produced from alloyed metals that are mixed when molten to strict specifications. If mixed incorrectly, the metals may cool in nonhomogeneous form, with streaks of different metals appearing on the surface of the coin. Premiums vary, but tend not to be high.

Brass-plated cent: A post-1982 error is the brass-plated cent. Zinc planchets are plated with copper to form a copper-plated zinc planchet. Zinc planchets sometimes remain within the plating tanks and dissolve, contaminating the plating solution (electrolyte), adding their zinc content to the copper, thus forming brass. Subsequent planchets are plated with brass instead of pure copper. Brass-plated cents have a different color than copper-plated cents, although both can tone and may be difficult to distinguish.

Damaged planchet

Damaged planchets: Planchets are subject to various sorts of damage, including cracks (not to be confused with die cracks), holes and major breaks. Premiums are based on the severity and "coolness" of the planchet damage.

Fragments, scrap struck: Small pieces of coinage metal—fragments and scrap left over from the blanking process—sometimes fall between the dies and are struck. Fragments must be struck on both sides and weigh less than 25 percent of a normal coin's weight to qualify as struck fragments. Planchet scrap is generally larger than a fragment, and usually has straight or curved edges because of the blanking process. All carry nice premiums.

Incomplete planchets: Often, though erroneously, called a "clip," an incomplete planchet results from a mishap in the blanking process. If the planchet strip does not advance far enough after a bank of punches rams through the metal, producing planchets, the punches come down and overlap the holes where the planchets were already punched out. Where the overlapping takes place, a curved area appears to be "missing" from the planchet. The word "clip," commonly used, suggests a piece of an already formed planchet was cut off, which is not the cause of the incomplete planchet. "Clip," when properly used, refers to the ancient process of cutting small pieces of metal from the edges of precious metal coins for the bullion; that is why U.S. gold and silver coins

Incomplete planchet

have lettered or reeded edges, to make it more difficult to clip a coin. Other incomplete planchets occur when the strip shifts to the side, causing the punches to overlap the strip's edge, or when the punches overlap the end of the strip. The missing area is represented by a straight edge, not curved. An "incomplete incomplete planchet" occurs when the punch does not completely punch out a planchet, but leaves a circular groove. If the strip advances improperly, planchets overlapping the incomplete punch will bear a curved groove; the groove remains visible after the coin is struck. It is often called an incomplete clip. Most but not all incomplete planchet errors have a "signature" known as the Blakesley effect. The area of the rim 180 degrees opposite the "clip" is weak or nonexistent since the "clip" impairs the rim-making process in the upset mill. The lack of pressure in the upset mill at the missing spot results in improper formation of the rim on the opposite side. All carry premiums; value depends on the denomination and severity of the error.

Laminations: During the preparation of the planchet strip, foreign materials—grease, dirt, oil, slag or gas—may become trapped just below the surface of the metal. Coins struck from this strip later may begin to flake and peel since adhesion is poor in the location of the trapped material. The Jefferson, Wartime Alloy 5-cent coins are particularly susceptible to laminations, due to the poor mixing qualities of the metals used during the war metal emergency. Premiums depend on the severity of the lamination and the coin affected; many are inexpensive.

Split planchets: Planchets can split due to deep internal laminations or, in the case of clad coinage, because of poor adhesion of the copper-nickel outer layers to the copper core (these are also known as missing clad layer errors). Planchets may split before or after striking. On nonclad coins, the inner portion of the split shows parallel striations typical of the interior structure of coinage metal. The best finds are of both halves of a split planchet. All carry premiums and are nice errors.

Split planchet

Thick and thin planchets: Planchets of the wrong thickness are produced from strip not properly rolled. Too little pressure can result in planchet stock that is too thick; too much pressure can result in thin planchets. Rollers out of alignment on one side create potential for tapered planchets—thicker in one area than another. Values differ.

Unplated planchets: New in U.S. coinage, unplated planchets became possible in 1982 with the introduction of the copper-plated zinc cent (and similarly in 1943 with the zinc-coated steel cents). The zinc-copper alloy planchets are plated after they are punched from the strip, but some planchets miss the plating process. Coins struck on the unplated planchets are grayish-white in color. Beware of Lincoln cents that have had their plating removed or have been replated after leaving the Mint. Major authentication services should be able to distinguish between a genuine unplated planchet and an altered version.

Wrong metal, planchet, stock: A wrong metal error is struck on a planchet intended for a denomination of a different composition. This includes 5-cent coins struck on cent planchets, cents on dime planchets, and higher denominations struck on cent and 5-cent planchets. A second type is the wrong planchet error, defined as a coin struck on a planchet of the correct composition, but the wrong denomination. These include quarter dollars struck on dime planchets, half dollars struck on quarter dollar and dime planchets, and dollars struck on other clad planchets. Some specialists claim that wrong metal and wrong planchet errors are striking errors, not planchet errors. Their argument? The planchet is OK. It

Wrong planchet

was just fed into the wrong coining press. A third type is the wrong planchet stock error. It occurs when clad coinage strip rolled to the thickness of one denomination is fed into the blanking press of another denomination; the diameter is correct, but the thickness is greater or less than normal. The most common is a 1970-D Washington quarter dollar struck on planchet stock intended for dimes. A fourth, rarer, form is the double denomination. It occurs when a coin is struck on a previously struck coin, such as a cent struck over a dime. Since the U.S. Mint has struck coins for foreign governments in the past, it has been possible to find in circulation U.S. coins struck on planchets intended for foreign coins, as well as U.S. coins struck on previously struck foreign coins. Another rare type of wrong metal error is called the transitional error. It occurs as a coin's composition changes. Some 1965 coins are known struck on silver planchets of 1964 composition, while some 1964 coins were struck on clad planchets. Until 2000, it was thought impossible for a coin to be struck on a planchet larger than normal (the larger planchet, it was thought, would jam the feed mechanism of the press). However, several exceptions to this rule surfaced in 2000, including State quarter dollars struck on the slightly larger Sacagawea dollar planchets. All carry significant premiums, with among the most valuable being double-denomination, transitional errors and, at the top, such coins as the 1943 Lincoln cents struck on copper alloy planchets instead of zinc-coated steel planchets.

Striking errors

Broadstrikes: If the surrounding collar is pushed below the surface of the lower die during the moment of striking, the metal of the coin being struck is free to expand beyond the confines of the dies. The design of the coin is normal at center, but as it nears the periphery, becomes distorted due to the uncontrolled spread of metal. All broadstrike errors carry premiums.

Broadstrike

Brockage and capped die strikes: If a newly struck coin sticks to the surface of one of the dies, it acts as a die itself—called a die cap—and produces images on succeeding coins. The image produced by any die is the direct opposite on a coin, and brockages are no different. Since the image is raised on the coin adhering to the die, the image on the brockage is incused and reversed—a true mir-

Brockage

ror image. The first brockage strikes, perfect mirror images and undistorted, are most prized and carry the highest premiums. As additional coins are struck from the capped die, the die cap begins to spread and is made thinner under the pressures of striking, distorting its image. Although the image is recognizable, the design expands, producing an image that can be several times the normal size. At some point, as the die cap becomes thinner and the brockage image disappears, the coins struck cease to be brockages and are known as capped die strikes. Capped die strikes are simply a form of struck-through coin. At first, few of the original design elements from the obscured die are visible, though as the cap becomes thinner, more and more of the original design elements are transferred from the obscured die through the die cap. Finally, the die cap breaks off or is pounded so thin it ceases to affect succeeding strikes. Sometimes, the die caps fall off early and in a relatively undistorted state. Die caps resemble bottle caps, with the metal wrapping around the shaft of the die. Die caps are very rare and collectible, much more so than capped die strikes. All carry premiums.

Double and multiple strikes: Double strikes are coins struck more than once. If the coin rotates slightly between strikes, but remains centered within the coining chamber, two images will appear on both sides of the coin. The first strike will be almost totally obliterated by the second strike, and the first strike will be flattened and have almost no relief. Sometimes, a struck coin will flip and fall upside down onto the surface of the die; thus, the second strike has an obverse image obliterating the original reverse, and a reverse image flattening the first obverse image. If the coin falls partially outside the dies after the first strike, the second image is only partial. The partial second strike obliterates the original image beneath it, but the rest of the first strike is undistorted, except in the immediate vicinity of the second strike. A saddle strike is generally not a true double strike, but usually the result of having a planchet fall partially between two pairs of dies on a multi-die press. Saddle strikes have two partial images and an expanse of unstruck planchet between the struck areas. Examples of coins struck three, four or more times are known, but are typically more rare than simple double-struck coins. All multiple-struck errors carry premiums.

Filled die

Filled dies: The Mint factory has its share of dirt, grease and other lubricants, and metal filings. The recessed areas of the dies sometimes fill with a combination of this foreign material, preventing the metal of the coins from flowing into the incused areas. This results in weak designs or missing design details, and is among the most common types of errors. Filled-die coins are a form of struck-through error. Filled-die coins rarely carry significant premiums.

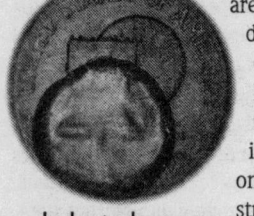

Indented error

Indented errors: An indented error is a coin struck with another coin or planchet lying partially on its surface. The area covered by the planchet does not hit the die and thus is blank if indented by a planchet, or shows a partial brockage if indented by a struck coin. The most desirable of the indented errors are larger coins with the indentation of a smaller planchet centered on one side. Indented error coins are a form of struck-through error. All carry a premium.

Machine, mechanical or strike doubling: This is really a form of Mint-caused damage and not a true Mint error. The cause is a looseness of the die or other parts in the press that allows the die to twist or bounce across the surface of the newly struck coin. In twisting or bouncing, the die shoves the metal of the raised designs to one side, creating the doubled image. The doubling is flat, like a shelf. Machine-doubled coins are often mistaken for doubled die coins. However, the two forms of doubling have

Strike doubling

different causes and are distinct in appearance. Machine-doubled coins rarely carry significant premiums. New collectors should beware of mistaking machine-doubled coins for more collectible doubled die varieties, and buy only authenticated doubled dies.

Off-center coins: If a planchet lies partially outside of the dies during the striking, it receives an off-center strike. Each coin struck off center is unique. Off-center coins with dates are more valuable than coins without dates. Generally but not always, on dated coins, the greater the off-center strike, the more it is worth. Some collectors collect off-center coins by their "clock" positions. Hold the coin with portrait upright and look for the direction the strike lies. If it is at 90 degrees, the

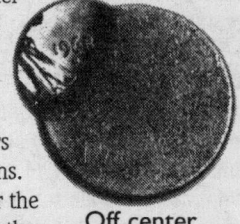

Off center

strike is at 3 o'clock; if it lies at 270 degrees, the strike is at 9 o'clock. Premiums have been rising for late-date examples of this error, since fewer are being produced and released.

Partial collar: Incorrectly called "railroad rim" errors; the edge, not the rim, is the portion of the coin affected. It occurs when the collar, around the anvil die is not fully extended, so that the upper portion of the coin is free to expand beyond the confines of the collar, while the lower portion is restrained. On coins struck from a reeded collar, partial reeding exists on the area restrained by the collar. The error gets the nickname "railroad rim" from its appearance—the coin, viewed edge-on, resembles the wheel from a railroad car. All carry a premium.

Struck-through errors: Struck-through errors occur when foreign objects fall between die and planchet during striking. Pieces of cloth, metal fragments, wire, slivers of reeding, grease, oil, dirt, wire bristles

Struck through

(from wire brushes used to clean dies, resembling staples), die covers, a thin die cap, other coins, planchets and other objects may fall between the dies and the coin. The most collectible struck-through errors are those with the foreign object still embedded in the surface of the coin. Value can be minimal to hundreds of dollars depending on the object or substance a coin was struck through.

Weak strikes: Weak strikes often resemble coins struck from grease-filled dies, but can be identified. They may occur when the press has been turned off—it tends to cycle through several strikings, each with less pressure than the previous. The error can also occur when the press is being set up by the operators who test the placement of the dies at lower coining pressures, or the spacing between the faces of the dies is greater than normal. On reeded coins, weak strikes generally have poorly formed reeding (it is strong on filled dies). Depending on the pressure used, the image may be only slightly weak, practically nonexistent or any stage in between. These coins are worth premiums.

Edge errors

Not long after the first 2007 George Washington Presidential dollars were released into circulation in February 2007, collectors, dealers and the general public began reporting numerous edge errors. The date, Mint mark and mottoes IN GOD WE TRUST and E PLURIBUS UNUM appear on the edges of the Presidential dollars, or should. The edge inscriptions on circulation-quality coins are added in a step separate from and following the striking of the obverse and reverse sides.

The most prevalent form of edge error on the Washington dollar coins is the missing edge lettering. Coins from both the Philadelphia Mint and Denver Mint were struck and shipped to the counting and bagging stations without being fed into the edge-lettering equipment.

Numerous other edge errors were discovered as well. One type involves multiplied edge inscriptions (apparently from a coin's being fed into the edge-lettering equipment more than once), with either partially or completely duplicated edge inscriptions found, some coins having the duplicate inscriptions in the opposite up and down orientation to each other. Another edge error involved improper spacing between individual elements of the inscription. Faint edge inscriptions were encountered, and on some coins, dropped letters from either the obverse or reverse were found impressed into the edge.

One of the most interesting errors involving the edge occurred when a number of unstruck planchets were edge lettered but not struck between obverse and reverse dies. These pieces are blank on their faces but bear lettered edges; they were found in rolls of Washington dollars.

Some Proof 2007-S Thomas Jefferson Presidential dollars were found with elements of the edge inscriptions out of sequence. Proof coins are struck with three-piece segmented collars that form the edge inscriptions at the time of striking. Mint workers created the Jefferson dollars with out-of-sequence inscriptions by installing the individual collar segments in the wrong order. On the error coins, the motto IN GOD WE TRUST on the edge is followed by the motto E PLURIBUS UNUM.

How coins are made

The various coining facilities of the United States Mint are factories, whose products happen to be coinage of the realm.

Like any metal product, coins don't "just happen." A number of intricate steps must be taken, from the preparation of the raw metal used in the coins to the striking of the coins. And before the coins can be struck, dies must be produced.

For a new coin, the design process begins with design renderings by artists for the Mint—either by a member of the Mint engraving staff or a member of the Mint's Artistic Infusion Program. Once a design for a coin is selected from all of the sketches, a model is created in the Engraving Department at the Philadelphia Mint.

While some engravers may chose to engrave a model using traditional methods, working in modeling clay, much of the modeling and engraving is now accomplished digitally, using scanners, computers and a computer-controlled milling machine.

In the 21st century, the United States Mint has employed several techniques in designing and model making: the traditional approach, with its origins in the 19th century and earlier, and practiced by a skilled engraver and sculptor; and a modern approach harnessing the power of scanners, computers and lasers in which computer design skills are prized.

Some of the first official comment on the changes in the Engraving Department were made in testimony given before a House subcommittee July 19, 2006, by the deputy director of the Mint. He said: "We have introduced new technologies to improve our design capabilities. The old coin design method—a drawing by hand turned into a clay model followed by a plaster model to be traced and cut into steel—is being replaced with a digital design process—a computer drawing scanned into an engraving machine."

According to the deputy director, this scanning technique was used in making the hubs for the 2006 American Buffalo gold bullion coins, whose designs are based on the designs found on the 1913 Indian Head, Bison on Mound 5-cent coins. The original plasters for the earlier coin by James Earle Fraser were taken from Mint storage and digitally repro-

U.S. Mint medallic artist Jim Licaretz models a coin design in Adobe Photoshop, the first step toward making dies.

duced; new equipment, controlled by computer, cut a hub by laser.

The Engraving Department also used a computer system in designing the first Presidential dollar. The computer system enables Mint staff to design coins using such computer programs as Adobe Photoshop and Illustrator. Artists can create individual design element "layers." If a particular device needs to be revised, the changes can be made to that layer without the need to revise the entire design.

Whether a model is completely computer generated or modeled in clay and then scanned, the final sculpture is assembled and fine tuned by computer. Then, the master hub is cut by a computer numerical controlled (CNC) milling machine. As of 2008, the Mint had mothballed its Janvier engraving lathe, which had been installed at the Philadelphia Mint in 1907 and had been used ever since for engraving master hubs.

In recognition of the changes in the 21st century design techniques introduced, Mint officials have indicated the traditional terms for its staff coin and medal designers—engraver and sculptor-engraver—are becoming as obsolete as silver coins in circulation. The new name for coin and medal designers is "medallic artist." Mint medallic artists hired since 2005 and 2006 reportedly have backgrounds in computer design rather than traditional sculpturing and engraving.

Although the designing and hub production for such issues as the

Presidential dollars and American Buffalo gold coins were largely done by computer, most of the coins discussed and priced in this book were struck from dies produced in the traditional manner, as least as practiced since the late 19th century and early 20th century. Under this traditional process, a sculptor-engraver following a sketch made a model in plas-tilene, a modeling clay substance. The model was three to 12 times the size of the actual coin, depending on the denomination.

A hard model was then generated, either in metal by an electroplating method (the model made from this method is called a galvano) or, during the last decades of the 20th century, in epoxy.

The galvano or epoxy model was then mounted on a Janvier transfer-engraving machine. This machine used a stylus to trace the exact details of the epoxy model, then reduced them through a ratio bar. At the other end of the machine, a needle-like carbide cutting tool cut the design into soft tool steel, producing a positive replica that Mint officials call a "reduction hub" and collectors call a "master hub."

Making dies and hubs

The master hub, no matter the method used to cut it, has the exact dimensions of the coin. It is then tempered and the steel hardened. The steel bar on which the master hub was engraved is trimmed and the shaft is turned to a specific shape. The master hub then is placed in a hydraulic press and slowly pressed into a blank piece of soft die steel called a "die blank," creating a negative replica called a master die.

Die blanks start as a cylindrical piece of steel with a cone-shaped face. The face of the die blank is polished to a mirror-like finish in a polishing machine that uses a robotic arm to load the blank into the polishing machine. The cone shape of the face of the die blank facilitates the process of creating the design details. Design details are first formed in the center, where the metal of the die blank is the highest and thus comes into contact with the hub first.

The master hub is used to form a master die. (Using a single or master hub and die ensures that subsequent work hubs and dies are identical. Dies were made virtually by hand in the early years of the U.S. Mint, with inscriptions, dates and Mint marks punched into the work dies individually, resulting in dies that can be identified individually by the placement of the individual design elements.)

Multiple work hubs (the Mint's term) or working hubs (the hobby's term) are made from the master die in the hydraulic press in the same way as the original, master die was impressed. Work dies (those used to strike coins) are made from the work hubs in the same way. (A single master die can make multiple work hubs, each of which can be used to make multiple work dies.)

The U.S. Mint used a multiple hubbing process to make master dies, work hubs and work dies for much of its existence. The metal of the hub or die hardened before it could be fully formed; the uncompleted die or hub had be heated to soften the metal, cooled and reinstalled in the hubbing press. Beginning in fiscal year 1986, the Philadelphia Mint began making master dies and work hubs using a single-squeeze hubbing process. The Denver Mint began making work dies using a single-squeeze press in 1996, upon the opening of a new die shop there. The Philadelphia Mint began using a single-squeeze operation for most dies in 1997. Half dollar and other larger denomination dies continued to be produced throughout 1998 on older equipment requiring multiple impressions of hub into die to fully form the image. The two Mints began producing half dollar dies in a single hubbing operation in 1999. The dies for the 1999 Anthony dollars were made on the old multiple-hubbing press and required multiple hubbings.

The final hub or die needs to be tempered and hardened, and the shafts must be shaped on a lathe to permit their use in the presses.

The introduction of one design element to the die production process requires additional explanation. Mint marks have been added at various stages of the die-production process, depending on the era. Traditionally, beginning in the 1830s, Mint engravers placed the Mint mark by hand on each of the thousands of working dies. That is no longer the case. Mint marks on commemorative coins and Proof coins are placed at the initial modeling stage and have been since the mid- to late 1980s. For the circulating coins, beginning in 1990, the Mint began placing the Mint mark on the master die for the cent and 5-cent coin. The dime, quarter dollar and half dollar followed in 1991.

Most recently, the Mint mark (if any) is placed on the initial model.

All of these changes lessen the possibility of producing Mint mark errors and varieties.

Blanks and planchets

Modern United States coins have their beginnings in the private sector, where a number of companies process the raw metals from which coins are made, and produce some coinage blanks and planchets and all coils of strip metal the Mint purchases.

In preparing the raw metals used in coining, the coinage metals are assayed, mixed to the proper proportions, melted and formed into slabs that are heated and rolled to the correct thickness. For clad coinage, bonding operations are required to bond the two outer layers to the inner layer. The strip is then coiled and shipped to the Mint for blanking. The Mint once did all of its own metal processing, including melting, assaying and mixing different metals together to create alloys. The Mint produced its own strip metal as late as Fiscal Year 1982 at the Philadelphia Mint, but the operations were closed in Fiscal 1983.

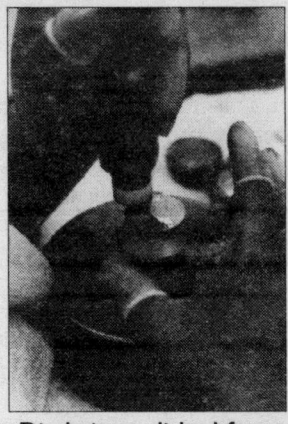

Die being polished for a Proof coin

Once coinage strip is rolled to the proper thickness, blanks are punched from it (both at the Mint and at the private suppliers, depending on the denomination). Blanks and planchets are the unstruck, circular pieces of metal that become coins when struck between the dies. Blanks and planchets represent the same product at different stages of production, although sometimes the terms "blank" and "planchet" are used interchangeably. Blanks are unfinished planchets that haven't been through all of the processing steps necessary before they can be struck into coins. Once a blank has been through all of the processing steps, it becomes a planchet and is ready to be struck.

Blanks are produced on blanking presses, which are simply punch presses similar to those found in any machine shop. They have a bank of punches (or rams) that travel downward, just barely penetrating the strip of coinage metal. The blanks are partially sheared, partially torn from the strip each time the punches make their downward cycle and pass through the strip. At this stage, the blanks have rough edges where they were torn from the strip. Most of the rough edges (or burrs) are removed during succeeding operations. The blanks at this point are slightly larger than the finished coins.

From this point onward, through the counting and bagging operations that represent the final steps before the Mint ships the coins to the Federal Reserve or other recipient, all the steps are automated. The Mint uses conveyor belts for moving blanks, planchets and coins throughout most steps of the production process, except for Presidential dollars. (The description of the processes that immediately follow are those used for the blanks intended for the cent through half dollar denominations and for the Sacagawea dollars. Because Presidential dollars have lettered edges, the blanks for these dollar coins undergo slightly different processes on the way to being struck; those processes will be discussed a few paragraphs later.)

Once punched from the strip, the blanks for every circulating coin but Presidential dollars must next be softened by being heated to controlled temperatures in a process called annealing. The blanks are heated in a rotating tubular furnace to about 1,500 degrees Fahrenheit, changing their crystal structure to a softer state. The annealing process prolongs the life of the coining dies by ensuring well-struck coins with lower striking pressures.

The annealing creates a grayish coloration on the planchets through oxidation, which must be removed. Following the annealing, the blanks are cooled in a "quench tank." From the tank, they are moved into a huge cylindrical tube called the whirlaway. The whirlaway is tilted at a 45-degree angle; blanks travel upward along the whirlaway toward the washer, while the excess liquid picked up in the quench tank is removed. The blanks are placed into washing machines similar to home washers, where they go through a series of cycles that soak and clean the blanks, according to the Mint. The agitation in the washing machines removes the gray oxides, tarnish, discoloration or contamination imparted during annealing. (Blanks for Sacagawea and Presidential dollars are burnished in an extra step.)

After the blanks are removed from the washing machines, they are placed in a tube for drying, then moved to the final step that turns them into planchets. This next step is to give most blanks a slightly raised rim (or proto rim). This is done in an upsetting mill.

The upsetting mill consists of a rotating wheel with V-shaped grooves on its edge. The grooved edge of the wheel fits into a curved section (or shoe) that has corresponding grooves. The distance between the wheel and the shoe gets progressively narrower so that, as the blank is rolled along the groove, it is compressed and a raised rim is formed on both sides of the blank. This raised rim serves several purposes. It sizes and shapes the blank to lower the stress on the dies in the coining press and facilitates the formation of the rim on the coin. (Their status changes from blank to planchet with the addition of the proto-rim.)

The planchets are ready to be struck into coins.

For Presidential dollars, the annealing and upsetting steps occur at different points in the process than for blanks for the other coins. Presidential dollar blanks receive a "hard upset"—that is, they are run through the upset mill to form the raised proto-rim without having been first softened by annealing. Mint officials indicate the hard upset for Presidential dollar blanks is done before annealing so that the diameter of the blank does not increase during the upsetting step, which would affect application of the edge lettering after striking.

After being washed in a detergent solution and dried, the Presidential dollar coin planchets are burnished with steel pellets held inside a solution containing a brightening agent with anti-tarnishing properties. After drying, the brilliant planchets for the Presidential dollars are ready to be struck on the coinage presses.

Striking the coins

Coining presses are designed for any denomination of coin. Dies and collars can be removed and new ones for a different denomination installed. Striking pressures are adjustable for the various denominations and metals. A circular piece of hardened steel forms the collar, which acts as the wall of the coining chamber. The dies impress the various designs and devices on the obverse and reverse for the coin while the collar forms the edge of the coin, flat and smooth on cents, 5-cent coins and Sacagawea dollars, and reeded on the dime, quarter dollar, half dollar and other dollar coins. The collar is mounted on springs that allow slight vertical movement. (Forming Presidential dollar edges requires a separate operation, described later.)

The principal coining press used by the U.S. Mint for striking circulating coinage is made by Schuler AG, a German firm. Each Schuler press uses a single pair of dies, mounted so that the face of each die is perpendicular to the floor. Planchets are fed between the dies by a gravity-fed mechanism and stand on edge during striking. Each press can strike about 750 coins per minute.

While dies are traditionally designated as obverse or reverse, they are also assigned the technical designations of hammer die or anvil die. The anvil die is the fixed die while the hammer die is the one that moves and thus generates the force that raises the design elements on the coins during striking. Either obverse or reverse can be the anvil die or hammer die, with the obverse traditionally being the hammer die.

Newly struck coins fall into a trap. Frequently, while a press is in operation, the press attendant will pick up a finished coin for inspection from the trap, to catch some of the remaining varieties and errors that are still produced. The inspector examines the coin under a magnifier to search for any defects made in the die during operation. If the coin passes inspection, the press operator pulls the trap's lever, which dumps the coins onto a conveyor belt for transportation to the counting and bagging operations, except for the Presidential dollars.

When Presidential dollars are struck, they have a plain edge. Finished Presidential dollars, however, bear edge inscriptions. The Mint adds these in a separate step following the striking of the coins.

The struck Presidential dollars, still with plain edges though, are moved along a conveyor belt to an edge-lettering station. (The 2007 Presidential dollars were moved from the presses to the edge-inscription station in bins. Tens of thousands of George Washington dollars were released without lettered edges when the bins were moved directly from the presses to the counting-bagging station.)

At the edge-lettering equipment, the coins are vacuumed into an open cylinder that centrifugally forces each struck coin into an edge-lettering channel. On the inner side of the channel is a steel wheel spinning counterclockwise that contacts the plain edge of the struck coin. On the other side is a block of tooling steel that contains the raised edge lettering, etched by laser, in a groove that resembles a semicircle. The struck coins—traveling at the rate of 1,000 coins per minute— pass along the edge lettering segment where they are impressed with the edge inscriptions. The newly edge-lettered coins discharge into a cash box and then are transported to the counting-bagging operation.

Throughout the minting process, computers track such statistics as the productivity of each press operator, any repairs to a coining press, quantities of coins struck per press, plus installation, movement and destruction of the dies.

Once the coins reach the final station, they are counted automatically by machines, and are bagged or placed into shipping bins. The Mint now uses large "ballistic" bags rather than the traditional, smaller canvas bags used for more than a century. Counters atop the mechanism that dumps coins into the ballistic bags remove most out-of-specification coins (errors), performing the functions that riddlers once did at the post-striking stage.

The ballistic bags are sealed and loaded onto pallets for shipment to the Federal Reserve Banks or the banks' contracted private money-handling firms for distribution into commerce.

Proof and Uncirculated coins

The United States Mint added another edition to its ever growing list of Proof sets in 2007: The Presidential $1 Coin Proof set.

Proof coins are produced using special minting and processing techniques, resulting in coins with special finishes. They have been sold separately in the past, but since 1950, generally have been offered only in sets, although Proof versions of recent commemorative coins, the American Eagle bullion coins, the 1999 Anthony dollars and the Presidential dollars have been offered individually.

The Mint in 2007 and 2008 offered five different Proof sets: the standard Proof set, with all of the coins in their standard compositions; the Silver Proof set, with the dime, five State quarter dollars and half dollar made of 90 percent silver rather than of copper-nickel clad; the standard State Quarters Proof set, containing all five State quarter dollars in their regular copper-nickel clad composition; the State Quarters Silver Proof set, containing 90 percent silver versions of the five coins; and the new Presidential Dollars Proof set.

Collectors seeking single examples of each Proof coin could fulfill their collecting goal with just two sets: the standard Proof set and the Silver Proof set. While buying these two sets would provide collectors with some duplicates, owning the sets will ensure collectors have every Proof coin represented in their collections.

The introduction of the Presidential dollars required innovations by United States Mint officials. The date, S Mint mark and inscriptions IN GOD WE TRUST and E PLURIBUS UNUM appear on the edge of the Proof 2007-S Presidential dollars. Mint officials had to devise set packaging that would permit viewing of the edge inscriptions. The new packaging for the "lenses"—the Mint's term for the hard plastic holder used to house the coins—features an internal holder that surrounds the Presidential dollars with a clear plastic capsule that permits the edge inscriptions to be read. Beginning in 2009, however, the motto IN GOD WE TRUST will be moved from the edge to the obverse or reverse of the Presidential dollars. The production of error plain edge coins resulted in what some called "Godless dollars," prompting a congressional order to move the religious motto from the edge to the obverse or reverse of the coin.

The edge inscriptions on the Proof Presidential dollars, or at least the Mint's execution of them, do not please all collectors. *Coin World* received multiple complaints that the edge lettering and numerals are so faint on the Proof coins as to be barely discernible. The edge inscriptions are applied to the Proof Presidential dollars during striking, by a segmented collar.

The Presidential Dollar Proof sets are the latest Mint product created especially for the collector market. The United States Mint has had a long-standing relationship with American coin collectors, though not always a problem-free one. Although the primary business of the Mint is to produce sufficient coinage for use in commerce, it has produced special collectors' products for much of its existence. The Mint's most popular collectors' products, no doubt, have been Proof coins and sets and Uncirculated Mint sets, including since 1994 some low-mintage coins with a special Matte Finish (discussed in detail later in this chapter). Limited edition sets of commemorative coins and rolls and mini-bags of State quarter dollars are other popular programs.

The Presidential Dollar Proof sets are just the most recent innovation in the Mint's annual Proof and Uncirculated sets. In 2005, for example, the Mint began issuing Uncirculated Mint sets with coins bearing a Satin Finish. Until then, all Uncirculated Mint sets bore coins with the same Brilliant Uncirculated finish used for circulating coinage.

The pre-2005 sets provide collectors with Uncirculated examples of each coin struck for circulation that year, and in some cases, examples of coins struck for the Uncirculated Mint sets only (the three 1981 Anthony dollars, for example, and the 1970-D Kennedy half dollar).

The first Uncirculated Mint sets, with coins dated 1947, were offered in 1948. After the 1947 sets sold out, 1948-dated sets were offered to the public. Sets were again offered in 1949, but none were offered in 1950 due to a Treasury decision to conserve appropriations and manpower during the Korean War, and because Uncirculated coins were available from banks. From 1951 through 1964, sets were offered every year. The numbers of coins offered fluctuated from year to year, depending upon what denominations were being struck for circulation.

Before 1959, Uncirculated Mint sets were individually packaged in cardboard folders; each set contained two examples of each coin struck that year. Beginning in 1959, sets were packaged in polyethylene packets and contained just one example of each coin struck that year.

No Uncirculated Mint sets or Proof sets were offered from 1965 to 1967 because the Mint focused almost all of its resources to meet a major coin shortage sweeping the country, which was blamed in part (and mistakenly) on coin collectors and speculators. However, Mint officials did offer Special Mint sets, featuring coins not the quality of Proofs but better than those found in the pre-1964 Uncirculated Mint sets.

Production and sales of Uncirculated Mint sets resumed in 1968. From 1973 to 1978, Philadelphia and Denver Mint examples of the Eisenhower dollar were contained in the set. In 1979, the Eisenhower dollar was replaced by the Anthony dollar, and a San Francisco Assay Office example was added; the Anthony dollars appeared in the sets through 1981. No Uncirculated Mint sets were offered in 1982 and 1983, with Mint officials blaming budgetary cutbacks for the decision to stop their production. Because of collector pressure, Congress passed a law in 1983 requiring annual sales of both Uncirculated Mint sets and Proof sets.

As noted earlier, some Uncirculated Mint sets contain coins not struck for circulation. This generally increases the value of the sets because collectors saving an example of each coin struck each year will be unable to find the needed coins in circulation. In 1970, no half dollars were struck for circulation; thus, the 1970-D Kennedy half dollar could only be found in the set. In 1973, no Eisenhower dollars were struck for circulation, but the dollars were included in the set. The only way to obtain the three 1981 Anthony dollars was to buy the Uncirculated Mint set of that year, and in 1987, no Kennedy half dollars were struck for circulation but they were included in the set. The 1996 Uncirculated sets include a 1996-W Roosevelt dime—available nowhere else—added at no charge to commemorate the 50th anniversary of the coin's introduction. The 2002 to 2008 Uncirculated Mint sets contain Kennedy half dollars and Sacagawea dollars, none of which were struck for circulation (although circulation-quality half dollars and dollars were struck each of those years for collector sales in bag and roll quantities).

About the "mintages" given here: Figures for 2007 sets are unaudited as of late July 2008 and thus not final. It takes Mint officials months after the close of sales of a particular set to audit the numbers and determine a final "mintage" or sales figure. Expect changes yearly for recent sets.

Proof coins and sets

While coins in pre-2005 Uncirculated Mint sets are little or no different from those struck for circulation, Proof coins have always been special. A Proof coin is struck on specially prepared planchets, using special minting techniques, generally on a specialized coining press.

The term "Proof" means different things to many collectors, dealers and other hobbyists. Some believe Proof is the top level of preservation, or grade—it is not. Others believe Proof coins are particularly shiny coins destined for collectors rather than circulation—they are only partly correct.

"Proof" in numismatics refers to a special manufacturing process designed to result in coins of the highest quality produced especially for collectors. "Proof" is not a grade, as many beginning collectors think, although grading services, dealers and collectors generally assign Proof coins numerical grades such as Proof 65 or Proof 69.

Proof coins result from the same basic processes also required to make coins for circulation. However, Mint employees use special techniques in preparing the surfaces of the dies and planchets intended for Proof coins. Special presses and striking techniques are also used in the production of Proof coins.

Most of the Proof coins sold by the United States Mint today are Cameo Proofs. The flat fields are mirrorlike, reflective and shiny. The raised devices, lettering and other points in relief are frosted, bearing a white, textured, nonreflective finish. The contrast between the frosted relief and mirrored fields gives the coins their cameo appearance. Both the frosted and mirror finishes are the results of the special techniques used in preparing the dies.

All dies are produced at the Philadelphia Mint and Denver Mint die shops; the San Francisco Mint and West Point Mint have no die shops of their own. Remember that a die features a mirror-image, incused version of the finished coin's design. Points that are raised on the coin are incused on the die. Points incused on the coin are in relief on the die.

To prepare a Cameo Proof die, the entire die is sandblasted with an aluminum oxide and glass bead compound to create the frosted surfaces. The fields are then polished to a high sheen to achieve the mirrored effect.

Once the polishing is completed, the die receives a light plating of chrome, two- to three-thousandths of an inch thick. The chrome is then buffed. The finished die now has mirrorlike fields and textured relief, and will impart the same finishes to the coins it strikes.

The planchets used to strike the Proof coins also receive special treatment. The planchets are burnished in a process that tumbles them in a medium of carbon steel balls, water and an alkaline soap. The process cleans and polishes the planchets. The burnished planchets are rinsed in clear water and towel-dried by hand, then go through another cleaning and hand-drying process. Compressed air is used to blow lint and dust from the planchets.

Proof coins are struck on special presses that operate at slower speeds than the high-speed presses used for striking circulating coinage. While the Proof coining presses, like all presses, impress the design from the dies onto the planchet, the production of a circulation strike is a much more rapid, violent event. Each Proof coin is struck two or more times, depending on the size of the coin, the design and the composition of the metal. The multiple striking ensures that the detail is brought up fully on each coin. Circulation strikes are struck only once (although some U.S. circulation strikes in the past have been struck more than once, most notably the 1907 Saint-Gaudens, High Relief double eagle).

Proof coins are then sealed into plastic capsules or plastic holders to give their surfaces some protection (though not total) from potentially damaging environmental factors.

Although most collectors of modern U.S. Proof coins are familiar with the Cameo Proofs in vogue today, the U.S. Mint has used many other types of Proof finishes. Some used by the U.S. Mint include the Matte Proof, first used in the early 20th century; a similar Matte Finish was used on several special coins issued in the 1990s. The entire surface of the coin is uniformly dull or granular; the surface of the original Matte Proof coins resulted from the struck coin being pickled in acid. A Satin Finish Proof coin has a matte, satiny surface; the finishing process, used in the early 20th century, is currently unknown. A Sandblast Proof is a type of Matte Proof in which the surface of the coin is sandblasted, not pickled in acid. A Roman Finish Proof was used on gold Proofs of 1909 and 1910 and is similar to the Satin Finish Proof. A Brilliant Proof is one in which the entire surface is mirrorlike; any frost on its devices is accidental, found generally only on the first few strikes of the die. Brilliant Proofs were produced by the U.S. Mint until the late 1970s and early 1980s, when Mint officials began taking care to produce the Cameo Proofs. A Reverse Proof finish was introduced in 2006 on American Eagle gold and silver coins and in 2007 on American Eagle platinum coins; the finish has frosted fields and mirrored devices, the "reverse" of the standard Proof finish.

The Philadelphia Mint struck its first true Proof coins in 1817 (then called Master coins, not Proof coins), not for collectors but as presentation pieces. From 1817 to 1859, Proof coins were made in small batches whenever a number of orders had accumulated.

Proof coins were first offered to the public at large in 1858, the result of a decision by Mint Director John Ross Snowden. Not until 1860, however, did mintages jump, as collector interest caught hold; until then, the Mint produced the Proof coins to order.

Coins were sold individually and in complete sets, the latter in limited quantities. Sets were sometimes sold as separate sets of minor coins and gold coins in addition to the complete sets.

From 1907 to 1916, the Mint began experimenting with various Proof finishes, including the aforementioned Matte Proof, Sandblast Proof and Roman Finish Proof finishes.

The Mint stopped offering Proof coins in 1916. Walter Breen in his *Encyclopedia of United States and Colonial Proof Coins: 1722-1977* notes: "At first ostensibly because of the war, later more likely because of administration changes (there being no coin collectors in high office until William H. Woodin became secretary of the Treasury), no Proofs were publicly sold. The few made went to VIPs and most are controversial."

Proof coinage resumed in 1936 with the production of Brilliant Proofs. Coins were sold by the piece with five denominations making a complete set. Mintages of the Proof "sets" from 1936 through 1942 are based on the coin with the smallest mintage. Abandoned were the experiments with Matte Proofs and other Proof finishes. Proof production halted again at the end of 1942 because of World War II, and did not resume until 1950.

Beginning in 1950, customers could no longer purchase single coins. The five-coin sets were housed in individual cellophane envelopes, stapled together and placed into a cardboard box, a packaging combination not meant for permanent coin storage, something collectors learned after the staple began to rust and threatened to damage the coins within the set. The 1955 set is available two ways, because in mid-1955, the Mint changed to new packaging: a plastic soft-pack inserted into an envelope. This packaging remained in use through 1964.

No Proof sets were struck in 1965 to 1967 because of the massive coin shortage haunting the nation.

Proof set production resumed in 1968, but at a new location. Prior to 1968, most Proof coins were struck at the Philadelphia Mint. All earlier non-Philadelphia Mint Proof coins are rare. Production was moved to the San Francisco Assay Office (the San Francisco Mint became an Assay Office in 1962, and a Mint again in 1988), and the S Mint mark was added to the coins. The coins were housed in a hard-plastic holder.

Proof sets have been struck every year since 1968. From that year through 1972, the sets contain five coins, from the Lincoln cent to the Kennedy half dollar.

A Proof version of the Eisenhower copper-nickel clad dollar was first placed in the set from 1973, increasing the number of coins to six. The Eisenhower dollar is found in all Proof sets from 1973 through 1978, with 1975 and 1976 sets containing the Bicentennial version of the coin (bearing a dual 1776-1976 date and special commemorative reverse).

The Proof sets of 1979 to 1981 contain the Anthony dollar, maintaining a count of six coins. Beginning in 1982, with the cessation of production of the Anthony dollar, the count dropped back to five coins in the standard set, where it would remain for nearly two decades.

With the resumption of commemorative coinage production in 1982, and the introduction of American Eagle bullion coins in 1986, Proof production was spread to all four coining facilities, in Philadelphia, Denver, San Francisco and West Point. The San Francisco Mint continues to strike the regular Proof set in addition to some Proof commemorative and bullion coins.

A new level of Proof set—a Prestige Proof set—was offered in 1983 and 1984 and again from 1986 through 1997. Prestige Proof sets contain the regular set and a commemorative half dollar, silver dollar or both.

Congress mandated annual sales of a Silver Proof set in 1990; it authorized a Proof set with 90 percent silver versions of all denominations of a dime or higher, the highest at that time being the half dollar, since no dollar coins had been struck for circulation for about a decade. The Mint did not issue the first Silver Proof sets until 1992, citing 1991 production difficulties. From 1992 to 1998, the Mint offered two packaging versions of the new Proof set: a set in the same kind of holder as the standard Proof set marked with the word "silver," and a Premier Silver Proof set containing the same coins in a higher quality package.

Beginning in 1999, again in 2000, yet again in 2004 and 2005, and again in 2009 the number of coins in the annual Proof sets increased as the Mint began redesigning circulating coinage.

The State quarter dollars program, introduced in 1999, has been reflected in the Proof sets since that year. Since five State quarter dollars are issued each year, the number of coins in the set rose from five to nine (cent, 5-cent coin, dime, five quarter dollars and a half dollar). The State quarter dollars appear in both of the nine-coin sets (standard and Silver Proof set).

A third annual Proof set was added to the Mint's inventory in 1999: a five-coin set offering the five State quarter dollars in the copper-nickel clad composition. The State Quarters Proof set has been offered every year since. The Mint began selling a State Quarters Silver Proof set in 2004.

A new offering by the Mint generated a good deal of collector hostility in mid-2002. The Mint briefly reopened sales of sets it had previously reported as closed or sold out. It offered a package of 1999, 2000 and 2001 Proof sets at coin market prices, not at their original prices. A majority of collectors objected to the program, saying that once a program is closed or reported as sold out, it should remain closed. The Mint stopped offering the packaged sets after a few weeks of sales; officials claimed that storage problems resulted in damage to some of the coins in the 1999 sets and made them unsaleable.

Mint officials, in announcing the closing of those sales, also reported that Mint inventories did not contain other unsold coins that it would be offering later.

Meanwhile, additional trends (explored in more detail in other chapters in this book) would increase the number of coins in the standard and Silver Proof sets beginning in 1999. Although the production of 1999 Anthony dollars came too late for inclusion in the standard Proof set and the Mint set, the production of Sacagawea dollars beginning in 2000 increased the coin count in the Proof sets to 10 from nine. (The new coin also prompted the Mint to seek and Congress to grant an exemption to existing law that could have required a 90 percent silver version of the Sacagawea dollar in the Silver Proof set rather than a regular alloy manganese-brass coin; sales of the 2000 Silver Proof set were delayed while the Mint waited for the exemption.) The 10-coin count was maintained until 2004 and 2005, when the production of two Westward Journey 5-cent coins caused an increase to 11 coins. The number of Jefferson 5-cent coins in the standard and Silver Proof sets reverted to one in 2006.

In 2005, the Mint began offering an annual American Legacy Collection set that, like the early Prestige Proof sets, contains one or more commemorative coins plus that year's regular Proof coins.

Additional changes in the nation's coinage are affecting the number of coins in Proof and Uncirculated Mint sets.

The sets contain five dollar coins beginning in 2007: four Presidential dollars and a Sacagawea dollar. The 2007 and 2008 Proof sets contain 14 coins, while the Uncirculated Mint sets contain double that number with examples of each from the Philadelphia Mint and Denver Mint (the sets have a cent, 5-cent coin, dime, five State quarter dollars, a half dollar, a Sacagawea dollar and four Presidential dollars).

The State quarter dollar program concludes at the end of 2008, but the same legislation authorizing Presidential dollars also authorized four commemorative 2009 Lincoln cents to celebrate the bicentennial of Abraham Lincoln's birth. Legislation also has been approved to strike commemorative 2009 quarter dollars honoring the District of Columbia and five U.S. territories, an extension of sorts to the State quarter dollars program. The number of coins in a 2009 Proof set thus increases to 18, with twice that number in the Uncirculated Mint set.

And, of course, these counts only represent legislation pending or possible in 2008; legislators have a way of surprising the collecting community and authorizing new coinage programs.

Matte Finish coins

The decision by Mint officials in 2005 to offer Satin Finish Uncirculated Mint sets harkens back to another "unusual" finish used on some special coins on three occasions in the 1990s.

As the United States Mint began offering more collector coin products in the 1980s and 1990s, officials began experimenting with special finishes to enhance some of the Uncirculated commemorative coins. By the early 1990s, for example, commemorative silver dollars were given a matte surface similar in appearance to the Matte Proof coins of the early 20th century mentioned earlier. Collectors took little note of this special finish, however, because the Mint referred to it as their Uncirculated finish (not to be confused with the standard finish on coins in the pre-2005 Uncirculated Mint sets). Then the Mint released a special, unexpected coin in a 1994 commemorative coin set, and collector indifference ended.

Congress authorized a commemorative silver dollar celebrating the 250th anniversary of Thomas Jefferson's birth for release in 1994. The Mint offered the 1994 Jefferson silver dollar in Proof and Uncirculated versions, the latter bearing the special matte surfaces developed over the years. Mint officials also offered the dollar in a variety of purchasing options.

Among the special options was a Jefferson Coin and Currency set, which contains three monetary instruments bearing Jefferson's portrait: a 1994-P Jefferson silver dollar, a $2 Federal Reserve note and a 1994-P Jefferson 5-cent coin. While Mint officials intended to limit this set to

50,000 pieces, they forgot to mention that fact in any sales literature. Thus the Mint produced the set to order, selling 167,703 sets.

Mint officials also forgot to tell collectors that the Jefferson 5-cent coin in the set was given the same matte surfaces that had been given to the Jefferson silver dollar in the set, to give the two coins uniform finishes. A collector, however, noted the special finish and informed *Coin World*, which confirmed and reported the news. That suddenly made the Jefferson Coin and Currency set a hot property. Many collectors collect Jefferson 5-cent coins, and many seek to acquire Proof and traditional Uncirculated examples of each date and Mint mark. As collectors and dealers began referring to the coin as having a Matte Finish, many sought examples of the special 5-cent coin to complete their collections of the denomination. Many Matte Finish 5-cent coins probably have been removed from their original holders for placement into whatever holders the collectors are using to store their Jefferson 5-cent sets, and many have been encapsulated by commercial grading services.

Three years later, Mint officials offered a second Matte Finish Jefferson 5-cent coin (although Mint officials were still not using this terminology), this one dated 1997-P and housed in the Botanic Garden Coin and Currency set (also containing a Botanic Garden silver dollar and $1 Federal Reserve note). Production of the set was limited to 25,000 sets, meaning just 25,000 Matte Finish 1997-P Jefferson 5-cent coins would be offered, and making this set an even hotter property than the Jefferson sets of three years earlier. In what became one of the most criticized offerings by the U.S. Mint in recent years, the Botanic Garden Coin and Currency set sold out in about a week, before many collectors even received their order forms in the mail. Dozens of irate collectors called *Coin World* to complain about being shut out of the offering because other collectors living closer to where the order forms were placed into the mail had an advantage over those living farther away. Few if any of the callers (including those lucky ones receiving the sets) wanted the sets for the Botanic Garden dollar. Most wanted the extremely limited, 25,000-mintage Matte Finish 1997-P Jefferson 5-cent coin for their collections.

Mint officials apparently learned from this experience, so in 1998, when it offered a Kennedy Collectors set bearing a 1998-P Robert F. Kennedy silver dollar and 1998-P John F. Kennedy half dollar, it limited sales to a specific ordering period, not to a specific number of sets. Sales totaled more than 63,000 sets. By this time, Mint officials had also accepted the terminology that had caught on in hobby circles, and noted that the half dollar in the set had been given the special Matte Finish. The same literature also noted that the dollar in the set was an Uncirculated example. However, it was clear to collectors that the finish was the same on both coins (as had been the intention in 1994 when the first Matte Finish 5-cent coin was produced). *Coin World* began calling the RFK dollar a Matte Finish coin, prompting a rival coin collector publication to contact Mint officials, who mistakenly confirmed that the RFK dollar had an Uncirculated surface, not a Matte Finish. *Coin World* persisted in calling both coins Matte Finish, and Mint officials eventually confirmed that yes, the finish on both coins is the identical Matte Finish. (As with the Botanic Garden set, many collectors bought the coin for the Matte Finish half dollar to keep their collections complete, not for the commemorative silver dollar.)

As has been noted with the Satin Finish on the 2005 Uncirculated Mint set coins, Mint officials continue to experiment with special finishes on collector coins. Will Mint officials make similar experiments in the future for other coin offerings? Stay tuned.

Proof sets

Year Minted	Note	Sets Sold	Commemorative	Selling Price	Face Value
1950		51,386		2.10	0.91
1951		57,500		2.10	0.91
1952		81,980		2.10	0.91
1953		128,800		2.10	0.91
1954		233,300		2.10	0.91
1955		378,200		2.10	0.91
1956		669,384		2.10	0.91
1957		1,247,952		2.10	0.91
1958		875,652		2.10	0.91
1959		1,149,291		2.10	0.91
1960	⟨1⟩	1,691,602		2.10	0.91
1961		3,028,244		2.10	0.91
1962		3,218,019		2.10	0.91
1963		3,075,645		2.10	0.91
1964		3,950,762		2.10	0.91
Production suspended during 1965, 1966, 1967					
1968	⟨2⟩	3,041,506		5.00	0.91
1969		2,934,631		5.00	0.91
1970	⟨3⟩	2,632,810		5.00	0.91
1971	⟨4⟩	3,220,733		5.00	0.91
1972		3,260,996		5.00	0.91
1973		2,760,339		7.00	1.91
1974		2,612,568		7.00	1.91
1975	⟨5⟩	2,845,450		7.00	1.91

Year Minted	Note	Sets Sold	Commemorative	Selling Price	Face Value
1976	⟨5⟩	4,123,056		7.00	1.91
1977		3,236,798		9.00	1.91
1978		3,120,285		9.00	1.91
1979	⟨6⟩	3,677,175		9.00	1.91
1980		3,554,806		10.00	1.91
1981		4,063,083		11.00	1.91
1982	⟨7⟩	3,857,479		11.00	0.91
1983	⟨8⟩	3,138,765		11.00	0.91
1983 Prestige		140,361	1983-S Olympics silver dollar	59.00	1.91
1984		2,748,430		11.00	0.91
1984 Prestige		316,680	1984-S Olympics silver dollar	59.00	1.91
1985		3,362,821		11.00	0.91
1986		2,411,180		11.00	0.91
1986 Prestige		599,317	1986-S Immigrant half dollar, 1986-S Ellis Island silver dollar	48.50	2.41
1987		3,356,738		11.00	0.91
1987 Prestige		435,495	1987-S Constitution silver dollar	45.00	1.91
1988		3,031,287		11.00	0.91
1988 Prestige		231,661	1988-S Olympics silver dollar	45.00	1.91
1989		3,009,107		11.00	0.91
1989 Prestige		211,807	1989-S Congress half dollar 1989-S Congress silver dollar	52.00	2.41
1990	⟨9⟩	2,793,433		11.00	0.91
1990 Prestige		506,126	1990-P Eisenhower silver dollar	46.00	1.91
1991		2,610,833		11.00	0.91
1991 Prestige		256,954	1991-S Mount Rushmore half dollar 1991-S Mount Rushmore silver dollar	55.00	2.41
1992	⟨10⟩	2,675,618		11.00/12.50	0.91
1992 Prestige	⟨11⟩	183,285	1992-S Olympics half dollar 1992-S Olympics silver dollar	49.00/56.00	2.41
1992 Silver	⟨11, 12⟩	1,009,586		18.00/21.00	0.91
1992 Premiere	⟨11,12⟩	308,055		29.50/37.00	0.91
1993		2,337,819		12.50	0.91
1993 Prestige	⟨11⟩	232,063	1993-S James Madison half dollar 1993-S James Madison silver dollar	51.00/57.00	2.41
1993 Silver	⟨11, 12⟩	589,712		18.00/21.00	0.91
1993 Premiere	⟨11,12⟩	201,282		29.00/37.00	0.91
1994		2,308,701		12.50	0.91
1994 Prestige	⟨11⟩	175,893	1994-P World Cup half dollar 1994-S World Cup silver dollar	49.00/56.00	2.41
1994 Silver	⟨11, 12⟩	636,009		18.00/21.00	0.91
1994 Premiere	⟨11,12⟩	149,320		29.00/37.00	0.91
1995		2,018,945		12.50	0.91
1995 Prestige	⟨11⟩	105,845	1995-S Civil War Battlefields half dollar 1995-S Civil War Battlefields silver dollar	55.00/61.00	2.41
1995 Silver	⟨11, 12⟩	537,374		18.00/21.00	0.91
1995 Premiere	⟨11,12⟩	128,903		29.00/37.00	0.91
1996		2,085,191		12.50	0.91

Year Minted	Note	Sets Sold	Commemorative	Selling Price	Face Value
1996 Prestige	‹11›	59,886	1996-S Olympic Soccer half dollar		2.41
			1996-P Olympic Rowing dollar	55.00/61.00	
1996 Silver	‹11, 12›	623,264		18.00/21.00	0.91
1996 Premier	‹11,12›	151,817		29.00/37.00	0.91
1997		1,975,000		12.50	0.91
1997 Prestige		80,000	1997-S Botanic Garden silver dollar	44.00	1.91
1997 Silver	‹11,12›	605,289		18.00/21.00	0.91
1997 Premier	‹11,12›	135,905		29.00/37.00	0.91
1998		2,086,507		12.50	0.91
1998 Silver	‹11,12›	878,996		18.00/21.00	0.91
1999	‹19›	2,557,899		19.95	1.91
1999 State	‹20›	1,169,958		13.95	1.25
1999 Silver	‹12›	804,565		31.95	1.91
2000	‹19›	3,096,981		19.95	2.91
2000 State	‹20›	995,803		13.95	1.25
2000 Silver	‹12›	965,421		31.95	2.91
2001	‹19›	2,300,944		19.95	2.91
2001 State	‹20›	799,736		13.95	1.25
2001 Silver	‹12›	889,697		31.95	2.91
2002	‹19›	2,319,766		19.95	2.91
2002 State	‹20›	764,419		13.95	1.25
2002 Silver	‹12›	892,229		31.95	2.91
2003	‹19›	2,172,684		19.95	2.91
2003 State	‹20›	1,225,507		13.95	1.25
2003 Silver	‹12›	1,142,858		31.95	2.91
2004	‹19,21›	1,789,488		22.95	2.96
2004 State	‹20›	951,196		15.95	1.25
2004 Silver	‹12,21›	1,175,934		37.95	2.96
2004 Silver State ‹22›		593,852		23.95	1.25
2005	‹19,23,24›	2,260,063		22.95	2.96
2005 State	‹20›	981,278		15.95	1.25
2005 Silver	‹12,24›	1,019,166		37.95	2.96
2005 Silver State ‹22›		606,815		23.95	1.25
2005 United States Mint American Legacy Collection ‹25›		46,057	2005-P Chief Justice John Marshall silver dollar 2005-P Marine Corps 230th Anniversary silver dollar	135.00	4.96
2006	‹19›	1,985,282		22.95	2.91
2006 State	‹20›	876,796		15.95	1.25
2006 Silver	‹12›	1,043,546		37.95	2.91
2006 Silver State ‹22›		528,293		23.95	1.25
2006 United States Mint American Legacy Collection ‹25›		48,452	2006-P Benjamin Franklin, Founding Father silver dollar 2006-P San Francisco Old Mint silver dollar	135.	4.91
2007	‹19,23›	1,717,972		26.95	6.91
2007 State	‹20,23›	544,484		13.95	1.25

Year Minted	Note	Sets Sold	Commemorative	Selling Price	Face Value
2007 Silver	‹12,23›	857,562		44.95	6.91
2007 Silver State ‹22,23›		390,389		25.95	1.25
2007 Presidential Dollars ‹23›		882,271		14.95	4.00
2007 United States Mint American Legacy Collection ‹25›			2007-P Jamestown 400th Anniversary silver dollar 2007-P Little Rock High School Desegregation 50th Anniversary silver dollar		
		26,442		135.	8.91
2008	‹19,23›	pending		26.95	6.91
2008 State	‹20,23›	482,717		13.95	1.25
2008 Silver	‹12,23›	pending		pending	6.91
2008 Silver State ‹22,23›		300,671		25.95	1.25
2008 Presidential Dollars ‹23›		693,859		14.95	4.00

40% silver clad dollars
Struck in San Francisco

Year Minted	Uncirculated	Proof
1971	6,868,530	4,265,234
1972	2,193,056	1,811,631
1973	1,883,140	1,013,646
1974	1,900,156	1,306,579

Special Mint Sets

Year Minted	Sets Sold	Selling Price	Face Value
1965	2,360,000	4.00	0.91
1966	2,261,583	4.00	0.91
1967	1,863,344	4.00	0.91

Uncirculated sets

Year Minted	Sets Sold	Selling Price	Face Value
1947	12,600	4.87	4.46
1948	17,000	4.92	4.46
1949	20,739	5.45	4.96
1951	8,654	6.75	5.46
1952	11,499	6.14	5.46
1953	15,538	6.14	5.46
1954	25,599	6.19	5.46
1955	49,656	3.57	2.86
1956	45,475	3.34	2.64
1957	34,324	4.40	3.64
1958	50,314	4.43	3.64
1959	187,000	2.40	1.82
1960	260,485	2.40	1.82
1961	223,704	2.40	1.82
1962	385,285	2.40	1.82
1963	606,612	2.40	1.82
1964	1,008,108	2.40	1.82
1965	2,360,000	4.00	0.91

UNCIRCULATED SETS (CONTINUED)

Year Minted	Note	Sets Sold	Selling Price	Face Value
1966		2,261,583	4.00	0.91
1967		1,863,344	4.00	0.91
1968		2,105,128	2.50	1.33
1969		1,817,392	2.50	1.33
1970		2,038,134	2.50	1.33
1971		2,193,396	3.50	1.83
1972		2,750,000	3.50	1.83
1973		1,767,691	6.00	3.83
1974		1,975,981	6.00	3.83
1975		1,921,488	6.00	3.82
1976		1,892,513	6.00	3.82
1977		2,006,869	7.00	3.82
1978		2,162,609	7.00	3.82
1979	‹13›	2,526,000	8.00	3.82
1980	‹13›	2,815,066	9.00	4.82
1981	‹13›	2,908,145	11.00	4.82
1984		1,832,857	7.00	1.82
1985		1,710,571	7.00	1.82
1986		1,153,536	7.00	1.82
1987		2,890,758	7.00	1.82
1988		1,447,100	7.00	1.82
1989		1,987,915	7.00	1.82
1990		1,809,184	7.00	1.82
1991		1,352,101	7.00	1.82
1992		1,500,098	7.00/8.00	1.82
1993		1,297,094	8.00	1.82
1994		1,234,813	8.00	1.82
1995		1,013,559	8.00	1.82
1995 Deluxe		24,166	12.00	1.82
1996	‹14›	1,450,440	8.00	1.92
1997		940,047	8.00	1.82
1998		1,188,487	8.00	1.82
1999		1,421,625	14.95	3.82
2000		1,490,160	14.95	5.82
2001		1,113,623	14.95	5.82
2002		1,139,388	14.95	5.82
2003		1,001,532	14.95	5.82
2004	‹21›	842,507	16.95	5.92
2005	‹24›	1,141,895	16.95	5.92
2006	‹23›	915,586	16.95	5.82
2007	‹23›	892,320	22.95	13.82
2007 Presidential Dollar set, P				
	‹23›	18,693	8.95	4.00
2007 Presidential Dollar set, D				
	‹23›	13,089	8.95	4.00
2007 Presidential Dollar set, P&D				
	‹23›	78,314	15.95	8.00
2007 five-coin Dollar set				
	‹23,28›	88,021	31.95	6.00

Proof American Eagle issue prices <15,26>

Year	Note	Metal	1/10 oz	1/4 oz	1/2 oz	1 oz	Set
1986		Gold	—	—	—	550.	—
		Silver	—	—	—	21.00	—
1987		Gold	—	—	295.	585.	870.
		Silver	—	—	—	23.00	—
1988		Gold	65.00	150.	295.	585.	1065.
		Silver	—	—	—	23.00	—
1989		Gold	65.00	150.	295.	585.	1065.
		Silver	—	—	—	23.00	—
1990		Gold	70.00	150.	285.	570.	999.
		Silver	—	—	—	23.00	—
1991		Gold	70.00	150.	285.	570.	999.
		Silver	—	—	—	23.00	—
1992		Gold	70.00	150.	285.	570.	999.
		Silver	—	—	—	23.00	—
1993		Gold	70.00	150.	285.	570.	999.
		Silver	—	—	—	23.00	—
1993 Philadelphia set <16>							499.
1994		Gold	70.00	150.	285.	570.	999.
		Silver	—	—	—	23.00	—
1995		Gold	70.00	150.	285.	570.	999.
		Silver	—	—	—	23.00	—
1995 10th Anniversary set <17>							999.
1996		Gold	70.00/75.00	150./159.	285./299.	570./589.	999./1025.
		Silver	—	—	—	23.00	—
1997		Gold	75.00	159.	299.	589.	1,025.
		Silver	—	—	—	23.00	—
		Platinum	99.00	199.	395.	695.	1,350.
1997 Impressions of Liberty set <18>							1,499.
1998		Gold	70.00	150.	285.	570.	999.
		Silver	—	—	—	24.00	—
		Platinum	99.00	199.	395.	695.	1,350.
1999		Gold	70.00	150.	285.	570.	999.
		Silver	—	—	—	24.00	—
		Platinum	99.00	199.	395.	695.	1,350.
2000		Gold	70.00	150.	285.	570.	999.
		Silver	—	—	—	24.00	—
		Platinum	118.	227.	405.	740.	1,375.
2001		Gold	70.00	150.	285.	570.	999.
		Silver	—	—	—	24.00	—
		Platinum	118.	227.	405.	740.	1,375.
2002		Gold	70.00	150.	285.	570.	999.
		Silver	—	—	—	24.00	—
		Platinum	118.	227.	405.	740.	1,375.
2003		Gold	85.00	165.	315.	630.	1,098.
		Silver	—	—	—	24.00	—
		Platinum	170.	329.	587.	1,073.	1,995.
2004		Gold	90.	175.	335.	675.	1,175.
		Silver	—	—	—	27.95	—
		Platinum	210.	410.	735.	1,345.	2,495.
2005		Gold	95.	190.	360.	720.	1,260.
		Silver	—	—	—	27.95	—
		Platinum	210.	410.	735.	1,345.	2,495.

Year	Note	Metal	1/10 oz	1/4 oz	1/2 oz	1 oz	Set
2006		Gold	100.	200.	385.	770.	1,350.
			110.	220.	445.	885.	1,575.
			105.	215.	420.	NA	1,495.
		Silver	—	—	—	27.95	—
		Platinum	220.	435.	780.	1,500.	2,750.
2007		Gold	104.95	209.95	399.95	789.95	1,449.95
			116.95	239.95	459.95	NA	1,695.95
			146.95	NA	NA	NA	NA
		Silver	—	—	—	29.95	—
		Platinum	229.95	439.95	809.95	1,599.95	2,949.95
			244.95	475.95	880.95	1,740.95	3,207.95
			269.95	539.95	999.95	1,979.95	NA
2008		Gold	149.95	329.95	609.95	1,199.95	2,199.95.
		Silver	—	—	—	31.95	—
		Platinum	269.95	609.95	1,174.95	2,299.95	4,119.95

Uncirculated American Eagle issue prices <26,27>

Year	Note	Metal	1/10 oz	1/4 oz	1/2 oz	1 oz	Set
2006		Gold	85.	190.	375.	720.	1,350.
		Silver	—	—	—	19.95	—
		Platinum	180.	390.	720	1,390.	2,585.
2007		Gold	89.95	195.95	379.95	749.95	1,379.95
			99.95	219.95	424.95	831.95	1,559.95
			119.95	279.95	529.95	1,045.95	1,939.95
		Silver	—	—	—	21.95	—
		Platinum	189.95	399.95	759.95	1,489.95	1,869.95
			204.95	435.95	830.95	1,630.95	2,976.95
			229.95	499.95	949.95	2,769.95	3,479.95
2008		Gold	124.95	295.95	565.95	1,119.95	2,039.95
		Silver	—	—	—	25.95	—
		Platinum	259.95	619.95	1,199.95	2,349.95	4,289.95

Proof American Buffalo coins issue prices

2006	Gold	—	—	—	800.	—
2007	Gold	—	—	—	825.95	—
					899.95	
2008	Gold	—	—	—	pending	—

First Spouse coins issue prices

2007 Proof	Gold	—	—	—	429.95	—
					529.95	
2007 Uncirculated	Gold	—	—	—	410.95	—
					509.95	
2008 Proof	Gold	—	—	—	619.95	—
2008 Uncirculated	Gold	—	—	—	599.95	—

Bicentennial sets

Final mintages for the 3-coin set are 3,998,621 for the Proof set, and 4,908,319 for the Uncirculated set.

Notes

1. Includes Large Date and Small Date cents. The Small Date is rarer.
2. Some Proof sets contain dimes struck from a Proof die missing the Mint mark, an engraver's oversight, not a filled die. Unofficially estimated that 20 examples are known. Beware of sets opened and reclosed with

"processed" P-Mint coins inserted. Check edge of case for signs of tampering.

3. An estimated 2,200 Proof sets contain dimes struck from a Proof die missing the Mint mark, an engraver's oversight, not a filled die.

4. An estimated 1,655 Proof sets contain 5-cent coins struck from a Proof die missing the Mint mark, an engraver's oversight, not a filled die.

5. Includes 1776-1976 dated Bicentennial quarter dollar, half dollar and dollar along with the other standard coins.

6. 1979 Proof set: The Anthony dollar replaced the Eisenhower dollar. During latter 1979, a new, clearer Mint mark punch was used on the dies. Sets with all six coins bearing the new Mint mark command a premium.

7. 1982 Proof set: A new Mint mark punch with serifs was introduced.

8. 1983 10-cent piece: Some 1983 sets were issued with dimes missing the S Mint mark, similar to errors on 1968, 1970, 1971 and 1975 Proof coins.

9. The Mint released an estimated 3,555 1990 Proof sets with a cent missing the S Mint mark. The die was for business strikes at Philadelphia, but was inadvertently sent to San Francisco, prepared as a Proof and placed into Proof production.

10. Price increased from $11 to $12.50 July 1, 1992.

11. Prices are pre-issue discount/regular price.

12. Beginning in 1992 a new type of Proof set was issued, consisting of a regular Proof cent and 5 cents, but with the dime, quarter dollar and half dollar struck on 90 percent silver planchets, rather than the copper-nickel clad planchets of the circulating and regular Proof coinage. A Sacagawea dollar of standard alloy was added to the set in 2000. A "Premiere" edition—essentially fancy packaging—was sold at an additional premium for several years.

13. 1979-81 Uncirculated sets: While Anthony dollars were struck for circulation at the San Francisco Assay Office, the Unc. S dollar was not included in the 1979 Uncirculated Mint set, which has 12 coins and a face value of $3.82. The Anthony dollar was included in the 1980 and 1981 sets, which are 13-coin sets with a face value of $4.82.

14. 1996 Uncirculated set: A 1996-W Roosevelt dime, available only in these sets, was added at no additional cost to mark the 50th anniversary of the coin.

15. Prices are for single-coin or -set purchase only; bulk discounts may apply; in 1996, a pre-issue discount was offered on gold coins.

16. Includes tenth-, quarter-, half-ounce gold, 1-ounce silver coin and 1-ounce silver medal.

17. Includes four gold coins and one silver, all with West Point Mint mark.

18. Includes one each Proof 1-ounce platinum, gold and silver bullion coin.

19. Includes one each of that year's State quarter dollars, plus Proof versions of other regular denominations.

20. Includes one each of that year's State quarter dollars only.

21. Contains Peace Medal and Keelboat 5-cent coins.

22. Contains one each of that year's State quarter dollars only, in 90 percent silver.

23. Sales figures not final.

24. Contains American Bison and Ocean in View 5-cent coins.

25. Also contains the regular Proof coins of standard compositions.

26. Volatile, mostly rising gold and platinum prices led U.S. Mint officials to halt sales of Proof and Uncirculated American Eagles multiple times, in order to determine new, higher or lower prices. These adjustments started in 2006 for the gold coins and in 2007 for the Proof coins. Tables for both Proof and Uncirculated American Eagles feature the various prices charged for the coins.

27. The Mint began selling a new American Eagles product in the summer of 2006: Uncirculated American Eagles with the W Mint mark of the West Point Mint, struck on planchets burnished with a special media. Mint officials dropped the "Uncirculated" designation it had used since 1986 for the bullion coins it sells to a distributor network and began marketing those pieces as American Eagle bullion coins.

28. Contains four Presidential dollars, Sacagawea dollar, all in Satin Finish, and an American Eagle silver dollar.

Glossary

16

Numismatics (pronounced nu-mis-mat-iks), like any science, has a language of its own, spoken by its practitioners and students. New collectors unfamiliar with terms like obverse, reverse, Mint mark and double eagle may feel confused by a bewildering lexicon. However, the language need not be confusing.

The terms defined here are those that may be commonly encountered during the normal course of coin collecting. A more in-depth glossary can be found online at **www.coinworld.com**.

Alloy: Mixture of more than one metal.

American Bison 5-cent coin: One of four Jefferson 5-cent coins struck as part of the Mint's Westward Journey Nickel Series. Depicts an American bison and a new portrait of Jefferson.

American Buffalo gold coins: A .9999 fine gold coin sold starting in 2006, bearing revised versions of James Earle Fraser's designs for the Indian Head 5-cent coin. Only a 1-ounce version was offered in 2006 and 2007; collector fractional versions were introduced in 2008.

American Buffalo silver dollar: Commemorative silver dollar struck in 2001, bearing revised versions of James Earle Fraser's designs for the Indian Head 5-cent coin ("Buffalo nickel").

American Eagle: A legal tender bullion coin struck and issued by the United States Mint. The Mint strikes four .9995 fine platinum coins, four .9167 fine gold coins and a .999 fine silver coin.

Anneal: To soften dies, planchets or metal by heat treatment.

Assay: Analytic test or trial to ascertain the fineness, weight and consistency of precious or other metal in coin or bullion.

Attribution: The identification of a numismatic item by characteristics such as issuing authority, date or period, Mint, denomination, metal in which struck, and by a standard reference.

Base metal: Nonprecious metal; e.g., copper.

Bicentennial coins: Quarter dollar, half dollar and dollar struck in 1975 and 1976 with special reverse designs commemorating the 200th anniversary of the signing of the Declaration of Independence. Dated 1776-1976.

Blank, planchet: The disk of metal or other material before the dies of a coin, token or medal impress it. A blank is a piece that has not been given an upset rim; a planchet has the upset rim.

Buffalo nickel: Nickname given the Indian Head 5-cent coin. Nickname is commonly though incorrectly used; most U.S. coins are named after their obverse design; the creature on the reverse is a bison, not a buffalo; and no U.S. coin denomination is legally called a "nickel." See "American Buffalo silver dollar," "American Buffalo gold coins" and "American Bison 5-cent coin."

Clad: Composite coinage metal strip composed of a core, usually of a base metal such as copper, and surface layers of more valuable metal like copper-nickel or silver. The U.S. dimes, quarter dollars, half dollars and dollars struck for circulation since 1965 are a clad coinage, including the Sacagawea "golden" dollar.

Coin: Usually a piece of metal, marked with a device, issued by a governing authority and intended to be used as money. Coins may or may not be legal tender. All coins issued by the United States government are legal tender.

Collar: A retaining ring die within which the coin dies operate; the collar (of the type called a close collar) forms the edge design of the piece, such as reeding or lettering. Until the 1830s, U.S. coins were struck within an open collar, which was slightly larger in diameter than the finished coin; the open collar roughly centered the planchet during striking, but did not restrict outward metal flow (and thus did not crush edge devices, like lettering and reeding, applied before striking in a separate operation).

Contact marks: Surface abrasions found on U.S. coins, because of coins striking the surfaces of other coins during bagging and shipping procedures. See chapter on "Grading," for details. Also called "bag marks," the term derived from the canvas bags coins were once shipped in from the Mint.

Copper-nickel: Coinage alloy composed of copper and nickel in varying amounts.

Coronet: A style of Liberty Head used on U.S. copper and gold coins for much of the 19th century. Liberty wears a coronet (usually marked with the word LIBERTY).

Denomination: The face value of a coin; the amount of money it is worth as legal tender.

Denticles: Ornamental device used on rims of coins, often resembling teeth, hence the name; also "beading." Also called dentils.

Device: The principal design element, such as a portrait, shield or heraldic emblem, on the obverse or reverse of a coin.

Die: A hardened metal punch, the face of which carries an intaglio or incused mirror image to be impressed on one side of a planchet.

Disme: Original spelling of "dime," used into the 1830s in Mint documents. Pronunciation uncertain.

Double eagle: A gold $20 coin of the United States.

Eagle: A gold $10 coin of the United States.

Edge: Often termed the third side of a coin, it is the surface perpendicular to the obverse and reverse. Not to be confused with the rim. Edges can be plain, reeded, lettered or carry other designs or a combination of edge elements.

Encapsulated coin: One that has been sealed in a plastic holder, especially by a third-party grading service. The encapsulation is usually called by its nickname, "slab."

Field: The flat part of a surface of a coin surrounding and between the head, legend or other designs.

Fineness: Represents the purity of precious metal, either in monetary or bullion form. Often stated in terms of purity per 1,000 parts: A .925 fine silver coin has 92.5% silver and 7.5% other metal.

First Spouse gold coins: Multiyear program of half-ounce .9999 fine gold coins depicting a former president's spouse, issued at a rate of four coins a year in conjunction with the release of each Presidential dollar coin. Most will depict a portrait of the spouse on the obverse and a design of the spouse's accomplishments on the reverse. Most of the First Spouse coins for a president who had no spouse while serving will instead show a Liberty portrait from a contemporary U.S. coinage design on the obverse and a representation of the president's accomplishments on the reverse. The First Spouse coin for Chester Arthur will depict suffragist Alice Paul.

Flow lines: Microscopic striations in a coin's surface caused by the movement of metal under striking pressures. A coin's luster is caused by its flow lines; loss of luster is the result of wear to the flow lines.

Grading: The process of determining a coin's condition.

Hairlines: Fine scratches in the surface of the coin. Not to be confused with die scratches.

Half dimes, half dismes: A silver 5-cent coin of the United States. The Mint Act of April 2, 1792, authorized "half dismes," which was the standard spelling (rather than "half dime") until the 1830s.

Half eagle: A gold $5 coin of the United States.

Hub: A right-reading, positive punch used to impress incused, mirror-image dies.

Incuse: The opposite of bas-relief; design is recessed rather than raised.

Indian Head: The preferred name for the 5-cent coin often called "Buffalo nickel." Indian Head cents, gold dollars, gold $3 coins, $5 half eagles and $10 eagles exist.

Large cent: Refers to the U.S. cents of 1793 to 1857, with diameters between 26 and 29 millimeters, depending on the year.

Legal tender: Currency (coins or paper money) explicitly determined by a government to be acceptable in the discharge of debts.

Legend: The inscription on a numismatic item.

Lettered edge: An inscription on the edge of a coin.

Luster: Surface quality of a coin, result of light reflected from the microscopic flow lines.

Matte Proof: Especially U.S. gold coins of 1908 to 1916, coins produced from dies entirely sandblasted with no mirror surfaces.

Mercury: The unofficial nickname given to the Winged Liberty Head dime of 1916 to 1945. The designer never intended the coin to depict Mercury, a male Greek god with wings on his ankles and wearing a winged helmet. The bust on the dime is an allegorical female Liberty Head figure with a winged cap.

Minor coin: A silver coin of less than crown weight, or any coin struck in base metal.

Mint mark: A letter or other symbol indicating the Mint of origin.

Mirror: Highly reflective, describing surface or field of a coin; usually mirror field with frosted relief.

Nickel: A silver-white metal widely used for coinage. It is factually incorrect to use "nickel" as a synonym for the copper-nickel 5-cent coin. In the mid-19th century, copper-nickel cents and 3-cent coins were also nicknamed "nickel," like the modern 5-cent coin. The U.S. Mint has never struck a coin officially called a "nickel."

Obverse: The side of a coin that bears the principal design or device, often as prescribed by the issuing authority. (The "heads" side.)

Overdate: The date made by a Mint engraver superimposing one or more numbers over the date on a previously dated die.

Pattern: Coin-like piece designed to test coin designs, mottoes or denominations proposed for adoption as a regular issue and struck in the metal to be issued for circulation, but that was not adopted, at least in year of pattern issue.

Penny: The nickname given the 1-cent coin. The United States Mint has never struck a penny for use in the United States. The nickname derives from the country's English origins.

Pioneer gold coins: Gold coins, generally privately produced, struck in areas of the United States to meet the demands of a shortage of federally issued coins, generally in traditional U.S.

coin denominations. Often called "private gold," which is correct for many but not all of the issues, and "territorial gold," which is incorrect since none of the coins were struck by a territorial government authority.

Planchet: The disk of metal that when placed between the dies and struck becomes a coin. Also called flan or blank.

Prestige Proof set: A special U.S. Proof set, containing regular Proof coins plus commemorative coins of that year.

Proof: A coin struck on specially prepared planchets on special presses to receive the highest quality strike possible, especially for collectors.

Prooflike: An Uncirculated coin having received special minting treatment and a mirror surface for the benefit of collectors, with minor imperfections due to the minting process permissible.

Quarter dollar: A 25-cent coin of the United States.

Quarter eagle: A gold $2.50 coin of the United States.

Reeded edge: The result of a minting process that creates vertical serrations on the edge of a coin.

Registry set: Two grading services, Numismatic Guaranty Corp. and Professional Coin Grading Service, allow participants to register their graded and encapsulated coins as sets. Collectors "compete" to have the highest-ranked registry set in terms of quality and completeness. The concept has led to very high prices being paid for "grade rare" coins that in terms of total mintage are common, but are rare in ultra-high grades.

Restrike: A numismatic item produced from original dies and by the original issuer, but later than original issues. In the case of a coin, the restrike usually occurs to fulfill a collector demand and not a monetary requirement. Sometimes "restrike" is used in a broader sense to refer to coins restruck at a later date, but not from original dies or by the original issuing authority.

Reverse: The side opposite the obverse; usually but not always the side with the denomination (the denomination appears on the obverse of the State quarter dollars, for example). The side opposite the side containing the principal design. Informally, the "tails."

Rim: Raised border around the circumference of a coin, not to be confused with the edge.

Ringed bimetallic coin: A coin composed of two parts: a holed ring into which is inserted a core. The two parts are often different colors and compositions. The only U.S. ringed bimetallic coin is a 2000 commemorative $10 coin honoring the Library of Congress, composed of a platinum core and gold ring.

Seigniorage: The profits resulting from the difference between the cost to make a coin and its face value, or its worth as money and legal tender. Most coins cost less to make than their face value; when it becomes too expensive to make a certain coin, its size, weight and composition are often changed.

Series: Related coinage of the same denomination, design and type, including modifications and varieties.

Slab: A rigid plastic, sonically sealed holder, usually rectangular, especially one used by third-party grading services.

Specie: In the form of coin, especially precious metal coin; paper money redeemable in coin. From Latin meaning "in kind."

State coinages or notes: Refers to coins issued by one of four state governments (Connecticut, Massachusetts, New Jersey and New York) between the Declaration of Independence and the ratification of the U.S. Constitution when the states' rights to issue coins were suspended. Among paper money, refers to notes issued between Declaration of Independence and Civil War by state governments.

Stella: A gold $4 pattern never issued for circulation.

Subtype: A modification of a basic design type that leaves the basic theme intact without major revision. Examples include the Bison on Plain and Bison on Mound reverses for the Indian Head 5-cent coin and the three reverse subtypes used on the Capped Bust half dollar from 1836 to 1838 (the same Eagle design was used with and without E PLURIBUS UNUM; the denomination appears as 50 C., 50 CENTS and HALF DOL.).

Surcharge: An extra charge placed on an item, the revenue of which is usually earmarked for a specific fund. It has been the recent practice of the Congress to place a surcharge on commemorative coins, sometimes to benefit a worthy organization.

Trade dollar: A silver dollar coin produced for overseas markets. The U.S. issued a Trade dollar from 1873 to 1885 for use in Asia.

Type: A basic coin design, regardless of minor modifications. The Indian Head and Jefferson 5-cent coins are different types.

Type set: A collection composed of one of each coin of a given series or period.

Uncirculated set: Set of coins issued by the U.S. Mint, consisting of one of each coin issued for circulation. Also called Uncirculated Mint set, or unofficially, a Mint set.

Upsetting mill: A machine that squeezes planchets so that they have a raised rim, in preparation for striking.